Le guide
bettane + desseauve

99/100
bettane + desseauve
100/100
JAMESSUCKLING.COM
N°20
les Réserves
CHAMPAGNE
Grand Siècle
Laurent-Perrier
N°20
Grand Siècle N°20 en magnum. En allocation.
www.laurent-perrier.com

Auteurs
Michel Bettane et Thierry Desseauve

Direction d'ouvrage
Louis-Victor Charvet

Direction artistique
Hicham Abou Raad

Coordination des dégustations
Margot Hohl

Expertise
Hélène Durand, Michel Bettane, Alain Chameyrat, Louis-Victor Charvet, Thierry Desseauve, Gilles Durand-Daguin, Denis Hervier, Antoine Pétrus et Guillaume Puzo

Ont participé à cet ouvrage
Amélie Couture, Louise Forgue, Margot Hohl, Lucie Kaprielian, Judith Maurel, Julia Molkhou, Romane Nicorosi, Alexandra Rendall, Sylvie Vandemalle et Hicham Abou Raad.

Publicité
Laurence Fabre, Elisa Frémont, Eloïse Pizelle, Andrée Virlouvet, Pierre Alain Robert, Gabriel Rouillier et Thomas Tirel

Développement informatique et base de données
Sarah Kafiz, Vincent Guilbert

Ouvrage réalisé par Bettane+Desseauve SAS
Président : Thierry Desseauve
Direction des opérations : Andrée Virlouvet
Direction commerciale : Pierre Alain Robert
Direction administrative et financière : Lény Carron
Direction des systèmes d'information : Vincent Guilbert

Retrouvez-nous sur :
www.mybettanedesseauve.fr et sur nos réseaux sociaux

Département Pratique
Direction éditoriale : Clélia Ozier-Lafontaine
Conception graphique de la couverture: Audrey Sednaoui
Fabrication: Louisa Hanifi-Morard
Photograveur: IGS-CP, L'Isle-d'Espagnac

ISBN : 978-2-0804-6923-6
N° d'édition : 646671
Dépôt légal : août 2025
editions.flammarion.fr

Le guide bettane + desseauve 2026

Flammarion

SANCERRE
APPELLATION D'ORIGINE PROTÉGÉE
2023
HUBERT BROCHARD
HUBERT BROCHARD
MAISON FONDÉE EN 1900
• SANCERRE •
ICI, CHAQUE COTEAU, CHAQUE PENTE RACONTE SON HISTOIRE
Depuis sa création à Chavignol en 1900 par Aimée et Hubert Brochard, le Domaine Hubert Brochard s'attache à exprimer la diversité des terroirs de Sancerre.
Avec nos vignes plantées sur les 7 villages les plus reconnus de l'appellation et notre approche parcellaire, nous travaillons un style singulier, alliant finesse aromatique, complexité et texture délicate, au nom de l'infinie richesse des terroirs sancerrois.
L'ABUS D'ALCOOL EST DANGEREUX POUR LA SANTÉ À CONSOMMER AVEC MODÉRATION

CHAMPAGNE
BRUNO PAILLARD
REIMS - FRANCE
Première Cuvée
Extra-Brut
Faire de la vie
une œuvre
L'ABUS D'ALCOOL EST DANGEREUX POUR LA SANTÉ, À CONSOMMER AVEC MODÉRATION.

Un artisanat de la parole

PRESQUE CHAQUE FOIS que nous rencontrons l'un de nos lecteurs, la remarque finit par fuser : *« Vraiment, vous faites un beau métier ! »*. Comment vous donner tort ? Depuis trente et un ans que nous réalisons ce guide, jamais la moindre lassitude n'est survenue. Rencontrer des vigneronnes et des vignerons tous si différents et pourtant tous passionnés par leur travail et leur terre, déguster des vins si variés et vous aider à aiguiser vos choix d'achat et de dégustation, voici une mission que nous remplissons avec autant d'exigence que de bonheur. C'est une fierté chaque année renouvelée. Ouvrir une bouteille de vin est un voyage rare et précieux qui nous emmène dans une civilisation aussi ancienne qu'éternellement vivace, riche de paysages multiples, des sages croupes médocaines aux vieux ceps accrochés aux abruptes terrasses de schiste de la Côte Vermeille, jouant avec les cépages et les styles en créant un nombre infini de sensations gustatives, racontant à chaque fois une histoire singulière. Difficile de trouver plus symbolique, mais aussi plus essentiel aujourd'hui, que le vin, œuvre humaine de la rencontre entre la terre, le ciel et la plante. En ordonner le processus de création est un artisanat qui nous honore.

Michel Bettane et Thierry Desseauve

À la mémoire de Frédéric Panaïotis.

Une école du geste

À L'HEURE DES VENDANGES et de la rentrée littéraire, notre guide des meilleurs vins de France retrouve la place qu'il n'a presque jamais quittée sur les étals des libraires. C'est vrai, grâce à votre confiance, chers lecteurs, notre équipe a la chance de pouvoir continuer à faire ce *beau métier*, comme l'expliquent, à la page précédente, les deux auteurs de ce guide. Cette chance, nous la mesurons chaque fois que nous contribuons à faire se rencontrer, lors de nos salons, avec nos magazines et par l'intermédiaire de cet ouvrage, amateurs curieux et producteurs passionnants. Malgré cela, dans un contexte économique mondial si délicat pour la filière des vins et des spiritueux, ce bon côté, le meilleur même, de notre métier ne suffira pas à nous rassurer tout à fait quant à l'invariabilité de notre mission. Celle-ci, comme c'est le cas pour tant d'autres métiers de nos sociétés contemporaines, n'a pas d'autre perspective que celle de se réinventer. En intégrant un nombre conséquent de vins notés dans cette édition 2026, nous souhaitions vous donner le plus de recommandations possibles. De toutes les régions, de tous les styles, à tous les prix, pour tous les moments de dégustation et à destination de consommateurs dont les attentes évoluent. Comme les producteurs cités dans ces pages, nous ne sommes guidés que par une seule motivation : faire briller la civilisation de la vigne et du vin. Sans porte-parole pour la représenter dans le débat public, sans soutien explicite dans la vie politique ou sans esprit collectif structuré pour la protéger des tendances éphémères et des pensées attrape-tout, il y a fort à parier qu'elle finira par s'éteindre. Ce guide ne prétend pas être en mesure de lui assurer un sursis. Mais j'espère vraiment qu'il saura rappeler à ceux qui le dévoreront à quel point la France du vin est un pays fait de richesses, de diversité, de surprises et de paysages éblouissants. Le peuple des vignes les modèle, les aménage et les magnifie par la seule action de son travail, parfois depuis plusieurs siècles sans interruption. Ils ne sont pas si nombreux, les savoir-faire qui participent autant à la gloire de notre humanité.

Louis-Victor Charvet

Promotions de l'année

✪✪✪✪✪

Château Beychevelle (Saint-Julien, Bordeaux)
Clos Venturi (Corse)
Domaine Claude Riffault (Sancerre, Loire)
Domaine de la Vieille Julienne (Châteauneuf-du-Pape, Rhône)

Notation des domaines & maisons

Les étoiles ont une valeur universelle, tous vignobles et tous prix de vente confondus.

✪ Production sérieuse et recommandable.
✪✪ Production régulière et homogène.
✪✪✪ Production de haute qualité.
✪✪✪✪ Production de très haute qualité.
✪✪✪✪✪ Producteurs exceptionnels.

✦ Star ✚ Valeur sûre ➔ À suivre de près Ⓝ Nouvelle entrée

Notation des vins

Chaque vin est accompagné de la mention de la meilleure période pour le boire ainsi que d'un prix donné à titre indicatif (NC : non communiqué).

86 à **89** : bon vin, bien fait, représentatif de son origine.
90 à **92** : très bon vin, hautement représentatif de la qualité de son origine.
93 à **96** : vin de référence dans son appellation et dans son millésime.
97 à **99** : vin de qualité exceptionnelle.
100 : une idée de la perfection le jour où nous l'avons dégusté.

GÉRARD BERTRAND
GÉRARD BERTRAND
clos d'ora
PAIX · AMOUR · HARMONIE
CLOS D'ORA RÉVÈLE NOTRE PHILOSOPHIE DÉDIÉE À L'EXCELLENCE ET À L'EXPRESSION
DES TERROIRS DU SUD DE LA FRANCE. CE VIN, PORTEUR D'UN MESSAGE, SYMBOLISE LE LIEN
ENTRE LA BIODYNAMIE ET L'ESPRIT QUANTIQUE.
L'ABUS D'ALCOOL EST DANGEREUX POUR LA SANTÉ. À CONSOMMER AVEC MODÉRATION.

LA GRANDE DAME
Veuve Clicquot
UN HOMMAGE AU PINOT NOIR, CÉPAGE PRÉFÉRÉ DE MADAME CLICQUOT.

Nos génies

Les femmes et les hommes de ce palmarès sont des défenseurs de la civilisation de la vigne et du vin. Dirigeant, vigneron, collectif ou porte-parole, tant de destins au service d'une même culture, forte et vivante

Vitalie Taittinger, un quinquennat au sommet

Vitalie est arrivée à la tête de Taittinger en 2020, à la suite de son père qui choisit alors avec beaucoup de sagesse de transmettre le flambeau d'une maison qu'il avait réussi à faire revenir dans un giron familial après une vente en 2005. Entre la reprise effective en 2007 et cette nomination treize ans plus tard, Vitalie Taittinger s'est, comme son frère Clovis, tenue auprès son père, Pierre-Emmanuel, et fondue au sein d'un collectif brillant pour redonner une âme à cette maison singulière. Depuis cinq ans, garante des valeurs de l'entreprise et volontaire sur son évolution, elle mène une mission ambitieuse avec un sens du collectif qui doit être loué. Taittinger n'est jamais entré dans une course au gigantisme, mais c'est une maison de taille respectable (200 millions d'euros de chiffre d'affaires, le double de celui réalisé à la reprise il y a vingt ans), historiquement essentielle au cœur de Reims (le grand-père de Vitalie, Jean, fut maire de Reims près de dix-huit ans), riche d'un vignoble de 290 hectares et présente significativement sur le segment des cuvées de prestige avec le délicieux Comtes de Champagne. D'une maison remise à flot par son père, elle ambitionnait de faire une pépite maîtrisant toutes les dimensions actuelles de la civilisation du vin : la qualité, bien sûr, mais aussi la force de la marque, les enjeux de durabilité et de respect écologique, la dimension œnotouristique enfin. Aujourd'hui, tous ces chantiers sont spectaculairement mis en route et développés avec une sereine efficacité qui impose le respect.

Pour réussir ce parcours remarquable, Vitalie Taittinger n'est pas seule et la première force de la maison est d'avoir constitué une équipe de direction à la fois jeune et très soudée. Avec son frère Clovis, responsable des nombreux marchés export, le directeur général Damien Le Sueur, le chef de cave Alexandre Ponnavoy, la responsable du vignoble Christelle Rinville et quelques autres, Taittinger offre le profil inhabituel en Champagne d'une équipe de management plutôt que du traditionnel duo directeur gestionnaire et chef de cave créateur que l'on nous présente souvent. Dès le début de la nouvelle aventure Taittinger, l'exigence qualitative fut un impératif. Le brut Réserve, que nous avons connu autrefois irrégulier, est devenu un incontournable classique champenois, tandis que toutes les autres cuvées associent une personnalité singulière à un style maison unifié. Ce style, on peut le définir par un mot, spirituel, c'est-à-dire à la fois accessible et enlevé, allègre et profond. Comtes de Champagne est à ce titre plus qu'un emblème, un manifeste : immédiatement délicieux et joyeux quand on le déguste lors de sa sortie commerciale, mais capable de vieillir des décennies en dévoilant une race et une intensité toujours captivantes.

Qu'il s'agisse de la tenue du vignoble ou des approvisionnements auprès des vignerons, les engagements pour un respect des équilibres écologiques sont tenus. Dans ce souci de la durabilité et du respect pour la planète qui anime aujourd'hui beaucoup de femmes et d'hommes de Champagne, tant ceux qui travaillent la terre que ceux qui pensent la communication des marques, Taittinger suit un chemin sérieux, impliqué et peu revendicatif. L'autre grande dimension consiste à intégrer une véritable culture du consommateur. Taittinger dispose d'un patrimoine architectural très riche et diversifié, mais c'est son site de la rue Saint-Nicaise, à Reims, et le spectaculaire réseau de crayères qui en constitue le sous-sol depuis l'époque romaine qui symbolisent véritablement l'esprit de la maison. Longtemps fermés au public, ces bâtiments Art Déco ont été repensés pour offrir depuis juin dernier un concept store, Chromatique, proposant outre les champagnes de la maison des œuvres et des objets de créateurs, mais aussi un bar et un restaurant, Polychrome, une « table d'assemblage » où l'on peut savourer les accords idéaux entre les mets créés par le jeune chef étoilé Charles Coulombeau et les cuvées de la maison. Bref, une autre manière de découvrir le génie du champagne qui apporte à la maison un souffle contemporain brillant. En cinq années, le bilan de Vitalie Taittinger à la tête de la maison est impressionnant, il n'est pourtant que le début d'une aventure entrepreneuriale dont la civilisation du vin tout entière peut être fière. ***Thierry Desseauve***

Domaine Claude Riffault (Sancerre, Loire).

La pureté selon Stéphane Riffault

AVEC LEUR DOMAINE situé dans la commune de Sury-en-Vaux, dans le Centre-Loire, là où s'enchevêtrent les fameux terroirs sancerrois des caillottes, des terres blanches et des argiles à silex, Stéphane et Bénédicte Riffault cultivent plus que des vignes superbement tenues de sauvignon et de pinot noir. Ils entretiennent une certaine idée du vin ligérien, fondée sur le respect des sols et de leurs expressions. Fils de Claude Riffault et héritier d'un savoir-faire plein de bon sens, Stéphane préfère la noblesse discrète de ses vins à l'éclat des projecteurs. Loin du bruit du monde, ses sancerres ciselés comme des vitraux de lumière disent tout de sa patience, de sa précision et de l'écoute infinie de la nature dont il fait preuve chaque année. Entre ses mains, la biodynamie est devenue un langage et chaque vin est un poème minéral, direct, émouvant. S'il ne parle jamais fort, il incarne sans arrogance l'excellence de son appellation, aussi bien pour ses vins blancs prodigieux que pour ses rouges pleins de finesse, avec l'humilité rare de ceux qui n'ont rien à prouver, mais qui ne s'éloignent jamais de leur quête exigeante et sacerdotale. C'est la vie choisie par ce vigneron qui creuse un sillon pour tous les autres. Et celle d'un couple en harmonie avec sa terre, ses racines et notre époque. ■ ***Denis Hervier et Louis-Victor Charvet***

Maison Champy (Bourgogne).

La Bourgogne universelle de Dimitri Bazas

IL Y A DÉJÀ UN CERTAIN TEMPS, hélas pour nos deux âges, un jeune œnologue grec qui travaillait dans un laboratoire dirigé par Kyriakos Kynigopoulos, un autre Grec devenu incontournable en Bourgogne, m'avait impressionné par son sérieux quand nous dégustions ensemble, sur place et à l'aveugle, toute la production locale. Apprentissage rare dans sa profession et qui explique aussi la réussite de son parcours. Pour exprimer sa vision du vin de Bourgogne, il n'y avait rien de mieux à faire que de troquer sa casquette d'œnologue conseil pour porter celle de vinificateur. Il a trouvé dans la maison Champy un lieu adapté pour la complémentarité de son activité professionnelle. Un travail de négoce vinificateur-éleveur, avec achat de raisin, pour construire un vrai style, ce qui est encore trop peu ancré dans les mentalités locales, couplé à la production de vins issus du domaine de la maison, avec contrôle de la viticulture. Le groupe Advini a eu bien raison de lui faire confiance. En quelques années, il démontre avec ses blancs et rouges, centrés autour de Beaune, que l'on peut associer une viticulture biologique sans concession à des vins nets, précis, conformes à une éthique œnologique qui se donne comme but d'exprimer toutes les qualités du raisin. Ses vins des Cras à Beaune et des Vergelesses à Pernand sont devenus pour les connaisseurs une référence associant plénitude de couleur et de constitution pour les rouges et maturité juste du raisin pour les blancs, sans artifice, même admiré des foules, ou verdeur à la mode, et rejoignent avec une régularité bien supérieure les grands vins du passé, dont quelques bouteilles existent encore dans les caves de la maison. ■ *Michel Bettane*

Château Beychevelle (Saint-Julien, Bordeaux).

Le sens du grand vin de Philippe Blanc

BEYCHEVELLE, ON NE L'APPRENDRA À PERSONNE, est un des hauts lieux du Médoc. Par son histoire, par les familles prestigieuses qui l'ont construite, des ducs d'Épernon à la famille Achille Fould, relayée aujourd'hui par les imposants groupes Castel et Suntory, mais aussi par l'élégance de son château, un parfait représentant de l'architecture du XVIIIe siècle, idéalement situé en bord de Gironde pour saluer le passage des bateaux, comme l'étiquette et le nom de la propriété le rappellent. Philippe Blanc, qui n'a pas toujours eu les moyens d'aller au bout de ses rêves d'expression de toute la noblesse du terroir, dispose depuis quelques années d'un outil de travail à la pointe de l'audace architecturale bien comprise, mais aussi du savoir technologique, en plus de la confiance absolue des propriétaires. Sa sincérité, sa ténacité, son idéalisme et son considérable savoir-faire sont partagés par une équipe performante. Le magnifique succès commercial de la propriété et son rayonnement dans le monde ne lui tournent pas la tête. Il est d'ailleurs aussi en charge du monde plus modeste d'un magnifique patrimoine voisin, celui du château Beaumont à Cussac, qui lui montre les contradictions d'un commerce parfois injuste avec les dons de la nature. Alexis Lichine, grand amateur du cru, me disait il y a plus de quarante ans que Beychevelle produisait le vin le plus fin de l'appellation. Sous la direction de Philippe Blanc, ce n'est plus un millésime sur dix, mais pratiquement tous les ans. La cinquième étoile que nous attribuons à la propriété dans ce guide est bien méritée. ▌*Michel Bettane*

Aurélie
Vigneronne à Piégon (26)
De solides racines pour nourrir de grandes ambitions.
DU CÔTÉ DES VALEURS SÛRES ET DES INSPIRATIONS FUTURES
Cofinancé par l'Union européenne
APPELLATION D'ORIGINE PROTÉGÉE
CÔTES DU RHÔNE
CULTIVONS LE RESPECT
©Richard Sprang - Tous droits réservés - 02/2025
L'ABUS D'ALCOOL EST DANGEREUX POUR LA SANTÉ, À CONSOMMER AVEC MODÉRATION.

Boutenac, une éternité française

SITUÉ AU CŒUR DES CORBIÈRES, le vignoble de Boutenac offre le paysage homogène d'un cru véritable, établi de part et d'autre des contreforts d'une colline boisée, le Pinada, où l'un des vignerons emblématiques de l'appellation, Pierre Bories (Château Ollieux-Romanis), a d'ailleurs installé un merveilleux restaurant en plein air avec vue imprenable sur les Corbières. Rares aujourd'hui sont les appellations dont on comprend l'évidence d'un simple coup d'œil : Boutenac fait partie de ce précieux club. Sa reconnaissance a pourtant été longue et tortueuse, née du terrible marasme qui affecta la région il y a cinquante ans, quand la production des vins généreux et rustiques d'autrefois ne trouvait plus de marchés pour engloutir ces millions d'hectolitres annuels. Elle fut rythmée par les interrogations, les débats, les combats et les fiertés de femmes et d'hommes attachés à leur terre. La première définition du cru date de la demande auprès de l'Inao, en 1995. L'appellation communale lui fut accordée dix ans plus tard et, vingt ans après, les bouteilles produites ici ont enfin le droit de porter le nom Boutenac sans le faire précéder de celui de Corbières. Un long chemin administratif qui couronne tardivement un travail acharné sans pour autant répondre à un marché en perpétuelle évolution. En 1995, le vin rouge était omnipotent, tandis qu'aujourd'hui il s'efface dans les tendances de consommation devant le rosé et le blanc. Ces derniers, pourtant souvent très intéressants ici, ne peuvent bénéficier que de l'appellation corbières. En 1995, on considérait que le carignan, cépage à l'époque ultra dominant dans la région, pêchait par son excessive rusticité (nous faisions partie des critiques les plus acerbes). Il est aujourd'hui le gage d'une véritable authenticité. Bref, on peut se demander quel est le sens d'une telle lenteur réglementaire à une époque où tout (marchés, tendances, règles) change en permanence. Mais si Boutenac a mérité son indépendance, c'est d'abord grâce à ses vignerons et à leur engagement. Les vins offrent un profil cohérent, où la saveur et l'équilibre ont remplacé les arômes giboyeux et les tannins agressifs d'antan. Ils sont représentés par des domaines connus et d'autres moins, mais tous unis par une ambition (et une politique d'offre) similaire. Dans un univers du vin en pleine évolution, Boutenac rappelle avec bonheur que la notion de cru est une dimension forte et toujours actuelle que l'on aurait tort d'enfermer dans des carcans intangibles. ▌ *Thierry Desseauve*

La Maison Cardinale (Saint-Émilion, Bordeaux).

L'énergie contagieuse de Caroline et Ludovic Decoster

À SAINT-ÉTIENNE-DE-LISSE, commune géographiquement proche de Saint-Émilion, mais pendant longtemps tenue éloignée de son rayonnement, Caroline et Ludovic Decoster ont décidé d'imposer leur chance et leur envie de changement. Ils ont imaginé La Maison Cardinale, un concept d'accueil inédit dans le Bordelais qui vise à faire d'une propriété un lieu où prédominent émotion et partage de la culture du vin. Depuis 2021, ce couple passionné qui connaît tous des rouages du système bordelais a décidé de ne pas rester les bras croisés face à la crise. Caroline et Ludovic ont compris que l'avenir du monde du vin reposait sur deux éléments : le consommateur et la qualité. Aux amateurs comme aux néophytes, chaque visite proposée offre une immersion totale, loin des clichés, pour redécouvrir le vin sous un jour nouveau, avec une volonté pédagogique affirmée. Aux connaisseurs des vins de Saint-Émilion et aux amoureux du terroir, les vins des Decoster et de leur équipe, dirigée par la talentueuse Ludivine Chagnon, offrent maintenant de nouvelles émotions, toutes différentes. Le vin superbe de Fleur Cardinale, grand cru classé, est issu d'un vignoble exposé nord, tandis que celui de Croix Cardinale, réinventé, s'appuie sur un vignoble exposé sud. Et dans sa catégorie, Fleur Cardinale blanc est l'un des plus réussis du secteur. Des révolutions de cet ordre ne sont pas si nombreuses. Celles menées par Caroline et Ludovic sont un modèle à suivre. ▮ ***Denis Hervier et Louis-Victor Charvet***

Champagne Besserat de Bellefon.

Nathalie Doucet et la Champagne rayonnante

DANS UN VIGNOBLE QUI S'OUVRE de plus en plus à l'œnotourisme, Épernay semble prendre enfin conscience des responsabilités apportées par son statut de « seconde capitale » de la Champagne. Au-delà des splendides hôtels particuliers de sa célèbre avenue, c'est aujourd'hui toute la ville qui se transforme et s'anime pour accueillir des amateurs de grands vins venant du monde entier. Nathalie Doucet, la présidente de Besserat de Bellefon, a saisi l'importance de ce nouveau challenge dès son arrivée à la tête de la maison il y a cinq ans. Elle peut aujourd'hui s'enorgueillir de l'ouverture cette année d'un superbe hôtel particulier rendant hommage au style délié et élégant des champagnes concoctés par l'excellent chef de cave Cédric Thiébault. Déployant un bar à champagne, une boutique et cinq suites, cette ambassade de Besserat marque l'entrée de la marque dans une nouvelle ère de sa longue histoire. ▌ *Thierry Desseauve*

Château Climens (Barsac, Bordeaux).

Jérôme Moitry, Climens dans le cœur

JÉRÔME ET SON FRÈRE JEAN-HUBERT, avocat d'affaires et entrepreneur dans le secteur de l'immobilier passé par la rue d'Ulm (lettres classiques), sont devenus un peu du jour au lendemain les gardiens de l'un des plus grands liquoreux du monde, succédant à Bérénice Lurton qui aura accompagné longuement et au prix de beaucoup d'efforts l'histoire du château Climens. Jérôme, qui dirige la propriété, a depuis longtemps le goût du vin. Il l'a développé à l'École centrale et au club de dégustation Grains nobles, où tant de gens se sont formés. Il a passé vingt ans dans le conseil auprès des entreprises du secteur des télécoms et de l'énergie avant de créer avec Jean-Hubert une société de gestion. Produire des vins liquoreux à partir de la pourriture noble relève du sacerdoce. Mais, comme souvent avec le vin, la passion l'emporte et les chantiers s'engagent. D'abord, renouveler la confiance faite à Frédéric Nivelle, magicien des liquoreux. Ensuite, créer une gamme plus large de vins blancs secs pour illustrer la qualité des terroirs barsacais, leur faculté à faire des vins de tous registres, certains pour le plaisir, d'autres plus ambitieux. Lilium, Petite Lily, Fenouil et Camomille, et bien sûr Asphodèle, accompagnent le grand vin liquoreux. Leur succès dépendra de la capacité à les expliquer à un marché parfois étrangement imperméable à la nouveauté. Et aux amateurs, lors d'évènements et à la propriété, où l'offre œnotouristique décline de belles expériences. *Louis-Victor Charvet*

Pierre Arditi, le goût de la découverte

IL AIME LES TEXTES, les planches et les bonnes bouteilles. Chez lui, le vin n'est pas un simple plaisir, c'est un fil rouge discret et essentiel de sa vie. Ce n'est pas sa famille mais le théâtre qui l'a mis sur cette voie, dans un bouchon lyonnais où, entre deux représentations, il a découvert ses premiers beaujolais et côtes-du-rhône. Depuis, il n'a jamais cessé de goûter, d'apprendre, de voyager dans les vignobles. Sa cave a compté jusqu'à quinze mille bouteilles. Bordeaux, Bourgogne, Rhône, Loire et tout le reste. Arditi achète par passion, pas pour collectionner. Il se laisse guider par ses envies et ses découvertes, ne tient pas de registre, mais connaît chaque recoin de ses caves. Son organisation est personnelle, un peu chaotique en apparence, mais tout y est à sa place. Il sait exactement où trouver la bonne bouteille, pour le bon moment. Il a ses incontournables, les trésors qu'il garde précieusement. Il continue encore aujourd'hui d'acheter de nouveaux crus. Le vin fait partie de son quotidien. Jamais d'habitude. Ce qu'il cherche, c'est le frisson de la découverte, le plaisir simple et sincère. Pas de règles, pas de snobisme, juste une folle liberté d'aimer ce qu'il boit et de boire ce qu'il aime. À condition que le vin reste un ami et une belle aventure. Pierre Arditi incarne à lui seul un art de vivre libre, curieux et chaleureux. Chez lui, le vin n'est jamais une posture. C'est un compagnon de route, un moteur de souvenirs, une source de joie. Aussi et surtout, un excellent prétexte de partage. *Julia Molkhou*

Alicia Dorey et les nouveaux mots du vin

NOTRE CONSŒUR a inventé une autre manière de parler du vin. Rien que ça. En enrichissant le vocabulaire de la dégustation de nombreuses comparaisons et métaphores, elle a d'abord proposé une nouvelle langue pour décrire les parfums et les saveurs du vin, souvent réduits à des grandes familles d'arômes que beaucoup de gens ne perçoivent plus. Son goût pour le voyage et les récits qu'elle en fait lui ont donné une approche internationale de la vigne et du vin, mais aussi de la gastronomie, qu'elle chronique pour des médias généralistes. La France n'est pas le centre du monde. Dans un univers viticole quelque peu nombriliste, cette qualité ne passe pas inaperçue. Ajoutons à cela un caractère bien trempé, une éthique de travail et des capacités à écrire vite et bien. Mais c'est surtout avec son essai *À nos ivresses* (Flammarion), succès en librairie en cours de traduction dans trois langues, que cette trentenaire a dépassé d'infranchissables frontières du petit monde des critiques de vin. Nombreux sont les amateurs et les néophytes qui ont trouvé dans ses mots, ses sensations, son plaisir et sa culture un prolongement à leur volonté d'apprendre. Alors que tant de personnes ne boivent plus de vins, même avec modération, la voie choisie par Alicia Dorey est un chemin qui donnera peut-être envie à certains de s'y intéresser. Loin de tout dogmatisme, elle vient de publier un guide des *100 vins nature qui ne vous décevront jamais* et compte bien continuer à écrire avec un regard tendre et le verbe haut pour transmettre ce à quoi elle croit. ■ ***Louis-Victor Charvet***

1729
Ruinart
LA PLUS ANCIENNE MAISON
DE CHAMPAGNE
PORTÉ PAR LA NATURE,
FAÇONNÉ PAR LE TEMPS
DOM RUINART,
LE BLANC DE BLANCS
PAR EXCELLENCE
2013
Dom Ruinart
2013
1729
Ruinart
CHAMPAGNE
BLANC DE BLANCS

Nos talents

Le vignoble français a la chance de pouvoir compter sur une génération de jeunes gens plus brillants les uns que les autres. Mais que vaut le talent sans travail ? Le bel ensemble ici réuni est à pied d'œuvre pour réenchanter notre avenir

Charlotte Mignon et le bordeaux du futur

ASSUMER LA DIRECTION GÉNÉRALE d'une entreprise ne se résume pas au management des équipes, à l'incarnation d'une vision ou au développement commercial. Il faut avoir des idées neuves et fortes pour assurer durablement la pérennité de structures souvent fragiles dans l'univers du vin. Parisienne d'origine, Charlotte Mignon a toujours voulu travailler dans ce secteur. Elle a commencé sa carrière au Brésil, chez un importateur pour lequel elle organisait des dîners. De là lui vient ce besoin d'être au contact des consommateurs. Une école de commerce, une expérience en Champagne, chez Krug, aux côtés de Julie Cavil, une autre dans le commerce international, au sein de la division Estates & Wines de Moët-Hennessy, et puis l'envie, pour parfaire cette formation, d'apprendre à faire du vin. À Bordeaux. Tout en passant son diplôme d'œnologue, elle travaille au château Léoville-Poyferré à Saint-Julien. En 2020, en tant que maître de chai du château Larrivet Haut-Brion, qu'elle n'a plus quitté depuis, elle repère avec François Godichon et Bruno Lemoine, directeur général à qui elle a succédé, une parcelle située en plein cœur du vignoble où la vigne donne des résultats décevants. Elle est pourtant située sur une belle veine de graves typiques de l'appellation pessac-léognan, mais rien n'y fait. Décision est prise par le trio de l'arracher. Plutôt que de tout refaire à l'identique, le projet change de dimension. Ce sont finalement douze hectares, soit 17 % du vignoble, qui serviront de laboratoire à ciel ouvert pour évaluer les résultats d'un chantier d'agroforesterie impressionnant par sa taille. La vigne cohabitera ainsi avec des haies d'arbres, autour et à l'intérieur du vignoble. Des paulownias y projetteront un jour leurs ombres rafraîchissantes, favorisant un meilleur maintien de la biodiversité, notamment lors des épisodes de très fortes chaleurs, amenés à se répéter. *« À mes yeux, ce vignoble du futur n'est qu'un point de départ »*, explique Charlotte Mignon. Voilà de quoi donner une sérieuse feuille de route à cette propriété familiale dont les vins continuent de progresser. ■ *Louis-Victor Charvet*

Charlotte Mignon, Château Larrivet Haut-Brion (Pessac-Léognan, Bordeaux).

Vincent Couche (Champagne et Bourgogne).

Les chemins de Vincent Couche

VITICULTEUR ENGAGÉ ET ENTREPRENEUR DYNAMIQUE, Vincent Couche ne s'arrête jamais. Toujours en action, il a fait de la Champagne, plus particulièrement de la côte des Bar qu'il affectionne beaucoup, et de la Bourgogne voisine deux formidables terrains de jeu. Issu d'une lignée de vignerons, l'homme a grandi à Buxeuil, dans les vignes, un sécateur à la main, aux côtés de ses parents et grands-parents. Très tôt, il croit aux bienfaits de la viticulture biologique et biodynamique, persuadé que ces pratiques révèlent le meilleur de la vigne. C'est à Beaune qu'il choisit d'étudier l'œnologie. Avant même d'avoir les résultats de son examen final, déjà plein d'idées et animé par une volonté farouche d'avancer, il lance sa propre marque de champagne. Curieux et en avance sur son temps, il s'intéresse rapidement à l'agroforesterie. Pas comme une tendance passagère, mais comme un levier essentiel au développement de ses parcelles. Ces dernières ne passent d'ailleurs pas inaperçues : dans les rangs de vigne, des mâts soutiennent des arbres fruitiers, offrant refuges et biodiversité aux insectes et animaux. Sa stratégie est de diviser les risques. Alors il a fait l'acquisition de terres en Bourgogne, convaincu que la complémentarité entre les deux terroirs était une richesse. L'avenir le confirmera. ▮ *Hicham Abou Raad*

Abbotts et Delaunay, (Languedoc).

Jeanne Delaunay, le Languedoc dans les yeux

LA FILLE DE LAURENT ET CATHERINE DELAUNAY est ce que l'on appelle une enfant de la balle. Mais c'est aussi une jeune adulte qui veut mériter ce qu'on lui donne, à l'image de cette génération de vignerons pour qui comprendre, c'est faire. Après des études en école de commerce, elle a choisi la voie qui convenait le mieux à son tempérament volontaire. Mais comme faire du vin ne s'improvise pas, elle a repris des études (BTS viti-oeno), s'est formée sur le terrain, dans les jardins de pinot noir du domaine de la Romanée-Conti, mais aussi, vision complète oblige, dans les océans de possibles de l'Australie. Deux mondes, deux ambiances. Et deux écoles, l'une de la rigueur, l'autre de l'audace. La voici désormais à la tête de la maison Abbotts et Delaunay, confrontée aux réalités d'un vignoble qui change à chaque nouvelle conséquence inédite du changement climatique. Ses racines bourguignonnes – et ce qu'elle a vu à Limoux, au domaine de la Métairie d'Alon, propriété de sa famille – lui ont sans doute donné l'envie de clarifier l'offre des vins, avec des objectifs réaffirmés : plus de sélections parcellaires et plus de lisibilité dans les vins d'appellations. Sans compter des expérimentations (vinifications en amphores, vendanges entières) et des convictions avec lesquelles elle ne transigera pas. Respect de la biodiversité, autonomie énergétique, Jeanne Delaunay est à l'écoute du vivant et des consommateurs. La génération à laquelle elle appartient ne comprend plus rien au vin ? Pas d'inquiétude, elle veut faire du vin pour leur montrer que ce n'est pas si grave tant que l'émotion et le plaisir sont là. *Louis-Victor Charvet*

Champagne Billecart-Salmon.

Florent Nys, l'exigence et la précision

INTELLIGEMMENT, l'incarnation de la maison Billecart-Salmon est répartie entre quatre têtes, toutes indispensables, toutes dévouées à un style de vins qui n'a pas son pareil en Champagne. Avec Mathieu Roland-Billecart, Denis Blée et Alexandre Bader à ses côtés, Florent Nys, le chef de cave, est entouré de gens qui croient en son talent. Il faut dire qu'il a appris, dix ans durant, les ficelles de ce métier ô combien important avec l'excellent François Domi, garant de l'excellence « Billecart » pendant trente années. De tous les chefs et cheffes de cave qui font briller la Champagne, Florent n'est pas le plus médiatique. Qui oserait douter cependant de ses qualités au regard de son acuité extrême lorsqu'il s'agit d'explorer l'univers qui est le sien. Avec trois cents hectares à sa disposition, dont cent en propriété, la naissance des champagnes de la maison repose sur l'art complexe de l'assemblage. C'est dans cette fonction ingrate qui consiste à dissimuler son goût personnel derrière chaque vin dégusté que le chef de cave excelle. Lui a même été plus loin, en menant une réflexion jusqu'au-boutiste quant aux liqueurs de dosage utilisées, capables en un instant d'effacer toute démarche stylistique et l'intérêt de longues années de vieillissement. Certes, un chef de cave en Champagne travaille presque toujours pour ses successeurs. Mais c'est bien l'exigence de pureté propre à Florent – il est intraitable avec les défauts organoleptiques – que l'on retrouve dans les derniers millésimes des quatre grandes cuvées de cette maison familiale (Nicolas François, Elisabeth Salmon, Louis Salmon, Clos Saint-Hilaire) et plus largement dans le goût si plaisant de ses champagnes. ▮ *Louis-Victor Charvet*

Château de Villeneuve (Saumur, Loire).

Cécile et Caroline Chevallier au rythme de la Loire

LES DEUX SŒURS sont aujourd'hui la dixième génération de Chevallier a prendre les rênes du château de Villeneuve, qui propose des vins merveilleux en appellations saumur et saumur-champigny. Cécile et Caroline sont à l'image de leur père Jean-Pierre, rigoureuses, passionnées, ouvertes d'esprits, sérieuses sans jamais se prendre trop au sérieux, mais aucunement là pour jouer les figurantes. Cécile dirige l'entreprise avec justesse et ambition quand sa sœur Caroline impose son expertise et ses envies dans les vignes et en cave, après avoir obtenu son diplôme national d'œnologue et vécu quelques expériences bien choisies au domaine Mas Amiel dans le Roussillon et au château Pichon Baron à Pauillac, cru classé en 1855, sous la direction de l'excellent Jean-René Matignon. Toujours en bio, le domaine s'est imposé comme l'un des tout meilleurs de la Loire grâce au travail d'un homme. Quelle fierté cela doit être pour Jean-Pierre Chevallier de voir ses filles aller dans le même sens pour permettre à l'œuvre de sa vie d'atteindre de nouveaux sommets. ■ *Denis Hervier*

Château-Grillet (Condrieu, Rhône).

Aloïs Houeto à la conquête du mythe

LES VENDANGES 2024 ont vu arriver un nouveau visage à la tête du château Grillet, petit joyau d'Artémis Domaines, en la personne d'Aloïs Houeto. Né en 1995, ce tout jeune trentenaire a fait ses études à Bordeaux (ingénieur agro puis DNO) avant de faire ses premières armes au château Latour, déjà dans le groupe. Souriant et posé dans ses explications, il a établi sa liste de priorités. Et la première de toutes, c'est le vignoble : *« Maintenir les vieux plants, favoriser la reprise des jeunes dans un contexte de sécheresse, continuer de travailler en sélection massale pour multiplier ce patrimoine qui est déjà riche. Et normalement, le vin, ça devrait suivre ».* Mais les projets ici ne concernent pas que les pieds de vigne. Avec une configuration en amphithéâtre, les murs en pierres sèches peuvent parfois s'effondrer en cas de fortes précipitations. Sans oublier la rénovation des bâtiments, ici une toiture, là une chambre froide. Le rachat a eu lieu en 2011, mais il y avait alors beaucoup à faire pour redonner tout son lustre à ce monopole enclavé dans l'appellation condrieu. Avec beaucoup de sérénité, Aloïs est au travail. **Guillaume Puzo**

(Châteauneuf-du-Pape, Rhône).

Les mondes d'Élodie Jaume à Châteauneuf-du-Pape

RARES SONT LES TERROIRS qui marquent de leur empreinte la mémoire des amateurs, deviennent des maîtres-étalons de leur goût et sont capables d'évolution, voire de changements radicaux lorsque le législateur le permet. Depuis toujours, ceux de Châteauneuf-du-Pape appartiennent à ce cercle restreint. La première appellation d'origine contrôlée, reconnue dès 1936, est aussi le porte-drapeau des nouveaux styles de vins rhodaniens, proposés par de jeunes vigneronnes et vignerons plein d'avenir. Comme Élodie Jaume, par exemple. Issue d'une vieille famille de Châteauneuf-du-Pape, la jeune femme a décidé en 2017 de travailler son vignoble de cinq hectares, situé dans les quartiers nord de l'appellation, avec une approche de la viticulture innovante. Entre travail des sols pour les aérer et les décompacter et application d'une biodynamie pragmatique. Élodie produit des raisins qui ont le goût du lieu, sans tomber dans les facilités proposées par la voie du vin nature. Ses châteauneuf-du-pape sont harmonieux et gracieux. Le blanc, qui s'appuie sur une proportion importante de clairette, montre la magie et la fine amertume de ce cépage. Tout en infusion, sa cuvée Libra donne au cinsault un éclat nouveau et des parfums de rose d'Ispahan. Et avec Coudoulet, en blanc comme en rouge, comme avec le merveilleux cabrières rouge 2022, brillant par sa grâce et sa texture, Élodie Jaume incarne à nos yeux le renouveau d'une appellation qui compte tant de talents à suivre. *Antoine Pétrus*

Domaine Paul Janin, (Beaujolais).

Perrine Janin, la fierté de son père

À 60 ANS, Éric Janin peut regarder tranquillement le chemin parcouru depuis son arrivée au domaine de son père Paul en 1983, avec en poche son brevet de technicien viticole décroché à Beaune. S'il ne pense pas encore à arrêter, il est aujourd'hui satisfait de voir sa fille Perrine, 27 ans, de retour au domaine. *« Je suis arrivée en février 2023, c'est pour toujours »*, lance d'emblée la jeune femme aux réparties pleines d'humour. Après un BTS viti-œno au lycée de Belleville, puis une alternance au château du Moulin-à-Vent, avant des voyages en Australie et en Sonoma, ce retour dans le Beaujolais se fait avec le projet de plus s'occuper des vignes. *« En fait, papa s'occupe beaucoup du tracteur et je fais tout le reste. Je suis beaucoup plus à la vigne qu'en cave, même si j'y suis pendant les vendanges. Je reçois aussi les clients. Il n'y a rien que je n'aime pas faire. »* Ce qui fait la fierté de son père : *« Si je suis content qu'elle revienne ? Bien sûr. C'est une démarche qui est venue d'elle. Depuis toute petite, elle disait qu'elle voulait faire comme papa, qu'il n'y avait que cela qui l'intéressait »*. C'est chose faite. ***Guillaume Puzo***

Domaine Eymin-Tichoux (Seyssuel, Rhône).

Sophie Eymin et Kevin Tichoux chez eux sur les coteaux

ILS ONT 36 ANS TOUS LES DEUX, se sont connus sur les bancs du BTS viti-œno de Montpellier avant de partir découvrir les industries viticoles dans la vallée du Maule au Chili, puis dans la région de Franschhoek en Afrique du Sud. *« On a surtout appris ce que l'on ne voulait pas faire, mais c'était hyper intéressant et on en a profité pour apprendre l'espagnol et l'anglais »*, explique Sophie. Revenu dans la vallée du Rhône, sa terre d'origine (elle de Seyssuel dans le nord, lui d'Uchaux dans le Gard), le duo a travaillé aux côtés de Stéphane Ogier. Kevin y était chef de culture tandis que Sophie est un peu passée par tous les postes à la vigne, en cave et dans les bureaux. Ils plantent leurs premières vignes en 2015, pour une récolte en 2017. Jeunes et dynamiques, ils ont déjà réuni un joli parcellaire qu'ils complètent par des achats de raisin. Ils passent la majeure partie de leurs temps dans leurs vignes, notamment sur les pentes de Seyssuel qui dominent le Rhône en contrebas. Et souhaitent prochainement bâtir leur propre cave, pour enfin vinifier à leur aise ▌***Guillaume Puzo***

Domaine Rolet
(Arbois, Jura)

Cédric Ducoté et les défis d'une vie

DÉSIRÉ ROLET A CRÉÉ SON DOMAINE EN 1942. Ses quatre enfants l'ont considérablement développé, jusqu'à atteindre soixante hectares. Ils en ont fait un pilier des vins d'Arbois. La génération d'après ne suit pas. Entrent alors en scène trois familles en 2018, les Flambert, les Dupuis et les Devillard. Ces derniers, vignerons en Bourgogne, font venir leur responsable export, Cédric Ducoté, pour prendre en main la propriété. Les Flambert et les Dupuis restent à ses côtés. Bien formé, à la fois DNO et Sup de Co, il est motivé par le fait de redorer le blason du domaine Rolet, qui s'était endormi sur ses lauriers. Tout est déjà là, mais à dépoussiérer. La cuverie, qui date des années 1970, est agrandie et prend un coup de jeune. La viticulture passe en bio, mais pas à pas, pour ne pas se prendre le mur. La moitié du domaine est déjà convertie. Cédric peut compter sur un bras droit et un bras gauche de sa génération, Chloé Weber pour le chai, Louis Morel pour la vigne. Peut-être le challenge d'une vie pour cette petite bande au carrefour de la quarantaine. Les vins, classiques, gagnent en précision, en délicatesse. Ce qu'on appelle une valeur sûre. ■ *Gilles Durand-Daguin*

CHÂTEAU
GALOUPET
CRU CLASSÉ CÔTES DE PROVENCE
CHÂTEAU
GALOUPET
CRU CLASSÉ CÔTES DE PROVENCE
ROSÉ
L'ABUS D'ALCOOL EST DANGEREUX POUR LA SANTÉ, À CONSOMMER AVEC MODÉRATION.

À mi-coteau, le célèbre clos Sainte-Hune du domaine Trimbach offre une vue imprenable sur l'église de Hunawihr et son village. La légende raconte qu'au temps des rois, Huna, épouse du roi Hunon, aurait réussi à transformer l'eau de la fontaine en vin. Le 6 septembre 2024.

Alsace

Le royaume du plaisir

Comment ne pas s'enthousiasmer devant les trésors qui attendent d'être trouvés dans les caves alsaciennes ? Ce bonheur sans cesse renouvelé est à portée de main

sélection **Guillaume Puzo**

Jean-Baptiste Adam

Difficile de passer à côté des installations de J.B. Adam, au bord de la route lorsqu'on traverse Ammerschwihr. La maison vieille de 400 ans est aujourd'hui dirigée par Jean-Baptiste et sa fille Laure. Depuis plus de 20 ans, les vignes sont cultivées en biodynamie. Régulièrement, le terroir du Letzenberg permet la production de vins de caractère mais la cuvée Grand K issue du grand cru Kaefferkopf, pourtant le grand terroir d'Ammerschwihr et dernier-né des grands crus d'Alsace, affiche un résiduel qui nous laisse perplexe.

- **riesling, Letzenberg, alsace 2022** | Sec | 2025>32 | 18.5 € | 89
- **riesling vieilles vignes, Kaefferkopf, alsace grand cru 2021** | Sec | 2025>36 | 24.1 € | 88
- **pinot gris, Letzenberg, alsace 2022** | Demi-sec | 2025>32 | 21.1 € | 87

Domaine Agapé

Après douze années passées au domaine familial Sipp-Mack à Hunawihr, Vincent Sipp a choisi de créer Agapé en 2007. Les terroirs de Riquewihr, Hunawihr et Ribeauvillé constituent son terrain de jeu, avec une dominante de calcaire (grand cru Rosacker) mais aussi de marnes à gypse (Schœnenbourg) et des marno-calcaro-gréseux (Osterberg). Si le riesling sait régulièrement restituer cette diversité d'expressions, notre dégustation annuelle nous a permis d'apprécier aussi les autres cépages, d'autant que Vincent essaie de vinifier des vins aussi secs que possible.

- **riesling, Osterberg, alsace grand cru 2022** | Sec | 2025>37 | 24 € | 90
- **riesling, Rosacker, alsace grand cru 2022** | Sec | 2025>37 | 32 € | 92
- **pinot gris Hélios Vendanges tardives, alsace 2022** | Moelleux | 2025>37 | 37 € | 92
- **gewurztraminer, Osterberg, alsace grand cru 2022** | Demi-sec | 2025>37 | 26 € | 91
- **Vin de macération, Into the Wild, alsace 2023** | Sec | 2025>30 | 15 € | 90
- **crémant d'alsace** | Brut | 2025>30 | 15 € | 89

Arthur Metz

Cette maison est la tête de pont alsacienne du groupe Grands Chais de France, l'un des géants du vin en France. Tous les niveaux de qualité sont ici présents, y compris des cuvées de terroir plus qu'honorables. Mais ce sont surtout les crémants, impeccablement réalisés, que nous recommandons.

- **Grand Terroir Schiste, Schieferberg, crémant d'alsace** | Brut | 2025>30 | 25.95 € | 90
- **Héritage, crémant d'alsace** | Extra-brut | 2025>30 | NC | 90

Domaine Barmès-Buecher

Geneviève accueille toujours les visiteurs avec gentillesse, mais aujourd'hui ce sont surtout ses enfants Maxime et Sophie qui sont aux responsabilités. Leur père François avait initié la migration des pratiques viticoles vers la biodynamie, aujourd'hui celle-ci apporte un supplément de verticalité aux vins, notamment les grands crus Hengst, Pfersigberg ou Steingrubler, ou le très réussi Clos Sand. Ces dernières années, Maxime s'est appliqué à restructurer son vignoble pour mieux l'adapter aux changements du climat, troquant des parcelles de plaine contre d'autres en coteau, plus qualitatives. Depuis 2022, leur pinot noir du Hengst est reconnu en grand cru, il faut le découvrir !

- **gewurztraminer, Steingrubler, alsace grand cru 2023** | Demi-sec | 2025>43 | 45 € | 93
- **riesling, Steingrubler, alsace grand cru 2023** | Sec | 2025>38 | 45 € | 92
- **riesling, Hengst, alsace grand cru 2023** | Sec | 2025>43 | 47 € | 95
- **gewurztraminer, Hengst, alsace grand cru 2023** | Doux | 2025>43 | 47 € | 92
- **riesling, Rosenberg, alsace 2023** | Sec | 2025>38 | 25 € | 93
- **gewurztraminer, Rosenberg, alsace 2023** | Demi-sec | 2025>38 | 25 € | 92
- **Brut Nature Zéro Dosage, crémant d'alsace 2023** | Extra-brut | 2025>30 | 21 € | 91
- **riesling, Leimenthal, alsace 2023** | Moelleux | 2025>43 | 28 € | 94
- **gewurztraminer, Pfersigberg, alsace grand cru 2023** | Demi-sec | 2029>43 | 45 € | 92
- **Sand, alsace 2023** | Sec | 2025>33 | 32 € | 92
- **Filigrane, alsace 2023** | Sec | 2025>33 | 27 € | 91
- **pinot gris, Rosenberg, alsace 2023** | Sec | 2025>33 | 25 € | 92
- **pinot noir, Hengst, alsace grand cru 2023** | Sec | 2025>38 | 50 € | 93
- **sylvaner, Rosenberg, alsace 2023** | Sec | 2025>33 | 25 € | 89
- **pinot blanc, Rosenberg, alsace 2023** | Sec | 2025>33 | 25 € | 90
- **Mue, alsace 2023** | Sec | 2025>33 | 25 € | 91

Domaine Charles Baur

Très jeune, Arnaud Baur a relayé son père Armand à la tête de l'exploitation familiale et cette transition s'est faite d'autant mieux qu'ils partageaient la même vision de vins secs. Proche d'Eguisheim et alentours, les beaux terroirs ne manquent pas. Les grands crus mis en avant par le domaine sont le Eichberg, le Pfersigberg et le Brand voisin, ce qui permet d'alterner entre expressions de calcaire ou de granite. Les vignes sont cultivées selon les principes de l'agriculture biologique et généralement tous les cépages offrent d'égales réussites. Les quelques déceptions de l'année passée sont oubliées avec nos dégustations récentes.

- **riesling, Eichberg, alsace grand cru 2022** | Sec | 2025>37 | NC | 92
- **pinot gris, Brand, alsace grand cru 2022** | Sec | 2025>37 | NC | 92
- **pinot gris sélection grains nobles, Eichberg, alsace grand cru 2017** | Doux | 2025>32 | NC | 94
- **riesling, Brand, alsace grand cru 2022** | Sec | 2025>37 | NC | 92
- **pinot gris, Eichberg, alsace grand cru 2022** | Sec | 2025>32 | NC | 90
- **gewurztraminer, Pfersigberg, alsace grand cru 2021** | Demi-sec | 2025>31 | NC | 90

✦ Star ✚ Valeur sûre ➔ À suivre de près N Nouvelle entrée

Bestheim

★

Le projet de mégafusion entre Bestheim et Wolfberger n'a pas avancé depuis l'an dernier, alors comme tout le monde en Alsace nous retenons notre souffle. La marque Bestheim est très présente en grande distribution, où elle écoule plus de 80 % de ses vins, la cave élabore une large gamme où les crémants (aujourd'hui la moitié des volumes de la cave) sont régulièrement réussis. En vins secs, les cuvées Exception tirent leur épingle du jeu, tout comme le pinot noir L'Impatient.

- **Grand Prestige Millésimé, crémant d'alsace 2019** | Brut | 2025>30 | 16 € — 89
- **Grand Prestige, crémant d'alsace 2021** | Brut | 2025>30 | 17 € — 89
- **riesling, Schlossberg, alsace grand cru 2022** | Sec | 2025>32 | 18 € — 90
- **pinot noir Exception, alsace 2021** | Sec | 2025>31 | 18 € — 90

Domaine Émile Beyer

★★★ ➔

Christian Beyer et son épouse Valérie ont consenti de gros efforts pour faire progresser leur domaine d'Eguisheim, notamment en le convertissant à la biodynamie, pratique qu'ils maîtrisent désormais et qui se retrouve dans les vins avec un supplément de vibration et de tension. Dernier développement en date, la remise en valeur du Clos Lucas Beyer, un micro-terroir exposé plein sud au cœur du Sundel, dont nous attendons avec impatience de goûter le vin. Après un millésime 2021 très compliqué en raison du mildiou, 2022 se présente sous un jour plus classique, et 2023 a souvent produit des raisins hauts en maturité, parfois un peu trop.

- **pinot gris, Hohrain, alsace 2023** | Demi-sec | 2025>33 | 26 € | ☘ — 89
- **riesling, Pfersigberg, alsace grand cru 2023** | Sec | 2025>33 | 42 € | ☘ — 90
- **riesling, Eichberg, alsace grand cru 2023** | Sec | 2025>33 | 42 € | ☘ — 89
- **gewurztraminer, Pfersigberg, alsace grand cru 2023** | Doux | 2025>38 | 40 € | ☘ — 91
- **pinot noir, Sundel, alsace 2022** | Sec | 2025>32 | 45 € | ☘ — 91
- **gewurztraminer vendanges tardives, alsace 2023** | Liquoreux | 2025>33 | 41 € | ☘ — 88

Léon Beyer

★★★★ +

La vieille maison d'Eguisheim poursuit son chemin, avec cette année encore des vins secs qui peuvent faire la fierté de l'Alsace, tant les rieslings, les pinots gris, les gewurztraminers que les pinots noirs. Ici les vins sont secs-secs, dès les entrées de gamme, sans que cela nuise à leur potentiel de vieillissement. À ce jeu-là, les grands crus Eichberg et Pfersigberg sont incomparables. Pour le reste, les étiquettes gagneraient à être quelque peu simplifiées car l'amateur peut s'y perdre entre les noms de gamme qui se superposent aux terroirs revendiqués. Les cuvées R de Beyer constituent des modèles de grands vins de type calcaire pour la région.

- **sylvaner, alsace 2023** | Sec | 2025>30 | 12.8 € — 88
- **riesling Les Écaillers, Pfersigberg, alsace grand cru 2018** | Sec | 2025>33 | 32 € — 92
- **riesling Comtes d'Eguisheim, Pfersigberg, alsace grand cru 2018** | Sec | 2025>38 | 40 € — 93
- **riesling R de Beyer, Eichberg, alsace grand cru 2018** | Sec | 2025>38 | 53 € — 95
- **gewurztraminer Comtes d'Eguisheim, Pfersigberg, alsace grand cru 2015** | Sec | 2025>40 | 47 € — 94
- **gewurztraminer R de Beyer, Eichberg, alsace grand cru 2017** | Sec | 2025>37 | 47 € — 96
- **pinot gris R de Beyer, Eichberg, alsace grand cru 2016** | Sec | 2025>36 | 47 € — 94
- **pinot noir Cœur de Chasse, alsace 2022** | Sec | 2025>32 | 32 € — 91
- **pinot noir Comtes d'Eguisheim, alsace 2018** | Sec | 2025>33 | 45 € — 92

Domaine Paul Blanck

★ N

Chez les Blanck, on travaille en famille : Frédéric s'occupe de la cave et son cousin Philippe de la communication et de la vente. Le patrimoine de vignes est très important, d'où la très large gamme. Nous avons longtemps salué le domaine pour sa régularité depuis les cuvées de fruit jusqu'aux plus belles expressions de terroir ou de botrytis, mais il nous semble que depuis quelques millésimes on ne retrouve plus la même homogénéité dans l'ensemble de la gamme. Nous espérons le retrouver en pleine forme dans les années qui viennent.

- **gewurztraminer vieilles vignes, Furstentum, alsace grand cru 2017** | Demi-sec | 2025>37 | 27 € | ☘ — 90
- **pinot gris, Patergarten, alsace 2019** | Demi-sec | 2025>34 | 19 € | ☘ — 90
- **riesling, Schlossberg, alsace grand cru 2022** | Sec | 2025>37 | 29 € — 90
- **riesling, Furstentum, alsace grand cru 2020** | Sec | 2025>40 | 29 € | ☘ — 92
- **auxerrois vieilles vignes, alsace 2022** | Demi-sec | 2025>30 | 21 € | ☘ — 89

Domaine Léon Boesch

★★★ ➔

Même s'il a conservé son sourire juvénile, Matthieu Boesch a déjà passé un quart de siècle à la tête du domaine familial. Depuis qu'il a converti ses parcelles à la biodynamie, une certification acquise depuis 2006, ses vins n'ont cessé de progresser. Passées les premières années où les vignes devaient s'adapter à ce nouvel équilibre de conduite, les tensions sont aujourd hui bien en place, sur fond de parfums floraux et de fruits mûrs sans excès. Des vins d'équilibre aussi secs que possible, même en pinot gris, ce qui n'est pas encore si fréquent en Alsace.

- **riesling, Breitenberg, alsace 2023** | Sec | 2025>43 | 22.5 € | ☘ — 91
- **pinot noir, Luss, alsace 2023** | Sec | 2025>33 | 31.5 € | ☘ — 92
- **sylvaner Les Pierres Rouges, alsace 2023** | Sec | 2025>33 | 12 € | ☘ — 89
- **pinot gris, Clos Zwingel, alsace 2023** | Sec | 2025>33 | 21.5 € | ☘ — 92
- **riesling, Luss, alsace 2023** | Sec | 2025>30 | 20.5 € | ☘ — 90
- **gewurztraminer, Zinnkoepflé, alsace grand cru 2023** | Sec | 2025>38 | 32.5 € | ☘ — 92

Domaine Albert Boxler

★★★★★ ✦

Longtemps Jean Boxler n'exploitait ses vignes en grand cru que sur les coteaux granitiques du Sommerberg et du Brand. Il a récemment récupéré des vignes sur le Florimont, tout en bas de son village de Niedermorschwihr, ce qui va lui offrir un nouveau terrain de jeu sur sol argilo-calcaire. Ce vigneron discret, qui préfère passer plus de temps dans ses vignes que dans des salons, propose de grands vins même quand le millésime est capricieux. Après des 2021 monumentaux en riesling, les 2022 sont une franche réussite, et les 2023 leur emboitent le pas.

- **riesling «E», Sommerberg, alsace grand cru 2023** | Sec | 2025>48 | NC — 97
- **riesling, Brand, alsace grand cru 2023** | Sec | 2025>38 | NC — 92
- **sylvaner, alsace 2023** | Sec | 2025>33 | NC — 91
- **riesling «K», Brand, alsace grand cru 2023** | Sec | 2025>43 | NC — 95
- **gewurztraminer Réserve, alsace 2023** | Demi-sec | 2025>38 | NC — 91
- **pinot gris «W», Sommerberg, alsace grand cru 2023** | Demi-sec | 2025>43 | NC — 95
- **pinot gris, Brand, alsace grand cru 2023** | Demi-sec | 2025>43 | NC — 93
- **riesling «V», Sommerberg, alsace grand cru 2023** | Sec | 2025>48 | NC — 95
- **pinot blanc Réserve, alsace 2023** | Sec | 2025>33 | NC — 92
- **riesling JV, Sommerberg, alsace grand cru 2023** | Sec | 2025>38 | NC — 92
- **riesling, Sommerberg, alsace grand cru 2023** | Sec | 2025>38 | NC — 93
- **riesling D, Sommerberg, alsace grand cru 2023** | Sec | 2030>48 | NC — 98
- **pinot gris, Florimont, alsace grand cru 2023** | Sec | 2025>38 | NC — 91
- **riesling Réserve, alsace 2023** | Sec | 2025>33 | 35 € — 90
- **pinot noir W, alsace 2023** | Sec | 2025>38 | 45 € — 93

Domaine Ernest Burn

★★★ ➔

Un domaine que l'on identifie spontanément au Clos Saint-Imer, un monopole de cinq hectares nichés au sommet du grand cru Goldert, terroir argilo-calcaire sur le ban de Gueberschwihr, où Francis Burn exploite la majeure partie de ses vignes. Au domaine, le muscat et le gewurztraminer s'expriment avec éclat, souvent avec un peu de résiduel, et avec cette fantastique longévité qui leur permet de briller dans le temps. Le Goldert est sans doute l'un des plus beaux terroirs à muscat de l'Alsace. Et quand la pourriture noble s'en mêle, on touche alors au génie.

- **muscat Les Tulipes, alsace grand cru 2022** | Demi-sec | 2025>30 | 16 € — 90
- **riesling, Goldert Clos Saint-Imer, alsace grand cru 2022** | Demi-sec | 2025>37 | 25 € — 90
- **pinot gris Vendanges tardives, Goldert Clos Saint-Imer, alsace grand cru 2018** | Moelleux | 2025>38 | 35 € — 92
- **Clos Saint-Imer gewurztraminer vendanges tardives, Goldert, alsace grand cru 2022** | Moelleux | 2025>32 | 35 € — 90
- **muscat Sélection de Grains Nobles, Goldert, alsace grand cru 2022** | Moelleux | 2025>47 | 80 € — 95

Domaine Agathe Bursin

Une vigneronne attachante de ce secteur de la vallée Noble, par son enthousiasme et la passion avec laquelle elle fait partager sa vie de vigneronne. Avec un vignoble pichonné comme un jardin, Agathe soigne ses quelques 7 hectares répartis en 38 parcelles en veillant à restituer les subtilités de chaque terroir dans une gamme assez large pour un si petit domaine. Les vins sont souvent secs même si parfois de petites rondeurs subsistent. Régulièrement les cuvées issues du grand cru Zinnkoepfle sont les plus réussies de la cave.

- riesling, Dirstelberg, alsace 2023 | Sec | 2025>33 | 16 € — 91
- pinot gris, Zinnkoepflé, alsace grand cru 2023 | Demi-sec | 2025>38 | 28 € — 93
- gewurztraminer, Zinnkoepflé, alsace grand cru 2023 | Moelleux | 2025>33 | 28 € — 92
- pinot noir, Strangenberg, alsace 2022 | Sec | 2025>37 | 28 € — 92
- riesling, Zinnkoepflé, alsace grand cru 2023 | Sec | 2025>38 | 28 € — 92
- gewurztraminer vendanges tardives, Zinnkoepflé, alsace grand cru 2023 | Doux | 2025>33 | 35 € — 91

Domaine Marcel Deiss

Influence du vinificateur (Mathieu a succédé à son père Jean-Michel depuis 2007) ou changement du climat qui fait avancer les dates de vendanges, sans doute un peu des deux, depuis plusieurs millésimes les vins du domaine goûtent secs, voire secs-secs, à l'image du brillant vin du Mambourg depuis 2019. Les 2023 sont souvent généreux par leur fruit et leur rondeur de bouche, mais avec le temps leur tension va s'exprimer en bouteille.

- Burg, alsace 2022 | Doux | 2025>42 | 47 € — 94
- Rouge de Saint-Hippolyte, alsace 2023 | Sec | 2025>33 | 30 € — 91
- Langenberg, alsace 2022 | Sec | 2025>42 | 37 € — 93
- Schoffweg, alsace 2022 | Sec | 2025>42 | 43 € — 93
- Grasberg, alsace 2021 | Demi-sec | 2025>36 | 39 € — 93
- Altenberg de Bergheim, alsace grand cru 2022 | Moelleux | 2032>42 | 80 € — 96
- Schoenenbourg, alsace grand cru 2022 | Sec | 2032>42 | 90 € — 98
- Engelgarten, alsace 2023 | Sec | 2025>33 | 37 € — 91
- Rotenberg, alsace 2023 | Demi-sec | 2025>33 | 38 € — 92
- Mambourg, alsace grand cru 2022 | Sec | 2025>42 | 90 € — 98
- alsace 2023 | Sec | 2025>30 | 24 € — 89
- Berckem, alsace 2023 | Sec | 2025>33 | 25.5 € — 90
- Gruenspiel, alsace 2023 | Sec | 2025>38 | 39 € — 93
- Zellenberg, alsace 2023 | Sec | 2025>30 | 23 € — 88
- Ribeauvillé, alsace 2023 | Sec | 2025>33 | 26 € — 89
- Riquewihr, alsace 2023 | Sec | 2025>33 | 26 € — 91
- Le Jeu des Verts, alsace 2023 | Sec | 2025>38 | 37 € — 94
- L'Arche, vin de france | Sec | 2025>32 | 45 € — 91
- Schlossberg, alsace grand cru 2022 | Sec | 2025>42 | 105 € — 95
- Alsace Complantation, alsace 2023 | Sec | 2025>30 | 31 € — 88
- Burlenberg, alsace 2020 | Sec | 2025>35 | 65 € — 94
- Limite du Royaume, alsace 2022 | Sec | 2025>30 | NC — 89

Domaine Dirler-Cadé

Ce domaine historique de Bergholtz s'est beaucoup agrandi lorsque Jean Dirler et Ludivine Cadé se sont mariés en 1998, les deux apportant de belles vignes de famille. Dans la foulée, ils ont converti leur vignoble à la biodynamie, qui depuis ne cesse de le leur rendre. La diversité des terroirs dans leur secteur permet l'élaboration de vins très purs et régulièrement de longue garde, à commencer par un étonnant sylvaner de vieilles vignes, sans oublier un muscat du grand cru Saering et bien sûr, tous les rieslings, régulièrement remarquables.

- sylvaner vieilles vignes, alsace 2023 | Sec | 2025>38 | 19.5 € — 92
- muscat, Saering, alsace grand cru 2022 | Sec | 2025>42 | 29 € — 93
- muscat, Saering, alsace grand cru 2023 | Sec | 2025>38 | 30.5 € — 92
- riesling, Kessler Heisse Wanne, alsace grand cru 2022 | Sec | 2025>47 | 53.5 € — 95
- riesling, Spiegel, alsace grand cru 2023 | Sec | 2028>38 | 37.8 € — 91
- pinot gris, Kessler, alsace grand cru 2022 | Demi-sec | 2030>37 | 34.1 € — 89
- gewurztraminer, Kitterlé, alsace grand cru 2022 | Moelleux | 2025>42 | 33.9 € — 92
- gewurztraminer, Kessler, alsace grand cru 2021 | Doux | 2021>41 | 35 € — 93
- pinot gris, Schimberg, alsace 2022 | Sec | 2025>37 | 22 € — 89
- gewurztraminer, Bux, alsace 2023 | Moelleux | 2025>33 | 22.5 € — 88
- pinot Réserve, alsace 2022 | Sec | 2025>30 | 15.4 € — 88
- muscat, Spiegel, alsace grand cru 2022 | Sec | 2025>37 | 27.6 € — 92
- muscat, Spiegel, alsace grand cru 2023 | Sec | 2025>33 | 29 € — 90
- riesling, Belzbrunnen, alsace 2021 | Sec | 2025>31 | 25 € — 88
- riesling, Kessler, alsace grand cru 2022 | Sec | 2025>42 | 38.1 € — 92
- gewurztraminer, alsace 2021 | Sec | 2025>31 | 19 € — 88
- gewurztraminer, alsace 2022 | Sec | 2025>32 | 19 € — 88
- pinot noir, alsace 2021 | Sec | 2025>29 | 28.4 € — 89
- pinot noir, alsace 2022 | Sec | 2025>30 | 28.4 € — 88
- pinot noir, alsace 2023 | Sec | 2025>33 | 29.8 € — 90
- riesling, alsace 2022 | Sec | 2025>32 | 18.9 € — 91
- riesling, Kitterlé, alsace grand cru 2023 | Sec | 2025>43 | 37.5 € — 94
- gewurztraminer vendanges tardives, Spiegel, alsace grand cru 2019 | Doux | 2025>32 | 45 € — 92
- gewurztraminer, Saering, alsace grand cru 2021 | Moelleux | 2025>31 | 30.7 € — 90
- gewurztraminer, Spiegel, alsace grand cru 2021 | Moelleux | 2025>36 | 34.1 € — 91
- pinot gris, Bux, alsace 2023 | Sec | 2025>33 | 22 € — 90
- Brut Nature, crémant d'alsace 2022 | Brut | 2025>30 | 19.9 € — 89
- riesling vendanges tardives, Saering, alsace grand cru 2015 | Doux | 2025>35 | 44.1 € — 93
- riesling Brut Nature, crémant d'alsace 2019 | Brut | 2025>34 | 24 € — 92
- Rosé Brut Nature, crémant d'alsace 2020 | Brut | 2025>30 | 24 € — 88
- Mémoire, alsace 2023 | Sec | 2025>29 | 15.9 € — 88

Domaine Henry Fuchs

Difficile de se faire une place au soleil parmi les grands noms du village de Ribeauvillé. Ce domaine y parvient très bien, grâce au travail appliqué de Paul Fuchs et de sa sœur Julie, la quatrième génération de la famille. Le riesling brille, tant sur les gneiss du Hagel que les marno-calcaires du Kirchberg et le pinot noir est une franche réussite, sur le Kirchberg (Rouge comme Renard) comme sur la Weinbaum (l'Arbre à vin), terroir qui convient également bien au sylvaner.

- riesling, Kirchberg de Ribeauvillé, alsace grand cru 2022 | Sec | 2025>42 | 33 € — 93
- pinot noir Rouge comme Renard, alsace 2022 | Sec | 2025>37 | 40 € — 94
- gewurztraminer, Kirchberg de Ribeauvillé, alsace grand cru 2023 | Doux | 2025>33 | 28 € — 89
- riesling, Hagel, alsace 2023 | Sec | 2025>33 | 26 € — 90
- pinot noir L'Arbre à Vin, Weinbaum, alsace 2022 | Sec | 2025>32 | 22 € — 92
- sylvaner, Weinbaum, alsace 2023 | Sec | 2025>30 | 13 € — 89

Domaine Paul Ginglinger

Ce domaine exploite les beaux terroirs calcaires d'Eguisheim, notamment les grands crus Eichberg et Pfersigberg, où le riesling est souvent à son honneur, décliné en de nombreuses cuvées suivant une démarche parcellaire parfois compliquée à suivre dans le détail. Les crémants sont également brillamment réussis, souvenir du temps où Michel Ginglinger faisait ses études d'œnologie en Champagne.

- gewurztraminer, Wahlenbourg, alsace 2023 | Demi-sec | 2025>33 | 14 € — 89
- chardonnay Brut Nature, crémant d'alsace 2019 | Brut | 2025>34 | 18 € — 92
- riesling, Pfersigberg Hertacker, alsace grand cru 2022 | Sec | 2025>37 | 30 € — 92
- riesling Vieilles Vignes, Pfersigberg Ortel, alsace grand cru 2022 | Sec | 2025>37 | 30 € — 92

Famille Hugel

Dans cette maison de tradition, où plusieurs générations travaillent de concert et en famille, les choses évoluent progressivement. Désormais les noms des grands crus sont revendiqués sur les étiquettes, et un nouveau crémant (fort réussi) a vu le jour. Le savoir-faire en matière de grands vins de pourriture noble ne s'est pas perdu, toutefois nous avouons notre déception cette année avec les cuvées d'entrée de gamme présentées, pas au niveau de la réputation de la maison.

- pinot noir Grossi Laüe, Clos du Pflostig, alsace 2015 | Sec | 2025>35 | 33.6 € — 93
- riesling Estate, alsace 2021 | Sec | 2025>30 | 27.5 € — 86
- riesling Grossi Laüe, Schoenenbourg, alsace grand cru 2015 | Sec | 2025>40 | 54 € — 95
- gewurztraminer vendanges tardives, alsace 2015 | Doux | 2025>35 | 46.5 € — 94
- crémant d'alsace 2019 | Extra-brut | 2025>29 | 32 € — 91
- gewurztraminer Classic, alsace 2023 | Demi-sec | 2025>29 | 17.2 € — 87

Domaine Hurst

Vieille famille vigneronne de Turckheim, les Hurst ont au fil du temps acquis des vignes bien situées sur le grand cru Brand, dont les flancs granitiques dominent la vallée ensoleillée qui remonte

✦ Star ✚ Valeur sûre ⊙ À suivre de près Ⓝ Nouvelle entrée

Vincent Sipp, Domaine Agapé

Dès sa création en 2007, Vincent Sipp a vu son domaine apprécié des sommeliers locaux. Il est vrai qu'il jouissait déjà d'une belle expérience au domaine familial (Sipp-Mack, situé à Hunawihr) avant de souhaiter vivre une aventure plus indépendante et personnelle, pour mettre en valeur des terroirs parmi les plus prestigieux de la région, entre Kaysersberg et Ribeauvillé. Toujours accueillant, il sait expliquer à quel point ses grands vins de terroir sont vinifiés pour briller à table, notamment ses différents rieslings ou ses pinots noirs. *Guillaume Puzo* jusqu'à Munster. Faute de repreneur, Armand Hurst et son épouse Nicole ont choisi en 2016 de céder leur exploitation à Marc Rinaldi, un investisseur passionné de grands vins d'Alsace, par ailleurs fondateur du domaine Kirrenbourg. Une nouvelle impulsion a été apportée au domaine, le parcellaire historique a été reconstitué, notamment les huit hectares sur le grand cru Brand. Sous la supervision du très doué Samuel Tottoli, la conversion à la biodynamie a tout de suite été enclenchée, le label est arrivé en 2019. Sans surprise les plus belles cuvées ici sont issues du Brand, y compris une étonnante cuvée de chasselas

- **pinot noir vieilles vignes, alsace 2023** | Sec | 2025>29 | 18.5 € 88
- **riesling, Boland de Turckheim, alsace 2022** | Sec | 2025>32 | 26 € 90
- **auxerrois, Rotenberg, alsace 2023** | Sec | 2025>33 | 16 € 89
- **pinot noir Cœur de Dragon, alsace 2023** | Sec | 2025>32 | 40 € 90
- **riesling, Brand, alsace grand cru 2022** | Sec | 2025>32 | 33 € 90
- **riesling, Brand, alsace grand cru 2021** | Sec | 2025>35 | 32 € 91
- **pinot noir, Hengst, alsace grand cru 2022** | Sec | 2025>30 | 50 € 89
- **Unique brut nature, crémant d'alsace 2020** | Brut | 2025>30 | 25 € 90
- **sylvaner vieilles vignes, alsace 2023** | Sec | 2025>33 | 13 € 91
- **chalasses B, alsace 2020** | Sec | 2025>35 | 15.9 € 92
- **pinot gris vieilles vignes, alsace 2023** | Sec | 2025>30 | 15.9 € 89
- **gewurztraminer vieilles vignes, alsace 2020** | Sec | 2025>32 | 14 € 90
- **riesling B, Brand, alsace grand cru 2020** | Sec | 2025>35 | NC 92

Josmeyer

✪✪✪ ✚

Ce domaine avait été mis au premier plan par Jean Meyer. Aujourd'hui, ce sont ses filles Céline et Isabelle qui poursuivent son œuvre, avec des vignes en biodynamie autour de Wintzenheim – Turckheim, notamment sur les grands crus Hengst et Brand. Les pinots gris, secs depuis longtemps, sont à privilégier. Les différentes cuvées de riesling sont évidemment des réussites, sans oublier un original auxerrois de vieilles vignes (cuvée H), issu du grand cru Hengst dont il ne peut avouer le nom. Autre rareté du domaine, un sylvaner à peau rouge. Depuis quelques années nous ne retrouvons plus dans les vins la tension que nous avons longtemps appréciée au domaine, avec des bouteilles qui évoluent un peu plus vite que par le passé.

- **riesling, Hengst, alsace grand cru 2020** | Sec | 2025>30 | 46 € | ☘ 88
- **pinot gris, Brand, alsace grand cru 2018** | Sec | 2025>38 | 38.5 € | ☘ 93
- **pinot blanc Mise du Printemps, alsace 2024** | Sec | 2025>30 | 17.4 € | ☘ 88

Domaine André Kientzler

✪✪✪✪ ✚

Thierry et Éric Kientzler ont fait progresser la viticulture du domaine, le convertissant à l'agriculture biologique. Si les vins étaient déjà d'un bon niveau et la viticulture soignée auparavant, cette étape devrait leur permettre de franchir un cap supplémentaire. Sur leurs terroirs principalement répartis entre Ribeauvillé et Bergheim, le riesling est le grand gagnant en cave. Mais le grand cru Kirchberg leur permet de proposer un étonnant auxerrois et surtout un rare muscat, tous deux de belle garde.

- **riesling, Geisberg, alsace grand cru 2023** | Sec | 2025>43 | 45 € | ☘ 95
- **riesling, Osterberg, alsace grand cru 2023** | Sec | 2025>38 | 33 € | ☘ 92
- **riesling, Kirchberg de Ribeauvillé, alsace grand cru 2023** | Sec | 2025>38 | 37 € | ☘ 93
- **riesling, Muhlforst, alsace 2023** | Sec | 2025>33 | 24 € | ☘ 91
- **pinot gris, Kirchberg de Ribeauvillé, alsace grand cru 2022** | Sec | 2025>33 | 36 € | ☘ 89
- **gewurztraminer, Osterberg, alsace grand cru 2020** | Sec | 2025>38 | 33 € | ☘ 92

Domaine Kirrenbourg

✪✪✪ ✚

Ce domaine est le fruit de la volonté de Marc Rinaldi, un entrepreneur à succès qui sur le tard a décidé de se consacrer aux grands terroirs d'Alsace. Après avoir racheté le domaine de Jean Schaetzel, il a investi dans des vignes en grand cru, notamment sur le Schlossberg et le Brand (Kirrenbourg est le nom d'un lieu-dit au sein du Schlossberg). Avec un chai modèle d'esthétique et de modernité, l'équipe technique articulée autour de Samuel Tottoli voit aujourd'hui tous ses efforts récompensés. Une gamme de vins secs parfaitement adaptée à la belle gastronomie.

- **riesling, Schlossberg, alsace grand cru 2018** | Sec | >21 | 40 € 91
- **riesling, Schlossberg, alsace grand cru 2020** | Sec | 2025>40 | 47 € | ☘ 93

Domaine Kreydenweiss

✪✪✪✪ ✚

Antoine Kreydenweiss a hérité de son père Marc de superbes terroirs sur le ban d'Andlau, notamment le fameux Kastelberg, un grand cru posé sur un sous-sol de schistes de Steige, qui donne au riesling un goût unique, presque fumé en bouche, avec un grand potentiel dans le temps. Le terroir n'explique pas tout et il y a aussi le travail appliqué à la vigne, où la biodynamie sert de révélateur aux différentes natures de sous-sols. Toute la gamme régale par sa perfection, y compris les vins de macération, notamment le pinot gris sur le grand cru Moenchberg.

- **pinot blanc La Fontaine aux Enfants, alsace 2021** | Sec | 2025>31 | 31 € | ☘ 92
- **Lune à Boire, alsace** | Sec | 2025>30 | 15 € | ☘ 91
- **Kritt, alsace 2023** | Sec | 2025>33 | 21 € | ☘ 91
- **riesling Au-dessus de la Loi, alsace 2023** | Sec | 2025>38 | 23 € | ☘ 93
- **pinot gris, Lerchenberg, alsace 2023** | Sec | 2025>33 | 25 € | ☘ 92
- **Clos du Val d'Éléon, alsace 2023** | Sec | 2025>38 | 27 € | ☘ 93

Kuentz-Bas

✪

Les plus anciens se souviennent que ce domaine jouissait d'une excellente réputation jusque dans les années 1990. La dégustation dernièrement d'un riesling Pfersigberg 1995 n'a pu que nous conforter dans nos bons souvenirs. Aujourd'hui, le domaine est exploité par Jean-Baptiste Adam, par ailleurs viticulteur à Ammerschwihr. En conformité avec ses convictions, il a converti le vignoble à la biodynamie dès 2004. Les vins sont techniquement bien faits, même si on attend plus en termes d'émotion.

- **pinot gris Trois Châteaux, alsace 2022** | Demi-sec | 2025>30 | 17 € | ☘ 86
- **pinot noir Trois Châteaux, alsace 2020** | Sec | 2025>30 | 29 € | ☘ 90
- **riesling, Geisberg, alsace grand cru 2022** | Sec | 2025>30 | 29 € 89

Domaine Loew

✪✪✪ ➔

Autour de Westhoffen, les terroirs alternent entre grès, calcaires du Muschelkalk et marnes de différentes couleurs (noires, rouges ou vertes), ce qui évidemment confère aux différentes cuvées du domaine des saveurs différentes. Sur ses 13 hectares de vignes, cultivées en biodynamie depuis 2009, Étienne Loew et son épouse Caroline travaillent avec soin, labourant certaines parcelles au cheval et laissant les fermentations se dérouler parfois longtemps. Cela donne des vins d'artiste, souvent plus expressifs en bouche qu'au nez, notamment sur les terroirs de grès.

- **riesling, Bruderbach (Clos des Frères), alsace 2022** | Sec | 2025>37 | 19.8 € | ☘ 92
- **pinot gris Le Menhir, Bruderbach, alsace 2022** | Sec | 2025>32 | 19.8 € | ☘ 92
- **muscat Les Marnes Vertes, alsace 2023** | Sec | 2025>31 | 17 € | ☘ 90
- **Jus sur baies - All you need is Loew, alsace 2022** | Sec | > | 19.8 € | ☘ 86
- **pinot blanc, alsace 2021** | Sec | 2025>31 | 17 € | ☘ 91
- **All you need is LOEW, crémant d'alsace** | Extra-brut | 2025>30 | 19.8 € | ☘ 91

Domaine André Lorentz

✪

Propriété de la famille Helfrich (Grands Chais de France), ce domaine installé à Barr exploite une trentaine d'hectares, dont notamment une bonne partie dans les grands crus (Wiebelsberg, Kasterberg et Kirchberg de Barr avec le Clos Zisser en monopole). Il propose des vins précis et plaisants, agréables à boire dans leur jeunesse.

- **Clos Zisser Monopole - Muscat, Kirchberg de Barr, alsace grand cru 2023** | Sec | 2025>29 | 18 € 88
- **Clos Zisser Monopole - Pinot gris, Kirchberg de Barr, alsace grand cru 2023** | Sec | 2025>29 | 18 € 88

Gustave Lorentz

✪✪ ➔

La maison aujourd'hui dirigée par Georges Lorentz exploite 45 hectares de vignes en propre, complétés par des achats de raisins auprès de producteurs locaux. Les grands terroirs sont le grand cru Altenberg (de Bergheim) et le Kanzlerberg, le plus petit des 51 grands crus d'Alsace. Les vignes mai-

✦ Star ✚ Valeur sûre ➔ À suivre de près N Nouvelle entrée

Thiébaut Zimmermann, La Cave du Vieil Armand

Thiébaut est le petit-fils du fondateur de la plus méridionale de toutes les caves coopératives d'Alsace, l'une des plus petites aussi avec seulement 150 hectares en apport. Jeune et entreprenant, loin des discours parfois stéréotypés que l'on peut souvent entendre dans de telles structures, il ne manque ni de projets ni d'ouverture d'esprit. C'est une voix que nous écouterons avec attention ces prochaines années. *Guillaume Puzo* son sont cultivées en agriculture biologique et la nouvelle cuverie inaugurée il y a quelques années a permis de rationaliser le travail en cave. Souvent les grands crus sont proposés avec un peu de patine en bouteille, il ne faut pas hésiter à les mettre en cave.

- riesling Vieilles Vignes, Altenberg de Bergheim, alsace grand cru 2020 | Sec | 2025>40 | 30 € | 94
- riesling, Kanzlerberg, alsace grand cru 2021 | Sec | 2025>36 | 30 € | 93
- pinot gris, Schofweg, alsace 2019 | Demi-sec | 2025>34 | 17 € | 92
- pinot noir Évidence, alsace 2022 | Sec | 2027>35 | 16 € | 89
- pinot gris, Altenberg de Bergheim, alsace grand cru 2018 | Doux | 2030>38 | 30 € | 90
- gewurztraminer vendanges tardives, Altenberg de Bergheim, alsace grand cru 2018 | Moelleux | 2025>33 | 43 € | 92

Domaine Albert Mann

✪✪✪✪✪ ✦

Ce domaine avait accédé à la reconnaissance médiatique au tournant des années 1990 grâce au travail acharné des deux frères, Maurice et Jacky Barthelmé, qui avaient progressivement converti le vignoble à l'agriculture biologique puis à la biodynamie. Le domaine fut pionnier pour l'Alsace dans l'élaboration de pinots noirs de grande qualité, avant que le réchauffement climatique n'entre en compte. Les rieslings du Schlossberg et surtout du Furstentum tutoient l'excellence depuis longtemps. Depuis quelques millésimes, les pinots gris et les gewurztraminers ont gommé leurs généreux sucres résiduels d'antan, permettant à la gamme de regarder dans les yeux la production des plus grands. Le mérite de la distinction suprême dans notre Guide l'an passé est à partager avec la nouvelle génération, Antoine et Pauline.

- riesling, Schlossberg, alsace grand cru 2023 | Sec | 2030>43 | 70 € | 94
- pinot gris, Furstentum, alsace grand cru 2023 | Demi-sec | 2030>43 | 45 € | 92
- gewurztraminer, alsace 2023 | Demi-sec | 2025>33 | 18 € | 91
- gewurztraminer, Steingrübler, alsace grand cru 2023 | Demi-sec | 2025>43 | 45 € | 93
- pinot noir Grand H, alsace grand cru 2023 | Sec | 2025>43 | 90 € | 94
- pinot noir Clos de la Faille, alsace 2023 | Sec | 2025>38 | 60 € | 91
- pinot noir Grand P, alsace 2023 | Sec | 2025>38 | 80 € | 92
- pinot noir Les Saintes-Claires, alsace 2023 | Sec | 2025>43 | 100 € | 94
- riesling, Wineck-Schlossberg, alsace grand cru 2023 | Sec | 2025>38 | 70 € | 93
- muscat L'Ottonel, alsace 2023 | Doux | 2025>38 | 100 € | 94
- pinot gris vendanges tardives, Hengst, alsace grand cru 2023 | Liquoreux | 2025>38 | 60 € | 93
- riesling, Furstentum, alsace grand cru 2023 | Sec | 2030>43 | 70 € | 93
- Crémant Millésimé, crémant d'alsace 2022 | Extra-brut | 2025>32 | 20 € | 91
- L'Épicentre, alsace 2023 | Liquoreux | 2025>38 | 140 € | 95

Domaine Meyer-Fonné

✪✪✪ ⊛

L'une des gammes les plus étendues d'Alsace. Félix Meyer a du mal à se raisonner quand il voit la diversité d'expression de ses terroirs, entre nature de sols, orientations et cépages, d'autant qu'il fait régulièrement l'acquisition d'une ou deux parcelles supplémentaires, récemment encore sur le grand cru Osterberg. Si les pinots noirs et les rieslings sont recommandables, les pinots gris et les gewurztraminers offrent de belles expressions, parfois avec un peu de résiduel que les vins supportent après quelques années. Sans oublier les vendanges tardives et la sélection de grains nobles, régulièrement délicieuses.

- riesling, Kaefferkopf, alsace grand cru 2022 | Sec | 2025>32 | 33 € | 90
- riesling, Wineck-Schlossberg, alsace grand cru 2023 | Sec | 2025>38 | 31 € | 92
- gewurztraminer, Furstentum, alsace grand cru 2021 | Moelleux | 2025>36 | 22.5 € | 93
- pinot noir, Altenbourg, alsace 2022 | Sec | 2025>42 | 33 € | 94
- riesling vendange tardive, Wineck-Schlossberg, alsace grand cru 2021 | Moelleux | 2025>31 | 45 € | 89

Domaine Frédéric Mochel

✪✪✪ ⊛

Guillaume Mochel a converti les 10 hectares du domaine familial à l'agriculture biologique et la certification biodynamique est en ligne de mire. Son grand terroir, le grand cru Altenberg de Bergbieten et ses marnes gypseuses, fait briller le riesling et le muscat, au travers d'une puissance saline parfumée en bouche. Une gamme soignée, accessible à des prix raisonnables. Ne manquez sous aucun prétexte son merveilleux riesling Altenberg cuvée Henriette en 2023.

- riesling Henriette, Altenberg de Bergbieten, alsace grand cru 2023 | Sec | 2025>43 | 23.5 € | 95
- riesling Henriette, Altenberg de Bergbieten, alsace grand cru 2021 | Sec | 2025>36 | 23.5 € | 92
- pinot noir Réserve, alsace 2022 | Sec | 2025>32 | 23.5 € | 91
- gewurztraminer, Altenberg de Bergbieten, alsace grand cru 2023 | Moelleux | 2025>43 | 23.5 € | 91
- muscat, Altenberg de Bergbieten, alsace grand cru 2023 | Demi-sec | 2025>33 | 24.6 € | 89

Domaine Stéphane et Mickaël Moltès

✪

Ce domaine fait aujourd'hui partie des valeurs montantes sur le secteur de Pfaffenheim, même s'il exploite aussi quelques vignes dans la vallée Noble voisine. La jeune génération est incarnée depuis 1995 par les deux frères Stéphane et Mickaël Moltès, qui ont franchi un cap en 2012 en se convertissant à l'agriculture biologique. Sur le grand cru Zinnkoepflé, nous préférons régulièrement l'expression du gewurztraminer à celle du riesling dans la restitution du terroir, une impression confirmée cette année encore.

- riesling Terre d'Apollon, alsace 2023 | Sec | 2025>28 | 11.7 € | 88
- riesling, Zinnkoepflé, alsace grand cru 2024 | Sec | 2025>29 | 17.5 € | 86
- riesling, Steinstuck, alsace 2023 | Sec | 2025>28 | 12.3 € | 87
- crémant d'alsace 2020 | Extra-brut | 2025>30 | 16.2 € | 90
- pinot noir, Sonnenglaenzlé, alsace 2023 | Sec | 2025>28 | 16.1 € | 86
- gewurztraminer, Zinnkoepflé, alsace grand cru 2023 | Doux | 2025>33 | 17.5 € | 89

Domaine Muré - Clos Saint Landelin

✪✪✪ ✚

Ici on travaille en famille : Véronique et son frère Thomas sont aux commandes et René, leur père, n'est jamais loin. Le domaine est situé au pied du clos Saint Landelin, monopole planté à l'extrémité sud du grand cru Vorbourg, où le pinot noir et le muscat sont régulièrement réussis. Originaire de Westhalten, la famille a repris quelques vignes dans cette vallée Noble qu'elle connaît si bien, dans le Steinstuck et le grand cru Zinnkoepflé, ce qui lui permet de compléter sa gamme. Depuis quelques années, un négoce vient étoffer le nombre de cuvées, sans toutefois atteindre le même niveau qualitatif. Préférez les vins du domaine !

- pinot noir Clos Saint-Landelin, alsace 2022 | Sec | 2025>37 | 53 € | 92
- riesling Clos Saint-Landelin, Vorbourg, alsace grand cru 2022 | Sec | 2025>37 | 35.2 € | 91
- riesling Clos Saint-Landelin, Vorbourg, alsace grand cru 2019 | Sec | 2025>39 | 36.9 € | 93
- riesling, Zinnkoepflé, alsace grand cru 2019 | Sec | 2025>39 | 39 € | 89
- syrah, vin de france 2023 | Sec | 2025>29 | 42 € | 88
- Clos Saint-Landelin pinot gris vendanges tardives, Vorbourg, alsace grand cru 2022 | Liquoreux | 2025>32 | 34 € | 88
- Maison Muré, crémant d'alsace | Brut | 2025>28 | 22 € | 87
- riesling Calcaires Jaunes (Maison Muré), alsace 2023 | Sec | 2025>28 | 15.9 € | 88
- sylvaner Originel (Maison Muré), alsace 2023 | Sec | 2025>28 | 9.4 € | 87

Domaine Gérard Neumeyer

✪✪

Le secteur de Molsheim est réputé pour son sous-sol très particulier, le Muschelkalk, un calcaire coquillier qui donne aux fins de bouche une acidité en longueur d'autant plus appréciée que le vin est sec. Justement, c'est un style de vin qu'affectionne Jérôme Neumeyer, quatrième génération de ce domaine familial, où il travaille avec sa sœur et son beau-frère. Tous les cépages semblent apprécier ce type de sol.

- riesling, Bruderthal, alsace grand cru 2022 | Sec | 2025>37 | 26 € | 92
- pinot blanc La Tulipe, alsace 2023 | Sec | 2025>30 | 13 € | 88
- sylvaner Générations, alsace 2022 | Sec | 2025>32 | 15 € | 91
- pinot gris Berger, Schaefferstein, alsace 2022 | Sec | 2025>32 | 17 € | 90
- gewurztraminer Taureau, Stierkopf, alsace 2023 | Demi-sec | 2025>30 | 17 € | 89
- gewurztraminer, Bruderthal, alsace grand cru 2020 | Moelleux | 2025>35 | 26 € | 90

✦ Star ✚ Valeur sûre ⊛ À suivre de près Ⓝ Nouvelle entrée

Mathieu Kauffmann, Château Ollwiller

On l'avait quitté technicien hors pair à la tête la maison Champagne Bollinger. Après un détour en Allemagne, où il a reçu six distinctions en sept ans pour l'excellence de ses vinifications, il s'est lancé dans le projet du château Ollwiller avec le soutien de la famille Mack (Europa Park). Depuis 2020, Mathieu laisse ainsi libre cours à sa passion, l'agriculture, en développant des projets de biodynamie, de permaculture, d'agropastoralisme, avec même une ferme et une production maraîchère. Sans oublier, bien sûr, le vignoble et son joyau, le grand cru Ollwiller, qu'il compte bien remettre au premier plan. *Guillaume Puzo*

Château Ollwiller

✪✪ N

Propriété dont les origines remontent avec certitude à 1180, le château Ollwiller appartenait à la famille Gros depuis 1825 lorsqu'ils décidèrent en 2020 de le céder à la famille Mack, des entrepreneurs allemands à qui on doit notamment le parc d'attraction Europa Park. L'affaire ne se serait certainement pas conclue sans l'implication de Mathieu Kauffmann, aujourd'hui régisseur mais que nous avions bien connu lorsqu'il était chef de cave pour les Champagnes Bollinger. L'approche environnementale est particulièrement ambitieuse, entre agriculture bio et biodynamique, permaculture mais aussi maraîchage, avec un restaurant intégré à l'exploitation, l'Amitié. Il faudra suivre les prochains millésimes.

- crémant d'alsace 2021 | Brut | 2025>30 | 13 € — 90
- crémant d'alsace 2022 | Brut | 2025>32 | 14 € — 92
- riesling, Ollwiller, alsace grand cru 2022 | Sec | 2025>37 | 16 € — 93
- riesling vieilles vignes, Ollwiller, alsace grand cru 2022 | Sec | 2025>37 | 20 € — 94
- pinot noir Alza, alsace 2024 | Sec | 2025>27 | 18 € — 89

Domaine Ostertag

✪✪✪✪ ✦

Arthur Ostertag, qui a repris le domaine familial à la suite de son père André, prolonge la démarche faite de biodynamie et de fine compréhension du vivant. Si les vins dégagent une sensation lumineuse unique dans le verre, les vinifications ne font que souligner la pureté originelle du raisin et la singularité des terroirs. Les derniers millésimes présentés confirment que même si les générations changent, le haut niveau du domaine se confirme.

- sylvaner vieilles vignes, alsace 2023 | Sec | 2025>33 | 18 € | ☘ — 89
- pinot gris, Fronholz, alsace 2022 | Sec | 2025>37 | 36 € | ☘ — 93
- riesling, Fronholz, alsace 2022 | Sec | 2025>32 | 45 € — 89
- riesling, Muenchberg, alsace grand cru 2022 | Sec | 2025>37 | 56 € | ☘ — 94
- riesling, Pflanzer Le Berceau, alsace 2022 | Sec | 2025>37 | 42 € — 91
- gewurztraminer À l'Orient d'Eden, Fronholz, alsace | Moelleux | 2025>32 | NC — 93

Domaine Mélanie Pfister

✪✪✪✪ ✚

Après de brillantes études (ingénieure agronome et diplômée d'œnologie à Bordeaux), Mélanie est revenue au domaine en 2008. Elle n'a depuis cessé de pousser les curseurs toujours plus loin vers la qualité. Quelques vins ont été ajoutés à la gamme, dont de fort réussis pinots gris et gewurztraminers de macération depuis 2018. Conséquence du réchauffement climatique, on trouve aussi d'excellents pinots noirs issus du Hüt et de Rahn. Sans oublier des crémants longuement élevés sur lattes, un excellent riesling du grand cru Engelberg, et depuis 2014, un modèle de pinot gris vinifié en fût, issu du Silberberg. Une constance vers le haut niveau qui n'est jamais prise en défaut.

- pinot noir, Rahn, alsace 2023 | Sec | 2025>33 | 34 € | ☘ — 92
- pinot gris, Silberberg, alsace 2023 | Sec | 2025>33 | 28 € | ☘ — 93
- Breit, Blanc de blancs, crémant d'alsace | Extra-brut | 2025>30 | 20.5 € | ☘ — 90
- pinot noir, Hüt, alsace 2023 | Sec | 2025>33 | 34 € | ☘ — 91
- riesling , Engelberg, alsace grand cru 2023 | Sec | 2025>38 | 36.5 € — 93
- Mel, quatre cépages nobles, alsace 2023 | Sec | 2025>33 | 22.3 € | ☘ — 92

Le Vignoble du Rêveur

✪✪ N

Comme son nom l'évoque, le Vignoble du Rêveur est le projet quelque peu romantique voulu par Mathieu Deiss et sa compagne Emmanuelle Milan, en marge du domaine familial de Bergheim. L'idée c'était d'exploiter les vignes de la famille de la mère de Mathieu, mais surtout de les vinifier avec une autre approche, en travaillant les macérations, en ajoutant très peu de soufre, tout en préservant la qualité des vins et leur tenue à l'air. Les récentes acquisitions dans la Vallée Noble, sur le Steinstuck et le grand cru Zinnkoepflé, sont intégrées à ce projet.

- Pierres sauvages, alsace 2023 | Sec | 2025>30 | 18 € — 89
- Vibrations, alsace 2023 | Sec | 2025>30 | 22 € — 90
- Vigne en rose, alsace 2022 | Sec | > | 23 € — 87
- Singulier, alsace 2022 | Sec | 2025>30 | 24 € — 89
- Artisan, alsace 2022 | Sec | 2025>32 | 25 € — 90
- Un Instant sur Terre, alsace 2022 | Sec | 2025>32 | 40 € — 91
- Rien ne bouge, vin de france 2023 | Sec | 2025>33 | 23 € — 90
- Steinstuck, alsace 2023 | Sec | 2025>33 | 32 € — 91

Cave de Ribeauvillé

✪✪✪ ✚

La plus petite des caves coopératives d'Alsace (seulement 41 apporteurs) continue son parcours d'excellence, grâce à des beaux terroirs dans le secteur de Ribeauvillé et à une politique exigeante, bannissant par exemple la machine à vendanger. Il suffit ensuite à Évelyne Bléger-Cognacq, l'œnologue de la cave, de laisser chacun des terroirs s'exprimer grâce à une cuverie bien proportionnée. L'amateur recherchera en priorité les rieslings, les pinots noirs et les crémants. Sans oublier le Clos du Zahnacker, un assemblage de riesling, pinot gris et gewurzt dont l'identité de terroir s'affirme un peu plus à chaque millésime.

- pinot gris, Schofweg, alsace 2022 | Sec | 2025>32 | 15.8 € — 91
- riesling, Osterberg, alsace grand cru 2021 | Sec | 2025>31 | 22.8 € — 91
- Clos du Zahnacker, alsace 2019 | Demi-sec | 2025>39 | 30.8 € — 94
- pinot noir, Kugelberg de Rorschwihr, alsace 2023 | Sec | 2025>32 | 27.8 € — 92
- gewurztraminer, Haguenau , alsace 2022 | Doux | 2025>32 | 16.7 € — 89
- riesling, Haguenau, alsace 2021 | Sec | 2025>31 | 13.3 € — 90

Domaine Rolly-Gassmann

✪✪✪ ➔

Pierre Gassmann aime le temps long, à l'image de la nouvelle cuverie pharaonique qu'il a fait ériger dans son village de Rorschwihr, où ses vins patientent le temps qu'il faut avant d'être mis en bouteille, parfois vingt ans et plus. Le domaine propose un style unique dans la région, lié au terroir très particulier de ce village où le foehn permet chaque année le développement de la pourriture noble. Toutes les cuvées ici affichent un résiduel prononcé, mais les belles acidités naturelles apportent de l'équilibre au vieillissement. Un style à part et attachant.

- pinot noir, Rodern, alsace 2016 | Sec | 2025>36 | NC — 93
- sylvaner , Weingarten de Rorschwihr, alsace 2011 | Demi-sec | 2025>36 | NC — 92
- muscat, Moenchreben de Rorschwihr, alsace 2020 | Doux | 2025>30 | 18 € — 89
- riesling , Kappelweg de Rorschwihr, alsace 2019 | Demi-sec | 2025>39 | 21 € — 92

Domaine Robert Roth

✪✪ ➔

Charlotte et Victor Roth s'appliquent à redonner vie au vignoble méconnu de Soultz, au sud de l'Alsace, qui au fil du temps a vu les viticulteurs vendre leurs raisins au négoce ou l'apporter à la coopération, quand le grignotage urbain ne faisait pas disparaître les parcelles plantées. Grâce à un travail soigné à la vigne et des vinifications aussi précises que possible, les différents terroirs du secteur, dont le grand cru Ollwiller, retrouvent leur légitimité.

- sylvaner , Mittelbourg, alsace 2020 | Sec | 2023>35 | NC — 91
- riesling , Hornstein, alsace 2020 | Sec | 2023>35 | NC — 92
- riesling , Mittelbourg, alsace 2019 | Sec | 2023>34 | NC — 92
- riesling , Ollwiller, alsace grand cru 2020 | Sec | 2023>35 | NC — 92

Domaine Schlumberger

✪✪ ✚

Plus vaste domaine viticole d'Alsace avec 130 hectares de vignes, concentrées sur les grands crus de Guebwiller et Bergholtz ainsi que sur le Bollenberg voisin, Schlumberger a entamé une démarche de conversion en bio pour les pinots noirs. Sous l'impulsion de Séverine et Thomas Schlumberger, les projets ne manquent pas, comme cette nouveauté du clos Saint Léger, monopole de 160 ares planté en riesling au cœur du grand cru Kitterlé, en surplomb de la ville de Guebwiller. Petite ombre au tableau, les pinots gris et surtout les gewurztraminers affichent régulièrement un résiduel prononcé quand une bonne partie de l'Alsace a compris qu'on pouvait les vinifier secs, et que le public les attendait ainsi.

- riesling, Saering, alsace grand cru 2022 | Sec | 2025>42 | 27.56 € — 91
- gewurztraminer, Kitterlé, alsace grand cru 2021 | Doux | 2031>41 | 34 € — 91
- pinot noir, Stein, alsace 2022 | Sec | 2025>32 | 28.35 € — 90
- pinot gris, Kessler, alsace grand cru 2020 | Moelleux | 2025>40 | 26.85 € — 88
- riesling, Flieg, alsace grand cru 2022 | Sec | 2028>37 | 21.75 € — 89
- gewurztraminer Les Princes Abbés, alsace 2023 | Moelleux | 2025>33 | 17.3 € — 89

Pierre-Émile Humbrecht, Domaine Zind-Humbrecht

Difficile de ne pas remarquer cet imposant gaillard qui domine de son double-mètre et de sa carrure « teddyrinesque » à la fois son interlocuteur et son sujet. Pierre-Émile a la tête bien faite (Changins, en Suisse). Et s'il s'occupe de la biodynamie au domaine Zind-Humbrecht, c'est qu'Olivier Humbrecht, son père, l'en a jugé entièrement capable. Ne reculant jamais face à l'effort, il vient de racheter une vigne dans le grand cru Sommerberg et a prévu de remodeler tout ce coteau pour se débarrasser d'inutiles banquettes afin de planter dans le sens de la pente. Chaque époque a ses Hercule. *Guillaume Puzo*

Domaine François Schmitt
✪✪✪ ➔

Frédéric Schmitt est devenu une référence pour les vins du secteur d'Orschwihr, notamment sur les terroirs du Bollenberg et du Pfingstberg. Le passage à la biodynamie, certification acquise depuis 2019, lui a permis de franchir un palier. Aussi bien pour son pinot noir du Bollenberg, ses rieslings du Pfingstberg, ses pinots gris secs-secs (Le Maréchal), ou bien ses crémants, difficile de prendre sa gamme en défaut. Sans oublier le petit dernier, un superbe gewurztraminer sec issu du Zinnkoepflé. Les prix sont restés très raisonnables, il faut en profiter.

- riesling Paradis, Pfingstberg, alsace grand cru 2022 | Sec | 2025>42 | 37 € | ☘ — 93
- pinot gris Le Maréchal, Bollenberg, alsace 2023 | Sec | 2025>33 | 20 € | ☘ — 92
- gewurztraminer vendanges tardives, Luft Bollenberg, alsace 2023 | Liquoreux | 2025>38 | 39 € | ☘ — 93
- pinot noir, Bollenberg, alsace 2023 | Sec | 2025>33 | 17 € | ☘ — 91
- riesling La vallée des cerfs, Pfingstberg, alsace grand cru 2020 | Sec | 2025>40 | 27 € | ☘ — 94

Domaine Maurice Schoech et Fils
✪

Ce domaine est principalement situé sur le secteur d'Ammerschwihr et ses alentours, notamment les grands crus Kaefferkopf, Schlossberg, Furstentum et Mambourg, avec aussi une petite vigne sur le très convoité Rangen, le grand cru le plus méridional d'Alsace. Les vins secs ont régulièrement notre préférence, en riesling et pinot gris, et le crémant découvert cette année était très réussi. Les résiduels présents dans les gewurztraminers sont parfois un peu excessifs, y compris dans le grand cru Kaefferkopf.

- riesling, alsace 2023 | Sec | 2025>28 | 12 € | ☘ — 86
- pinot gris, alsace 2023 | Demi-sec | 2025>29 | 11 € | ☘ — 88
- gewurztraminer, Kaefferkopf, alsace grand cru 2022 | Doux | 2025>32 | 18 € | ☘ — 87
- riesling, Kaefferkopf, alsace grand cru 2022 | Sec | 2027>37 | 24 € | ☘ — 89
- Bulles de Granite, crémant d'alsace 2022 | Extra-brut | 2025>30 | 15 € | ☘ — 91
- Harmonie «R», Rangen de Thann, alsace 2023 | Sec | 2025>38 | 39 € | ☘ — 92

Domaine Schoenheitz
✪✪ ➔

Après plus de quarante années consacrées au développement de leur domaine, Henri et Dominique Schoenheitz se sont résolus à le céder en 2023 à un duo motivé, Jérôme Mendelin et Jean-Philippe Manchès. Si le second joue plus le rôle d'un partenaire investisseur, étant par ailleurs propriétaire du château Grange Cochard à Morgon, Jérôme Mendelin est la véritable cheville ouvrière de ce nouveau départ, en charge des aspects techniques et commerciaux. Les granites de Wirh-au-Val sont leur terrain de jeu, à eux de les apprivoiser.

- riesling, Linsenberg, alsace 2023 | Sec | 2025>30 | 17 € — 88
- pinot noir, Saint-Grégoire, alsace 2023 | Sec | 2025>31 | 25 € — 89
- riesling, Holder, alsace 2023 | Sec | 2025>33 | 17 € — 89
- gewurztraminer, Linsenberg, alsace 2019 | Moelleux | 2025>34 | 17 € — 90
- pinot blanc, Val Saint-Grégoire, alsace 2023 | Sec | 2025>30 | 11 € — 86

Domaine Schoffit
✪✪✪ ✚

Alexandre Schoffit a aujourd'hui en main ce domaine qui a pour particularité d'être à la périphérie de la ville de Colmar, dans un secteur plutôt résidentiel. L'histoire du domaine se conjugue avec la plaine de la Harth, secteur longtemps de tradition maraîchère et viticole, aujourd'hui grignoté par l'urbanisme. Terroir quelconque lorsqu'il est travaillé avec négligence, la Harth permet la production de bons vins quand on sait soigner ses rendements, comme c'est le cas ici. Dans le grand cru Rangen, à Thann, autre secteur important du domaine, les Schoffit exploitent le clos Saint-Théobald.

- chasselas vieilles vignes, alsace 2023 | Sec | 2025>29 | 12 € | ☘ — 87
- riesling vieilles vignes, Harth, alsace 2023 | Sec | 2025>33 | 16 € | ☘ — 90
- gewurztraminer cuvée Caroline, Harth, alsace 2023 | Demi-sec | 2025>30 | 15 € | ☘ — 89
- pinot gris Clos Saint-Théobald, Rangen, alsace grand cru 2023 | Sec | 2029>38 | 35 € | ☘ — 92

Domaine Étienne Simonis
✪ Ⓝ

Étienne Simonis et son épouse Katia mettent en valeur leurs terroirs autour de leur domaine à Ammerschwihr, à savoir les grands crus Kaefferkopf et Marckrain, selon les préceptes de la biodynamie, ici certifiée. Si les gewurztraminers contiennent encore trop de sucre résiduel à notre goût, les rieslings et le pinot gris présentés nous ont semblé plus convaincants.

- riesling, Kaefferkopf, alsace grand cru 2023 | Sec | 2025>33 | 19.9 € | ☘ — 89
- gewurztraminer, Marckrain, alsace grand cru 2022 | Moelleux | 2025>32 | 20.5 € | ☘ — 87
- pinot gris Clos des Chats, alsace 2022 | Sec | 2025>32 | 24 € | ☘ — 89
- riesling Clos des Chats, alsace 2023 | Sec | 2025>33 | 18.4 € | ☘ — 89
- riesling Les Moulins, alsace 2023 | Sec | 2025>30 | 14.8 € | ☘ — 88
- gewurztraminer, Kaefferkopf, alsace grand cru 2023 | Moelleux | 2025>30 | 19 € | ☘ — 86

Louis Sipp
✪✪✪ ✚

Ce vaste domaine situé dans le secteur de Ribeauvillé exploite des vignes sur les grands crus Kirchberg et Osterberg. Étienne Sipp, après une première carrière dans l'industrie, est revenu s'occuper du domaine familial en compagnie de Martine, son épouse. Il a entrepris de changer les méthodes de travail pour suivre les préoccupations contemporaines. Aujourd'hui, le vignoble est cultivé en biodynamie et les vins restituent cette considération apportée à la vigne et au sol. Des verticales sur 40 ans montrent tout le potentiel des grands crus où riesling et pinot noir sont souvent au sommet de la cave.

- riesling, Kirchberg de Ribeauvillé, alsace grand cru 2016 | Sec | 2025>36 | 30 € | ☘ — 95
- riesling, Hagel, alsace 2023 | Sec | 2025>38 | 24 € — 91
- pinot blanc, Ribeauvillé, alsace 2023 | Sec | 2025>28 | 14 € — 89
- Hagenau, alsace 2017 | Sec | 2025>32 | 20 € — 92
- riesling, Muehlforst, alsace 2023 | Sec | 2025>33 | 20 € — 90
- riesling, Osterberg, alsace grand cru 2020 | Sec | 2025>35 | 30 € — 93

Domaine Sipp-Mack
✪✪ Ⓝ

Encore un Sipp sur le secteur de Ribeauvillé-Riquewihr, celui-ci c'est Sipp-Mack, qui exploite en grands crus des parcelles sur le Rosacker et l'Osterberg. Jacques Sipp et sa fille Carolyn cultivent en bio certifié depuis 2013 leurs 24 hectares de vignoble. La majorité des vins goûtent secs, ou presque dans le cas des pinots gris. Le domaine produit également de bons crémants.

- riesling, Osterberg, alsace grand cru 2020 | Sec | 2025>35 | 25.9 € | ☘ — 90
- riesling, Rosacker, alsace grand cru 2022 | Sec | 2025>30 | 25.9 € | ☘ — 88
- pinot noir vieilles vignes, alsace 2022 | Sec | 2025>37 | 15.9 € — 92
- crémant d'alsace 2021 | Extra-brut | 2025>29 | 15.9 € | ☘ — 89
- pinot gris sélection de grains nobles, alsace 2018 | Liquoreux | 2025>33 | 39.9 € | ☘ — 92

Domaine Marc Tempé
✪✪✪✪ ✚

La vendange 2022 a été sa dernière, d'ailleurs depuis Marc a confié ses vignes à différents vignerons du secteur, mais comme il aime les élevages longs nous continuons de découvrir au compte-gouttes ses nouvelles cuvées, pour cette édition du guide des 2019, 2020 et 2021. Ce vigneron unanimement respecté applique une biodynamie pointue, donnant un fruité particulier à ses cuvées. Des vins que l'on mâche autant qu'on les hume, toujours portés par une longue finale saline, tant pour ceux issus des terroirs modestes que les grands crus.

- pinot noir, Altenbourg, alsace 2020 | Sec | 2025>35 | NC — 94
- pinot blanc Sophie, alsace 2019 | Sec | 2025>34 | NC — 93
- Priegel, alsace 2020 | Sec | 2025>35 | 29 € — 93
- Priegel, alsace 2019 | Sec | 2025>34 | 29 € — 92
- pinot noir Am Zelle, alsace 2020 | Sec | 2025>30 | NC — 89
- riesling Am Zelle, alsace 2021 | Sec | 2025>31 | 23.8 € — 90
- pinot gris Am Zelle, alsace 2021 | Sec | 2025>31 | 21.4 € — 89
- pinot blanc AmZelle, alsace 2021 | Sec | 2025>31 | 17.2 € — 89
- riesling Mon Précieux, alsace 2000 | Moelleux | 2025>35 | NC — 95
- gewurztraminer Mon Précieux, alsace 2000 | Liquoreux | 2025>35 | NC — 96

✦ Star ✚ Valeur sûre ➔ À suivre de près Ⓝ Nouvelle entrée

Mathieu Deiss, Domaine Marcel Deiss, Vignoble du Rêveur

Tous les *aficionados* du domaine Deiss (et ils sont nombreux chaque année à venir le rencontrer au Grand Tasting) savent ce que Mathieu a apporté. Ce qu'ils connaissent moins, c'est son jardin secret du Vignoble du Rêveur qu'il a monté avec sa compagne Emmanuelle Milan. Sur d'autres terroirs, il expérimente des méthodes de vinification, comme de macération, ce qui lui a encore permis d'affiner le style des vins du domaine Deiss. Goûtez ces vins de texture et de goût, un peu déroutants de prime abord, mais toujours étonnants. *Guillaume Puzo*

Domaine Trapet Alsace

★★★★ ✦

Ce domaine est la tête de pont de la famille Trapet en Alsace, Andrée Trapet (l'épouse de Jean-Louis) étant originaire de Beblenheim, à côté de Riquewihr. Si toute la famille s'implique ici, c'est Pierre, l'un des deux fils, qui mène en particulier une viticulture pointue (vignes conduites en échalas, plantations en franc de pied, agro-pastoralisme avec la présence de moutons dans les vignes l'hiver, etc.). De superbes raisins ainsi que des vinifications minimalistes donnent ici de superbes expressions de terroirs. Le domaine compte désormais parmi les très grands en Alsace.

- riesling, Schoenenbourg, alsace grand cru 2022 | Sec | 2025>42 | 60 € — 93
- pinot noir Chapelle 1441, alsace 2023 | Sec | 2025>33 | 26 € | ☘ — 90
- riesling, Beblenheim, alsace 2023 | Sec | 2025>30 | 15 € — 89
- riesling , Schlossberg, alsace grand cru 2022 | Sec | 2025>42 | 60 € — 93
- gewurztraminer , Riquewihr, alsace 2022 | Sec | 2025>32 | 15 € — 89
- gewurztraminer , Sporen, alsace grand cru 2022 | Doux | 2025>37 | NC — 89

Domaine Trimbach

★★★★ ✦

La grande maison de Ribeauvillé, symbole historique du négoce alsacien, est plus en forme que jamais. Elle vient de célébrer les 100 ans du Clos Sainte Hune, sa cuvée culte issue du grand cru Rosacker. Mais surtout elle est désormais certifiée bio depuis le millésime 2023, sur ses quelques 70 hectares en exploitation (dont 13 hectares de grand cru) mais aussi sur ses achats en négoce, une part historique de son activité. Les grandes cuvées, tant les grands crus que les marques comme Frédéric Émile (riesling) ou Seigneurs de Ribeaupierre (gewurztraminer), vieillissent à la perfection sur plusieurs décennies, justifiant la réputation de Trimbach sur les tables étoilées de la planète.

- riesling, alsace 2023 | Sec | 2025>30 | NC — 88
- gewurztraminer, alsace 2023 | Sec | 2025>30 | NC — 87
- pinot gris Réserve Personnelle, alsace 2023 | Sec | 2025>33 | NC — 88
- riesling Frédéric-Émile, alsace 2023 | Sec | 2025>43 | NC — 93
- riesling Frédéric-Émile, alsace 2022 | Sec | 2030>42 | NC — 94
- gewurztraminer Seigneurs de Ribeaupierre, alsace 2023 | Sec | 2030>38 | NC — 92
- riesling Réserve, alsace 2023 | Sec | 2025>33 | NC — 90
- gewurztraminer Réserve, alsace 2023 | Demi-sec | 2028>33 | NC — 90
- riesling vieilles vignes, alsace 2023 | Sec | 2025>38 | NC — 91
- riesling Vignoble du Couvent de Ribeauvillé, Geisberg, alsace grand cru 2023 | Sec | 2025>43 | NC — 95
- riesling Vignoble du Couvent de Ribeauvillé, Geisberg, alsace grand cru 2022 | Sec | 2032>47 | NC — 96
- riesling, Schlossberg, alsace grand cru 2023 | Sec | 2025>38 | NC — 93
- riesling, Schlossberg, alsace grand cru 2022 | Sec | 2025>47 | NC — 95
- pinot noir Réserve, alsace 2023 | Sec | 2025>30 | NC — 89
- riesling, Mandelberg, alsace grand cru 2023 | Sec | 2025>38 | NC — 92
- riesling, Brand, alsace grand cru 2023 | Sec | 2025>43 | NC — 93
- riesling, Brand, alsace grand cru 2022 | Sec | 2030>42 | NC — 94
- sylvaner, Weinbaum, alsace 2023 | Sec | 2025>30 | 16.5 € — 88
- riesling Hommage à Hubert Trimbach, alsace 2023 | Sec | 2025>38 | NC — 92
- riesling, Rosacker Clos Sainte-Hune, alsace grand cru 2022 | Sec | 2032>47 | NC — 97
- riesling, Rosacker Clos Sainte-Hune, alsace grand cru 2023 | Sec | 2033>43 | NC — 95
- pinot gris, Osterberg, alsace grand cru 2023 | Sec | 2025>38 | NC — 90
- gewurztraminer, Muehlforst, alsace 2023 | Sec | 2025>33 | NC — 92

La cave du Vieil Armand

★ N

À Wuenheim se situe la plus méridionale des caves coopératives d'Alsace. Fondée en 1959, la cave du Vieil Armand ne compte que 60 adhérents, dont le plus important, et de loin, est le Château Ollwiller, qui a d'ailleurs donné son nom au grand cru local. Grâce à l'implication d'un jeune président dynamique, Thiébaut Zimmermann, et à la complicité de Mathieu Kauffmann du château Ollwiller, les vins ont bien progressé depuis quelques millésimes.

- pinot gris, Ollwiller, alsace grand cru 2022 | Doux | 2025>32 | 13.9 € — 87
- gewurztraminer, Ollwiller, alsace grand cru 2022 | Doux | 2025>32 | 13.9 € — 88
- Crémant Rosé, crémant d'alsace 2022 | Extra-brut | 2025>30 | 9.5 € — 91
- Crémant, crémant d'alsace 2022 | Extra-brut | 2025>30 | 9.5 € — 90
- riesling, alsace 2022 | Sec | 2025>30 | 9 € — 88
- riesling , Ollwiller, alsace grand cru 2022 | Sec | 2025>37 | 13.9 € — 92
- pinot gris, alsace 2022 | Sec | 2025>32 | 9.5 € — 90

Domaine Wach

★★ ➔

Anciennement connu sous le nom domaine des Maronniers, cette propriété a été rebaptisée à l'occasion de l'arrivée de Pierre Wach à la tête du domaine familial, en 2017. Changement de génération, évolution des goûts, Pierre aime les vins plus secs que son père Guy. Il a ainsi fait évoluer le style des vins dans un sens qui ne peut que nous satisfaire, d'autant que les grands terroirs d'Andlau brillent de mille feux lorsqu'ils sont débarrassés des scories données par quelques grammes de sucre. Les grands crus sont tous recommandables : Wiebelsberg, Moenchberg et surtout l'immense Kastelberg que seuls les initiés connaissent.

- riesling, Mœnchberg, alsace grand cru 2020 | Sec | 2025>40 | 34.5 € | ☘ — 94
- riesling, Kastelberg, alsace grand cru 2020 | Sec | 2025>40 | 40 € | ☘ — 94
- muscat , Andlaw, alsace 2023 | Sec | 2025>30 | 16 € | ☘ — 91
- sylvaner , Kritt, aoc alsace 2023 | Sec | 2025>33 | 16 € | ☘ — 90
- riesling , Andlaw, aoc alsace 2023 | Sec | 2025>33 | 16 € | ☘ — 88
- riesling, Wiebelsberg, alsace grand cru 2020 | Sec | 2025>40 | 37 € | ☘ — 93

Weinbach - Domaine Faller

★★★★★ ✦

Ce domaine culte a fait aimer le terroir du Schlossberg (le premier grand cru d'Alsace, qui célèbre ses cinquante ans cette année) à des générations d'amateurs de riesling. Malgré sa situation privilégiée sur le coteau, quelques nouvelles acquisitions toujours bien situées viennent renforcer encore cette position. Depuis son retour au domaine, Eddy Leiber-Faller a bien développé le parcellaire sans trop s'étendre, restant sur la zone de Kientzheim – Sigolsheim – Ammerschwihr, et son frère Théo s'applique au quotidien à mettre en valeur ces nouveaux terrains de jeu, sous le regard toujours bienveillant de leur mère, Catherine.

- gewurztraminer, Altenbourg , alsace 2023 | Doux | 2025>38 | 45 € — 92
- riesling Sainte-Catherine, Schlossberg, alsace grand cru 2023 | Sec | 2030>43 | 95 € — 96
- gewurztraminer, Furstentum, alsace grand cru 2023 | Moelleux | 2025>43 | 65 € — 93
- riesling, Schlossberg, alsace grand cru 2023 | Sec | 2025>38 | 65 € — 93
- riesling cuvée Théo, alsace 2023 | Sec | 2025>30 | 25 € — 89
- riesling Colette, alsace 2023 | Sec | 2025>33 | 40 € — 91
- pinot noir Clos des Capucins, alsace 2023 | Sec | 2025>30 | 40 € — 88
- pinot noir La Colline du Château, alsace 2022 | Sec | 2025>37 | 85 € — 91
- pinot noir Le Jardin aux Oiseaux, alsace 2022 | Sec | 2025>32 | 85 € — 91
- pinot noir, Altenbourg, alsace 2022 | Sec | 2025>37 | 85 € — 93
- pinot blanc, alsace 2023 | Sec | 2025>30 | 20 € — 88
- muscat, alsace 2023 | Sec | 2025>33 | 25 € — 89
- riesling, Altenbourg, alsace 2023 | Sec | 2025>33 | 55 € — 90
- pinot gris Les Caracoles, alsace 2023 | Sec | 2025>38 | 40 € — 92
- Alsace MVØ, alsace 2023 | Sec | 2025>30 | 35 € — 89
- pinot noir Les Terres du Prince, alsace 2022 | Sec | 2030>37 | 100 € — 93
- riesling, Mambourg, alsace grand cru 2023 | Sec | 2025>38 | NC — 93

✦ Star ✚ Valeur sûre ➔ À suivre de près N Nouvelle entrée

- riesling, Furstentum, alsace grand cru 2023
  | Sec | 2030>43 | 85 € 94
- pinot gris, Furstentum, alsace grand cru 2023
  | Sec | 2025>38 | 65 € 94

Domaine Weinzaepfel

✪✪

Un domaine de création récente, grâce à la volonté de Loïc et Audrey Weinzaepfel. En 2019, ils ont rompu avec la tradition familiale de vendre leurs raisins au négoce et ont tout de suite converti leurs vignes en bio (certification acquise en 2022), tirant profit de leur jeune âge pour maîtriser les techniques modernes de communication, ce qui fait défaut à tant de domaines historiques. Sur le ban de Soultz, leur beau terroir est le Mittelbourg, où régulièrement le pinot noir et le riesling sont à leur avantage.

- Brut Nature, crémant d'alsace
  | Non dosé | 2025>30 | 19 € 92
- riesling, alsace 2020 | Sec | 2025>30 | 29 € 90
- Orange Nature, alsace 2023
  | Sec | 2025>30 | 19 € 89
- pinot noir, Finkennest, alsace 2023
  | Sec | 2025>30 | 38 € 89
- pinot gris, Mittelbourg, alsace 2022
  | Sec | 2025>32 | 29 € 89

Wolfberger

✪

L'une des plus importantes caves coopératives d'Alsace a annoncé l'an dernier son projet de fiançailles avec un autre poids lourd du secteur, Bestheim, mais pour l'heure rien n'est encore officialisé. Wolfberger est un spécialiste du crémant, avec régulièrement des cuvées qui se distinguent. En vins secs, la cave ne néglige pas le sylvaner et nous nous en réjouissons, les autres réussites se trouveront parmi les rieslings et les pinots noirs. Nous espérons que les pinots gris et les gewurztraminers suivent cette voie.

- chardonnay, crémant d'alsace 2023
  | Brut | 2025>28 | 11.6 € 87
- gewurztraminer, Hatschbourg, alsace grand cru 2022
  | Moelleux | 2025>32 | 15.3 € 88
- Bio, crémant d'alsace 2023
  | Brut | 2025>30 | 11.6 € 89
- Révérence IX, crémant d'alsace 2018
  | Brut | 2025>30 | 21 € 89
- Caracterre Schiste, alsace 2023
  | Sec | 2025>31 | 10 € 89
- Schistes, crémant d'alsace 2022
  | Brut | 2025>30 | 16 € 88
- riesling Caracterre Schiste, alsace 2023
  | Sec | 2025>30 | NC 86
- Riesling La Louve, alsace 2023
  | Sec | 2025>32 | 12.3 € 89
- Riesling, Steingrubler, alsace grand cru 2022
  | Sec | 2025>32 | 15.3 € 88
- Gewurztraminer Terroir Calcaire, alsace 2023
  | Sec | 2025>32 | NC 89
- Pinot noir Caracterre - Roche Calcaire, alsace 2023
  | Sec | 2025>30 | 11.6 € 88

Domaine Zind Humbrecht

✪✪✪✪✪ ✦

Pierre-Émile a maintenant la charge des pratiques biodynamiques sur le vignoble. L'énergie de ce grand gaillard est nécessaire pour maintenir à flot un parcellaire aussi étendu, qui va des vignes du Rangen à Thann jusqu'à celles du clos Windsbuhl à Hunawihr. Son père Olivier est toujours présent et la confrontation des idées portées par les deux générations dessine les contours de la viticulture de demain, entres les vignes de coteaux très qualitatives mais difficiles à exploiter et celles du Herrenweg, la plaine entre Turckheim et Colmar, plus faciles à travailler mais soumises aux aléas du climat comme le gel ou le manque d'eau.

- riesling, Clos Windsbuhl, alsace 2023
  | Sec | 2025>48 | 88 € 96
- pinot gris, Rotenberg, alsace 2023
  | Sec | 2025>38 | 53 € 93
- muscat, Goldert, alsace grand cru 2023
  | Sec | 2025>38 | 50 € 93
- pinot gris, Heimbourg, alsace 2023
  | Sec | 2025>38 | 53 € 93
- pinot noir, Heimbourg, alsace 2023
  | Sec | 2025>38 | 56 € 91
- pinot blanc, alsace 2023
  | Sec | 2025>30 | NC 88
- riesling, Heimbourg, alsace 2023
  | Sec | 2025>38 | 56 € 93
- gewurztraminer, Clos Windsbuhl, alsace 2023
  | Demi-sec | 2033>43 | 74 € 93
- riesling, Brand, alsace grand cru 2023
  | Sec | 2025>43 | 95 € 94
- riesling Roche Volcanique, alsace 2023
  | Sec | 2025>38 | 29 € 92
- pinot gris Roche Calcaire, alsace 2023
  | Sec | 2025>38 | 29 € 92
- gewurztraminer Roche Calcaire, alsace 2023
  | Sec | 2025>38 | 29 € 90
- pinot gris Roche Volcanique, alsace 2023
  | Sec | 2025>38 | 29 € 92
- riesling Roche Granitique, alsace 2023
  | Sec | 2025>33 | 29 € 90
- riesling, Sommerberg, alsace grand cru 2023
  | Sec | 2025>33 | 88 € 92
- Zind, vin de france 2023 | Sec | 2025>33 | 31 € 92
- auxerrois, Rotenberg, alsace 2023
  | Sec | 2025>33 | 38 € 90
- riesling Roche Calcaire, alsace 2023
  | Sec | 2025>38 | 29 € 90
- riesling, Clos Häuserer, alsace 2023
  Sec | 2025>43 | 62.5 € 93
- riesling, Hengst, alsace grand cru 2023
  | Sec | 2025>43 | 88 € 94
- riesling Clos Saint-Urbain, Rangen, alsace grand cru 2023 | Sec | 2025>48 | 115 € 95
- pinot gris Clos Saint-Urbain, Rangen, alsace grand cru 2023 | Sec | 2028>43 | 103 € 95
- gewurztraminer Clos Saint-Urbain, Rangen de Thann, alsace grand cru 2023
  | Sec | 2029>48 | 115 € 97
- riesling, Wineck-Schlossberg, alsace grand cru 2023 | Sec 2025>38 | 88 € 93
- pinot gris, Clos Windsbuhl, alsace 2023
  | Sec | 2025>43 | 74 € 96
- gewurztraminer, Hengst, alsace grand cru 2023
  | Sec | 2025>43 | 77 € 94
- riesling, Turckheim, alsace 2023
  | Sec | 2025>30 | NC 88

Domaine Valentin Zusslin

✪✪✪✪✪ ✦

Marie et Jean-Paul Zusslin font briller leurs terroirs tantôt gréseux (Pfingstberg), tantôt calcaires (Bollenberg), au travers d'une gamme qui s'est au fil des années resserrée, privilégiant les grandes cuvées autour du riesling et du pinot noir, sans oublier les crémants de terroir, avec quelques fulgurances, comme cette cuvée Ophrys (un étonnant assemblage de pinots noirs et gris) ou celle des Kammerlas (vieille complantation de quatre cépages). Ici, la biodynamie n'est pas une pratique mais une sincérité et les vins en ressortent d'autant plus vibrants et droits dans le verre.

- riesling, Pfingstberg, alsace grand cru 2019
  | Sec | 2025>44 | 70 € 97
- riesling, Pfingstberg, alsace grand cru 2021
  | Sec | 2025>36 | NC 93
- riesling, Pfingstberg, alsace grand cru 2020
  | Sec | 2025>40 | NC 95
- riesling, Pfingstberg, alsace grand cru 2022
  | Sec | 2030>42 | NC 94
- riesling Monopole, Clos Liebenberg, alsace 2022
  | Sec | 2025>42 | NC 94
- pinot gris, Bollenberg, alsace 2022
  | Sec | 2025>37 | 31.5 € 92
- Brut Zéro, Clos Liebenberg, crémant d'alsace 2013
  | Brut | 2025>33 | 40 € 94
- sylvaner, Bollenberg, alsace 2022
  | Sec | 2025>37 | NC 92
- sylvaner, Bollenberg, alsace 2019
  | Sec | 2025>39 | 26 € 93
- riesling, Bollenberg-Neuberg, alsace 2020
  | Sec | 2025>40 | 36 € 93
- pinot noir, Bollenberg-Neuberg, alsace 2020
  | Sec | 2025>40 | NC 95
- pinot noir, Bollenberg-Neuberg, alsace 2019
  | Sec | 2030>44 | NC 96
- pinot noir, Bollenberg-Luft, alsace 2019
  | Sec | 2030>44 | NC 96
- pinot noir, Bollenberg-Luft, alsace 2020
  | Sec | 2025>40 | NC 95
- Les Kammerlas, alsace 2022
  | Sec | 2025>42 | NC 95
- pinot noir, Bollenberg, alsace 2023
  | Sec | 2025>38 | NC 93
- Ophrys, alsace 2022 | Sec | 2025>32 | 29 € 93
- Bollenberg, crémant d'alsace 2016
  | Extra-brut | 2025>31 | 40 € 93

Vivre au rythme de la vigne et des saisons.
En été, en automne, en hiver ou au printemps, les vignerons du château Thivin s'adaptent aux aléas climatiques pour maintenir une vigne en parfait équilibre. Le repos hivernal, temps de pause essentiel, est crucial.
Le 15 janvier 2025.

Beaujolais

Tout feu tout flamme

Le Beaujolais est un eldorado pour qui veut faire des découvertes. Les bons producteurs dans ces pages en proposent à des prix toujours accessibles. Merci

sélection ***Guillaume Puzo***

Domaine Anita

✪✪✪ ✚

Après une première vie dans le cyclisme sur route, Anita Neveu a rangé le vélo pour sortir le sécateur, jusqu'à sauter dans le grand bain et créer son propre domaine en 2015. Cette jeune vigneronne peut compter sur des vignes bien situées dans les crus, en appellation chénas, fleurie, morgon et moulin-à-vent, où elle exploite les réputés lieux-dits Aux Caves et La Rochelle, dont elle restitue des interprétations sincères et franches. Des vinifications élégantes et précises permettent d'apprécier des cuvées équilibrées entre fruité et corps.

- **P'tit Co, Les Brureaux, chénas 2023** | Sec | 2025>33 | 15 € — 91
- **Reine de Nuit, Aux Caves, moulin-à-vent 2023** | Sec | 2025>30 | 22 € — 90
- **Cœur de Vigneronne, Aux Caves, moulin-à-vent 2023** | Sec | 2025>33 | 26 € — 91
- **Les Moriers, fleurie 2022** | Sec | 2025>32 | 19 € — 89

Frédéric Berne

✪✪✪✪ ✚

Établi au château des Vergers, à Lantignié, Frédéric Berne a créé son domaine en 2014, avec pour ambition de mettre en place une agroécologie, pratique combinant l'agriculture bio, la biodynamie et le respect des sols vivants. Voilà pour les discours, pour ce qui est de la pratique, les différentes cuvées sont tout simplement remarquables quel que soit le millésime, tant en beaujolais-lantignié qu'en régnié ou en chiroubles. Preuve que le Beaujolais, regorge de terroirs qualitatifs quand on se donne la peine de les mettre en valeur.

- **Aux Vergers, beaujolais lantignié 2023** | Sec | 2025>38 | 20 € | ♣ — 94
- **Les Terrasses, chiroubles 2023** | Sec | 2025>38 | 20 € | ♣ — 93
- **Harmonie, beaujolais lantignié 2023** | Sec | 2025>33 | 20 € | ♣ — 92
- **Granit Rose, beaujolais lantignié 2023** | Sec | 2025>38 | 14 € | ♣ — 93

Domaine Daniel Bouland

✪✪✪ Ⓝ

Ce domaine incarne depuis longtemps le cru Corcelette à Morgon, dont il restitue à chaque millésime l'une des expressions les plus abouties. Les 9 hectares de vignes sont conduits en gobelet, Daniel emploie toujours du désherbant mais ramasse systématiquement à la main. En revanche, le soin méticuleux qu'il apporte à ses différentes parcelles lui permet de vinifier intégralement en vendange entière, ce qui donne des cuvées de corps plus que de fruit mais qui évoluent très bien dans le temps. Depuis 2016, le domaine précise ses lieux-dits, parfois en distinguant les natures de sol (sables, cailloux) voire l'âge des vignes, des précisions parfois excessives à notre avis.

- **Corcelette, morgon 2023** | Sec | 2025>33 | 14 € — 90
- **Chatenay, chiroubles 2023** | Sec | 2025>30 | 14 € — 89
- **Mélanie, côte de brouilly 2023** | Sec | 2025>38 | 14 € — 91
- **Pré Jourdan, morgon 2023** | Sec | 2025>33 | 14 € — 89
- **Bellevue - Sable, morgon 2023** | Sec | 2025>33 | 14 € — 90
- **Bellevue - Cailloux, morgon 2023** | Sec | 2025>38 | 14 € — 91
- **Les Délys, morgon 2023** | Sec | 2025>30 | 14 € — 88
- **Les Délys - Vignes plantées en 1926, morgon 2023** | Sec | 2025>38 | 15 € — 92
- **Corcelette Vieilles Vignes - Sable, morgon 2023** | Sec | 2025>38 | 15 € — 92
- **Corcelette Vieilles Vignes - Cailloux, morgon 2023** | Sec | 2025>38 | 15 € — 93

Domaine Jean-Marc Burgaud

✪✪✪ ✚

Jean-Marc Burgaud fait partie des valeurs sûres du cru Morgon, où son parcellaire se répartit entre la Côte du Py, Les Grands Cras, Corcelette et Charmes. Il ne revendique aucun label viticole et se réserve ainsi le droit de sauver sa récolte, mais travaille ses vignes avec application et tous ses gamays sont conduits en gobelet. Les vendanges sont manuelles, et depuis son premier millésime (1989), les jus de presse et de goutte sont assemblés. Tous les vins suivent le même schéma technique, notre préférence va sans réserve aux cuvées de Côte du Py, Javernières et James (issu du sommet de la Côte du Py).

- **Côte du Py, morgon 2023** | Sec | 2025>33 | 21 € — 92
- **James, Côte du Py, morgon 2023** | Sec | 2025>33 | 28 € — 92
- **Grand Cras, morgon 2023** | Sec | 2025>33 | 18 € — 90
- **beaujolais lantignié 2023** | Sec | 2025>30 | 12 € — 88
- **Corcelette, morgon 2023** | Sec | 2025>33 | 19 € — 91

Château de la Chaize

✪✪ ➔

Resté dans la même famille pendant plus de trois siècles, cet illustre château, peut-être le plus beau de tout le Beaujolais, a été acquis en 2017 par la famille Gruy, des entrepreneurs lyonnais qui ont tout de suite consenti des moyens colossaux pour redonner à la propriété le lustre dont elle avait longtemps été privée. Le vignoble a été restructuré, certaines parcelles replantées, des nouvelles vignes ont été acquises en côte-de-Brouilly et en fleurie. Boris Gruy n'hésite pas à prendre le meilleur des bonnes idées de l'époque : viticulture bio labellisée, vitipastoralisme, panneaux solaires qui garantissent une autosuffisance énergétique, etc. Les vins progressent régulièrement, même si certains réglages peuvent encore s'affiner, notamment la part de vendange entière dans certaines cuvées. Nous sommes confiants.

- **Brûlhié, côte de brouilly 2023** | Sec | 2025>38 | 35 € — 93
- **Monopole, La Chaize, brouilly 2023** | Sec | 2025>38 | 35 € — 90
- **Combiliaty, brouilly 2023** | Sec | 2025>33 | 30 € — 88
- **Les Deux Amis, brouilly 2023** | Sec | 2025>33 | 17 € — 88
- **La Chapelle des Bois, fleurie 2023** | Sec | 2025>38 | 35 € — 90
- **Les Fées, fleurie 2023** | Sec | 2025>33 | 17 € — 89
- **Chavannes, côte de brouilly 2023** | Sec | 2025>38 | 30 € — 93
- **Les Amants Magnifiques, côte de brouilly 2023** | Sec | 2025>33 | 17 € — 89
- **La Madone, fleurie 2023** | Sec | 2025>38 | 30 € — 92

Domaine du Chapital

✪ Ⓝ

Bernard Desperrier avait créé en 1981 ce domaine à partir de vignes familiales. En 2022, faute de repreneurs et désireux de prendre sa retraire, il a cédé son exploitation à quatre associés : Florent Lebayle, Julien Renauld, Maël Le Berre et Robert Riquelme. Le domaine est installé à Lantignié et exploite aussi des parcelles dans les crus voisins Morgon et Régnié. Des cuvées de belle expression qui justifient une entrée dans le guide pour cette édition.

- **L'ADN, beaujolais lantignié 2023** | Sec | 2025>30 | 12 € — 90
- **Le Clos, beaujolais lantignié 2023** | Sec | 2025>30 | 16.9 € — 93

✦ Star ✚ Valeur sûre ➔ À suivre de près Ⓝ Nouvelle entrée

- Côte de la Pierre, régnié 2023 | Sec | > | 16.9 € — 88
- Le Clachet, morgon 2023 | Sec | > | 16.9 € — 91
- Cuvée des copains, beaujolais 2024 | Sec | 2025>26 | 9.9 € — 88
- Bel-air, beaujolais lantignié 2023 | Sec | 2025>28 | 14.9 € — 90

Domaine Chermette

✪✪ +

Pierre-Marie Chermette avait mis au point dans les années 1980 un modèle de vins du Beaujolais basé sur le fruit et le plaisir gourmand, tant en vinification classique qu'en vin primeur. Ici on travaille en famille, Pierre-Marie et son épouse Martine, et depuis 2017 leur fils Jean-Étienne les a rejoints. Initialement situé dans les terres du sud, à Saint-Vérand, le domaine s'est depuis implanté également dans les crus, au nord. Ce sont désormais ces derniers qui nous séduisent le plus, année après année.

- Origine Vieilles vignes, beaujolais 2023 | Sec | 2025>33 | 10.95 € — 89
- Pierreux, brouilly 2023 | Sec | 2025>33 | 15.9 € — 90
- Poncié, fleurie 2023 | Sec | 2025>33 | 15.9 € — 92
- Champs-Grillés, saint-amour 2024 | Sec | 2025>38 | 17.9 € — 93
- Les Garants, fleurie 2023 | Sec | 2025>33 | 17.9 € — 90
- Jean-Étienne Chermette, Les Micouds, morgon 2021 | Sec | 2025>33 | 18.9 € — 90

Domaine Chignard

✪✪✪ +

Michel aujourd'hui à la retraite, c'est Cédric qui poursuit au quotidien le développement de ce petit domaine familial, situé sur le lieu-dit Le Point du Jour, à 292 mètres d'altitude, en face du mont Blanc que l'on peut admirer par temps clair. Le grand atout du domaine est son vignoble dans le cru Fleurie, huit hectares d'un seul tenant sur le lieu-dit Les Moriers, avec ce goût inimitable de fruits rouges et de fleurs coupées en bouche. Et désormais un hectare sur Juliénas et presque autant sur Jullié, en beaujolais-villages.

- Les Moriers, fleurie 2023 | Sec | 2025>38 | 18.5 € — 91
- Les Dix Coupées, fleurie 2015 | Sec | 2030>40 | NC — 93
- Les Dix Coupées, fleurie 2020 | Sec | 2025>40 | 26.5 € — 94
- Le Cochonnier, fleurie 2015 | Sec | 2030>40 | NC — 92
- Le Cochonnier, fleurie 2020 | Sec | 2025>40 | 26.5 € — 92
- Beaujolais-Jullié, beaujolais-villages 2020 | Sec | 2025>30 | 14 € — 88
- juliénas 2023 | Sec | 2025>33 | 17 € — 89

Château de Corcelles

✪✪ +

Propriété de la famille Richard qui possède aussi le château des Tours dans la région, ce beau domaine propose une gamme de beaujolais et de crus de plus en plus recommandables. Les vins sont bien distribués dans les restaurants de Paris et depuis quelques millésimes en constante progression, avec une vision recentrée sur le plaisir et des vins lisibles, facilement abordables, qui vont de plus en plus vers une logique parcellaire. L'ensemble progresse sérieusement et la gamme de vins parcellaires semblent avoir définitivement trouvé sa raison d'être. Une adresse sérieuse.

- Chardonnay, beaujolais 2023 | Sec | 2025>27 | 14 € — 90
- Rosé d'une Nuit, beaujolais 2024 | Sec | 2025>26 | 12.5 € — 89
- Les Roches, brouilly 2022 | Sec | 2025>32 | 24 € — 91
- Poncié, fleurie 2023 | Sec | 2025>29 | 24 € — 91
- Le Perréon, beaujolais-villages 2023 | Sec | 2025>30 | 13.5 € — 90

Domaine Jules Desjourneys

✪✪✪✪✪ ✦

Fabien Duperray s'est donné les moyens d'acquérir des parcelles parmi les mieux situées dans les crus Moulin-à-Vent, Chénas, Morgon et Fleurie. Grâce à une viticulture des plus pointues, alimentée par ses convictions biodynamistes, le raisin atteint un optimum de perfection quasiment chaque année. Le travail en cave se veut le plus minimaliste possible mais sans rien sacrifier à la précision ni à l'excellence, ainsi aujourd'hui les contenants en bois ont-ils disparu. De grands vins du Beaujolais qui ne peuvent s'apprécier que dans le temps long.

- Les Moriers, fleurie 2022 | Sec | 2029>42 | NC — 95
- Les Michelons, moulin-à-vent 2022 | Sec | 2030>42 | NC — 97
- La Chapelle des Bois, fleurie 2022 | Sec | 2028>42 | NC — 96
- Le Jugement Dernier, chénas 2022 | Sec | 2025>42 | NC — 93
- Le Styx, moulin-à-vent 2022 | Sec | 2030>42 | NC — 97
- La Madone, fleurie 2022 | Sec | 2029>42 | NC — 94
- Pataphysique, beaujolais 2022 | Sec | 2025>30 | NC — 90
- Éphémère, moulin-à-vent 2022 | Sec | 2025>30 | NC — 90
- Micouds, morgon 2022 | Sec | 2025>42 | NC — 94
- Grand Cras, morgon 2022 | Sec | 2028>42 | NC — 94
- Grille-Midi, fleurie 2022 | Sec | 2029>42 | NC — 94

Domaine Louis-Claude Desvignes

✪✪✪✪ ✦

Ce domaine était devenu une référence mondiale pour les vins du cru Morgon grâce à l'impulsion de Louis-Claude, disparu en 2021. Désormais ce sont ses enfants Louis-Benoît et Claude-Emmanuelle qui assurent la relève avec brio. La viticulture est certifiée bio et les vins ont toujours offert une densité de bouche particulière, loin du rouge léger et fruité caricatural d'une certaine époque. Les plus belles parcelles du domaine sont sur la Côte du Py, Javernières et Aux Pierres. Et sans surprise, ce sont aussi les meilleures cuvées.

- Côte du Py, morgon 2023 | Sec | 2025>33 | 29 € | ☘ — 92
- Javernières, morgon 2023 | Sec | 2025>43 | 24 € | ☘ — 94
- Les Impénitents, Javernières, morgon 2023 | Sec | 2025>43 | 69 € | ☘ — 94
- Aux Pierres, morgon 2023 | Sec | 2025>43 | 30 € | ☘ — 94
- Château Gaillard, morgon 2023 | Sec | 2025>33 | 18 € | ☘ — 90

Georges Dubœuf

✪✪✪ +

Georges n'est plus, mais son fils Franck et son petit-fils Adrien Dubœuf-Lacombe se partagent désormais les responsabilités. Adrien affirme clairement sa volonté de proposer des cuvées emblématiques de sa région, identitaires du cépage gamay et sa gouleyance, sans renier le style accessible, charmeur et fruité qui a fait la réputation de la maison. Si les vins de la gamme Fleurs, avec leurs étiquettes fleuries, sont à consommer jeunes, les cuvées parcellaires mettent à l'honneur des terroirs parmi les plus réputés de tous les crus de la région.

- Gamme Fleurs, brouilly 2024 | Sec | 2025>30 | 15.5 € — 87
- Château des Capitans, juliénas 2023 | Sec | 2025>33 | 16.95 € — 93
- Gamme Fleurs, morgon 2024 | Sec | 2025>32 | NC — 89
- Gamme Fleurs, beaujolais 2024 | Sec | 2025>27 | 10.95 € — 85
- Gamme Fleurs, beaujolais-villages 2024 | Sec | 2025>28 | 11.85 € — 86
- La Martingale, brouilly 2023 | Sec | 2025>33 | 16.15 € — 90
- Gamme Fleurs, fleurie 2024 | Sec | 2025>32 | 15.7 € — 88
- Gamme Fleurs, moulin-à-vent 2024 | Sec | 2025>32 | 17.85 € — 89
- Pisse Vieille, brouilly 2023 | Sec | 2025>33 | 15.95 € — 90
- La Madone, fleurie 2023 | Sec | 2025>33 | 16.65 € — 92
- Les Moriers, fleurie 2023 | Sec | 2025>33 | 16.6 € — 92

- En Paradis, saint-amour 2023 | Sec | 2025>32 | 1765 € — 90
- Les Darroux, chénas 2023 | Sec | 2025>33 | 14.75 € — 93
- Au Michelon, moulin-à-vent 2023 | Sec | 2025>33 | 19.2 € — 90
- Au Mont, moulin-à-vent 2023 | Sec | 2025>33 | 19.2 € — 92

Château Grange Cochard

✪ Ⓝ

La propriété a été rachetée voici cinq ans par Jean-Philippe Manchès, un Lyonnais qui a depuis également investi en Alsace, en reprenant le domaine Schoenheitz. Les dix hectares de vignes se situent sur le cru Morgon, au bord de la voie romaine qui emmène à Saint-Joseph. Toutes les cuvées sont encore d'un niveau inégal.

- Côte du Py, morgon 2022 | Sec | 2025>30 | 15.5 € — 87
- Le Plateau, morgon 2022 | Sec | 2025>32 | 16.5 € — 91
- Bel Air, Bel Air, chiroubles 2022 | Sec | 2025>37 | 16.5 € — 91
- Bel Air, Bel Air, fleurie 2022 | Sec | 2025>32 | 17.5 € — 90

Domaine Grégoire Hoppenot

✪ ➔

Ce domaine de création récente dispose de vignes bien situées sur Morgon et surtout Fleurie, où se situe l'essentiel de son parcellaire, dans le secteur des Garants et des Moriers. Lorsqu'ils sont réussis les vins sont agréables et offrent un bon fruit, mais parfois les fins de bouche tombent un peu vite eu égard au pedigree de tels crus.

- Origines, fleurie 2022 | Sec | 2025>30 | 16 € — 89
- Clos de l'Amandier, Poncié, fleurie 2023 | Sec | 2025>30 | 28 € — 89
- Indigène, fleurie 2023 | Sec | > | 18 € — 87
- Les Garants, fleurie 2022 | Sec | 2025>30 | 26 € | ☘ — 90
- Corcelette, morgon 2023 | Sec | 2025>30 | 26 € — 89

Château des Jacques

✪✪✪✪ ✦

Propriété de la maison Louis Jadot depuis 1996, le vignoble du château s'étend principalement en moulin-à-vent et morgon. Son parcellaire en moulin (35 hectares) est le plus beau de tous les exploitants du cru, avec des vignes conséquentes sur les lieux-dits Rochegrès, Carquelin, Champ de Cour, Thorins, La Rochelle ou Vérillats. Sous la direction de la pétillante Julie Pitoiset, le vignoble progresse vers l'agriculture biologique et les blancs sont certifiés depuis le millésime 2024. Pour les vinifications, c'est du classique, entre cuves béton et fûts, et des mises après 11 mois. Petite nouveauté : des essais de vendanges entières dont Julie est une adepte.

- Clos de Rochegrès, moulin-à-vent 2023 | Sec | 2025>43 | 29.3 € 93
- La Roche, moulin-à-vent 2023 | Sec | 2025>43 | NC 94
- Clos des Thorins, moulin-à-vent 2023 | Sec | 2025>33 | NC 90
- moulin-à-vent 2023 | Sec | 2025>33 | 19.2 € 90
- Clos du Grand Carquelin, moulin-à-vent 2023 | Sec | 2025>38 | 29.2 € 92
- Clos de Loyse, beaujolais 2024 | Sec | 2025>30 | NC 89
- morgon 2023 | Sec | 2025>30 | 16.2 € 89
- Côte du Py, morgon 2023 | Sec | 2025>33 | 29.3 € 91
- fleurie 2023 | Sec | 2025>33 | NC 90
- Le Moulin, moulin-à-vent 2023 | Sec | 2025>43 | NC 94

Domaine Paul et Éric Janin

★★★★ ✚

Un domaine familial depuis 1918 qui accueille depuis 2023 la cinquième génération en la personne de Perrine, la fille d'Éric Janin, titulaire d'un BTS en viticulture-œnologie. En dehors de quelques cuvées gourmandes en beaujolais-villages, tout le savoir-faire du domaine se résume à ses cuvées en moulin-à-vent, notamment celles issues des plus vieilles vignes du domaine, Les Grénériers et Héritage, synthèse toujours accomplie d'un fruité noir gourmand et de tannins soyeux en bouche.

- Argiles, beaujolais-villages 2023 | Sec | 2025>30 | 14 € 89
- Les Greneriers, moulin-à-vent 2022 | Sec | 2025>42 | 38 € 93
- Les Vignes du Tremblay, moulin-à-vent 2023 | Sec | 2025>38 | 19 € 91
- Empreinte, moulin-à-vent 2023 | Sec | 2025>30 | 16 € 89

Domaine Labruyère

★★★

Originaire du cru Moulin-à-Vent, c'est en toute légitimité que la famille Labruyère a relancé son domaine en Beaujolais en s'appuyant sur le parcellaire idéalement situé tout autour du célèbre moulin. Avec la complicité de l'œnologue Nadine Gublin pour les vinifications, les vins expriment bien la puissance minérale que ce cru déploie dans le temps. Le millésime 2021 a été marqué par le gel, Édouard Labruyère s'étant refusé à allumer des bougies qu'il estimait contraires à sa démarche bio, le rendement a chuté à 13 hl/ha et seules deux cuvées ont été produites : Cœur de Terroirs, issue de vieilles vignes, et le Clos. Heureusement la production des 2022 fut plus généreuse.

- Le Clos du Moulin-à-Vent Monopole, moulin-à-vent 2022 | Sec | 2025>37 | 43.5 € 93
- Champ de Cour, moulin-à-vent 2022 | Sec | 2025>32 | 24.4 € 89
- Le Carquelin, moulin-à-vent 2022 | Sec | 2025>32 | 27.8 € 92

Domaine Marcel Lapierre

★

Le regretté Marcel Lapierre avait mis au point dès les années 1980 un style de vins de Morgon inspiré par les méthodes de Jules Chauvet, fondé sur des vins vinifiés sans soufre ni levures de culture. Conscient des risques que ceux-ci couraient lors du transport, il en proposait deux versions, une sans sulfites, et une autre avec une petite dose. Suite au décès de Marcel, en 2010, la relève avait été assurée par ses enfants Mathieu et Camille. Les premiers millésimes montraient un progrès certain vers plus de rigueur en cave. Cependant, depuis quelques années, nous avouons notre déception face à des vins qui ne représentent plus le charme fruité que nous aimons tant dans le cru Morgon.

- Le Beaujolais, beaujolais 2024 | Sec | 2025>26 | 19.5 € | ☘ 86
- Morgon, morgon 2024 | Sec | 2025>27 | 24.4 € | ☘ 87

Maison Le Nid

★★★ ✚

Anciennement domaine du Petit Chêne, Le Nid est le nouveau nom donné à la propriété suite à son rachat par la famille Lardet en 2012. Originaires du Roannais où ils ont fait fortune dans la métallurgie, les Lardet travaillent en famille, aujourd'hui c'est Stéphane, 36 ans, qui a repris la gestion du vignoble. Les quelques neuf hectares de vignes sont répartis entre Moulin-à-Vent pour les rouges, et Mâconnais pour les blancs. À partir de superbes lieux-dits (La Rochelle, La Roche, Rochegrès, etc.), l'élaboration de la cuvée Tradition est à notre sens la plus aboutie parmi les rouges, fruit d'un très savant travail d'assemblage.

- La Rochelle, moulin-à-vent 2023 | Sec | 2025>37 | 28 € 93
- Rochegrès, moulin-à-vent 2023 | Sec | 2025>37 | 29 € 92
- Tradition, moulin-à-vent 2023 | Sec | 2025>32 | 18 € 90
- Champ de Cour, moulin-à-vent 2023 | Sec | 2025>32 | 26 € 90
- mâcon-villages 2023 | Sec | 2025>28 | 18 € 88
- pouilly-fuissé 2023 | Sec | 2025>32 | 36 € 89

Domaine Les Capréoles

★★ ⊛

Cédric Lecareux a établi son domaine à Régnié-Durette et c'est sans doute là qu'il y réalise ses vins les plus identitaires. Sur son petit vignoble, il a fait le choix de l'agriculture biologique et de la biodynamie, et la belle qualité du raisin se ressent, notamment dans la cuvée La Croix. Les déceptions de l'an passé sont oubliées, la gamme dégustée cette année nous a paru plus homogène.

- Diaclase, La Plaigne, régnié 2023 | Sec | 2025>33 | 18 € | ☘ 90
- Chamodère, La Plaigne, régnié 2023 | Sec | 2025>30 | 14.5 € | ☘ 88
- Sous la Croix, La Plaigne, régnié 2023 | Sec | 2025>33 | 25 € | ☘ 91
- L'Impermanence, morgon 2023 | Sec | 2025>33 | 19 € | ☘ 90
- L'Amourgandise, beaujolais-villages 2024 | Sec | 2028>38 | 12.5 € | ☘ 88
- Alio Pacto, beaujolais lantignié 2022 | Sec | 2025>32 | 28 € | ☘ 90

Domaine Thibault Liger-Belair

★★★ ✦

Thibault Liger-Belair fait partie de ces vignerons attachants que l'on croise dans le Beaujolais. Ayant hérité d'un magnifique domaine à Vosne-Romanée, il a fait le choix de se lancer un défi dans la région voisine, en faisant l'acquisition de quelques parcelles en 2008. Depuis le projet s'est structuré, exclusivement en appellation moulin-à-vent, des beaux terroirs, et pas mal de vignes plus que centenaires. La viticulture est certifiée bio et sur certains secteurs sableux très drainants, Thibault plante des gamays en franc de pied. Des vins de bouche plus que de nez mais c'est l'idée du cru.

- La Roche, moulin-à-vent 2023 | Sec | 2025>43 | 26 € | ☘ 94
- Vieilles vignes, moulin-à-vent 2023 | Sec | 2025>38 | 22 € | ☘ 92
- Les Pérelles, moulin-à-vent 2023 | Sec | 2025>33 | 26 € | ☘ 90
- Domaine des Pierres Roses, La Rochelle, moulin-à-vent 2023 | Sec | 2025>38 | 26 € | ☘ 92

Domaine Loron

★★★ ⊛

Cette importante maison exploite 222 hectares de vignobles, les trois quarts en Beaujolais, le reste en Mâconnais, mais achète en moût ou en raisin pour un besoin final proche de 1000 hectares. Propriétaire par ailleurs du négociant historique Collin-Bourisset, une marque qu'elle relance pour sa production de crémants, mais aussi de propriétés comme le château Bellevue (Morgon) ou le domaine de la Rochelle (Moulin-à-Vent), la gamme est vaste. Sous l'impulsion de son nouveau directeur, Thierry Bellicaud, de nouveaux projets voient le jour et les ambitions sont là. À suivre.

- Château de Fleurie, fleurie 2023 | Sec | 2025>33 | 16 € 89
- Château de Bellevue, Les Charmes, morgon 2023 | Sec | 2025>33 | 17 € 90
- Château de la Pierre, Bonnège, brouilly 2023 | Sec | 2025>33 | 21 € 89
- Château de Bellevue, Montgenas, fleurie 2023 | Sec | 2025>33 | 17 € 90
- Château Bellevue, Côte du Py, morgon 2023 | Sec | 2025>38 | 19 € 93
- Château Bellevue, Côte du Py - Javernières, morgon 2023 | Sec | 2025>38 | 25 € 92
- Les Obstinés, Le Perréon, beaujolais 2023 | Sec | 2025>30 | 13 € 89
- Château de la Terrière, régnié 2023 | Sec | 2025>30 | 17 € 88
- Château de la Terrière, brouilly 2023 | Sec | 2025>30 | 16 € 87
- Domaine de La Rochelle, moulin-à-vent 2023 | Sec | 2025>33 | 17 € 91
- Le Clos des Poulettes, Domaine de la Vieille Église, juliénas 2023 | Sec | 2025>33 | 23 € 92
- Château de Bellevue, Princesse Lieven, beaujolais 2023 | Sec | 2025>30 | 14 € 38

Domaine Laurent Martray

★★★ ⊛

Certainement l'un des vignerons les plus talentueux du secteur d'Odenas. Installé depuis 1987, Laurent était fermier au château de la Chaize, où il livrait la moitié de ses raisins selon l'usage. L'arrivée de la famille Gruy en 2017 a réorganisé la Chaize et mis fin aux fermages, si bien que Laurent s'est récréé un vignoble de six hectares, en brouilly et côte-de-Brouilly. Des vinifications souvent en grappe entière

✦ Star ✚ Valeur sûre ⊛ À suivre de près Ⓝ Nouvelle entrée

Boris Gruy, Château de la Chaize

Avec ses yeux qui pétillent, Boris fait penser à un enfant qui vient de découvrir le plus beau de tous les cadeaux de Noël. Le château de la Chaize, magnifique propriété historique et viticole, offre un potentiel incroyable pour qui a l'envie et les moyens de la redresser. Et justement, il ne manque ni de l'un, ni de l'autre. Comme il sait qu'il n'a droit qu'à une vendange par an, il avance par petite touches et ses dernières réflexions portent sur la part de vendange entière dans ses vinifications. Il avance dans la bonne direction. *Guillaume Puzo* donnent des vins aux bouches structurées, équilibrées et harmonieuses. Une valeur sûre.

- Corentin, brouilly 2023 | Sec | 2025>38 | 25 € — 92
- La Folie, brouilly 2023 | Sec | 2025>33 | 18 € — 91
- Loïs, côte de brouilly 2023 | Sec | 2025>38 | 30 € — 93
- Sur Pierreux, brouilly 2023 | Sec | 2025>33 | 18 € — 89
- Les Brûlhiés, côte de brouilly 2023 | Sec | 2025>38 | 18 € — 93

Domaine Mee Godard

★★★ ✚

Après des études d'œnologie, Mee Godard a choisi de s'investir dans les grands vins du Beaujolais, à commencer par le cru Morgon dont elle propose aujourd'hui une large gamme, avec les lieux-dits Côte du Py, Corcelette et Grands Cras, mais avec le succès elle a réussi à élargir son horizon, proposant désormais des cuvées en moulin-à-vent et en côte-de-Brouilly. Nous avons suivi cette néo-vigneronne dès ses débuts et nous ne le regrettons pas, la dégustation des 2022 puis des 2023 confirme tout le bien que nous pensons d'elle.

- Grand Cras, morgon 2023 | Sec | 2025>38 | 29.5 € | ☘ — 92
- Côte du Py, morgon 2023 | Sec | 2025>38 | 35 € | ☘ — 93
- Passerelle 577, Côte du Py, morgon 2023 | Sec | 2025>33 | 61 € | ☘ — 90
- Au Michelon, moulin-à-vent 2023 | Sec | 2025>33 | 36 € | ☘ — 92
- Deschanes, moulin-à-vent 2023 | Sec | 2025>33 | 35.5 € — 90
- beaujolais 2023 | Sec | 2025>30 | 18.5 € — 88

Clos de Mez

★★★★ ✦

Fleuriatonne d'origine, ce n'est donc pas un hasard si Marie-Élodie Zighera s'est établie sur ce cru Fleurie qu'elle connaît depuis toujours. De son vignoble de poche elle ne produisait que deux cuvées (un fleurie et un morgon), une troisième est venue s'ajouter, Mademoiselle M, vinifiée en semi-carbonique. Elle qui a toujours travaillé en bio a désormais la certification en poche, elle pratique toujours des élevages longs mais surtout commercialise ses vins lorsqu'ils ont mûri en bouteille, ce qui devient rare dans la région.

- Château Gaillard, morgon 2022 | Sec | 2025>42 | 22 € | ☘ — 94
- Mademoiselle M, fleurie 2023 | Sec | 2025>28 | 14 € | ☘ — 89

Domaine Mont-Bessay

★★ N

Une création de domaine qui fait du bien au Beaujolais, et plus particulièrement au cru Juliénas. En limite du Mâconnais, Bessay est le nom d'une côte qui surplombe le village, exposée plein sud, au sommet duquel Philippe Pascal et Guillaume Marko ont bâti une spectaculaire cave vitrée qui prouve les ambitions des deux associés, forts de leurs vingt années d'expérience au Clos du Cellier aux Moines, à Givry. Le terroir alterne des sables granitiques décomposés avec des pierres bleues, ce qui exige d'ajuster les vinifications au plus précis. Culture bio labellisée, biodynamie en ligne de mire, des élevages longs avec une réflexion sur le type de chauffe, tout est en place pour élaborer de grands vins, sachant que la cuverie n'a été opérationnelle qu'avec les vendanges 2023. À suivre.

- Les Quatre Cerisiers, juliénas 2022 | Sec | 2025>37 | NC — 93
- En Bessay, juliénas 2022 | Sec | 2025>32 | NC — 91
- En Bessay, juliénas 2023 | Sec | 2028>38 | NC — 93
- Le Vieux Bourg, moulin-à-vent 2022 | Sec | 2025>37 | NC — 93
- Le Vieux Bourg, moulin-à-vent 2023 | Sec | 2025>38 | NC — 92
- Les Amourettes, juliénas 2023 | Sec | 2025>30 | NC — 89

Château du Moulin-à-Vent

★★★★ ✦

Propriété depuis 2009 de Jean-Jacques Parinet, aujourd'hui secondé par son fils Édouard, ce château emblématique du cru au célèbre moulin explique à lui seul le renouveau qualitatif mais aussi médiatique des crus du Beaujolais, par la prise de conscience du réel potentiel des différents lieux-dits et leur mise en valeur dans des cuvées dédiées. Sous la supervision du très compétent Brice Laffond, les 37 hectares répartis en 130 parcelles sont cultivés en bio (certifié), avec des élevages longs qui débutent en fût pour partie mais toujours font leur deuxième hiver en cuve inox, affinant ainsi l'expression des tannins en bouche.

- Couvent des Thorins, moulin-à-vent 2023 | Sec | 2025>38 | 15 € — 91
- Château du Moulin-à-Vent, moulin-à-vent 2023 | Sec | 2025>43 | 19 € — 93
- Les Vérillats, moulin-à-vent 2023 | Sec | 2025>38 | 26 € — 92
- Champ de Cour, moulin-à-vent 2023 | Sec | 2025>38 | 29 € — 91
- La Rochelle, moulin-à-vent 2023 | Sec | 2025>48 | 34 € — 93
- Clos de Londres, moulin-à-vent 2023 | Sec | 2025>48 | 70 € — 94
- Les Grands Savarins, moulin-à-vent 2023 | Sec | 2025>48 | 65 € — 93

Domaine des Nugues

★★

Gilles Gelin et son épouse Magali excellent dans l'élaboration de cuvées qui sont à l'image du Beaujolais : des vins de fruit mais aussi de matière. Régulièrement nous nous régalons de ces beaujolais-villages (issus du terroir de Lancié), dont certains vieillissent à la perfection. En plus de son savoir-faire sur le gamay, Gilles produit aussi une délicieuse crème de cassis.

- Quintessence du gamay, beaujolais-villages 2018 | Sec | 2025>33 | 17 € — 90
- fleurie 2023 | Sec | 2025>33 | 14.9 € — 90
- moulin-à-vent 2022 | Sec | 2032> | 15.5 € — 91
- sans soufre, beaujolais-villages 2024 | Sec | 2025>27 | 11 € — 87
- Beaujolais Lancié, beaujolais-villages 2023 | Sec | 2025>28 | 14 € — 88
- Beaujolais Lancié, beaujolais-villages 2023 | Sec | 2025>33 | 11 € — 89

Château de la Perrière

★ N

Découverte pour le guide cette année, avec cette propriété située à Saint-Lager qui fort logiquement exploite les appellations côte-de-Brouilly et brouilly, notamment sur la côte les deux lieux-dits Le Pavé et Brulhié. La vendange 2023 a été la première à être certifiée bio et un beaujolais blanc est annoncé dès le millésime 2024.

- Prélude de la Perrière, brouilly 2022 | Sec | > | 12.5 € | ☘ — 88
- Les Terres Rouges, La Perrière, brouilly 2022 | Sec | 2025>30 | 16.5 € | ☘ — 90
- Un Jardin sur la Colline, Le Pavé, côte de brouilly 2023 | Sec | 2025>32 | 19.5 € | ☘ — 92

Domaine de la Pirolette

★★

Petite fleur blanche locale, la pirole a donné son nom à ce domaine en Saint-Amour, propriété familiale de la famille Barbet, grand nom du vignoble beaujolais. Leur aventure ici débute avec le millésime 2013, mais la gamme proposée offre une interprétation convaincante du cru, faite de fruits rouges et noirs bien mûrs et de puissance maîtrisée en bouche.

- Le Carjot, Sélection parcellaire, saint-amour 2022 | Sec | 2025>37 | 22 € — 92
- La Poulette, saint-amour 2022 | Sec | 2025>37 | 22 € — 93
- saint-amour 2023 | Sec | 2025>33 | 16 € — 89

Domaine Piron

★★★ ✚

Dominique Piron a cédé ses parts et surtout la société éponyme à Julien Révillon (lui-même d'origine beaujolaise même s'il avait fait ses armes en vallée du Rhône), qui poursuit son œuvre suivant les mêmes principes, à savoir des beaux raisins et des vinifications qui font ressortir l'identité du vin, parfois sur plusieurs décennies car les vins ici possèdent une indéniable capacité de garde. Plusieurs terroirs sont proposés mais sans surprise la grande spécialité ici est le cru Morgon, en particulier les deux lieux-dits de la Côte du Py et surtout Aux Pierres.

- fleurie 2023 | Sec | 2025>30 | 16 € — 89
- Les Charmes, morgon 2023 | Sec | 2025>30 | 18 € — 88
- beaujolais 2023 | Sec | 2025>28 | 14 € — 88

Château de Poncié

★ →

Propriété historique du cru Fleurie puisque son histoire remonte à l'an 949, le château de Poncié a un temps été rebaptisé Villa Ponciago lorsqu'il était la propriété de la famille Henriot. Revendu en 2020 à Jean-Loup Rogé, un entrepreneur lyonnais, celui-ci met en place une nouvelle équipe technique, articulée autour d'Eddie Lachaux à partir d'octobre 2023. On comprend donc que la plupart des vins dégustés cette année ne reflétaient pas encore les nouvelles orientations mises en place,

✦ Star ✚ Valeur sûre → À suivre de près N Nouvelle entrée

Sonja et Claude-Édouard Geoffray, Château Thivin

Ils se sont connus au sein de la prestigieuse école de viticulture de Changins, en Suisse. Lui est le fils de Claude-Vincent Geoffray, du château Thivin. Elle est née dans la haute vallée du Rhône, en Suisse allemande. Après leur diplôme, ils sont revenus s'installer au domaine familial en 2007 et prolongent la transformation progressive du vignoble, les plantations en gobelet laissant la place à des palissages à raison d'un demi-hectare par an. Le passage en bio des trente hectares du domaine ? C'est eux aussi. *Guillaume Puzo* même si l'agriculture bio, l'agroforesterie et du viti-pastoralisme sont toujours d'actualité.

- 949, fleurie 2023 | Sec | 2025>30 | 15 € | ☘ 89
- beaujolais-villages 2021 | Sec | 2025>28 | 16 € | ☘ 87
- Les Moriers, fleurie 2020 | Sec | 2025>32 | 30 € | ☘ 90
- Le Pavé, côte de brouilly 2021 | Sec | 2025>31 | 18 € 91
- Éclosion, beaujolais-villages 2023 | Sec | 2025>28 | 14 € | ☘ 88
- Les Hauts du Py, fleurie 2021 | Sec | 2025>30 | 23 € | ☘ 90
- beaujolais-villages 2024 | Sec | 2025>28 | 10 € 85

Domaine Richard Rottiers

✪✪✪ (→)

Richard a des racines à Chablis (domaine des Malandes) mais son cœur est à Moulin-à-Vent depuis qu'il s'y est établi en 2007. Avec obstination et non sans courage, il a repris des vignes cultivées à l'ancienne pour progressivement les convertir à l'agriculture biologique, et au fil des millésimes on voit les vins gagner en verticalité et en pureté d'expression. En vrai vigneron, il passe l'essentiel de son temps à la vigne pour se permettre le moins d'intervention possible en cave et pour ceux qui en douteraient il faut goûter ses superbes cuvées issues des lieux-dits Champ de Cour et Thorins, sans oublier son Dernier Souffle.

- Classique, moulin-à-vent 2022 | Sec | 2028>37 | 16 € | ☘ 91
- Classique, moulin-à-vent 2023 | Sec | 2025>30 | 16 € 90
- Champ de Cour, moulin-à-vent 2023 | Sec | 2027>38 | 21 € 93
- Dernier Souffle, moulin-à-vent 2022 | Sec | 2030>42 | 18 € | ☘ 94
- Dernier Souffle, moulin-à-vent 2023 | Sec | 2025>38 | 18 € 94
- La Sambinerie, beaujolais-villages 2023 | Sec | 2025>33 | 9 € 89
- brouilly 2023 | Sec | 2025>28 | 12 € 87
- Les Thorins, moulin-à-vent 2022 | Sec | 2027>42 | 18 € | ☘ 95
- Les Thorins, moulin-à-vent 2023 | Sec | 2029>38 | 18 € 94
- Montperay, moulin-à-vent 2023 | Sec | 2025>33 | 17 € 91

Clos Sauvage

✪✪ (→)

Ce domaine situé tout au nord du Beaujolais, à la limite du Mâconnais, pratique une viticulture soignée et empreinte de bon sens, ce qui se retrouve dans sa gamme convaincante de bout en bout, tant en blanc qu'en rouge. Des vins de saveurs, tout en élégance, qui restent frais et digestes. Les rouges offrent des touchers de bouche caressants, les blancs de la tension et de fines réductions sur le grillé. On se régale.

- Leynes, beaujolais-villages 2023 | Sec | 2025>33 | 18 € 92
- Cocagne, saint-amour 2023 | Sec | 2025>38 | 22 € 94
- Bois de Leynes, Fauve, beaujolais-villages 2023 | Sec | 2025>33 | 18 € | ☘ 93
- Pampa, Les grandes Terres, mâcon-chaintré 2023 | Sec | 2025>33 | 18 € 91
- Entre Ciel et Terre, saint-véran 2023 | Sec | 2025>33 | 24 € 89
- Eldorado, En Paradis, pouilly-fuissé 2023 | Sec | 2025>33 | 30 € 93

Domaine des Terres Dorées

✪✪ ✚

La nouvelle ne s'est pas trop ébruitée mais à la suite des vendanges 2024, Jean-Paul Brun a choisi de passer la main de son domaine à Roger Zannier, un entrepreneur déjà présent dans le monde viticole avec son château Saint-Maur (en Provence) ou la Quinta do Pessegueiro (dans le Douro). Jean-Paul Brun devrait continuer de conseiller la nouvelle équipe pendant quelques millésimes, pour une transition en douceur. Sur ces terres dorées du sud de la région, autour de Charnay, il a su mettre au point un style de vins gourmands et profonds, en rouge mais aussi en blanc, ce qui n'est pas si fréquent dans le Beaujolais. Des gamays convaincants, en appellations régionales comme en crus où il s'est depuis longtemps implanté, mais aussi des pinots noirs que les Bourguignons peuvent jalouser.

- chardonnay Classic, beaujolais 2023 | Sec | 2025>30 | 13 € 87
- L'Ancien, beaujolais 2023 | Sec | 2025>30 | 12.5 € 90
- côte de brouilly 2023 | Sec | 2025>33 | 15.5 € 92
- fleurie 2023 | Sec | 2025>33 | 18 € 90
- morgon 2023 | Sec | 2025>33 | 16 € 92
- moulin-à-vent 2023 | Sec | 2025>33 | 18.5 € 91

Château Thivin

✪✪✪✪ ✦

Ce domaine incarne comme nul autre l'appellation côte-de-Brouilly, où il est d'ailleurs implanté et y exploite un large parcellaire, avec plus de 16 hectares sur le cru, pour un total de 29 hectares de vignes. Tout amateur souhaitant comprendre les différentes facettes de la colline doit venir goûter ici, les différentes générations de la famille Geoffray ayant permis d'appréhender les spécificités de chaque lieu-dit. Depuis l'arrivée de Claude-Édouard et de son épouse Sonja, tous deux diplômés de Changins, en Suisse, les vignes sont progressivement palissées, facilitant le travail des sols.

- Zaccharie, côte de brouilly 2023 | Sec | 2025>43 | 25 € 95
- La Chapelle, côte de brouilly 2023 | Sec | 2025>43 | 25 € | ☘ 94
- Godefroy, côte de brouilly 2023 | Sec | 2025>38 | 25 € 93
- Les Griottes de Brulhié, côte de brouilly 2023 | Sec | 2025>33 | 22 € | ☘ 91
- Clos de Rochebonne, beaujolais 2023 | Sec | 2025>30 | 19.4 € | ☘ 91
- Le Clos, côte de brouilly 2023 | Sec | 2025>33 | 22 € | ☘ 92

Domaine de la Tour du Bief

✪✪✪ (→)

Cette propriété de Moulin-à-Vent a été rachetée par la famille Parinet en 2012 mais est gérée par les mêmes équipes que le château du Moulin-à-Vent. Le parcellaire des deux propriétés est différent, c'est d'ailleurs ce qui a motivé les Parinet à en faire l'acquisition. Les 4 hectares sur la Rochelle et Vérillats, deux lieux-dits de grande réputation, ont été transférés au château du Moulin-à-Vent. Aujourd'hui le vignoble couvre 13 hectares dont 10 sont plantés principalement sur le secteur justement nommé la Tour du Bief. Les vins sont de qualité, mais souvent un peu plus simples que ceux du château du Moulin-à-Vent.

- Le Clos de la Tour, moulin-à-vent 2022 | Sec | 2025>42 | 19 € 93
- Vieilles vignes, moulin-à-vent 2022 | Sec | 2025>32 | 13.9 € 91

Château des Tours

✪✪

Ce domaine de 70 hectares bien situé au cœur de l'appellation brouilly bénéficie d'un terroir qui lui permet, en particulier grâce à ses vieilles vignes, de sortir des cuvées de bonne facture. Les nouvelles ambitions de sa propriétaire et la volonté de revenir à une vision de terroir devraient permettre à cette propriété de s'affirmer de plus en plus comme une valeur sûre de l'appellation.

- brouilly 2023 | Sec | 2025>29 | NC 91
- Vieilles Vignes, brouilly 2022 | Sec | 2023>26 | NC 92

Domaine du Tracot

✪✪ (N)

Troisième génération de la famille Dubost à exploiter ce domaine viticole, Jean-Paul Dubost fait partie des figures vigneronnes de Lantignié, au cœur des Beaujolais-Villages. Aujourd'hui la gamme est vaste, avec bon nombre de crus bien exécutés (Brouilly, Fleurie, Morgon), des vins de fruit mais aussi de corps, d'autres produits dans la gamme nous ont régulièrement laissé perplexes, notamment les cuvées nature.

- beaujolais lantignié 2023 | Sec | 2025>30 | 16 € 88
- Le Tracot, beaujolais lantignié 2023 | Sec | 2025>30 | 11 € 89
- Pierreux, brouilly 2019 | Sec | 2025>29 | 16 € 91
- Le Vivier, fleurie 2023 | Sec | 2025>33 | 18 € 91
- Douby, morgon 2023 | Sec | 2025>33 | 17 € 92
- Côte de Py, morgon 2019 | Sec | 2025>34 | 34 € 92

Maison Trénel

✪✪ ✚

La maison est l'antenne beaujolaise et mâconnaise du négociant rhodanien Michel Chapoutier, mais elle continue d'être gérée de façon autonome. En dehors des vins, elle excelle dans les liqueurs, crèmes de fruits et les vieux marcs, mais depuis près d'un siècle elle a acquis un savoir-faire dans le sourcing de vins représentatifs de leurs appellations. Des vins de moyenne garde dans l'ensemble et c'est le but recherché, dans l'optique de proposer des vins fruités axés sur le plaisir, réguliers et précis.

- La Madone, fleurie 2023 | Sec | 2025>33 | 18 € 90
- Côte du Py, morgon 2023 | Sec | 2025>33 | 15.1 € 90

Domaine du Vieux Bourg

✪✪ ✚

Dominique Piron est infatigable. Après une première vie d'une cinquantaine d'années passée à développer son domaine éponyme, aujourd'hui cédé à Julien Révillon, il n'a pu s'empêcher de réunir quelques vignes de famille et de repartir pour une nouvelle aventure, en créant le domaine du Vieux Bourg. Sans surprise, son savoir-faire ne se dément pas, et les grandes cuvées ici sont toujours des meilleurs terroirs en morgon, dans la famille depuis plusieurs générations.

- Cinq Terres, morgon 2023 | Sec | 2025>38 | 15 € 91
- Côte du Py, morgon 2023 | Sec | 2025>38 | 20 € 93
- La Croix Penet, régnié 2023 | Sec | 2025>33 | 13 € 89
- Clos du Vieux Bourg, beaujolais 2023 | Sec | 2025>28 | 14 € 83
- beaujolais-villages 2023 | Sec | 2025>28 | 11 € 85

✦ Star ✚ Valeur sûre (→) À suivre de près (N) Nouvelle entrée

GEORGES DUBŒUF
GEORGES DUBŒUF
BEAUJOLAIS-VILLAGES
APPELLATION BEAUJOLAIS-VILLAGES CONTRÔLÉE
PRODUCE OF FRANCE
GEORGES DUBŒUF
L'ABUS D'ALCOOL EST DANGEREUX POUR LA SANTÉ. À CONSOMMER AVEC MODÉRATION.

Terroir calcaire d'exception surplombant la vallée de la Dordogne et gardien de l'histoire, le château de Pressac fut le théâtre de la reddition consécutive à la bataille de Castillon, marquant la fin de la guerre de Cent Ans. Témoignage du temps, son nom fut donné à un cépage, le noir de Pressac, encore cultivé sur le domaine. Le 6 juillet 2019.

Bordeaux

Un pour tous

Qui croit encore que le vin de Bordeaux n'est pas capable de se réinventer ? L'exploration des quatre sous-régions proposée ici suffit à prouver son évidente diversité. L'aventure commence

sélection **Hélène Durand, Michel Bettane, Louis-Victor Charvet, Thierry Desseauve et Denis Hervier**

Graves & Sauternais

Château d'Arche

●●● ✚

Ce cru dispose d'un vignoble bien situé, jouxtant les châteaux Lamothe et Filhot, sur la meilleure partie de la commune de Sauternes. Un petit hôtel de charme y a été construit par ses propriétaires, de façon à faire progresser le tourisme viticole en Sauternais. Le vin est sérieusement élaboré, progressant d'une année sur l'autre et rejoint la qualité qu'on attend d'un vrai cru classé.

- sauternes 2021 | Liquoreux | 2025>40 | NC — 90
- sauternes 2022 | Liquoreux | 2025>35 | NC — 90

Château Bastor-Lamontagne

●● ➔

Bastor-Lamontagne produit un sauternes agréable, moins riche que les plus grands crus de la commune, qui joue sur le registre de l'équilibre du fruit et du rapport qualité-prix. Repris par le groupe Grands Chais de France, la propriété est aujourd'hui menée en agriculture biologique. Bon rapport qualité-prix et en progression ces derniers millésimes.

- So Sauternes, sauternes 2022 | Liquoreux | 2025>35 | 30 € — 92
- SO, crémant de bordeaux | Brut | 2025>28 | 14 € — 89

Château Bouscaut

●●● ✚

Cette propriété classée de Cadaujac possède un terroir à part, avec des sols plus calcaires mieux adaptés aux cépages blancs. Sophie Cogombles et son sympathique mari réussissent d'ailleurs bien leur vin blanc, séveux, complexe, présentant une belle synergie entre sauvignon et sémillon. Les rouges n'ont cessé de progresser depuis quelques millésimes, ils ont maintenant largement rattrapé le peloton de tête de l'appellation. L'arrivée de la nouvelle génération, talentueuse et exigeante, aux commandes de la propriété devrait lui permettre de trouver un nouvel élan.

- pessac-léognan 2022 | Sec | 2025>31 | NC — 93
- pessac-léognan 2021 | Sec | 2025>31 | NC — 92
- pessac-léognan 2022 | Sec | 2028>38 | NC — 93

Château Brown

●● ✚

Cette propriété, qui doit son nom à un négociant écossais, a parfaitement été reprise en main par la famille Mau en 2005, en association avec les Hollandais Dirkzwager. Passionné, Jean-Christophe Mau y consacre beaucoup d'énergie et propose des vins justes, sur le fruit, harmonieux et équilibrés. Les blancs sont irréprochables, précis et purs. Les rouges, de très bon niveau, possèdent un caractère léognan affirmé mais peuvent encore progresser vers plus de définition. Le style doit s'affirmer.

- pessac-léognan 2021 | Sec | 2025>31 | NC — 91
- pessac-léognan 2022 | Sec | 2025>32 | 35 € — 90
- pessac-léognan 2023 | Sec | 2025>30 | NC — 90

Château Caillou

●● ➔

Ce second cru classé, situé au cœur de la partie haute du village, juste à côté de Climens, est la propriété de la famille Ballan-Bravo, incarnée depuis 2017 par la nouvelle génération qui a rejoint la propriété. Dans l'ombre de ses illustres voisins, à l'instar de Climens, ce château continue de produire des vins équilibrés et de bonne composition. Les élevages longs rendent les vins peut-être moins démonstratifs, mais la parfaite évolution de ces derniers fait de château Caillou un excellent barsac à prix doux. Rapport qualité-prix souvent imbattable.

- sauternes 2022 | Liquoreux | 2025>35 | 38 € — 92

Château Carbonnieux

●●● ✚

Appartenant depuis 1956 à l'attachante famille Perrin, ce grand classique de l'appellation pessac-léognan séduit tant par son volume de production, surtout en blanc avec 45 hectares, que par la régularité et la typicité de son style. Aujourd'hui, la quatrième génération s'implique complètement avec le jeune et brillant œnologue Andréa, fils d'Eric. Un nouvel élan pour ce beau domaine qui ne cesse de progresser depuis une dizaine d'années. Les blancs, pâles et frais, supérieurement élégants ont gagné en richesse de constitution. Les rouges, réguliers, peuvent rivaliser avec les meilleurs.

- pessac-léognan 2022 | Sec | 2025>30 | NC — 93
- pessac-léognan 2021 | Sec | 2025>32 | 32.1 € — 92
- pessac-léognan 2022 | Sec | 2028>38 | NC — 94

Domaine de Chevalier

●●●●● ✦

Voici une propriété estimée de tous, dotée d'un superbe vignoble d'un seul tenant autour du château, parmi les mieux cultivés du Bordelais. Olivier Bernard est un infatigable ambassadeur des vins de Bordeaux dans le monde. Il est aussi l'un de ceux qui connaissent le plus intimement la valeur de leur produit, grâce à des dégustations quotidiennes en compagnie des innombrables visiteurs

✦ Star ✚ Valeur sûre ➔ À suivre de près Ⓝ Nouvelle entrée

Olivier Bernard, Domaine de Chevalier

Entrepreneur chaleureux et passionné profondément attaché à son domaine, Olivier Bernard est aussi doté d'un esprit collectif rare puisqu'il fut président de l'Union des grands crus de Bordeaux et se trouve désormais, trente ans après son premier mandat, à nouveau président des crus classés de Graves. Depuis 1983 et le rachat du domaine de Chevalier par son père, Olivier a agrandi et restructuré le vignoble, modernisé les installations et n'a eu de cesse d'innover, avec sa femme Anne, son pilier de toujours dans cette aventure que partagent maintenant leurs fils Adrien et Hugo. On lui doit ce que sont aujourd'hui les vins de la propriété, parmi les meilleurs de Bordeaux et du monde. *Hélène Durand* du domaine, pionnier dans l'accueil du public. Les blancs sont les plus racés de la commune, les rouges des modèles de classicisme bordelais dans leurs proportions et leur saveur. Olivier Bernard, accompagné désormais de ses deux fils Hugo et Adrien, peut s'enorgueillir d'avoir construit l'une des marques les plus solides du Bordelais et un vin, en rouge comme en blanc, toujours recherché des connaisseurs.

- pessac-léognan 2022 | Sec | 2025>40 | NC — 96
- pessac-léognan 2021 | Sec | 2026>35 | 78.9 € — 96
- pessac-léognan 2022 | Sec | 2028>45 | NC — 97

Château Climens

Repris par la famille Moitry, tombée sous le charme de l'endroit et passionnée par les grands terroirs de Sauternes, Climens devrait continuer d'écrire plus sereinement son histoire grandiose. Mythe absolu de Barsac, la propriété offre toute la magie d'un terroir qui peut parfois surpasser Yquem en finesse et en subtilité aromatique, grâce à son sous-sol calcaire. Le vin sec, Asphodèle, création récente, peut s'imposer dans les grands millésimes comme l'un meilleurs blancs de tout le Bordelais. Sous la direction générale de Jérôme Moitry et la direction technique de Frédéric Nivelle, le cru retrouve déjà son statut à part parmi les crus classés bordelais.

- barsac 2022 | Liquoreux | 2025>50 | 168 € — 95
- Asphodèle, bordeaux 2023 | Sec | 2025>32 | NC — 92
- Lilium, bordeaux 2023 | Sec | 2025>32 | 70 € — 93
- Petite Lily, bordeaux 2023 | Sec | 2025>27 | 18 € — 88
- Fenouil et Camomille, bordeaux 2023 | Sec | 2025>28 | 35 € — 90

Château Closiot

Jean-Marie Guffens, grand maître du chardonnay, s'est pris de passion pour le sauternes et propose, sur des vignes idéalement situées à proximité de celles du château Coutet, un liquoreux remarquable produit dans les règles de l'art. Tout en gardant la force du grand barsac et ses attributs d'élégance, il impose son style et sa vision et réalise de grands liquoreux 2022.

- barsac 2022 | Liquoreux | 2025>38 | 5690 € — 92
- Sec du château Closiot, bordeaux 2023 | Sec | 2025>30 | 21.5 € — 88
- Les dames de Bonneau - Château Closiot, barsac 2022 | Liquoreux | 2025>40 | 113.7 € — 94

Château Couhins

Le cru (différent de Couhins-Lurton) appartient à l'INRA, qui pendant longtemps et malgré son classement ne faisait pas grand-chose pour le faire connaître. Ce n'est désormais plus le cas et une équipe technique très compétente le met progressivement au niveau de ses pairs. Seul le blanc est classé, très minéral et proportionnellement plus racé que le rouge. Ce dernier est en nette progression.

- pessac-léognan 2022 | Sec | 2025>29 | NC — 92
- pessac-léognan 2021 | Sec | 2025>27 | 21.3 € — 91
- pessac-léognan 2022 | Sec | 2027>37 | NC — 92

Château Couhins-Lurton

Couhins-Lurton était la propriété emblématique du regretté André Lurton. Depuis 2018, son fils Jacques en a la responsabilité. Vinificateur international de talent, il apporte au domaine son expertise technique et une dynamique nouvelle qui permet de mettre en valeur ce terroir unique. Couhins-Lurton produit un vin blanc d'une remarquable finesse : un 100 % sauvignon typé par le cépage sur un terroir calcaire unique dans l'appellation pessac-léognan, prenant au vieillissement des notes épicées et minérales. Le rouge a pris une nouvelle dimension. Il est flatteur, élégant, fruité et d'un grand équilibre.

- pessac-léognan 2022 | Sec | 2025>30 | NC — 92
- pessac-léognan 2021 | Sec | 2025>31 | NC — 92
- pessac-léognan 2022 | Sec | 2027>38 | NC — 93

Château Coutet

Coutet (qui se prononce « Coutette ») est l'autre grand terroir de Barsac, un rien (deux ou trois mètres) plus bas que Climens, avec plus de proportion de fer dans le sol calcaire. L'alsacien Philippe Baly l'administre avec une discipline jamais dénuée d'humour et maintient la propriété d'une petite quarantaine d'hectares au plus haut niveau dans la qualité du vin. Depuis 2010, un vin sec confidentiel mais étonnant, Opalie, montre la voie de la catégorie pour l'appellation. La somptueuse cuvée Madame est une apothéose du barsac. Portée par un propriétaire passionné et par une équipe technique de grand talent, la propriété a atteint ces derniers millésimes le plus haut niveau d'excellence.

- barsac 2021 | Liquoreux | 2025>45 | NC — 95
- barsac 2022 | Liquoreux | 2025>50 | 46 € — 95
- Opalie, bordeaux 2023 | Sec | 2025>34 | 36 € — 92

Château Doisy-Daëne

Jean-Jacques et Fabrice Dubourdieu dirigent de façon magistrale leur grand cru familial, dans l'esprit initié par leur père Denis, trop tôt disparu. La science agronomique et œnologique la plus pointue est aux prises avec les caprices de la nature, pour le meilleur. Une toute petite production (3 000 bouteilles) d'un vin très liquoreux est produite sous la marque l'Extravagant de Doisy Daëne lorsque la récolte s'y prête. Ce vin peut atteindre des sommets extraordinaires de qualité.

- barsac 2021 | Liquoreux | 2025>40 | NC — 92
- barsac 2022 | Liquoreux | 2025>50 | 46 € — 94
- bordeaux 2023 | Sec | 2025>32 | NC — 92

Château Doisy-Védrines

Cette propriété voisine de Doisy-Daëne, dirigée par Guillaume Lefebvre (neveu d'Olivier Castéja), partage le même type de sol calcaire, typique du Haut-Barsac, et produit en grand vin un liquoreux classique, bien rôti, généreux, qui plaira à tous. On apprécie le gain en finesse pure, mieux protégée contre l'oxydation, depuis quelques années. Les prix sont sages.

- barsac 2022 | Liquoreux | 2025>35 | 37 € — 92

Château Ferrande

Jolie propriété appartenant depuis longtemps à la famille Castel, Ferrande s'est longtemps maintenu dans le style traditionnel des graves. Il évolue aujourd'hui dans les deux couleurs, avec plus de densité et de précision tannique en rouge et surtout une finesse et une fraîcheur alliées à une complexité aromatique en blanc. Belle reprise en main.

- graves 2022 | Sec | 2025>32 | 16 € — 91
- graves 2022 | Sec | 2025>30 | NC — 89

Château de Fieuzal

Ce cru fut longtemps célèbre d abord par son vin blanc, un des plus complets de Léognan, mais son rouge, à son meilleur, est l'une des plus brillantes illustrations du caractère des pessac-léognan. La dernière décennie marque le retour au meilleur niveau de Fieuzal blanc. Les nouveaux chais, ultra performants, avec de nombreuses petites cuves de contenances diverses, en béton, en inox ou en bois, permettent désormais à Stephen Carrier, le directeur, de faire de la haute-couture. Nous sentons ces derniers millésimes poindre un certain renouveau dans le style du vin, au profit d'une plus grande pureté.

- pessac-léognan 2022 | Sec | 2028>40 | NC — 95
- pessac-léognan 2022 | Sec | 2025>35 | NC — 94

Château Filhot

La nouvelle génération de Vaucelles affiche clairement sa volonté de produire des sauternes de style, riches et sans lourdeur, à partir d'une vendange parfaitement conduite. Ces derniers millésimes, le renouveau de style de la propriété est dû à un élevage moins réducteur. Il faut encore plus d'ambition pour rendre au terroir toute sa force. Le cru est sur la bonne voie.

- sauternes 2022 | Liquoreux | 2025>35 | 25 € — 90

Clos Floridène

Cette marque, qui associe les prénoms de Florence et Denis Dubourdieu, a bénéficié du savoir-faire et du faire-savoir du célèbre œnologue bordelais disparu en 2016. Les blancs, qui expriment davantage la minéralité étonnante d'un terroir calcaire que les arômes variétaux des cépages locaux, sont incomparables. Une petite quantité de rouge, très soignée et rejoignant maintenant la perfection du blanc, est produite.

- graves 2023 | Sec | 2025>32 | 18 € — 91

✦ Star ✚ Valeur sûre ⊕ À suivre de près Ⓝ Nouvelle entrée

Jean-Philippe Delmas, Domaines Clarence Dillon

Jean-Philippe Delmas, troisième génération, a succédé en 2004 à son père Jean-Bernard, orfèvre d'une quarantaine de millésimes, après avoir passé dix ans à apprendre auprès de lui. Humble, réservé et doté du même charisme que son père, il est aujourd'hui le directeur général délégué des domaines du groupe Clarence Dillon et possède l'entière confiance de leur propriétaire, le prince Robert de Luxembourg. Il veille sur l'identité unique de propriétés exceptionnelles (Haut-Brion, La Mission Haut-Brion, Quintus) et permet leur rayonnement mondial. *Hélène Durand*

■ graves 2021 | Sec | 2025>28 | NC 88
■ graves 2022 | Sec | 2025>32 | 20 € 91

Château de France

✪✪

Avec son vignoble très cultivé, le château de France produit des vins équilibrés et sérieusement constitués. Depuis le retour d'Arnaud Thomassin, le style du vin progresse incontestablement de façon régulière. Les rouges sont volumineux, aromatiques et de garde, et les blancs jouent sur la complexité de fruit, la maturité et l'équilibre. Devenu incontournable dans l'appellation, ces pessac-léognan conservent un prix encore accessible.

■ pessac-léognan 2022 | Sec | 2025>30 | NC 91
■ pessac-léognan 2022 | Sec | 2026>35 | NC 92

Château Gilette

✪✪✪✪✪ ✦

Dans la famille Médeville depuis le XVIIIe siècle, aujourd'hui avec Julie Gonet-Médeville, actuelle gérante, Gilette propose depuis les années 1930 un unique vin liquoreux, vieilli entre 15 et 20 années en cuve béton, uniquement les années exceptionnelles. Seul le nectar – crème-de-tête – est conservé pour le grand vin. Au vignoble, quatre hectares et demi alimentent Gilette, dont une parcelle qui a donné le nom au château. Ce vin d'excellence résiste aux modes et incarne l'excellence des grands sauternes.

■ Crème de Tête, sauternes 2018
Liquoreux | 2025>50 | 165 € 96

Château Guiraud

✪✪✪✪ ✚

Le château est la propriété de quatre associés : Robert Peugeot, Stephan von Neipperg, Olivier Bernard et désormais Matthieu Gufflet (EPSA). Certifié en viticulture biologique depuis 2011, disposant d'un conservatoire des cépages blancs d'Aquitaine absolument unique (175 souches de sauvignon et de sémillon), Guiraud montre la voie d'une agriculture respectueuse en Sauternais. On y vendange avec précision des raisins parfaitement botrytisés, pour produire deux types de liquoreux. Le grand vin, tout en finesse et d'évolution assez rapide en bouteille et Petit-Guiraud, moins riche et apte à briller à l'apéritif. Sandrine Garbay, la directrice expérimentée du cru, impose sa vision et son excellence.

■ sauternes 2022 | Liquoreux | 2025>45 | 60 € 95
■ Le G, bordeaux 2023 | Sec | 2025>32 | 29 € 90

Château Haut-Bailly

✪✪✪✪✪ ✦

C'est l'un des pessac-léognan les plus attachants de cette belle appellation, repris par la famille Wilmers en 1998. Le vignoble de 30 hectares, qui n'a pas bougé en superficie depuis le XIXe siècle, a la chance d'être âgé (certains pieds atteignent 120 ans), impeccablement tenu par une équipe technique très performante, conduite par Gabriel Vialard, et administré avec passion par Véronique Sanders, petite-fille de l'ancien propriétaire du château. Les vins sont raffinés et équilibrés. Le fruit est précis, le tannin noble, la fraîcheur toujours maîtrisée et l'équilibre irréprochable. Le second vin, Haut Bailly II, est d'une régularité sans faille et d'une élégance à toute épreuve. La propriété qui cumule un nombre impressionnant de grands millésimes depuis maintenant plus d'une décennie rejoint l'élite des plus grands vins de Bordeaux.

■ pessac-léognan 2021 | Sec | 2025>34 | NC 95
■ pessac-léognan 2022 | Sec | 2030>45 | 180 € 97

Château Haut-Bergey

✪✪ ➲

Depuis 2014, Paul Garcin œuvre à la tête du domaine acquis en 1991 par ses parents qui avaient réhabilité et agrandi le vignoble tout en reconstruisant le chai. Un beau vignoble de 44 hectares (deux en blanc et 42 en rouge) implanté sur des croupes graveleuses au cœur de la commune de Léognan. Dynamique et passionné, convaincu que la biodynamie permet aux vins de mieux refléter le terroir, il obtient les certifications bio en 2010 et Demeter en 2012. Il crée de nouvelles cuvées dans l'air du temps, comme la cuvée Paul, fruitée et pimpante, sans pour autant perdre l'esprit du premier vin. Le blanc dépasse d'une courte tête en personnalité le rouge qui lui, a besoin de quelques années pour s'assouplir.

■ pessac-léognan 2021 | Sec | 2025>32 | NC 91
■ pessac-léognan 2022 | Sec | 2026>35 | NC 91

Château Haut-Brion

✪✪✪✪✪ ✦

Ce cru magistral, enchâssé dans la ville, brille toujours par sa générosité de texture, liée à une bonne proportion de merlot (40 % ou souvent plus) et à la haute maturité d'un raisin qui mûrit précocement dans ce microclimat urbain. S'y ajoutent des notes fumées originales, nées du terroir et de certains clones de vignes propres au château, plus ou moins marquées d'un millésime sur l'autre. On y travaille impeccablement, sous l'impulsion intelligente de Jean-Philippe Delmas et le regard constant du prince Robert de Luxembourg, profondément attaché à cette propriété que sa famille a acquise en 1935 (Clarence Dillon). Le blanc, très rare, équilibre sauvignon et sémillon dans un assemblage d'une autorité et d'un cachet insurpassés à Bordeaux. Le second vin, Clarence, témoigne de la noblesse de son grand terroir.

■ pessac-léognan 2021 | Sec | 2025>40 | NC 96
■ pessac-léognan 2022 | Sec | 2030>45 | 770 € 96
■ pessac-léognan 2021 | Sec | 2025>35 | NC 95
■ pessac-léognan 2023 | Sec | 2025>50 | 820 € 95

Clos Haut-Peyraguey

✪✪✪✪

Le terroir exceptionnel de ce cru de 17 hectares explique l'ampleur et la race des millésimes récents, soignés et conformes à ce qu'on attend d'eux. Bernard Magrez (châteaux Pape Clément, Fombrauge) fait ici œuvre de mécène pour aller jusqu'au bout du potentiel de ce petit bijou acquis en 2012. Progressivement, les boisés sont plus rapidement intégrés et sauf accident le vin se rapproche de plus en plus en éclat et complexité de Château Yquem.

■ sauternes 2022 | Liquoreux | 2025>40 | 42 € 95

Château La Garde

✪✪✪ ➲

54 hectares d'un seul tenant et d'une diversité géologique impressionnante, où les principaux cépages bordelais sont plantés, merlot en tête, sur sol d'argile ou de calcaire, cabernet-sauvignon ensuite, sur graves profondes pour les meilleurs. Avec un terroir aussi protéiforme, il fallait à La Garde un outil de vinification adapté et la propriété n'a pas hésité à mettre les moyens avec un nouveau chai digne des meilleures propriétés de Bordeaux. Rouges comme blancs sont à rechercher pour leur excellent rapport qualité-prix. Et l'arrivée d'Axel Marchal qui conseille désormais la propriété lui permet déjà de faire un bond spectaculaire sur la route du grand vin, d'autant plus que les excellentes équipes de la propriété ont décidé de se recentrer sur les grands terroirs de ce vignoble modèle.

■ pessac-léognan 2021 | Sec | 2025>30 | NC 92
■ pessac-léognan 2022 | Sec | 2027>35 | 21 € 94
■ pessac-léognan 2023 | Sec | 2025>33 | NC 93

Château La Louvière

✪✪✪

Encadré par Carbonnieux et Haut-Bailly, le cru est l'un des plus efficaces ambassadeurs de Pessac-Léognan dans le monde. Les vins, rouges et blancs, puissants et d'une régularité sans faille, vieillissent superbement. Les blancs typés sauvignon, racés et d'une fraîcheur exquise, font partie des incontournables de l'appellation. Le rouge est maintenant à la hauteur du blanc, avec un style puissant et vigoureux, non dénué d'élégance. Cette propriété sœur de Couhins-Lurton profite de l'excellent travail de Jacques Lurton et de ses équipes.

■ pessac-léognan 2021 | Sec | 2025>29 | 27,5 € 92
■ pessac-léognan 2022 | Sec | 2025>35 | NC 92
■ pessac-léognan 2022 | Sec | 2025>31 | NC 91

Château La Mission Haut-Brion

✪✪✪✪✪ ✦

Mission continue de nous régaler avec son grand vin velouté et complexe à souhait, grande expression du merlot sur graves profondes (souvent plus de 50 % de l'assemblage) et d'un exceptionnel cabernet-sauvignon qu'on rêve un jour de déguster pur. Le blanc à dominante de sémillon n'a toujours pas d'égal à Bordeaux en noblesse aromatique et complexité.

■ pessac-léognan 2021 | Sec | 2025>38 | NC 95
■ pessac-léognan 2022 | Sec | 2030>50 | 382 € 97
■ pessac-léognan 2023 | Sec | 2025>40 | 640 € 97

✦ Star ✚ Valeur sûre ➲ À suivre de près Ⓝ Nouvelle entrée

Château La Tour Blanche

★★★★ ✚

Le château appartient à l'État depuis 1909 et abrite un lycée professionnel agricole et viticole. L'école de viticulture de la République soigne ainsi son bijou le plus précieux et son équipe technique renouvelée a encore affiné les vinifications, avec des vins qui permettent de comprendre pourquoi en 1855 le cru vient en tête de liste des premiers crus classés. Si vous en avez l'occasion, demandez à déguster la confidentielle cuvée de muscadelle, au parfum étrange et magnifique.

- **sauternes 2021** | Liquoreux | 2025>40 | NC — 93
- **sauternes 2022** | Liquoreux | 2025>40 | 55 € — 94
- **Léonie, bordeaux 2023** | Sec | 2025>30 | NC — 90

Château Lafaurie-Peyraguey

★★★★ ✚

Silvio Denz permet à la propriété d'affiner encore la qualité de son vin et de remplir dignement son rôle d'ambassadeur des grands sauternes, dans un style que son terroir rend assez proche d'Yquem, associant somptuosité de texture et raffinement aromatique dans le fruité. Mais il a su prolonger ses efforts de façon bénéfique pour l'ensemble de l'appellation par l'ouverture d'un hôtel de luxe et d'un restaurant gastronomique de très haut niveau, dédié à la gloire du sauternes.

- **sauternes 2022** | Liquoreux | 2025>45 | 84 € — 94
- **Chapelle, sauternes 2023** | Liquoreux | 2025>35 | NC — 90
- **Grand Vin, bordeaux 2023** | Sec | 2025>35 | 44 € — 91

Château Larrivet Haut-Brion

★★★ ➔

Au cœur de Léognan, cette belle propriété de 75 hectares a été rachetée en 1987 par Philippe Gervoson, également à la tête de l'entreprise Andros. Charlotte Mignon a pris la direction générale d'une propriété pleine de projets, notamment celui de mettre en place un « vignoble du futur » expérimental de grande envergure. Les rouges sont élégants, dans un style plus immédiat et profond que par le passé, et les blancs sont expressifs du point de vue aromatique et dotés d'une certaine belle personnalité. L'équipe ne ménage pas ses efforts et le cru se dirige vers le plus haut niveau de l'appellation.

- **pessac-léognan 2021** | Sec | 2025>31 | 38.4 € — 92
- **pessac-léognan 2022** | Sec | 2025>35 | NC — 93
- **pessac-léognan 2023** | Sec | 2025>35 | 50 € — 94

Château Latour-Martillac

★★★ ✚

Ce cru classé est un modèle de propriété familiale, avec un attachement quasi filial de tous les enfants Kressmann à leur patrimoine et une gestion saine. Un nouveau chai respectueux des contraintes environnementales a vu le jour en 2020. Les rouges qui y sont maintenant vinifiés ont beaucoup gagné en précision, en densité, en finesse de tannins et élégance de texture. Ils sont à la fois classiques, équilibrés et parfaitement harmonieux. Longtemps sous la houlette de la très douée et rigoureuse Valérie Vialard, trop tôt disparue, les blancs sont toujours irréprochables, précis, aromatiques et d'une vivacité parfaite.

- **pessac-léognan 2022** | Sec | 2025>32 | NC — 93
- **pessac-léognan 2021** | Sec | 2025>35 | 30.9 € — 94
- **pessac-léognan 2022** | Sec | 2028>38 | NC — 94

Château Les Carmes Haut-Brion

★★★★ ✦

Petit cru voisin de Haut-Brion, lui aussi sauvé de l'urbanisation de Pessac, Les Carmes Haut-Brion produit un vin très harmonieux et subtil, où le cabernet franc en particulier apporte son incomparable finesse. La propriété a été achetée en décembre 2010 par Patrice Pichet, à la tête du groupe immobilier Patrimoniale Foncière Pichet. 2016 a été le premier millésime vinifié dans le magnifique et très audacieux chai conçu par Philippe Starck et Luc Arsène-Henry. Patrice Pichet a confié la direction du domaine au talentueux et perfectionniste Guillaume Pouthier, qui porte la propriété au niveau des meilleures.

- **pessac-léognan 2021** | Sec | 2025>36 | NC — 94
- **pessac-léognan 2022** | Sec | 2025>40 | 285 € — 96
- **Le C des Carmes Haut-Brion, pessac-léognan 2022** | Sec | 2025>33 | 40 € — 93

Château Lespault-Martillac

★★

Cette jolie petite propriété de huit hectares de belles graves sur la commune de Martillac appartient à la famille Bernard, par ailleurs propriétaire de l'excellent domaine de Chevalier. On retrouve la patte d'Olivier Bernard dans ces vins particulièrement élégants. Le rouge affiche toujours une légère supériorité par rapport au blanc.

- **pessac-léognan 2021** | Sec | 2025>29 | 24.2 € — 90
- **pessac-léognan 2022** | Sec | 2025>32 | 27 € — 92

Château Malartic-Lagravière

★★★★ ✚

Propriétaires perfectionnistes, les Bonnie ont rénové les installations techniques de la propriété de manière magistrale, remis en état et agrandi le vignoble et surtout métamorphosé les vins. Le fils Jean-Jacques a pris la suite, avec la même attention et le même devoir d'excellence. Le vignoble compte 53 hectares, dont sept hectares de blancs, certifiés en agriculture raisonnée avec des pratiques vertueuses réfléchies. Les rouges, sévèrement sélectionnés, possèdent une force et une droiture de constitution étonnantes, qui ne déparent pas leur finesse native. Les blancs récents sont remarquables et ont gagné en volume de bouche et en onctuosité. Ils sont racés, nerveux, équilibrés.

- **pessac-léognan 2022** | Sec | 2025>35 | NC — 92
- **pessac-léognan 2021** | Sec | 2025>33 | 42.1 € — 94
- **pessac-léognan 2022** | Sec | 2028>39 | NC — 96

Château de Myrat

★★★ ➔

Élisabeth de Pontac et sa sœur Slanie continuent dignement l'œuvre de leur père sur ce terroir de qualité, cru classé de Sauternes. Les raisins sont rentrés avec soin, très riches et rôtis et le vin a beaucoup gagné depuis cinq ans en puissance et en longueur de bouche. Il vieillit certes un peu plus vite que Climens ou Coutet mais permet de les attendre dans les meilleures conditions, à des prix très raisonnables.

- **sauternes 2021** | Liquoreux | 2025>38 | NC — 93
- **sauternes 2022** | Liquoreux | 2025>35 | 34 € — 92

Château Olivier

★★★ ➔

Cette magnifique propriété aux portes de Bordeaux a su conserver, outre son vignoble de 60 hectares, une large part de forêts et de prairies. Au début des années 2000, la famille de Bethmann fait d'importants travaux et confie la gestion du domaine à Laurent Lebrun. Sa rigueur et son analyse fine du terroir ont fait faire un réel bond qualitatif aux vins. Le vin blanc, qui contient une bonne proportion de sémillon, est devenu complexe et élégant, avec une personnalité bien affirmée. Les rouges rivalisent avec les meilleurs, ils expriment avec précision l'expression du terroir, racés, complets, équilibrés et énergiques.

- **pessac-léognan 2022** | Sec | 2025>34 | NC — 94
- **pessac-léognan 2021** | Sec | 2025>31 | 28 € — 93
- **pessac-léognan 2022** | Sec | 2028>42 | NC — 96

Château Pape Clément

★★★★

Depuis son arrivée à la tête de cette propriété majeure de Pessac, au cœur de l'agglomération bordelaise, Bernard Magrez n'a cessé de la maintenir au premier rang des crus bordelais, tout en évitant les embellies tarifaires délirantes qu'ont pratiqué beaucoup d'autres dans les périodes fastes. Le caractère truffé et précis du grain, la texture et le soyeux de la chair demeurent l'essence même d'un grand pessac, que l'on retrouve dans chaque millésime que le microclimat de l'agglomération rend plus régulier qu'ailleurs. Les blancs sont également d'un niveau homogène et séduisent par leur accessibilité.

- **pessac-léognan 2023** | Sec | 2025>35 | 126 € — 95
- **pessac-léognan 2021** | Sec | 2025>35 | 90.9 € — 94
- **pessac-léognan 2022** | Sec | 2025>40 | 91 € — 95

Château Rabaud-Promis

★★★

Les Dejean, propriétaires du cru, sont des vignerons accomplis, parmi les derniers à être encore sur leur tracteur, et leur expertise en matière de pourriture noble n'a d'égale que leur prudence, d'autant qu'ils pratiquent une viticulture d'inspiration bio et n'aiment pas trop les surcharges en soufre. Le vin a continué d'affirmer la générosité et la classe du

Guillaume Pouthier, Château Les Carmes Haut-Brion

Ingénieur agro fort d'une expérience au CVBG puis au sein de la maison Chapoutier dans le Rhône, Guillaume Pouthier dirige cette propriété sublime, située dans Bordeaux, depuis 2012. Il s'est donné pour seul objectif de faire à chaque millésime le plus grand vin possible à partir de ce magnifique terroir où s'expriment de très vieilles vignes, notamment de cabernet franc. Si sa précision, un sens de l'innovation constant et beaucoup d'audace lui permettent de signer avec son équipe un très grand vin, aussi raffiné que profond, c'est bien son énergie et sa passion qui ont permis de porter au plus haut Les Carmes Haut-Brion, sur le plan de la qualité comme du commerce. *Hélène Durand* terroir, égalant désormais ses voisins, en conservant un remarquable rapport qualité-prix.

- sauternes 2022 | Liquoreux | 2025>50 | NC 95

Château Rahoul

✪✪ ⊙

La famille Thiénot, avant de reprendre Dourthe, avait commencé par quelques propriétés peu connues, où elle applique une politique de qualité, comme Rahoul, à Portets. Les vins sont en constante progression. Leurs caractéristiques : élégance, consistance, complexité aromatique, jolis tannins, équilibre sur la fraîcheur pour les rouges, exubérance, richesse fruitée, pureté et vivacité pour les blancs.

- graves 2021 | Sec | 2025>28 | NC 89
- graves 2022 | Sec | 2025>32 | NC 91

Château de Rayne Vigneau

✪✪✪✪ ✚

Derek Smith, Franco-Américain qui a fait fortune dans les activités de vente par correspondance, est un amoureux des grands sauternes et un mécène intelligent qui œuvre à la rénovation de ce premier cru classé, au terroir magnifique, innovant en matière de marketing, de vente et d'œnotourisme. La qualité du vin progresse à chaque nouveau millésime.

- sauternes 2022 | Liquoreux | 2025>50 | 52 € 97
- Le sec de Rayne Vigneau, bordeaux 2023 | Sec | 2025>35 | 42 € 91
- Madame de Rayne, sauternes 2022 | Liquoreux | 2025>35 | 23 € 91

Château de Respide

✪ Ⓝ

Le château de Respide est l'un des plus vieux châteaux viticoles des Graves. Il est cité dans l'édition du Féret vers 1840. Le domaine fut la propriété du chef de la police de Paris sous Louis XIV, puis appartint à la tante du peintre Toulouse-Lautrec, il est aujourd'hui propriété de la famille Bonnet. La cuvée callipyge, avec sa forte proportion de petit verdot est superbe et la cuvée l'inattendu, bénéficiant d'une vinification intégrale en fûts de 600 litres, est tout à fait réussie. Ces vins, grâce à leur très bon rapport qualité-prix, font de cette propriété un incontournable de l'appellation.

- Callipyge, graves 2022 | Sec | 2025>32 | 15 € 89
- Callipyge, graves 2023 | Sec | 2025>32 | 16 € 92

Château Rieussec

✪✪✪✪ ✚

Rieussec, un des joyaux des domaines Rothschild, exprime la noblesse de son terroir contigu à Yquem en cherchant la perfection de sa production. Le vin impressionne par sa puissance et sa richesse sans manquer de fraîcheur, grâce à une maîtrise technique exemplaire de mise en bouteille. Le second vin Carmes ne fait pas dans la démagogie et présente toute la richesse qu'on attend sur ce type de sol, avec un développement plus rapide en bouteille.

- sauternes 2022 | Liquoreux | 2025>50 | 96 € 95
- Carmes de Rieussec, sauternes 2023 | Liquoreux | 2025>35 | 28 € 92
- R de Rieussec, bordeaux 2023 | Sec | 2025>32 | 28 € 90

Château de Rouillac

✪✪✪ ✚

Depuis 2010, en famille, Laurent Cisneros, épaulé par sa fille Mélanie, porte au plus haut ce magnifique domaine haussmannien. Aux pessac-léognan toujours réussis de Rouillac, le cru ajoute désormais une gamme de bordeaux dans les trois couleurs, Little Dada, passion du cheval oblige, en achetant la matière première chez un viticulteur rigoureusement sélectionné, des vins gourmands et fruités, axée sur le plaisir. Il a également la maison Cisneros, qui réunit plusieurs produits (cognac, vins espagnols, champagnes, thés) soigneusement sourcés.

- pessac-léognan 2022 | Sec | 2025>31 | NC 93
- pessac-léognan 2021 | Sec | 2025>31 | NC 92
- pessac-léognan 2022 | Sec | 2025>35 | 39 € 93

Château Sigalas-Rabaud

✪✪✪✪ ⊙

Voisin direct de Lafaurie-Peyraguey, Sigalas-Rabaud est un petit vignoble de 14 hectares d'un seul tenant (le plus petit cru classé de Sauternes), idéalement exposé, capable de donner un vin très liquoreux et d'une finesse transcendante. La pourriture du raisin, en raison de sa précocité, s'y développe de façon particulièrement noble, comme l'ont prouvé les grands millésimes des vingt dernières années. Laure de Lambert Compeyrot l'oriente vers une viticulture plus respectueuse et élabore des secs de caractère.

- sauternes 2022 | Liquoreux | 2025>40 | 60 € 94
- Sémillante, bordeaux 2023 | Sec | 2025>35 | NC 92
- Demoiselle de Sigalas, bordeaux 2023 | Sec | 2025>34 | NC 92

Château Smith Haut-Lafitte

✪✪✪✪✪ ✦

Propriété phare de Martillac par la qualité de ses installations et son ouverture au tourisme viticole avec le superbe établissement des Sources de Caudalie (hôtel-spa 5 étoiles, le seul palace bordelais, et restaurant deux étoiles Michelin, La Grand'Vigne), Smith Haut-Lafitte est aussi un vignoble pionnier dans sa catégorie pour sa philosophie de viticulture. Respect du terroir, précision des vinifications, tonnellerie intégrée, dynamisme de la communication : en un quart de siècle, les Cathiard sont entrés de plain-pied dans la légende de Bordeaux. Les vins sont racés, élaborés par une équipe de haut vol (Fabien Teitgen et Yann Laudeho), expriment leur terroir et débordent d'énergie. Le gain de pureté affichée ces dernières années, la capacité des vins à vieillir avec grâce, la vision irréprochable de l'équipe technique propulsent Smith dans la galaxie des plus grands vins de Bordeaux.

- pessac-léognan 2022 | Sec | 2025>32 | NC 94
- Les Hauts de Smith, pessac-léognan 2022 | Sec | 2025>30 | NC 91
- pessac-léognan 2022 | Sec | 2028>45 | NC 97
- Le Petit Haut Lafitte, pessac-léognan 2022 | Sec | 2025>31 | NC 93

Domaine de la Solitude

✪✪

Sous la houlette d'Olivier Bernard (domaine de Chevalier) depuis 1993 qui a pris les terres du domaine en fermage pour quarante ans, ce domaine a rejoint en bonne place le concert des pessac-léognan. Les vins élégants, frais et équilibrés, tant en rouge qu'en blanc, sont toujours expressifs, avec une intensité aromatique jamais prise en défaut, et un bon potentiel de garde pour les rouges.

- pessac-léognan 2021 | Sec | 2025>31 | 19.2 € 92
- pessac-léognan 2022 | Sec | 2025>32 | 24 € 92

Château Suduiraut

✪✪✪✪✪ ✦

La propriété produit les très grands vins que son terroir autorise, avec une régularité et une déclinaison complexe mais parfaitement réfléchie de grands et seconds vins et de deux secs remarquables. Elle a aussi complètement revu sa gamme de blancs secs en proposant son grand vin sec de Suduiraut mais aussi une interprétation magistrale, embouteillée à part de ses sémillons remarquables. Il n'y a guère qu'Yquem pour faire encore un tout petit peu mieux, surtout en matière d'élevage.

- sauternes 2021 | Liquoreux | 2025>50 | NC 96
- sauternes 2022 | Liquoreux | 2025>60 | 72 € 97
- Vieilles vignes - Grand vin blanc sec, bordeaux 2022 | Sec | 2025>35 | 62 € 93
- Lions de Suduiraut, sauternes 2022 | Liquoreux | 2025>32 | 16 € 90

Château d'Yquem

✪✪✪✪✪ ✦

Yquem jouit d'un statut unique qui le place pratiquement hors de tout jugement critique. La centaine d'hectares exploités se répartissent entre sémillon et sauvignon, sur des croupes graveleuses avec un sous-sol plus argileux. Propriété du groupe LVMH (qui l'a repris en 1999 avec à sa tête Pierre Lurton, arrivé en 2004 et Lorenzo Pasquini au poste de directeur d'exploitation), Yquem mérite plus que jamais son rang de premier des premiers du Sauternais. L'arrivée du sauvignon dans les assemblages, la souplesse d'adaptation de l'élevage à la nature du millésime et un savoir-faire agronomique unique font de chaque millésime une fête encore plus précise et équilibrée que dans les décennies précédentes. Engagée sur tous les fronts pour défendre avec conviction le grand vin de Sauternes partout dans le monde, la propriété a multiplié les initiatives (opération de vin au verre, portes ouvertes, etc.).

- sauternes 2021 | Liquoreux | 2025>50 | 372 € 96
- sauternes 2022 | Liquoreux | 2025>60 | 360 € 97

Silvio Denz, Château Lafaurie-Peyraguey, Château Faugères, Vignobles Silvio Denz

Le Suisse Silvio Denz, propriétaire de Lalique, a développé depuis le début de ce siècle une passionnante aventure viticole à Bordeaux. Ses crus de Saint-Émilion, les châteaux Faugères et Péby Faugères, furent des archétypes flamboyants d'une époque que l'on qualifie aujourd'hui de « parkerisée » avant une inflexion bienvenue vers une souplesse et une fraîcheur harmonieuses. Esthète, Denz a acquis également Lafaurie-Peyraguey à Sauternes, qu'il a doté d'un magnifique hôtel et d'un restaurant doublement étoilé. Discrètement, mais avec une vision éclairante, Silvio le bâtisseur est devenu l'un des personnages clé du bordeaux contemporain. *Thierry Desseauve*

Médoc

Château d'Agassac

✪✪

Ce vignoble de graves est l'un des plus importants du Sud-Médoc, avec 40 hectares. Racheté par Gérard Jicquel (tout comme Fourcas-Dupré), le château produit quatre cuvées de qualité, veillant à conserver du fruit, dans un style moderne, tannique mais sans lourdeur. LAgassant, à base de 90 % de merlot, est une cuvée plus ronde, destinée à être bue jeune. Le grand vin, charmeur et équilibré, est un classique de l'appellation haut-médoc.

- **haut-médoc 2021** | Sec | 2025>31 | 17.5 € 91
- **haut-médoc 2022** | Sec | 2025>35 | 20 € 90

Château d'Arcins

✪

Cette propriété classique et très ancienne du Haut-Médoc, située juste avant d'arriver à Margaux, appartient à la famille Castel. Depuis quelques années, le numéro un du vin en France s'attache à redonner ses lettres de noblesse à ce domaine.

- **haut-médoc 2022** | Sec | 2025>30 | 14 € 89

Château d'Armailhac

✪✪✪ ✚

Acheté en 1933 par Philippe de Rothschild, ce vignoble jouxte celui de Mouton-Rothschild, sur des graves plus légères et moins naturellement drainées. L'encépagement compte plus de merlot et de cabernet franc qu'au château Mouton-Rothschild, ce qui donne aux vins une rondeur et une souplesse particulières. Porté par une équipe dédiée, le cru s'est doté d'installations de production nouvelles, à la pointe du progrès, et de bâtiments d'accueil dignes de lui. Le vin gagne en puissance dans le raffinement et n'a pas à rougir d'être le petit frère de son grand voisin, bénéficiant du même savoir-faire agronomique et œnologique, en particulier de cette maîtrise rare de l'élevage en barrique. Toujours l'un des meilleurs rapports qualité-prix parmi les crus classés de Pauillac.

- **pauillac 2021** | Sec | 2025>40 | NC 92
- **pauillac 2022** | Sec | 2028>38 | 62 € 94

Château Arnauld

✪✪

Depuis 2007, ce château situé à Arcins, sur la route des châteaux, fait partie de la même famille que deux célèbres propriétés détenues également par les assureurs Allianz : Larose-Trintaudon, l'un des plus grands vignobles du Médoc, et le château Larose-Perganson, qui fait partie intégrante du domaine viticole et offre une deuxième marque aux côtés de son aîné. Les vins ont gagné en suavité et en finesse.

- **haut-médoc 2021** | Sec | 2025>30 | NC 91

Château d'Arsac

✪✪

Arsac, c'est l'histoire d'un vignoble pionnier à plus d'un titre, grâce à son propriétaire, Philippe Raoux, décédé en octobre 2023. L'homme avait décidé à 33 ans, en 1986, de tracer sa propre voie en devenant vigneron. Il avait fait l'acquisition de ce qui fut le plus important domaine du Médoc au début du XXe siècle. Il y a replanté 108 hectares dont la moitié a été reclassée en appellation margaux. Innovateur infatigable, il laisse pour héritage de jolis vins médocains et un blanc de sauvignon réussi, la cuvée Céline.

- **margaux 2021** | Sec | 2025>32 | 18.4 € 93
- **margaux 2022** | Sec | 2025>32 | 21.5 € 90

Château Batailley

✪✪✪✪ ➔

Appartenant à la famille Castéja, le vin a retrouvé la plénitude de son style, associant la puissance dont il a souvent fait preuve entre 1945 et 1961 mais avec infiniment plus de pureté et de finesse aromatique. Les vins ont spectaculairement progressé à partir des années 2000 et constituent l'un des plus sûrs rapports qualité-prix de Pauillac. Depuis 2015, un second vin, Lions-de-Batailley, permet une sélection encore plus rigoureuse de l'assemblage du grand vin. Le suivi d'Axel Marchal en tant que conseiller de la propriété a fait basculer le grand vin dans un registre de finesse exceptionnelle ces derniers millésimes.

- **pauillac 2021** | Sec | 2025>40 | 49.2 € 95
- **pauillac 2022** | Sec | 2028>38 | 70 € 95
- **Lions de Batailley, pauillac 2022** | Sec | 2026>34 | NC 91

Château Beau-Site

✪✪ ➔

Magnifique chartreuse regardant le fleuve, Beau-Site bénéficie d'un des plus jolis panoramas du nord de l'appellation. Il appartient à Philippe Castéja, également propriétaire des châteaux Batailley et Trottevieille. Le domaine produit un vin élégant, toujours ample sans être dénué ni de finesse ni d'élégance. Un vin d'un bon rapport qualité-prix.

- **saint-estèphe 2022** | Sec | 2025>40 | 23 € 91

Château Belgrave

✪✪✪

Belgrave voisine comme Camensac les arrières de Saint-Julien, juste après Lagrange, sur d'excellents sols alternant grave, argile et calcaire. Viticulture soignée et vinification intelligente en font un vin équilibré et régulier, au rapport qualité-prix remarquable. Le second vin, Diane, plus souple, partage ces qualités. En grand progrès ces derniers millésimes, grâce notamment au travail précis et exigeant d'équipes pleinement conscientes du potentiel du cru.

- **haut-médoc 2021** | Sec | 2025>34 | NC 92
- **haut-médoc 2022** | Sec | 2025>32 | 64 € 94

Château Beychevelle

✪✪✪✪✪ ✦

Cette magnifique propriété, possédant l'une des architectures les plus élégantes du Médoc, a longtemps été surnommée « le petit Versailles ». Aujourd'hui propriété des groupes Castel et Suntory, la propriété jouit d'un chai très performant. Les moyens donnés à l'excellent directeur, Philippe Blanc, lui permettent d'aller jusqu'au bout de l'expression d'un des terroirs les plus fins du Médoc. Arômes et texture aristocratiques, souplesse liée aux meilleurs merlots de l'appellation, fraîcheur, caractère de cèdre, avec parfois cette pointe florale très subtile, le grand vin est bien marqué des cabernets du secteur. Nous saluons les dernières immenses réussites du cru d'une cinquième étoile.

- **saint-julien 2021** | Sec | 2025>40 | 102.5 € 95
- **saint-julien 2022** | Sec | 2028>45 | 105 € 96
- **Amiral, saint-julien 2022** | Sec | 2026>36 | 29 € 91

Château Boyd-Cantenac

✪✪✪

Le vignoble est issu d'une division du cru Cantenac, aujourd'hui Cantenac-Brown, d'une seule pièce de 17 hectares. Les graves argileuses ne font pas souffrir la vigne en été sec et Lucien Guillemet, assisté de son neveu Olivier Salques, aime vendanger ses cabernets bien mûrs. Le vin puissant et strict ne fait pas de concession aux modes, et vieillit parfaitement et avec constance. Si nous avions remarqué ces derniers millésimes des qualités de bois un peu en-dessous de ce que l'amateur est en droit d'attendre pour un cru de ce niveau, nous constatons de grands changements avec les vins du millésime 2023, présentés en primeur.

- **margaux 2021** | Sec | 2025>34 | 44.2 € 92
- **margaux 2022** | Sec | 2027>37 | 52 € 93

Château Branaire-Ducru

✪✪✪✪

Ce cru a totalement été repris en main par la famille Maroteaux, qui l'a racheté en 1988. Le vin, issu d'un parcellaire réparti sur l'ensemble de l'appellation, exige de la rigueur dans le travail d'assemblage, et l'obtient d'une équipe très compétente. Sa régularité est à citer en exemple ainsi que celle du second vin, Duluc. Dans l'élite extrêmement concurrentielle des grands vins de Saint-Julien, Branaire reste sans doute l'un des meilleurs rapports qualité-prix de l'appellation. Un grand classique de l'appellation capable de vieillir avec grâce et pendant très longtemps.

- **saint-julien 2021** | Sec | 2025>40 | 49.2 € 92
- **saint-julien 2022** | Sec | 2027>37 | 83 € 93

Château Branas Grand Poujeaux

✪✪✪ ➔

Porté par les ambitions du Hollandais Arjen Pen, le cru continue sur sa dynamique positive, enclenchée ici depuis les années 2000. La réhabilitation du vignoble, la restauration du cuvier et le consulting d'Hubert de Boüard ont permis au cru d'atteindre un haut niveau. Les vins sont colorés, denses, profonds et possèdent une grande suavité de tannins. Le second vin est une bonne affaire.

- **moulis 2021** | Sec | 2025>30 | NC 90
- **moulis 2022** | Sec | 2027>40 | 32 € 93

✦ Star ✚ Valeur sûre ➔ À suivre de près Ⓝ Nouvelle entrée

Château Brane-Cantenac

Le vin doit sa classe et son caractère au cœur du plateau de Cantenac et ses graves siliceuses et argileuses profondes. Sous la direction d'Henri Lurton, il affirme avec une régularité assez rare, une souplesse et une finesse aromatique propres à lui, qui le font rechercher des amateurs de vins conformes à ce qu'on attend d'un beau margaux. Dans les tous derniers millésimes, il a encore franchi une étape dans la précision de l'expression du terroir, grâce à une vinification ultra précise et respectueuse. Le second vin, Baron-de-Brane, partage la même esthétique avec une souplesse dans le tannin qui devrait plaire à de nombreux restaurateurs et amateurs.

- **margaux 2021** | Sec | 2025>40 | 72.5 € — 94
- **margaux 2022** | Sec | 2028>40 | 120 € — 96
- **Baron de Brane, margaux 2022** | Sec | 2025>35 | 27 € — 91

Château Calon-Ségur

La restauration du château complète celle du cuvier et de la mise à jour du vignoble, rendant à la propriété l'allure attendue du cru seigneurial de la commune, enclos dans ses murs. Une équipe compétente donne toutes ses chances à un terroir exceptionnel avec désormais des vins du niveau d'un premier grand cru classé. Depuis 2012, le cru appartient à la compagnie d'assurances Suravenir.

- **saint-estèphe 2021** | Sec | 2025>40 | 120 € — 94
- **saint-estèphe 2022** | Sec | 2025>45 | 198 € — 96
- **Marquis de Calon, saint-estèphe 2022** | Sec | 2025>35 | 38 € — 92

Château de Camensac

La famille Merlaut veille à faire progresser les vins de ce vignoble assez vaste, voisin des crus de Saint-Julien, qui cherche la régularité dans la qualité. Depuis quelques années, nous sentons dans les vins présentés plus d'exigence et de précision, toujours dans un esprit assez médocain, par son côté un peu austère et réservé en primeurs, mais laissant parler le cèdre et les épices.

- **haut-médoc 2022** | Sec | 2027>35 | 32 € — 92
- **Closerie de Camensac, haut-médoc 2022** | Sec | 2025>30 | 15 € — 90

Château Cantemerle

Comme ses voisins du secteur Ludon-Macau, Cantemerle a souffert des intempéries des années 2017 et 2018 ce qui a interrompu un peu sa progression qualitative. La construction de toutes nouvelles infrastructures devraient permettre au potentiel de ce terroir s'exprimer pleinement.

- **haut-médoc 2021** | Sec | 2025>35 | 26.7 € — 92
- **haut-médoc 2022** | Sec | 2028>40 | 39 € — 94
- **Allées de Cantemerle, haut-médoc 2022** | Sec | 2025>30 | 15 € — 89

Château Cantenac-Brown

L'amateur ne doit pas manquer le nouveau chai éco-responsable et unique en son genre que la famille Le Lous vient de donner à cette belle propriété. Avec une cuverie à la pointe et un chai à barrique impressionnant, le directeur José Sanfins pourra continuer à donner aux vins de la propriété encore plus de finesse et de profondeur, dans la lignée des belle réussites produites ces derniers millésimes. Les vins affichent un profil margalais immédiat tout en gardant leur capacité naturelle à vieillir avec grâce.

- **margaux 2021** | Sec | 2025>36 | 50.9 € — 93
- **margaux 2022** | Sec | 2027>40 | 61 € — 95
- **Brio, margaux 2022** | Sec | 2025>34 | NC — 92

Château Capbern

✪✪✪ ⊕

Propriété sœur de Calon-Ségur, aussi bien par sa proximité que dans l'esprit, Capbern s'appuie aussi sur les mêmes équipes très talentueuses, sous la direction de Vincent Millet, pour produire un saint-estèphe de grande qualité, issu des vignes extérieures aux murs du clos de Calon. Nous le recommandons à chaque millésime pour son exceptionnel rapport qualité-prix.

- saint-estèphe 2021 | Sec | 2025>35 | 24.6 € 91
- saint-estèphe 2022 | Sec | 2025>35 | 27 € 92

Château Charmail

✪✪ +

Le château Charmail est implanté sur un terroir de graves, tout près de Sociando-Mallet. Ce cru très régulier de Saint-Seurin-de-Cadourne a été acquis il y a deux ans par Olivier Goudet et son épouse Valérie Liquard, qui dirige aujourd'hui la propriété, également repreneurs par ailleurs du château Bardis et du château de Saint-Paul pour refaire le grand Charmail d'autrefois. Cette propriété offre des vins aboutis, sérieux mais toujours plein d'élégance.

- haut-médoc 2021 | Sec | 2025>28 | 18.4 € 90
- haut-médoc 2022 | Sec | 2025>32 | 20 € 89

Château Citran

✪✪

Cette ancienne propriété du Médoc, sur laquelle les marquis de Donissan (alliés plusieurs fois à la famille de France) ont régné pendant 600 ans, et ce jusqu'au milieu du XIXe siècle, a été rachetée en 1996 par la famille Merlaut. Depuis 2024, le nouveau directeur Romain Hofstetter dirige ce château qui possède un vignoble de 90 hectares, planté à parts égales entre cabernet-sauvignon et merlot et complété par du cabernet franc. Le vin progresse régulièrement ces derniers millésimes.

- haut-médoc 2021 | Sec | 2025>28 | 17.5 € 91
- haut-médoc 2022 | Sec | 2025>32 | 19 € 89

Château Clarke

✪✪✪

Acquis par Edmond de Rothschild en 1973, la branche cousine de Mouton-Rothschild et Lafite, Clarke fait figure de tête de pont du vignoble de Listrac. Les 54 hectares de vignes, plantés sur des croupes argilo-calcaires, à dominante de merlot, sont soignés comme dans un cru classé. Le cru a progressé et rejoint les meilleurs listracs, désormais conseillé par Éric Boissenot. Toujours généreux et puissants dans leur jeunesse, les vins se fondent au fil des années et deviennent raffinés. Une propriété incontournable qui a basculé dans une nouvelle dimension avec la construction de nouvelles installations techniques à la pointe.

- listrac-médoc 2021 | Sec | 2025>31 | NC 92
- listrac-médoc 2022 | Sec | 2025>32 | 36 € 91

Château Clément-Pichon

✪✪

Acheté en 1976 par Clément Fayat, également propriétaire du château La Dominique à Saint-Émilion et du château Fayat à Pomerol, le vignoble est doté d'une superbe bâtisse située à Parempuyre, aux portes de Bordeaux. Depuis plusieurs années, grâce à leur régularité, ces vins sont devenus une valeur sûre de l'appellation. Colorés et denses, ils ne manquent jamais de raffinement et vieillissent bien. En grand progrès ces derniers millésimes.

- haut-médoc 2021 | Sec | 2025>29 | NC 90
- haut-médoc 2022 | Sec | 2025>32 | 19 € 89

Château Clerc Milon

✪✪✪✪

Philippe de Rothschild passa une grande partie de sa vie à reconstituer ce beau vignoble à Pauillac, dans un cru qui avait perdu de sa notoriété. Le terroir est plus argileux que dans le secteur de Mouton, ce qui permet au merlot d'y prendre plus de profondeur et de régularité et de la communiquer à l'assemblage. Le nouveau cuvier, exemplaire sur le plan écologique, permet au vin de gagner en précision et en rigueur de sélection avec l'apparition d'un agréable second vin, Pastourelle.

- pauillac 2021 | Sec | 2025>40 | 79.8 € 93
- pauillac 2022 | Sec | 2028>38 | 97 € 94
- Pastourelle, pauillac 2022 | Sec | 2026>32 | 35 € 90

Château de Côme

✪✪

Les plus connaisseurs d'entre vous ont déjà dû entendre parler de cet excellent saint-estèphe, modèle de super bordeaux, catégorie spécialement inventée pour ces vins de Bordeaux dont le rapport qualité-prix est peut-être l'un des meilleurs de Bordeaux. Les derniers millésimes de Côme en font un challenger sérieux pour les crus non classés qui constituent les priorités habituelles des amateurs.

- saint-estèphe 2021 | Sec | 2025>32 | NC 91
- saint-estèphe 2022 | Sec | 2025>35 | 29.5 € 91

Château Cos d'Estournel

✪✪✪✪✪ ✦

Le sol de graves profondes fait généralement de lui le plus corsé des vins du Médoc, le plus voluptueux dans sa texture, tout en conservant une finesse et une complexité caractéristiques de son voisinage avec Lafite. Les derniers millésimes ont encore gagné en pureté aromatique et sincérité d'expression. Un bordeaux blanc aromatique et intense est produit sur les sols de la Goulée, un peu plus au nord, et en porte le nom. La cinquième étoile que nous avons attribuée au cru l'an dernier justifie la vision de Michel Reybier, son propriétaire, et la vista technique de Dominique Arangoits, directeur de grande valeur qui semble avoir compris comme personne les spécificités du terroir de Cos. Les derniers millésimes sont impressionnants.

- saint-estèphe 2021 | Sec | 2025>40 | 215 € 95
- saint-estèphe 2022 | Sec | 2030>50 | 278 € 96
- Pagodes, saint-estèphe 2022 | Sec | 2025>35 | 58 € 91

Château Cos Labory

✪✪

Acquis par Michel Reybier, son voisin immédiat au château Cos d'Estournel, Cos Labory continue de produire des vins de bonne facture, très typés par le caractère de leur appellation.

- saint-estèphe 2021 | Sec | 2025>32 | 32.1 € 91
- saint-estèphe 2022 | Sec | 2025>35 | 38 € 90

Château Croizet-Bages

✪✪✪

Ce cru classé se situe sur de belles terrasses de graves entre Grand Puy Lacoste et Lynch-Bages. Jean-Philippe Quié et sa sœur Anne-Françoise veulent lui donner toutes ses chances et il y a vraiment des progrès depuis 2015. Un nouveau cuvier devrait aider à concrétiser définitivement les progrès.

- pauillac 2021 | Sec | 2025>32 | 34.2 € 92
- pauillac 2022 | Sec | 2025>32 | 38 € 91

Château Dauzac

✪✪✪✪ +

Sous l'impulsion de Laurent Fortin, son excellent directeur, la propriété montre l'exemple sur de nombreux points : la direction a fait d'importants efforts pour rénover complètement la chartreuse et proposer une offre œnotouristique de prestige, dans un grand respect de l'environnement. Modernisation des bâtiments techniques, haut niveau de viticulture et de vinification, plantation de vignes franches de pied, développement d'une jolie marque de bordeaux, Dauzac s'impose ces derniers millésimes comme un acteur incontournable des vins de Bordeaux. Le cru continue de signer des margaux complets : un grand vin fin et harmonieux et deux seconds vins, Aurore, proche du style du premier, et Labastide, plus accessible immédiatement. Tout a progressé ces dernières années, ce qui nous invite à attribuer une étoile supplémentaire.

- margaux 2021 | Sec | 2025>40 | 45.9 € 93
- margaux 2022 | Sec | 2027>37 | 52 € 94
- Aurore de Dauzac, margaux 2022 | Sec | 2026>34 | 29 € 90

Château Desmirail

✪✪

Ce cru est l'un des moins connus du classement mais possède d'excellentes parcelles au cœur de son appellation, et son 2010 de haut niveau montre ce qu'il peut faire. Les millésimes suivants naissent en apparence un peu maigres mais trouvent un bel équilibre deux ans après mise, avec un caractère floral élégant et typique de margaux.

- margaux 2021 | Sec | 2025>30 | 34.2 € 90
- margaux 2022 | Sec | 2026>36 | 45 € 93
- Initiale, margaux 2022 | Sec | 2025>32 | 27 € 90

✦ Star + Valeur sûre ⊕ À suivre de près Ⓝ Nouvelle entrée

Henri Lurton, Château Brane-Cantenac

Un siècle que la famille Lurton se promène en terres margalaises, au château Brane-Cantenac, cru classé du Médoc. Henri Lurton, qui dirige ce cru depuis 1992, a bien raison de sourire en pensant au chemin accompli depuis l'acquisition de la propriété par son arrière-grand-père Léonce Récapet. Sous sa direction tout en agilité, le vin de Brane a retrouvé le goût qui a fait sa légende, avec plus de force et d'intensité, mais toujours plein de ce charme immédiat qui plaît tant à ses aficionados. Ils seront nombreux à encourager Madeleine, sa fille, dans la voie exigeante qu'elle tracera un jour à la suite du sentier de son père. *Louis-Victor Charvet*

Château Ducru-Beaucaillou

✪✪✪✪✪ ✦

Majestueusement posée au cœur de son vignoble, la propriété est unique, dominant le vaste estuaire qui joue ici un rôle fondamental de modérateur climatique. Son terroir de graves, qui inspira les « beaux cailloux » de son patronyme, est celui caractéristique du cœur de Saint-Julien. Sa viticulture exigeante, ses vinifications en petites cuves et son élevage de dix-huit mois se sont mis au service d'une sélection du grand vin qui s'est révélée drastique dès l'arrivée de Bruno-Eugène Borie en 2003. Depuis vingt ans, Ducru renoue ainsi avec les sommets et les deux autres étiquettes de la propriété – La Croix-Beaucaillou et le Petit-Ducru-affichent un rapport prix-plaisir rare. La propriété est au sommet de son art.

- **saint-julien 2021** | Sec | 2025>45 | 249 € — 96
- **saint-julien 2022** | Sec | 2030>45 | 281 € — 97
- **La Croix de Beaucaillou, saint-julien 2022** | Sec | 2027>37 | 52 € — 94
- **Le Petit Ducru de Ducru-Beaucaillou, saint-julien 2022** | Sec | 2025>32 | 34 € — 92

Château Duhart-Milon

✪✪✪✪

Le plateau de Duhart est situé au cœur des beaux terroirs de Pauillac, proche en qualité de celui de Lafite. L'assemblage fait davantage appel au merlot, ce qui enrobe mieux ce que le tannin très strict du terroir apporte aux cabernets. Les vins ont un caractère pauillac affirmé. La nouvelle gestion des domaines Barons de Rothschild est en passe de remettre le cru à la hauteur de son classement. Que de changements ces derniers millésimes avec un grand vin qui a retrouvé la profondeur et la dimension propre aux plus grands pauillacs.

- **pauillac 2021** | Sec | 2025>40 | 86 € — 93
- **pauillac 2022** | Sec | 2026>35 | 87 € — 92

Château Durfort-Vivens

✪✪✪✪

Nous ne cachons pas notre admiration devant le travail réalisé dans cette propriété de Margaux depuis maintenant une décennie. Admirablement conduit par Gonzague Lurton et ses brillantes équipes, Durfort est sans doute le cru qui a le plus spectaculairement progressé ces derniers millésimes, affichant une viticulture éblouissante de maîtrise et de pragmatisme, entre innovation, science et bon sens paysan. Sur les 55 hectares de graves pauvres et profondes, les raisins issus d'une viticulture biodynamique et une vinification intelligente ont produit des vins incomparablement complexes et expressifs de leur terroir, avec des sensations tactiles rares et beaucoup de raffinement. Le cru est régulièrement dans le trio de tête de l'appellation.

- **margaux 2021** | Sec | 2025>35 | 63.4 € — 94
- **margaux 2022** | Sec | 2028>40 | 75 € — 95
- **Plateau, margaux 2022** | Sec | 2025>32 | NC — 91
- **Hameau, margaux 2022** | Sec | 2026>34 | NC — 92

Château Ferrière

✪✪✪

Un nouveau cuvier et la reprise en main par la compétente Claire Villars-Lurton, qui engage ici une viticulture respectueuse et attentive, permet à ce cru classé de Margaux de retrouver le rang qui doit être le sien. Les millésimes 2018, 2019 et 2020 illustrent les progrès de la propriété. Les vins continuent de gagner en finesse avec deux derniers millésimes qui vont encore évoluer en charme et en raffinement de tannin. Bref, Ferrière est de plus en plus margalais, sans se départir de la première de ses forces, son énergie naturelle, donnée par une viticulture d'une précision remarquable. Les derniers millésimes sont à rechercher par l'amateur : ils témoignent avec brio du travail exigeant mené par les équipes du cru.

- **margaux 2021** | Sec | 2025>34 | 40 € — 93
- **margaux 2022** | Sec | 2026>34 | 54 € — 93

Château Fonbadet

✪✪✪ ✚

Pascale Peyronie perpétue la tradition familiale et protège le château Fonbadet des convoitises de ses riches voisins. Les 20 hectares de la propriété sont dominés à 60 % par le cabernet-sauvignon. Toujours aptes au vieillissement, ces vins aux notes de cèdre et de tabac havane ont gagné en raffinement et en suavité au cours des derniers millésimes. Nous saluons le travail de la propriété et le courage de cette famille qui continue à faire vivre l'esprit du Médoc, aussi bien dans ses vins exemplaires que dans son implication dans la vie de la presqu'île.

- **pauillac 2021** | Sec | 2025>32 | NC — 92
- **pauillac 2022** | Sec | 2025>40 | 27 € — 92

Château Fonréaud

✪✪

Le vignoble, installé face au château sur des croupes graveleuses, était géré depuis 30 ans par Jean et Marie-Hélène Chanfreau. Leurs enfants, Loïc et Guillaume, s'occupent désormais de la propriété. Le bordeaux blanc, le Cygne-de-Fonréaud, est une grande réussite, toujours impeccable de précision et de fraîcheur à chaque millésime. Les rouges ont réellement progressé depuis quelques millésimes.

- **listrac-médoc 2021** | Sec | 2025>30 | 14.6 € — 91
- **listrac-médoc 2022** | Sec | 2025>32 | 18 € — 89

Château Fourcas-Dupré

✪✪ ➔

Gérard Jicquel, propriétaire de ce cru incontournable de Listrac mais aussi du château d'Agassac, en a confié la direction générale à Lucas Leclercq. Il conduit avec discernement ce vignoble d'une quarantaine d'hectares d'un seul tenant, sur un sol de graves légèrement argileuses. Les vins gagnent en élégance au fil des années. Bien dirigée et ambitieuse, nous sommes attentifs et sensibles aux nombreux progrès réalisés par la propriété. Ils devraient encore s'accentuer avec l'arrivée des nouvelles installations.

- **listrac-médoc 2021** | Sec | 2025>31 | 15 € — 91
- **listrac-médoc 2022** | Sec | 2025>35 | 17 € — 92

Château Fourcas-Hosten

✪✪✪ ➔

Depuis le rachat en 2006 par la famille Mommeja (Hermès), les deux frères, Laurent et Renaud, ont entrepris d'importants travaux de rénovation : tout d'abord l'outil technique, cuvier et chai, avec parallèlement la restructuration du vignoble. La qualité des vins a progressé à pas de géant depuis quelques millésimes. Ils sont devenus plus précis, plus denses, tout en préservant un joli fruit et une superbe délicatesse aromatique. Ici le raffinement est omniprésent. Eloi Jacob, le brillant directeur, a permis au cru de franchir un palier supplémentaire en matière de qualité et les vins toujours d'un classicisme exemplaire méritent tout l'attention des vrais amoureux des vins profondément médocains. Un vin blanc qui compte sans doute parmi les meilleurs de la Gironde et des vins tous d'un remarquable qualité-prix.

- **listrac-médoc 2021** | Sec | 2025>32 | 19.2 € — 93
- **listrac-médoc 2022** | Sec | 2025>35 | 23 € — 93
- **bordeaux 2023** | Sec | 2025>32 | 30 € — 94

Château Giscours

✪✪✪✪ ✚

Cet immense domaine de 300 hectares (dont 80 hectares exploités), situé à Labarde, peut s'appuyer sur un terroir de premier ordre, mis en lumière avec beaucoup de justesse par les équipes d'Alexander van Beek qui dirige le cru avec expérience et maîtrise. Engagée dans des pratiques vertueuses qui mêlent viticulture régénératrice des sols et préservation de l'environnement global, la propriété peu facilement rivaliser avec les meilleurs vins du Médoc. Quand il est réussi, ce margaux coloré et corsé, de très longue garde, affiche une singularité propre à son secteur qui traduit à merveille une interprétation unique en son genre du grand style margalais. Les derniers millésimes sont tous des priorités pour l'amateur et la vision globale du très talentueux Jérôme Poisson, le régisseur du domaine, donne maintenant pleinement de vrais résultats.

- **margaux 2021** | Sec | 2025>40 | 60 € — 94
- **margaux 2022** | Sec | 2028>40 | 85 € — 95

Château Gloria

✪✪✪ ✚

Superbement situé sur la commune de Saint-Julien-Beychevelle et entouré de nobles pairs, château Gloria appartient aujourd'hui à Jean-Louis Triaud et à son épouse, la fille d'Henri Martin, son « créateur » (tout comme le château Saint-Pierre). Il est aujourd'hui géré par Jean Triaud, le fils de Jean-Louis. Cette propriété a maintenant complètement retrouvé la plénitude de ses qualités.

✦ Star ✚ Valeur sûre ➔ À suivre de près N Nouvelle entrée

Henri et Bruno Duboscq, Château Haut-Marbuzet

L'éternel Henri Duboscq, quatre fois vingt ans bien portés, et son fils Bruno produisent chaque année avec une régularité métronomique une expression médocaine du grand vin que certains grands crus seraient inspirés d'humer avec attention. Car Haut-Marbuzet, leur cru familial et chéri, n'est pas qu'un vin séducteur suivant volontiers les modes gustatives du moment : c'est depuis près de trois quarts de siècle un vin contemporain correspondant au désir de ses clients. En ces temps de désamour des consommateurs vis-à-vis de Bordeaux, cette adaptation permanente du style sans jamais perdre la vérité du terroir est une leçon pour tous. *Thierry Desseauve*

Les vins de Gloria ont un fruit pur et une trame souple, avec une grande finesse de tannins. Ce sont des grands classiques de l'appellation.

- ■ saint-julien 2021 | Sec | 2025>32 | 39.2 € 91
- ■ saint-julien 2022 | Sec | 2025>35 | 44 € 93

Château Grand-Puy-Ducasse
✪✪✪

Ce cru est issu de plusieurs parcelles réparties sur l'ensemble de l'appellation. L'une, au lieu-dit Grand Puy, lui a donné son nom et produit la partie la plus racée de l'assemblage, qui a bien progressé sous la direction de la très compétente Anne Le Naour. Le nouveau cuvier, opérationnel pour les vendanges de l'année 2023, situé au cœur de Pauillac, devrait permettre à cette propriété tenue avec beaucoup de soin, de basculer dans une autre dimension et de rejoindre l'élite des vins de Pauillac.

- ■ pauillac 2021 | Sec | 2026>40 | 35 € 91
- ■ pauillac 2022 | Sec | 2027>35 | 45 € 93

Château Grand-Puy-Lacoste
✪✪✪✪ ✚

Le cru possède l'un des terroirs les mieux situés et les plus homogènes de Pauillac, avec un appréciable potentiel de vieilles vignes de cabernet-sauvignon qui donnent au cru sa remarquable vinosité et ses arômes épicés très nobles. François-Xavier Borie l'administre avec sagesse, compétence et une fidélité évidente au classicisme médocain. Un domaine de référence qui profite de l'arrivée de la nouvelle génération Borie pour continuer à briller parmi les étoiles de Pauillac. Pour cela, elle est aidée dans cette voie par la talentueuse Christel Spinner, garante du grand style profond et indémodable des vins de cette propriété qui ne cesse de nous impressionner par sa régularité sans équivalence.

- ■ pauillac 2021 | Sec | 2025>40 | 73.4 € 94
- ■ pauillac 2022 | Sec | 2028>40 | 92 € 95
- ■ Lacoste Borie, pauillac 2022 | Sec | 2027>37 | 30 € 91

Château Gruaud-Larose
✪✪✪✪✪

Le vaste vignoble du château est situé sur l'un des plus somptueux et homogènes plateaux de graves profondes de tout le Médoc. Depuis 1997, il appartient à la famille Merlaut. Peu de crus médocains peuvent se vanter d'avoir un terroir aussi homogène, malgré sa surface, que Gruaud-Larose. Le grand vin, plein et harmonieux, est encore plus précis ces dernières années grâce à une nouvelle génération féminine de cheffes de culture et maître de chai rigoureuses et inspirées. Bravo à Nicolas Sinoquet, Virginie Salette, Stéphanie Lebaron et aux équipes pour ce travail impressionnant aussi bien sur le grand vin que sur l'excellent Sarget, le second vin.

- ■ saint-julien 2021 | Sec | 2025>40 | 93.4 € 95
- ■ saint-julien 2022 | Sec | 2030>40 | 110 € 95
- ■ Sarget, saint-julien 2022 | Sec | 2025>35 | 30 € 91

Château Haut-Bages Libéral
✪✪✪

Les deux dernières années ont vu de grands changements au château, avec l'adoption d'une viticulture biodynamique et un renouvellement technique bienvenu. Le potentiel des meilleures vignes, voisines de château Latour, peut désormais s'exprimer avec force et donner un pauillac vigoureux et racé doté d'un excellent rapport qualité-prix. Ici comme à Ferrière, on ne peut que constater le travail impeccable, mûrement réfléchi et sans cesse remis en question de Claire Villars-Lurton.

- ■ pauillac 2021 | Sec | 2025>40 | 39.2 € 92
- ■ pauillac 2022 | Sec | 2028>40 | 52 € 94

Château Haut-Bages Monpelou
✪✪

C'est la propriété de Philippe Castéja, également propriétaire du château Batailley à Pauillac et de Trottevieille à Saint-Émilion. Bien situé sur le plateau au nord de la ville, le cru a toujours produit un vin consistant, qui a gagné en élégance dans les dernières années. Excellent rapport qualité-prix qui met en avant un terroir de premier ordre.

- ■ pauillac 2022 | Sec | 2025>40 | 32 € 92

Château Haut-Batailley
✪✪✪

La famille Cazes est désormais propriétaire de ce cru issu d'une division du château Batailley. On repère les vignes grâce à la pittoresque tour dite de l'Aspic qui s'érige en leur milieu et à la couleur rouge vin du chai. Le vin produisait un pauillac élégant et relativement souple qui semble, ces dernières années, avoir gagné en corps et en intensité sans perdre de sa finesse. Sur ce dernier point, les derniers millésimes confirment cette tendance.

- ■ pauillac 2021 | Sec | 2025>38 | 57.5 € 92
- ■ pauillac 2022 | Sec | 2027>37 | 65 € 93

Château Haut-Marbuzet
✪✪✪✪ ✦

Ce cru mondialement connu se trouve à Marbuzet, coteau faisant face à la Gironde. Son vignoble est situé à mi-chemin entre Cos d'Estournel et Montrose. Henri Dubosq, figure incontournable du Médoc, vinifie les vins de la propriété depuis 1982 avec la plus grande réussite. Les vins de Haut-Marbuzet sont toujours de grande constitution, alliant rondeur et volupté, avec une grande aptitude au vieillissement. Une propriété incontournable de l'appellation.

- ■ saint-estèphe 2021 | Sec | 2025>36 | 43 € 94
- ■ saint-estèphe 2022 | Sec | 2026>36 | 34 € 94

Château d'Issan
✪✪✪✪

Le cru appartient pour moitié à la famille Cruse et pour l'autre moitié à Jacky Lorenzetti. Ceint de murs, le vignoble d'une cinquantaine d'hectares se situe sur un terroir de première classe qui explique la remarquable finesse aromatique du vin, et sa constance malgré les caprices climatiques fréquents dans les derniers millésimes. Récemment, le cru, capable de la plus grande des finesses, a intégré des parcelles bien situées, à proximité du clos. Si nous ne retrouvons pas ces derniers millésimes toute l'intensité aromatique et la profondeur de corps dont le vin d'Issan est capable à son meilleur, le cru se révèle souvent après quelques années et reste à l'origine de l'un des margaux les plus fins et subtils de l'appellation.

- ■ margaux 2021 | Sec | 2025>40 | 61.7 € 92
- ■ margaux 2022 | Sec | 2027>37 | 74 € 93
- ■ Blason, margaux 2022 | Sec | 2025>32 | 26 € 90

Château Kirwan
✪✪✪✪

Dans la famille Schÿler depuis 1904, important acteur du négoce bordelais, cette propriété de 37 hectares est située sur le plateau de Cantenac, au sud de l'appellation margaux, avec une partie du vignoble située plus à l'ouest, sur des terres plus argileuses. Le magnifique nouveau cuvier vaut la visite et l'engagement de la propriété dans l'œnotourisme la rend particulièrement attractive. Les vins ont gagné en pureté immédiate d'expression et en intégration du boisé et devraient bien vieillir, dans un esprit typiquement margalais. Les récents millésimes nous ont impressionnés : ils rivalisent désormais avec les meilleurs de l'appellation.

- ■ margaux 2021 | Sec | 2025>38 | 44.2 € 92
- ■ margaux 2022 | Sec | 2027>37 | 55 € 94

Château La Fortune
✪✪

Avec la gérance du prestigieux château du Tertre, la famille Helfrich, propriétaire du groupe Grands Chais de France présent partout en France, est devenue un acteur important de l'appellation margaux en reprenant ce cru au terroir bien situé et au bon potentiel. Petite pépite pleine de charme, les vins affichent dans tous les derniers millésimes, une profondeur de constitution exemplaire et un style typiquement margalais séduisant.

Château La Lagune
✪✪✪✪

Sous le contrôle de son administratrice, Caroline Frey, le vin a bien progressé ces dernières années, avec une viticulture bio, des assemblages à plus grand pourcentage de cabernet-sauvignon et des extractions de tannin plus élégantes. On ne peut que se réjouir du travail accompli dans cette propriété qu'il faut d'ailleurs absolument visiter. Les récentes dégustations placent le cru tout en haut de la hiérarchie de l'appellation haut-médoc.

- ■ haut-médoc 2021 | Sec | 2025>38 | 40 € 92
- ■ haut-médoc 2022 | Sec | 2026>36 | 52 € 94
- ■ Moulin de la Lagune, haut-médoc 2022 | Sec | 2025>32 | 28 € 90

Lilian Barton-Sartorius, Château Léoville Barton, Château Langoa Barton

La fille du regretté Anthony Barton tient bon la barre des propriétés familiales avec son époux Michel et ses enfants Mélanie et Damien. Léoville Barton, Langoa et le moulis Mauvesin demeurent des crus pleins de vie et incarnés par cette famille emblématique, arrivée d'Irlande au XVIIIe siècle et depuis toujours impliquée dans la riche histoire de la civilisation bordelaise du vin. Sans esbroufe, mais avec ténacité, Lilian a réussi un double pari rare : succéder à un père emblématique et transmettre à ses enfants la passion d'une histoire viticole précieuse. *Thierry Desseauve*

Château La Mouline

✪✪

En parallèle de sa carrière, Jean-Christophe Coubris a repris le domaine familial en 2020 et ses 25 hectares. Son épouse, Emmanuelle Coubris, l'accompagne dans ce projet d'envergure et inscrit le domaine au cœur des enjeux sociaux et environnementaux actuels. Le vignoble est certifié HVE et en conversion bio. Les vignes sont plantées sur un sol drainant qui permet à la vigne de s'enraciner profondément. Situé au cœur du Haut-Médoc, à mi-chemin entre Margaux et Saint-Julien, le vignoble occupe la pente sud de deux croupes, l'une argilo-calcaire, l'autre graveleuse. Bien exposés, les raisins y atteignent une maturité optimale et les infrastructures techniques, complètement rénovées, permettent une bonne maîtrise des vinifications.

- **moulis 2021** | Sec | 2025>30 | NC — 91

Château La Tour Carnet

✪✪✪ ✚

La Tour Carnet est la propriété phare de Bernard Magrez en Médoc. Le vignoble initial se situe sur une butte calcaire unique qui donne un cachet « rive droite » à ses merlots. Il s'est agrandi bien plus au nord d'excellents terroirs plus classiques, sur Saint-Seurin de Cadourne, comme son appellation le permet. Le volume de vin a donc augmenté en prenant encore plus d'assurance et de régularité dans la qualité. Qu'on nous permette cependant de penser que la création d'une cuvée de prestige, issue du seul terroir originel de la propriété classée, en particulier sa butte calcaire unique dans le Médoc, permettrait de mettre encore plus en avant le travail sur-mesure dont sont capables les équipes du cru.

- **haut-médoc 2021** | Sec | 2025>32 | 31.3 € — 92
- **haut-médoc 2022** | Sec | 2025>35 | 31 € — 92

Château Labégorce

✪✪✪

Suite à la réorganisation des propriétés margalaises de la famille Perrodo, Labégorce-Zédé a rejoint le château Labégorce pour ne plus faire qu'un. Marjolaine de Coninck est à la direction générale des propriétés depuis 2010. Les vins produits ont toujours leur identité forte, mais avec aujourd'hui plus de modernité, de finesse et d'élégance.

- **margaux 2021** | Sec | 2025>32 | 29.6 € — 91
- **margaux 2022** | Sec | 2025>35 | 37 € — 92

Château Lafite-Rothschild

✪✪✪✪✪ ✦

Cru suprême de Pauillac, Lafite doit son inégalable finesse à ses graves du nord de l'appellation, sur socle calcaire, avec des sélections extrêmement rigoureuses qui écartent plus de la moitié de la récolte. Fortement marqué par le cabernet-sauvignon, souvent supérieur à 90 % de l'assemblage, Lafite brille par ses notes de cèdre et de graphite qui demandent plus de quinze ans pour s'épanouir. La nouvelle équipe en charge du domaine (le duo Saskia de Rothschild et Éric Kohler) s'attache à donner plus de dimension aux vins, grand vin et second.

- **pauillac 2021** | Sec | 2025>44 | 745 € — 97
- **pauillac 2022** | Sec | 2030>50 | 880 € — 98
- **Les Carruades de Lafite, pauillac 2022** | Sec | 2028>40 | 331 € — 93

Château Lafon-Rochet

✪✪✪✪

Ce cru classé de Saint-Estèphe donne le meilleur de ses cabernet-sauvignons et de ses merlots pour produire un vin savoureux, régulier, constituant un rapport qualité-prix favorable dans l'appellation. La propriété a récemment été acquise par Jacky Lorenzetti qui nourrit de grands projets pour elle. Ces grands travaux ont commencé et devraient encore s'intensifier dans les prochaines années, ce qui permettra au cru de retrouver le plus haut niveau de l'appellation. Vincent Bache-Gabrielsen, qui s'occupe aussi par ailleurs du château Lilian-Ladouys dans l'appellation, a pris cette année la direction de la propriété, en remplacement de Christophe Congé, qui lui succède dans la même fonction au château Pédesclaux à Pauillac.

- **saint-estèphe 2021** | Sec | 2025>40 | 35.3 € — 93
- **saint-estèphe 2022** | Sec | 2025>35 | 48 € — 93
- **Les Pèlerins de Lafon-Rochet, saint-estèphe 2022** | Sec | 2025>32 | 24 € — 91

Château Lagrange

✪✪✪✪ ✚

Ce vaste domaine viticole, d'une grande homogénéité comme son voisin Gruaud-Larose, a vu ses vignes vieillir et donner une intensité inconnue au grand vin, grâce à un travail de sélection extrêmement rigoureux et exigeant. Sous l'impulsion de Matthieu Bordes, son excellent directeur, la propriété propose un vin d'une grande classe, toujours très droit et profond, classique, presque minéral, issu des meilleures terres de Saint-Julien. Excellent rapport qualité-prix pour cette propriété qui fait preuve de beaucoup de dynamisme.

- **saint-julien 2021** | Sec | 2025>36 | 50.9 € — 93
- **saint-julien 2022** | Sec | 2027>40 | 60 € — 94
- **Fiefs de Lagrange, saint-julien 2022** | Sec | 2027>37 | 26 € — 91

Château Lamothe-Bergeron

✪

Rachetée en 2022 par la CAPSSA, cette fameuse propriété, très en vogue au XIXe siècle, est désormais dirigée par Charles Lemoine. Situé entre Margaux et Saint-Julien, sur des terroirs de graves, le vignoble compte près de 70 hectares de vignes plantées à parité entre cabernet et merlot. D'importants travaux ont été entrepris afin de redonner au château son lustre d'antan. Le vin conserve toujours finesse et élégance.

- **haut-médoc 2021** | Sec | 2025>32 | NC — 92
- **haut-médoc 2022** | Sec | 2025>35 | 19 € — 91

Château Langoa-Barton

✪✪✪

Si Langoa est le nom de la délicieuse chartreuse où vit Eva Barton, la veuve d'Anthony Barton, figure éternelle du Médoc, c'est aussi le lieu où les vins de Léoville-Barton sont vinifiés. Parfois difficile à distinguer en primeurs de son illustre grand frère, le vin de Langoa est d'une facture classique, dense, tannique et épicée. Il s'agit toujours d'une complète expression de saint-julien, plus pure ces derniers millésimes, toujours d'un excellent rapport qualité-prix et qui se rapproche d'une quatrième étoile dans notre guide.

- **saint-julien 2021** | Sec | 2025>44 | 45.9 € — 91
- **saint-julien 2022** | Sec | 2028>40 | 54 € — 95

Château Larose-Trintaudon

✪

Larose-Trintaudon est l'un des plus grands vignobles du Médoc, avec 180 hectares. Propriété des assureurs Allianz depuis 1986, le château bénéficie de solides engagements financiers et d'une équipe de 55 personnes. Le château Larose-Perganson fait partie intégrante du domaine viticole, c'est une deuxième marque aux côtés de son aîné. Le groupe est aussi propriétaire du château Arnauld, situé à Arcins, sur la route des châteaux. Récemment nommée à la direction générale des vignobles de Larose, Lorraine Watrin a pris la suite de Franck Bijon pour conduire les chantiers d'envergure de ce vaste ensemble. Une nouvelle impulsion qui devrait sans doute permettre aux vins doivent de précision et en intensité.

- **haut-médoc 2021** | Sec | 2025>32 | NC — 90
- **haut-médoc 2022** | Sec | 2025>32 | 18 € — 89

Château Lascombes

✪✪✪✪ ➔

Bien aidé par un nouveau cuvier à la pointe de la technologie, le talentueux Axel Heinz, œnologue mondialement réputé pour s'être occupé de l'icône italienne Ornellaia pendant plusieurs années, engage la propriété dans la voie passionnante de la haute qualité, en se recentrant sur les meilleurs terroirs de son vignoble et en donnant plus d'importance dans les assemblages au cabernet-sauvignon. Si le vin se reconnait au sein de ses pairs du classement par sa forte couleur, sa suavité et son fondu de tannin, il gagne en profondeur, en intensité et raffinement aromatique.

- **margaux 2021** | Sec | 2025>40 | 71.7 € — 94
- **margaux 2022** | Sec | 2027>40 | 92 € — 95
- **Chevalier de Lascombes, margaux 2022** | Sec | 2025>32 | NC — 90

Château Latour

✪✪✪✪✪ ✦

Acquis par François Pinault en 1993, le cru ne s'est pas reposé sur ses lauriers. Sous l'impulsion de son rigou-

Christian Seely, Château Pichon-Baron, Château Suduiraut, Axa Millésimes

Le spirituel Christian Seely veille avec intelligence et subtilité sur une collection de pépites viticoles qu'il a chacune menées à l'apogée de leur potentiel. Les bordelais Pichon Baron, Suduiraut et Pibran, le bourguignon domaine de l'Arlot, le tokaj Disznókö, le porto Quinta do Noval, le californien Outpost sont tous devenus des références stylistiques et statutaires. Pour les uns et les autres, Seely applique une méthode similaire : mettre en place une équipe compétente menée par des responsables de haut niveau à qui il fait confiance pour maintenir une très grande exigence. *Thierry Desseauve* reux directeur général, Frédéric Engerer, et d'Hélène Génin, l'excellente directrice du domaine, il a encore élevé son niveau d'exigence en convertissant le vignoble à l'agriculture biodynamique. Le second vin, Forts-de-Latour, produit en grande partie sur les extérieurs du grand enclos, réservé au grand vin, est sans doute le cru le plus complet de sa catégorie. Quant au Pauillac du Château Latour (le troisième vin), issu de jeunes vignes ou de parcelles récemment achetées, il donne déjà une haute idée de son appellation. Plus que jamais au sommet.

- Grand Vin, pauillac 2021 | Sec | 2025>45 | NC — 96
- Grand Vin, pauillac 2022 | Sec | 2030>50 | NC — 98
- Forts de Latour, pauillac 2022 | Sec | 2038>40 | NC — 94

Château Le Boscq

✪✪✪ ⊕

Propriété des vignobles Dourthe depuis 1995, ces derniers se passionnent pour la mise en valeur des 18 hectares, situés le plus au nord de l'appellation saint-estèphe. L'équipe Dourthe imprime sa signature en y réalisant des vins typés et élégants, sur des sols très argileux, plantés de merlot à 65 %, avec 25 % de cabernet-sauvignon et 10 % de petit verdot. Les derniers millésimes sont réussis, charmeurs, généreux et équilibrés. Un incontournable de l'appellation saint-estèphe et une valeur sûre.

- saint-estèphe 2021 | Sec | 2025>32 | 25.9 € — 92
- saint-estèphe 2022 | Sec | 2025>35 | NC — 94

Château Le Crock

✪✪✪

Les 32 hectares du château Le Crock se situent entre Cos d'Estournel et Montrose, et sont limitrophes également de Marbuzet et Haut-Marbuzet. Acquis en 1903 par la famille Cuvelier, avant Léoville-Poyferré, ce superbe château, dont le vignoble est constitué à 46 % de merlot, 40 % de cabernet-sauvignon, le reste se répartissant entre petit verdot et cabernet franc, est conseillé par Michel Rolland. Le vignoble est réparti sur trois zones d'implantation distinctes, bénéficiant ainsi d'une diversité aromatique exceptionnelle et exprimant parfaitement l'originalité du terroir de Saint-Estèphe. Les vins produits sont séduisants, expressifs, énergiques et de bonne garde.

- saint-estèphe 2022 | Sec | 2025>35 | 40 € — 93

Château Léoville Poyferré

✪✪✪✪✪ ⊕

Le cru se situe dans sa partie privilégiée en face des meilleures parcelles de Léoville Las Cases et dans le prolongement de celles de Pichon-Longueville Baron. Le vin reflète parfaitement cette position, régulièrement un des plus puissants mais aussi des plus complexes et des plus harmonieux de tout le Médoc. Un pourcentage de merlot un peu supérieur à celui des deux autres Léoville influe sur sa texture un peu plus ronde. Sara Lecompte-Cuvelier veille à la continuité de l'excellence mise en place. Pavillon-de-poyferré, désormais le vrai second vin du château, progresse tout comme Moulin-Riche, issu d'un quartier qui lui est propre. Que de progrès dans cette propriété ces derniers millésimes : le cru a rejoint l'élite de son appellation où la concurrence entre les crus, en matière de qualité, est exacerbée.

- saint-julien 2021 | Sec | 2025>40 | 112 € — 94
- saint-julien 2022 | Sec | 2028>40 | 138 € — 95
- Pavillon de Léoville-Poyferré, saint-julien 2022 | Sec | 2026>34 | 39 € — 92

Château Léoville-Barton

✪✪✪✪

Progressivement, la nouvelle génération Barton-Sartorius prend les commandes de cette propriété exemplaire par la constance de ses vins et de leur style et par une politique de prix intelligente et non spéculative. La partie sud de Léoville donne un vin plus vite formé que la partie nord, puissant, charnu, racé, hautement satisfaisant pour les amateurs de grands médocs. Le nouveau cuvier doit permettre à la propriété de franchir un cap, en proposant des vins encore plus précis dès leur plus jeune âge et mieux affinés dans leur texture parfois un peu ferme à leur naissance.

- saint-julien 2021 | Sec | 2025>40 | 90 € — 93
- saint-julien 2022 | Sec | 2028>45 | 99 € — 95
- Réserve de Léoville-Barton, saint-julien 2022 | Sec | 2027>35 | NC — 92

Château Léoville-Las Cases

✪✪✪✪✪ ✦

Certainement le second cru classé le plus proche, et depuis de nombreux millésimes, du niveau des meilleurs premiers crus. Il doit sa classe et sa régularité à la sélection parcellaire qui le fait produire sur le grand enclos qui jouxte celui de château Latour. Mais aussi à un perfectionnisme exemplaire initié par Michel Delon dans les années 1980 et pleinement poursuivi par son fils Jean-Hubert. La finesse et la subtilité de sa saveur n'ont que peu d'égaux dans le monde mais le vin nous fait l'amitié de s'ouvrir plus rapidement que dans le passé. Les jeunes vignes donnent le Petit-Lion, en plus léger mais pas en moins élégant, et le reste de la propriété le remarquable Clos-du-Marquis, dont le rapport qualité-prix reste toujours aussi étonnant.

- saint-julien 2021 | Sec | 2025>40 | 260 € — 96
- Clos du Marquis, saint-julien 2022 | Sec | 2025>35 | 85 € — 94
- Le Petit Lion, saint-julien 2022 | Sec | 2025>35 | 81 € — 93
- Grand Vin, saint-julien 2022 | Sec | 2030>50 | 465 € — 98

Château Lestage

✪

La cinquantaine d'hectares (en grande majorité à Listrac mais aussi à Moulis), d'un seul tenant sur le plateau du Puy de Menjon, entoure le château construit sous Napoléon III. Depuis quelques millésimes les vins, essentiellement issus de merlot, gagnent en profondeur, sans pour autant perdre en expression fruitée ni en fraîcheur.

- listrac-médoc 2022 | Sec | 2025>32 | 14.5 € — 89
- Château Caroline, moulis 2021 | Sec | 2025>28 | NC — 89

Château Lestage-Simon

✪

Située sur la commune de Saint-Seurin-de-Cadourne, cette propriété exploitée par les Grands Chais de France dispose de 49 hectares, sur un terroir complexe de graves, le long du fleuve, et d'un plateau calcaire plus à l'intérieur. Michel Rolland en est le conseiller depuis le millésime 2010. Les vins sont juteux, avec de belles saveurs et de l'énergie.

- haut-médoc 2021 | Sec | 2025>29 | NC — 89

Château Lilian-Ladouys

✪✪ ⊕

Après avoir passé Cos d'Estournel, et faisant face à Lafon-Rochet, les deux tours de Lilian-Ladouys émergent d'un océan de vignes. Cette propriété de 47 hectares a été rachetée par Jacky Lorenzetti en septembre 2008. Le suivi technique, tout comme à Pédesclaux, est assuré par Vincent Bache-Gabrielsen. Denses et colorés, les vins offrent une séduction immédiate et continuent de gagner en intensité.

- saint-estèphe 2021 | Sec | 2025>28 | 18 € — 89
- saint-estèphe 2022 | Sec | 2025>32 | 21 € — 89

Château Loudenne

✪✪

Après avoir été détenu ces dernières années par des investisseurs chinois, Loudenne a été repris par l'entrepreneur Christophe Gouache. Le vaste vignoble, situé à six kilomètres au nord de Saint-Estèphe, regarde la Gironde et s'appuie sur un sol de graves médocaines archétypiques, avec sur certaines croupes des argiles et en sous-sol le socle de marnes calcaires non moins archétypique de la région. Le cru possède un très important potentiel qualitatif que Christophe Gouache, aidé par les équipes de Derenoncourt Consultants, entend bien mettre à l'honneur. Les premiers résultats sont effectivement encourageants.

- médoc 2022 | Sec | 2025>35 | 19.8 € — 91
- Loudenne Au Naturel, bordeaux 2022 | Sec | 2025>26 | 19 € — 89
- malbec in Medoc, bordeaux 2022 | Sec | 2025>26 | 13 € — 90
- malbec Château, bordeaux 2022 | Sec | 2025>28 | 17 € — 92

Château Lynch-Bages

✪✪✪✪ ✦

Mondialement célèbre en raison de son opulence et de sa régularité, ce cinquième cru classé de Pauillac appartient à la famille Cazes depuis les années 1930 et a acquis une grande notoriété grâce au travail du regretté Jean-Michel Cazes. Le cru maintient toute sa fougue et sa santé dans les derniers millésimes, en conservant sa profondeur et en gagnant en précision tannique. Et l'arrivée du nouveau chai impressionnant permet à la propriété

Matthieu Bordes, Château Lagrange

Je ne crois pas déjà avoir vu le directeur de ce cru classé de Saint-Julien sans un sourire aux lèvres. Tout n'est pas rose dans l'univers bordelais mais cela ne l'empêche pas de garder foi dans l'avenir et le travail de ses équipes. Plus de travaux à la vigne, plus de précision en cuverie, plus de sélection, plus d'ambition et voilà Lagrange parmi l'élite des grands vins médocains. On parle souvent de la ressemblance de style entre ce saint-julien et celui merveilleux de Léoville Las Cases. Grâce à l'engagement de Matthieu, elle n'a jamais été aussi forte. *Louis-Victor Charvet* d'atteindre le sommet et à Jean-Charles Cazes de continuer à écrire la légende de ce cru si aimé dans le monde.

- pauillac 2021 | Sec | 2025>40 | 126 € 93
- pauillac 2022 | Sec | 2028>40 | 174 € 95
- Écho, pauillac 2022 | Sec | 2026>36 | 48 € 92

Château Lynch-Moussas

✪✪✪

Philippe Castéja a beaucoup travaillé pour restaurer une superbe propriété familiale située dans l'arrière-pays de Pauillac. Le vieillissement des vignes et la construction d'un outil de travail performant permettent de produire un vin souple et charnu, en progrès constants. Son terroir lui donne la possibilité de s'ouvrir avant la plupart des vins de son appellation, ce qui devrait le rendre plus présent sur les cartes de restaurants.

- pauillac 2021 | Sec | 2025>36 | 35 € 92
- pauillac 2022 | Sec | 2028>35 | 44 € 92

Château Malescasse

✪✪

Sur des graves bien drainantes, Malescasse est entre de bonnes mains. Beaucoup de travaux ont été entrepris, au vignoble tout d'abord avec l'arrachage des vignes fatiguées, et la plantation de parcelles en haute densité. Les bâtiments ont également été rénovés. Les vins qui étaient très classiques jusqu'à présent ont déjà gagné en précision et en complexité grâce aux interventions de Derenoncourt Consultants.

- haut-médoc 2021 | Sec | 2025>29 | 24.6 € 90
- haut-médoc 2022 | Sec | 2025>35 | 29 € 91

Château Malescot Saint-Exupéry

✪✪✪

Au cœur du terroir margalais, Jean-Luc Zuger, héritier d'une famille passionnément liée à sa commune, et sa dynamique fille Léa Zuger, tranchent avec la plupart des propriétaires locaux. Gourmet, excellent dégustateur mais peu suspect d'aimer les mondanités, il fait un vin à son image, solide, très franc, issu de vendanges bien mûres, fait pour la table. Le terroir ajoute sa classe et son potentiel de longévité.

- margaux 2021 | Sec | 2025>38 | 56.7 € 91
- margaux 2022 | Sec | 2027>40 | 72 € 92

Château de Malleret

✪✪✪ ✚

Cette propriété compte un peu plus de 54 hectares de vignes en appellation haut-médoc, situés sur les communes du Pian-Médoc et de Ludon-Médoc. Porté par l'excellent duo Aymar du Vivier et Paul Borde, nous nous réjouissons de voir ce cru revenir dans la course des meilleurs vins du Médoc. Il récolte les fruits de nombreux efforts, notamment la refonte complète de l'outil technique avec un cuvier digne des meilleurs crus classés. Souvent denses et puissants pendant la décennie 2000-2010, le style de vins a beaucoup évolué au cours des dix derniers millésimes, affichant plus de finesse immédiate et de charme. Notons aussi la production d'un blanc gras et profond remarquable.

- haut-médoc 2021 | Sec | 2025>32 | NC 92
- haut-médoc 2022 | Sec | 2025>35 | 19 € 92
- bordeaux 2023 | Sec | 2025>32 | 19.5 € 92

Clos Manou

✪✪✪ ✚

Les vignes de Françoise et de Stéphane Dief sont sur la commune de Saint-Christoly, et grâce à une vinification et un élevage sous bois des plus subtils, ils en extraient le Clos-Manou, avec l'intention de produire un vin de garde, très pur et d'une grande perfection de style. Pour le Petit-Manou, une partie de la récolte est maintenant élevée en œuf béton de sept hectolitres. Ce sont des rouges profondément ancrés dans le terroir médocain, avec la charpente nécessaire au vieillissement.

- médoc 2021 | Sec | 2025>30 | NC 91
- médoc 2022 | Sec | 2028>38 | 28 € 94

Château Margaux

✪✪✪✪✪ ✦

Château Margaux joue pleinement son rôle de premier grand cru classé de son appellation. Les assemblages du grand vin à très forte proportion de cabernet-sauvignon expliquent à la fois son étonnante pureté aromatique et son unique distinction, au prix parfois d'une certaine austérité exigeant une longue aération pour libérer les arômes. Dans les derniers millésimes, Pavillon-Rouge bénéficie des somptueux merlots non retenus pour le grand vin et a beaucoup gagné en chair et en profondeur. Sélectionné avec un soin maniaque, Pavillon-Blanc nous étonne chaque année par son énergie aromatique, sa tension, son corps et sa complexité. Dirigée d'une main sûre par le talentueux Philippe Bascaules, la propriété continue sa marche en avant, portée désormais par Alexandra Petit-Mentzelopoulos et Alexis Leven-Mentzelopoulos, la nouvelle génération de la famille.

- margaux 2021 | Sec | 2025>44 | 659 € 97
- margaux 2022 | Sec | 2030>50 | 855 € 97
- Pavillon Rouge, margaux 2022 | Sec | 2028>40 | 240 € 95

Château Marquis d'Alesme

✪✪✪✪

Le château au cœur du village devient une de ses attractions majeures, grâce à la beauté de ses installations renouvelées, dans un style inspiré par l'Asie où vit Nathalie Perrodo, son administratrice et propriétaire. Des activités œnotouristiques particulièrement inventives et bien conçues permettront de faire mieux connaissance avec un vin métamorphosé, élégant et racé, fidèle expression de son terroir, toujours très ouvert et raffiné, à l'image des excellentes équipes qui prennent soin de ce cru remarquable.

- margaux 2021 | Sec | 2025>36 | 43 € 94
- margaux 2022 | Sec | 2027>40 | 55 € 93

Château Marquis de Terme

✪✪✪✪ ✚

Paloma Sénéclauze a pris la direction de cette propriété de 40 hectares de vignes depuis 1935, succédant ainsi à Ludovic David qui a procédé à une véritable révolution dans la vinification et l'élevage de ce cru doté d'un remarquable terroir, le dotant des outils les plus modernes, ce qui lui a permis de retrouver sa typicité margalaise et de rivaliser depuis 2010 avec les meilleurs vins du secteur. La propriété s'est dotée d'un très bon restaurant et s'est engagée avec intelligence dans la voie de l'oenotourisme.

- margaux 2021 | Sec | 2025>32 | 43.8 € 93
- margaux 2022 | Sec | 2027>40 | 50 € 94

Château Maucaillou

✪ Ⓝ

Touchant la gare de Moulis, l'architecture du château Maucaillou est assez étrange, association des styles Renaissance et XVIIIe siècle. Propriété de la famille Dourthe depuis 1929, c'est Pascal qui, avec l'aide de ses deux sœurs Magali et Caroline, a repris le flambeau en 2007, poursuivant ainsi le travail entrepris par leur père Philippe. Les vins sont très classiques, vieillissent bien et accompagnent volontiers de belles viandes rouges.

- moulis 2022 | Sec | 2025>35 | 27 € 91

Château Mauvesin Barton

✪

La très sérieuse et enthousiaste Mélanie Barton-Sartorius met en place son savoir-faire d'œnologue dans cette propriété rachetée en 2011 par la famille. Elle donne un vin de caractère, avec l'exubérance du moulis, la race du terroir, l'équilibre résultant d'une bonne vinification et d'un raisin ramassé au juste moment. Un bordeaux idéal pour la restauration.

- moulis 2021 | Sec | 2025>29 | NC 91
- moulis 2022 | Sec | 2025>32 | 20 € 90

Château Mayne-Lalande

✪✪

Alice-Jeanne Lartigue-Périssère a repris la suite de ce cru à la suite de son père décédé, éternelle grande figure du Médoc. Elle peut compter sur le soutien d'Hubert de Boüard qui conseille le cru depuis 2010. Sur 40 hectares de vignes entre Listrac et Moulis, le cru propose des vins qui ont gagné en densité et en finesse, au boisé harmonieux, preuve d'un élevage maîtrisé, et à la fraîcheur évidente.

Château Meyney

✪✪✪✪ ✚

Racheté par CA Grands Crus en 2004, Meyney est un petit bijou d'architecture médocaine, prisé tant par sa situation que par la qualité de ses vins. La cinquantaine d'hectares qui entourent le château, situés sur une croupe de graves siliceuses et d'argiles bleues

✦ Star ✚ Valeur sûre ➔ À suivre de près Ⓝ Nouvelle entrée

Axel Heinz, Château Lascombes

« C'est l'amateur qui décidera », déclarait l'ancien *winemaker* de l'icône toscane Ornellaia au moment de prendre la tête au château Lascombes dans le Médoc. C'était il y a trois ans. Depuis, Axel Heinz n'est pas resté sans rien faire dans l'attente de ce jugement. Sous son impulsion, le grand vin de ce cru classé de Margaux a trouvé une nouvelle profondeur en se recentrant sur ses meilleurs terroirs et sur la force d'un cabernet-sauvignon qui incarne l'avenir. Il n'a pas non plus délaissé Chevalier, le second vin, qui devrait devenir au fil des années une autre incarnation de ce cru si apprécié des amateurs. *« Le margaux, c'est le charme »*, voilà sa feuille de route. *Louis-Victor Charvet*

profondes, en bord de Gironde, donne l'avantage au cabernet-sauvignon. Les vins ont retrouvé le lustre des grandes heures, en s'appuyant sur une spécificité unique puisqu'ils comptent une forte proportion de petit verdot dans l'assemblage. Ils sont capables de vieillir très longtemps et sont toujours d'un rapport qualité-prix sans équivalent dans l'appellation.

- **saint-estèphe 2021** | Sec | 2025>3 | 28.8 € 91
- **saint-estèphe 2022** | Sec | 2028>4 | 34 € 94

Château Montrose

✪✪✪✪✪ ✦

Racheté en 2005 par Martin et Olivier Bouygues, le cru a poursuivi dans sa voie d'excellence. Les nouveaux propriétaires et leurs équipes ont veillé à ne pas modifier le style, mais à perfectionner viticulture et vinification pour les adapter aux exigences écologiques et culturelles de notre temps. Le second vin Dame-de-Montrose, produit en volume appréciable, a progressé en régularité et en expression du terroir. Les derniers millésimes, au sommet du Médoc, égalent les premiers crus classés et devraient continuer à briller, dans un avenir proche. Le passionnant travail d'identification des terroirs, mené par Pierre Graffeuille, Charlotte Bouygues et leurs équipes, permet déjà à ce cru de légende de produire des vins encore plus précis, profonds et racés.

- **saint-estèphe 2021** | Sec | 2025>40 | 174 € 95
- **saint-estèphe 2022** | Sec | 2030>50 | 239 € 97
- **Dame de Montrose, saint-estèphe 2022** | Sec | 2025>40 | 49 € 93

Château Mouton-Rothschild

✪✪✪✪✪ ✦

Philippine de Rothschild a laissé à ses enfants une propriété en pleine forme, aux mains d'une équipe technique irréprochable. Initialement appelée Brane-Mouton, la propriété devient Mouton-Rothschild en 1853, lorsque le baron Nathaniel de Rothschild en fait l'acquisition. Son arrière-petit-fils, Philippe, prend la suite en 1922 et débute la commercialisation en bouteilles. Le terroir privilégié de Mouton et ses très vieilles vignes magnifiées dans les derniers millésimes grâce aux faveurs du climat et à l'aide d'un chai magnifique instauré en 2013, produisent peut-être le vin le plus formellement parfait du Médoc. Ce qui ne l'empêchera pas de se refermer en grand millésime avant d'atteindre une apogée qu'on prédit glorieuse. Le second vin, Petit-Mouton, ressemble au grand comme un petit frère et le blanc, Aile-d'Argent, a bien progressé.

- **pauillac 2021** | Sec | 2025>44 | 630 € 96
- **pauillac 2022** | Sec | 2030>50 | 855 € 97
- **Petit Mouton, pauillac 2022** | Sec | 2028>40 | 270 € 94

Château Ormes de Pez

✪✪✪

Les Ormes ont disparu mais le hameau de Pez abrite toujours cette jolie propriété, acquise par Jean-Michel Cazes. Les vinifications sont d'ailleurs menées sous l'œil bienveillant des équipes du château Lynch-Bages, ajoutant au vin un petit supplément d'âme et surtout beaucoup d'élégance. Avec des vinifications plus soignées et précises que par le passé, ils ont gagné en raffinement.

- **saint-estèphe 2022** | Sec | 2027>35 | 32 € 92

Château Les Ormes-Sorbet

✪✪

Le domaine fut dans les années 1980 l'un des artisans du renouveau de l'appellation médoc, sous l'influence de son viticulteur passionné, Jean Boivert. Ses fils travaillent dans le même esprit. Ce cru possède le charme des sols calcaires du secteur mais le choix du cabernet comme cépage principal le relie directement au style classique médocain. Voilà un domaine dont il convient de souligner la qualité et la régularité des vins, toujours pleins de charme mais non dénués d'aptitude au vieillissement.

- **médoc 2022** | Sec | 2025>32 | 20 € 91

Château Palmer

✪✪✪✪✪ ✦

Les 55 hectares comptent autant de merlot que de cabernet-sauvignon, avec un peu de petit-verdot, et confèrent à ce cru célèbre par sa régularité et le caractère voluptueux et confortable de ses arômes et de sa texture, une personnalité singulière pour le Médoc. La rareté des bouteilles de Palmer, Grand Vin ou Alter-Ego, s'est renforcée par les petites récoltes récentes, liées à la viticulture bio et aux caprices de la météo. Ce qui n'a rien changé à la qualité des vins, parmi les plus originaux et les plus complets du Médoc. Voluptueux, charmeur, à la fois très mûr et frais, Palmer est un vin qu'on n'oublie pas. Il le doit sans doute à la vision de Thomas Duroux, son grand directeur, et au courage de ses équipes pour continuer la bataille d'une viticulture exigeante. Dans les vins qu'elle veut bien donner, elle force le respect et l'admiration.

- **margaux 2022** | Sec | 2028>45 | 435 € 95
- **Alter Ego, margaux 2022** | Sec | 2028>40 | 101 € 93

Château Patache d'Aux

✪✪ ➔

Fin 2016, Antoine Moueix Propriétés, filiale d'AdVini, a acquis cette belle propriété d'une soixantaine d'hectares qui avait longtemps été hissée à un très bon niveau qualitatif par la famille Lapalu, produisant un vin médocain, avec les saveurs et le tannin épicé. Des moyens importants ont été mis en œuvre, notamment la construction d'un nouveau cuvier pour travailler toujours plus en précision et les vins ont désormais retrouvé le plus haut niveau de l'appellation médoc, avec des expressions toujours classiques mais au charme aromatique et à la finesse tannique plus affirmés. Le rapport qualité-prix est toujours aussi évident.

- **médoc 2021** | Sec | 2025>29 | NC 92
- **médoc 2022** | Sec | 2025>35 | NC 92

Château Pédesclaux

✪✪✪ ➔

Un nouveau cuvier ultra-moderne, luxueux et efficace, montre les ambitions du nouveau propriétaire Jacky Lorenzetti. Il souhaite produire un des meilleurs vins de son appellation et a acquis des terroirs de très haute qualité, proches de Mouton-Rothschild, qui devraient l'aider dans son ambition. Les vins brillants techniquement sont en progrès à chaque nouveau millésime et continuent de gagner en intensité et en profondeur. A l'excellent Christophe Congé, nommé à la direction de la propriété, de maintenir la dynamique mise en place par Vincent Bache-Gabrielsen, qui dirige désormais le château Lafon-Rochet, à Saint-Estèphe.

- **pauillac 2021** | Sec | 2025>34 | 37.1 € 92
- **pauillac 2022** | Sec | 2027>35 | 49 € 94
- **Fleur de Pédesclaux, pauillac 2022** | Sec | 2025>32 | NC 89

Château Petit-Bocq

✪✪

Ce discret château de 14 hectares, situé à proximité immédiate de Haut-Marbuzet, sur le même plateau, offre une belle représentativité des terroirs de Saint-Estèphe. La forte proportion de merlot dans les assemblages oriente toutefois le vin dans un style délibérément charmeur et flatteur.

- **saint-estèphe 2022** | Sec | 2025>35 | 22.8 € 91

Château Peyrat-Fourthon

✪✪✪ ✚

Propriété depuis 2004 de la famille Narboni, Peyrat-Fourton est situé sur les terroirs de graves de Saint-Laurent-du-Médoc, proches de Saint-Julien. C'est une propriété phare de l'appellation haut-médoc, d'une régularité sans faille. Toujours colorés, amples, élégants, modernistes mais sans excès, les vins se distinguent par leur harmonie, leur complexité, leur côté énergique et la justesse dans leur équilibre. Pierre Narboni a créé en outre, un remarquable cru «boutique» (un hectare) de margaux, Marcus, qu'il est urgent de découvrir.

- **haut-médoc 2020** | Sec | 2025>30 | NC 90
- **haut-médoc 2022** | Sec | 2025>35 | NC 92
- **Château Marcus, margaux 2022** | Sec | 2027>37 | NC 94

Château de Pez

✪✪✪

Propriété du Champagne Louis Roederer depuis 1995, ce très ancien vignoble d'une petite quarantaine d'hectares se situe à l'ouest de Saint-Estèphe. La maison champenoise n'a de cesse d'investir et de redonner à ce cru son éclat d'antan. Toujours denses, colorés, axés sur le fruit, les vins sont profonds, vigoureux tout en restant élégants. Les vins, plein de charme et de sève, avec

✦ Star ✚ Valeur sûre ➔ À suivre de près N Nouvelle entrée

Paloma Sénéclauze, Château Marquis de Terme

Quinze années durant, l'excellent Ludovic David aura permis au château Marquis de Terme de retrouver le rang qui doit être le sien, multipliant les projets innovants, dans une démarche de qualité sans concession. Une route bien dégagée pour Paloma Sénéclauze, représentante de la troisième génération de la famille propriétaire, qui lui succède aujourd'hui à la tête de ce cru classé de Margaux. Quelle vision portera-t-elle ? Quels défis aura-t-elle à relever ? Dans un monde des grands crus parfois immobile, l'énergie de sa jeunesse et la fougue de ses idées neuves porteront sans nul doute cette propriété un pas plus loin. *Louis-Victor Charvet* plus de corps et de constitution que par le passé, signent le retour au premier plan de cette belle propriété.

- **saint-estèphe 2021** | Sec | 2025>29 | 35 € — 91
- **saint-estèphe 2022** | Sec | 2027>40 | 37 € — 92

Château Phélan-Ségur

✪✪✪✪ ✦

Phélan a été vendu en 2018 à un grand passionné de vins de Bordeaux, Philippe Van de Vyvere. Merveilleusement situé en bord de Garonne, le vin de ce cru modèle offre un caractère bien spécifique, marqué par des notes de cèdre et beaucoup de profondeur en milieu de bouche. Ces derniers millésimes, y compris les plus compliqués, sont des réussites majeures de l'appellation. Bravo à Véronique Dausse, Fabrice Bacquet et Stéphane Rougé, ainsi qu'à leur équipe intelligente et pragmatique pour avoir réussi à conduire Phélan-Ségur parmi l'élite très fermée des vins du Médoc et tout faire pour l'y maintenir.

- **saint-estèphe 2021** | Sec | 2025>34 | 45.9 € — 93
- **saint-estèphe 2022** | Sec | 2027>40 | 58 € — 95

Château Pibran

✪✪✪

Propriété d'Axa, ce vignoble est idéalement situé sur une croupe de graves, avec des voisins aussi prestigieux que Pontet-Canet et d'Armailhac. Pierre Montégut et les équipes de Pichon-Baron continuent d'affirmer le caractère de ce cru en sélectionnant le meilleur pour Pibran. Grâce au travail accompli depuis plusieurs années, les vins sont de plus en plus aboutis, alliant finesse et élégance sans toutefois perdre leur caractère pauillacais. Le rapport qualité-prix est remarquable.

- **pauillac 2022** | Sec | 2027>35 | 38 € — 93

Château Pichon Baron

✪✪✪✪✪ ✦

Le grand vin du domaine est produit juste en face de château Latour, sur des graves parfaitement drainées et bénéficiant du microclimat des bords de Gironde. Pichon possède la vigueur et la puissance des plus grands médocs et produit deux types de second vin : Tourelles recherche la souplesse et le fruit mais avec une belle plénitude, Griffons porte davantage la marque du terroir. Nous sommes ici au plus haut niveau. Pierre Montégut, le directeur de la propriété, contribue à apporter encore plus de finesse immédiate à un grand vin toujours très intense et d'une régularité sans faille.

- **pauillac 2021** | Sec | 2025>40 | 168 € — 95
- **pauillac 2022** | Sec | 2030>50 | 200 € — 96
- **Les Tourelles de Longueville, pauillac 2022** | Sec | 2025>32 | NC — 90
- **Les Griffons de Pichon Baron, pauillac 2022** | Sec | 2028>40 | 45 € — 93

Château Pichon-Longueville Comtesse de Lalande

✪✪✪✪✪ ✦

La maison de champagne Louis Roederer a acquis ce cru très célèbre avec la ferme volonté d'en faire à nouveau, après quelques millésimes décevants, un grand cru modèle. Sous l'impulsion de Nicolas Glumineau, son énergique directeur général, beaucoup d'efforts ont été accomplis en viticulture, de plus en plus inspirée par le bio. Un cuvier à la pointe du progrès a été construit et les assemblages ont accentué la proportion de cabernet-sauvignon mais en conservant les apports des trois autres cépages, qui font l'originalité du cru. Le vin a gagné en vigueur sans perdre son charme et sa finesse.

- **pauillac 2021** | Sec | 2025>36 | 195 € — 95
- **pauillac 2022** | Sec | 2028>45 | 265 € — 96
- **Réserve, pauillac 2022** | Sec | 2028>40 | 52 € — 93

Château Pontet-Canet

✪✪✪✪✪ ✦

Propriétaires concernés et passionnés, Alfred Tesseron et sa fille Justine, la directrice générale de ce cru de légende, n'ont toujours pas l'intention de transiger avec la qualité. Leur complicité a permis la conversion du vignoble à la viticulture bio, inspirante pour tous les voisins, et le perfectionnement d'un outil de travail adapté à leur recherche de vérité dans l'expression du terroir et du millésime. Il n'y a plus de second vin, toute la récolte fait le grand vin. Sur le plan du style, dans les derniers millésimes et sous l'impulsion de l'excellent Mathieu Bessonnet à la direction technique, la proportion d'élevage en cuves béton équilibre le boisé à la perfection et libère toute la pureté aromatique d'un vin exceptionnel.

- **pauillac 2021** | Sec | 2025>40 | 114 € — 96
- **pauillac 2022** | Sec | 2028>45 | 145 € — 97

Château Potensac

✪✪✪ ✚

Cru sans doute le plus estimé de l'appellation médoc, Potensac doit son succès à la qualité des équipes de vinification réunies par la famille Delon, propriétaire du château, et qui travaillent selon les mêmes critères exigeants qu'à Léoville-Las Cases. L'âge très élevé du vignoble, dont certaines parcelles de cabernet ont plus de 80 ans, ne l'empêche pas d'être parfaitement productif. Le vin possède au plus haut degré le style classique, avec des notes de cèdre au nez et d'épices dans le tannin, et beaucoup de fermeté. Il évolue actuellement vers plus de finesse immédiate et plus de souplesse. Les derniers millésimes sont très réussis.

- **médoc 2021** | Sec | 2025>29 | 23.8 € — 90
- **médoc 2022** | Sec | 2026>36 | 30 € — 93

Château Poujeaux

✪✪

Propriété de la famille Cuvelier depuis 2008 (qui possède également clos Fourtet, à Saint-Émilion), ce vignoble de graves profondes du plateau de Grand Poujeaux jouit de formidables terroirs mais aussi d'installations optimales. Conseillé par les équipes de Derenoncourt Consultants, on obtient l'un des meilleurs moulis qui soient, à la fois riche et de grande suavité.

- **moulis 2021** | Sec | 2025>31 | 26.3 € — 91
- **moulis 2022** | Sec | 2026>36 | 29.5 € — 92

Château Prieuré-Lichine

✪✪✪✪

Doté d'un parcellaire complexe implanté sur différents secteurs de l'appellation, ce cru pour les observateurs attentifs devient peu à peu une référence. Le nouveau cuvier permet de procéder à des vinifications parcellaires, donnant à chacune d'elles sa chance. Une viticulture impeccable et le travail régulier et excellent des équipes, sous les responsabilités de Lise Latrille, la directrice déléguée, et d'Étienne Charrier, le directeur technique, contribuent à donner à ce margaux toute la finesse et la grâce attendues, à un prix qui sait rester raisonnable.

- **margaux 2021** | Sec | 2025>36 | 36.7 € — 94
- **margaux 2022** | Sec | 2028>45 | 42 € — 93
- **Confidence, margaux 2022** | Sec | 2025>32 | 20 € — 90

Château Ramage La Bâtisse

✪✪

La MACIF est propriétaire depuis 1986 de ce domaine de 65 hectares de vignes, situé à Saint-Sauveur, non loin de Pauillac mais plus à l'intérieur des terres. Constitué de sols graveleux, argileux et sablonneux, Ramage La Bâtisse est un cru bourgeois sagement mené. Ses équipements performants permettent de produire des vins d'une régularité exemplaire. L'engagement environnemental est total et a permis d'obtenir le label HVE3 avec une conversion bio entamée en 2023. Les vins toujours élégants, équilibrés, sont savoureux dans leur jeunesse et vieillissent remarquablement bien.

- **haut-médoc 2021** | Sec | 2025>29 | NC — 90
- **haut-médoc 2022** | Sec | 2025>35 | NC — 91

Château Rauzan-Gassies

✪✪✪✪

Ce cru a la chance de posséder quelques-unes des meilleures parcelles de l'appellation, de même valeur et origine que son voisin Ségla. Une nouvelle génération de la famille Quié met tout en œuvre pour produire des vins dignes de leur lieu de naissance, avec de bonnes pratiques au vignoble et la construction d'un cuvier plus moderne et performant. Dans les derniers millésimes, les progrès sont flagrants et le cru a rejoint les meilleurs de l'appellation margaux.

- **margaux 2021** | Sec | 2025>40 | 62.5 € — 93
- **margaux 2022** | Sec | 2028>40 | 65 € — 95
- **Gassies, margaux 2022** | Sec | 2025>32 | NC — 90

Château Rauzan-Ségla

✪✪✪✪

En plein cœur de l'appellation margaux, ce cru de premier ordre qui s'appuie sur un vignoble de 66 hectares bénéficie des soins les plus attentifs de la part

Julien Brustis, Château Tour des Termes

Dans le monde moderne de la vigne et du vin, une qualité s'impose pour conduire un domaine sur le chemin du succès : savoir tout faire. Touche-à-tout et couteau suisse, Julien Brustis a sans doute appris beaucoup de son expérience francilienne, où il a dirigé La Winerie Parisienne et cofondé le domaine yvelinois La Bouche du Roi. Mais son cœur est à Bordeaux et la famille irlandaise O'Connor l'a engagé pour donner un second souffle à cette propriété stéphanoise. Nouvelle viticulture, nouveaux chais, nouveaux vins, nouvelle distribution, l'histoire s'annonce passionnante. *Louis-Victor Charvet* de Nicolas Audebert et son équipe, qui propulse les vins à leur place légitime grâce à un nouveau chai et surtout au travail méticuleux accompli dans les vignes. En pleine forme, le cru exprime avec constance depuis dix ans l'élégance des meilleurs vins de Margaux. L'élargissement du vignoble a surtout bénéficié au second vin, Ségla, produit en plus grande quantité, dans un style volontairement direct, souple et fruité. La cinquième étoile se rapproche.

- **margaux 2021** | Sec | 2025>40 | 87.5 € 94
- **margaux 2022** | Sec | 2028>45 | 130 € 96
- **Ségla, margaux 2022** | Sec | 2025>34 | NC 91

Château Saint-Pierre

★★★★ ✚

Ce cru, propriété de la famille Triaud, rejoint les meilleurs de Saint-Julien dans les derniers millésimes, les dépassant même parfois en qualité, grâce à ses très vieilles vignes d'une moyenne de 50 ans, idéalement situées au cœur du village. Le vin a toujours été dense, serré et puissant, continuant à chaque millésime à gagner en élégance immédiate, avec un boisé mieux intégré, et toujours une texture de vieilles vignes qui égale sur ce plan les grands crus classés, voire les premiers. C'est une des expressions les plus parfaites de l'origine de l'appellation, à des prix encore accessibles.

- **saint-julien 2021** | Sec | 2025>40 | NC 93
- **saint-julien 2022** | Sec | 2027>40 | 67 € 94

Château Siran

★★★

Ce cru de Margaux, situé sur les très belles graves de Labarde, est dirigé depuis 2007 par Édouard Miailhe. Les vins de Siran sont toujours charmeurs dans leur jeunesse et se complexifient au vieillissement, avec notamment des notes de rose ancienne et d'épices leur donnant finesse et élégance. On pourrait cataloguer les vins de Siran comme des classiques de Margaux, avec des vins qui gagnent en délicatesse sur ces derniers millésimes.

- **margaux 2021** | Sec | 2026>32 | 28.8 € 90
- **margaux 2022** | Sec | 2025>35 | NC 91

Château Sociando-Mallet

★★★ ✚

Figure incontournable du Médoc, Jean Gautreau était l'un des artisans du renouveau de ses crus. Respecté par ses pairs, il a hissé Sociando-Mallet au niveau d'un cru classé, agrandissant largement le vignoble depuis son achat en 1969. Aujourd'hui, sur les 85 hectares de la propriété, une cinquantaine a le niveau d'un troisième voire d'un second cru classé. Ce sont des vins de référence, avec un toucher et une identité inimitables. Médocains dans l'âme, ils ont beaucoup de finesse, une forme de plénitude et une beauté naturelle dans les meilleurs millésimes.

- **haut-médoc 2021** | Sec | 2025>32 | 33 € 91
- **haut-médoc 2022** | Sec | 2027>40 | 42 € 93

Château Talbot

★★★★

Talbot a toujours su jouir d'une véritable reconnaissance de la part des amateurs français comme internationaux. Le cru est toujours apparu comme la garantie d'un luxe accessible grâce à la volonté de la famille Cordier qui le possède depuis plus d'un siècle. Splendidement situé sur les terroirs de graves du nord-est de l'appellation, jusqu'aux bornes de l'appellation pauillac, bien mené par son directeur Jean-Michel Laporte, conseillé par les équipes de Derenoncourt Consultants, Talbot n'a jamais été aussi brillant et régulier qu'au cours de cette dernière décennie.

- **saint-julien 2021** | Sec | 2025>38 | NC 92
- **saint-julien 2022** | Sec | 2027>35 | 73 € 92

Château du Tertre

★★★

Situé d'un seul tenant sur deux splendides croupes de graves siliceuses, ce cru classé est géré par la famille Helfrich (Grands Chais de France) qui en a fait la figure de proue de ses domaines et propriétés en France. Son caractère aromatique, très frais et élégant, doit beaucoup à la proportion importante de cabernets francs dans l'encépagement. Le rapport qualité-prix est indéniable.

- **margaux 2021** | Sec | 2025>34 | 40.5 € 92
- **margaux 2022** | Sec | 2028>40 | 48 € 93
- **Les Hauts du Tertre, margaux 2022** | Sec | 2026>34 | 25 € 91

Château Teynac

★★★ ➔

Acheté par Philippe, dont nous saluons la mémoire, et Fabienne Pairault il y a une trentaine d'années, ce joli cru d'une douzaine d'hectares est situé au cœur du village de Beychevelle. C'est l'un des rares châteaux de taille moyenne, cerné par une nuée de crus classés. Le cabernet-sauvignon domine largement, l'élevage est soigné, le résultat est à la hauteur. Eléonore, la brillante fille des propriétaires, continue sa quête d'excellence ici comme dans ses autres propriétés médocaines, en particulier le château Corconnac en appellation haut-médoc.

- **saint-julien 2021** | Sec | 2025>23 | NC 92
- **saint-julien 2022** | Sec | 2025>35 | 39 € 93
- **Château Les Ormes, saint-julien 2021** | Sec | 2025>29 | NC 91

Château La Tour de By

★★

Ce cru de Bégadan se divise en deux parties : l'une autour du château, en bord de rivière, sur des graves magnifiques, l'autre vers Saint-Christoly. Depuis quelques millésimes, grâce à une sélection sévère et une vinification précise, coïncidant avec l'arrivée de Frédéric Le Clerc et de son cousin Benjamin Richer de Forges, le cru réalise d'immenses progrès, allant vers un style énergique, savoureux et particulièrement digeste.

- **médoc 2021** | Sec | 2025>29 | 21 € 90
- **médoc 2022** | Sec | 2025>35 | 19.8 € 92

Château Tour des Termes

★★ Ⓝ

Depuis 2023 et sa reprise par la famille O'Connor, engagée dans les énergies renouvelables, le château Tour des Termes à Saint-Estèphe a ouvert un nouveau chapitre de son histoire. Le projet ambitieux est porté par l'excellent Julien Brustis à la direction générale, bien décidé à mettre en valeur le terroir complexe de la propriété et son encépagement traditionnel pour l'appellation, tout en innovant avec un projet de blanc et de vins monocépages. Le grand vin, qui va encore progresser ces prochains millésimes avec l'arrivée d'un nouveau chai autonome en énergie, se distingue par sa pureté, sa structure soyeuse et sa fraîcheur naturelle. Guidée par la vision de Julien Brustis, l'équipe a adopté une viticulture respectueuse et réfléchit aussi à un modèle de distribution plus vertueux et rémunérateur pour tous. C'est une propriété qu'il faut suivre de très près.

- **saint-estèphe 2022** | Sec | 2025>35 | 26 € 93

Château Tronquoy

★★★ ➔

Moins connu que Montrose, le château Tronquoy est l'autre propriété de la famille Bouygues à Saint-Estèphe. Le même nouveau duo, composé de Charlotte Bouygues et Pierre Graffeuille, a de grandes ambitions pour cette propriété de 18 hectares, en faisant de l'un des plus anciens vignobles de l'appellation un bordeaux moderne dans son approche, plus décomplexé, sans rien perdre de la race de son terroir. Les vins qui y sont produits sont des réussites, en particulier un blanc magnifique, priorité pour les amateurs de la couleur à Bordeaux.

- **saint-estèphe 2021** | Sec | 2025>32 | NC 92
- **saint-estèphe 2022** | Sec | 2026>32 | 28 € 91

✦ Star ✚ Valeur sûre ➔ À suivre de près Ⓝ Nouvelle entrée

Rive droite

Château Angélus

★★★★★ ✦

Le nouveau style plus floral défini dès 2016 pour le grand vin d'Angélus par Stéphanie et Hubert de Boüard trouve ces derniers millésimes l'une de ses plus justes expressions. De plus, pour la première fois, Angélus intègre les superbes merlots issus de la moitié de l'ancien château Bellevue, ce qui donne au 2022 une grande complexité aromatique, entre notes d'amarelle et de fleurs poivrées. Les 40 % de cabernet franc étirent parfaitement la bouche et donnent à la finale une dimension à la fois intense et aérienne. Un modèle à suivre pour ce cru de la côte de Saint-Emilion, exposé plein sud.

- **saint-Émilion grand cru 2021** | Sec | 2027>40 | 419 € 95
- **saint-Émilion grand cru 2022** | Sec | 2027>60 | NC 99
- **Le Carillon, saint-Émilion grand cru 2022** | Sec | 2025>35 | NC 92
- **Tempo, bordeaux 2022** | Sec | 2025>30 | NC 90

Château des Annereaux

★★ →

Sous la houlette du talentueux gérant Benjamin Hessel, ce vignoble historique de 25 hectares situés sur le plateau graveleux et sablo-graveleux cultivé en agriculture bio, produit l'un des vins les plus réguliers de l'appellation lalande-de-pomerol. Son vin séduit pour sa longueur, son raffinement et son énergie. Il figure dans la cave de l'Élysée et contribue à valoriser l'image de la France dans le monde.

- **lalande de pomerol 2021** | Sec | 2025>31 | NC 90
- **lalande de pomerol 2022** | Sec | 2025>40 | 21.5 € 93

Château Ausone

★★★★★ ✦

Constance et son frère Edouard marchent dans les pas de leur père Alain Vauthier qui a propulsé Ausone vers les sommets, avec l'un des meilleurs terroirs de Saint-Emilion et son vignoble situé sur le tertre calcaire. Une petite partie des vignes est plantée sur le plateau, là où le sol y est très peu épais, et la majorité des ceps se trouve sur le coteau adjacent et son sol plus profond exposé plein sud. On ne jugera le 2022 que dans la prochaine décennie : l'assise finale intense se montre explosive et majestueuse, avec une touche à la fois crayeuse et saline, traduisant au mieux le sol nourricier.

- **saint-Émilion grand cru 2021** | Sec | 2027>45 | 720 € 95
- **saint-Émilion grand cru 2022** | Sec | 2030>70 | NC 99
- **Chapelle d'Ausone, saint-Émilion grand cru 2022** | Sec | 2027>45 | NC 95

Château Badette

★★★ +

La très active famille Vandenbogaerde, est parvenu à hisser Badette au rang de grand cru classé : la restructuration des 9 hectares d'un seul tenant à la limite de Saint-Emilion et Saint-Christophe a porté ses fruits. Trois secteurs se distinguent : le bas de côte sablo-argileux, le milieu plus argilo-sableux, et le haut argilo-calcaire (où sont plantés les 35 % de cabernet franc du domaine), sans oublier 1,5 hectares voisins de Figeac. De quoi produire un vin intense et raffiné, évoluant parfaitement.

- **saint-Émilion grand cru 2021** | Sec | 2027>42 | NC 91
- **saint-Émilion grand cru 2022** | Sec | 2030>45 | 37.5 € 93

Clos Badon

★★★ →

Sur 6,5 hectares, en pied de côte, ce clos appartient à Murielle Andraud et Jean-Luc Thunevin (Château Valandraud). Vin pour hédoniste qui évolue parfaitement, Clos Badon se développe sur un corps charmeur et ferme. Sa finale caressante se révèle pleine de vie aromatique, avec des nuances florales. La grande énergie est due aux 35 % de cabernet franc et le millésime 2022 constitue l'un de nos coups de cœur.

- **saint-Émilion grand cru 2021** | Sec | 2025>37 | NC 91
- **saint-Émilion grand cru 2022** | Sec | 2025>45 | 59 € 96

Château Balestard La Tonnelle

★★★ +

Appartenant à la famille Capdemourlin, les 10,6 hectares de Balestard se situent sur le sommet de la côte de Saint-Emilion, au nord-est du village. On tient là un superbe terroir bien mis en valeur sur les derniers millésimes, grâce au nouveau cuvier et l'arrivée à la direction de François Capdemourlin. La matière déploie un soyeux dense, un jus précis, au grain subtilement enrobé, que prolonge une fraîcheur saline révélant l'identité calcaire et argileuse du terroir. Le 2022 se révèle magnifique.

- **saint-Émilion grand cru 2022** | Sec 2025>45 | 45 € 96

Château Barde-Haut

★★★ +

Patrice Lévêque est un des rares propriétaires à conduire lui-même son tracteur et à effectuer tous les travaux de la vigne, dans son exceptionnel amphithéâtre de Saint-Christophe des Bardes, couvrant 17 hectares. Le calcaire trace une ligne florale nette qui élève la complexité aromatique. La texture tannique, fine et fraîche, installe une densité douce, profonde, dont le charme se dévoile avec le temps.

- **saint-Émilion grand cru 2021** | Sec | 2026>40 | 33.3 € 91
- **saint-Émilion grand cru 2022** | Sec | 2030>45 | NC 95
- **Poésia, saint-Émilion grand cru 2022** | Sec | 2027>47 | NC 93

Clos du Beau-Père

★★ →

Ce cru de Pomerol appartient à Jean-Luc Thunevin (château Valandraud) et à son épouse Murielle, qui ont réuni trois hectares provenant de deux parcelles, l'une située dans le secteur de Bourgneuf et qui apporte la structure, l'autre dans la zone de Bellegrave, qui donne au vin sa souplesse. L'adresse propose un pomerol sensuel qui truffe de belle façon et un blanc confidentiel de bonne facture.

- **pomerol 2021** | Sec | 2025>34 | NC 90
- **pomerol 2022** | Sec | 2025>35 | 49 € 92
- **Blanc du Beau Père , bordeaux 2022** | Sec | 2022>30 | 39 € 90

Château Beau-Séjour Bécot

★★★★ +

Depuis 2022, ce cru rivalise avec ses prestigieux voisins. Pour la première fois, une proportion accrue de cabernet franc (23 %) imprime au vin un phrasé tendu, floral et salin, qui en précise la trame et renforce sa verticalité. Il en souligne le relief, tout en laissant aux merlots le soin d'apporter le soyeux et le charme crémeux de la chair. 2023 et 2024 sont des priorités pour l'amateur. Un coup de cœur pour ce vin subtil signé Juliette Bécot.

- **saint-Émilion grand cru 2021** | Sec | 2026>45 | NC 95
- **saint-Émilion grand cru 2022** | Sec | 2029>60 | 130 € 97

Clos Beauregard

★★

Vin de charme, au tannin velouté, ce clos, propriété des Grands Chais de France, est situé en bordure du château Beauregard dont il faisait partie autrefois. Un cru régulier et savoureux.

- **pomerol 2021** | Sec | 2025>28 | 38 € 89
- **pomerol 2022** | Sec | 2026>36 | 19.99 € 89

Château Beauregard

★★★ +

Vignoble d'un seul tenant de 17,5 hectares certifié bio, Beauregard appartient à la famille Moulin. Situé sur la partie sud du plateau de Pomerol, ce cru impressionne en 2022 par l'équilibre de sa trame tannique : dense mais subtile, elle s'exprime dans un registre de fruits noirs et d'orange sanguine. La finale, verticale et précise, confère un élan remarquable à l'ensemble. Récemment, la jeune ingénieure et œnologue Lauren Laudrin vient de prendre la direction générale du cru.

- **pomerol 2021** | Sec | 2025>40 | NC 93
- **pomerol 2022** | Sec | 2025>65 | 85 € 96

Château Beauséjour Joséphine Duffau-Lagarrosse

★★★★ +

Sous la direction sensible de Joséphine Duffau-Lagarrosse, ce cru appartenant à la famille Courtin (Clarins) exprime toute la finesse de ses 6,5 hectares idéalement situés sur le flanc ouest de la côte de Saint-Émilion. Le vin affiche une texture ciselée, à la fraîcheur évidente, portée par un souffle crayeux qui ancre le vin dans son terroir d'origine. L'augmentation du cabernet franc dans l'assemblage accentue cette distinction, par des accents floraux d'une rare élégance.

- **saint-Émilion grand cru 2021** | Sec | 2025>50 | 135 € 95
- **saint-Émilion grand cru 2022** | Sec | 2025>60 | 195 € 97

Château Belair-Monange

★★★★★ ✦

Belair-Monange a inauguré son nouveau chai en 2023 et continue de sublimer les grands terroirs de son vignoble de 23,5 hectares. Le calcaire du plateau, l'argilo-calcaire des terrasses et les argiles bleues des côtes, ainsi qu'une bonne exposition sud-sud-est de l'ensemble, favorisent une juste maturité. L'assemblage du 2022, dominé à 98 % par le merlot et complété de 2 % de cabernet, exprime pleinement la force de son socle calcaire. Ce dernier imprime au vin son rythme propre, étirant la matière dès l'attaque. Le fruit s'équilibre avec une dimension florale cristalline, d'une grande pureté. L'allonge, soyeuse et énergique, libère une fraîcheur qui insuffle au vin un véritable souffle minéral.

- saint-émilion grand cru 2021 | Sec | 2028>50 | NC 95
- saint-émilion grand cru 2022 | Sec | 2030>70 | 215 € 98

Château Bellefont-Belcier

✪✪✪ ✚

Cette propriété de 13,5 hectares située dans le prolongement de Larcis-Ducasse appartient à l'homme d'affaires Peter Kwok : Jean-Christophe Meyrou en assure la direction et Emmanuelle Fulchi se charge de la partie technique. Autant dire que le casting est à la hauteur des ambitions et le cru progresse, proposant un vin suave et crémeux dotée d'une attaque précise. La bouche caressante persiste longtemps sur un grain fin et enveloppé.

- saint-émilion grand cru 2021 | Sec | 2025>47 | 47.1 € 92
- saint-émilion grand cru 2022 | Sec | 2025>45 | 65 € 96

Château Bellevue

✪✪✪

La famille Pradel de Lavaux soigne avec attention ses 3 hectares de terroirs argilo-calcaires de côte et de plateau où le merlot trouve une terre d'élection. On apprécie la grande plénitude de ce vin à la sensualité affirmée tout en conservant de la fraîcheur et un rebond bien dans la tonalité des vins du secteur. 2022 dévoile une grande sensualité.

- saint-émilion grand cru 2021 | Sec | 2025>44 | 45.6 € 92
- saint-émilion grand cru 2022 | Sec | 2025>60 | 70 € 95

Château Berliquet

✪✪✪ ⊛

Chanel en achetant Berliquet a conservé toute la personnalité de ce cru d'argilo-calcaires en coteau. Ce cru affirme une identité terrienne affirmée, dont l'énergie bien canalisée s'exprime par un charnu réjouissant au cœur de bouche. La signature calcaire apporte une tension saline qui dynamise l'ensemble. Les derniers millésimes confirment une progression nette dans l'expression et le raffinement des textures.

- saint-émilion grand cru 2021 | Sec | 2027>44 | 54 € 92
- saint-émilion grand cru 2022 | Sec | 2025>60 | 65 € 95

Vignobles Berrouet

✪✪✪ ✚

Jean-Claude Berrouet, l'homme qui a construit la gloire de Petrus, et son fils Jeff proposent des vins de propriété réussis, en particulier le saint-émilion Château Hyon la Fleur qui monte en puissance. Il complète une gamme composée du château Samion, un séduisant lalande-de-pomerol issu d'un secteur de graves sur argiles, et du célèbre Vieux Château Saint-André, montagne-saint-émilion de classe évoluant bien dans le temps. Des rapports qualité-prix excellents.

- Château Samion, lalande de pomerol 2022 | Sec | 2025>35 | 26 € 92
- Vieux Château-Saint-André, montagne-saint-émilion 2022 | Sec | 2028>38 | 19 € 92

Domaine Simon Blanchard

✪✪✪ ⊛

Simon Blanchard, l'un des œnologues moteurs de Derenoncourt Consultants possède une petite propriété montagne-saint-émilion (1,4 hectare), certifié en biodynamie en 2023. La cuvée Au Champ de la fenêtre, grâce à son apport de vendange entière, est l'un de nos coups de cœur. La cuvée Guitard est un hymne au cabernet franc.

- Au Champ de la Fenêtre, montagne-saint-émilion 2022 | Sec | 2025>35 | 35 € 92
- Guitard, montagne-saint-émilion 2021 | Sec | 2025>40 | NC 90
- Guitard, montagne-saint-émilion 2022 | Sec | 2026>45 | 35 € 93
- montagne-saint-émilion 2022 | Sec | 2025>35 | 22 € 90

Château Bonalgue

✪✪✪ ⊛

Dirigé par Jean-Baptiste Bourotte (vignobles et négoce JB Audy), ce cru de 7,5 hectares situé aux portes de Libourne entoure un château du XVIIe siècle. Sur un terroir mêlant argiles, sables et graves, Bonalgue intègre désormais 8 à 10 % de cabernet franc, apportant complexité et relief à une trame qui conserve son charme naturel. Le vin séduit par son accessibilité et sa capacité à bien évoluer avec le temps.

- pomerol 2021 | Sec | 2025>40 | NC 90
- pomerol 2022 | Sec | 2025>40 | 50 € 93

Château Bourgneuf

✪✪✪✪ ✚

Frédérique Vayron est l'une des vigneronnes les plus inspirées de Pomerol : elle y exploite les 9 hectares du domaine familial sur le plateau magique, avec un substrat argilo-graveleux touchant Trotanoy. Le cru évolue toujours avec beaucoup de distinction. Les derniers millésimes offrent les plus belles perspectives : Leurs accents floraux et terriens en attaque, portés par une texture soyeuse et d'une grande fraîcheur, révèlent une expression d'une rare distinction, toute en sensualité contenue. Une promotion paraît désormais pleinement justifiée.

- pomerol 2021 | Sec | 2026>40 | NC 94
- pomerol 2022 | Sec | 2025>50 | 68 € 97

Château Canon

✪✪✪✪ ✦

Les 22 hectares du château Canon sont parmi les mieux situés du plateau calcaire et la restauration du vignoble porte pleinement ses fruits. Le vin de Canon est l'un des plus charmeurs de l'appellation saint-émilion en proposant des notes de pivoine, d'iris, de rose poivrée tout en gardant un tannin crayeux, tendu et subtil. Il séduit par ses accents floraux précis, son toucher de tanin subtilement satiné et l'empreinte calcaire magnifique de finale. Une réussite aboutie et à saluer, portée par les équipes de Nicolas Audebert.

- saint-émilion grand cru 2021 | Sec | 2026>50 | 150 € 96
- saint-émilion grand cru 2022 | Sec | 2027>70 | 185 € 98
- Croix-Canon, saint-émilion grand cru 2022 | Sec | 2025>40 | 49.5 € 92

Château Canon-la-Gaffelière

✪✪✪✪ ✚

Ce vignoble, orienté plein sud, part de la plaine pour monter jusqu'à mi-pente, soit 19,5 hectares d'un seul tenant. Les parcelles les plus hautes se situent sur les molasses du Fronsadais, avec une concentration plus profonde d'argile à partir de 40 centimètres de profondeur. L'une des forces actuelles de ce cru tient à la part élevée de cabernet franc, qui représente près de la moitié de l'assemblage ces derniers millésimes, aux côtés d'un soupçon de cabernet-sauvignon et d'environ 45 % de merlot. La replantation du vignoble en sélection massale confère aux vins ces derniers millésimes une vibration nouvelle, pleine d'énergie et de précision.

- saint-émilion grand cru 2021 | Sec | 2027>40 | 80 € 94
- saint-émilion grand cru 2022 | Sec | 2025>60 | 95 € 97

Château Canon-Pécresse

✪✪✪ ✚

Les familles Labrune (château de La Dauphine) et Pécresse (château Canon Pécresse) ont conclu un accord d'association pour valoriser ces deux terroirs. La société de La Dauphine prend le contrôle de Canon-Pécresse afin d'accompagner le développement de ce cru de quatre hectares et demi ancrés sur une terrasse dominant la Dordogne. Jean-Francis Pécresse y conserve un rôle opérationnel sur ce fleuron de la rive droite certifié bio depuis 2020, dont on apprécie la finesse de tannin et la profondeur.

- canon-fronsac 2021 | Sec | 2025>35 | NC 91
- canon-fronsac 2022 | Sec | 2027>47 | NC 93

Château Cantin

✪✪

Le vignoble de Cantin s'appuie sur un terroir argilo-calcaire très classique de l'appellation et un encépagement où le merlot (63 %), le cabernet franc et le cabernet-sauvignon se complètent harmonieusement. Grâce à sa reprise en mains par le groupe Grands Chais de France, le cru gagne en qualité, affichant plus de finesse et d'intensité.

- saint-émilion grand cru 2021 | Sec | 2027>39 | 26 € 88
- saint-émilion grand cru 2022 | Sec | 2025>35 | 16.9 € 92
- La Chapelle, saint-émilion grand cru 2022 | Sec | 2025>30 | 39 € 88

Château Capet-Guillier

✪✪ ⊛

À partir du millésime 2022, la filiale bordelaise d'AdVini, propriétaire du vignoble, distingue désormais Tour Capet de Capet

David Suire, Château Larcis Ducasse, Château Laroque

David Suire veille avec précision et humilité sur les châteaux Larcis Ducasse et Laroque. Artisan du vivant autant que technicien, il incarne une vision sereine et exigeante. Homme de terre et d'écoute, il sait aussi révéler les nuances du terroir avec une élégance discrète. Sous sa main, les crus qu'il dirige s'affirment et leurs vins gagnent en nuances et en finesse immédiate, tout en gardant cette vibration et cet éclat lumineux propres aux plus grands terroirs de Saint-Émilion. *Denis Hervier*

Guillier. Sur les quatre hectares d'argilo-calcaire situés à Saint-Hippolyte, ce cru cultivé en biodynamie gagne en énergie grâce à l'apport de 30 % de cabernet franc. Il en résulte une expression pleine, limpide, portée par une aromatique d'une grande pureté.

- saint-Émilion grand cru 2021 | Sec | 2027>40 | NC — 91
- saint-Émilion grand cru 2022 | Sec | 2027>55 | 35 € — 94

Maison Cardinale

✪✪✪ ➜

Tout commence en 2001, lorsque Dominique et Florence Decoster, porcelainiers à Limoges, acquièrent le château Fleur Cardinale à Saint-Emilion. En 2017, leur fils Ludovic et son épouse Caroline poursuivent l'aventure en y insufflant une dynamique nouvelle et en créant en 2024, la Maison Cardinale, penser pour offrir aux amateurs des expériences entre art de vivre et convictions. Elle réunit aussi les vignobles des Decoster : d'un côté, celui du cru classé Fleur Cardinale (27,6 hectares sur le versant nord de Saint-Émilion) qui donne un superbe à la texture soyeuse, et depuis peu un blanc de caractère issu de 4 hectares. Le vignoble exposé plein sud du château Croix Cardinale (4 hectares) produit un vin à la chair pulpeuse et caressante. C'est l'une des adresses les plus inspirantes de Bordeaux.

- Château Fleur Cardinale, saint-Émilion grand cru 2021 | Sec | 2025>40 | 43.4 € — 93
- Château Fleur Cardinale, saint-Émilion grand cru 2022 | Sec | 2025>45 | 50 € — 95

Château Carteau Côte Daugay

✪✪

Jacques Bertrand, disparu en avril 2025 a été l'un des hommes clefs de Saint-Emilion. Sur son domaine de 16 hectares, il a su transmettre sa passion à son fils Bruno, qui produit un vin élancé et structuré avec ce qu'il faut de fraîcheur et de subtilité comme sur le très beau 2022. C'est un excellent rapport qualité-prix.

- saint-Émilion grand cru 2021 | Sec | 2026>40 | NC — 89
- saint-Émilion grand cru 2022 | Sec | 2025>41 | 23 € — 92

Château Certan

✪✪✪ ➜

Les 5 hectares de ce cru de Pomerol sont situés sur le célèbre plateau argilo-graveleux de l'appellation, dans sa partie sud-est. Les derniers millésimes ont gagné en précision depuis l'achèvement du nouveau chai en 2021. La matière, ample et enveloppante, s'appuie sur un tannin doté d'élan et d'une assise solide. Il a l'architecture et l'énergie d'un vin bâti pour la grande garde.

- pomerol 2022 | Sec | 2030>70 | NC — 96

Château Chauvin

✪✪ ➜

À la tête de ce cru, le duo mère-fille formé par Sylvie Cazes et Julie Régimbeau insuffle une nouvelle dynamique au château Chauvin. Sur ses 15 hectares d'un seul tenant, le terroir argilo-sableux, parsemé de crasse de fer, révèle dans la jeunesse du vin des accents proches de Pomerol. Après quelques années, le cru prend un style plus classique de Saint-Émilion, porté par un tanin caressant et finement étiré. Les derniers millésimes confirment une belle progression dans la précision et l'expression.

- saint-Émilion grand cru 2021 | Sec | 2025>30 | 35 € — 90
- saint-Émilion grand cru 2022 | Sec | 2025>35 | 38 € — 93

Château Cheval Blanc

✪✪✪✪✪ ✦

Le vignoble de cette propriété mythique est situé sur le flanc nord du plateau sablo-graveleux de l'appellation saint-émilion, dans sa partie la plus argileuse, proche du village de Pomerol. Le vin de Cheval Blanc se distingue de ses voisins par sa longévité légendaire et son fort pourcentage de cabernet franc. Pierre Olivier Clouet, le directeur de la propriété, et ses équipes dynamiques font preuve de rigueur et d'ouverture d'esprit pour perpétuer son style inimitable, notamment en installant un volet environnemental complet. Les vins ont cette subtilité aromatique unique et un charme absolu, comme sur le 2022, millésime haute couture.

- saint-Émilion grand cru 2021 | Sec | 2025>50 | 615 € — 96
- saint-Émilion grand cru 2022 | Sec | 2027>60 | 920 € — 99

Château Clarisse

✪ ➜

Désormais actionnaire à 40 %, le groupe Bolloré renforce son engagement dans ce vignoble certifié bio depuis 2019, qui propose des vins en appellation castillon et puisseguin-saint-émilion, dont sa grande cuvée élaborée à partir de vieilles vignes, issue d'un assemblage merlot, cabernet franc et carménère, qui se distingue régulièrement par sa profondeur de bouche et la subtilité de sa trame tannique.

- Vieilles vignes, puisseguin-saint-Émilion 2021 | Sec | 2025>34 | NC — 89
- Vieilles vignes, puisseguin-saint-Émilion 2022 | Sec | 2025>35 | 35 € — 92

Château Clinet

✪✪✪ ✚

Sous l'impulsion de son propriétaire Ronan Laborde, le vin de Clinet propose un style de plus en plus cohérent et profond. Sur les 11,27 hectares situés au cœur du plateau de Pomerol, les 20 % de cabernet-sauvignon jouent un rôle structurant. Ce cépage apporte relief et énergie au merlot, dont le charnu tapisse le cœur de bouche. Il en résulte une profondeur accrue et un rebond finale parfaitement maîtrisé.

- pomerol 2021 | Sec | 2026>40 | NC — 92
- pomerol 2022 | Sec | 2029>49 | NC — 96

Clos du Clocher

✪✪✪✪ ✚

4,6 hectares composent vignoble du Clos du Clocher sur le plateau mythique de Pomerol. Ici la terre offre un sol remarquable d'argiles bleues et de graves. Jean-Baptiste Bourotte s'attache sur les derniers millésimes à l'évolution culturale de la propriété, qui obtiendra avec le millésime 2024 la certification bio. Ici, le cabernet franc atteint entre 26 et 30 % de l'assemblage, le merlot restant majoritaire avec 70 %. L'introduction du tri optique (Tri B) en 2016 marque un tournant dans la sélection des baies, permettant au vin de gagner en complexité. Depuis, les expressions florales et terriennes s'intègrent avec une justesse remarquable, dans un équilibre de plus en plus abouti.

- pomerol 2021 | Sec | 2027>41 | NC — 93
- pomerol 2022 | Sec | 2025>55 | 98.5 € — 96

Château Clos de Boüard

✪✪

Sur les argilo-calcaires profonds de Montagne-Saint-Émilion, Coralie de Boüard imprime rigueur et précision à son vignoble d'une trentaine d'hectares. La cuvée Dame de Boüard séduit par sa trame souple et fruitée, issue d'une vinification douce pensée pour préserver l'élan naturel du merlot. Le Clos, plus ambitieux, affirme un équilibre millimétré entre fraîcheur, grain de tanin et élevage maîtrisé. Avec la cuvée C, composée de 80 % de cabernet franc et 20 % de cabernet-sauvignon, l'intensité monte d'un cran. La gamme inclut également des cuvées désalcoolisées qui rencontrent un franc succès, notamment auprès des sportifs et des femmes enceintes. Une adresse fiable, ouverte à tous les profils d'amateurs.

- La Dame de Bouard, montagne-saint-Émilion 2022 | Sec | 2026>36 | 16 € — 90
- Clos de Boüard, montagne-saint-Émilion 2021 | Sec | 2025>30 | NC — 90
- Clos de Boüard, montagne-saint-Émilion 2022 | Sec | 2025>40 | 26 € — 92

Château Corbin

✪✪✪ ✚

Avec ses 13 hectares situés dans le secteur de Corbin, Annabelle Cruse Bardinet signe l'un des vins les plus raffinés de Saint-Emilion. Depuis 2016, année de mise en service de la nouvelle cuverie parfaitement adaptée au parcellaire, le cru a franchi un cap. La texture de bouche, soyeuse et précise, repose sur une assise tannique toute en finesse. Cette régularité témoigne d'une viticulture exigeante et d'un élevage agile conduit avec précision.

- saint-Émilion grand cru 2021 | Sec | 2025>40 | 34.2 € — 91
- saint-Émilion grand cru 2022 | Sec | 2025>40 | NC — 95

Château Corbin-Michotte

✪✪✪ ✚

Récemment réintégré parmi les grands crus classés de Saint-Émilion, ce domaine de sept hectares, situé dans le secteur de Corbin aux portes de Pomerol, affirme une identité forte. La famille Boidron y élabore un vin de garde à la personnalité marquée, grâce à un encépagement dominé par 30 %

Jean-François Quenin, Château de Pressac

Le propriétaire du château de Pressac a propulsé ce domaine de Saint-Émilion au niveau des premiers en moins de trois décennies. Grâce à une approche méthodique et rigoureuse, il a métamorphosé la propriété et sa gestion du vignoble, combinée à une vinification précise, qui permet aujourd'hui d'exprimer les spécificités de ce terroir unique. Grâce à son calme et sa sérénité, Pressac est devenu un grand cru classé et un vin d'une incroyable finesse au rapport qualité-prix incomparable. *Denis Hervier* de cabernet franc et 5 % de cabernet-sauvignon. La trame aromatique se distingue par sa subtilité, portée par une structure solide. Après cinq ans de bouteille, le tannin atteint une forme d'harmonie.

■ saint-émilion grand cru 2022 | Sec | 2026>34 | 34 € 92

Château Croix de Labrie

Les efforts culturaux menés par Axelle Courdurié portent leurs fruits sur un millésime comme 2022. Le cru gagne en raffinement tout en conservant son tanin ample et enrobé. La finale s'élève grâce à l'apport structurant des 10 % de cabernet-sauvignon et 6 % de cabernet franc, rehaussée par une touche crayeuse bien intégrée. Un vin à carafer pour en révéler toute la profondeur.

■ saint-émilion grand cru 2021 | Sec | 2029>50 | 102 € 93
■ saint-émilion grand cru 2022 | Sec | 2026>40 | NC 93

Château Dalem

Les derniers millésimes de Dalem présentent une belle allonge. Leur style vigoureux s'est assoupli avec bonheur et les vins, sans perdre de leur profondeur, ont gagné en raffinement. Aux commandes depuis 2002, Brigitte Rullier-Loussert a succédé à son père, Michel Rullier, et a bien pris la mesure de ce vignoble qui compte aujourd'hui plus d'une vingtaine d'hectares.

■ fronsac 2022 | Sec | 2027>40 | 28 € 90

Château Dassault

Avec l'arrivée de Valérie Befve à la direction, femme à la sensibilité vigneronne affirmée, Dassault ouvre un nouveau chapitre. Ce grand cru classé amorce une dynamique prometteuse en 2022, marquée par l'intégration des 39 hectares de Faurie de Souchard. Les parcelles les plus qualitatives, situées en lisière du plateau calcaire de Saint-Émilion, apportent profondeur et verticalité au vin. Le nouveau cuvier renforce la précision de la sélection parcellaire, tandis que Thomas Duclos intervient désormais comme consultant à partir de ce millésime.

■ saint-émilion grand cru 2021 | Sec | 2025>40 | 47.5 € 92
■ saint-émilion grand cru 2022 | Sec | 2025>45 | NC 95
■ Château La Fleur, saint-émilion grand cru 2022 | Sec | 2025>35 | 32 € 93

Château de la Dauphine

Sur ses 66 hectares cultivés en bio, entre argiles profondes et calcaires affleurants, le château de La Dauphine affirme un style abouti. Jean-Claude Labrune en incarne la vision, tandis que Stéphanie Barrousse, l'une des femmes les plus talentueuses de la rive droite, pilote avec rigueur et sensibilité. Le 2022 séduit par sa profondeur, sa densité racée et sa finesse tannique. Élevages ciselés, tanins soyeux, fruit pur et structure subtile signent un vin précis, élégant, et d'un excellent rapport qualité-prix. C'est une priorité pour l'amateur !

■ fronsac 2021 | Sec | 2025>37 | NC 91
■ fronsac 2022 | Sec | 2025>45 | 26 € 94

Château Destieux

Sur les huit hectares situés en haut du coteau argilo-calcaire de Saint-Hippolyte, ce cru cultivé avec passion par Christian Dauriac depuis 1971 mérite une attention soutenue. Les cabernets francs et sauvignons y signent des finales élancées et dynamiques. À travers les millésimes, le style s'affirme : rebond du 2014, toucher caressant du 2018, verticalité du 2017, gourmandise du 2021, séduction immédiate des 2020 et 2022, vitalité du 2019. Une régularité impressionnante au service d'un cru de caractère.

■ saint-émilion grand cru 2021 | Sec | 2027>40 | NC 89
■ saint-émilion grand cru 2022 | Sec | 2027>47 | 47 € 93

Château du Domaine de l'Église

Ces 7 hectares, situés au cœur de l'appellation, appartiennent à la famille Casteja, également propriétaire du château Trottevieille. Le vin affirme une belle tenue tannique, des notes de rose poivrée accompagnent un toucher de bouche d'une grande délicatesse, alliant velouté subtil et crémeux parfaitement structuré. Un classique de Pomerol, toujours abouti.

■ pomerol 2021 | Sec | 2025>34 | NC 89
■ pomerol 2022 | Sec | 2027>40 | 70 € 94

Le Dôme

Situé entre les vignobles de Canon et d'Angélus, Le Dôme se distingue par son chai au design audacieux et son micro-vignoble de 3,2 hectares planté dans les années 1950. Sur un sol sableux reposant sur de la crasse de fer, le cabernet franc, majoritaire à 80 % dans l'assemblage, impose sa tenue et sa verticalité. Le vin séduit par son intensité de fruit noir, sa finale épicée et une montée en nuances progressive. Un vin de caractère, taillé pour la garde. Les 2024 figurent parmi les plus aboutis du secteur.

■ saint-émilion grand cru 2021 | Sec | 2026>40 | NC 92
■ saint-émilion grand cru 2022 | Sec | 2030>45 | 400 € 95

Clos Dubreuil

Les 4,5 hectares de ce cru classé de Saint-Émilion se situent sur le plateau calcaire de Saint-Christophe-des-Bardes, nouvel eldorado qualitatif parmi les secteurs de Saint-Émilion. Ces derniers millésimes, le vin a retrouvé de l'allant et nous en apprécions le volume, la générosité et l'élégance. Le clairet est une pure gourmandise et le blanc confidentiel vaut le détour.

■ saint-émilion grand cru 2021 | Sec | 2027>45 | NC 89
■ saint-émilion grand cru 2022 | Sec | 2025>41 | 80 € 90

Château Faugères

Située à l'est de Saint-Émilion, cette propriété emblématique de Silvio Denz — également propriétaire de Lalique et du château Lafaurie-Peyraguey dans le Sauternais — s'est imposée comme une référence de l'appellation. Le vin se distingue par un tannin bien construit, un fruit expressif et un équilibre renforcé sur les derniers millésimes. Cru à part entière, Péby Faugères repose sur une assise foncière propre et développe un style flamboyant, tout en gagnant en fraîcheur. Sur l'appellation voisine castillon, Cap de Faugères poursuit une progression régulière vers davantage de précision et d'élégance.

■ saint-émilion grand cru 2022 | Sec | 2025>40 | NC 92
■ Cap de Faugères, castillon côtes de bordeaux 2022 | Sec | 2025>35 | NC 89
■ Château Péby-Faugères, saint-émilion grand cru 2022 | Sec | 2027>47 | 176 € 93

Château Fayat

Créé en 2009 par la famille Fayat, ce vignoble de 14 hectares illustre toute la diversité de Pomerol, avec 34 parcelles aux expositions et sols variés. Autour du château, la mise en place d'un programme de vsitiforesterie crée un véritable poumon vert au cœur de Libourne. Le style du vin a nettement évolué ces dernières années, vers davantage de séduction et une trame tannique assouplie, plus flamboyante qu'autrefois. Le potentiel reste important : un cru à suivre avec attention.

■ pomerol 2021 | Sec | 2025>35 | NC 90
■ pomerol 2022 | Sec | 2025>35 | NC 92

Château de Ferrand

Situé sur le plateau de Saint-Hippolyte, le château Ferrand s'étend sur 32 hectares d'un seul tenant. Sous l'impulsion de ses propriétaires, Philippe et Pauline Chandon-Moët, et de leur directeur Gonzague de Lambert, ce cru classé a connu une progression marquée au fil des derniers millésimes. Le 2022 incarne l'aboutissement de ce travail, avec un toucher de tannin velouté, des rondeurs élégantes, une profondeur sereine et une délicatesse remarquable. Le consulting brillant d'Axel Marchal n'est pas pour rien dans cette progression qualitative de la propriété.

■ saint-émilion grand cru 2021 | Sec | 2025>34 | 28 € 91
■ saint-émilion grand cru 2022 | Sec | 2026>40 | 40 € 94

Château Figeac

Le millésime 2022 inaugure une étiquette spécifique pour marquer l'accession de Figeac au rang de premier cru classé A, distinction amplement méritée. Depuis plus de dix ans, la famille Manoncourt et son directeur Frédéric Faye révèlent avec constance l'identité singulière de ce cru de légende. Sur les graves günziennes qui rappellent les terroirs de la rive gauche, l'encépagement atypique — 35 % de cabernet sauvignon, 35 % de cabernet franc et le reste en merlot— confère à la finale une dimension supplémentaire, alliant tension, longueur et noblesse. Les immenses réussites se succèdent.

■ saint-émilion grand cru 2021 | Sec | 2029>55 | 261 € 96
■ saint-émilion grand cru 2022 | Sec | 2030>70 | NC 99

✦ Star ✚ Valeur sûre ➔ À suivre de près N Nouvelle entrée

Philippe Castéja, Château Trottevieille, Château Batailley, Borie-Manoux

D'une rive à l'autre, en plus de veiller sur la maison de négoce Borie-Manoux, Philippe Castéja orchestre avec son fils Frédéric les châteaux Batailley et Lynch-Moussas à Pauillac, le domaine de l'Église à Pomerol et le château Trottevieille à Saint-Émilion. Toujours en quête de l'excellence, il adopte une approche méticuleuse et exigeante pour élever ses propriétés familiales vers les sommets, avec une vraie vision de la viticulture et du goût qu'il sait réactualiser pour correspondre aux envies des consommateurs. C'est sans doute la bonne manière de moderniser un classicisme qui a fait la gloire des grands vins de Bordeaux. *Denis Hervier*

Château Fombrauge

✪✪✪ ✚

Ce grand cru classé du nord-est de Saint-Émilion, propriété de Bernard Magrez, produit un vin ample, intensément coloré, au style affirmé et résolument hédoniste. La matière, à la fois généreuse et fraîche, déploie une chair imposante. L'ensemble évolue harmonieusement avec le temps, conservant richesse et équilibre.

- saint-Émilion grand cru 2021 | Sec | 2025>34 | 29.2 € 90
- saint-Émilion grand cru 2022 | Sec | 2025>35 | 30.18 € 92

Château Fonplégade

✪✪✪ ➔

Situé dans le prolongement d'Ausone, sur la côte de Saint-Émilion, Fonplégade s'appuie sur 18 hectares d'un terroir de grande expression. Sous l'impulsion de la famille Adams, le cru a gagné en raffinement. Le toucher de tanin, soyeux et poudré, atteint aujourd'hui une nouvelle dimension : la jutosité de la matière soutient une allonge remarquable, porteuse d'élan et de profondeur.

- saint-Émilion grand cru 2021 | Sec | 2025>40 | 42.4 € 92
- saint-Émilion grand cru 2022 | Sec | 2025>45 | 135 € 96

Château Fonroque

✪✪✪ ➔

Acquis en 2017 par la famille Guillard, ce grand cru classé de 17 hectares bénéficie de l'expertise d'Alain Moueix comme consultant, tandis que Ludovic Guibert en assure la direction technique. La certification en biodynamie valorise des pratiques respectueuses de l'environnement. Le vin séduit par un tannin frais et élancé, soutenu par une note de menthe sauvage qui porte le fruit, apportant profondeur, élégance et fraîcheur stylée.

- saint-Émilion grand cru 2022 | Sec | 2025>37 | 52 € 95

Château Fontenil

✪✪✪

Sur les coteaux argileux de Saillans, ce vignoble de 9 hectares incarne tout le savoir-faire de Dany et Michel Rolland. Une verticale récente a mis en lumière la régularité d'évolution du cru : idéal à table, le 2011 séduit par son dynamisme. Il est encore disponible à la propriété, qui ne propose que des millésimes prêts à boire. Le 2016 affiche une énergie remarquable, tandis que le 2019 charme par ses notes de fleur poivrée et de truffe noire fraîche. Le 2000 mêle notes de tabac et de truffe melanosporum dans un fondu sensuel ; plus enveloppant, le 2009 déploie une chair veloutée d'un grand charme. Le 2022 se distingue par sa plénitude. Dans les grandes années, la cuvée Défi de Fontenil, plus profonde, vient enrichir la gamme.

- fronsac 2021 | Sec | 2025>37 | NC 89
- fronsac 2022 | Sec | 2027>47 | NC 93

Clos Fourtet

✪✪✪✪ ✚

En bordure des célèbres murailles de Saint-Émilion, la famille Cuvelier valorise avec exigence les 20 hectares de Clos Fourtet, solidement ancrés sur le plateau calcaire à astéries. Ce terroir emblématique signe ici l'une des expressions les plus abouties de l'appellation. La conversion en biodynamie a renforcé la complexité tannique et affiné la pureté d'expression. Les vins naissent denses et veloutés, puis gagnent avec le temps en énergie, en nuance et en verticalité. Il faut savoir attendre Clos Fourtet : au bout d'une décennie, il offre l'émotion rare des grands vins de calcaire.

- saint-Émilion grand cru 2021 | Sec | 2029>45 | 119 € 93
- saint-Émilion grand cru 2022 | Sec | 2027>60 | 150 € 97

Château Franc Maillet

✪✪✪

Situé au sud-est de l'appellation pomerol, ce domaine figure parmi les plus solides références du secteur de Maillet. Une verticale récente de la cuvée domaine a confirmé le potentiel régulier et affirmé de la propriété. Plus concentrée et plus nuancée, la cuvée Jean-Baptiste révèle toute sa classe avec le temps, rivalisant après dix ans de garde avec les meilleurs crus du secteur.

- pomerol 2022 | Sec | 2025>40 | 34.8 € 91
- Cuvée Jean-Baptiste, pomerol 2022 | Sec | 2027>65 | 49.5 € 94

Château Franc Mayne

✪✪✪ ➔

Depuis son rachat par la famille Savare, ce grand cru classé de 7 hectares poursuit une ascension constante. Le vin a gagné en assise, en éclat et en raffinement. Le directeur, Pierre Arnald, issu du monde de l'ovalie, insuffle une dynamique ambitieuse, épaulé avec rigueur par la directrice technique Sophie Mage. Le millésime 2022 marque une étape symbolique, en tant que premier certifié en bio. Le vin affiche un soyeux subtil et une trame fine et énergique. Un domaine à suivre de très près.

- saint-Émilion grand cru 2022 | Sec | 2025>35 | NC 94

Château Gazin

✪✪✪✪ ✚

Situé face à Pétrus, château Gazin s'impose comme l'un des grands noms du plateau argilo-graveleux de Pomerol, avec 24 hectares d'un seul tenant. La nouvelle génération, incarnée par Élise et Édouard de Bailliencourt, y mène une dynamique de travail exigeante, portée par une ambition claire : hisser le cru parmi l'élite de l'appellation. Le vin séduit par sa fraîcheur de constitution, la souplesse de son tannin soyeux, et une allonge élégante qui lui assure une belle évolution. Un style classique et racé, tout en retenue.

- pomerol 2021 | Sec | 2025>40 | NC 93
- pomerol 2022 | Sec | 2027>60 | 98 € 95

Château Grand Barrail Lamarzelle Figeac

✪✪ ✚

Sous l'impulsion des équipes de la maison Dourthe, l'un des négoces les plus qualitatifs du Bordelais, ce cru progresse nettement. Le vin séduit par une texture à la fois crémeuse et dynamique, avec une énergie bien maîtrisée. Un rapport qualité-prix difficile à battre.

- saint-Émilion 2022 | Sec | 2026>36 | 29.5 € 90

Château Grand Corbin

✪✪ ➔

Propriété du groupe SMA, également propriétaire de Cantemerle en Médoc, ce grand cru classé a trouvé un nouvel élan sous la direction de Laure Canu. Le vignoble, d'un seul tenant sur 28,5 hectares, repose sur des sables éoliens couvrant une couche d'argile profonde. Les derniers millésimes ont gagné en finesse et en précision, avec un 2022 parfaitement à la hauteur de son année. Suivie par le consultant Axel Marchal, la propriété devrait rapidement retrouver le niveau que son terroir de premier ordre permet.

- saint-Émilion grand cru 2022 | Sec | 2026>42 | 26.5 € 92

Château Grand Corbin-Despagne

✪✪✪✪ ✚

Sous l'impulsion de son propriétaire François Despagne, ce vin s'est imposé par son charme comme l'un des plus séduisants représentants de Saint-Émilion. Sur 29 hectares cultivés en bio, majoritairement sableux, il exprime une sensualité rare, portée par des merlots à la texture soyeuse et subtile. Avec le temps, le vin gagne en profondeur et développe après dix ans des accents de truffe noire irrésistibles. Une signature à part dans l'appellation et un vin capable d'évoluer très longtemps en bouteille.

- saint-Émilion grand cru 2021 | Sec | 2025>40 | 34.2 € 93
- saint-Émilion grand cru 2022 | Sec | 2025>45 | NC 96

Château Grand Renouil

✪✪✪

Hélène Ponty incarne, depuis 2019, la cinquième génération de vignerons dans le Fronsadais. Sur 1,5 hectare idéalement orienté, entre plateau calcaire et coteau argilo-calcaire, elle exploite un microclimat qui permet de conjuguer l'ensoleillement de l'arrière-saison à une fraîcheur préservée. En 2022, le vin séduit par un nez velouté, un tanin sanguin et raffiné, à l'intensité maîtrisée, et une finale crayeuse qui étire la générosité du millésime. Une signature à fort potentiel, promise à une belle évolution truffée, comme l'ont montré les 2001, 2008, 2010 ou encore 2012.

- Grand Renouil, canon-fronsac 2021 | Sec | 2025>34 | NC 89
- Grand Renouil, canon-fronsac 2022 | Sec | 2025>45 | NC 92

Château Grand-Mayne

✪✪✪ ✚

Ce grand cru classé de 17 hectares, situé sur la côte ouest du plateau de Saint-Émilion, est conduit par la famille Nony. Sous l'impulsion de Jean-Antoine Nony, la propriété a connu une nette montée en puissance, trouvant un rythme de croisière propice à l'expression d'un terroir de premier plan. Les derniers

Château
Moulin Riche
Saint-Julien
STÉ FERMIÈRE DU CHÂTEAU LÉOVILLE POYFERRÉ
Château
Léoville Poyferré
Saint-Julien
MIS EN BOUTEILLE AU CHÂTEAU
2D GRAND CRU CLASSÉ DU MÉDOC EN 1855

millésimes confirment l'entrée dans un cycle vertueux, marqué par la régularité et l'ambition.

- saint-émilion grand cru 2022 | Sec | 2029>49 | 53 € 93

Château Guillot Clauzel

★★★

Entre Trotanoy, Nénin et Le Pin, les 2,40 hectares de Guillot Clauzel sont exploités par Guillaume Thienpont, l'une des signatures majeures de Pomerol. Le millésime 2022 marque un sommet pour le domaine, avec un assemblage dans lequel dominent 17 % de cabernet franc qui apportent noblesse et raffinement en milieu et fin de bouche, avec une expression aromatique délicate, dominée par la pivoine. Les 83 % de merlot assurent une densité veloutée, dans un style élégant et racé. Un vin de grande classe.

- pomerol 2021 | Sec | 2025>34 | NC 92
- pomerol 2022 | Sec | 2025>50 | NC 96

Château Haut-Carles

★★★ ✚

Depuis 2021, ce cru fronsadais bénéficie d'un nouveau souffle, impulsé par le duo Eléonore de Lencquesaing et Oriane Sallé de Chou, épaulées par le directeur Yannick Reyrel. Le parcellaire de la cuvée Carles a été redéfini, et environ 50 % de la récolte est désormais sélectionnée pour la cuvée de prestige Haut-Carles, principalement issue du plateau argilo-calcaire. L'arrivée du nouveau cuvier et la généralisation des foudres Stockinger ont affiné la pureté d'expression. Les derniers millésimes gagnent en chair et en éclat de fruit. Le 2023 ouvre une nouvelle ère, portée par une expression aromatique plus subtile et une structure enrichie par l'apport qualitatif du cabernet franc, qui ajoute nuances et charme.

- Haut-Carles, fronsac 2021 | Sec | 2025>32 | NC 90
- Haut-Carles, fronsac 2022 | Sec | 2025>45 | 33.5 € 94
- Château de Carles, fronsac 2022 | Sec | 2025>35 | 17.5 € 90

Château Hosanna

★★★

Trop souvent oublié, Château Hosanna, ce grand Pomerol de 4,5 hectares soigneusement cultivé par Christian et Édouard Moueix, mérite toute l'attention. L'assemblage 2022, alignant environ 70 % de merlot et 30 % de cabernet franc, offre un nez où s'entrelacent pivoine, violette, bulbe d'iris et myrtille, évoquant une fraîcheur remarquable. En bouche, le vin brille par sa tension élégante, tandis que la finale aux fleurs poivrées dynamise l'ensemble. Les millésimes précédents, eux aussi, gagnent en complexité et rivalisent désormais avec les meilleurs crus de l'appellation.

- pomerol 2021 | Sec | 2027>40 | NC 93
- pomerol 2022 | Sec | 2027>47 | 175 € 96

L'If

★★★★ ✦

Ce cru de 8 hectares, conduit avec rigueur par Cyrille Thienpont pour son cousin Jacques, repose sur une mosaïque de terroirs répartis entre Saint-Émilion, Saint-Laurent-des-Combes, Saint-Étienne-de-Lisse et Saint-Hippolyte. La moitié du vignoble est sélectionnée pour composer le grand vin, dont l'assemblage intègre 25 % de cabernet franc. Le soyeux s'impose d'un bout à l'autre de la bouche, porté par une énergie calcaire d'une grande finesse. Une cuvée qui s'inscrit clairement dans une dimension de premier cru classé.

- saint-émilion grand cru 2021 | Sec | 2026>44 | NC 93
- saint-émilion grand cru 2022 | Sec | 2025>45 | 220 € 96

Clos des Jacobins

★★★

Propriété de la famille Decoster, ce cru de 8,5 hectares situé sur la côte ouest de Saint-Émilion est porté par l'énergie de Thibaut et Magali Decoster. Le vin se distingue par un tannin enrobé, d'une fraîcheur constante et d'une belle tenue. Expressif dans sa jeunesse, il évolue avec grâce et gagne en complexité au fil du temps.

- saint-émilion grand cru 2022 | Sec | 2025>41 | 46 € 90

Vignobles Jade

★★ ➔

Conseillée avec justesse par Jean-Claude Berrouet, la famille Teycheney a fait progresser avec constance ses vignobles de Saint-Émilion. Le Château L'Étampe impressionne par sa plénitude, Fleur de Lisse séduit par une vitalité aromatique expressive, tandis que Font Fleurie s'apprécie pour son fruit éclatant dans la jeunesse. Un ensemble cohérent, en pleine ascension.

- Château L'Etampe, saint-émilion grand cru 2021 | Sec | 2025>37 | NC 91
- Château Fontfleurie, saint-émilion grand cru 2021 | Sec | 2025>31 | NC 90
- Château Fontfleurie, saint-émilion grand cru 2022 | Sec | 2025>35 | 38 € 92

Château Jean Faure

★★★★ ➔

Proche de Cheval Blanc, ce vignoble de 18 hectares s'appuie en 2022 sur un assemblage original pour l'appellation avec une très forte proportion de cabernet franc (64 % en 2022) et de malbec (6 %), en complément du merlot. Le vin séduit par son équilibre, sa fraîcheur aromatique et ses accents d'iris, portés par une structure enlevée et une assise tannique affirmée. Le cru poursuit sa progression avec des 2023 et 2024 prometteurs.

- saint-émilion grand cru 2021 | Sec | 2027>40 | NC 93
- saint-émilion grand cru 2022 | Sec | 2025>60 | 56 € 96

Château Joanin-Bécot

★ Ⓝ

Le château Joanin Bécot s'impose comme l'une des propriétés les plus inspirées de Castillon. Le vignoble s'étend sur 12 hectares d'un terroir argilo-calcaire. Aux commandes, Juliette Bécot, (château Beau-Séjour Bécot), y applique avec rigueur et sensibilité une approche haute couture, donnant naissance à des vins qui allient précision, éclat et profondeur. Un vin raffiné, à la texture veloutée, aux arômes de fruits noirs relevés de notes minérales.

- castillon côtes de bordeaux 2022 | Sec | 2026>40 | 30 € 93

Clos L'Église

★★★★

Sur 5 hectares d'argile jouxtant L'Église Clinet, le cru est conduit par Hélène Garcin et Patrice Lévêque. Il séduit par une subtilité rare et une sensualité affirmée : un nez mêlant violette, rose poivrée et bulbe d'iris, et un profil tannique velouté, équilibré entre fermeté et éclat. Avec ses 30 % de cabernet franc, l'assemblage gagne en profondeur et complexité : un vin complet et prometteur dès sa jeunesse.

- pomerol 2021 | Sec | 2025>40 | NC 94
- pomerol 2022 | Sec | 2025>65 | NC 97

Château L'Église-Clinet

★★★★ ✦

Propriété de 5 hectares situés sur le plateau argilo-graveleux de Pomerol, ce cru est choyé par Noémie Durantou, œnologue talentueuse issue de la nouvelle génération de la famille. Cinq ans après la mise en place de la nouvelle cuverie en 2016, le vin dévoile une chair mûre et dense, rehaussée par un fruit pur, précis, et une profondeur en bouche impressionnante. Une signature élégante, à fort potentiel de garde.

- pomerol 2021 | Sec | 2025>40 | NC 96
- pomerol 2022 | Sec | 2027>65 | NC 98
- Petite Église, pomerol 2022 | Sec | 2025>35 | NC 92

Château L'Évangile

★★★★ ➔

Sous la direction technique de Juliette Couderc, L'Évangile s'oriente vers des vins à l'expression plus subtile, tant dans la texture tannique que dans l'éclat aromatique. Les millésimes 2024 et 2023 s'annoncent comme grandes réussites, conjuguant intensité de sève et fraîcheur expressive, avec des finales d'une longueur remarquable. Le 2022, aux flaveurs de mûre et de cassis, révèle un velouté de bouche qui s'installe avec justesse.

- pomerol 2021 | Sec | 2025>40 | NC 95
- pomerol 2022 | Sec | 2027>45 | 350 € 97

Château La Clémence

★★★ ➔

Avec ses 3 hectares mêlant argiles bleues, graves sableuses et sables, La Clémence propose un vin de bonne densité tannique, soyeux et équilibré par une bonne énergie. La texture, parfaitement exprimée, laisse place à une gourmandise nuancée, portée par une sensualité affirmée.

- pomerol 2022 | Sec | 2025>40 | 65 € 93

Château La Clotte

★★★ Ⓝ

Sur un coteau argilo-calcaire plein sud, les 4 hectares de La Clotte sont travaillés avec la même exigence que ceux d'Au-

✦ Star ✚ Valeur sûre ➔ À suivre de près Ⓝ Nouvelle entrée

Oriane Sallé de Chou et Yannick Reyrel, Château Haut-Carles

Oriane Sallé de Chou a quitté son confortable poste de juriste dans une grande marque de luxe pour venir aider ses parents, Constance et Stéphane Droulers, à remettre sur les rails la propriété familiale, installée sur le flanc du tertre de Fronsac, au-dessus de la vallée de l'Isle. Dynamique et déterminée, elle dirige le domaine et y mène à bien plusieurs chantiers majeurs : restructuration du vignoble, construction d'un nouveau chai, mise en place de nouveaux canaux de distribution, entre autres. Elle peut compter sur Yannick Reyrel, son directeur technique, qui a considérablement fait progresser les vins. *Hicham Abou Raad* sone par la famille Vauthier. Le vin séduit par un toucher suave, enrobant, d'une distinction rare. La finale, tendue et calcaire, rappelle avec force l'empreinte du terroir sur chaque millésime.

- **saint-Émilion grand cru 2021** | Sec | 2025>45 | NC — 92
- **saint-Émilion grand cru 2022** | Sec | 2025>50 | 80 € — 96

Château La Conseillante

✪✪✪✪✪ ✦

La Conseillante s'impose avec évidence parmi l'élite de Pomerol. Sur 11,79 hectares d'un seul tenant, une bande d'argile ceinture les chais avant de céder la place aux graves mêlées d'argile et de crasse de fer. Cette singularité géologique, magnifiée par une approche du détail toujours plus poussée, donne un cru à la fois terrien et floral. L'attaque évoque l'iris et la violette, portée par un soyeux d'une fraîcheur magistrale, et une finale aérienne d'une rare émotion. Un vin de charme, en constante ascension.

- **pomerol 2021** | Sec | 2025>44 | 241 € — 95
- **pomerol 2022** | Sec | 2025>65 | 320 € — 98

Château La Croix du Casse

✪✪

Propriété de Philippe Castéja, ce domaine incarne l'un des grands classiques de Pomerol. Soigné avec la même rigueur technique que le Domaine de l'Église, son aîné, il livre des vins à l'évolution élégante, dans un style classique assumé. Les derniers millésimes confirment une régularité solide. Un cru à recommander pour son sérieux et son remarquable rapport qualité-prix.

- **pomerol 2022** | Sec | 2027>47 | 48 € — 92

Château La Croix-Saint-Georges

✪✪ Ⓝ

Il convient tout d'abord de saluer l'intuition fondatrice de Marie-Antoinette Janoueix qui, dès 1999, isola avec justesse 4 hectares de graves au cœur du plateau argileux, initialement inclus dans l'assemblage du château La Croix. Entourées de voisins illustres (Le Pin, Vieux Château Certan, Petit Village), ces parcelles forment un terroir de haute volée. Sa fille, Marie-Jo Chabut, en a repris la direction avec finesse, confiant la responsabilité technique à son neveu Jean-Philippe Janoueix. Celui-ci affine le style en apportant précision et allonge. L'attaque dense et voluptueuse s'épanouit avec suavité, portée par une énergie maîtrisée.

- **pomerol 2021** | Sec | 2025>34 | NC — 90
- **pomerol 2022** | Sec | 2027>47 | 46.6 € — 93

Château La Dominique

✪✪✪✪ ➔

Situé au nord-ouest de Saint-Émilion, La Dominique s'impose désormais comme un grand cru classé incontournable. Sa mosaïque de sols — argilo-graveleux, argilo-calcaires, sables sur argiles — nourrit la complexité de son vin, qui depuis 2019 et sous la direction de Gwendeline Lucas, gagne en finesse. Le toucher de tannin s'affine, la densité en milieu et fin de bouche s'affirme, tandis que les cabernets francs assurent un rebond salutaire, même dans les millésimes les plus exigeants.

- **saint-Émilion grand cru 2021** | Sec | 2025>40 | 54.2 € — 93
- **saint-Émilion grand cru 2022** | Sec | 2025>45 | 60 € — 95

Château La Fleur de Boüard

✪✪✪

Porte-étendard de l'appellation lalande-de-pomerol, ce domaine de 30 hectares signe un vin ample, profond et épicé. Issu du terroir graveleux, Le Plus est la cuvée de prestige, élevée 33 mois en fût neuf. Elle nécessite une bonne décennie de garde pour révéler toute sa dimension. Le domaine développe aussi une offre œnotouristique dense et innovante.

- **lalande de pomerol 2022** | Sec | 2025>40 | 32 € — 93
- **Le Plus de la Fleur de Boüard , lalande de pomerol 2022** | Sec | 2030>45 | 120 € — 94

Château La Fleur-Petrus

✪✪✪✪

L'assemblage du 2022 —merlot, cabernet franc et petit verdot — incarne avec justesse la diversité des terroirs de La Fleur-Pétrus. Le toucher soyeux trouve toute sa dimension au cœur de bouche, porté par la densité argileuse du secteur de Guillot. La suite florale, d'une grande distinction, conserve un soupçon de verticalité terrienne. Grand vin comme à son habitude et toujours régulier.

- **pomerol 2021** | Sec | 2025>40 | NC — 95
- **pomerol 2022** | Sec | 2025>65 | 290 € — 97

Château La Gaffelière

✪✪✪✪ ✚

Sous l'impulsion d'Alexandre de Malet Roquefort, le vignoble de La Gaffelière a été magnifiquement restructuré. Calcaire et cabernets francs — portés à 40 % — construisent le vin lui donnant un grain de tannin éclatant dès l'attaque. La finale verticale, pleine d'allure, prolonge la tension et l'émotion de ce cru voisin d'Ausone. Le 2022 s'impose comme l'un des sommets de nos dégustations cette année. La dernière verticale (de 2016 à 2022) était impressionnante.

- **saint-Émilion grand cru 2021** | Sec | 2029>45 | 71.7 € — 95
- **saint-Émilion grand cru 2022** | Sec | 2030>70 | 80 € — 98
- **Clos La Gaffelière, saint-Émilion grand cru 2022** | Sec | 2025>35 | 25 € — 92

Château La Grâce Dieu des Prieurs

✪✪✪

Acquise en 2013 par Andreï Filatov, cette propriété de 9 hectares sur le plateau de Saint-Émilion s'ancre dans un sol sablo-argileux, avec 90 % de merlot. Le chai gravitaire, signé Jean Nouvel, traduit l'ambition du lieu, tout comme l'expertise de Louis Mitjavile qui façonne un vin dense et singulier. Chaque millésime est présenté dans un flacon au design atypique, illustré par douze œuvres d'artistes russes. Un projet à part, où l'art et le vin dialoguent.

- **saint-Émilion grand cru 2021** | Sec | 2025>35 | NC — 90
- **saint-Émilion grand cru 2022** | Sec | 2025>32 | 222 € — 92

Château La Marzelle

✪✪✪ ➔

Face à Figeac, La Marzelle déploie ses 17 hectares certifiés bio sur un assemblage de graves, sables et argiles bleues. L'arrivée de Sébastien Desmoulin à la direction technique en 2016 marque un tournant qualitatif : une texture suave s'impose dès l'attaque, prolongée par une trame raffinée et un soyeux frais, enjôleur, qui gagne encore en allure avec le temps.

- **saint-Émilion grand cru 2021** | Sec | 2025>40 | 46.7 € — 92
- **saint-Émilion grand cru 2022** | Sec | 2025>35 | 55 € — 94

La Mondotte

✪✪✪✪ ✚

Le vin de la Mondotte impressionne par la finesse de sa texture, l'intensité de sa sève et l'onctuosité de son grain. Le tannin, profond et ciselé, gagne en élégance avec le temps. La finale, rayonnante et fraîche, déploie une sensualité rare. Ces 4,5 hectares, voisins de Troplong-Mondot et de la Côte Pavie, livrent un saint-émilion capable, après dix ans, de truffer avec une distinction remarquable.

- **saint-Émilion 2021** | Sec | 2027>42 | 199 € — 94
- **saint-Émilion grand cru 2022** | Sec | 2025>60 | 220 € — 97

Château La Patache

✪✪

Premier investisseur asiatique dans un grand cru de Saint-Émilion, Peter Kwok signe également une belle réussite à Pomerol avec La Patache, cru de 3 hectares ancrés dans des graves fines sur crasse de fer et argile. Le vin séduit par sa profondeur de fruit et son velouté de texture, dans un style plein et nuancé.

- **pomerol 2021** | Sec | 2025>34 | NC — 90

Château La Pointe

✪✪✪ ➔

Depuis 2008, Éric Monneret imprime sa vision au château La Pointe avec une détermination exemplaire. En phase avec son époque, il cultive un lien étroit avec les 23 hectares du domaine. Depuis 2019, le vin gagne en subtilité avec un profil soyeux et frais, tout en tension et finesse tannique, savoureux, tandis que l'éclat floral de la finale habille la bouche d'une chair délicate et juteuse. Une adresse à suivre de près.

- **pomerol 2021** | Sec | 2025>35 | NC — 92
- **pomerol 2022** | Sec | 2027>50 | NC — 95

Château La Rose Figeac

✪✪

En limite de Saint-Émilion, ce cru de 4,5 hectares en bio progresse sans relâche sous l'impulsion de Nathalie Despagne. On y trouve des vins au soyeux fondu dans un tannin d'une grande subtilité, offrant une belle complexité aromatique entre accents d'iris et de poivre de Si-

✦ Star ✚ Valeur sûre ➔ À suivre de près Ⓝ Nouvelle entrée

chuan. Le milieu de bouche rayonne, l'allonge s'élève avec éloquence à mesure de l'aération.

- **pomerol 2021** | Sec | 2025>37 | NC 90
- **pomerol 2022** | Sec | 2025>40 | 32 € 94

Château La Serre

✪✪✪

Implantés plein sud sur le plateau calcaire, les 7 hectares de ce grand cru classé attirent l'attention des amateurs éclairés. Millésime après millésime, le vin affirme sa stature : la trame soyeuse et subtile s'étire dans une longue finale crayeuse. Le vin caresse le palais et prolonge son empreinte avec un grain fin parfaitement enveloppé.

- **saint-Émilion grand cru 2021** | Sec | 2025>43 | 52.1 € 92
- **saint-Émilion grand cru 2022** | Sec | 2030>50 | 60 € 95

Château La Tour Figeac

✪✪✪

Voisin de Figeac, dont il fut détaché en 1897, ce cru de 14,6 hectares sur graves, argile et sable est engagé dans une viticulture inspirée par la biodynamie. Le style de son vin, svelte et floral, séduit par son raffinement. Assez typé pomerol dans son attaque, il déploie aussi l'énergie et la tension des plus beaux saint-émilion.

- **saint-Émilion grand cru 2021** | Sec | 2025>40 | 35.5 € 92
- **saint-Émilion grand cru 2022** | Sec | 2025>41 | 50 € 90

Château La Violette

✪✪✪✪✪ ✦

Henri Parent pilote avec assurance cette pépite de 1,88 hectare, voisine de Trotanoy et Le Pin, entièrement plantée en merlot sur argilo-calcaire et crasse de fer. Le vin de la Violette brille par un toucher de tannin chatoyant, propulsé par une fulgurance aromatique rare à Pomerol. À l'ouverture, le vin s'allège de sa gangue terrienne et déploie une persistance florale d'une grande complexité. De quoi ravir son consultant Michel Rolland qui comme nous adore ce cru.

- **pomerol 2021** | Sec | 2025>40 | NC 96
- **pomerol 2022** | Sec | 2025>70 | 360 € 98

Château Lafleur

✪✪✪✪✪ ✦

Chez les Guinaudeau, le soin porté aux 4 hectares de plateau est de l'ordre de l'art des grands jardins. Le merlot atteint son apogée sur les argiles, tandis que le cabernet franc — la moitié de l'assemblage — révèle toute sa noblesse sur les graves. Lafleur incarne l'une des expressions les plus cristallines de Pomerol?entre fraîcheur aromatique, texture soyeuse et satinée, ainsi qu'un fruit vibrant, souvent prodigieuses au bout de dix ans. Millésime après millésime, ce cru reste au sommet de Pomerol.

- **pomerol 2022** | Sec | 2030>90 | 1005 € 99
- **Les Pensées de Lafleur, pomerol 2022** | Sec | 2025>65 | 220 € 96
- **Les Champs Libres, bordeaux 2022** | Sec | 2025>40 | 95 € 94
- **Les Perrières de Lafleur, bordeaux 2022** | Sec | 2027>47 | 92 € 93

Château Lafleur du Roy

✪ Ⓝ

Ce vignoble de 4 hectares repose sur un terroir sablo-graveleux enrichi de crasse de fer, propice à l'élaboration de vins soyeux et élégants. Avec le temps, ces derniers développent de savoureuses notes truffées, typiques des grands pomerols. La régularité des derniers millésimes confirme le sérieux du cru. À moins de 30 euros, c'est l'un des excellents rapports qualité-prix de l'appellation.

Château Lafleur Saint-Jean
★★ Ⓝ

Ce cru confidentiel de 2 hectares, véritable écrin niché entre Petrus, Lafleur et Lafleur-Petrus, appartient à François Janoueix, figure emblématique du négoce libournais. La construction récente d'un nouveau chai marque une nouvelle étape dans l'ambition qualitative du domaine. Sensuel et velouté, le vin séduit par son expressivité aromatique et sa texture caressante, mais il demande quelques années pour révéler sa complexité. Les derniers millésimes offrent de belles promesses d'évolution.

- pomerol 2022 | Sec | 2030>55 | NC — 93

Château Larcis-Ducasse
★★★★ ✚

Sous la direction de David Suiré, qui succède à Nicolas Thienpont, ce vignoble de 11 hectares d'un seul tenant, propriété de la famille Gratiot, poursuit son irrésistible ascension. L'équilibre du cru naît de la rencontre entre l'argile du coteau, qui apporte la densité, le calcaire du plateau, qui signe la finale par sa vibration crayeuse, et le pied de côte sableux, qui affine la texture. Une priorité pour l'amateur éclairé, avec un 2024 en primeurs qui tutoie les sommets du millésime.

- saint-Émilion grand cru 2021 | Sec | 2028>45 | 80 € — 95
- saint-Émilion grand cru 2022 | Sec | 2027>60 | 110 € — 98

Château Larmande
★★★ ➔

Ce cru d'une vingtaine d'hectares, ancré entre argilo-calcaires et sables du nord de l'appellation, séduit millésime après millésime. Son toucher de bouche crémeux, éclatant, s'accorde à une palette florale d'une rare élégance. La finale, tout en rebond, s'appuie sur des tannins parfaitement fondus.

- saint-Émilion grand cru 2021 | Sec | 2025>37 | 29.2 € — 90
- saint-Émilion grand cru 2022 | Sec | 2025>45 | 35 € — 96

Château Laroque
★★ ➔

À Saint-Christophe-des-Bardes, David Suire imprime sa dynamique sur les 61 hectares du domaine. Le merlot, majoritaire à plus de 97 %, trouve ici un terrain d'expression idéal. Le vin déroule une matière généreuse du début à la fin de bouche, avec un fruit ample, traversé par une sève terrienne intense et une trame calcaire qui en souligne la tension. Une signature cohérente et pleine d'élan.

- saint-Émilion grand cru 2021 | Sec | 2028>45 | 30.5 € — 91
- saint-Émilion grand cru 2022 | Sec | 2027>40 | 45 € — 93

Château des Laurets
★★ ➔

Racheté en 2003 par Benjamin de Rothschild, convaincu du potentiel de ses 95 hectares, ce vaste domaine a rapidement changé de dimension. Dès 2004, un cuvier rénové et des vinifications parcellaires en petits volumes (bois et inox) initient un virage qualitatif majeur. La réduction des rendements porte ses fruits : les derniers millésimes révèlent des vins précis et harmonieux.

- puisseguin-saint-Émilion 2022 | Sec | 2025>35 | 19.5 € — 91

Château Le Bon Pasteur
★★★ ✚

Propriété du groupe hongkongais Goldin, ce domaine d'une quinzaine d'hectares situé dans le secteur de Maillet conjugue argiles, graves et terroirs plus légers. Michel Rolland, ancien propriétaire, continue d'en suivre les vinifications. Le cru séduit par la générosité de ses tannins, sa texture charnue et soyeuse, et sa belle capacité d'évolution sur deux décennies.

- pomerol 2022 | Sec | 2025>40 | 64 € — 92

Château Le Châtelet
★★ Ⓝ

Avec ses 3,18 hectares cultivés en bio sur le plateau calcaire du secteur de Saint-Martin, ce cru confidentiel affirme pedigree. Les derniers millésimes témoignent d'un vrai gain en élégance et en fraîcheur, portés par un boisé intégré. Un style affiné qui mérite l'attention des amateurs.

- saint-Émilion grand cru 2022 | Sec | 2030>60 | 85 € — 94

Château Le Chemin
★★

Ce vignoble de 93 ares subit l'influence bénéfique de François Despagne qui a fait de ce terroir de pied de côte graveleuse, l'une des valeurs émergentes de Pomerol. Un vin soyeux et dynamique avec un fruit enjoué et allègre, toujours équilibré et profond.

- pomerol 2021 | Sec | 2025>37 | NC — 91
- pomerol 2022 | Sec | 2025>40 | NC — 94

Château Le Gay
★★★★ ✚

Au nord du plateau de Pomerol, les 10,5 hectares de ce cru emblématique d'Henri Parent reposent sur des graves argilo-calcaires et un sous-sol argilo-limoneux. D'abord discret, Le Gay déploie à l'ouverture des notes de pivoine et de mûre. L'attaque charnue s'appuie sur un soyeux sculptural, noble dans sa trame terrienne. Après cinq à six ans, la truffe noire du Périgord signe une évolution d'une grande pureté.

- pomerol 2021 | Sec | 2025>40 | NC — 94
- pomerol 2022 | Sec | 2025>70 | 150 € — 97
- Manoir de Gay, pomerol 2022 | Sec | 2025>30 | 49 € — 88

Le Pin
★★★★ ✦

Chez les Thienpont tout se fait en famille : Jacques, le propriétaire, a confié à son cousin Guillaume la conduite des 2,7 hectares de sols argilo-graveleux et sablo-graveleux parsemés de traces ferriques, dans le secteur de Catusseau. Sur des millésimes comme 2021 ou 2023, Le Pin atteint une grâce irrésistible : fusion rare de suavité et de flamboyance, il offre l'une des expressions florales les plus pures de Pomerol.

- pomerol 2022 | Sec | 2025>45 | NC — 97

Château Le Prieuré
★★★ ➔

À l'est de Saint-Émilion, ce vignoble répartis en plusieurs îlots posé sur les flancs argilo-calcaires entre TrotteVieille, Pavie-Macquin et Troplong-Mondot, bénéficie d'une situation d'exception. Propriété du groupe Suravenir, également engagé aux châteaux Calon-Ségur, Vray Croix de Gay et Siaurac, Le Prieuré affirme un style en finesse et en équilibre. Des vins soignés er racés qui traduisent avec précision le style propre au plateau calcaire, et qui devrait encore progresser avec l'arrivée du nouveau cuvier, très bien équipé et pensé avec la même intelligence que celui de Calon-Ségur. Tout est aujourd'hui en place pour faire le grand vin que ce terroir permet et les derniers millésimes confirment déjà cette ambition.

- saint-Émilion grand cru 2022 | Sec | 2025>45 | 55 € — 92

Château Le Rey
★★ ➔

Sous l'impulsion de Peter Kwok, de son partenaire belge Philippe Lambrecht et du directeur Jean-Christophe Meyrou, ce cru incarne la montée en puissance de l'appellation castillon. Grâce à une viticulture attentive et une vinification ciselée, le vin conjugue intensité et élégance. La grande cuvée Les Rocheuses, issue des plus beaux terroirs en terrasses, confirme millésime après millésime sa remarquable capacité de vieillissement. Un modèle à suivre pour Bordeaux.

- Les Argileuses, castillon côtes de bordeaux 2022 | Sec | 2025>35 | 19 € — 90
- Les Rocheuses, castillon côtes de bordeaux 2022 | Sec | 2025>40 | 29 € — 91

Vignobles Leydet
★

Les vignobles Leydet regroupent un saint-émilion grand cru et un pomerol, le château de Valois. Dans la même famille depuis 1862, cette propriété compte huit hectares sur graves fines et sous-sol d'alios. Il existe dans ces deux appellations une gamme Domaine et une autre baptisée Éclat qui porte très bien son nom. Les vins sont élégants. L'accueil à la propriété est délicieux.

- Château de Valois, pomerol 2022 | Sec | 2025>35 | 31 € — 90
- Château Leydet Valentin, saint-Émilion grand cru 2022 | Sec | 2025>40 | 21 € — 91
- L'Éclat de Valois, pomerol 2022 | Sec | 2027>50 | 50 € — 92
- L'Éclat de Valentin, saint-Émilion grand cru 2022 | Sec | 2027>40 | 40 € — 93

✦ Star ✚ Valeur sûre ➔ À suivre de près Ⓝ Nouvelle entrée

Clos Louie

★ (N)

Sur leurs 4,5 hectares, Sophie et Pascal Lucin cultivent en biodynamie vieux merlots, malbecs, cabernets francs et cabernet-sauvignon, plantés sur deux types de sols : l'argile ferrugineuse de Saint-Philippe-d'Aiguilhe et l'argilo-calcaire de Saint-Genès. Leurs vins, énergiques, profonds, juste et toujours frais, s'imposent au fil des millésimes parmi les meilleurs de Castillon.

- **castillon côtes de bordeaux 2022** | Sec | 2025>40 | 39 € 92

Château Mangot

★★★ →

Sur ses 34 hectares d'un seul tenant, Mangot s'appuie sur une mosaïque de terroirs dominée par les argilo-calcaires. Yann et Karl Todeschini, aux commandes de ce domaine familial, insufflent une dynamique remarquable, du travail de la vigne jusqu'à l'élevage. Les vins affichent une densité et une énergie impressionnantes, avec une puissance qu'il convient de dompter par le temps ou une aération prolongée. À carafer longuement ou à attendre sereinement en cave.

- **saint-Émilion grand cru 2022** | Sec | 2029>44 | 35 € 93
- **Distique, saint-Émilion grand cru 2021** | Sec | 2029>40 | NC 90

Château Mazeris

★ (N)

Château Mazeris incarne la finesse et la puissance des meilleurs vins de Canon-Fronsac. Régulier et singulier, il reflète l'engagement de Jean de Cornuaud, son propriétaire, pour proposer des vins identitaires, où la trame tannique précise et l'expression authentique du terroir s'affirment pleinement.

- **canon-fronsac 2022** | Sec | 2025>35 | 15 € 93

Château Mazeyres

★★★ +

Touchant Libourne, les 25,5 hectares de ce cru bénéficient pleinement de la biodynamie, appliquée avec exigence depuis plusieurs années. L'impact sur le style du vin est net : parmi les plus frais de l'appellation, il déploie une expression florale d'une pureté remarquable, du premier nez à la finale. Le toucher de bouche, soyeux et serein, confirme la singularité de ce pomerol.

- **pomerol 2021** | Sec | 2025>34 | NC 90
- **pomerol 2022** | Sec | 2025>40 | 45 € 92

Château Monbousquet

★★★★ +

Installé en pied de côte, Monbousquet doit beaucoup à l'énergie déployée depuis 1993 par Gérard Perse. Le cru incarne une certaine idée de la séduction à Saint-Émilion : fruit juteux, croquant et gourmand, enveloppé de rondeurs voluptueuses. Un style charmeur assumé dans sa jeunesse, qui évolue avec justesse vers plus de complexité.

- **saint-Émilion grand cru 2021** | Sec | 2025>40 | 50.9 € 91
- **saint-Émilion grand cru 2022** | Sec | 2025>40 | 58 € 94

Domaines de Moncets

★ →

Regroupant les châteaux de Moncets et de Chambrun à Lalande-de-Pomerol, La Bastidette et tout récemment La Voûte à Saint-Émilion, les domaines de Moncets s'affirment comme des acteurs à suivre de la rive droite. Les cuvées en lalande-de-pomerol figurent parmi l'élite de l'appellation, portées par une conversion en bio et une dynamique œnotouristique remarquable. Une progression à suivre de très près.

- **lalande de pomerol 2022** | Sec | 2025>37 | 21 € 91

Château Montlabert

★★★ →

Adossé à Cheval Blanc et Figeac, ce grand cru classé constitue l'un des joyaux de la famille Castel. Sur son vignoble de 12,5 hectares, neuf sont exclusivement dédiés au grand vin. Le sol sablonneux finement drainant et le sous-sol d'argiles bleues donnent le ton d'un parcellaire maîtrisé. La démarche agroécologique, attentive aux équilibres naturels, accompagne la montée en précision de ce cru dont on aime la trame soyeuse, la fraîcheur des tanins et l'expression aromatique nuancée. Très beau 2022, en finesse et en énergie.

- **saint-Émilion grand cru 2021** | Sec | 2025>37 | NC 90
- **saint-Émilion grand cru 2021** | Sec | 2025>30 | NC 90
- **saint-Émilion grand cru 2022** | Sec | 2025>35 | NC 93

Château Montviel

★★★

Ce pomerol au parcellaire diversifié appartient à Henri Parent (propriétaire de La Violette et Le Gay), qui cultive ici une vision de l'accessibilité sans renoncer à la profondeur. Le toucher velouté s'impose dès l'attaque, avec une bouche subtile, sensuelle, immédiatement charmeuse. Et le vin sait aussi vieillir, gagnant en raffinement au fil du temps.

- **pomerol 2021** | Sec | 2025>34 | NC 90
- **pomerol 2022** | Sec | 2025>40 | 47 € 93

Château Moulin du Cadet

★

Ce domaine de cinq hectares, situé sur le plateau du Cadet au nord de Saint-Émilion, appartient à Marie-Bénédicte Lefévère qui possède déjà à Saint-Émilion les très qualitatifs châteaux Sansonnet et Villemaurine. Le vin joue ici le registre de la finesse du tannin long et crémeux doté d'une belle fraîcheur.

- **saint-Émilion grand cru 2021** | Sec | 2025>37 | NC 91
- **saint-Émilion grand cru 2022** | Sec | 2025>41 | 38 € 93

Château Moulin Saint-Georges

★★★ +

Face à Ausone, la famille Vauthier soigne avec la même rigueur les 8 hectares de ce cru posé sur un sol argilo-calcaire. L'assemblage classique (80 % merlot, 20 % cabernet franc) donne un vin dense, vibrant, aux notes de fruits noirs, où le tannin délivre une note poivrée qui dynamise l'ensemble. La belle intensité incite à la patience : cinq ans minimums.

- **saint-Émilion grand cru 2022** | Sec | 2025>40 | 40 € 94

Château Nénin

★★★★ +

Propriété de la famille Delon depuis 1997, ce cru de 32 hectares puise ses meilleures parcelles sur le plateau pour composer le grand vin. Le 2022, marqué par 36 % de cabernet franc récolté à parfaite maturité, séduit par son nez floral de violette et d'iris, vibrant de fraîcheur. La finale, encore en retenue, promet un éclat remarquable d'ici cinq ans. Les millésimes 2016, 2017 et 2019 confirment tout le potentiel de ce pomerol taillé pour les cabernophiles patients.

- **pomerol 2021** | Sec | 2026>45 | NC 95
- **pomerol 2022** | Sec | 2027>50 | 86 € 96

Clos de l'Oratoire

★★

Troisième domaine des von Neipperg sur Saint-Émilion, ce vignoble de 14 hectares situé au nord-est de l'appellation repose sur un terroir argilo-calcaire expressif. L'augmentation progressive de la proportion de cabernet franc, passée de 10 à 20 %, porte ses fruits sur les derniers millésimes. En 2022, ce choix confère au vin davantage d'éclat et de fraîcheur dans le tannin, tout en soulignant l'élégance du cru.

- **saint-Émilion grand cru 2022** | Sec | 2025>35 | 39 € 93

Château Pavie

★★★★★ ✦

Depuis 2022, Pavie repose sur une base foncière élargie à 42 hectares, intégrant les 5,67 hectares de Pavie-Decesse et de Bellevue-Mondotte, avec 30 hectares situés sur le plateau. Les vins affichent un toucher de tannin satiné, une profondeur aromatique vertigineuse et la vibration propre à chaque parcelle pour composer un vin d'une intensité et d'un raffinement remarquables. Une expression à la hauteur de la rigueur de Gérard Perse, qui confirme être l'un des plus grands vignerons bordelais des trente dernières années.

- **saint-Émilion grand cru 2021** | Sec | 2030>60 | 330 € 96
- **saint-Émilion grand cru 2022** | Sec | 2027>65 | NC 100
- **Arômes de Pavie, saint-Émilion grand cru 2022** | Sec | 2025>40 | NC 94

Château Pavie-Macquin

★★★★ +

Sur ses argiles fortes reposant sur un socle de calcaire à astéries, le vin de ce premier grand cru classé gagne chaque année en raffinement. La concentration impressionne, sans jamais sacrifier la finesse. Le toucher de bouche soyeux souligne une palette aromatique d'une rare complexité. La finale s'étire longuement sur un rebond minéral de grande noblesse. Un vin en pleine ascension stylistique.

- **saint-Émilion grand cru 2021** | Sec | 2026>50 | 88.9 € 95
- **saint-Émilion grand cru 2022** | Sec | 2030>70 | 150 € 98

Château Petit Gravet Aîné et Clos Saint-Julien

✪✪✪

Catherine Papon-Nouvel a converti ce cru en bio dès 20[illegible]8. Adossé au calcaire et tournant le dos à la cité médiévale, Clos Saint-Julien incarne un vin confidentiel et racé : les vieux cabernets francs livrent des finales d'une grande justesse. Plus accessible, le Petit Gravé Aîné (2,5 hectares) suit une belle courbe d'évolution. Des vins qu'on retrouve sur la carte du Chai Pascal, bistrot locavore de référence à Saint-Émilion.

- **Château Petit-Gravet Aîné, saint-Émilion grand cru 2022** | Sec | 2027>42 | 44 € — 93
- **Clos Saint-Julien, saint-Émilion grand cru 2021** | Sec | 2027>42 | NC — 91
- **Clos Saint-Julien, saint-Émilion grand cru 2022** | Sec | 2025>45 | 65 € — 95

Château Petit-Village

✪✪✪✪ ➜

Sous l'impulsion d'Augustin Belloy et de Vincent Priou, qui vient de céder sa place à la direction générale à la jeune œnologue Lauren Landrin, le cru a franchi plus d'un cap. Seules les 4 à 5 hectares les plus argileuses servent à l'élaboration du grand vin. Avec le millésime 2022, sa plénitude et sa complexité s'affirment, portées par un toucher soyeux remarquable. L'assemblage (merlot, cabernet franc, cabernet-sauvignon) illustre un équilibre de grande précision.

- **pomerol 2021** | Sec | 2025>[illegible]2 | NC — 94
- **pomerol 2022** | Sec | 2030>[illegible]0 | NC — 97

Petrus

✪✪✪✪✪ ✦

Sur cette boutonnière d'argiles noires gonflantes posées sur un lit de crasse de fer, Olivier Berrouet veille avec précision à la destinée de ce cru mythique de 11,5 hectares. Le merlot y trouve un écrin d'exception. Nez vertigineux de pivoine, d'iris et de poivre de Sichuan, bouche rayonnante, texture crémeuse, énergie sidérale : Petrus déroule une partition hors du temps, à la longueur infinie.

- **pomerol 2021** | Sec | 2027>4[illegible] | NC — 96
- **pomerol 2022** | Sec | 2030>7[illegible] | NC — 99

Château Pierre Premier

✪✪

Niché sur le plateau calcaire, ce petit cru familial a été acquis à la fin du XXe siècle par les Dutruilh, figures attachantes du vin et du ski. Anciennement baptisé La Croix-Figeac, il porte aujourd'hui le nom de Pierre Dutruilh, premier du nom. Les vins, réguliers et bien construits, offrent une belle densité et un rapport qualité-prix appréciable.

- **saint-Émilion grand cru 2021** | Sec | 2025>34 | NC — 90
- **saint-Émilion grand cru 2022** | Sec | 2026>42 | NC — 92

Château de Pressac

✪✪✪✪ ➜

Depuis 1997, Jean-François Quenin consacre toute son énergie à ce cru qu'il a patiemment replanté. Sur une veine argilo-calcaire à sol rouge, son vignoble de 40 hectares s'étire jusqu'à Saint-Étienne-de-Lisse. Depuis 2016, les vins gagnent en profondeur vibrante et raffinée. La finale du 2022, marquée par le bulbe d'iris et la craie, allie intensité et élévation. Une complexité rare pour un cru désormais dans le top 15 de l'appellation saint-émilion.

- **Tour de Pressac, saint-Émilion grand cru 2022** | Sec | 2026>36 | 22 € — 88
- **saint-Émilion grand cru 2021** | Sec | 2025>50 | 32.1 € — 93
- **saint-Émilion grand cru 2022** | Sec | 2026>47 | 42 € — 96

Château Puy Blanquet

✪✪✪

Depuis son rachat en 2020 par la famille de Malet Roquefort (La Gaffelière), ce cru révèle une nouvelle ambition avec un 2022 qui marque un tournant dans le style du vin qu'on y produit : fruit vibrant, allonge enveloppante, tension saline en cœur de bouche qui souligne la veine calcaire du terroir. Aujourd'hui, c'est sans doute le meilleur rapport qualité-prix de Saint-Émilion.

- **saint-Émilion grand cru 2021** | Sec | 2025>40 | 27.2 € — 92
- **saint-Émilion grand cru 2022** | Sec | 2027>60 | 33 € — 96

Château Quinault l'Enclos

✪✪

Aux portes de Libourne, ce cru, propriété des actionnaires de Cheval Blanc, profite du savoir-faire technique de l'illustre voisin. Cela se traduit par une progression constante : le fruit, crémeux et nuancé d'épices douces, s'appuie sur une charpente fine qui soutient une chair soyeuse, promis à une belle évolution dans le temps. Un grand cru classé qui confirme son rang.

- **saint-Émilion grand cru 2022** | Sec | 2025>37 | NC — 92

Château Quintus

✪✪✪ ➜

2022 marque un tournant dans l'histoire de Quintus, avec l'intégration à hauteur de 37 % du secteur de Grand Pontet, désormais travaillé de A à Z. Ce changement se ressent immédiatement : le profil du vin évolue vers plus de densité et de raffinement. Le tannin, crémeux, frais et profond, déroule une trame élégante, prolongée par une finale menthée et calcaire d'une grande précision. Une réussite et un projet porté par la directrice Mariette Veyssière et la maison Clarence Dillon, également propriétaire de Haut-Brion.

- **saint-Émilion grand cru 2021** | Sec | 2027>40 | 120 € — 92
- **saint-Émilion grand cru 2022** | Sec | 2030>55 | 142 € — 96
- **Dragon de Quintus, saint-Émilion grand cru 2022** | Sec | 2025>35 | 43 € — 90

Clos René

✪✪

Sur ses 12 hectares de sablo-argile avec sous-sol de crasse de fer, Jean-Marie Garde cultive un vin discret dans sa jeunesse, mais à la remarquable évolution. Le cabernet franc et le malbec, bien présents dans l'assemblage, affirment leur rôle avec les années, apportant complexité et élégance. Le tannin, d'abord réservé, se polit avec le temps pour offrir une texture raffinée et une allure sereine. Un cru qui gagne à être attendu.

- **pomerol 2022** | Sec | 2026>35 | 35 € — 90

Château Rochebelle

✪✪✪ ➜

Au sommet de la côte de Saint-Émilion, entre La Mondotte et Tertre Roteboeuf, les 3 hectares de Rochebelle sont dirigés avec précision par Émilie Faniest. Le 2022 marque une étape décisive et constitue sans doute le plus grand millésime du domaine. Le vin s'articule autour d'une densité tannique crémeuse, équilibrée par une énergie maîtrisée. La finale crayeuse, longue et vibrante, révèle toute la noblesse du terroir.

- **saint-Émilion grand cru 2021** | Sec | 2027>40 | NC — 92
- **saint-Émilion grand cru 2022** | Sec | 2025>55 | 50 € — 96

Château Rol Valentin

✪✪

Ce grand cru classé de Saint-Émilion repose sur deux entités complémentaires : 5,65 hectares situés sur le coteau argilo-calcaire de Saint-Étienne-de-Lisse, et 1,62 hectare au nord-ouest de l'appellation, sur des sols de sables sur argiles. De ce double terroir naît un vin à l'équilibre remarquable, associant puissance et élégance. Il séduit par sa souplesse dès la jeunesse, tout en affichant un potentiel de garde affirmé.

- **saint-Émilion grand cru 2022** | Sec | 2025>35 | 40 € — 93

Château Rouget

✪✪✪ ✚

Au nord du plateau de Pomerol, la famille Labruyère prend grand soin de ses 17 hectares répartis entre graves argileuses et graves sablonneuses. Le vin séduit par son velouté charmeur, porté par une intensité tannique distinguée qui s'allonge avec grâce. Un cru raffiné, à l'élégance contenue et à la profondeur tranquille.

- **pomerol 2022** | Sec | 2025>40 | 52 € — 94

Château Roylland

✪✪

Les 5 hectares du vignoble, cultivés en bio, s'insèrent discrètement entre les grands noms de Saint-Émilion tels qu'Angélus, Canon ou Berliquet. Sous l'impulsion de Martine et Jean-Bernard Chambard, la propriété bénéficie d'une rénovation d'ampleur, du cuvier aux espaces d'accueil. Le vin, lui, se distingue par une chair charnue et sereine, portée par une élégance tranquille et un style accueillant.

- **saint-Émilion grand cru 2021** | Sec | 2025>40 | 19.2 € — 90
- **saint-Émilion grand cru 2022** | Sec | 2025>39 | NC — 92

Château Saint-Georges-Côte-Pavie

★★ (N)

Situé sur le prestigieux coteau de la Côte Pavie, ce cru en pleine ascension bénéficie de l'engagement de la famille Masson et des conseils avisés de Derenoncourt Consultants. Le millésime 2022 marque une étape décisive : le vin dévoile une grande ampleur, portée par des accents de ronce et de fruits noirs, et une puissance naturelle bien canalisée un raffinement évident.

- **saint-Émilion grand cru 2022** | Sec | 2025>50 | NC — 96

Clos Saint-Martin

★★★ →

Petit joyau d'1,3 hectare niché dans le secteur de Saint-Martin, proche du cimetière de Saint-Emilion, ce cru de poche, choyé par Sophie Fourcade et son équipe, donne un vin superbe de finesse et de tension, encore meilleur, après quelques années de patience pour révéler toute sa grâce. Son toucher de tannin soyeux s'étire avec justesse jusqu'à une finale juteuse, portée par un cœur de bouche pulpeux et vibrant. Tout proche d'une étoile supplémentaire.

- **saint-Émilion grand cru 2021** | Sec | 2027>40 | NC — 91
- **saint-Émilion grand cru 2022** | Sec | 2029>49 | 90 € — 94

Château Saint-Pierre

★★★

Propriété de la famille Pradel de Lavaux, cette cuvée confidentielle issue de 3 hectares idéalement situés sur le plateau de Pomerol ne cesse de progresser depuis 2014. À partir de 2019, elle affirme une double dimension terrienne et florale qui élève le vin vers le paradis pomerolais. La fraîcheur finale, envoûtante, signe une ascension stylistique bien méritée.

- **pomerol 2021** | Sec | 2025>37 | NC — 93
- **pomerol 2022** | Sec | 2025>45 | NC — 95

Château de Sales

★★

Entouré d'un écosystème (bois, parc, bambouseraie), le château de Sales repose sur un vignoble de 47,6 hectares, implanté sur des sols de petites graves mêlées à des sables riches en oxydes de fer. Les derniers millésimes ont marqué un tournant dans le style du cru : les cabernets franc et sauvignon gagnent en précision et allongent les finales. Le fruit se montre plus vibrant, les tannins sont devenus crémeux, et l'attaque, d'une grande netteté. Le 2022 en est la pleine expression et s'impose comme une priorité d'achat. Un nouveau chapitre s'est ouvert avec l'arrivée de Marie-Laure Latorre, en provenance du château Jean Faure, à la direction générale. Elle succédera à Vincent Montigaud, dont le travail a amorcé la belle dynamique actuelle. Une transition porteuse de continuité et de progrès.

- **pomerol 2021** | Sec | 2025>34 | NC — 89
- **pomerol 2022** | Sec | 2025>40 | 37 € — 92

Château Sansonnet

★★★ ✚

Jouxtant TrotteVieille sur l'un des points culminants du plateau argilo-calcaire, Sansonnet déploie ses 7 hectares sous la houlette attentive de Marie-Bénédicte Lefévère. Vinifié avec précision et douceur, le cru séduit par son caractère sensuel, délicat et profond. La trame soyeuse est traversée d'une énergie constante, qui dynamise la bouche jusqu'à une finale tendue et bienveillante. Une progression marquée sur les derniers millésimes. À attendre au moins cinq ans pour en savourer toute la plénitude.

- **saint-Émilion grand cru 2021** | Sec | 2025>44 | 35 € — 94
- **saint-Émilion grand cru 2022** | Sec | 2025>45 | 45 € — 96

Château Sergant

★

Propriété des Grands Chais de France, Sergant incarne l'une des valeurs sûres de lalande-de-pomerol. Sur ses terroirs bien situés, le merlot trouve une expression classique et aboutie, portée par des vins savoureux, à la fois construits et accessibles. Les derniers millésimes confirment une régularité exemplaire.

- **lalande de pomerol 2021** | Sec | 2025>28 | 19.4 € — 89
- **lalande de pomerol 2022** | Sec | 2025>30 | NC — 90

Château Siaurac

★

Situé à Néac dans le prolongement naturel du plateau de Pomerol, le château Siaurac est le plus vaste domaine de Lalande-de-Pomerol, avec 70 hectares, dont plus de 40 plantés. Devenu en 2020 la propriété de l'assureur Suravenir — également détenteur de Calon-Ségur, Vray Croix de Gay et Le Prieuré — le cru affiche une belle progression. On en apprécie la suavité enveloppante, étirée avec grâce dans une finale harmonieuse.

- **lalande de pomerol 2021** | Sec | 2025>29 | 16 € — 90
- **lalande de pomerol 2022** | Sec | 2025>29 | 25 € — 90

Château Soutard

★★★ ✚

Sous l'impulsion de Véronique Corporandy, directrice technique talentueuse, ce cru appartenant au groupe La Mondiale affirme avec constance son ambition qualitative. Depuis l'intégration en 2012 du vignoble de Cadet-Piola, la propriété s'étend sur une trentaine d'hectares au cœur du plateau de Saint-Émilion. Si le 2019 séduit par sa sève et son énergie, le 2022 impressionne par son fond, son tannin généreux et sa fraîcheur verticale en finale. Vincent Labergère, nouveau directeur de La Mondiale Grands Crus, entend inscrire cette dynamique dans la durée. L'accueil œnotouristique, élégant et soigné, prolonge l'expérience avec panache.

- **saint-Émilion grand cru 2021** | Sec | 2027>40 | 51.7 € — 91
- **saint-Émilion grand cru 2022** | Sec | 2030>60 | 55 € — 94

Château Taillefer

★

Le millésime 2023 célèbre le centenaire de la famille Moueix à Taillefer. Aujourd'hui, Claire Moueix perpétue l'histoire de cette propriété de 12 hectares, posée sur le versant sud du plateau de Pomerol. Les oxydes de fer présents dans le sol confèrent au vin une fraîcheur singulière et des nuances de truffe et de violette. Plus délicat que démonstratif, ce cru séduit par son équilibre et son évolution harmonieuse dans le temps.

- **Taillefer, pomerol 2022** | Sec | 2027>40 | 34 € — 90

Château Tertre Rotebœuf

★★★★★ ✦

François Mitjavile, vigneron-artiste, repousse chaque année les limites du possible sur ce promontoire de 5,68 hectares, où il cueille le raisin à maturité extrême pour en tirer une matière dense, voluptueuse, toujours traversée par un éclat de fraîcheur. Chaque millésime devient l'interprétation sensible d'un terroir argileux exceptionnel, et l'expression d'un équilibre virtuose entre puissance et grâce. Dans la hiérarchie de Saint-Émilion, Tertre Rotebœuf ne se compare pas : il est hors-classe.

- **saint-Émilion grand cru 2021** | Sec | 2025>42 | 223 € — 94
- **saint-Émilion grand cru 2022** | Sec | 2025>50 | 290 € — 97

Château Tessendey

★ (N)

Installé sur les hauteurs de Saillans, au cœur de l'appellation fronsac, les 9 hectares du château Tessendey cultivent une élégance discrète. Depuis 2012, Arnaud d'Arfeuille insuffle une nouvelle dynamique : sélection plus précise, viticulture raisonnée exigeante, gestion des élevages ajustée pour révéler au mieux le potentiel du parcellaire, sans jamais céder aux facilités de style. Un excellent rapport qualité-prix.

- **fronsac 2022** | Sec | 2025>40 | 14 € — 93

Château Tour Saint-Christophe

★★★ →

Dominant les terrasses argilo-calcaires de Saint-Christophe-des-Bardes, ce vignoble de 23 hectares, impeccablement mené par les équipes de Jean-Christophe Meyrou, reflète l'ambition de son propriétaire Peter Kwok. Sur ce cru en constante progression, le calcaire imprime sa signature : il renforce la souplesse et le fruit, affine le crémeux du tannin et donne à la finale une tension noble. En 2022 le terroir prend l'ascendant, magnifiant le vin tout en le portant vers le sommet.

- **saint-Émilion grand cru 2021** | Sec | 2026>40 | NC — 91
- **saint-Émilion grand cru 2022** | Sec | 2025>45 | 55 € — 95

Enclos de Tourmaline

★★★ →

Cette propriété confidentielle de la famille Kwok à Pomerol (un hectare issu de trois parcelles situées entre Le Pin et La Fleur-Pétrus) a fait une entrée remarquée dans la cour des grands. Sur argiles bleues et graves, le cru s'illustre par sa finesse florale continue, de l'attaque jusqu'à la finale. Celle-ci, vibrante, aux accents de mauve et de violette, prolonge un corps à la sensualité soyeuse, exprimant avec justesse une identité affirmée et singulière.

- **pomerol 2021** | Sec | 2025>37 | NC — 94
- **pomerol 2022** | Sec | 2025>50 | 145 € — 96

Château Trianon

★

Situé au sud-ouest de Saint-Émilion, le domaine couvre 14,5 hectares de vignoble d'un sol argilo-sableux sur crasses de fer présentant pour certaines parcelles des graves rouges en surface permettant de produire un vin séduisant au fruité croquant et séveux qui évolue bien dans le temps.

- **saint-Émilion grand cru 2021** | Sec | 2025>34 | NC — 90
- **saint-Émilion grand cru 2022** | Sec | 2025>35 | 38 € — 91

Château Troplong-Mondot

★★★★ ✦

Trônant à 110 mètres d'altitude au sommet de la Côte Pavie, le tertre de Troplong Mondot est le point culminant de Saint-Émilion. Depuis son acquisition en 2017 par le réassureur Scor, la propriété connaît un nouvel élan sous la direction d'Aymeric de Gironde. Son dynamisme irrigue chaque recoin du domaine, des vignes au chai, jusqu'à la table étoilée du restaurant « Les Belles Perdrix », dirigée par le chef David Charrier. Les vins, désormais marqués par une fraîcheur saline, une texture soyeuse et une sève généreuse, gagnent en subtilité florale. Si le 2019 est un coup de cœur, le 2022 s'annonce d'une classe encore supérieure. Une récente verticale du cru nous a permis de voir à quel point les équipes, bien conseillées par l'œnologue Thomas Duclos, ont réussi en moins d'une décennie à complétement révéler le génie du terroir de Troplong-Mondot, avec des vins d'une fraîcheur et d'une finesse aujourd'hui incomparable.

- **saint-Émilion grand cru 2021** | Sec | 2025>45 | 111 € — 95
- **saint-Émilion grand cru 2022** | Sec | 2025>60 | NC — 97
- **Mondot, saint-Émilion grand cru 2022** | Sec | 2025>35 | NC — 92

Château Trotanoy

★★★★ ✦

Ce cru mythique de Pomerol s'appuie sur un vignoble de 7,2 hectares, réparti à parts égales entre argiles noires et graves argileuses. Depuis 2022, l'assemblage intègre 4 % de cabernet franc issus d'une replantation en sélection massale, apportant une nuance supplémentaire à l'ensemble. Le vin se révèle flamboyant, profondément terrien, souligné de subtils accents floraux. La finale, d'une intensité remarquable, déroule un toucher de soie qui ne quitte jamais le palais. Une émotion rare et un sommet ces derniers millésimes.

- **pomerol 2021** | Sec | 2025>40 | NC — 94
- **pomerol 2022** | Sec | 2027>65 | 390 € — 99

Château TrotteVieille

★★★★★ ✦

Le nouveau chai a propulsé ce premier grand cru classé au sommet de Saint-Émilion. Philippe et Frédéric Castéja peuvent être fiers d'un 2022 qui s'impose comme l'un des trois meilleurs vins de l'appellation. Issu du plateau calcaire, le cru séduit par une attaque et un cœur de bouche crémeux, portés par une verticalité saline qui prolonge une finale vibrante. L'assemblage, dominé par 50 % de cabernet franc et 5 % de cabernet-sauvignon, marque un tournant stylistique. Une priorité absolue du millésime.

- **saint-Émilion grand cru 2021** | Sec | 2027>45 | 81.7 € — 95
- **saint-Émilion grand cru 2022** | Sec | 2027>60 | 110 € — 99
- **La Dame de Trottevieille, saint-Émilion grand cru 2022** | Sec | 2025>41 | 48 € — 91

Château Valandraud

★★★★ ✦

Créé ex-nihilo par Murielle Andraud et Jean-Luc Thunevin, Valandraud incarne l'ascension fulgurante d'un cru devenu, en moins de trente ans, l'un des premiers grands crus classés les plus envoûtants de Saint-Émilion. Le nouveau chai magnifie une matière somptueuse, entre ampleur, fraîcheur et profondeur. On y trouve une mâche éclatante, un fruit exubérant, une fraîcheur mentholée vibrante et une texture satinée d'une sensualité rare, signature d'un élevage d'orfèvre. En rouge comme en blanc – ces derniers figurant parmi les plus brillants du Bordelais – Valandraud confirme son rang avec éclat.

- **saint-Émilion grand cru 2021** | Sec | 2025>40 | 150 € — 95
- **saint-Émilion grand cru 2022** | Sec | 2025>60 | NC — 97
- **Virginie de Valandraud, saint-Émilion grand cru 2022** | Sec | 2025>35 | 49 € — 93
- **N°3, saint-Émilion grand cru 2022** | Sec | 2025>35 | 29 € — 90
- **Virginie de Valandraud, bordeaux 2022** | Sec | 2025>35 | 35 € — 92
- **Virginie de Valandraud, bordeaux 2022** | Sec | 2025>35 | 35 € — 92
- **bordeaux 2022** | Sec | 2025>40 | NC — 97

Vignobles Vieux Bayard-Arvouet

★ Ⓝ

Situés dans le prolongement nord-est de Saint-Émilion, sur les appellations montagne saint-émilion et castillon, les 20 hectares de Vieux Bayard, Arvouet et Le Sanctuaire ont trouvé un second souffle sous l'impulsion de Marie-Laure Latour et de son époux Matthieu Ressiot. Les derniers millésimes témoignent d'une remarquable progression : des vins précis, aboutis, au rapport qualité-prix séduisant.

- **Château Le Sanctuaire, castillon côtes de bordeaux 2022** | Sec | 2025>35 | NC — 90
- **Château Le Sanctuaire - Cuvée Eclipse, castillon côtes de bordeaux 2022** | Sec | 2025>40 | NC — 92
- **Vieux Château Bayard, montagne-saint-Émilion 2022** | Sec | 2025>35 | NC — 90

Vieux Château Certan

★★★★★ ✦

Vieux Château Certan, joyau du plateau, tire son équilibre d'un duo de sols et de cépages : le merlot (65 %) s'épanouit sur les argiles proches de Pétrus, tandis que les cabernets franc et sauvignon (35 à 40 %) trouvent leur juste expression sur les graves. Alexandre Thienpont, épaulé par son fils Guillaume, signe des vins d'un raffinement exceptionnel, où la suavité du toucher s'enrichit d'une finale ciselée par les cabernets qui affinent l'allonge et structure l'ensemble. La régularité qualitative est éblouissante, et les derniers millésimes rejoignent sans rougir les années mythiques du cru.

- **pomerol 2021** | Sec | 2026>45 | NC — 95
- **pomerol 2022** | Sec | 2030>70 | NC — 99

Château Villemaurine

★★★★

Depuis son acquisition par Marie-Bénédicte Lefévère, ce cru de 7 hectares, voisin de TrotteVieille, connaît une véritable métamorphose. Grâce à une sélection parcellaire rigoureuse et à un élevage moins marqué par le bois, le vin a gagné en étoffe, en précision et en raffinement, tout en conservant cette énergie finale qui fait sa signature. L'hôtel attenant aux installations techniques offre, lui, une immersion élégante dans l'univers du vin de Saint-Émilion.

- **saint-Émilion grand cru 2021** | Sec | 2025>50 | 41.3 € — 92
- **saint-Émilion grand cru 2022** | Sec | 2027>45 | 49 € — 95

Château Vray Croix de Gay

★★★ ➔

Propriété de 3,37 hectares appartenant à l'assureur Suravenir, Vray Croix de Gay s'est récemment coté d'un chai à la hauteur de ses ambitions. Le 2022 marque une belle évolution stylistique : le vin séduit par la profondeur de ses fruits noirs, la délicatesse de son expression florale et la sensualité de ses tannins, parfaitement enrobés. Une fraîcheur savoureuse prolonge une bouche harmonieuse et pleine de charme.

- **pomerol 2022** | Sec | 2026>47 | 80 € — 94

✦ Star ✚ Valeur sûre ➔ À suivre de près Ⓝ Nouvelle entrée

François Despagne, Château Grand Corbin-Despagne

François Despagne, vigneron talentueux, œuvre sur trois fronts : Grand Corbin-Despagne, le vaisseau amiral de Saint-Émilion, Ampélia à Castillon et Le Chemin à Pomerol. Avec lui, l'émotion naît du respect du sol et du rythme des saisons. Sur ces terroirs, il applique des méthodes culturales d'agriculture biologique qui lui sont chères. Cet homme de sciences et de goût possède aussi un humour et une joie de vivre qui rendent plus légers les affres des millésimes difficiles. En bref, un thérapeute idéal pour faire face à la morosité actuelle. *Denis Hervier*

Bordeaux et côtes de Bordeaux

Domaine de l'A
★★★ ✦

Christine et Stéphane Derenoncourt ont façonné ce domaine avec l'objectif de faire briller les coteaux argilo-calcaires de Sainte-Colombe, l'un des terroirs clefs de l'appellation castillon. Les vins produits affichent tous beaucoup d'élégance, de minéralité et une élégance racée, qui évoluent vers des notes de truffe noire au bout de cinq ans. Aujourd'hui le 2016 constitue une merveille du genre et le 2022 est très prometteur.

■ castillon côtes de bordeaux 2022 | Sec | 2025>50 | 40 € 94

Château d'Aiguilhe
★★★ ✦

La famille Neipperg (château Canon La Gaffelière à Saint-Émilion) est propriétaire de ce vignoble de 80 hectares, sis sur le plateau de calcaires à astéries de Castillon et des parcelles en coteau. Les rouges présentent un équilibre entre richesse fruitée, tannins fins et une belle structure. Les vins sont élégants, fruités, avec des notes poivrées et un potentiel évident. Le blanc issu de sélections massales provenant de Sancerre exprime la fraîcheur du calcaire : c'est l'un des meilleurs de la rive droite.

■ castillon côtes de bordeaux 2022 | Sec | 2025>42 | 21 € 93
■ Le Blanc d'Aiguilhe, bordeaux 2022 | Sec | 2025>35 | 22 € 93
■ chardonnay, bordeaux 2022 | Sec | 2025>33 | NC 90

Château Alcée
★★★ ➔

Le style des vins est résolument moderne, avec une attention particulière portée à la qualité des arômes et à la structure. Ses 12 hectares s'appuient sur des parcelles au sol calcaire et des argiles rouges. Nicolas Thienpont, son propriétaire, propose ainsi un vin toujours sensuel, énergique et taillé pour la garde. C'est l'un des meilleurs rapport qualité-prix du Bordelais.

■ castillon côtes de bordeaux 2021 | Sec | 2025>34 | NC 90
■ castillon côtes de bordeaux 2022 | Sec | 2025>40 | 25 € 94

Château Ampélia
★★ ✚

La dégustation d'un château-ampélia 2000, lors de la première paulée organisée par l'appellation castillon, permet de mesurer tout le potentiel de ce vignoble de cinq hectares plantés sur une mince couche argilo-calcaire reposant sur un socle calcaire. Bravo au propriétaire François Despagne dont le vin traduit une volonté constante de respecter l'environnement tout en mettant en avant la puissance d'un terroir en pleine renaissance.

■ castillon côtes de bordeaux 2021 | Sec | 2025>35 | NC 88
■ castillon côtes de bordeaux 2022 | Sec | 2025>45 | NC 92

Château de Belcier
★

Le château Belcier, surplombe majestueusement son vignoble de 52 hectares posés sur des sols argilo-limoneux et argilo-calcaires. Les vins toujours bien structurés offrent une cuvée domaine franche et expressive et une cuvée Le Pin de Belcier plus profonde.

■ castillon côtes de bordeaux 2022 | Sec | 2025>32 | NC 90
■ Le Pin de Belcier, castillon côtes de bordeaux 2022 | Sec | 2025>35 | 29 € 91

Château Biac
★

Le couple libanais Tony et Youmna Asseily a réveillé ce domaine de 600 ans, surplombant la Garonne, avec l'aide du regretté œnologue Patrick Léon, l'ancien directeur technique du château Mouton-Rothschild, et à la suite de nombreux investissements dans la vigne et dans le chai. L'assemblage peut varier d'un millésime à l'autre, la philosophie étant de faire un vin qui reflète l'impact du millésime sur le terroir. Le cadillac possède une vraie élégance.

Château Bonnange
★★★ ✚

Avec sa vingtaine d'hectares autour de Blaye où dominent les sols argilo-calcaires, Bonnange privilégie pour ses replantations une sélection massale bien sourcée. En plus des cuvées classiques, la propriété explore l'expression de différents cépages sur ses plus beaux terroirs. Le malbec sur l'argile dans la cuvée Noir, le merlot sur calcaire avec Pourpre et le sauvignon blanc sur la craie avec Silice. Des cuvées savoureuses qui ont leur place sur les meilleures tables.

■ blaye côtes de bordeaux 2022 | Sec | 2025>47 | 17 € 92
■ Malbec, bordeaux 2022 | Sec | 2027>37 | 13 € 91
■ Pourpre, bordeaux 2022 | Sec | 2025>40 | 40 € 94

Borie-Manoux
★★ ✚

Maison bordelaise historique, Borie-Manoux appartient à la famille Castéja, propriétaire de nombreux crus classés (TrotteVieille, Lynch-Moussas, Batailley, etc.). Autour du bordeaux Beau-Rivage, elle a composé une gamme de vins de marques axée sur la souplesse et le fruit. Un style accessible et souple, avec de jolies réussites.

■ Beau-Rivage, bordeaux 2022 | Sec | 2025>30 | 9 € 90
■ Chapelle de la Trinité, saint-émilion 2022 | Sec | 2025>35 | 13 € 90
■ Château Beau Site, saint-estèphe 2021 | Sec | 2025>32 | 33 € 90
■ Château Haut Bages Monpelou, pauillac 2021 | Sec | 2025>32 | NC 92

Château Brande Bergère
★

Denis Dalibot produit au nord de Saint-Émilion, à partir de vignes situées sur un tertre silico-graveleux à fond d'argile, l'un des meilleurs vins en appellation bordeaux supérieur. Si la cuvée domaine est souple et gourmande, la cuvée O'Byrne offre une profondeur donnée par de beaux cabernets. Une valeur sûre.

■ Cuvée O Byrne Vieilles vignes, bordeaux supérieur 2021 | Sec | 2025>32 | NC 91
■ Cuvée O Byrne Vieilles vignes, bordeaux supérieur 2022 | Sec | 2025>35 | 11 € 92

Maison Despagne
★★★ ✚

La maison Despagne, implantée au cœur de l'Entre-deux-Mers, dispose de cinq propriétés et de 300 hectares de vignes, plantées à haute densité avec des cépages traditionnels bordelais. Sérieux, inventivité et compétence font que leurs vins, flatteurs mais jamais loin du classicisme bordelais, sont toujours audacieux.

■ Château Mont-Pérat, bordeaux 2022 | Sec | 2025>29 | 13 € 90
■ Château Mont-Pérat, bordeaux 2022 | Sec | 2025>32 | 20 € 89

Dourthe
★★★ ✚

Dourthe est l'un des rares grands acteurs bordelais qui assume, avec talent et constance, le rôle essentiel de proposer des bons vins dans toutes les gammes de prix. Depuis les excellentes cuvées de Dourthe N°1 jusqu'aux belles propriétés de Belgrave en haut-médoc, La Garde en pessac-léognan ou Le Boscq à Saint-Estèphe, l'ensemble de la production met à l'honneur la pureté de fruit, l'équilibre et le naturel d'expression. Sous la conduite avisée de Valentin Jestin et avec l'arrivée de Pénélope Godefroy, récemment nommée directrice générale, Dourthe incarne une idée aboutie et moderne du vin de Bordeaux, pour le plus grand plaisir des amateurs.

■ Dourthe N°1, bordeaux 2021 | Sec | 2025>32 | NC 91
■ Dourthe N°1, bordeaux 2022 | Sec | 2025>30 | 11 € 90
■ Dourthe N°1, bordeaux 2024 | Sec | 2025>30 | 8.5 € 92
■ Château Pey La Tour, bordeaux 2022 | Sec | 2025>32 | 8 € 89

Château Grand Village
★★★

À Mouillac, juste à côté de Fronsac, la famille Guinaudeau soigne avec autant d'attention ce vignoble que celui du château Lafleur, leur propriété iconique de Pomerol. A Grand Village, leur exigence est identique. Le blanc a du punch et le rouge livre chaque année une lecture parfaite du millésime. La famille propose aussi dans deux autres grandes cuvées : Les Perrières, un rouge d'exception né d'une sélection ultra-précise sur un terroir calcaire et Les Champs libres, un blanc d'une grande pureté aromatique. Les millésimes 2022, 2023 et 2024 sont lumineux.

■ bordeaux 2021 | Sec | 2025>35 | NC 90
■ bordeaux 2022 | Sec | 2025>40 | 25.5 € 92
■ bordeaux 2022 | Sec | 2025>37 | 29 € 91

Château Hostens-Picant

Les Picant font des merveilles sur ce vignoble de 40 hectares dans l'appellation sainte-foy-bordeaux, bien conseillés par les équipes de Derenoncourt Consultants. À côté de la cuvée rouge classique, souple et expressive, Lucullus se montre charnu et épicé. Les-Demoiselles, assemblage sémillon, sauvignon et muscadelle onctueux et dynamique, est un blanc de garde et taillé pour la gastronomie. Une référence de ce secteur.

- **sainte-foy-bordeaux 2021** | Sec | 2025>32 | NC — 90
- **sainte-foy-bordeaux 2022** | Sec | 2025>35 | NC — 92

Vignobles Levieux

Appartenant à la famille Levieux, ce groupe de trois propriétés (Labatut, Roques Mauriac et Lagnet), toutes situées dans l'Entre-deux-Mers, constituent des représentants très classiques du vin de bordeaux accessible. Avec des élevages parfois marqués, les vins rouges sont cohérents et solidement construits. La cuvée Damnation, majoritairement composée de cabernet franc, est de loin la meilleure du château Roques Mauriac. Les vins ont gagné en rondeur et en qualité de fruit ces derniers millésimes.

- **Château Roques Mauriac - Damnation, bordeaux 2020** | Sec | 2025>30 | NC — 91
- **Château Roques Mauriac - Hélène, bordeaux supérieur 2023** | Sec | 2025>30 | NC — 88
- **Château Labatut - Prestige, bordeaux supérieur 2023** | Sec | 2025>28 | NC — 88
- **Château Labatut - Grande Réserve, bordeaux supérieur 2020** | Sec | 2025>30 | NC — 88

Maison Hugues Laborde

Le jeune et brillant Hugues Laborde a transformé la production des Vignobles Invindia, qui portent désormais son nom. Il est en train de révolutionner le style et la personnalité des « petits bordeaux » qui ont bien besoin d'être repensés. S'appuyant sur plusieurs propriétés dans l'Entre-deux-Mers, à Fronsac et à Saint-Emilion, Laborde produit des vins de grande fraîcheur, souple et toniques, souvent peu boisés et peu protégés en sulfites (mais toujours nets), où l'explosivité du fruit et la grande buvabilité favorisent un plaisir de dégustation immédiat. Le travail sur le cabernet franc, particulièrement dans la série « l'Instant H » est magnifique d'éclat aromatique et d'énergie en bouche. Le domaine continue de progresser vite, avec de nombreux projets pour faire avancer Bordeaux.

- **Les Raisins de la colère, bordeaux 2021** | Sec | 2025>26 | NC — 92
- **L'Instant H, fronsac 2022** | Sec | 2025>35 | 17.9 € — 92
- **L'Instant H, entre-deux-mers 2022** | Sec | 2025>32 | 17.9 € — 92
- **Château Aurore, bordeaux 2021** | Sec | > | NC — 92
- **L'Instant H, saint-Émilion 2022** | Sec | 2025>40 | 49 € — 95

Château Lafont-Fourcat

Paul-Marie Morillon est l'un des vignerons les plus talentueux du Bordelais. Conseillant les grands châteaux, il élabore sur 12 hectares dans la région de Pujols des bordeaux toujours raffinés et uniques par leur gourmandise et leur souplesse, qui séduiront aussi bien l'initié que le profane. En appellation bordeaux, ses 2021 dominent et n'ont pas d'équivalent. Ils évoluent avec subtilité et méritent d'être dans toutes les bonnes caves.

- **bordeaux supérieur 2021** | Sec | 2025>30 | NC — 90
- **bordeaux supérieur 2022** | Sec | 2025>40 | NC — 92
- **À nos amours, bordeaux supérieur 2022** | Sec | 2025>35 | NC — 92

Château Le Grand Verdus

Cette propriété appartenant à la famille Le Grix de la Salle depuis plus de 200 ans est située aux portes de Bordeaux. Sous l'impulsion de Thomas et Édouard, le domaine a beaucoup progressé ces derniers millésimes et proposent des vins superbes de pureté dans les trois couleurs. Jamais tape-à-l'œil, jouant sur le registre du fruit, de la fraîcheur et de la texture raffinée, la gamme propose des vins de Bordeaux plus élégants que puissants. Nous recommandons particulièrement la cuvée Vertige, issue d'une solera de sémillon, ainsi que la gamme parcellaire (Gravière, Mondet, Moulin). À noter que la propriété propose de nombreuses expériences en matière d'œnotourisme. Bref, c'est la propriété à suivre de près ces prochaines années.

- **bordeaux 2023** | Sec | 2025>28 | NC — 90
- **bordeaux supérieur 2022** | Sec | 2025>30 | NC — 91
- **Vertige 18-21, bordeaux** | Sec | 2025>35 | 19 € — 93
- **Gravière, bordeaux 2022** | Sec | 2025>30 | 19 € — 90
- **Moulin, bordeaux 2020** | Sec | 2025>35 | 19 € — 92
- **Mondet, bordeaux 2020** | Sec | 2025>35 | 19 € — 93

Château Le Pin Beausoleil

Ce vignoble de 5,8 hectares a été acquis en 2004 par Ingrid et Michael Hallek, un couple de passionnés. Éminent professeur spécialisé en cancérologie, il se forme aux vins de Bordeaux durant ses études de médecine. Les vins certifiés bio depuis 2021 se révèlent d'une remarquable régularité et sont intenses, raffinés, plein de personnalité et aptes à la garde.

- **bordeaux supérieur 2021** | Sec | 2025>32 | NC — 89
- **bordeaux supérieur 2022** | Sec | 2025>40 | 22 € — 92

Clos Lunelles

Acheté en 2001 par Gérard Perse, ce cru bénéficie des mêmes soins que son grand frère de Saint-Emilion, le château Pavie. Ici, les vins issus de ce domaine sont riches profonds, pleins de caractère, comme une rencontre entre le sol et le ciel, une alchimie parfaite de l'essence même de la terre. Un cru de référence pour la rive droite.

- **castillon côtes de bordeaux 2021** | Sec | 2025>40 | NC — 91
- **castillon côtes de bordeaux 2022** | Sec | 2025>45 | 30 € — 94

Château Marjosse

Chose assez rare dans l'Entre-Deux-Mers, le calcaire à astéries, le même qui fait la renommée de Saint-Émilion, est présent par endroits, notamment dans le vignoble de Marjosse. De quoi séduire Pierre Lurton, homme clef des châteaux Cheval Blanc et Yquem, qui a acheté ce domaine situé à Grézillac, berceau de sa famille. Les rouges comme les blancs offrent un fruit éclatant et les cuvées Anthologie sont parmi les plus raffinées de ce secteur. La cuvée Gros Bec, 100 % malbec, est suave et subtile et les cuvées L'Ortolan et Truffières sont tout aussi recommandables.

- **bordeaux 2021** | Sec | 2025>30 | NC — 90
- **bordeaux 2022** | Sec | 2025>35 | 9.5 € — 92

Château Marsau

Bravo à Anne-Laurence et Mathieu Chadronnier qui écrivent l'une des plus belles histoires du vignoble de l'appellation francs côtes-de-bordeaux, grâce à un travail à la vigne et en cave de très grande qualité. On aime ce vin de lieu identitaire toujours d'une grande énergie, charmeur par son nez floral et poivré, ainsi que son tannin frais et profond, y compris dans des millésimes difficiles comme 2021. Peu épargné par les aléas climatiques ces derniers millésimes, la propriété incarne un style moderne du grand vin de Bordeaux. Le 2022 est à encaver en magnum.

- **francs côtes de bordeaux 2021** | Sec | 2025>34 | NC — 91
- **francs côtes de bordeaux 2022** | Sec | 2025>40 | 30 € — 93

Château Montlandrie

Noémie Durantou soigne son vin de Castillon avec la même attention que son pomerol du château L'Eglise-Clinet, mettant ainsi pleinement en valeur ce vignoble de 12 hectares qui domine la Dordogne. Ici les sols d'argile et de calcaire s'expriment pleinement dans des vins structurés, intense et toujours veloutés. Cinq ans de garde lui permettent de se révéler complètement.

- **castillon côtes de bordeaux 2021** | Sec | 2026>36 | NC — 88
- **castillon côtes de bordeaux 2022** | Sec | 2027>45 | NC — 92

Mouton Cadet

Créée en 1930 par le baron Philippe de Rothschild, Mouton Cadet s'est imposée comme une référence mondiale du bordeaux accessible. Conduite avec ambition par Véronique Hombroekx à la direction générale et Jérôme Aguirre à la direction technique, la marque a élargi sa gamme à plusieurs appellations. Celle-ci repose sur une sélection parcellaire exigeante, menée avec des vignerons partenaires. Un recentrage des approvisionnements et des efforts assumés vers une viticulture plus vertueuse accompagnent cette montée en gamme : la progression qualitative des cuvées est nette et constante.

- bordeaux 2022 | Sec | 2025>30 | 7 € — 90
- bordeaux 2024 | Sec | 2025>28 | 8 € — 91
- Héritage, bordeaux 2022 | Sec | 2025>30 | 7 € — 92
- Fresh, bordeaux clairet 2024 | Sec | 2025>27 | 12 € — 90

Château de Parenchère

✪✪ ✚

Bien tenu par la famille Gazaniol, ce large domaine peut s'appuyer sur des parcelles bien exposées, vinifiées séparément et retenues soit pour le très bon vin classique, soit pour la remarquable cuvée Raphaël ou encore la cuvée Esprit, produite lorsque le millésime s'y prête. La production est complétée par du bordeaux blanc et du bordeaux clairet et la gamme cohérente propose des vins de caractère, équilibrés et charmeurs.

- Raphaël, bordeaux supérieur 2022 | Sec | 2025>35 | 14 € — 91
- Esprit, bordeaux 2022 | Sec | 2025>40 | 21 € — 92
- bordeaux supérieur 2022 | Sec | 2025>35 | 10 € — 90

Château Penin

✪✪ ✚

Penin est une référence dans différentes appellations. La production des rouges, particulièrement des belles cuvées (Les-Cailloux et Grande-Sélection), s'effectue sur un terroir noble caillouteux du Quaternaire. Les terroirs sableux et argileux sont réservés à l'élaboration des délicieux rosés et clairets, références de la catégorie. Large gamme de vins à tous les prix, axée sur le fruit, la qualité des tannins et la fraîcheur. Les derniers millésimes sont réussis.

- bordeaux supérieur 2022 | Sec | 2025>35 | NC — 90
- Cabernet franc, bordeaux 2022 | Sec | 2025>35 | NC — 91

Clos Puy Arnaud

✪✪✪ ✚

Clos Puy Arnaud est l'un des domaines phares de Castillon. La quinzaine d'hectares cultivés en biodynamie se situe aux confins de Sainte-Colombe, sur les célèbres rochers de Puy Carpin du côté de Belvès-de-Castillon. Les calcaires à astéries de ce terroir donnent finesse, fraîcheur et allonge à des vins remarquables. Lors des grands millésimes, le cru sort des cuvées parmi les meilleures de son appellation.

- Grand Vin, castillon côtes de bordeaux 2021 | Sec | 2025>34 | NC — 90
- Grand Vin, castillon côtes de bordeaux 2022 | Sec | 2025>35 | 32 € — 93

Château Puyguéraud

✪✪✪ ✚

Sous la houlette du talentueux Nicolas Thienpont, Puyguéraud est devenu l'un des crus emblématiques de l'appellation francs-côtes-de-bordeaux, avec des blancs de caractère qui jouent sur l'aromatique et l'onctuosité. Les rouges possèdent une fraîcheur digne d'éloges, grâce à la part inhabituelle de cabernet franc et de malbec qui assurent une réelle complexité au cru et une évolution dans le temps parfaite. Pour une quinzaine d'euros, voici un excellent rapport qualité-prix.

- francs côtes de bordeaux 2021 | Sec | 2025>32 | NC — 89
- francs côtes de bordeaux 2022 | Sec | 2025>37 | NC — 93
- francs côtes de bordeaux 2022 | Sec | 2025>35 | NC — 90

Château Reynon

✪✪

Le château Reynon, sur le coteau de Béguey, à côté du village de Cadillac, appartient à la famille de Denis Dubourdieu (le pape de l'œnologie décédé en 2016). Grâce aux efforts culturaux et techniques, c'est aujourd'hui l'un des crus les plus renommés des côtes-de-bordeaux, avec des rouges et des blancs dans un style racé et élancé, séduisants par leur droiture et leur fraîcheur. On suivra le blanc et le rouge, toujours bons et à des prix abordables.

- cadillac côtes de bordeaux 2022 | Sec | 2027>37 | 14 € — 90

Roc de Cambes

✪✪✪✪ ✦

Cette propriété produit le vin le plus recherché de l'appellation côtes-de-bourg, signé François Mitjavile, bien secondé par son fils Louis. Le duo s'appuie sur un vignoble situé sur un tertre argilo-calcaire exposé plein sud. On travaille ici avec la même exigence que le cru vedette de la famille (Tertre Roteboeuf à Saint-Émilion), pour faire un grand vin suave, harmonieux, toujours d'un bel équilibre. Produit à partir d'un terroir voisin plus alluvionnaire, la cuvée Cambes est un vin souple et agréable immédiatement.

- côtes de bourg 2021 | Sec | 2025>35 | NC — 91
- côtes de bourg 2022 | Sec | 2027>40 | 84 € — 94
- Cambes, bordeaux 2022 | Sec | 2025>32 | 64 € — 91

Château Sainte-Marie

✪✪

Près de l'abbaye de La Sauve-Majeure, l'une des plus anciennes de France, la propriété appartient depuis les années 1950 à la famille Dupuch qui défend la typicité de ce terroir de l'Entre-Deux-Mers. La cuvée vieilles-vignes, issue de vignes dépassant les 100 ans, donne un vin charmeur, aux arômes complexes et aux tannins fondus. L'entre-deux-mers est raffiné et plein de personnalité. Une propriété modèle qui travaille en suivant le cahier des charges HVE3.

Château de Sours

✪ Ⓝ

Sur ses 60 hectares de vignes, le château de Sours déploie une véritable mosaïque de terroirs, où chaque parcelle semble dialoguer avec la nature. Aux rouges, la noblesse des sols argilo-calcaires confère profondeur et caractère ; aux blancs, la fraîcheur de terres mieux ventilées assure éclat et finesse. Cette diversité inspire une approche vigneronne à la fois précise et respectueuse : le château s'engage résolument sur le chemin de l'agroécologie. Sa conversion à l'agriculture biologique, attendue pour 2026, s'inscrit comme une promesse d'harmonie durable entre la vigne et son écosystème. La gamme goûtée cette année a déjà fière allure.

- Quarry, entre-deux-mers 2022 | Sec | 2025>30 | NC — 90
- Montesours, entre-deux-mers 2022 | Sec | 2027>32 | NC — 92
- Quarry, entre-deux-mers 2023 | Sec | 2025>29 | NC — 88
- Montesours, entre-deux-mers 2023 | Sec | 2025>32 | NC — 88

Tutiac

✪✪ ➔

Acteurs importants du secteur coopératif bordelais, les vignerons de Tutiac entendent s'inscrire dans une démarche culturale vertueuse, avec 1 000 hectares bientôt en conversion ou certifiés bio. La dernière fusion en date opérée en Sauternais et la diversification des appellations permettent à la cave de proposer une gamme constituée de franches réussites, bien conseillée par l'excellent vigneron de Cahors, Mathieu Cosse. Les vins gourmands et expressifs se révèlent en constante progression et la cave renforce le niveau de ses vins de milieu de gamme, notamment avec la gamme Origine, qui propose une lecture des terroirs du Bordelais à travers l'expression d'un cépage. La très réussie cuvée Héritage vient confirmer les ambitions qualitatives de cet acteur de premier ordre.

- Origines - Verdot, blaye côtes de bordeaux 2022 | Sec | 2025>35 | 15.5 € — 92
- Roupit, blaye côtes de bordeaux 2022 | Sec | 2025>32 | NC — 91
- Le Daron, blaye côtes de bordeaux 2022 | Sec | 2025>32 | 16 € — 92
- blaye côtes de bordeaux 2022 | Sec | 2025>32 | 6 € — 90
- Origines Ter Pointe, côtes de bourg 2022 | Sec | 2025>35 | 15.5 € — 93
- Origines - Six Chemins, blaye côtes de bordeaux 2022 | Sec | 2025>37 | 13.5 € — 92
- Tout, Anqui, blaye côtes de bordeaux 2022 | Sec | 2025>32 | 9.9 € — 91
- Tout - Mariole, bordeaux 2024 | Sec | 2025>27 | 9.95 € — 89
- Origines - Intégrale, blaye 2022 | Sec | 2025>35 | 13.5 € — 92
- Héritage, blaye 2020 | Sec | 2025>40 | 50 € — 94

Valentin Jestin, Maison Dourthe

Trentenaire aussi professionnel que sympathique, le patron de la marque Dourthe incarne cette maison de vins bordelaise avec une stratégie simple, faire progresser les vins des propriétés (Le Boscq à Saint-Estèphe, La Garde à Pessac-Léognan, Belgrave en haut-médoc) tout en faisant preuve d'une vigilance accrue pour proposer des vins de plaisir (Dourthe n°1) réussis et accessibles. Nul doute qu'avec l'arrivée de Pénélope Godefroy à la direction générale, il trouvera une oreille attentive pour porter ses ambitions. Elles feront du bien à Bordeaux. *Louis-Victor Charvet*

Au pied de la réserve naturelle de la combe de Lavaux, les moines de Cluny identifièrent ce terroir d'exception dès l'an 640. Terre de grands vins, Gevrey-Chambertin révèle une mosaïque de paysages où vignes, villages, plaines et forêts composent un écosystème idéal au bon développement de la vigne.
Le 8 avril 2025.

Bourgogne

Monde de rêves

Rien de plus normal pour ce vignoble de légende que de proposer des vins qui ont beaucoup de choses à raconter. Chaque bouteille est une émotion. Peut-on toujours se l'offrir ? Réponse dans ces pages

sélection ***Alain Chameyrat avec Michel Bettane, Louis-Victor Charvet et Guillaume Puzo (Chablisien)***

Chablisien

Domaine Bessin-Tremblay

✪✪✪✪ ✚

Grâce aux vignes héritées de la famille Tremblay, ce domaine cultive un parcellaire bien situé sur la Fourchaume, au cœur du premier cru, ce qui lui permet d'en produire deux cuvées, une classique et la Pièce au Comte, qui par son exposition parfaite et l'âge de ses vignes est régulièrement l'une des plus belles expressions du cru. Toutes les cuvées sont recommandables, dès la splendide entrée de gamme issue de vieilles vignes. Le plus dur est d'arriver à s'en procurer quelques flacons.

- **Montmains, chablis premier cru 2023** | Sec | 2025>33 | 37 € — 91
- **La Fourchaume, chablis premier cru 2023** | Sec | 2025>38 | 37 € — 92
- **Valmur, chablis grand cru 2023** | Sec | 2025>43 | 60 € — 94
- **chablis 2023** | Sec | 2025>33 | 23 € — 91

Samuel Billaud

✪✪✪✪ ✦

Cette petite structure se partage entre un négoce en achat de raisins et des vins de propriété issus de quatre hectares de vignes récupérées lors de la vente de Billaud-Simon à Faiveley, en 2014. Si l'aventure sous son nom reste récente, Samuel Billaud porte un patronyme très connu dans le Chablisien, ce qui lui a d'ailleurs ouvert les portes de nombre de bons vignerons qui aujourd'hui lui fournissent du raisin dans des crus de premier plan. Les vinifications se partagent entre cuves inox et fûts et à la dégustation on reconnaît le style le plus pur de ces vins portés par la craie kimméridgienne. La réussite sur les 2023 est en tous points remarquable.

- **Mont de Milieu, chablis premier cru 2023** | Sec | 2025>43 | 49 € — 94
- **Montée de Tonnerre, chablis premier cru 2023** | Sec | 2025>43 | 49 € — 94
- **Les Clos, chablis grand cru 2023** | Sec | 2025>43 | 85 € — 96
- **Les Grands Terroirs, chablis 2023** | Sec | 2025>33 | 22 € — 91
- **Vieilles Vignes, Séchet, chablis premier cru 2023** | Sec | 2025>38 | 49 € — 93
- **Vaudésir, chablis grand cru 2023** | Sec | 2025>43 | 85 € — 94

Domaine Billaud-Simon

✪✪✪✪ ✚

La famille Faiveley a consenti de gros investissements pour ce domaine historique de Chablis, avec une nouvelle cuverie et un espace de réception à la hauteur des ambitions des nouveaux propriétaires. Les vignes n'ont pas été oubliées, notamment la parcelle de Clos qui a été arrachée et replantée, ce qui permettra à Olivier Bailly, le régisseur en poste depuis le rachat, de progresser encore plus dans l'expression des différents terroirs de Chablis, où Billaud-Simon possède l'un des plus beaux parcellaires. Déception cette année avec la cuvée de Clos 2023, les raisins achetés pour compenser la vigne arrachée n'étaient pas au niveau auquel nous sommes habitués.

- **Tête d'Or, chablis 2023** | Sec | 2025>33 | 25 € — 91
- **Montée de Tonnerre, chablis premier cru 2023** | Sec | 2025>43 | 45 € — 94
- **Fourchaume, chablis premier cru 2023** | Sec | 2025>38 | 35 € — 92
- **Vaudésir, chablis grand cru 2023** | Sec | 2028>38 | 80 € — 91
- **Les Preuses, chablis grand cru 2023** | Sec | 2025>43 | 90 € — 93

Jean-Marc Brocard

✪✪✪ ✚

Julien Brocard a converti à l'agriculture biologique et la biodynamie le plus vaste vignoble du Chablisien. Entre la gamme Jean-Marc Brocard et la gamme Julien Brocard (ou gamme des Sept Lieux, qui elle ne concerne que des terroirs en biodynamie), la déclinaison des gammes dans des terroirs et parfois des styles différents peut parfois égarer l'amateur. Cependant force est de constater qu'au fil des millésimes tous les vins ont gagné en pureté d'expression et en potentiel de bonification en bouteille. Le nom Brocard constitue aujourd'hui une valeur sûre pour l'authentique amateur de vins de Chablis.

- **Montée de Tonnerre, chablis premier cru 2023** | Sec | 2025>33 | 42 € — 91
- **Montmains, chablis premier cru 2023** | Sec | 2025>30 | 32 € — 89
- **Domaine de la Boissonneuse, chablis 2023** | Sec | 2025>33 | 29 € — 91
- **Bougros, chablis grand cru 2023** | Sec | 2025>33 | 69 € — 91
- **Valmur, chablis grand cru 2023** | Sec | 2025>38 | 72 € — 93
- **Vau de Vey, chablis premier cru 2023** | Sec | 2025>33 | 31 € — 90
- **Vaulorent, chablis premier cru 2023** | Sec | 2025>38 | 41 € — 92
- **Fourchaume, chablis premier cru 2023** | Sec | 2025>38 | 36 € — 91
- **Vaudésir, chablis grand cru 2023** | Sec | 2025>38 | 72 € — 93
- **L'Homme Mort, chablis premier cru 2023** | Sec | 2025>38 | 38 € — 92
- **Julien Brocard (Les 7 Lieux), Vau de Vey, chablis premier cru 2023** | Sec | 2025>33 | 38 € — 92
- **Julien Brocard (Les 7 Lieux), Côte de Léchet, chablis premier cru 2023** | Sec | 2025>38 | 39 € — 92
- **Butteaux, chablis premier cru 2023** | Sec | 2025>38 | 34 € — 91
- **Les Plantes - Julien Brocard (Les 7 Lieux), petit chablis 2023** | Sec | 2025>33 | 26 € — 90
- **Julien Brocard (Les 7 Lieux), Montée de Tonnerre, chablis premier cru 2023** | Sec | 2025>38 | 49 € — 93
- **Julien Brocard (Les 7 Lieux), Les Preuses, chablis grand cru 2023** | Sec | 2028>38 | 85 € — 93
- **Le 7ème Nature - Julien Brocard (Les 7 Lieux), chablis 2023** | Sec | 2025>30 | 37 € — 90
- **Vieilles Vignes 1946, chablis 2023** | Sec | 2025>38 | 27 € — 91

Maison de la Chapelle

✪✪✪ ✚

Cette chapelle-là fait référence au village de La Chapelle-Vaupelteigne, à proximité de Chablis. Cette petite structure de négoce est née de l'idée de Grégory et Delphine Viennois de proposer des cuvées issues des terroirs de l'Yonne, dans une approche haute couture plutôt que volumique. Leurs premiers vins ont mis l'accent sur Irancy, des cuvées qui très vite ont été référencées dans les bonnes tables locales. Aujourd'hui la gamme s'est élargie avec un aligoté et des chablis (dont des premiers crus Fourchaume, Montmains et Mont de Milieu) tout aussi réussis.

- **Les Bâtardes, irancy 2023** | Sec | 2025>33 | 42 € — 91
- **irancy 2023** | Sec | 2025>30 | 25 € — 89
- **Les Beaux Monts, irancy 2023** | Sec | 2025>33 | 33 € — 91

✦ Star ✚ Valeur sûre ➔ À suivre de près Ⓝ Nouvelle entrée

- chablis 2023 | Sec | 2025>30 | 23 € 89
- Montmains, chablis premier cru 2023 | Sec | 2025>33 | 40 € 90
- Mont de milieu, chablis premier cru 2023 | Sec | 2025>38 | 47 € 93
- Fourchaume, chablis premier cru 2023 | Sec | 2025>33 | 47 € 92

Domaine Stéphanie Colinot

Stéphanie Colinot a pris le large par rapport au domaine de ses parents mais continue de vinifier une gamme de vins d'Irancy, à partir de ses propres vignes mais aussi d'achats. Depuis la gamme s'est étendue à Épineuil. Forte d'un quart de siècle de vinifications de pinots noirs de l'Yonne, elle en propose une interprétation convaincante, peut-être avec plus de matière tannique qu'autrefois pour ses Irancy (étant entendu que le réchauffement du climat favorise aujourd'hui une plus belle maturation des peaux) mais toujours avec des finales de belle fraîcheur où souvent s'impose une saveur réglissée.

- La Comme, irancy 2023 | Sec | 2025>28 | 22 € 88
- Les Cailles, irancy 2023 | Sec | 2025>33 | 22 € 91
- La Cerise sur le Coteau, irancy 2023 | Sec | 2025>33 | 20 € 90
- Côte du Moutier, irancy 2023 | Sec | 2025>38 | 23 € 92
- Le Péché Gourmand, bourgogne 2023 | Sec | 2025>26 | 12 € 88
- Le bouquet de groseille, bourgogne Épineuil 2023 | Sec | 2025>30 | 16 € 89

Domaine Vincent Dauvissat

Vincent et ses enfants Étiennette et Ghislain incarnent pour les amateurs de chablis un certain idéal de viticulture, il est vrai qu'ils sont tous les jours dans leurs vignes. Leur parcellaire est quasi immuable, tout comme l'ordre de dégustation en cave, ces vieilles caves voûtées du XVIIe siècle au cœur du village et où reposent les fûts. Une partie de la vigne des Preuses a dû être arrachée en 2023 car en mauvais état, pour une replantation prévue en 2030, les amateurs seront donc rationnés d'ici à ce que la production soit totale. La réussite des 2023 est en tout point magistrale.

- petit chablis 2023 | Sec | 2025>33 | NC 89
- Les Clos, chablis grand cru 2023 | Sec | 2030>48 | NC 97
- Les Preuses, chablis grand cru 2023 | Sec | 2030>48 | NC 94
- Forêt, chablis premier cru 2023 | Sec | 2025>43 | NC 94
- Séchet, chablis premier cru 2023 | Sec | 2025>43 | NC 93
- chablis 2023 | Sec | 2025>38 | NC 91
- Montée de Tonnerre, chablis premier cru 2023 | Sec | 2025>33 | NC 92
- Vaillons, chablis premier cru 2023 | Sec | 2025>38 | NC 94

Domaine Jean-Paul et Benoît Droin

Nous avions perdu de vue ce domaine depuis quelques années et sommes ravis de le retrouver là où nous l'avions laissé. Le patrimoine de vignes est toujours aussi bien réparti, 28 hectares dont beaucoup de premiers et grands crus. Benoît Droin n'a pas varié son protocole technique : la majorité des raisins sont toujours coupés à la machine, les vinifications se déroulent en cuve inox ou en fût suivant les terroirs. Tous ces vins vieillissent de manière homogène, en préservant leur tension originelle.

- Montée de Tonnerre, chablis premier cru 2023 | Sec | 2025>38 | 55 € 93
- Fourchaume, chablis premier cru 2023 | Sec | 2025>38 | 50 € 93
- Vaudésir, chablis grand cru 2023 | Sec | 2028>38 | 75 € 93
- Grenouilles, chablis grand cru 2023 | Sec | 2029>43 | 100 € 93
- Vaillons, chablis premier cru 2023 | Sec | 2025>33 | 40 € 89
- Montmains, chablis premier cru 2023 | Sec | 2025>38 | 45 € 91
- Mont de Milieu, chablis premier cru 2023 | Sec | 2025>38 | 50 € 92
- Valmur, chablis grand cru 2023 | Sec | 2027>43 | 75 € 94
- Vosgros, chablis premier cru 2023 | Sec | 2025>30 | 40 € 89
- Vaulorent, chablis premier cru 2023 | Sec | 2025>38 | 55 € 93
- Hommage à Louis, Les Clos, chablis grand cru 2023 | Sec | 2029>43 | 100 € 95

Domaine Drouhin-Vaudon

La famille Drouhin, de Beaune, a acquis dans les années 1960 cet ancien moulin posé sur le Serein à quelques encablures en amont de Chablis. Les terroirs sont bien situés, en premiers et grands crus, et en Chablis village, la Réserve de Vaudon provient de la réputée vallée de Vauvillien. Pourtant, malgré d'évidentes qualités de pureté et d'élégance florale dans les vins, l'amateur reste régulièrement sur sa faim en comparant avec d'autres sources. Toutes les vinifications sont assurées à Beaune, où les raisins sont rapatriés en moût, peut-être que des prises de décisions plus proches du vignoble pourraient faire progresser le style des vins ?

- Mont de Milieu, chablis premier cru 2023 | Sec | 2025>33 | 38.6 € 91
- Réserve de Vaudon, chablis 2023 | Sec | 2025>30 | 25.5 € 90
- chablis premier cru 2023 | Sec | 2025>30 | 35.4 € 89

Domaine Gérard Duplessis

Ce domaine reste d'une grande stabilité, toujours 10 hectares avec deux tiers de premiers crus, dont près de 3 hectares pour les seuls Montmains. Lilian Duplessis est certifié bio depuis le millésime 2013 et son schéma de vinification est bien rodé : pour les belles cuvées, la fermentation se déroule en cuve, suivi d'un élevage en fût avant assemblage et mise en masse à nouveau en cuve. Cela permet à ses vins d'exprimer une belle salinité dans le temps, même si parfois il faut prendre le temps en les dégustant, leur minéralité ne saute pas dans le verre.

- Montmains, chablis premier cru 2022 | Sec | 2027>37 | 32.4 € 92
- chablis 2023 | Sec | 2025>33 | 19.9 € 91

Domaine Nathalie et Gilles Fèvre

Gilles, Nathalie et Julie Fèvre, exploitent un vaste domaine d'une cinquantaine d'hectares situés sur Fontenay-près-Chablis et alentours. La majorité de la production concerne les appellations Petit Chablis et Chablis, ce qui leur permet d'isoler une cuvée de Chablis Vieilles Vignes qui se distingue pratiquement chaque année. En premier cru, comme de nombreux vignerons de Fontenay, ils produisent à la fois du Fourchaume et du Vaulorent, ce dernier constituant régulièrement l'une des toutes meilleures sources pour le cru, minérale et épicée à la fois. Des vins de bonne tenue au vieillissement, tout comme leur grand cru issu du terroir des Preuses.

- chablis 2023 | Sec | 2025>30 | NC 89
- Fourchaume, chablis premier cru 2023 | Sec | 2025>33 | NC 91
- Les Preuses, chablis grand cru 2023 | Sec | 2025>38 | NC 93
- Vieilles vignes, chablis 2023 | Sec | 2025>30 | NC 89
- Vaulorent, chablis premier cru 2023 | Sec | 2025>33 | NC 92

Domaine du Château de Fleys

La fratrie Philippon, Béatrice, Benoît et Olivier, exploite cette propriété qui gagne à être connue car elle propose l'une des plus belles interprétations du terroir du Mont de Milieu, notamment une cuvée de vieilles vignes régulièrement de toute beauté, épicée et saline à souhait. Les prix restent très sages pour l'amateur et dans les bons millésimes comme 2022 les vins se bonifient quinze ans et plus. Propriétaires du château de Fleys, ancienne demeure du Seigneur de Parthenay, écuyer de Louis XIV, ils y exploitent un clos d'un hectare dont ils extraient une cuvée de Chablis village qui exprime presque chaque année la fameuse réduction sur la coquille d'huître.

- chablis 2023 | Sec | 2025>30 | 16 € 89
- Les Fourneaux, chablis premier cru 2023 | Sec | 2025>33 | 25 € 91
- Vieilles vignes, Mont de Milieu, chablis premier cru 2022 | Sec | 2025>42 | 30 € 95
- Mont de Milieu, chablis premier cru 2022 | Sec | 2025>37 | 25 € 93
- Le Clos du Château, chablis 2023 | Sec | 2025>33 | 20.5 € 91
- La Grande Chaume, chablis 2022 | Sec | 2025>32 | 18 € 91
- Fourchaume, chablis premier cru 2022 | Sec | 2025>30 | 26 € 86

Garnier et Fils

À la pointe nord du vignoble chablisien et même bourguignon, les deux frères Xavier et Jérôme Garnier ont planté les dernières vignes en appellation, à Ligny-le-Châtel. Forts d'un solide tissu relationnel local, ils ont su compléter leurs plantations en Petit Chablis et Chablis par des approvisionnements sur quelques premiers et grands crus auprès de sources fiables que nous ne pouvons révéler, mais qui leur garantissent une gamme désormais complète sur le secteur. Leur cuvée Grains Dorés est un modèle de chablis vinifié et élevé sous bois, mais nous nous régalons régulièrement de leurs beaux terroirs en Chablis.

- **chablis 2023** | Sec | 2025>30 | 18.5 € — 89
- **Mont de Milieu, chablis premier cru 2022** | Sec | 2025>32 | 30 € — 92
- **Grains Dorés, chablis 2022** | Sec | 2025>37 | 25 € — 92
- **Vaudésir, chablis grand cru 2022** | Sec | 2025>37 | 66 € — 92
- **Les Clos, chablis grand cru 2022** | Sec | 2025>37 | 66 € — 94
- **Vaillons, chablis premier cru 2022** | Sec | 2025>30 | 31.5 € — 90

Domaine Guilhem et Jean-Hugues Goisot

✪✪✪ ✚

Un domaine familial comme on les aime. Les parents, Jean-Hugues et Ghislaine, ont posé les fondations que depuis leur fils Guilhem et son épouse Marie ont élargi, pour faire rayonner les vins de Saint-Bris et de la Côte d'Auxerre, autrefois vaste vignoble qui s'est perdu avec le phylloxéra et l'urbanisme des dernières décennies. Les pratiques biodynamiques sont particulièrement poussées. Avec eux, certaines parcelles peuvent se reposer cinquante ans avant d'être replantées afin de préparer le sol au mieux. Une exigence que l'on retrouve dans les vins, le millésime 2022 redonne le sourire après le terrible gel de 2021.

- **Corps de Garde, bourgogne côtes d'auxerre 2022** | Sec | 2025>3[illegible] | 17.7 € | ☘ — 92
- **Corps de Garde, saint-bris 2022** | Sec | 2025>3[illegible] | 17.7 € | ☘ — 93

Famille Grossot

✪✪

Jean-Pierre à la retraite, c'est dorénavant sa fille Ève qui gère ce domaine bien implanté sur les terroirs entourant Fleys, notamment les premiers crus Mont de Milieu, Les Fourneaux et Vaucoupins. Viticulture bio certifiée, vinification en levures indigènes, voilà comment se compose cette gamme qui évolue toujours bien dans le temps.

- **Les Fourneaux, chablis premier cru 2023** | Sec | 2025>33 | 29.8 € | ☘ — 92
- **Mont de Milieu, chablis premier cru 2022** | Sec | 2025>37 | 36.3 € | ☘ — 93
- **Vaucoupin, chablis premier cru 2023** | Sec | 2025>33 | [illegible].8 € | ☘ — 91

- **Troësmes, chablis premier cru 2022** | Sec | 2028>37 | 26.3 € | ☘ — 91
- **Fourchaume, chablis premier cru 2022** | Sec | 2025>32 | 36.3 € | ☘ — 89
- **chablis 2023** | Sec | 2025>30 | 20.1 € — 90

Domaine d'Henri

✪✪✪ ✚

Comme le proclame l'étiquette du domaine, ce domaine réunit « Michel Laroche et ses enfants », Henri étant le prénom de son père. Après avoir cédé l'entreprise qui portait son nom au groupe AdVini, Michel Laroche a récupéré quelques vignes familiales et a ainsi reconstitué un nouveau domaine, pour un nouveau départ, plus modeste en superficie. Originaire de Maligny, sans surprise ses plus belles et plus vieilles vignes sont sur le Fourchaume, un premier cru très divers dans ses expressions, entre la vraie Fourchaume, l'Homme Mort, les Ardillers ou les Vaulorent. Elles donnent des vins de texture et d'épaisseur, avec un toucher soyeux et caressant.

- **chablis 2023** | Sec | 2025>30 | 24 € — 89
- **Saint-Pierre, chablis 2023** | Sec | 2025>33 | 29 € — 90
- **Troesmes, chablis premier cru 2022** | Sec | 2025>32 | 40 € — 91
- **L'Homme Mort, chablis premier cru 2021** | Sec | 2025>36 | 52 € — 94
- **Fourchaume, chablis premier cru 2022** | Sec | 2025>37 | 44 € — 92
- **petit chablis 2023** | Sec | 2025>30 | 20 € — 89

La Chablisienne

✪✪✪ ✚

Avec quelques 200 adhérents pour 1 100 hectares en apports, la Chablisienne est le plus important opérateur du vignoble chablisien. Les œnologues se sont succédé en cuverie ces derniers temps. Aujourd'hui, Estelle Roy a la responsabilité des 80 000 hectolitres vinifiés lorsque l'année est généreuse. Le schéma de vinification est immuable : cuve inox pour les entrées de gamme et une part de fût croissante dès que l'on arrive sur les beaux terroirs. En premier cru, les valeurs sûres restent les Lys, Vaulorent et la Montée de Tonnerre. La cave vient d'investir dans une spectaculaire carrière désaffectée qui va lui permettre d'affiner la maturation de ces vins en bouteille grâce à des conditions de stockage optimales.

- **Château Grenouilles, Grenouilles, chablis grand cru 2022** | Sec | 2028>37 | 65 € — 94
- **Bougros, Bougros, chablis grand cru 2022** | Sec | 2025>37 | 60 € — 93
- **Beauroy, Beauroy, chablis premier cru 2022** | Sec | 2025>32 | 25 € — 88
- **Côtes de Léchet, Côte de Léchet, chablis premier cru 2022** | Sec | 2025>32 | 25 € — 90
- **Montmains, Montmains, chablis premier cru 2022** | Sec | 2025>37 | 25 € — 92
- **Fourchaume, Fourchaume, chablis premier cru 2022** | Sec | 2025>37 | 30 € — 91
- **Les Lys, chablis premier cru 2022** | Sec | 2025>37 | 25 € — 92
- **L'Homme Mort, L'Homme Mort, chablis premier cru 2022** | Sec | 2028>37 | 30 € — 92
- **Vaulorent, chablis premier cru 2022** | Sec | 2027>37 | 30 € — 90
- **Montée de Tonnerre, Montée de Tonnerre, chablis premier cru 2022** | Sec | 2027>37 | 30 € — 93
- **Mont de Milieu, Mont de Milieu, chablis premier cru 2022** | Sec | 2029>37 | 30 € — 91
- **Blanchot, Blanchot, chablis grand cru 2022** | Sec | 2025>37 | 60 € — 93
- **Vaudésir, Vaudésir, chablis grand cru 2022** | Sec | 2025>37 | 60 € — 93
- **Les Clos, Les Clos, chablis grand cru 2022** | Sec | 2025>37 | 60 € — 93
- **Les Preuses, Les Preuses, chablis grand cru 2022** | Sec | 2028>37 | 60 € — 94
- **Vaillons, chablis premier cru 2022** | Sec | 2025>32 | 25 € — 88
- **Grande Cuvée, chablis premier cru 2022** | Sec | 2027>32 | 25 € — 88
- **Les Vénérables, chablis 2022** | Sec | 2025>32 | 18 € — 89

Domaine Laroche

✪✪✪✪ ✦

Une nouvelle ère s'ouvre dans ce fleuron bourguignon du groupe AdVini, désormais dirigé par un nouveau binôme, Jean-Baptiste Mouton (direction générale) et Romain Chevrolat (direction technique). Les 2023 dégustés cette année constituaient le premier millésime maîtrisé de bout en bout par la nouvelle équipe. Dans une année marquée par des conditions climatiques très chaudes en fin de cycle, les terroirs de Chablis ont bien répondu, avec un bel éclat salin dans toutes les cuvées.

- **Saint-Martin, chablis 2023** | Sec | 2025>33 | 21.5 € — 88
- **Vieilles vignes, Les Vaillons, chablis premier cru 2023** | Sec | 2028>38 | 39 € — 94
- **Les Blanchots, chablis grand cru 2023** | Sec | 2028>38 | 82 € — 94
- **Vieilles vignes, Les Fourchaumes, chablis premier cru 2023** | Sec | 2028>39 | 42 € — 93
- **Les Clos, chablis grand cru 2023** | Sec | 2028>38 | 96 € — 95
- **La Réserve de l'Obédience, Les Blanchots, chablis grand cru 2023** | Sec | 2028>38 | 160 € — 96
- **Les Beauroys, chablis premier cru 2023** | Sec | 2025>33 | 37 € — 89
- **Les Bouguerots, chablis grand cru 2023** | Sec | 2029>38 | 72 € — 93
- **Laroche, Les Vaucoupins, chablis premier cru 2023** | Sec | 2025>33 | NC — 91
- **Laroche, Mont de Milieu, chablis premier cru 2023** | Sec | 2025>33 | 37 € — 92
- **Laroche, Montée de Tonnerre, chablis premier cru 2023** | Sec | 2028>38 | 42 € — 93
- **Vieille Voye, chablis 2023** | Sec | 2025>33 | 24.5 € — 91
- **Les Vaudevey, chablis premier cru 2023** | Sec | 2025>33 | 37 € — 90
- **Côte de Léchet, chablis premier cru 2023** | Sec | 2025>38 | 37 € — 92
- **Les Butteaux, Les Butteaux, chablis premier cru 2023** | Sec | 2025>38 | 39 € — 92
- **Les Montmains, chablis premier cru 2023** | Sec | 2028>33 | 37 € — 91
- **L'Homme Mort, chablis premier cru 2023** | Sec | 2028>38 | 45 € — 94
- **Laroche - L'Essence des Climats, chablis premier cru 2023** | Sec | 2025>33 | 32 € — 90

Domaine Roland Lavantureux

✪✪ Ⓝ

Les deux frères Arnaud et David Lavantureux sont revenus s'occuper du domaine familial, respectivement en 2009 et 2012. Les petits-chablis et les chablis sont en propriété autour de Lignorelles, complétés depuis 2016 par une acquisition en Vaudevey, les autres terroirs sont en achat. La vinification entièrement en cuve inox, suivie d'un élevage en fût plus ou moins marqué, donne des résultats probants, le style richement boisé qui pouvait parfois marquer les vins relève de l'époque ancienne. Nos coups de cœur récurrents au domaine vont à deux cuvées de Chablis village, le terroir de Vauprin et la cuvée de vieilles vignes.

- **chablis 2022** | Sec | 2025>32 | 17 € — 90
- **petit chablis 2022** | Sec | 2025>32 | 13 € — 89
- **Vieilles Vignes, chablis 2022** | Sec | 2025>37 | 20 € — 91
- **Vauprin, chablis 2022** | Sec | 2025>37 | 25 € — 92
- **Fourchaume, chablis premier cru 2022** | Sec | 2025>30 | 30 € — 89
- **Vaudésir, chablis grand cru 2022** | Sec | 2025>32 | 60 € — 90

✦ Star ✚ Valeur sûre ⊛ À suivre de près Ⓝ Nouvelle entrée

- Vau de Vey, chablis premier cru 2022
  | Sec | 2025>32 | 30 € — 91
- Les Fauconniers, bourgogne Épineuil 2022
  | Sec | 2025>30 | 25 € — 90

Domaine Long-Depaquit

✪✪✪

Arrivé à l'été 2021, Louis Gimonnet a très vite fait bouger les lignes dans ce domaine au magnifique parcellaire (principalement en grands crus) mais qui végétait un peu en l'absence d'un régisseur véritablement en charge. La maison Albert Bichot, de Beaune, lui avait donné trois à cinq ans pour convertir le vignoble en bio, il a entamé la conversion en juillet 2022, en motivant les hommes et aussi en leur donnant les moyens techniques de mieux travailler. La dégustation des 2022 montre une progression vers plus de pureté et d'intensité aromatique dans les vins. Les 2023 poursuivent sur la même dynamique, malheureusement les 2024 s'annoncent déjà calamiteux pour ce qui est des volumes récoltés.

- Les Vaucopins, chablis premier cru 2023
  | Sec | 2025>38 | 49.6 € — 92
- Les Beugnons, chablis premier cru 2023
  | Sec | 2025>33 | 47.4 € — 90
- Les Vaillons, chablis premier cru 2023
  | Sec | 2025>30 | 47.4 € — 89
- La Moutonne, chablis grand cru 2023
  | Sec | 2029>38 | 205.6 € — 93
- Vaudésir, chablis grand cru 2023
  | Sec | 2029>38 | 113.2 € — 92
- Les Blanchots, chablis grand cru 2023
  | Sec | 2029>38 | 110.2 € — 92
- chablis 2023 | Sec | 2025>28 | 27.8 € — 88
- Montmains, chablis premier cru 2023
  | Sec | 2025>33 | 47.4 € — 91
- Bougros, chablis grand cru 2023
  | Sec | 2025>33 | 104 € — 91
- Les Preuses, chablis grand cru 2023
  | Sec | 2029>38 | 113.2 € — 93
- Les Clos, chablis grand cru 2023
  | Sec | 2029>38 | 114.8 € — 92

Domaine des Malandes

✪✪

Richard Rottiers (du domaine éponyme, en Moulin-à-Vent) et sa sœur Amandine Marchive ont pris la suite de leur mère Lyne Marchive, toujours accompagnés de l'œnologue Guénolé Breteaudeau pour la partie technique, ce qui permet d'assurer une continuité dans le suivi et la restitution des terroirs. Les vignes sont désormais certifiées bio, et le raisin est protégé, suivant les saisons, par des bâches contre le gel ou des filets contre la grêle. Jamais démonstratifs, les vins ici vieillissent agréablement sur quinze années et souvent plus.

- chablis 2023 | Sec | 2025>30 | 22 € — 88
- Côte de Léchet, chablis premier cru 2023
  | Sec | 2025>33 | 37 € — 90
- Les Clos, chablis grand cru 2023
  | Sec | 2029>38 | 79 € — 94
- Vaudésir, chablis grand cru 2023
  | Sec | 2029>38 | 76 € — 93
- Mont de Milieu, chablis premier cru 2023
  | Sec | 2025>33 | 40 € — 90
- Fourchaume, chablis premier cru 2023
  | Sec | 2025>33 | NC — 92
- Montmains, chablis premier cru 2023
  | Sec | 2025>33 | 37 € — 92
- Envers de Valmur, chablis 2023 | Sec | 2025>33 | 26 € — 90
- Valmur, chablis grand cru 2023 | Sec | 2029>38 | 76 € — 93

Domaine de la Meulière

✪✪

Nombreux sont les Laroche dans le Chablisien, sans pour autant qu'ils partagent un quelconque lien de parenté. Ce domaine de Fleys est dirigé par les deux frères Nicolas et Vincent Laroche. Parmi la gamme assez diversifiée, régulièrement le premier cru Mont de Milieu est celui qui s'illustre le mieux. Est-ce surprenant quand on sait que ce cru est à cheval entre les communes de Chablis et de Fleys ? Lorsqu'elle est produite, la cuvée des Gougueys est particulièrement intéressante. Sans que cela remette en cause nos certitudes, en 2022 c'est leur premier cru Montée de Tonnerre que nous avons préféré.

- chablis 2022 | Sec | 2025>30 | 14 € — 89
- Les Fourneaux, chablis premier cru 2023
  | Sec | 2025>33 | 23 € — 90
- Vaucoupin, chablis premier cru 2022
  | Sec | 2025>30 | 23 € — 89
- Fourchaume, chablis premier cru 2022
  | Sec | 2025>30 | 26 € — 88
- Mont de Milieu, chablis premier cru 2023
  | Sec | 2025>33 | 24 € — 91
- Montée de Tonnerre, chablis premier cru 2022
  | Sec | 2025>37 | 29 € — 93

Domaine Louis Michel et Fils

✪✪✪

Le style de ce domaine ne change pas, ici les vinifications se déroulent en totalité en cuve inox, un style qui convient à Guillaume Michel comme avant lui son oncle Jean-Loup. Comme toutes les vieilles familles du village, le parcellaire dans les beaux terroirs est conséquent, ce qui permet de décliner les Montmains en Butteaux et en Forêts et les Vaillons en Séchets, parfois à l'extrême quand l'une des cuvées s'en trouve affaiblie. En grands crus, le domaine a la chance d'exploiter une vigne en Grenouilles, ils sont peu nombreux à Chablis. Un style de vin pur et effilé qui s'affirme en minéralité avec le temps.

- Vaillons, chablis premier cru 2023
  | Sec | 2025>33 | 35 € — 90
- Montée de Tonnerre, chablis premier cru 2023
  | Sec | 2025>33 | 40 € — 91
- Vaudésir, chablis grand cru 2023 | Sec | 2028>38 | 65 € — 93
- Vaudésir, chablis grand cru 2022 | Sec | 2025>42 | 65 € — 94
- Les Clos, chablis grand cru 2023 | Sec | 2029>38 | 65 € — 94
- Les Clos, chablis grand cru 2022 | Sec | 2029>42 | 65 € — 95
- Grenouilles, chablis grand cru 2023
  | Sec | 2028>38 | 65 € — 94
- Grenouilles, chablis grand cru 2022
  | Sec | 2025>42 | 65 € — 94
- Forêts, chablis premier cru 2023
  | Sec | 2025>38 | 35 € — 91
- Butteaux, chablis premier cru 2023
  | Sec | 2025>39 | 35 € — 90
- Vieilles vignes, Butteaux, chablis premier cru 2023
  | Sec | 2025>38 | 40 € — 93
- Vaulorent, chablis premier cru 2023
  | Sec | 2025>33 | 40 € — 90
- Séchet, chablis premier cru 2023
  | Sec | 2025>38 | 40 € — 92

Domaine Christian Moreau Père et Fils

✪✪✪✪✪ ✦

Souvent l'on évoque les générations précédentes pour resituer la réputation d'un domaine dans le temps, mais ici un seul prénom s'impose : Fabien. Les vignes sont dans la famille depuis plusieurs siècles, mais le domaine n'a été créé qu'avec le millésime 2002, et dès le début c'est Fabien Moreau qui en a eu la charge, tout jeune diplômé de ses études d'œnologie. De très jolis terroirs, en Vaillons et en grands crus, une agriculture bio labellisée avec quelques touches de biodynamie non certifiée, des vendanges manuelles et des vinifications très rigoureuses, aujourd'hui le domaine égale les plus grands par le niveau de ses vins ainsi que sa régularité au fil des millésimes. Il faut goûter sa cuvée Guy Moreau, issue d'une des plus vieilles vignes de tout le Chablisien.

- Vaillon, chablis premier cru 2023
  | Sec | 2027>38 | 38 € — 91
- Guy Moreau, Vaillon, chablis premier cru 2023
  | Sec | 2025>43 | 45 € — 94
- Vaudésir, chablis grand cru 2023 | Sec | 2025>43 | 60 € — 94
- Blanchot, chablis grand cru 2023 | Sec | 2027>43 | 60 € — 95
- Valmur, chablis grand cru 2023 | Sec | 2027>43 | 60 € — 96
- Les Clos, chablis grand cru 2023 | Sec | 2028>43 | 60 € — 94
- Le Clos des Hospices, Les Clos, chablis grand cru 2023 | Sec | 2027>43 | 67 € — 96
- Les Pargues, chablis 2023 | Sec | 2025>33 | 22 € — 91

Domaine Louis Moreau

✪

Louis Moreau représente l'autre branche de la famille Moreau, le partage des vignes de famille lui ayant apporté de belles parcelles en Vaillons et surtout dans les Clos, le fameux Clos des Hospices étant alors divisé en deux entre Christian et lui-même, ce qui explique pourquoi deux domaines distincts proposent le même monopole. Depuis Louis s'est bien agrandi, notamment en Petit Chablis et en Chablis, avec l'acquisition du domaine de Biéville sur Viviers. Les différents vins s'expriment généralement sur leur fruit de jeunesse.

- chablis 2023 | Sec | 2025>28 | 18.4 € — 87
- Les Fourneaux, chablis premier cru 2023
  | Sec | 2025>28 | 30 € — 88
- Les Clos, chablis grand cru 2022 | Sec | 2025>32 | 68 € — 90
- Chablis «Les 8», chablis 2023 | Sec | 2025>29 | 23.4 € — 88

Domaine Moreau-Naudet

✪✪

Virginie Moreau a eu la joie de voir revenir sa jeune fille aînée au domaine, Neil, après un BTS viti-œno à Dijon. Dans sa nouvelle cuverie de la vallée de Valvan, un peu à l'écart du village, elle dispose désormais de l'outil adapté aux élevages longs que le regretté Stéphane Moreau avait mis au point et qui n'ont pas varié dans le principe, plus de 20 mois pour les premiers et grands crus. Régulièrement l'un des vins les plus émouvants ici est le chablis Caractère, issu du terroir des Pargues et qui avec le temps déploie toute l'expression coquillière attendue d'un vin de Chablis.

- petit chablis 2023 | Sec | 2025>30 | 21 € — 90
- chablis 2023 | Sec | 2025>30 | 26 € — 90
- Caractère, chablis 2022 | Sec | 2025>37 | 32 € — 91
- Vaillons, chablis premier cru 2022 | Sec | 2025>37 | 48 € — 91
- Forêts, chablis premier cru 2022 | Sec | 2025>37 | 48 € — 93
- Beauregard, chablis premier cru 2022 | Sec | 2025>32 | 48 € — 89

Domaine Olivier Morin

✪✪✪ +

Valeur sûre du village de Chitry depuis trois décennies déjà, Olivier Morin produit avec une égale réussite des blancs ciselés et minéraux et des rouges croquants de fruit. Sur ces terroirs où longtemps la cerise a fait la fortune des agriculteurs, les trois cépages bourguignons (chardonnay, aligoté et pinot noir) sont à l'honneur. Chitry, comme Chablis à quelques kilomètres, est assis sur un bloc de craie kimméridgienne qui donne droiture en bouche et trame calcaire salivante aux finales. En bon millésime, les vins se bonifient sur dix ans et plus, et les magnums sont alors à recommander. À la suite d'une petite incompréhension, il ne nous a présenté que son Chablis cette année.

- chablis 2023 | Sec | 2025>30 | 19 € — 88

Domaine Charly Nicolle

✪✪✪

Longtemps le village de Fleys était dans l'ombre de la commune voisine de Chablis, mais depuis quelques années un certain nombre de domaines ont émergé par la qualité de leur production et la mise en valeur de leurs terroirs, en premier lieu le premier cru des Fourneaux. Solaire comme son nom l'indique, il ne faut pas y cueillir le raisin trop tard et à ce jeu Charly Nicolle est passé maître. Ses cuvées Ante MCMLXXX désignent ses plus vieilles vignes, plantées avant 1980 et sont à rechercher en priorité.

- Per Aspera Ad Astra, chablis 2023 | Sec | 2025>30 | 15.5 € — 89
- Ante MCMLXXX, chablis 2023 | Sec | 2025>33 | 18 € — 90
- Ante MCMLXXX, Les Fourneaux, chablis premier cru 2023 | Sec | 2025>38 | 23.9 € — 92
- bourgogne tonnerre 2023 | Sec | 2025>30 | 12.8 € — 88

Domaine Pinson

✪✪✪ +

L'un des vieux domaines de Chablis, où l'on continue de recevoir les clients de passage pour leur faire déguster les vins, même le week-end, ce qui devient rare ! De nombreux premiers crus cultivés avec soin par Christophe, son frère Laurent et sa fille Charlène, dont le fameux Mont de Milieu, régulièrement excellent. Un seul grand cru, mais il s'agit des Clos, décliné en deux cuvées, une normale vinifiée en cuve inox et l'autre élevée en pièces et mise en bouteille au bout d'une année supplémentaire. L'arrivée de Charlène correspond à la mise au point d'une gamme complémentaire en négoce, baptisée Charlène – Laurent, sur des terroirs où le domaine n'est pas présent.

- Mont de Milieu, chablis premier cru 2023 | Sec | 2025>38 | 35 € — 93
- Montmains, chablis premier cru 2023 | Sec | 2025>33 | 35 € — 90
- La Forêt, chablis premier cru 2023 | Sec | 2025>38 | 35 € — 92
- Les Clos, chablis grand cru 2023 | Sec | 2027>43 | 60 € — 94
- Les Clos, chablis grand cru 2022 | Sec | 2025>47 | 60 € — 96
- Vaugiraut, chablis premier cru 2023 | Sec | 2025>33 | 35 € — 91
- Vaillons, chablis premier cru 2023 | Sec | 2025>33 | 35 € — 89
- L'Authentique, Les Clos, chablis grand cru 2022 | Sec | 2030>47 | 73 € — 96
- Charlène – Laurent, Fourchaume, chablis premier cru 2023 | Sec | 2025>38 | 35 € — 93
- Charlène – Laurent, Montée de Tonnerre, chablis premier cru 2023 | Sec | 2025>38 | 35 € — 93
- Mademoiselle, chablis 2023 | Sec | 2025>33 | 30 € — 90

Domaine Isabelle et Denis Pommier

✪✪✪ ➔

Peut-être le domaine à la progression la plus spectaculaire ces quinze dernières années de tout le Chablisien. Isabelle et Denis Pommier ont pris la décision en 2008 de remiser les produits chimiques au profit d'une agriculture biologique qui depuis a permis à leurs vins de se déployer en longueur et en largeur à la dégustation. Certes, leur gamme est assez réduite, avec trois premiers crus, mais il faut goûter leur pinot noir et surtout leur Petit Chablis, issu d'un terroir particulier pour l'appellation, le Hautérivien.

- Croix aux Moines, chablis 2022 | Sec | 2025>30 | NC | ☘ — 88
- Côte de Léchet, chablis premier cru 2022 | Sec | 2025>37 | NC | ☘ — 93
- Hautérivien, petit chablis 2023 | Sec | 2025>30 | NC | ☘ — 90
- Hautérivien, petit chablis 2022 | Sec | 2025>32 | NC — 91
- Troësmes, chablis premier cru 2022 | Sec | 2025>37 | NC | ☘ — 92
- Les Reinettes, chablis 2022 | Sec | 2025>32 | NC | ☘ — 90
- Fourchaume, chablis premier cru 2022 | Sec | 2025>37 | NC | ☘ — 92

Domaine Raveneau

✪✪✪✪✪ ✦

Les deux frères Bernard et Jean-Marie Raveneau étant partis en retraite (même si on les croise régulièrement lors de notre passage au domaine), ce sont aujourd'hui leurs enfants respectifs, Isabelle et Maxime, qui ont en charge la destinée de ce domaine qui a permis aux vins de Chablis de conquérir les plus belles tables de la planète, notamment aux États-Unis. Leurs cuvées culte de Butteaux, de Montée de Tonnerre ou de Clos sont des sommets absolus pour lesdits terroirs, et le plus dur reste de parvenir à en dénicher un flacon, parfois à des prix prohibitifs car hélas ! la spéculation s'est emparée de vins aussi demandés. De tels trésors doivent être gardés entre quinze et vingt ans minimum pour en apprécier toute la complexité de saveur minérale.

- Butteaux, chablis premier cru 2023 | Sec | 2033>43 | NC — 94
- Montée de Tonnerre, chablis premier cru 2023 | Sec | 2033>48 | NC — 94
- Valmur, chablis grand cru 2023 | Sec | 2033>48 | NC — 94
- Les Clos, chablis grand cru 2023 | Sec | 2033>48 | NC — 96
- Blanchot, chablis grand cru 2023 | Sec | 2033>48 | NC — 95
- Forêt, chablis premier cru 2023 | Sec | 2030>38 | NC — 92
- Montmains, chablis premier cru 2023 | Sec | 2030>43 | NC — 93
- chablis 2023 | Sec | 2025>33 | NC — 90
- Chapelot, chablis premier cru 2023 | Sec | 2033>48 | NC — 95
- petit chablis 2023 | Sec | 2025>33 | NC — 90
- Vaillons, chablis premier cru 2023 | Sec | 2030>38 | NC — 92

Domaine Sainte-Madeleine

✪ N

Nous sommes ravis de découvrir ce tout jeune domaine, créé en 2020 par Alexandre et Blandine Le Corguillé. Le terroir de Vézelay semble mieux leur convenir que leurs autres vignes en appellation Bourgogne, mais tout ce que nous avons dégusté cette année était recommandable.

- Sainte Madeleine, Village, vézelay 2023 | Sec | 2025>30 | 16 € — 90
- Sainte Madeleine, Les Saulniers, vézelay 2023 | Sec | 2025>33 | 17 € | ☘ — 91
- Sainte Madeleine, Le Clos, vézelay 2023 | Sec | 2025>30 | 18 € — 87
- Sainte Madeleine, Le Clos, bourgogne 2023 | Sec | 2025>30 | 18 € — 89
- Sainte Madeleine, Côte de Chauffour, bourgogne 2023 | Sec | 2025>30 | 14 € | ☘ — 88

Domaine Servin

✪✪

Vieille famille de Chablis, les Servin exploitent un très joli parcellaire en premiers et grands crus. Certains vins sont vinifiés en cuve inox, d'autres sous-bois, ces derniers étant souvent marqués par le fût mais c'est le goût qu'affectionne François Servin. En dehors des terroirs de renom, une cuvée de chablis vieilles vignes se distingue quasiment chaque année, elle est issue d'une sélection massale et plantée sur le très réputé terroir des Pargues.

- chablis 2022 | Sec | 2025>28 | 13.5 € — 87
- Vaillons, chablis premier cru 2020 | Sec | 2022>28 | 19.5 € — 90

Simonnet-Febvre

✪✪ ➔

Propriété de la maison Louis Latour, Simonnet-Febvre est gérée de manière autonome par Paul Espitalié, qui fait progresser les pratiques viticoles ces dernières années, ainsi les vignes en propriété sont-elles en cours de conversion bio. La gamme de vins de l'Yonne propose de plus en plus de cuvées elles-mêmes labellisées. Une gamme représentative des terroirs de l'Yonne, dans les deux couleurs. Attention tout de même à ne pas dupliquer à l'infini les différentes cuvées entre viticulture conventionnelle et celle labellisée bio. Les crémants de Bourgogne, longtemps la spécialité de la maison, restent de très bon niveau, à l'image d'un blanc de blancs 2008 que nous avons ouvert en préparant ce guide : délicieusement tertiaire.

- Mont de Milieu, chablis premier cru 2023 | Sec | 2025>33 | NC — 90

✦ Star + Valeur sûre ➔ À suivre de près N Nouvelle entrée

Paul Espitalié, Simonnet-Febvre

Même s'il est à Chablis depuis 2013, son accent du Tarn ne l'a jamais quitté. La soixantaine approchante, ce technicien a bien bourlingué, vinifiant de nombreux cépages et selon différentes techniques d'élaboration (Californie, Sud-Ouest, Jura, et même Alsace), tant en tranquille qu'en effervescent. Aujourd'hui, son spectre est plus limité, mais pas moins intéressant, puisque son terrain de jeu s'est recentré sur les calcaires du Kimméridgien. En grand amateur de vin, c'est lui qui a entrevu le potentiel de la parcelle D1840, située au pied du premier cru Montée de Tonnerre, un chablis superbe de salinité. *Guillaume Puzo*

- Les Preuses, chablis grand cru 2023 | Sec | 2025>38 | 98.4 € 93
- Blanchot, chablis grand cru 2023 | Sec | 2025>33 | NC 92
- Les Clos, chablis grand cru 2023 | Sec | 2025>33 | NC 93
- Montée de Tonnerre, chablis premier cru 2023 | Sec | 2025>33 | NC 90
- Côte de Léchet, chablis premier cru 2023 | Sec | 2025>33 | 33 € 90
- Paradis, irancy 2023 | Sec | 2025>33 | 21.6 € 90
- vézelay 2023 | Sec | 2025>33 | 12.6 € 89
- D18[illegible]0, chablis 2023 | Sec | 2025>33 | 21 € 89
- irancy 2023 | Sec | 2025>33 | 18 € 89
- bio, petit chablis 2023 | Sec | 2025>30 | 16.8 € 89
- Beauroy, chablis premier cru 2023 | Sec | 2025>33 | NC 89
- Bio, Vaillons, chablis premier cru 2023 | Sec | 2025>33 | 34.8 € 90
- Bio, Montmains, chablis premier cru 2023 | Sec | 2025>33 | 34.8 € 91
- Bio, Les Preuses, chablis grand cru 2023 | Sec | 2025>30 | 105.6 € 89
- Bio, Les Mazelots, irancy 2023 | Sec | 2025>28 | 24.9 € 91

Domaine Testut

✪✪ ➔

Les plus jeunes ont oublié que ce domaine avait été le créateur du fameux Château Grenouilles en grand cru, dans les années 1960, avant que des dissensions familiales ne le fassent passer au second plan. Cyril Testut, qui dès 1998 a tenté de relancer le domaine, a fait le choix, l'âge avançant, de céder son domaine à la famille Brocard. La signature a eu lieu début 2023, mais depuis Cyril accompagne toujours les équipes techniques de Brocard pour conserver un style qui lui est propre, des chablis énergiques et à l'acidité dynamique.

- Montée de Tonnerre, chablis premier cru 2023 | Sec | 2025>3[illegible] | 43 € 92
- Grenouilles, chablis grand cru 2023 | Sec | 2030>38 | 95 € 93
- Rive Droite, chablis 2023 | Sec | 2025>33 | 22 € 90
- Vaillons, chablis premier cru 2023 | Sec | 2025>38 | 39 € 92
- Forêt, chablis premier cru 2023 | Sec | 2025>38 | 46 € 93
- Vieilles Vignes, chablis 2023 | Sec | 2025>33 | 22 € 90
- Vaucoupin, chablis premier cru 2023 | Sec | 2025>33 | 34 € 87

Château de Viviers

✪

Ce château historique dont la façade actuelle date du XVIIe siècle a longtemps confié son vignoble et ses vins aux équipes de la maison Albert Bichot, également propriétaire de Long-Depaquit à Chablis. En 2019, Arnould et Isabelle Lefébure le reprennent en main et font le choix d'orienter leur exploitation vers la biodynamie. La gamme paraît un peu confuse de prime abord mais les vins ne manquent ni d'énergie ni d'intérêt.

- Sous les Plantes, chablis 2022 | Sec | 2025>32 | 34.5 € 90
- Sous les Plantes, chablis 2023 | Sec | 2025>28 | 36.5 € 88

Domaine Yvon et Laurent Vocoret

✪✪

Ce domaine de Maligny exploite un joli parcellaire en Fourchaume et ses différents lieux-dits. C'est l'un des vrais spécialistes du fameux Homme Mort !

- L'Homme Mort, chablis premier cru 2021 | Sec | 2023>31 | NC 90
- Fourchaume, chablis premier cru 2021 | Sec | 2023>31 | NC 90

Domaine William Fèvre

✪✪✪✪✪ ✦

Début 2024, Artémis a choisi de céder son vignoble chablisien à la famille Rothschild (branche Lafite), mais l'homme de l'art, Didier Séguier, en poste depuis 1998, est resté aux commandes donc les choses ne devraient pas évoluer en profondeur. La large gamme permet ici de bien exprimer tous les terroirs concernés, dans un style de vinification qui souvent permet d'apprécier les vins assez jeunes, ce qui constitue un atout pour la restauration, sans pour autant obérer leur potentiel au long vieillissement. La maison vient d'aménager une terrasse au cœur du grand cru Valmur, avec vue panoramique sur tout le vignoble : l'endroit idéal pour contempler Chablis dans le calme.

- Les Clos, chablis grand cru 2023 | Sec | 2033>48 | 144 € 96
- Montmains, chablis premier cru 2023 | Sec | 2027>38 | 54 € 90
- Beauroy, chablis premier cru 2023 | Sec | 2027>33 | 51 € 89
- Vaudésir, chablis grand cru 2023 | Sec | 2029>43 | 109 € 93
- Valmur, chablis grand cru 2023 | Sec | 2029>48 | 104 € 95
- Montée de Tonnerre, chablis premier cru 2023 | Sec | 2029>43 | 74 € 94
- Vaulorent, chablis premier cru 2023 | Sec | 2029>42 | 72 € 94
- Bougros, chablis grand cru 2023 | Sec | 2027>38 | 87 € 92
- Côte Bouguerots, Bougros, chablis grand cru 2023 | Sec | 2030>48 | 139 € 96
- Les Preuses, chablis grand cru 2023 | Sec | 2029>48 | 113 € 95
- Les Lys, chablis premier cru 2023 | Sec | 2028>38 | 53 € 91
- Fourchaume, chablis premier cru 2023 | Sec | 2028>38 | 59 € 92
- Vaillons, chablis premier cru 2023 | Sec | 2030>38 | 54 € 91

Côte de Nuits

Jean-Luc & Paul Aegerter

✪✪✪ ✚

Cette maison créée par Jean-Luc Aegerter est aujourd'hui dirigée par son fils Paul, par ailleurs créateur à succès de plusieurs cuvées innovantes comme le rosé Les Jolies Filles ou la nouvelle gamme Cosmic. En Bourgogne, il s'appuie sur un domaine de huit hectares complétés par des achats. Les vins rouges ont gagné en finesse de texture et en expression de fruit avec des 2022 agréables, idéaux en restauration car ils sont rapidement accessibles. Hélas, nous n'avons pas dégusté les vins de la maison cette année.

Domaine Arlaud

✪✪✪✪ ✦

Cyprien Arlaud a rejoint le domaine en 1997 et vinifie depuis 2004, aidé aux vignes par sa sœur qui a créé une société de labour à cheval. Quinze hectares principalement sur Morey, dont quatre premiers crus, quatre grands crus et cinq hectares de bourgogne Roncevie qui furent autrefois classés en gevrey village. Les vignes sont conduites en bio depuis 2010, en biodynamie depuis 2014. L'activité domaine est complétée par trois hectares et demi de négoce sous l'étiquette Arlaud. La vendange entière a été développée depuis 2008 mais le pourcentage de raisins non égrappés varie selon les millésimes pour garder la cohérence des vins proposés et ne dépasse pas 30 %. Cyprien recherche des vins de grande délicatesse avec des tannins soyeux, très fins, y compris dans les vins qui sont d'un naturel puissant comme le clos saint-denis.

- Les Ruchots, morey-saint-denis premier cru 2023 | Sec | 2027>35 | NC | ♣ 94
- clos saint-denis grand cru 2023 | Sec | 2028>40 | NC | ♣ 97
- Les Sentiers, chambolle-musigny premier cru 2023 | Sec | 2026>33 | NC | ♣ 94
- Aux Combottes, gevrey-chambertin premier cru 2023 | Sec | 2028>40 | NC | ♣ 95
- charmes-chambertin grand cru 2023 | Sec | 2028>40 | NC | ♣ 96
- Scritch, hautes côtes de beaune 2023 | Sec | 2025>30 | NC | ♣ 90

Domaine de l'Arlot

✪✪✪✪ ✦

Ce domaine célèbre, appartenant à Axa Millésimes, a été bâti sur trois monopoles, le clos du Chapeau, le clos des Forêts Saint-Georges et bien sûr le clos de l'Arlot. Le style des derniers millésimes, absolument remarquables, profite d'une culture en biodynamie et d'une vinification très aboutie de raisins entiers, ce qui donne au vin une noblesse de parfum incomparable. L'excellente Géraldine Godot est aux manettes. L'inflexion de style perceptible depuis 2018 se poursuit depuis sans surjouer aucun millésime. Le clos de l'Arlot blanc 2023, caché au milieu d'une dégustation des meilleurs premiers crus de Puligny donnerait du fil à retordre aux amateurs missionnés pour chercher l'intrus.

- Monopole, Clos des Forêts Saint-Georges, nuits-saint-georges premier cru 2023 | Sec | 2025>33 | 105 € | ♣ 94
- Monopole, Clos Arlot, nuits-saint-georges premier cru 2023 | Sec | 2025>32 | 120 € | ♣ 94
- Monopole, Clos Arlot, nuits-saint-georges premier cru 2023 | Sec | 2025>33 | 105 € | ♣ 94
- Les Suchots, vosne-romanée premier cru 2023 | Sec | 2027>35 | 190 € | ♣ 94
- romanée-saint-vivant grand cru 2023 | Sec | 2027>37 | 695 € | ♣ 96

Domaine Bart

✪✪✪ ✚

Cousin de Bruno Clair, Martin Bart partage avec lui non seulement quelques crus fameux mais aussi une même vision sérieuse, classique et intemporelle du vin de Bourgogne, privilégiant l'expression exacte du terroir, sans ignorer toutefois l'hédonisme pur des textures. Le domaine évolue vers des textures très élégantes et des fruités gourmands. La collection de Marsannay est de haut niveau et son bonnes-mares est régulièrement l'un des meilleurs représentants de ce cru.

- Hervelets, fixin premier cru 2023 | Sec | 2026>33 | NC 93
- Les Champs Salomon, marsannay 2023 | Sec | 2025>31 | NC 91
- bonnes-mares grand cru 2023 | Sec | 2027>37 | NC 96
- Es Chezots, marsannay 2023 | Sec | 2025>31 | NC 91
- Clos du Roy, marsannay 2023 | Sec | 2025>32 | NC 92
- La Montagne, marsannay 2023 | Sec | 2025>31 | 25 € 91

✦ Star ✚ Valeur sûre ➔ À suivre de près Ⓝ Nouvelle entrée

Domaine Bertagna

✪✪✪✪ +

Ce domaine appartient à la famille Reh, vignerons de la Moselle allemande, et possède des terroirs prestigieux en côte de Nuits, sur Gevrey, Morey, Vougeot et Flagey, ainsi qu'un superbe corton-charlemagne. Après des périodes plus ou moins fastes, la qualité ne se dément pas depuis des années, du début au sommet de la gamme, avec des vins généreux et soignés dans leur élevage. Le vougeot premier cru les Cras blanc est de haut niveau, l'un des meilleurs blancs de la côte de Nuits. Nous saluons l'avancée de ce domaine vers l'élite de la Bourgogne avec des rouges au toucher tactile des plus délicats. Les 2023 sont sensuels et pourront être bus un peu plus vite.

- **clos de vougeot grand cru 2023** | Sec | 2026>37 | 168 € — 96
- **Les Cras, vougeot premier cru 2023** | Sec | 2026>35 | 93 € — 94
- **Le Village, chambolle-musigny 2023** | Sec | 2027>35 | 51 € — 92
- **Les Beaux Monts, vosne-romanée premier cru 2023** | Sec | 2025>31 | 89 € — 94
- **hautes côtes de nuits 2023** | Sec | 2025>30 | 23 € — 90
- **Les Petits Vougeots, vougeot premier cru 2023** | Sec | 2026>35 | 75 € — 94

Domaine Berthaut-Gerbet

✪✪✪ →

Amélie Berthaut, la septième génération, a en charge depuis 2013, après la Napa Valley et la Nouvelle-Zélande, les domaines Berthaut de Fixin et Gerbet de Vosne-Romanée, 18 hectares et 23 appellations réunis sous une seule bannière. Elle utilise la vendange entière dans des proportions très variables, de 20 à 80 % selon les terroirs et les millésimes. Quand certains vignerons sont pétris de certitude, Amélie ne cesse de se remettre en question et multiplie les essais avec un souhait évident d'encore faire progresser la qualité des vins vers une finesse de texture rare en Bourgogne. Le petit échantillonnage de 2023 que nous avons dégusté permet d'entrevoir la réussite du domaine dans le millésime.

- **vosne-romanée 2023** | Sec | 2025>32 | 52 € — 92
- **Les Arvelets, fixin premier cru 2023** | Sec | 2025>33 | 54 € — 94
- **fixin 2023** | Sec | 2025>32 | 24 € — 91

Jean-Claude Boisset

✪✪✪ +

Cette maison a complètement révolutionné sa position dans l'univers bourguignon et métamorphosé le style de ses vins. La famille Boisset, sans doute agacée des commentaires habituels et fière du renouveau de son domaine de la Vougeraie, a eu l'heureuse idée d'engager le talentueux Grégory Patriat, jeune, brillant et surtout anticonformiste, formé à l'école de Lalou Bize-Leroy, pour produire des vins dignes des meilleurs producteurs. C'est aujourd'hui chose faite, au prix d'une considérable diminution des volumes qui sera compensé par la récente reprise du domaine Jean Dauvissat à Chablis.

- **Les Charbonnières, nuits-saint-georges 2023** | Sec | > | 49 € — 90
- **Les Grèves, beaune premier cru 2023** | Sec | 2025>40 | 55 € — 96
- **Les Charmes, chambolle-musigny premier cru 2023** | Sec | > | 170 € — 89
- **En Remilly, saint-aubin premier cru 2023** | Sec | > | 52 € — 89
- **Le Limozin, meursault 2023** | Sec | > | 62 € — 90
- **Hautes Mourottes, ladoix premier cru 2023** | Sec | > | 37.5 € — 89
- **clos de la roche grand cru 2023** | Sec | > | 290 € — 88
- **Les Valozières, aloxe-corton premier cru 2023** | Sec | 2025>33 | 54 € — 93
- **Les Valozières, aloxe-corton premier cru 2023** | Sec | 2025>35 | 54 € — 94
- **Les Moutots, bourgogne aligoté 2023** | Sec | 2025>30 | 13 € — 90
- **Les Vignes Franches, beaune premier cru 2023** | Sec | 2025>32 | 55 € — 92
- **Les Vignes Franches, beaune premier cru 2023** | Sec | 2025>35 | 55 € — 92
- **corton - renardes grand cru 2023** | Sec | 2025>35 | 145 € — 94
- **Passetemps, santenay premier cru 2023** | Sec | 2025>32 | 43 € — 90
- **corton - charlemagne grand cru 2023** | Sec | 2025>40 | 325 € — 93
- **Les Chenevottes , chassagne-montrachet premier cru 2023** | Sec | > | 99 € — 90
- **vosne-romanée 2023** | Sec | 2025>32 | 84 € — 91
- **vosne-romanée 2023** | Sec | > | 84 € — 90
- **clos de vougeot grand cru 2023** | Sec | 2025>32 | 225 € — 91
- **Beaumonts, chorey-lès-beaune 2023** | Sec | 2025>32 | 28 € — 91
- **En Champs, gevrey-chambertin 2023** | Sec | 2026>32 | 65 € — 91
- **En Champs, gevrey-chambertin 2023** | Sec | 2025>35 | 65 € — 93

■ Lavières, savigny-lès-beaune premier cru 2023 | Sec | 2025>32 | 43.5 € 90
■ pommard 2023 | Sec | 2025>32 | 50 € 92
■ Santenots, volnay premier cru 2023 | Sec | 2025>35 | 59 € 91
■ Trezin, puligny-montrachet 2023 | Sec | > | 69 € 89
■ Morgeot, chassagne-montrachet premier cru 2023 | Sec | 2025>35 | 99 € 91
■ criots-bâtard-montrachet grand cru 2023 | Sec | 2025>40 | 660 € 94

Domaine René Bouvier

✪✪✪✪ ✚

Bernard Bouvier fait partie des meilleurs vignerons de Marsannay qui mettent en valeur le riche patrimoine de cette commune. Partisan résolu de l'infusion qui rompt avec les extractions poussées que la Bourgogne a connues par le passé, il aime les vins qui ont de la chair, bons jeunes et bons vieux, les vendanges à maturité et intervient le moins possible. Signalons la gentillesse de l'accueil au domaine, une démarche bio, une gamme de gevreys, de marsannays et de fixins de référence de grande homogénéité, les vins sont les plus proches possible de leur terroir d'origine avec le tact dans les vinifications qui caractérise la production du domaine et donne une finesse très reconnaissable aux vins. Une adresse qui ne déçoit pas.

■ charmes-chambertin grand cru 2023 | Sec | 2027>35 | 342 € 95
■ Racines du Temps, gevrey-chambertin 2023 | Sec | 2026>32 | 84 € 93
■ Le Clos du Roy, marsannay 2023 | Sec | 2025>32 | 51 € 91
■ Vieilles vignes, bourgogne aligoté 2023 | Sec | 2025>30 | 21 € 88
■ En la rue de Vergy, morey-saint-denis 2023 | Sec | 2025>33 | 116 € 93
■ Le Chapitre, marsannay 2023 | Sec | 2025>32 | 107 € 93

Maison Stéphane Brocard

✪✪

Issu d'une famille célèbre de Chablis, Stéphane Brocard s'est installé un peu plus au sud, en côte d'Or, où il a créé sa propre maison qui propose une gamme d'appellations régionales de Bourgogne ainsi que quelques crus bien choisis de la côte de Nuits. Une adresse de vins francs et typés.

■ gevrey-chambertin 2022 | Sec | 2027>32 | NC | ♣ 91
■ Pinot Noir, bourgogne 2023 | Sec | 2025>30 | NC | ♣ 89
■ La rue au port, pommard 2023 | Sec | 2027>32 | NC | ♣ 91
■ marsannay 2023 | Sec | 2026>31 | NC | ♣ 90
■ Vieilles vignes, chablis 2023 | Sec | 2025>29 | NC 89
■ bourgogne aligoté 2023 | Sec | 2025>28 | NC 88
■ petit chablis 2023 | Sec | 2025>30 | NC 88

Domaine Castagnier

✪✪✪✪ ➔

Ce domaine est repris par la cinquième génération de vignerons. Son patrimoine de vignes est un des plus remarquables du village, quatre hectares, ce qui est peu mais dont deux de grands crus, ce qui est rare. Jérôme Castagnier, trompettiste et ancien membre de l'orchestre de la Garde républicaine, est revenu au domaine où il mène son vignoble en approche biodynamique et complète sa gamme par des raisins achetés notamment dans les chambertins, les échezeaux et dans les amoureuses dont il offre une représentation très réussie. Jérôme affine ses élevages selon chaque cru et les vins sont en progression continue depuis des années. Goûtez son simple chambolle pour vous faire une idée de ce que peut faire le domaine avec ses crus plus célèbres. Et le vigneron a le sens de l'accueil au domaine, dans la grande tradition de l'hospitalité bourguignonne, ce qui devient rare, hélas.

■ clos saint-denis grand cru 2023 | Sec | 2026>37 | 138 € 97
■ clos de la roche grand cru 2023 | Sec | 2026>36 | 138 € 96
■ clos de vougeot grand cru 2023 | Sec | 2027>36 | 146 € 96
■ charmes-chambertin grand cru 2023 | Sec | 2026>36 | 138 € 95
■ chambolle-musigny 2023 | Sec | 2025>32 | 46 € 92
■ Aux Cheseaux, morey-saint-denis premier cru 2023 | Sec | 2027>34 | 70 € 93

Domaine Philippe Charlopin-Parizot

✪✪✪✪ ✚

Vingt hectares en côte d'Or, cinq à Chablis avec un patrimoine de vignes impressionnant en très belles appellations. Les Charlopin, Philippe le père et Yann le fils, n'ont cessé de progresser vers plus de précision. Le fils est très attentif dès le travail de la vigne et le père, fin dégustateur, donne le cap. L'humour de Philippe n'a d'égal que son exigence qualitative aidée par un chai très fonctionnel, à l'hygiène impeccable. 2021 a été lourdement impacté par le gel, mécontent du niveau qualitatif d'ensemble, le domaine a été le seul, à notre connaissance, à tout déclasser en deux cuvées, une tête de cuvée avec tous les grands crus, une première cuvée pour l'ensemble des villages. Ces deux 2021 sont des «must have» et le courage du domaine fait encore parler dans les chaumières bourguignonnes. 2022 et 2023 reviennent à la normale avec des cuvées qui sont toutes l'expression précise de leur terroir d'origine.

■ vosne-romanée 2023 | Sec | 2026>32 | NC 92
■ Vieilles vignes, gevrey-chambertin 2023 | Sec | 2027>33 | NC 93
■ clos saint-denis grand cru 2023 | Sec | 2028>38 | NC 96
■ Échezeaux grand cru 2023 | Sec | 2028>38 | NC 95
■ charmes-chambertin grand cru 2023 | Sec | 2028>38 | NC 95
■ Montchenevoy, marsannay 2023 | Sec | 2026>33 | NC 91

Domaine Maxime Cheurlin Noëllat

✪✪✪✪ ✦

Maxime Cheurlin produit une partie des vins sous le nom du domaine Maxime Cheurlin Noëllat. Formé à la rude discipline du champagne (son père est propriétaire de vignes dans l'Aube), le producteur déguste remarquablement les vins de ses vieilles vignes et sait où il va pour atteindre son double objectif de fraîcheur aromatique et de buvabilité. Les vins, comme au domaine Georges Noëllat, jouent l'intensité plutôt que la densité, leur finesse est superlative. Le hautes-côtes de Nuits donne le la, délicieux.

■ hautes côtes de beaune 2022 | Sec | 2025>29 | NC 91
■ morey-saint-denis 2022 | Sec | 2025>32 | NC 93
■ Les Monts Luisants, morey-saint-denis premier cru 2022 | Sec | 2025>32 | NC 95

Domaine Georges Chicotot

✪✪✪✪ ✚

Ce petit domaine artisanal de sept hectares s'est affirmé comme une des sources les plus remarquables de Nuits-Saint-Georges sous l'impulsion du truculent Georges relayé depuis sa retraite par Pascale, son épouse et par leur fils Clément qui signe désormais les bouteilles. Les parcelles sont petites mais toutes très bien situées, travaillées comme un jardin et les vins, méticuleusement vinifiés peuvent servir de modèle de style. Remarquable nuits-saint-georges premier cru Aux Thorey surpassé comme chaque année par un Saint-Georges d'anthologie que talonne les Vaucrains.

■ Les Saints-Georges, nuits-saint-georges premier cru 2023 | Sec | 2026>34 | 135 € | ♣ 95
■ Les Vaucrains, nuits-saint-georges premier cru 2023 | Sec | 2026>32 | 135 € | ♣ 94
■ Aux Thorey, nuits-saint-georges premier cru 2023 | Sec | 2026>33 | 88 € | ♣ 93

Domaine Chopin et fils

✪✪✪✪ ➔

Arnaud Chopin et son frère Alban, après avoir travaillé au domaine, en ont repris la destinée et ont diminué la superficie de 14 à neuf hectares pour tendre vers une viticulture de jardin. Une parcelle de 0,4 hectares de vougeot premier cru vient d'être reprise pour proposer cette appellation. Tout est vinifié en grappe entière pour des vins au charnu exceptionnel : le raisin est particulièrement bien traité ici et cela se ressent dans le résultat final. Les élevages s'allongent progressivement et sont désormais de 18 mois. Après des 2021 incroyablement denses pour le millésime, des 2022 splendides d'équilibre, les 2023 jouent une délicatesse superlative. Cela mérite une quatrième étoile.

■ Vieilles vignes, nuits-saint-georges 2023 | Sec | 2025>32 | NC | ♣ 93
■ Les Murgers, nuits-saint-georges premier cru 2023 | Sec | 2025>32 | NC | ♣ 95
■ Vieilles vignes, côte de nuits-villages 2023 | Sec | 2025>32 | NC | ♣ 91
■ Les Petits Vougeots, vougeot premier cru 2023 | Sec | 2025>32 | NC | ♣ 94
■ bourgogne 2023 | Sec | 2025>30 | NC | ♣ 91
■ clos de vougeot grand cru 2023 | Sec | 2026>35 | NC | ♣ 96

Domaine Bruno Clair

✪✪✪✪ ✦

Leur patrimoine de vignes est un des plus nobles qui soit, avec les grands joyaux de Gevrey comme le clos Saint-Jacques, les Cazetiers et le clos de Bèze. À signaler la reprise d'un hectare de Bonnes-Mares depuis 2016. Elle permet au domaine de posséder toute la partie sur Morey-Saint-Denis de cette appellation essentiellement présente sur Chambolle-Musigny. La régularité dans la réussite et la préser-

✦ Star ✚ Valeur sûre ➔ À suivre de près Ⓝ Nouvelle entrée

vation d'un même style mérite un grand coup de chapeau, en particulier à Philippe Brun, associé à Bruno Clair dès le début de l'aventure, et qui met toute son expertise de vinification au service de ces grands terroirs. Arthur, Margaux et Edouard Clair ont rejoint le domaine pour les vinifications. On est ici au sommet du nord de la côte de Nuits avec des bouches infiniment sensuelles. Parmi les très grands, le style Bruno Clair mérite impérativement d'être connu, si proche d'une cinquième étoile.

- chambertin-clos de bèze grand cru 2023 | Sec | 2029>40 | 370 € — 98
- bonnes-mares grand cru 2023 | Sec | 2028>38 | 340 € — 97
- Les Vaudenelles, marsannay 2023 | Sec | 2027>34 | 33.5 € — 92
- Les Charmes, chambolle-musigny premier cru 2023 | Sec | 2027>35 | 132 € — 95
- La Charme aux Prêtres, marsannay 2023 | Sec | 2025>32 | 32 € — 92

Domaine du Comte Liger-Belair

★★★★★ +

Louis-Michel Liger-Belair s'est hissé progressivement au premier rang de la Bourgogne. Il s'agit de la lente reconstruction d'une propriété qui possédait les meilleurs finages de la côte de Nuits au début du XXe siècle mais qui avait été démembrée par les successions. Pour y parvenir, il pratique une des viticultures les plus strictes et disciplinées de la côte, certifiée en biodynamie depuis 2012. Cinq hectares et demi sont loués pour compléter les trois hectares patiemment reconstitués parmi le fleuron, l'illustrissime Romanée, dont le vin ressemble d'ailleurs de plus en plus aux autres grandes romanées, y compris en matière de prix. Ce vigneron n'aime pas parler d'un style domaine. On le reconnaît pourtant dans tous ses vins, une infusion de tannins extrêmement fins, aériens, dans les nuages. Des vins d'une immense délicatesse au plus haut niveau de la Bourgogne. Louis-Michel a ouvert une superbe auberge dans le village de Vosne-Romanée qui redonne vie à ce bourg prestigieux.

- La Colombière, vosne-romanée 2021 | Sec | 2023>28 | NC | ☘ — 93
- la romanée grand cru 2021 | Sec | 2025>32 | NC | ☘ — 99
- Échezeaux grand cru 2021 | Sec | 2025>35 | NC | ☘ — 98
- Aux Reignots, vosne-romanée premier cru 2021 | Sec | 2025>32 | NC | ☘ — 96

Domaine Confuron-Cotetidot

★★★★ +

Domaine artisanal exemplaire, avec un patrimoine de vignes idéalement réparties sur les communes principales de la côte de Nuits, et un pied à Pommard où Yves Confuron a beaucoup œuvré pour le domaine de Courcel. Dans sa propriété familiale, il travaille en duo avec son frère Jean-Pierre et ce tandem conserve le style noble mais robuste mis au point par leur père, en dehors des modes. Les matières sont toujours magnifiques, tout comme les couleurs mais il faut savoir leur donner du temps au risque de les trouver austères en vin jeune ! Après des 2021 un peu plus tendres que les millésimes précédents, 2022 et 2023 renouent avec la tradition du domaine à produire des vins de grande garde.

- Les Suchots, vosne-romanée premier cru 2023 | Sec | 2027>37 | NC — 95
- Les Arvelets, pommard premier cru 2023 | Sec | 2027>37 | NC — 94
- Vignes Rondes, Aux Vignerondes, nuits-saint-georges premier cru 2023 | Sec | 2027>35 | NC — 94
- Craipillot, gevrey-chambertin premier cru 2023 | Sec | 2027>35 | NC — 94
- Petite Chapelle, gevrey-chambertin premier cru 2023 | Sec | 2027>35 | NC — 94
- Derrière la Grange, chambolle-musigny premier cru 2023 | Sec | 2027>35 | NC — 94

Édouard Delaunay

★★★★ ⊕

Fondée en 1893, Édouard Delaunay fut l'un des grands noms du négoce bourguignon et un acteur majeur de la renommée mondiale des vins de Bourgogne. Tombée dans l'oubli, la maison renaît sous l'impulsion de Laurent Delaunay, arrière-petit-fils du fondateur, qui lui insuffle un nouvel élan, avec ambition et exigence. Grâce à une cuverie flambant neuve et aux caves historiques du château de Charmont, l'équipe peut vinifier et élever avec précision des vins issus des plus beaux terroirs de la côte de Nuits et de la côte de Beaune. La gamme impressionne par son homogénéité : des hautes-côtes jusqu'aux grands crus, chaque cuvée révèle son terroir avec justesse et une remarquable maîtrise des équilibres. Ce n'est plus une renaissance : c'est un retour magistral au premier plan.

- corton - charlemagne grand cru 2023 | Sec | 2025>35 | 405 € — 95
- saint-romain 2023 | Sec | 2025>32 | 52 € — 92
- nuits-saint-georges 2023 | Sec | 2025>35 | 64 € — 92
- chambolle-musigny 2023 | Sec | 2025>35 | 119 € — 93
- charmes-chambertin grand cru 2023 | Sec | 2028>40 | 365 € — 95
- clos de la roche grand cru 2023 | Sec | 2028>40 | 395 € — 97
- gevrey-chambertin 2023 | Sec | 2025>35 | 89 € — 95
- clos de vougeot grand cru 2023 | Sec | 2028>40 | 365 € — 95
- Les Crots, nuits-saint-georges premier cru 2023 | Sec | 2025>35 | 97 € — 94
- Les Millandes, morey-saint-denis premier cru 2023 | Sec | 2028>35 | 180 € — 95
- chassagne-montrachet 2023 | Sec | 2025>35 | 117 € — 93
- puligny-montrachet 2023 | Sec | 2025>35 | 110 € — 93
- chambertin grand cru 2023 | Sec | 2028>40 | 540 € — 95
- Grand calcaire, chablis 2023 | Sec | 2025>30 | NC — 91
- Aux Poulettes, nuits-saint-georges premier cru 2023 | Sec | 2025>35 | 97 € — 94
- Grand calcaire, Fourchaume, chablis premier cru 2023 | Sec | 2025>30 | NC — 92
- Grand calcaire, Les Preuses, chablis premier cru 2023 | Sec | 2025>30 | NC — 93
- Le Mont, hautes côtes de nuits 2023 | Sec | 2025>30 | 33 € — 89
- Les Crais, marsannay 2023 | Sec | 2025>30 | 60 € — 92
- Les Champs Claudes, santenay 2023 | Sec | 2025>32 | 52 € — 92
- Les Champlots, saint-aubin 2023 | Sec | 2025>32 | 85 € — 93
- Les Dames Huguette, hautes côtes de nuits 2023 | Sec | 2025>30 | 33 € — 89
- volnay 2023 | Sec | 2025>30 | 68 € — 92
- Santenots, volnay 2023 | Sec | 2025>30 | 105 € — 93
- Les Pezerolles, pommard 2023 | Sec | 2025>30 | NC — 93
- Les Chaperons, pommard 2023 | Sec | 2025>30 | 99 € — 95
- Les Cras, vougeot premier cru 2023 | Sec | 2025>35 | 195 € — 94
- Cherbaudes, gevrey-chambertin premier cru 2023 | Sec | 2028>35 | 180 € — 94

Domaine Drouhin-Laroze

★★★ ⊕

Ce domaine prestigieux, fort de ses 14 hectares essentiellement en propriété, dont six de grands crus, est de plus en plus sous la responsabilité de Nicolas et Caroline Drouhin, les enfants de Philippe. La cave empierrée sur deux niveaux est l'une des plus belles de la côte. Le style du domaine a évolué vers des vins profonds, pleins, intenses mais onctueux. Cette patte du domaine, clairement identifiable, respecte les typicités des terroirs d'origine. La cuvée de base, Dix climats, est particulièrement recommandable et annonce le style du reste de la gamme. On est proche d'une quatrième étoile ici.

- clos de vougeot grand cru 2023 | Sec | 2026>35 | 191 € — 96
- Lavaux, gevrey-chambertin premier cru 2023 | Sec | 2025>32 | 104 € — 94
- latricières-chambertin grand cru 2023 | Sec | 2027>38 | 170 € — 96
- Dix climats, gevrey-chambertin 2023 | Sec | 2026>33 | 51 € — 93
- Clos de Combes, gevrey-chambertin 2023 | Sec | 2025>33 | 65 € — 93
- Craipillot, gevrey-chambertin premier cru 2023 | Sec | 2026>34 | 84 € — 95

Domaine David Duband et François Feuillet

★★★★ ⊕

David Duband et François Feuillet forment un duo vigneron et propriétaire devenu référent en Bourgogne. Et la gamme de vins vinifiés impressionne avec cinq grands crus et six premiers crus. 17 hectares dont cinq en Hautes-Côtes et des achats de raisins. David Duband affine d'une année sur l'autre une vinification respectueuse du raisin, revenant à la tradition de la vendange entière, de 60 à 90 % selon les cuvées, ce qui confère à ses vins fraîcheur, finesse et complexité, grâce à un travail à l'ancienne, avec le moins d'interventions possible et pigeage au pied pour ne pas casser la rafle. La vendange entière peut serrer les vins jeunes mais ils retrouvent après quelques années la finesse de texture que l'on aime de ce domaine. Les 2023 sont déjà délicieux.

- nuits-saint-georges 2023 | Sec | 2025>31 | 58.5 € | ☘ — 92
- Aux Thorey, nuits-saint-georges premier cru 2023 | Sec | 2025>32 | 88 € | ☘ — 94
- Les Sentiers, chambolle-musigny premier cru 2023 | Sec | 2027>34 | 142 € | ☘ — 94
- Échezeaux grand cru 2023 | Sec | 2028>38 | 256 € | ☘ — 96
- latricières-chambertin grand cru 2023 | Sec | 2028>40 | 373 € | ☘ — 97

Domaine Guy & Yann Dufouleur

★★★ +

Ce domaine est géré par le descendant de l'une des familles nuitonnes les plus connues, également président de l'appellation Nuits-Saint-Georges. Il s'étend de Fixin à Santenay. Yvan a renommé au négoce familial pour se consacrer à son vignoble. La qualité de la gamme ne souffre d'aucun reproche, dès les appellations régionales, ce qui n'est pas pour nous étonner quand on connaît l'exigence d'Yvan. Elle progresse même depuis des années, 2022 confirmait le haut niveau de qualité de la gamme toute entière et 2023 est très réussi dans ce millésime. Achat en toute confiance.

- Clos des Perrières, nuits-saint-georges premier cru 2023 | Sec | 2027>35 | 62 € 94
- Les Poulettes, nuits-saint-georges premier cru 2023 | Sec | 2027>35 | 60 € 93
- Clos du Chapitre, fixin premier cru 2023 | Sec | 2027>35 | 49 € 93
- Aux Saints-Juliens, nuits-saint-georges 2023 | Sec | 2025>32 | 41 € 92
- Les Crots, nuits-saint-georges premier cru 2023 | Sec | 2025>33 | 59 € 94
- Renardes, corton grand cru 2023 | Sec | 2027>35 | 128 € 95

Domaine Dujac

✪✪✪✪ ✦

La nouvelle génération, Jérémy, Alec et Diana, est aux manettes. Le domaine n'a jamais été aussi maître de son art, profitant à plein d'une discipline impeccable de viticulture et de la fidélité à la vinification pour partie en raisins entiers, qui donne un cachet et un pouvoir de vieillissement supplémentaire à la plupart des vins. À l'activité autour des 20 hectares du domaine s'ajoute, sur cinq hectares et pour quelques cuvées de village, une petite activité de négoce, sous le nom de Dujac Fils et Père (dans cet ordre), avec des vins de même style. Les vins sérieusement construits par le passé ont radicalement évolué vers des textures aériennes, plus légères, plus délicates. 2022 poursuit la recherche d'élégance, il y a un style Dujac, particulièrement racé, reconnaissable entre tous. L'adresse est très sûre, unanimement respectée en Bourgogne, très en forme.

- clos de la roche grand cru 2023 | Sec | 2028>38 | 358 € 96
- clos saint-denis grand cru 2023 | Sec | 2027>38 | 358 € 96
- Aux Combottes, gevrey-chambertin premier cru 2023 | Sec | 2027>35 | 196 € 94

Domaine Sylvie Esmonin

✪✪✪✪ ✦

Sylvie Esmonin mène son domaine dans une démarche inspirée du bio. Elle a adopté progressivement les vinifications en grappe entière, à partir de raisins provenant d'une viticulture rigoureuse de longue date. Cela a donné des millésimes récents d'anthologie, rappelant les vins mythiques du XIXe siècle dans leur parfum et leur consistance. La sève incroyable de ces vins leur permet de survoler systématiquement la dégustation des gevreys dès l'appellation village. En catégorie premier cru, le clos-saint-jacques surpasse par sa race et sa profondeur tous ses compétiteurs et fait jeu égal avec les meilleurs grands crus. Les 2022 continuent une lignée impressionnante du domaine, 2023 est de la même trame mais pourra être bu un peu plus vite.

- Clos Saint-Jacques, gevrey-chambertin premier cru 2023 | Sec | 2027>37 | NC 96
- Vieilles vignes, gevrey-chambertin 2023 | Sec | 2026>35 | NC 94
- côte de nuits-villages 2023 | Sec | 2026>32 | NC 92

Domaine Evenstad

✪✪✪ Ⓝ

Pionniers du pinot noir en Oregon avec le domaine Serene, Grace et Ken Evenstad ont concrétisé leur rêve bourguignon en 2015 en acquérant le château de La Crée à Santenay. En 2021, ils ont fondé le domaine Evenstad, prolongement naturel de leur engagement. Mais si les caves sont à Santenay, le domaine compte aujourd'hui six hectares dans les crus de la côte de Nuits, dont des premiers crus à Chambolle et Nuits-Saint-Georges et les grands crus Clos Vougeot et Bonnes Mares. Vinifiés avec sensibilité et finesse, les vins ont beaucoup de personnalité et un style remarquablement élancé.

- bourgogne côte d'or 2022 | Sec | >30 | 36 € 90
- Les Retraits, côte de nuits-villages 2022 | Sec | 2025>35 | 70 € 92
- Longecourts, nuits-saint-georges 2022 | Sec | 2025>40 | 95 € 94
- Les Vaucrains, nuits-saint-georges premier cru 2022 | Sec | 2025>40 | 200 € 97
- Les Feusselottes, chambolle-musigny premier cru 2022 | Sec | 2026>50 | 155 € 96
- clos de vougeot grand cru 2022 | Sec | 2025>35 | 350 € 95

Domaine Faiveley

✪✪✪✪ ✦

Disposant de 120 hectares dont 70 en côte chalonnaise, de l'un des plus beaux chais de la Bourgogne à Nuits-Saint-Georges, avec ses récents agrandissements comme le fermage du domaine Zibetti et la reprise des domaines Dupont-Tisserandot et Billaud-Simon, Faiveley est devenu un ambassadeur incontournable des grands vins de Bourgogne dans le monde. Et l'on se réjouit que cela ne soit pas au détriment de l'exigence en matière de qualité et de style à tous les niveaux d'appellation et de prix. La réflexion sur le travail à la vigne porte ses fruits, les vins de la maison jouent sur la droiture et la précision de l'expression de chaque cuvée, en blanc comme en rouge. Le charme tactile est désormais la signature de la maison.

- corton - charlemagne grand cru 2023 | Sec | 2027>38 | 285 € 96
- Faiveley, Clos des Cortons, corton grand cru 2023 | Sec | 2028>40 | 240 € 95
- Les Cazetiers, gevrey-chambertin premier cru 2023 | Sec | 2026>34 | 132 € 93
- Domaine de La Framboisière - Monopole, mercurey 2023 | Sec | 2025>32 | 32 € 92
- Les marnes blanches, ladoix 2023 | Sec | 2025>30 | 32 € 91
- Les Montroziers, nuits-saint-georges 2023 | Sec | 2026>33 | 52 € 91

Domaine Fougeray de Beauclair

✪

Ce domaine familial discret produisait depuis des années des vins dont certains attiraient l'attention. Il est aujourd'hui géré par Frédéric Magnien et dispose d'une gamme de marsannays et de fixins dont nous avons dégusté quelques 2023 qui nous ont impressionnés. Nous ferons un point plus complet l'an prochain. Ce domaine est à suivre.

- Clos Marion, fixin 2023 | Sec | 2025>32 | NC | ☘ 92
- Saint-Jacques, marsannay 2023 | Sec | 2025>31 | NC | ☘ 91

Domaine Jean Fournier

✪✪✪ ⊛

Laurent Fournier, avec son humour, son intelligence et sa délicatesse est un des talents les plus brillants de la nouvelle génération bourguignonne. Il nous fait plaisir en cherchant et réussissant à retrouver les secrets des très grands vins d'autrefois, vinifiés à partir de raisins entiers en démarche bio. Les terroirs se montrent ainsi avec une grande précision. Ses côtes-de-nuit-villages et plusieurs marsannays bousculeraient bien des gevrey-chambertin. Tout est réussi depuis des millésimes, 2023 poursuit cette voie vertueuse. C'est l'une des adresses idéales pour les amoureux de la belle Bourgogne.

- Clos du Roy, marsannay 2023 | Sec | 2025>32 | 40 € 93
- Es Chezots, marsannay 2023 | Sec | 2027>33 | 40 € 91
- Longeroies, marsannay 2023 | Sec | 2025>32 | 40 € 93
- Trois Terres, marsannay 2023 | Sec | 2027>37 | 63 € 94
- Champforey, bourgogne aligoté 2023 | Sec | 2025>28 | 30 € 91
- Le chapitre, marsannay 2023 | Sec | 2025>32 | 35 € 91

Domaine Gallois

✪✪✪✪

Dominique Gallois cultive les 4 hectares de vignes du domaine familial, installé depuis 1901 à Gevrey-Chambertin. Il produit désormais des vins corsés, de couleur sombre, de grande garde avec le fond attendu. Leur puissance charnue en 2019 est relayée par une pointe d'acidité qui les rafraîchit, les 2020 sont impeccables. Les 2021 ne seront pas sur le marché pour des raisons familiales mais le domaine a retrouvé la forme avec ses 2022 racés à souhait. Les 2023 que nous avons dégustés ont une ampleur hors normes dans le millésime. C'est Sophie, l'épouse de Dominique qui mène désormais ce beau domaine.

- charmes-chambertin grand cru 2023 | Sec | 2028>40 | 230 € 96
- Petits Cazetiers, gevrey-chambertin premier cru 2023 | Sec | 2027>37 | 100 € 95
- Combe aux Moines, gevrey-chambertin premier cru 2023 | Sec | 2027>35 | 110 € 94
- Vieilles vignes, gevrey-chambertin 2023 | Sec | 2025>32 | 58 € 90
- La Justice, gevrey-chambertin 2023 | Sec | 2025>32 | 58 € 92
- Les Goulots, gevrey-chambertin premier cru 2023 | Sec | 2025>35 | 100 € 94

Domaine Henri Gouges

✪✪✪✪ ✦

Ce domaine célèbre parmi les célèbres de Nuits-Saint-Georges, entièrement implanté sur ce finage avec pas moins de sept premiers crus, est passé des mains de Christian Gouges à celles de

Géraldine Godot, Domaine de l'Arlot

Cette Bourguignonne d'origine est une microbiologiste et œnologue diplômée de l'institut Jules Guyot de Dijon. Elle est passée par le Chili à la bodega Las Niñas et par la remarquable maison Alex Gambal à Beaune avant de diriger, depuis 2014, les vinifications du domaine de l'Arlot (Axa Millésimes), où elle a succédé à Jacques Devauges (désormais au domaine des Lambrays). Elle a la charge et la chance d'y superviser trois monopoles, les clos du Chapeau, des Forêts Saint Georges et de l'Arlot, et elle exprime avec talent toute l'élégance dont ils sont capables. *Alain Chameyrat*

Grégory aux vinifications et d'Antoine, licence de commerce des vins en poche. Ils ont désormais en charge les 14,5 hectares de vignes. Des installations techniques complètement renouvelées, conformes à ce que l'on doit attendre d'une telle source, permettent de travailler par gravité et d'adoucir des tannins qui, dans les millésimes anciens, avaient une tendance à l'austérité. Si la philosophie de la maison reste de produire des vins sérieux et de longue garde la nouvelle équipe a effectué un changement de cap vers des tannins aériens sans que le vin ne perde en énergie, bien au contraire et sans surjouer les millésimes plus délicats. Chaque rouge réalisé ici domine depuis des années ses pairs du même climat. Une curiosité, le perrières en blanc, est réalisée à base de pinot blanc.

- **Clos des Porrets-Saint-Georges, nuits-saint-georges premier cru 2023** | Sec | 2027>34 | 70 € — 94
- **Les Saint Georges, nuits-saint-georges premier cru 2023** | Sec | 2027>35 | 432 € — 96
- **Les Vaucrains, nuits-saint-georges premier cru 2023** | Sec | 2026>35 | 144 € — 94
- **Les Pruliers, nuits-saint-georges premier cru 2023** | Sec | 2027>35 | 108 € — 94
- **nuits-saint-georges 2023** | Sec | 2026>33 | 58 € — 93
- **Les Dames Huguettes, hautes côtes de nuits 2023** | Sec | 2025>32 | 32 € — 92

Domaine Jean Grivot

★★★★ ✦

La jeune génération, Mathilde et Hubert, est revenue sur les 15 hectares d'un domaine qui pourrait être une incarnation d'un certain classicisme bourguignon. Ce domaine très réputé de Vosne-Romanée a révolutionné son style à la fin des années 1980. Étienne Grivot aime la profondeur dans ses cuvées faites pour vieillir. Aujourd'hui, si le style reste affirmé, il recherche également plus de gourmandise dans ses vins qu'il souhaite plus «courtois» dans leur jeunesse. Bref, une adresse infiniment respectable, à la fois gardienne du temple et résolument moderne, un classicisme intelligent qui s'adapte à chaque vendange sans le surjouer. La finesse de texture des vins ne nuit en rien à l'expression de la patte du domaine si reconnaissable.

- **Bossières, vosne-romanée 2023** | Sec | 2027>35 | NC — 93
- **Les Beaux Monts, vosne-romanée premier cru 2023** | Sec | 2027>35 | NC — 95
- **Échezeaux grand cru 2023** | Sec | 2027>37 | NC — 96
- **Aux Lavières, nuits-saint-georges 2023** | Sec | 2027>35 | NC — 93
- **Aux Boudots, nuits-saint-georges premier cru 2023** | Sec | 2026>35 | NC — 95
- **clos de vougeot grand cru 2023** | Sec | 2027>37 | NC — 96

Domaine Harmand-Geoffroy

★★★★ ✚

Ce domaine possède une palette complète de vins de Gevrey-Chambertin, exprimant toutes les spécificités de la plupart des secteurs du village. Nous avons beaucoup apprécié la générosité, l'évidence et la tenue des vins depuis 2015. Ce sont des vins assez structurés, de facture classique avec des tannins profonds et bien dessinés. Excellent gevrey vieilles-vignes et à l'autre extrémité de la gamme, splendide mazis, assemblage de la partie haute et de la partie basse pour avoir une approche globale de ce grand cru. Très réussis également dans le secteur Saint-Jacques, les champeaux et bien sûr le lavaux-saint-jacques. Le domaine incarne le mélange du classicisme bourguignon et du savoir-faire moderne qui sait affiner les textures pour rendre les vins bons jeunes et grands vieux.

- **La Perrière, gevrey-chambertin premier cru 2023** | Sec | 2026>33 | 78 € — 93
- **Vieilles vignes, gevrey-chambertin 2023** | Sec | 2026>35 | 54 € — 93
- **En Jouise, gevrey-chambertin 2023** | Sec | 2025>32 | 44 € — 92
- **mazis-chambertin grand cru 2023** | Sec | 2027>40 | 210 € — 96
- **Champeaux, gevrey-chambertin premier cru 2023** | Sec | 2028>36 | 86 € — 94
- **Clos Prieur, gevrey-chambertin 2023** | Sec | 2026>35 | 54 € — 93

Domaine Heresztyn - Mazzini

★★★ ➔

Une sympathique nouvelle génération de la famille, Florence et Simon, est à l'œuvre sur un peu plus de cinq hectares. Certifiés bio, les vins ont un style qui associe la probité d'un vrai travail artisanal à la vigne à une recherche louable d'équilibre dans le vin. Le domaine travaille beaucoup sur ses élevages, avec une recherche du meilleur mariage entre chaque cru et le bois qui lui convient le mieux. L'utilisation de plus en plus importante de vendange entière a gommé la discrétion que pouvaient avoir les vins. Ce sont des rouges intenses mais délicats, précis, séduisants au premier abord mais que l'on peut également choisir de garder. Un domaine en grande forme avec des 2022 splendides qui succèdent à des 2021 très réussis et les 2023 gagnent encore en finesse de tannins. Les prix indiqués sont ceux des cavistes qui distribuent le domaine.

- **Vieilles vignes, gevrey-chambertin 2023** | Sec | 2025>32 | 120 € | ☘ — 93
- **chambolle-musigny 2023** | Sec | 2026>33 | 120 € | ☘ — 92
- **Les Goulots, gevrey-chambertin premier cru 2023** | Sec | 2025>32 | 230 € | ☘ — 94
- **Les Millandes, morey-saint-denis premier cru 2023** | Sec | 2027>35 | 230 € | ☘ — 94
- **Champonnet, gevrey-chambertin premier cru 2023** | Sec | 2025>34 | 250 € | ☘ — 95
- **Queue de Hareng, côte de nuits-villages 2023** | Sec | 2025>31 | 50 € | ☘ — 91

Domaine Huguenot

★★★ ✚

Philippe Huguenot est un pragmatique. Certifié en bio depuis 2013, il a initié cette démarche pour permettre à ses vignes de retrouver la bonne rusticité qu'il ne trouvait plus. La vendange mécanique a également été abandonnée. Ce domaine va de l'avant et ses vins sont de plus en plus élégants avec un fruité agréable qui séduit dès leur prime jeunesse, l'accélération de la qualité a été spectaculaire depuis bien des millésimes. Personnage d'une rare gentillesse avec des vins à son image, il aime recevoir ses clients dans son nouveau caveau quand beaucoup ont fermé leurs portes devant le succès commercial. La qualité ici est particulièrement homogène et constante.

- **Échezots, marsannay 2023** | Sec | 2025>31 | 31 € | ☘ — 90
- **Montagne, marsannay 2023** | Sec | 2025>31 | 31 € | ☘ — 90
- **Les Crais, gevrey-chambertin 2023** | Sec | 2025>32 | 40 € | ☘ — 92
- **marsannay 2023** | Sec | 2025>30 | 29.5 € | ☘ — 90
- **Champs Perdrix, marsannay 2023** | Sec | 2025>32 | 31 € | ☘ — 91
- **La Charme aux Prêtres, marsannay 2023** | Sec | 2025>31 | 31 € | ☘ — 91

Domaine Humbert Frères

★★★★ ✚

Emmanuel Humbert, rejoint par son neveu Pierre-Yves, est un très fin et exigeant dégustateur, il applique à sa production toute l'exigence que l'on peut et doit avoir quand on exploite d'aussi beaux terroirs que ceux de Gevrey. Tous les millésimes depuis des lustres sont réussis, dans un style associant parfaitement puissance, complexité, finesse et générosité. 2020 poursuit dans cette voie avec la plénitude d'un très grand millésime. 2021 sera prêt un peu plus tôt et tous les crus sont déjà savoureux, ils permettront d'attendre les 2022 que le millésime a permis plus construits. Les 2023 très savoureux seront à boire avant ces derniers. Ici on aime le travail bien fait.

- **Vieilles vignes, gevrey-chambertin 2023** | Sec | 2026>32 | NC — 92
- **Poissenot, gevrey-chambertin premier cru 2023** | Sec | 2025>33 | NC — 95
- **Petite Chapelle, gevrey-chambertin premier cru 2023** | Sec | 2027>35 | NC — 94
- **Estournelles-Saint-Jacques, gevrey-chambertin premier cru 2023** | Sec | 2025>33 | NC — 95
- **charmes-chambertin grand cru 2023** | Sec | 2027>37 | NC — 96

Domaine Joliet

★★★

Le domaine ne possède qu'un seul cru, mais en monopole, le clos de la Perrière, à Fixin, considéré depuis toujours comme le meilleur climat de son village, avec un potentiel de grand cru. Une petite partie est plantée en blanc mais c'est le rouge qui exprime le mieux la noblesse du terroir. Connue des moines de Cîteaux déjà au XIIe siècle, cette parcelle de cinq hectares est gérée par Bénigne Joliet, la sixième génération aux commandes avec la septième représentée par Camille. Elle applique une culture au plus proche de la charte bio, sans être certifiée avec des doses de soufre minimales. Ce clos affiche une réussite particulière depuis 2019, dans le style des fixins modernes, bien plus tendres que par le passé sans que cela limite la capacité à bien vieillir.

- **Clos de la Perrière, fixin premier cru 2022** | Sec | 2025>32 | 80 € — 93

✦ Star ✚ Valeur sûre ➔ À suivre de près Ⓝ Nouvelle entrée

- Clos de la Perrière, fixin premier cru 2023
 | Sec | 2027>32 | 85 € 90
- Cuvée Camille - Clos de la Perrière, fixin premier cru 2022 | Sec | 2027>34 | 135 € 93

Domaine des Lambrays

✪✪✪✪✪ ✦

Domaine phare de Morey-Saint-Denis créé en 1365, avec son clos de 8,7 hectares, quasi-monopole, coincé entre le clos Saint-Denis et le clos de Tart : on a vu un voisinage moins prestigieux. La propriété, plus deux belles cuvées de Puligny-Montrachet, la cave historique et le parc ont été acquis par LVMH en 2014, évitant ainsi le risque d'un dépeçage d'un grand cru dont la rose ancienne est le marqueur aromatique. Le très sympathique Jacques Devauges a franchi en 2019 le mur qui sépare le clos de Tart du clos des Lambrays et a immédiatement engagé la conversion en bio du domaine. Le clos possède de grandes variantes de terroir et d'expositions qui en font son originalité et qu'il vinifie séparément afin d'exprimer leur complémentarité avant l'assemblage. La propriété a repris quatre nouveaux premiers crus de Morey, Nuits et Vosne, qui appartenaient aux mêmes propriétaires que le clos il y a une quarantaine d'années ainsi qu'une parcelle de clos vougeot. Les vins sont tous du meilleur niveau tant en rouge qu'en blanc.

- clos des lambrays grand cru 2022
 | Sec | 2030>50 | 660 € | ☘ 99
- clos des lambrays grand cru 2023 | Sec | 2025>50 | 630 € | ☘ 98
- Les Loups, morey-saint-denis premier cru 2023
 | Sec | 2025>33 | 144 € | ☘ 94
- morey-saint-denis 2023 | Sec | 2025>33 | 108 € | ☘ 93
- Les Folatières, puligny-montrachet premier cru 2023
 | Sec | 2025>35 | 216 € | ☘ 95
- Clos Baulet, morey-saint-denis premier cru 2023
 | Sec | 2025>34 | 144 € | ☘ 94
- Clos Sorbè, morey-saint-denis premier cru 2023
 | Sec | 2025>33 | 198 € | ☘ 95
- La Richemone, nuits-saint-georges premier cru 2023
 | Sec | 2025>35 | 480 € | ☘ 97
- Les Beaux Monts, vosne-romanée premier cru 2023
 | Sec | 2025>33 | 420 € | ☘ 97
- Clos du Cailleret, puligny-montrachet premier cru 2023
 | Sec | 2025>35 | 252 € | ☘ 97

Domaine Laurent

✪✪✪✪

La maison Dominique Laurent, connue pour son négoce haute couture, se distingue désormais du domaine Dominique Laurent dont le fils de Dominique, Jean, s'occupe plus particulièrement. La surface en production est désormais passée à dix hectares avec la reprise du domaine Aleth Girardin de Pommard. Le domaine profite bien sûr de la haute qualité de la tonnellerie familiale pour l'élevage des vins. À l'exception du nuits Les 4 Vignes, égrappé, les cuvées utilisent une forte proportion de vendange entière. La gamme de qualité très cohérente démarre avec un remarquable bourgogne passetoutgrains qui damerait le pion à bien des premiers crus. Elle trouve à son sommet un clos-de-vougeot la-plante-l'abbé, la parcelle que se réservaient les abbés de Cîteaux en passant par un beaune clos des mouches comme nous en avons rarement vu.

- Les 4 Vignes, nuits-saint-georges 2023
 | Sec | 2026>33 | NC 93
- En Orveaux, Échezeaux grand cru 2023
 | Sec | 2027>38 | NC 97
- La Plante l'Abbé, clos de vougeot grand cru 2023
 | Sec | 2028>40 | NC 98
- Les Rugiens, pommard premier cru 2023
 | Sec | 2027>35 | NC 94
- Clos des Mouches, beaune premier cru 2023
 | Sec | 2027>35 | NC 94
- Les Grands Epenots, pommard premier cru 2023
 | Sec | 2026>35 | NC 94

Maison Dominique Laurent

✪✪✪✪✪ ✦

Au plus haut niveau de notre hiérarchie grâce à une cohérence remarquable de la gamme, Dominique Laurent a inauguré il y a plus de 25 ans le concept de négoce haute couture, qu'on peut définir ainsi : choix très exigeant de vins issus de vieilles vignes de pinot noir et de chardonnay fins, et élevage méticuleux dans des fûts qu'il produit dans sa tonnellerie, adaptés à chaque cuvée, avec une utilisation minimale du SO2, et mise en bouteille la plus douce et la moins traumatisante possible. Sa gamme se décline en plusieurs niveaux : les vins les plus aboutis sont les villages Numéro 1 de très vieilles vignes, et naturellement les premiers et grands crus de côte de Nuits et de côte de Beaune. Le rapport qualité-prix du début de gamme et en particulier des villages est sans rival. 10 à 30 % de premiers crus leur sont systématiquement incorporés pour les transformer en villages de référence, selon une ancienne tradition bourguignonne qui s'est beaucoup perdue. Marie Laurent, la fille de Dominique, dirige aujourd'hui la cave, avec la complicité de ses sœurs Sophie et Fanny. La relève est là.

- chambertin-clos de bèze grand cru 2023 | Sec | 2028>40 | 320 € 96
- Vieilles Vignes, charmes-chambertin grand cru 2023
 | Sec | 2030>40 | 160 € 96
- grands-Échezeaux grand cru 2023 | Sec | 2028>40 | 250 € 97
- Vieilles Vignes, Clos des Chênes, volnay premier cru 2023 | Sec | 2028>38 | 85 € 96
- Les Charmes, chambolle-musigny premier cru 2023
 | Sec | 2028>38 | 110 € 96
- clos de la roche grand cru 2023 | Sec | 2030>40 | 210 € 97
- bonnes-mares grand cru 2023 | Sec | 2028>40 | 250 € 98
- Aux Raignots, vosne-romanée premier cru 2023
 | Sec | 2028>38 | 250 € 96
- Vieilles Vignes, chambolle-musigny 2023
 | Sec | 2025>32 | 60 € 94
- Vieilles Vignes, fixin 2023 | Sec | 2025>32 | 20 € 93
- Vieilles vignes, marsannay 2023 | Sec | 2025>32 | 18 € 91
- Santenots, volnay 2023 | Sec | 2025>35 | 60 € 94
- Les Longeroies, marsannay 2023 | Sec | 2025>32 | 20 € 92

Domaine Vincent Ledy

✪✪✪ ⊛

Vincent Ledy est un jeune vigneron installé à Nuits-Saint-Georges, qui a vinifié son premier millésime en 2007 mais son domaine de 2,8 hectares n'a vraiment démarré qu'en 2013. Il reprend progressivement des vignes familiales dans les Hautes-Côtes de Nuits, à Savigny-lès-Beaune et Nuits-Saint-Georges. Certifié bio à compter de la vendange 2021, il est peu interventionniste et ses vignes produisent peu. Elles sont âgées, beaucoup datent des années 1930. Désormais rejoint par son épouse Aurélie, il nous montre une gamme dont le point commun est la finesse des tannins et la sensualité des matières. C'est un vigneron à suivre de près.

- hautes côtes de nuits 2022 | Sec | 2025>30 | 30 € | ☘ 90
- Les Porrets-Saint-Georges, nuits-saint-georges premier cru 2022 | Sec | 2025>32 | 120 € | ☘ 92
- Les Chalottes, hautes côtes de nuits 2022
 | Sec | 2025>30 | 30 € | ☘ 90

Domaine Leroy

✪✪✪✪✪ ✦

Chaque bouteille de ce domaine légendaire, comme celui de son jumeau d'Auvenay, est un événement gustatif, donnant la pleine mesure des plus beaux terroirs de la Bourgogne, du génie de ses cépages et du caractère individuel de chaque millésime. La viticulture biodynamique pratiquée ici est la plus instinctive mais aussi la plus aboutie que nous connaissions, produisant des raisins d'un équilibre formidable en saveur et en acidité naturelle qui, vinifiés avec une simplicité biblique, donnent des émotions inoubliables. Bien sûr cette qualité, unique au monde, a son prix, justifié par les tout petits volumes, par le nombre d'heures passées sur chaque pied de vigne et par une demande mondiale très au-delà des capacités de production du domaine. Les fins d'apogée que nous indiquons pour chacun des vins sont certainement très prudentes. Une récente dégustation des vins du domaine de 1990 à 1937 a montré que ces vins bien nés sont capables de défier le temps.

Domaine Thibault Liger-Belair

✪✪✪✪ ⊛

Ce domaine de neuf hectares, dont l'histoire viticole remonte au début du XVIIIe siècle, a été repris en main par Thibault Liger-Belair, un des viticulteurs les plus passionnés de sa génération et les mieux pourvus en grands terroirs. Sa modestie naturelle et son goût du grand vin le rendent à l'écoute du raisin et de l'exemple donné par les meilleurs vinificateurs. Un travail pointu sur l'origine et la chauffe spécifique de chaque barrique, adaptée aux différentes cuvées, a donné aux millésimes récents une précision supérieure et une définition encore plus exacte de l'origine. On est ici dans une expression très pure du pinot noir, ceux qui en recherchent la finesse superlative seront au pinacle et ce ne sont pas les 2023 qui vont les décevoir. Le domaine éponyme en Beaujolais s'inspire des mêmes préceptes.

- clos de vougeot grand cru 2023 | Sec | 2027>35 | 210 € 95
- La Charmotte, nuits-saint-georges 2023
 | Sec | 2026>33 | 70 € 93
- Aux Réas, vosne-romanée 2023 | Sec | 2026>34 | 110 € 94

■ Les Grands Chaillots, bourgogne 2023 | Sec | 2025>31 | 30 € 91
■ Les Saint Georges, nuits-saint-georges premier cru 2023 | Sec | 2026>33 | 165 € 94
■ ladoix 2023 | Sec | 2026>32 | 40 € 92

Domaine Lippe Boileau

✪✪ Ⓝ

Caroline Lippe, issu d'une famille de vignerons depuis 1691 et Julien Boileau, maître tonnelier ont repris les vignes familiales pour créer ce domaine de 4,5 hectares. Il était resté discret jusqu'à l'an passé et notre dégustation des 2023 nous a vraiment étonné par des vins d'une qualité de fruits d'une intensité rarement vue en côte de Nuits. Un sentiment de naturel prévaut dans l'ensemble de la gamme et rend les vins uniques sur le secteur. Notre première notation à deux étoiles a vocation à augmenter si les millésimes suivants confirment. A suivre de très près.

■ Moutier bourgogne côte d'or 2023 | Sec | 2025>31 | 17 € 91
■ Créole, côte de nuits-villages 2023 | Sec | 2025>32 | 26 € 91
■ Les Vignes aux Grands, fixin 2023 | Sec | 2025>32 | 30 € 92
■ Vieilles vignes, gevrey-chambertin 2023 | Sec | 2025>32 | 45 € 93
■ Les Evocelles, gevrey-chambertin 2023 | Sec | 2025>33 | 60 € 93
■ Les Récilles, marsannay 2023 | Sec | 2025>30 | 27 € 90

Domaine Philippe Livéra

✪✪✪✪ ✚

Ce domaine de 8,5 hectares était également connu sous le nom des Tilleuls. Jeune viticulteur talentueux, Damien Livéra, inspiré par le style des vins de son ami Arnaud Mortet, et sa sœur Hélène, impliquée dans l'administratif mais également à la vigne, ont métamorphosé les vins du domaine : leur couleur, leur parfum et leur personnalité tranchée les font remarquer depuis 2007 dans nos dégustations à l'aveugle. Il n'y a pas de premiers crus au domaine mais une parcelle de chapelle-chambertin et une série de villages vinifiés sous le nom de leur climat d'origine. Des vins de haut niveau qui savent se montrer aimables jeunes sans se départir d'un certain classicisme pour préserver leur capacité de vieillissement. Nous ne regrettons pas la quatrième étoile attribuée au vu des 2020, ils ont été suivis par de superbes 2021, 2022 et cette année les 2023.

■ Clos Village, gevrey-chambertin 2023 | Sec | 2027>35 | NC 94
■ chapelle-chambertin grand cru 2023 | Sec | 2025>30 | NC 96
■ Les Évocelles, gevrey-chambertin 2023 | Sec | 2027>35 | NC 93
■ En Champs, gevrey-chambertin 2023 | Sec | 2027>35 | NC 92
■ fixin 2023 | Sec | 2026>33 | NC 92
■ marsannay 2023 | Sec | 2026>32 | NC 89

Domaine Bertrand et Axelle Machard de Gramont

✪✪✪

Petit domaine de six hectares dont quatre à Nuits qui compte les magnifiques terrasses des Vallerots créées alors que l'impossible mécanisation avait fait abandonner ces sols trop pentus. Une partie des vignes provient de la famille Dufouleur, avec une viticulture très respectueuse de l'environnement. Axelle se laisse guider par son talent de dégustatrice. Les vins s'expriment sur la tendresse et le charme en privilégiant les remontages plutôt que les pigeages, sans extractions fortes. Le domaine propose des rouges particulièrement fins et délicats. Quel dommage qu'Axelle ne possède pas de premiers ou grands crus tant ses appellations communales sont resplendissantes.

■ Les Hauts Pruliers, nuits-saint-georges 2023 | Sec | 2026>34 | 50 € | ☘ 94
■ Aux Allots, nuits-saint-georges 2023 | Sec | 2027>35 | 43 € | ☘ 93
■ Les Vallerots, nuits-saint-georges 2023 | Sec | 2025>32 | 40 € | ☘ 92
■ vosne-romanée 2023 | Sec | 2027>34 | 56 € | ☘ 93
■ Terrasses des Vallerots, nuits-saint-georges 2023 | Sec | 2025>32 | 35 € | ☘ 92
■ Les Barreaux, vosne-romanée 2023 | Sec | 2027>35 | 62 € | ☘ 94

Frédéric Magnien

✪✪✪

L'étiquette Frédéric Magnien regroupe des vins de négoce en provenance de vignes appartenant aux membres de sa famille pour l'essentiel. Ils sont vinifiés en raisin par ce talentueux et énergique vigneron. Frédéric aime, comme ses clients, un style de vin riche en couleur et en tannin mais nous constatons une évolution bienvenue des rouges vers plus d'intensité que de puissance pure. Le millésime 2022 leur va bien et 2023 continue vers la recherche d'un supplément de finesse que nous constatons depuis quelques millésimes. Cette marche en avant propulse la maison vers les meilleures de la côte de Nuits.

■ Les Ruchots, morey-saint-denis premier cru 2023 | Sec | 2027>34 | 55 € | ☘ 93
■ charmes-chambertin grand cru 2023 | Sec | 2028>35 | 280 € | ☘ 94
■ Lavaut Saint-Jacques, gevrey-chambertin premier cru 2023 | Sec | 2025>32 | 127 € | ☘ 93
■ Les Damodes, nuits-saint-georges premier cru 2023 | Sec | 2026>34 | 82 € | ☘ 94
■ Les Baudes, chambolle-musigny premier cru 2023 | Sec | 2027>32 | 145 € | ☘ 93

Domaine Michel Magnien

✪✪✪✪ ✚

Frédéric Magnien vinifie les vins du domaine familial, Michel Magnien, dans le même esprit que ceux de sa maison de négoce. Les vins produits ont toujours une couleur soutenue et une orientation depuis plusieurs millésimes vers une vinification à l'écoute de toute la finesse possible. La gamme est large, bien réussie. Le domaine élève ses vins avec une forte proportion de jarres en terre et d'amphores qui dominent par rapport au bois utilisé classiquement. Cela apporte une signature particulière aux vins qui les rend très originaux. Les 2020 sont particulièrement bien réussis, beaucoup de 2021 sont dans ce cas et la réussite est générale en 2022 et 2023.

■ clos de la roche grand cru 2023 | Sec | 2027>35 | 325 € | ☘ 95
■ Les Cazetiers, gevrey-chambertin premier cru 2023 | Sec | 2027>35 | 127 € | ☘ 93
■ Les Chaffots, morey-saint-denis premier cru 2023 | Sec | 2026>33 | 91 € | ☘ 94
■ clos saint-denis grand cru 2023 | Sec | 2027>35 | 370 € | ☘ 96
■ Climat d'Or, morey-saint-denis premier cru 2023 | Sec | 2027>33 | 91 € | ☘ 92

Maison Marchand-Tawse

✪✪✪

Le vibrionnant Pascal Marchand s'est installé depuis 2006 à son compte comme négociant et vinifie des vins de la côte de Nuits et de la côte de Beaune. Il a acheté avec son actionnaire canadien Tawse huit hectares dont le magnifique Mazis de la famille Maume. L'activité de négoce porte sur des volumes du même ordre que la production du domaine. Toutes les vignes sont aujourd'hui cultivées en biodynamie, certaines sont labourées à cheval. La gamme est homogène, de grande délicatesse que l'on pourra boire sans trop tarder, à l'exception des grands crus plus spécifiquement construits pour la garde. Belle série de 2023 bien inscrits dans le millésime.

■ domaine Maume, Lavaut Saint-Jacques, gevrey-chambertin premier cru 2023 | Sec | 2025>33 | 135 € | ☘ 94
■ Les Frémiets, volnay premier cru 2023 | Sec | 2025>32 | 81 € | ☘ 94
■ Les teurons, beaune premier cru 2023 | Sec | 2025>32 | 54 € | ☘ 92
■ mazis-chambertin grand cru 2023 | Sec | 2028>38 | 288 € | ☘ 96
■ Cuvée ronde, gevrey-chambertin 2023 | Sec | 2025>32 | 59 € | ☘ 93

Château de Marsannay

✪✪✪ ➔

Olivier Halley a acheté en 2012 ce domaine de 40 hectares dont 28 de Marsannay, en même temps que le château de Meursault, et en a confié la direction à Stéphane Follin-Arbelet. Les investissements culturaux, techniques et humains qui ont dû être engagés, car le domaine avait connu une période difficile, payent désormais. Une grande salle de réception peut accueillir ici jusqu'à 350 personnes assises, ce qui est rare en Bourgogne viticole. La gamme met en avant le fruit avec beaucoup de délicatesse en préservant l'équilibre entre buvabilité immédiate et intensité de bouche pour demain.

■ ruchottes-chambertin grand cru 2023 | Sec | 2027>40 | NC 97
■ Champ de Perdrix, marsannay 2023 | Sec | 2025>31 | NC 90
■ clos de vougeot grand cru 2023 | Sec | 2026>38 | NC 95
■ En Orveaux, vosne-romanée premier cru 2023 | Sec | 2025>35 | NC 95
■ Clos de Jeu, marsannay 2023 | Sec | 2025>31 | NC 91
■ Les Petits Crais, fixin 2023 | Sec | 2027>32 | NC 91

Domaine Méo-Camuzet

✪✪✪✪ ✦

Jean-Nicolas Méo se remet continuellement en question. Les vins du domaine ont longtemps été vigoureux et denses mais avec style, bâtis pour un long vieillissement pour nombre de crus avec l'élégance florale distinguée qui est la marque des très grands bourgognes rouges. Depuis près d'une décennie, ils sont d'un style plus souple, plus aérien que puissant sans manquer toutefois du fond nécessaire, en cohérence avec leur millésime, racés et salins. 2023 a été interprété ici en respectant la finesse potentielle du millésime sans le surjouer. Seuls les grands crus imposeront un peu de patience, les autres vins de la gamme sont déjà délicieux.

- **Clos Saint-Philibert, hautes côtes de nuits 2023** | Sec | 2025>30 | NC — 91
- **Aux Boudots, nuits-saint-georges premier cru 2023** | Sec | 2025>32 | NC — 95
- **Les Chaumes, vosne-romanée premier cru 2023** | Sec | 2025>32 | NC — 95
- **Clos Rognet, corton grand cru 2023** | Sec | 2027>35 | NC — 96
- **Près le Cellier, clos de vougeot grand cru 2023** | Sec | 2028>38 | NC — 97
- **Méo-Camuzet Frères et Soeurs, chambolle-musigny 2023** | Sec | 2025>32 | NC — 94

Moillard

★

Très ancienne maison de Nuits-Saint-Georges, Moillard a été repris en 2016 (comme la maison François Martenot) par le groupe Grands Chais de France, présents dans de nombreux vignobles français. Après un important travail de restructuration, Moillard et Moillard-Grivot proposent une gamme large et complète de vins de la Côte d'Or et de Chablis qu'il faut suivre avec attention.

- **Chardonnay, bourgogne 2023** | Sec | 2025>27 | 20 € — 88

Domaine Mongeard Mugneret

★

Ce domaine important dispose d'une grande gamme de cru et administre remarquablement, dans le village de Vosne, l'hôtel Richebourg, sans doute le plus confortable et le plus stylé de la côte de Nuits, avec son spa. Les rouges sont typiques de leurs appellations et gagnent à un passage en cave pour arrondir leurs tannins.

- **fixin 2023** | Sec | 2027>33 | 37 € — 90
- **Les Plateaux, nuits-saint-georges 2023** | Sec | 2027>35 | 42.5 € — 89
- **Les Narbantons, savigny-lès-beaune premier cru 2023** | Sec | 2026>32 | 45 € — 90

Domaine Denis Mortet

★★★★★

Arnaud Mortet continue l'œuvre de son père, symbole d'une modernité bourguignonne qui aimait la maturité du raisin soutenue par un boisé très étudié. Arnaud affine les extractions et l'élevage, avec des vins toujours gourmands, très frais, avec des tannins aériens. Il ne revendique pas de démarche bio ni des rendements minuscules. La surface du domaine n'est que d'une douzaine d'hectares dont la production est ardemment convoitée par tous les marchés mondiaux. Encore cette année, le chambertin écrasait de sa magnificence nos dégustations mais il n'était pas le seul de la gamme. Les vins du domaine se positionnent au meilleur niveau de leur climat respectif avec des enveloppés de textures sans couture qui n'ont guère d'équivalents dans la grande Bourgogne.

- **Lavaut Saint-Jacques, gevrey-chambertin premier cru 2023** | Sec | 2025>33 | NC — 95
- **Champeaux, gevrey-chambertin premier cru 2023** | Sec | 2025>33 | NC — 95
- **clos de vougeot grand cru 2023** | Sec | 2027>37 | NC — 97
- **chambertin grand cru 2023** | Sec | 2028>40 | NC — 99
- **Mes Cinq Terroirs, gevrey-chambertin 2023** | Sec | 2025>33 | NC — 93
- **bonnes-mares grand cru 2023** | Sec | 2027>36 | NC — 97

Arnaud Mortet

Arnaud Mortet et sa sœur Clémence ont repris un domaine de 4 hectares en complément du domaine Denis Mortet. Ceci leur permettra de compléter et d'augmenter leur offre vers une clientèle qui ne parvient pas aisément à rentrer au domaine tant il est sollicité. Tous les vins sont accessibles, de charme et indiscutablement de haut niveau.

- La Perrière, gevrey-chambertin premier cru 2023 | Sec | 2025>33 | NC — 94
- charmes-chambertin grand cru 2023 | Sec | 2027>35 | NC — 95
- Ma cuvée, gevrey-chambertin 2023 | Sec | 2025>33 | NC — 93
- mazoyères-chambertin grand cru 2023 | Sec | 2026>35 | NC — 95
- chambertin-clos de bèze grand cru 2023 | Sec | 2027>40 | NC — 97

Domaine Georges Mugneret-Gibourg

Après le décès du docteur Mugneret à la fin des années 1980, ses deux filles ont arrêté la vente prévue du domaine pour le reprendre. Marie-Christine, pharmacienne, a renoncé à une vie en officine, Marie-Andrée finissait ses études d'œnologue. Ces 6 hectares sont un des temples du classicisme bourguignon : d'une année sur l'autre, ses meilleures cuvées montrent une sûreté de style qui les fait aimer de tous, avec une finesse d'extraction exemplaire, une mise en valeur incroyablement précise du terroir et des textures particulièrement soyeuses. Les quelques cuvées que nous avons goûtées montrent des 2023 d'une élégance particulière.

- vosne-romanée 2023 | Sec | 2025>32 | NC — 92
- Aux Chaignots, nuits-saint-georges premier cru 2023 | Sec | 2025>32 | NC — 93
- bourgogne aligoté 2023 | Sec | 2025>30 | NC — 90

Domaine Jacques-Frédéric Mugnier

Ce domaine n'a cessé de perfectionner viticulture et vinification depuis le début des années 1990. Le domaine compte aujourd'hui 14 hectares dont près de 10 à Nuits-Saint-Georges. Bien qu'au sommet de notre hiérarchie, le domaine piloté par Frédéric Mugnier, brillamment assisté de François Moriamez, n'hésite pas à mettre ses bouteilles à l'aveugle dans nos dégustations syndicales et ceux-ci sortent sans encombre dans le peloton de tête bien qu'ils ne jouent pas les fort-à-bras, bien au contraire. Il produit en plus du clos-de-la-maréchale, un nuits d'une finesse subtile, une petite gamme de vins de Chambolle, tous délicats, subtils, pudiques, parfaites expressions de leurs terroirs, vraiment dans l'esprit que nous aimons et défendons. Les 2021 jouent l'équilibre bourguignon d'un millésime classique où la rose est en avant après des 2020 plus complets mais qui devront être attendus longtemps. L'éclat des 2023 nous a tout simplement épatés.

- Clos de la Maréchale, nuits-saint-georges premier cru 2023 | Sec | 2027>35 | NC — 95
- chambolle-musigny 2022 | Sec | 2025>32 | NC — 95
- Les Fuées, chambolle-musigny premier cru 2022 | Sec | 2026>35 | NC — 96

Domaine Philippe Naddef

Après être passé par le domaine Comte George de Vogüé, Philippe Naddef a repris en 1983 le domaine familial qu'il a fait passer de deux hectares et demi à cinq hectares et le transmet à son fils Michel. Le domaine progresse, d'un style assez puissant à plus de complexité. Les 2022 ont accéléré la refonte du style maison vers des vins aux tannins très ronds, beaucoup plus accessibles dès leur prime jeunesse. Remarquable premier cru Champeaux, entre autres, dont nous admirons la densité et la classe. Les 2023 suivent la même voie avec même plus de fond ce qui nous permet de faire progresser le domaine à trois étoiles. Les prix sont ceux des cavistes qui distribuent le domaine.

- Vieilles vignes, Les Cazetiers, gevrey-chambertin premier cru 2023 | Sec | 2027>35 | 120 € — 94
- Champeaux, gevrey-chambertin premier cru 2023 | Sec | 2026>34 | 380 € — 95
- mazis-chambertin grand cru 2023 | Sec | 2028>40 | 780 € — 96
- Vieilles vignes, gevrey-chambertin 2023 | Sec | 2026>33 | 69 € — 93
- Choeur de terroirs, marsannay 2023 | Sec | 2026>32 | 30 € — 91
- Crais de chêne, fixin 2023 | Sec | 2025>32 | 49 € — 92

Domaine Georges Noëllat

Le jeune Maxime Cheurlin a hérité du beau domaine de sa grand-mère née Noëllat et a dû en assumer rapidement la destinée. Beaucoup de vieilles vignes de même origine que celles par exemple du domaine Leroy (pour les vins de Nuits et Vosne), sont bien mieux travaillées qu'avant. Loin des bêtes à concours, les vins jouent l'intensité plutôt que la densité, leur finesse est superlative et la gamme ne connaît pas de cuvée faible. On est ici aux portes de la cinquième étoile.

- vosne-romanée 2023 | Sec | 2025>33 | NC — 93
- bourgogne 2023 | Sec | 2025>29 | NC — 89
- Les Beaux Monts, vosne-romanée premier cru 2023 | Sec | 2027>33 | NC — 93
- hautes côtes de nuits 2023 | Sec | 2025>29 | NC — 90
- En Champs, gevrey-chambertin 2023 | Sec | 2026>32 | NC — 92
- Les Monts Luisants, morey-saint-denis premier cru 2023 | Sec | 2026>33 | NC — 93

Domaine Michel Noëllat

Repris par la sixième génération de l'une des plus anciennes familles de Vosne-Romanée, Sophie et son cousin Sébastien Noëllat, ce domaine a progressé et propose désormais des vins dignes des superbes pedigrees de leurs origines. Le domaine travaille pour gommer l'irrégularité constatée parfois et y est parvenu au vu des échantillons de 2021 que nous avons dégustés. Ils faisaient partie des références du secteur mais 2022 monte d'un cran, au-delà du standard du millésime.

- Aux Boudots, nuits-saint-georges premier cru 2023 | Sec | 2025>32 | 105 € — 93
- vosne-romanée 2023 | Sec | 2025>32 | 60 € — 92
- Les Suchots, vosne-romanée premier cru 2023 | Sec | 2025>33 | 105 € — 94
- Échezeaux grand cru 2023 | Sec | 2027>35 | 220 € — 95
- chambolle-musigny 2023 | Sec | 2027>32 | 55 € — 91
- nuits-saint-georges 2023 | Sec | 2025>31 | 44 € — 91

Nuiton-Beaunoy

Forte de 80 vignerons qui apportent leurs raisins, Nuiton-Beaunoy vinifie pas moins de 350 hectares de vignes en Côte d'Or. Une équipe jeune et compétente sous la direction inspirée de Florent Baillard y réalise un travail tout en finesse, en nuances avec l'identification de la maturité optimale des raisins pour chaque climat. La cave s'est associée à celle des Vignerons des Terres Secrètes pour renforcer le dynamisme commercial de l'ensemble. Quand la Bourgogne s'est progressivement refermée aux amateurs, Nuiton-Beaunois les accueille dans un superbe caveau à Beaune ou particuliers et groupes peuvent venir déguster les vins et participer à de multiples expériences œnophiles. La gamme est constituée de blancs et de rouges de bonne qualité, très recommandables depuis des années.

- Les Millottes, hautes côtes de nuits 2023 | Sec | 2025>27 | 14.7 € — 88
- Les Sionnières, morey-saint-denis 2023 | Sec | 2025>32 | 33.95 € — 92
- Bourgogne Côte d'Or , bourgogne 2023 | Sec | 2025>30 | 12.75 € — 88
- chorey-lès-beaune 2023 | Sec | 2026>32 | 20.3 € — 90
- monthélie 2023 | Sec | 2026>32 | 20.3 € — 90
- Les Charmots, pommard premier cru 2023 | Sec | 2026>33 | 42.9 € — 92

Manuel Olivier

Issu d'une famille d'agriculteurs et de producteurs de crèmes de cassis, Manuel Olivier, viticulteur des Hautes-Côtes, a suivi un chemin atypique. Il a démarré son domaine en 1990 et exploite maintenant quinze hectares de vignoble répartis sur les Hautes-Côtes de Nuits, la côte de Nuits et la côte de Beaune. Il participe à la renaissance du vignoble de Dijon en y plantant 10 hectares. Une activité de négoce lui permet d'offrir une gamme plus complète. Il affiche une viticulture « paysanne » et n'hésite pas à se remettre en question pour affirmer son style vers des vins plutôt souples, idéals pour la restauration. Le sommet de la gamme est incontestablement le clos-de-vougeot, exceptionnel, à côté d'une gamme de vins frais et aromatiques, dont l'appellation est parfaitement lisible, ce qui n'est pas si fréquent.

- Vieilles vignes, hautes côtes de nuits 2023 | Sec | 2026>30 | 19.9 € — 88
- vosne-romanée 2023 | Sec | 2027>34 | 70 € — 91
- gevrey-chambertin 2023 | Sec | 2027>32 | 57 € — 89
- chambolle-musigny 2023 | Sec | 2025>32 | 70 € — 91

- morey-saint-denis 2023 | Sec | 2026>33 | 50 € 91
- clos de vougeot grand cru 2023 | Sec | 2027>35 | 250 € 92
- Les Fuées, chambolle-musigny premier cru 2023 | Sec | 2027>35 | 125 € 92

Domaine des Perdrix

✪✪✪✪ ✚

Exploité par la famille Devillard, qui possède notamment le château de Chamirey à Mercurey et le domaine de la Ferté à Givry, le vignoble se situe sur des terroirs remarquables du sud de la côte de Nuits, et sa production est vinifiée dans l'esprit des vins modernes, en recherchant une haute maturité du raisin et des textures profondes et voluptueuses. Il est conduit par un binôme féminin, Alexia Doucet dans les vignes et Carole Briffox en cuverie. Une nouvelle cuverie depuis le millésime 2023, totalement adapté au parcellaire du domaine va permettre d'encore gagner en précision et finesse. Certifié en bio, le résultat est probant dès les appellations communales, avec des matières aux jus très fins et délicats. Les 2023 pourront être bus un peu plus vite que d'habitude avec au sommet un échezeaux du dessus exceptionnel.

- Aux Perdrix, nuits-saint-georges premier cru 2023 | Sec | 2026>33 | 100 € 95
- Les Terres Blanches, nuits-saint-georges premier cru 2023 | Sec | 2025>32 | 100 € 93
- vosne-romanée 2023 | Sec | 2025>32 | 98 € 93
- bourgogne 2023 | Sec | 2025>30 | 31 € 91
- Echezeaux du dessus, Échezeaux grand cru 2023 | Sec | 2027>37 | 380 € 95

Domaine Christophe Perrot-Minot

✪✪✪✪✪ ✦

Christophe Perrot-Minot propose une large gamme de vins issus du domaine ou élaborés à partir de vendanges achetées mais soigneusement surveillées. Les vins deviennent aujourd'hui des références incontournables pour toutes les appellations concernées. La recherche d'équilibre, d'un tannin parfaitement harmonieux et sans accroche sont pour Christophe la garantie de vins capables d'être bons jeunes et bons vieux. Il en résulte des crus très séduisants dès leur jeunesse, incarnant le charme que sait emprunter le grand bourgogne. Des vins de sensualité sans qu'ils ne soient jamais phtisiques, bien au contraire. Avec une rare intelligence dans la compréhension de la vigne et du vin, on est ici au meilleur niveau de la côte de Nuits. 2023 voit un ensemble incroyablement homogène, le tryptique chambertin, clos de bèze et chapelle ne domine le reste de la gamme que d'un rien.

- Vieilles vignes, chambolle-musigny 2023 | Sec | 2026>35 | NC | ☘ 94
- mazoyères-chambertin grand cru 2023 | Sec | 2025>35 | NC | ☘ 96
- Aux Champs Perdrix, vosne-romanée 2023 | Sec | 2026>33 | NC | ☘ 94
- cuvée Ultra, La Richemone, nuits-saint-georges premier cru 2023 | Sec | 2025>32 | NC | ☘ 97
- chapelle-chambertin grand cru 2023 | Sec | 2028>40 | NC | ☘ 98
- Vieilles vignes, chambertin grand cru 2023 | Sec | 2029>45 | NC | ☘ 99
- chambertin-clos de bèze grand cru 2023 | Sec | 2028>40 | NC | ☘ 99
- charmes-chambertin grand cru 2023 | Sec | 2025>35 | NC | ☘ 96
- Ultra, La Combe d'Orveau, chambolle-musigny premier cru 2023 | Sec | 2027>35 | NC | ☘ 97

Domaine Ponsot

✪✪✪✪✪

Alexandre Abel, œnologue et directeur adjoint, a rejoint Rose-Marie Ponsot pour diriger ce magnifique domaine de treize hectares qui vinifie désormais dix grands crus depuis le départ de Laurent qui a créé une structure autonome. Le domaine est le tenant d'une tradition intelligente ouverte à la modernité. Tradition car tous les vins sont vinifiés en cuve tronconiques qui semblent flambant neuves alors que les douelles accusent parfois plus d'un siècle. Des vins de petits rendements vendangés à haute maturité et d'une profondeur de saveurs exemplaire. À côté de grandes réussites, on ne recommandera jamais assez aux grands amateurs de tenter l'originalité avec le morey-saint-denis premier cru monts-luisants, seul exemple d'aligoté dans un blanc de Bourgogne classé en premier cru.

- Vieilles Vignes, Monts Luisants, morey-saint-denis premier cru 2023 | Sec | 2025>31 | 170 € 94
- Cuvée des Grives, morey-saint-denis 2023 | Sec | 2025>31 | 90 € 91
- Vieilles Vignes, clos de la roche grand cru 2023 | Sec | 2028>38 | 600 € 95
- Vieilles Vignes, clos de la roche grand cru 2022 | Sec | 2028>38 | 600 € 95
- Vieilles Vignes, clos de la roche grand cru 2007 | Sec | 2025>30 | 600 € 98
- cuvée du Bourdon, corton grand cru 2023 | Sec | 2027>35 | 280 € 92
- Cuvée des Alouettes, morey-saint-denis premier cru 2023 | Sec | 2027>33 | 170 € 92
- Cuvée des Alouettes, morey-saint-denis premier cru 2022 | Sec | 2025>32 | 170 € 92
- chapelle-chambertin grand cru 2023 | Sec | 2027>35 | 450 € 95
- Cuvée de l'Abeille, gevrey-chambertin 2023 | Sec | 2025>31 | 90 € 90
- Cuvée de l'Abeille, gevrey-chambertin 2022 | Sec | 2025>32 | 90 € 90

Domaine Henri Rebourseau

✪✪✪ ⊕

Les changements se mettent en place dans ce domaine réputé de longue date à Gevrey-Chambertin racheté en partie par la famille Bouygues. Pierre Graffeuille en prend la direction avec Sylvain Pabion venu du château de Marsannay qui assume désormais la responsabilité de l'exploitation. La conversion en bio puis en biodynamie entamée en 2009 vient d'être relancée avec la mise à disposition d'une nouvelle cave plus opérationnelle. Le millésime 2022 a recherché l'élégance avec un coup de cœur au clos de vougeot, d'une densité exceptionnelle. Les 2023 bien réussis pourront être bus un peu avant.

- clos de vougeot grand cru 2023 | Sec | 2025>35 | 195 € 94
- charmes-chambertin grand cru 2023 | Sec | 2025>35 | 235 € 95
- mazis-chambertin grand cru 2023 | Sec | 2025>35 | 310 € 95
- Fonteny, gevrey-chambertin premier cru 2023 | Sec | 2025>32 | 128 € 94
- chambertin grand cru 2023 | Sec | 2027>40 | 550 € 96
- La Brunelle, gevrey-chambertin 2023 | Sec | 2025>32 | 66 € 91

Domaine Chantal Rémy

✪✪✪

Le domaine Chantal Rémy est la continuité de l'ancien domaine Louis Rémy, petite exploitation dont l'origine remonte à 1821 ! Chantal Rémy vinifie et vend désormais sous son nom l'ensemble des appellations précédentes. Avec l'aide de son fils Florian, elle reste fidèle au style classique et indémodable qui a fait son succès. On ne pourra que tomber sous le charme du simple bourgogne rouge, l'un des mieux réussis de la côte. La production limitée en volume connait une extension sur la zone de Fixin.

- clos de la roche grand cru 2022 | Sec | 2028>40 | 162 € 96
- latricières-chambertin grand cru 2022 | Sec | 2027>36 | 165 € 94
- Clos des Rosiers, morey-saint-denis 2022 | Sec | 2026>32 | 60 € 92
- nuits-saint-georges 2022 | Sec | 2026>33 | 45 € 92
- Entre deux velles, fixin 2022 | Sec | 2025>32 | 30 € 91

Domaine Pascale Rion Delhautal

✪✪ Ⓝ

Fille de vigneron, Pascale Rion-Delhautal a implanté son domaine à Chambolle-Musigny et exploite en culture raisonnée des parcelles notamment sur Nuits-Saint Georges, Vosne-Romanée et Vougeot. Le labour des sols, une intervention minimaliste et une approche respectueuse de la biodiversité sont son credo. Nous avons été séduits par nombre de 2023 qu'elle propose. A suivre.

- Les Charbonnières, nuits-saint-georges 2023 | Sec | 2025>30 | 65 € 92
- Aux Vignerondes, nuits-saint-georges premier cru 2022 | Sec | 2025>30 | 65 € 93
- Le village, vosne-romanée 2022 | Sec | 2026>32 | 68 € 89
- Les beaux Monts, vosne-romanée premier cru 2022 | Sec | 2026>32 | NC 91
- Le petit Maupertuis, clos de vougeot grand cru 2022 | Sec | 2027>32 | NC 93

Domaine de la Romanée-Conti

✪✪✪✪✪ ✦

Le domaine est cogéré par les familles Leroy et de Villaine à travers Perrine Fenal, la fille de Lalou Bize-Leroy et de Bertrand de Villaine. Aubert de Villaine qui l'a piloté pendant des décennies a su montrer au monde que rigueur et passion peuvent parfaitement cohabiter avec une modestie exemplaire. Le domaine dispose d'une incroyable collection de grands crus. Au sommet, la romanée-conti développe son exceptionnel bouquet et sa plénitude de constitution sans égale. La tâche, moins avancée en vin jeune, démarre plus rentrée dans ses arômes mais se révèle au vieillissement. Depuis 2015, le richebourg est moins frontal qu'il en a la réputation. La romanée-saint-vivant joue l'élégance même si elle connaît parfois une phase d'austérité juvénile. Les échezeaux et grands-échezeaux sont au sommet de ces appellations et le corton assemble les trois climats les plus recherchées de ce cru. En blanc, le montrachet est au sommet de ce qui se produit sur ce cru mythique avec depuis 2019 la reprise en fermage de vignes de corton-charlemagne de Bonneau du Martray qui le challenge de près. La responsabilité technique de la cave est portée par Alexandre Bernier, au domaine depuis 2010 après un passage chez Chanson. Le domaine utilise depuis 2020 100 % de vendange entière et a réduit les doses de soufre. Nous notons une évolution du domaine vers des vins de plus en plus caressants sans qu'ils ne perdent rien de leur intensité.

- la tâche grand cru 2023 | Sec | 2030>45 | NC | ☘ 98
- grands-Échezeaux grand cru 2023 | Sec | 2028>40 | NC | ☘ 97
- richebourg grand cru 2023 | Sec | 2028>45 | NC | ☘ 97
- Échezeaux grand cru 2023 | Sec | 2028>40 | NC | ☘ 96
- romanée-conti grand cru 2023 | Sec | 2028>45 | NC | ☘ 99
- romanée-saint-vivant grand cru 2023 | Sec | 2028>40 | NC | ☘ 98
- corton grand cru 2023 | Sec | 2028>40 | NC | ☘ 96

Domaine Rossignol-Trapet

✪✪✪✪ ⊛

Louis Rossignol, le père, était venu de Volnay épouser une Trapet. Le domaine compte onze hectares sur Gevrey et deux sur Beaune, essentiellement en Teurons. David et Nicolas Rossignol (ne pas confondre avec l'homonyme de Volnay) forment un couple de frères vignerons attachés à la préservation de leurs splendides terroirs, fiers, légitimement, de leur viticulture biodynamique depuis 2003, un cas rare à Gevrey. Les deux frères Rossignol aiment des vins élégants et francs, le fruité frais est bien mis en avant. Nous constatons une évolution réussie vers plus d'intensité, c'est une adresse sérieuse tenue par des passionnés.

- latricières-chambertin grand cru 2023 | Sec | 2027>35 | 240 € | ☘ 94
- Petite Chapelle, gevrey-chambertin premier cru 2023 | Sec | 2026>34 | 120 € | ☘ 92
- Vieilles vignes, gevrey-chambertin 2023 | Sec | 2027>33 | 47 € | ☘ 92

Domaine Georges Roumier

✪✪✪✪✪ ✦

Ce domaine de réputation mondiale, spécialiste de Chambolle-Musigny avec des vignes idéalement réparties sur l'ensemble de la commune, fut le premier à donner plus de puissance et de corps aux vins de cette appellation, sans altérer leur incomparable finesse. Ce faisant, Christophe Roumier a posé les fondements d'un nouveau classicisme bourguignon, et il peut en être fier. Ses 13 hectares voient des vinifications précises qui cherchent à ne pas marquer les vins, sans levurage ni enzymage. Il recherche l'acidité naturelle avec un apport de vendange entière de 15 à 40 % selon le niveau des crus et en fonction du millésime, son idéal étant de maintenir la spécificité de chaque terroir. Rejoint par son neveu Alexis qui évolue sur tous les fronts techniques, le domaine peut être confiant dans le futur.

- bonnes-mares grand cru 2023 | Sec | 2030>40 | NC 97
- Les Cras, chambolle-musigny premier cru 2023 | Sec | 2025>32 | NC 95
- Clos de la Bussière, morey-saint-denis premier cru 2023 | Sec | 2025>30 | NC 93
- Les Amoureuses, chambolle-musigny premier cru 2023 | Sec | 2030>40 | NC 97
- ruchottes-chambertin grand cru 2023 | Sec | 2028>40 | NC 97
- charmes-chambertin grand cru 2023 | Sec | 2027>40 | NC 95
- Échezeaux grand cru 2023 | Sec | 2030>40 | NC 96

Domaine Armand Rousseau

✪✪✪✪✪ ✦

Éric Rousseau dispose d'un patrimoine de vignes insurpassable en noblesse d'origine et le niveau de vinification a toujours été élevé. Une série unique de grandes réussites depuis 2000 le montre capable d'obtenir le meilleur des cycles végétatifs différents, ce qui n'est pas si fréquent. Sa fille Cyrielle l'a rejoint depuis 2012 et reprend progressivement la main en insufflant un style plus tendre aux vins. Les vendanges sont assez précoces ici pour capter la palette de fruits rouges dont Gevrey et le domaine ont le secret, les vinifications sont très classiques, la grappe entière n'est utilisée qu'avec parcimonie. Le domaine est une référence incontournable d'une commune qui compte pourtant bien des talents. Ses 2022 et 2023 pourront être bus relativement vite.

- chambertin grand cru 2023 | Sec | 2029>40 | 685 € 98
- clos de la roche grand cru 2023 | Sec | 2027>37 | 238 € 96
- gevrey-chambertin 2023 | Sec | 2025>32 | 52 € 93

Domaine Marc Roy

✪✪✪

Sous l'influence d'Alexandrine, fille de Marc, ce modeste domaine familial s'ouvre à la clientèle nationale et internationale, avec des vins de mieux en mieux faits. La petite gamme de vins de la propriété culmine avec des villages remarquablement réalisés. Alexandrine joue l'intensité raffinée, le clos Prieur la distinction et le vieille vignes la puissance pour la garde. Les 2022 et les 2023 sont très recommandables et bénéficient des travaux importants réalisés à la vigne par le domaine.

- Alexandrine, gevrey-chambertin 2023 | Sec | 2025>32 | NC 94
- Vieilles vignes, gevrey-chambertin 2023 | Sec | 2026>33 | NC 92
- Clos Prieur, gevrey-chambertin 2023 | Sec | 2025>32 | NC 93
- La Justice, gevrey-chambertin 2023 | Sec | 2025>32 | NC 92
- Champ de Perdrix, marsannay 2023 | Sec | 2025>30 | NC 91

Domaine Anne et Hervé Sigaut

✪✪✪✪

Ce domaine artisanal possède de jolies vignes sur Chambolle et Morey vinifiées par Anne Sigaut dans une démarche bio non certifiée. Sans s'éloigner d'un style de bourgognes classiques, équilibrés, aptes à bien évoluer dans le temps, elle a su leur communiquer et leur faire exprimer le charme dont sont capables les chambolles réussis. Le domaine ne recule pas devant la nécessité de faire tomber les raisins excédentaires. La réussite en bouteille est à la hauteur de ce sacrifice cornélien. Le domaine a clairement rejoint l'élite de la grande Bourgogne et justifie pleinement ses quatre étoiles bien que le domaine ne possède hélas aucun grand cru. Les 2023 ne déméritent pas après des 2022 exceptionnels à tous les niveaux de la gamme.

- Les Noirots, chambolle-musigny premier cru 2023 | Sec | 2027>35 | 75 € 96
- Les Chatelots, chambolle-musigny premier cru 2023 | Sec | 2025>33 | 75 € 95
- Les Fuées, chambolle-musigny premier cru 2023 | Sec | 2025>32 | 79 € 96
- Les Sentiers, chambolle-musigny premier cru 2023 | Sec | 2026>35 | 79 € 97
- Les Bussières, chambolle-musigny 2023 | Sec | 2025>32 | 52 € 94
- Les Groseilles, chambolle-musigny premier cru 2023 | Sec | >32 | 75 € 95
- Derrière le Four, chambolle-musigny 2023 | Sec | 2025>32 | 49 € 92

Domaine Jean Tardy et Fils

✪✪

La famille Tardy a été le métayer du domaine Méo-Camuzet puis s'est progressivement installée, par l'achat de parcelles, en côte de Nuits jusqu'à constituer un domaine de 5,5 hectares. Les vinifications sont traditionnelles, la vendange connaît une macération à froid avant d'être égrappée. Les vins expriment désormais le potentiel de leurs terroirs respectifs dans un style délicat et fin.

- Les Treux Vieille Vigne, Échezeaux grand cru 2023 | Sec | 2027>35 | 250 € 93
- Vigneux, vosne-romanée 2023 | Sec | 2025>32 | 72 € 92
- Les Athets, chambolle-musigny 2023 | Sec | 2025>32 | 70 € 91
- Aux Argillas, nuits-saint-georges premier cru 2023 | Sec | 2026>33 | 105 € 94
- Vieilles vignes, Au Bas de Combe, nuits-saint-georges 2023 | Sec | 2025>32 | 60 € 92
- Aux Boulardes, côte de nuits-villages 2023 | Sec | 2025>31 | 37 € 90

Domaine Tortochot

✪✪

Ce domaine fut très célèbre après-guerre en raison de la forte figure bourguignonne que fut Gabriel Tortochot : les vins avaient nettement baissé de qualité mais la reprise est là par sa fille Chantal et les terroirs sont de la plus haute qualité. À noter que la parcelle de Chambertin du domaine est la plus haute du coteau sur un sol qui serait idéal... pour produire du blanc ! Mais le 2016 a démontré que l'on peut y produire un chambertin splendide, à l'égal des meilleurs. Les 2021 sont bien construits, charmeurs. Les 2022 et les 2023 pourront être bus assez vite.

- mazis-chambertin grand cru 2023 | Sec | 2025>35 | 198 € | ☘ 93
- chambertin grand cru 2023 | Sec | 2028>38 | 240 € | ☘ 95

✦ Star ✚ Valeur sûre ⊛ À suivre de près Ⓝ Nouvelle entrée

■ **Lavaut Saint-Jacques, gevrey-chambertin premier cru 2023** | Sec | 2027>32 | 72 € | ☘ 93
■ **Champerrier, gevrey-chambertin 2023** | Sec | 2025>32 | 44 € | ☘ 91
■ **Champeaux, gevrey-chambertin premier cru 2023** | Sec | 2025>32 | 65 € | ☘ 92
■ **Renaissance, morey-saint-denis premier cru 2023** | Sec | 2027>32 | 60 € | ☘ 92

Château de la Tour

✪✪✪✪

Le château possède, et de loin, la parcelle la plus importante du grand cru clos de Vougeot, et a le privilège insigne d'être le seul à le vinifier et à l'élever à l'intérieur du clos. La qualité des raisins de la cuvée vieilles-vignes est exceptionnelle, et sa vinification en raisin non égrappé donne un vin d'une race prodigieuse, digne d'être comparé aux plus grands richebourgs. Cette cuvée est encadrée par le « simple » clos-de-vougeot, déjà de haut niveau et par la cuvée hommage-à-jean-morin, proche d'un musigny, produite en quantité infinitésimale, qui a été créée en 2010 à l'occasion du centenaire de la plantation des très vieilles vignes qui la composent. La précision dans toute la gamme, y compris dans la maison associée, Pierre Labet, nous a épatés sur le millésime 2023.

■ **Vieilles Vignes, clos de vougeot grand cru 2023** | Sec | 2028>40 | 320 € 98
■ **clos de vougeot grand cru 2023** | Sec | 2028>40 | 200 € 96

Domaine Trapet

✪✪✪✪✪ ✦

Jean-Louis Trapet, vigneron idéaliste d'une rare gentillesse, magnifiquement aidé par son épouse Andrée, vigneronne alsacienne aussi engagée que lui, porte son célèbre domaine familial aux sommets de la Bourgogne actuelle. La viticulture obéit aux principes les plus sains de la biodynamie, et les sols à nouveau vivants expriment dans les vins finis les plus subtiles nuances du terroir. Il recherche et trouve des tannins d'une rare élégance. Peu de domaines de ce niveau, malgré la série de petites récoltes connues ces dernières années, ont maintenu une tradition d'accueil au domaine. Nous sommes sensibles à l'idée de ne pas rompre le lien entre les très grands bourgognes et les grands amateurs, locaux ou plus éloignés, qui font la démarche de venir comprendre sur place. L'usage de la vendange entière varie selon les crus et les millésimes, sauf Capita qui ne connait qu'elle. Le domaine enchaîne les réussites depuis des lustres avec des 2023 qui seront délicieux.

■ **chambertin grand cru 2023** | Sec | 2028>40 | NC | ☘ 97
■ **chapelle-chambertin grand cru 2023** | Sec | 2028>37 | NC | ☘ 96
■ **latricières-chambertin grand cru 2023** | Sec | 2027>37 | NC | ☘ 96
■ **Petite Chapelle, gevrey-chambertin premier cru 2023** | Sec | 2028>35 | NC | ☘ 94
■ **Le Meix Fringuet, côte de nuits-villages 2023** | Sec | 2025>32 | NC | ☘ 91
■ **1859, gevrey-chambertin 2023** | Sec | 2025>33 | NC | ☘ 94
■ **pommard 2023** | Sec | 2026>32 | NC | ☘ 92
■ **Combottes, gevrey-chambertin premier cru 2023** | Sec | 2028>35 | NC | ☘ 95
■ **saint-romain 2023** | Sec | 2025>32 | NC | ☘ 90

Domaine Cécile Tremblay

✪✪✪✪✪ ✦

Cécile Tremblay, en bio depuis ses débuts en 2003, s'oriente vers la biodynamie et s'affirme chaque année davantage comme une vinificatrice hors pair, intuitive mais ayant beaucoup réfléchi, lu et appris, et surtout comme une dégustatrice redoutable, précise et exigeante. Le soin le plus extrême est apporté de la vigne jusqu'à la vendange où les raisins sont récoltés en mini caissettes de 5 kg. Les vins ne sont disponibles que chez les meilleurs cavistes ou à la carte de restaurants qu'elle choisit avec beaucoup de discernement. Avec une précision irréprochable dans les fins de bouche et des finesses de parfum uniques, tous les vins, d'origine grande ou modeste, atteignent depuis des millésimes ce que la côte de Nuits fait de plus fin, aérien, sensuel.

■ **Échezeaux grand cru 2023** | Sec | 2028>36 | NC 98
■ **Échezeaux grand cru 2022** | Sec | 2028>38 | NC 98

Domaine Fabrice Vigot

✪✪ ⊛

Ce petit domaine artisanal s'est recentré sur deux hectares et demi. Il produit des vins probes, équilibrés avec une démarche éco-responsable orientée vers la biodynamie avec une certification en cours prévue sur le millésime 2024. Nous aimons beaucoup la digestibilité de ce qui est produit ici, une qualité qui n'est pas si fréquente même en Bourgogne. On se sent bien ici, accueil au domaine des plus amicaux et généreux, dans une grande tradition bourguignonne qui se perd parfois à Vosne-Romanée, hélas. Nous aimons la sincérité des vins de l'ensemble de cette gamme, similaire à celle de ceux qui les font.

■ **vosne-romanée 2023** | Sec | 2026>34 | 80 € 93
■ **Les Damaudes, vosne-romanée 2023** | Sec | 2026>35 | 80 € 94
■ **Les Chalandins, vosne-romanée 2023** | Sec | 2026>33 | 60 € 93
■ **Vieilles vignes, nuits-saint-georges 2023** | Sec | 2026>32 | 35 € 91
■ **coteaux bourguignons 2023** | Sec | 2025>30 | 12 € 88
■ **Etelois, gevrey-chambertin 2023** | Sec | 2026>32 | 40 € 92

Domaine Comte Georges de Vogüé

✪✪✪✪

Ce domaine emblématique possède 7,2 hectares du Musigny, soit les deux tiers du grand cru dont en monopole la parcelle de 4,2 hectares du secteur des Petits-Musignys. Sans oublier une sérieuse dotation en Bonnes-Mares, Chambolle village et premiers crus dont les fameuses Amoureuses. Il appartient aux deux sœurs de Ladoucette, les petites filles de Georges de Vogüé. Jean Lupatelli (ex Decelle-Villa) dirige le domaine de main de maître depuis 2021. Ce maestro de la Bourgogne développe le génie parcellaire de toutes les cuvées pour transmettre au mieux l'esprit des grands vins de lieu de Chambolle. Il possède une vision culturale, une vraie sensibilité et un sens de la vinification : l'achat de nouvelles cuves permet d'être plus précis, dans l'expression de chaque cru. Ce changement d'organisation permet de gagner en pureté d'expression sur toutes les cuvées depuis 2022. 2023 s'annonce somptueux !

■ **Vieilles Vignes, musigny grand cru 2023** | Sec | 2027>40 | NC 99
■ **Vieilles Vignes, musigny grand cru 2022** | Sec | 2025>40 | NC 98
■ **Les Amoureuses, chambolle-musigny premier cru 2023** | Sec | 2025>45 | NC 97
■ **chambolle-musigny premier cru 2022** | Sec | 2025>45 | NC 95
■ **chambolle-musigny 2022** | Sec | 2025>35 | NC 93
■ **bonnes-mares grand cru 2022** | Sec | 2030>45 | NC 94
■ **musigny grand cru 2022** | Sec | 2025>45 | NC 97

Domaine de la Vougeraie

✪✪✪✪✪ ✦

Le vignoble de 52 hectares sur 41 appellations, certifié en bio et cultivé en biodynamie donne certains des vins les plus accomplis de la Bourgogne actuelle, dans les plus grands terroirs des deux côtes. Il faut remercier la famille Boisset d'accepter les sacrifices de rendement liés aux exigences de ce mode de culture. Les vins vinifiés de plus en plus souvent en raisins entiers ont une élégance de texture et de saveur superlative. Les rouges 2019 ont privilégié l'élégance à la densité, les 2020 disposent d'une intensité souveraine. Les 2021 expriment une franchise du fruit comme nuls autres en Bourgogne, les 2022 puis les 2023 suivent dans la même lignée avec un supplément de fond.

■ **Le Clos Blanc, vougeot premier cru 2022** | Sec | 2025>40 | 125 € | ☘ 93
■ **Le Clos Blanc, vougeot premier cru 2023** | Sec | 2025>35 | 125 € | ☘ 95
■ **bonnes-mares grand cru 2022** | Sec | 2025>40 | 372 € | ☘ 97
■ **Les Evocelles, gevrey-chambertin 2022** | Sec | 2025>35 | 73 € | ☘ 89
■ **Clos de Thorey, nuits-saint-georges premier cru 2022** | Sec | 2025>35 | 89 € | ☘ 91
■ **bienvenues-bâtard-montrachet grand cru 2022** | Sec | 2025>40 | 384 € | ☘ 95
■ **bienvenues-bâtard-montrachet grand cru 2023** | Sec | 2027>40 | 384 € | ☘ 97
■ **Clos de la chapelle, Morgeot, chassagne-montrachet premier cru 2023** | Sec | 2025>33 | 101 € | ☘ 94
■ **Domaine Magenta, chassagne-montrachet premier cru 2022** | Sec | 2025>40 | 101 € | ☘ 92

Côte de Beaune

Domaine Françoise André

✪✪✪ +

Le domaine des Terregelesses, créé en 1983, est devenu domaine Françoise André pour signifier le retour à une exploitation familiale. Fait rare, c'est une belle-fille de la famille, Lauriane, qui en a repris les rênes en 2009 en abandonnant son métier de DRH, épaulée par Jérôme Desprès, régisseur du domaine à partir de l'année suivante. Avec modestie et enthousiasme, ce duo ne manque pas d'ambition. Il travaille aujourd'hui un vignoble de 11 hectares situé majoritairement au nord de la côte de Beaune et cultivé selon les préceptes biodynamiques. Cette taille de domaine approche de l'optimum pour Lauriane, ce qui lui permet d'exprimer au mieux ses parcelles. Les rouges ne subissent pas d'extraction importante. S'ils sont accessibles assez vite, ils offrent comme les blancs une représentation fidèle de leur terroir d'origine.

- **Sous Frétille, pernand-vergelesses premier cru 2023** | Sec | 2025>32 | 43.6 € | ☘ — 92
- **Les Vergelesses , savigny-lès-beaune premier cru 2023** | Sec | 2025>32 | 40.4 € | ☘ — 92
- **corton - charlemagne grand cru 2023** | Sec | 2025>35 | 172.8 € | ☘ — 95
- **Les Pins, pernand-vergelesses 2023** | Sec | 2025>32 | 29.7 € | ☘ — 91
- **Les Reversés, beaune premier cru 2023** | Sec | 2027>34 | 51.7 € | ☘ — 93
- **corton - renardes grand cru 2023** | Sec | 2027>35 | 125 € | ☘ — 94

Domaine Bertrand Bachelet

✪✪✪

Bertrand Bachelet, jeune vigneron installé depuis 2011, est à la tête de ce domaine de 14 hectares étalés de Maranges à Pommard. La viticulture en lutte raisonnée et le cordon de Royat sont ici de rigueur, tout comme peuvent l'être les sélections massales développées sur les plus vieilles vignes du domaine. Une gamme qui se caractérise par des vins au fruité mûr et intense. Une nouvelle cuverie devrait permettre au domaine de progresser encore. Les rouges, qui représentent la grande majorité de la production, sont vinifiés éraflés en cuves béton et présentent des tanins fins et soyeux, quand les blancs, sans bâtonnage, sont précis avec des parfums de fruits du verger, juteux et miellés, très équilibrés. Les 2023 s'inscrivent dans la lignée des 2022, très réussis.

- **La Fussière, maranges premier cru 2023** | Sec | 2025>32 | 32 € — 91
- **chassagne-montrachet 2023** | Sec | 2025>32 | 42 € — 92
- **Clos du Cromin, Le Cromin, meursault 2023** | Sec | 2025>33 | 70 € — 92
- **En Remilly, saint-aubin premier cru 2023** | Sec | 2025>33 | 57 € — 93
- **Les Combes au sud, saint-aubin premier cru 2023** | Sec | 2025>32 | 50 € — 92

Domaine Bachey-Legros

✪✪✪ +

Ce domaine historique et familial de 19 hectares possède un patrimoine de vieilles vignes hors du commun. Lénaïc et Samuel Bachey, la sixième génération, y développent une série de vins superbes issus des vignobles de Santenay, Maranges et Chassagne-Montrachet dont 80 % ont été plantés avant 1950. La construction d'une nouvelle cuverie donne à ce trio familial les moyens de transcender davantage les climats magnifiques dont ils disposent. Dans les deux couleurs, les vins sont de vraies expressions de leurs terroirs mis en valeur par des élevages élégants. Les rouges sont des classiques bourguignons qui nous régalent de leur gourmandise et de leur race, des modèles pour Santenay. Les blancs sont à l'avenant, les 2023 sont particulièrement réussis.

- **Les Plantes Momières, chassagne-montrachet 2023** | Sec | 2025>32 | 42 € — 92
- **Les Petits Clos Vieilles Vignes, Morgeot, chassagne-montrachet premier cru 2023** | Sec | 2025>33 | 68 € — 94
- **La Comme, santenay premier cru 2023** | Sec | 2025>32 | 39 € — 92
- **Clos Rousseau, santenay premier cru 2023** | Sec | 2025>32 | 39 € — 93
- **chassagne-montrachet 2023** | Sec | 2025>33 | 55 € — 93
- **Vieilles Vignes, Clos des Hâtes, santenay 2023** | Sec | 2025>32 | 33 € — 92

Jacques Bavard

✪✪ (→)

Ce vinificateur doué installé à Puligny-Montrachet achète des raisins à des partenaires de confiance et commercialise environ 15 000 bouteilles par an. La qualité de ses blancs nous incite à vous le faire découvrir, tout est impeccablement vinifié dès les entrées de gamme. Il propose également des formules d'œnotourisme au domaine, une table autour de ses vins et une suite pour pouvoir y loger.

- **Sous La Roche, santenay 2023** | Sec | 2025>32 | 28.2 € — 91
- **bourgogne 2023** | Sec | 2025>30 | 17.3 € — 90
- **Les Clous, auxey-duresses 2023** | Sec | 2025>32 | 28.2 € — 91
- **Sur Gamay, saint-aubin premier cru 2023** | Sec | 2025>32 | 40 € — 92
- **bourgogne aligoté 2023** | Sec | 2025>28 | 13 € — 90
- **Pré de Manche, meursault 2023** | Sec | 2025>32 | 45 € — 92

Domaine Berthelemot

✪✪✪ ✚

Ce domaine créé par Brigitte Berthelemot en 2006 compte désormais 15 hectares. La certification bio obtenue en 2021 est doublée par une approche biodynamique. Son fils Thomas le dirige désormais, secondé par Pierre Poirot à la direction technique. Nous voyons ici l'affirmation d'un style où pureté et délicatesse prévalent dans les rouges. Les blancs affichent un charme qui réside dans une texture fine mais soutenue et d'une précision qui a beaucoup progressé depuis quelques années..

- **Les Noizons, pommard 2023** | Sec | 2025>32 | NC | ☘ — 92
- **Abbaye de Morgeot, chassagne-montrachet premier cru 2023** | Sec | 2025>32 | NC | ☘ — 94
- **Clos des Mouches, beaune premier cru 2023** | Sec | 2025>32 | NC | ☘ — 92
- **Les Folatières, puligny-montrachet premier cru 2023** | Sec | 2025>32 | NC | ☘ — 94
- **Les Bressandes, beaune premier cru 2023** | Sec | 2026>32 | NC | ☘ — 94
- **corton - charlemagne grand cru 2023** | Sec | 2025>37 | NC | ☘ — 95

Albert Bichot

✪✪✪✪ ✚

Fondée en 1831, la maison Albert Bichot est aujourd'hui dirigée avec énergie par Albéric Bichot, sixième génération d'une famille présente en Bourgogne depuis le XIIIe siècle. Entouré de talents comme Matthieu Mangenot (direction technique), Cyrille Jacquelin (Clos Frantin) et Christophe Chauvel (vignobles), elle propose des vins toutes les grandes appellations, issus de partenariats durables mais aussi de six domaines emblématiques : Long-Depaquit à Chablis, Clos Frantin et Château-Gris en côte de Nuits, le domaine du Pavillon en côte de Beaune, Adélie en Côte chalonnaise et Rochegrès en Beaujolais. Tous ont aujourd'hui atteint un niveau de premier ordre et la dégustation des 2023 confirme une inflexion de style vers des profils de vins modernes, sur la finesse et l'équilibre plus que sur la puissance. Première maison beaunoise en volume de vins bios, Albert Bichot s'impose comme un acteur majeur et le nouveau site technique d'une ampleur inédite devrait renforcer cette dynamique ambitieuse.

- **Domaine du Pavillon, Charmes, meursault premier cru 2023** | Sec | 2025>30 | 185.6 € — 92
- **Domaine Adélie, Les Champs Martin, mercurey premier cru 2023** | Sec | 2025>30 | 46.7 € — 91
- **Domaine du Pavillon, Clos des Maréchaudes, corton grand cru 2023** | Sec | 2025>30 | 186.9 € — 93
- **Château Gris, nuits-saint-georges premier cru 2023** | Sec | 2025>40 | 94.2 € — 93
- **Domaine du Clos Frantin, Les Malconsorts, vosne-romanée premier cru 2023** | Sec | 2028>40 | 315.9 € — 95
- **Domaine du Clos Frantin, Échezeaux grand cru 2023** | Sec | 2028>40 | 453.7 € — 95
- **Domaine du Clos Frantin, clos de vougeot grand cru 2023** | Sec | 2028>40 | 341 € — 94
- **Domaine du Pavillon, Les Rugiens, pommard premier cru 2023** | Sec | 2025>30 | 140.6 € — 93
- **Les Chabiots, chambolle-musigny premier cru 2023** | Sec | 2025>40 | 205.7 € — 92
- **Domaine du Pavillon, corton - charlemagne grand cru 2023** | Sec | 2025>30 | 335.9 € — 94
- **Domaine du Pavillon, Clos des Mouches, beaune premier cru 2023** | Sec | 2025>30 | 140.6 € — 93
- **latricières-chambertin grand cru 2023** | Sec | 2028>40 | 391.1 € — 95
- **Château Gris - Les Terrasses, n uits-saint-georges 2023** | Sec | 2025>30 | 112.7 € — 91
- **Domaine du Pavillon, Clos des Ursulines, pommard 2023** | Sec | 2025>30 | 70.4 € — 92
- **Domaine Rochegrès, moulin-à-vent 2023** | Sec | 2025>30 | 28.2 € — 92
- **Domaine du Clos Frantin, bourgogne côte d'or 2023** | Sec | 2025>30 | 28.1 € — 88

Domaine Guy Bocard

✪✪

Le domaine a été repris par la famille Derichebourg en 2018 et l'équipe a été refondue a partir du millésime 2022 avec le concours de Philippe Pacalet qui endosse le costume de consultant. Nous n'avions pas identifié jusqu'à présent ce domaine parmi le meilleur de la côte de Beaune mais nous avons été interpellés par le millésime 2023. Tout a changé, on surfe sur le meilleur de l'aligoté au meursault premier cru les Charmes. La notation devrait évoluer si le domaine maintient ce nouveau cap qualitatif.

- **Charmes, meursault premier cru 2023** | Sec | 2026>35 | 140 € | ☘ — 94
- **Le Limozin, meursault 2023** | Sec | 2025>32 | 85 € | ☘ — 92
- **Vieilles vignes, meursault 2023** | Sec | 2025>32 | 70 € | ☘ — 92
- **Les Narvaux, meursault 2023** | Sec | 2025>32 | 85 € | ☘ — 93
- **Les Chanterelles, bourgogne aligoté 2023** | Sec | 2025>30 | 20 € | ☘ — 89
- **bourgogne 2023** | Sec | 2025>31 | 28 € | ☘ — 90

Domaine Bonneau du Martray

✪✪✪✪✪ ✦

Stanley Kroenke, acquéreur depuis 2017, impliqué dans le sport, à Arsenal notamment et en Napa Valley au domaine Screaming Eagle, a trouvé onze hectares d'un seul tenant sur la colline de Corton où aucun détail de la vigne au chai n'a été épargné par son prédécesseur. Le blanc est cristallin, d'un raffinement et d'une luminosité ultimes, dans un équilibre somptueux. Ce corton-charlemagne est l'un des plus originaux par son opulence mesurée en raison d'une orientation vers Pernand, plus fraîche. Le rouge offre des tonalités florales, des tannins d'une rare subtilité sur ce cru, et un toucher de bouche délicieux. Le vignoble en rouge devra être remplacé en grande partie pour le renouveler et préparer le futur. Notons de splendides 2021 au domaine suivis de superbes 2022.

- **corton grand cru 2022** | Sec | 2026>38 | NC — 97
- **corton - charlemagne grand cru 2022** | Sec | 2026>45 | NC — 97

Bouchard Père et Fils

✪✪✪✪ ✦

Acquis par Artémis Domaines, cette grande maison de négoce beaunoise fondée en 1731 s'appuie jusqu'ici sur plus de 142 parcelles sur 130 hectares de vignoble en propriété, dont 73 hectares en premier et grand cru. La majeure partie de la production est issue d'achats de raisins pour les grands rouges, et de moûts savamment sélectionnés pour les blancs autres que ceux du domaine. Les vins sont vinifiés par le talentueux Frédéric Weber qui a particulièrement réussi le millésime 2022 dans les deux couleurs. Nous profiterons de la prochaine édition de ce guide pour faire le point sur le millésime 2023 et 2024.

- **corton - le corton grand cru 2022** | Sec | 2025>35 | NC — 92
- **Les Teurons, beaune premier cru 2022** | Sec | 2025>40 | NC — 93
- **corton - charlemagne grand cru 2022** | Sec | 2025>40 | NC — 97
- **Les Caillerets, volnay premier cru 2022** | Sec | 2025>40 | NC — 96
- **montrachet grand cru 2022** | Sec | 2025>40 | NC — 98
- **La Cabotte , chevalier-montrachet grand cru 2022** | Sec | 2025>40 | NC — 97
- **Les Marconnets, beaune premier cru 2022** | Sec | 2025>35 | NC — 93
- **Beaune du Château, beaune premier cru 2022** | Sec | 2025>30 | NC — 91
- **Beaune du Château, beaune premier cru 2022** | Sec | 2026>30 | NC — 89
- **Les Clous, meursault 2022** | Sec | 2025>35 | NC — 92
- **Clos Saint-Landry , beaune premier cru 2022** | Sec | 2025>35 | NC — 93

✦ Star ✚ Valeur sûre (→) À suivre de près (N) Nouvelle entrée

- Les Gouttes d'Or, meursault premier cru 2022 | Sec | 2025>35 | NC — 92
- Genevrières, meursault premier cru 2022 | Sec | 2025>35 | NC — 94
- Perrières, meursault premier cru 2022 | Sec | 2025>40 | NC — 93
- Les Lavières, savigny-lès-beaune premier cru 2022 | Sec | 2025>35 | NC — 92
- Clos de la Mousse, beaune premier cru 2022 | Sec | 2025>40 | NC — 92
- Vignes de l'Enfant Jésus , Les Grèves, beaune premier cru 2022 | Sec | 2025>40 | NC — 94
- chevalier-montrachet grand cru 2022 | Sec | 2025>40 | NC — 96
- Charmes, meursault premier cru 2022 | Sec | 2025>35 | NC — 93
- (domaine), beaune 2022 | Sec | 2025>30 | NC — 90

Domaine Pierre Brisset

✪✪

Installée au Château de Bligny à Bligny-lès-Beaune et propriétaire de vignes à Chassagne-Montrachet, la maison Pierre Brisset s'inscrit dans la tradition des plus exigeants vinificateurs et éleveurs de vins de Bourgogne. Sa gamme se compose de vins blancs et rouges issus des parcelles classées en premier et grand cru de la côte de Nuits et de la côte de Beaune.

- Aux Thorey, nuits-saint-georges premier cru 2023 | Sec | 2026>33 | 80 € — 93
- Sous roche Dumay, saint-aubin premier cru 2023 | Sec | 2025>32 | 60 € — 89

Domaine Buisson-Charles

✪✪✪ +

Ce domaine familial de 6,3 hectares, sous l'égide de Catherine Buisson-Essa et de son époux Patrick Essa, exploite ses vieilles vignes (de 40 à 100 ans) en bio non certifié, principalement sur la commune de Meursault, ainsi que 2 hectares de premiers crus et grands crus en négoce. Patrick Essa, vigneron, curieux, autodidacte et blogueur à ses heures, recherche en permanence une maturité de fruit optimale. Les blancs associent ampleur et tension, liées à un travail précis sur des lies généreuses ; les rouges, qui ne représentent qu'un quart de la production, sont taillés pour la garde, les premiers crus de Volnay 2022 et 2023 sont savoureux. Les blancs également classiques sont réussis et 2023 semble avoir franchi une nouvelle étape vers une gourmandise exceptionnelle, même à Meursault.

- Les Gouttes d'Or, meursault premier cru 2023 | Sec | 2025>33 | NC — 95
- Santenots, volnay premier cru 2022 | Sec | 2026>35 | NC — 94
- Les Cras, meursault premier cru 2023 | Sec | 2025>33 | NC — 94
- La vigne de 1945, meursault 2023 | Sec | 2025>32 | NC — 93
- Fremiets, volnay premier cru 2023 | Sec | 2025>33 | NC — 94
- Haute densité, bourgogne 2023 | Sec | 2025>30 | NC — 90

Butterfield Wine

✪✪✪

Arrivé de Toronto à Beaune en 1986 pour prêter main forte au développement des activités œnotouristiques de ses parents, David Butterfield s'est épris des vins de la région. Après une expérience chez la maison de Montille et au domaine de la Vougeraie, il a développé sa propre enseigne de négoce, basée à Beaune. Il achète les raisins des mêmes parcelles chaque année pour optimiser la qualité des vins produits. Sa femme Juliette Lardière, nourrie aux meilleures sources techniques de Louis Jadot, le seconde. Les blancs sont d'une précision exemplaire et les rouges ne sont pas en reste avec de très beaux équilibres entre tannins soyeux, acidité et intensité du fruit. Les rouges 2023 seront à boire plus vite sur leur finesse de texture délicieuse, les blancs du millésime sont magnifiques. Le domaine est proche d'une quatrième étoile.

- Charmes, meursault premier cru 2023 | Sec | 2025>33 | NC — 95
- monthélie 2023 | Sec | 2025>32 | NC — 92
- Les Teurons, beaune premier cru 2023 | Sec | 2025>32 | NC — 93
- Les Embazées, chassagne-montrachet premier cru 2023 | Sec | 2025>32 | NC — 94
- Les Charmots, pommard premier cru 2023 | Sec | 2025>32 | NC — 93

Domaine Caroline Frey

✪✪✪ ➲

Caroline Frey (Château la Lagune et Jaboulet) et sa famille ont acquis le château Corton, situé à Aloxe Corton. Un chai contemporain et très bien équipé y a été installé pour produire les vins d'un patrimoine viticole intéressant de sept hectares présents sur pas moins de treize appellations, dont corton, corton-charlemagne, meursault, volnay, pommard. Depuis 2021, l'ensemble du vignoble est certifié en viticulture bio et cultivé aujourd'hui en biodynamie. Le millésime 2023 indique clairement les intentions du domaine dans une recherche de pureté, de finesse et de tonicité bienvenue, avec en particulier des cortons très réussi, dont le monopole du Clos du Château.

- aloxe-corton 2023 | Sec | 2025>30 58 € — 91
- aloxe-corton 2020 | Sec | 2027>32 58 € — 92
- corton - charlemagne grand cru 2023 | Sec | 2025>32 | 340 € — 96
- Clos des Guettotes , Guetottes, savigny-lès-beaune 2023 | Sec | 2026>30 | 48 € — 88
- pommard 2023 | Sec | 2025>30 | 66 € — 94
- Les Paulands, aloxe-corton premier cru 2023 | Sec | 2025>32 | 90 € — 92
- Le Bal, auxey-duresses premier cru 2023 | Sec | 2025>30 | 66 € — 91
- Le Clos du Château, corton grand cru 2023 | Sec | 2025>32 | 290 € — 94
- Les petites Lolières, aloxe-corton premier cru 2023 | Sec | 2025>31 | 90 € — 93
- Les Narvaux, meursault 2023 | Sec | 2025>30 | 90 € — 92
- corton grand cru 2023 | Sec | 2025>32 | 200 € — 94
- pinot noir, bourgogne 2023 | Sec | 2025>30 | 36 € — 90
- Les champs fulliot, monthélie premier cru 2023 | Sec | 2027>32 | 78 € — 91
- volnay 2023 | Sec | 2025>30 | 66 € — 92

Maison Champy

✪✪✪✪ +

Fondée en 1720 par Edmé Champy, la maison Champy est la plus ancienne maison de négoce de Bourgogne. Aujourd'hui propriété du groupe AdVini, elle s'appuie sur un domaine de 21 hectares, principalement à Beaune et autour de Pernand-Vergelesses, conduit en bio et souvent en biodynamie. Depuis 2000, l'excellent Dimitri Bazas y signe des vins d'une régularité exemplaire, issus d'une viticulture de précision, attentive aux équilibres et à la juste maturité. Le millésime 2023 illustre la belle dynamique de la maison : des vins purs, cohérents, fidèles à leurs terroirs et qui gagnent encore en finesse, notamment pour les rouges. Qu'il s'agisse des crus de prestige ou des cuvées plus accessibles en appellation bourgogne et villages, la gamme séduit par son équilibre et sa lisibilité. Une maison à suivre de près, pour son authenticité comme pour son engagement environnemental.

- corton - charlemagne grand cru 2023 | Sec | 2025>35 | 300 € — 96
- pinot noir Edmé, bourgogne 2023 | Sec | 2025>30 | 25 € — 90
- aloxe-corton 2023 | Sec | 2025>30 | 50 € — 92
- volnay 2023 | Sec | 2025>30 | 52 € — 93
- pommard 2023 | Sec 2025>30 | 56 € — 94
- chorey-lès-beaune 2023 | Sec | 2025>30 | 38 € — 92
- Clos de Bully, pernand-vergelesses 2023 | Sec | 2025>30 | 38 € — 91
- Bio, savigny-lès-beaune 2023 | Sec | 2025>30 | 40 € — 92
- Les Folatières, puligny-montrachet premier cru 2023 | Sec | 2025>35 | 127 € — 95
- En Caradeux, pernand-vergelesses premier cru 2023 | Sec | 2025>35 | 55 € — 94
- Les Fichots, pernand-vergelesses premier cru 2023 | Sec | 2025>30 | 50 € — 92
- Les Vergelesses, pernand-vergelesses premier cru 2023 | Sec | 2025>35 | 50 € — 91
- Aux Vergelesses, savigny-lès-beaune premier cru 2023 | Sec | 2025>35 | 58 € — 93
- Aux Cras, beaune premier cru 2023 | Sec | 2025>35 | 65 € — 94
- corton - le rognet-et-corton grand cru 2023 | Sec | 2025>35 | 170 € — 96

Domaine Chandon de Briailles

✪✪✪✪ ✦

Cette bâtisse du XVIIIe siècle posée sur des caves cisterciennes abrite un domaine familial créé en 1834. Géré depuis 2001 par le duo sœur-frère Claude et François de Nicolay, celui-ci s'étend sur près de 14 hectares conduits en biodynamie depuis 2005. Les vinifications sont traditionnelles : raisins entiers, températures de fermentation n'excédant pas 30°C, et pas ou très peu de bois neuf. Un trio de conditions qui résume l'identité des vins, dont l'extraction colorante est aussi limitée que leur expression est intensément florale et raffinée. Le style des vins a beaucoup évolué en peu de temps. Timides dans leur jeunesse et se révélant au vieillissement, ils sont désormais beaucoup plus expressifs jeunes sans rien perdre de leur capacité à fort bien évoluer. Les progrès en quelques années ont été considérables ici, tant en rouge qu'en blanc.

- Les Lavières, savigny-lès-beaune premier cru 2023 | Sec | 2026>32 | 101 € | ☘ — 93
- Île de Vergelesses, pernand-vergelesses premier cru 2022 | Sec | 2026>33 | 123 € | ☘ — 94
- Île de Vergelesses, pernand-vergelesses premier cru 2023 | Sec | 2028>36 | 123 € | ☘ — 93
- corton - bressandes grand cru 2023 | Sec | 2028>38 | 342 € | ☘ — 95
- corton - clos du roi grand cru 2023 | Sec | 2028>40 | 551 € | ☘ — 96

Domaine Changarnier

★★

Antoine et Claude Changarnier ont confié la gérance de cette propriété familiale de 300 ans à Fabrice Groussin. Ce jeune Charentais y applique depuis 2012 les méthodes d'une viticulture biologique et biodynamique sur le patchwork de 5,5 hectares de vignobles essentiellement sur Monthélie et Pommard qui alimentent la production de pas moins 12 appellations. Les vins blancs, qui représentent un tiers de la production, sont vinifiés et élevés 12 mois en fût (10 à 15 % de bois neuf) et ne reçoivent ni bâtonnage, ni soutirage, ni collage, ce qui leur confère un aspect tendu à la fraîcheur acidulée. Les rouges, en vendange entière parfois jusqu'à 50 %, présentent une extraction mesurée et une gourmandise qui permettra de les consommer sans trop attendre.

- ■ **Les Clous, monthélie premier cru 2023** | Sec | 2025>3 | 32 € | ☘ — 92
- ■ **Le Meix Bataille, monthélie premier cru 2023** | Sec | 2025>3 | 32 € | ☘ — 91
- □ **Le Clos, monthélie 2023** | Sec | 2025>32 | 30 € | ☘ — 91
- ■ **Pierrefite, monthélie 2023** | Sec | 2025>31 | 28 € | ☘ — 89
- ■ **Les Vaumuriens, pommard 2023** | Sec | 2027>32 | 38 € | ☘ — 91
- □ **Les Duresses, auxey-duresses premier cru 2023** | Sec | 2025>32 | 39 € | ☘ — 91

Domaine Chanson

★★★★ ✚

Fondée en 1750 et aujourd'hui propriété du groupe Bollinger, Chanson cultive 45 hectares sur les deux côtes, dont 25 hectares en beaune premier cru, et vient d'acquérir 50 hectares dans le sud de la Bourgogne. Sous l'impulsion de la direction générale de Vincent Avenel, de Lucy Auger (cheffe de cave) et de Justine Savoye (cheffe du vignoble), la maison mène une réflexion approfondie sur ses pratiques : restructuration du vignoble, vinification parcellaire rigoureuse, travail sur les élevages (sélection des fûts, expérimentations sur les contenants). Chaque décision est adaptée aux spécificités du millésime, avec une volonté forte de s'inscrire dans une dynamique constructive et durable ainsi que dans une vision qualitative au service des terroirs du domaine. Ce que confirme notre dégustation annuelle.

- ■ **Clos des Fèves, beaune premier cru 2023** | Sec | 2025>35 | 105.4 € — 94
- □ **corton - les vergennes grand cru 2023** | Sec | 2025>40 | 166.8 € — 94
- ■ **Clos des Marconnets, beaune premier cru 2023** | Sec | 2025>40 | 52.9 € — 92
- ■ **Clos des Mouches, beaune premier cru 2023** | Sec | 2025>35 | 105.4 € — 92
- □ **Clos des Mouches, beaune premier cru 2023** | Sec | 2025>35 | 120.7 € — 94
- ■ **La Dominode, savigny-lès-beaune premier cru 2023** | Sec | 2025>35 | 51.4 € — 90
- □ **Les Folatières, puligny-montrachet premier cru 2023** | Sec | 2025>35 | 157.2 € — 92
- □ **Les Chenevottes, chassagne-montrachet premier cru 2023** | Sec | > | 109.4 € — 90
- □ **En Caradeux, pernand-vergelesses premier cru 2023** | Sec | 2025>35 | 58.8 € — 93
- ■ **Vergelesses, pernand-vergelesses premier cru 2023** | Sec | 2025>32 | 50.2 € — 90

Chartron et Trébuchet

★

Cette maison spécialisée née à Meursault il y a une quarantaine d'années a été reprise par le groupe Grands Chais de France qui en a fait sa tête de pont en matière de blancs bourguignons. Dans une gamme évidemment élargie, qui va de Chablis jusqu'à Pouilly-Fuissé, les résultats sont divers mais on trouve ici des blancs bien réalisés et accessibles.

- □ **Chardonnay, crémant de bourgogne 2023** | Brut | 2025>27 | 27 € — 90
- □ **chassagne-montrachet 2023** | Sec | 2025>30 | NC — 91

Domaine Jean Chartron

★★★ ➔

Anne-Laure et son frère Jean-Michel Chartron forment le duo gagnant de ce domaine phare de Puligny : leurs 14,5 ha sont cultivés selon un mode bio, sans certification. Les 2 monopoles du Clos des Chevaliers et le Clos des Pucelles constituent les fers de lance du domaine, avec des vins subtilement minéraux traduisant au mieux l'identité des lieux. Le Clos du Cailleret se conjugue ici en blanc comme en rouge : leur touche crayeuse en finale se trouve ponctuée d'une élégante touche crayeuse. Ne pas oublier, le Bourgogne blanc « Eugénie Dupard », une excellente entrée en matière. Les 2022 évoluent superbement et les 2023 s'annoncent prometteurs !

- □ **Clos des Chevaliers, chevalier-montrachet grand cru 2023** | Sec | 2025>35 | 470 € — 96
- □ **Clos de la Pucelle, puligny-montrachet premier cru 2022** | Sec | 2025>40 | NC — 96
- □ **Clos du Cailleret, puligny-montrachet premier cru 2023** | Sec | 2025>33 | 103 € — 94
- □ **puligny-montrachet 2023** | Sec | 2025>32 | 65 € — 92
- □ **chassagne-montrachet 2023** | Sec | 2025>32 | 61 € — 91
- □ **Montmorin, rully 2023** | Sec | 2025>32 | 26 € — 90
- □ **Vieiles vignes, hautes côtes de beaune 2023** | Sec | 2025>30 | 22 € — 89
- ■ **Clos du Cailleret, puligny-montrachet premier cru 2022** | Sec | 2025>35 | NC — 93
- □ **Eugénie Dupard, bourgogne 2022** | Sec | 2025>35 | NC — 91

Domaine Chevalier Père et Fils

★★★

L'histoire du domaine commence avec trois hectares de gamay en 1850 et perdure aujourd'hui avec trois des cinq filles de Claude Chevalier : Julie au commerce, Anaïs à la gestion et Chloé depuis 2010 aux manettes techniques des 16 hectares du vignoble acquis à la cause de la colline de Corton et de ses environs. Chloé a eu à cœur de faire progresser les rouges qui vivaient dans l'ombre des blancs et affirme le potentiel de ses ladoix dont on sous-estime souvent la puissance native qu'il faut canaliser. Nous n'avons dégusté que deux entrées de gamme du domaine en 2023. Il est ainsi difficile de vous donner une idée précise de la gamme sur ce millésime.

- ■ **ladoix 2023** | Sec | 2025>30 | 25 € — 90
- ■ **côte de nuits-villages 2023** | Sec | 2025>30 | 25 € — 89

Domaine Chevrot et Fils

★★★

Pablo et Vincent Chevrot, œnologues quarantenaires posés et sereins, exploitent avec entente et complémentarité ce joli domaine de 20 hectares dans les Maranges, certifié bio. Un travail est réalisé dans les vignes sur la gestion des engrais verts, 4 hectares sont labourés au cheval, le tout avec une volonté forte d'impliquer les salariés dans la philosophie de l'entreprise. Au total, 17 cuvées sont disponibles, élevées entre 8 et 15 mois, avec un usage limité du soufre. Les blancs sont mûrs et onctueux, les rouges offrent une complexité aromatique et un toucher de bouche délicat avec du relief. Un domaine qui a réellement progressé dans la qualité ces dernières années et met à la fois la viticulture biologique et les maranges en valeur. Cela mérite une étoile supplémentaire. Et si l'influence de l'oxfordien ou du trias sur les vins ne vous parle pas, Pablo se fera un plaisir de vous décrypter tout cela.

- □ **hautes côtes de beaune 2023** | Sec | 2025>31 | 21.9 € | ☘ — 90
- ■ **La Fussière, maranges premier cru 2023** | Sec | 2026>35 | 34 € | ☘ — 92
- □ **maranges 2023** | Sec | 2025>31 | 34 € | ☘ — 90
- ■ **Sur le Chêne, maranges 2023** | Sec | 2025>30 | 34 € | ☘ — 90
- ■ **Clos Rousseau, santenay premier cru 2023** | Sec | 2025>31 | 34 € | ☘ — 90
- □ **Tilleul, bourgogne aligoté 2023** | Sec | 2025>32 | 15.5 € | ☘ — 91
- □ **Comme Dessus, santenay 2023** | Sec | 2026>32 | 43.7 € | ☘ — 91
- □ **La Fussière, maranges premier cru 2023** | Sec | 2026>35 | 46.3 € | ☘ — 94
- ■ **santenay 2023** | Sec | 2026>32 | 34 € | ☘ — 91
- ■ **Les Clos Roussots, maranges premier cru 2023** | Sec | 2025>32 | 34 € | ☘ — 92
- □ **Clos Rousseau, santenay premier cru 2023** | Sec | 2025>32 | 43.7 € | ☘ — 93

Domaine Françoise et Denis Clair

★★★ ➔

Jean-Baptiste Clair gère le domaine depuis 2011. Les 14 hectares du vignoble, dont 8,5 hectares plantés en rouge, se concentrent sur Saint-Aubin et Santenay et couvrent les climats les plus convoités tels qu'En Remilly, Murgers des Dents de Chien, ou encore Sous Roche Dumay. Les vins rouges, qui étaient la spécialité de son père Denis, sont ici vinifiés en cuves béton puis élevés avec peu de bois neuf, ils offrent un caractère floral, un fruit croquant et le fond attendu de leurs beaux climats. Les blancs, qui ont progressé de façon spectaculaire depuis l'arrivée de Jean-Baptiste présentent une droiture cristalline et une précision remarquable avec au sommet le murgers-des-dents-de-chien tout proche du montrachet. Précisons que, pour une fois, leurs prix ne pétrifieront pas d'effroi l'amateur sincère de bourgognes.

- ■ **Clos de la Comme, santenay premier cru 2023** | Sec | 2027>32 | 29 € — 91
- ■ **Clos de Tavannes, santenay premier cru 2023** | Sec | 2025>30 | 27 € — 91
- ■ **Clos de Tavannes, santenay premier cru 2023** | Sec | 2025>32 | 30 € — 92

✦ Star ✚ Valeur sûre ➔ À suivre de près Ⓝ Nouvelle entrée

Frédéric Weber, Bouchard Père et Fils

N'en déplaise à ses détracteurs, l'intuition de Michel Bettane est rarement prise en défaut. Il y a quelques années, dans une édition antérieure, le coauteur de ce guide avait fait du vinificateur de la maison Bouchard l'un de ses génies du style. Au regard des vins signés par Frédéric Weber, difficile de remettre cette récompense en question tant l'ensemble des domaines Bouchard affiche un niveau d'une rare homogénéité. De nombreux chantiers attendent cette maison qui a la chance de pouvoir compter sur la connaissance précise des terroirs et le goût sûr de celui qui veille sur ses caves aux trésors. *Louis-Victor Charvet*

- Les Murgers des Dents de Chien, saint-aubin premier cru 2023 | Sec | 2025>32 | 39 € 93
- Les Frionnes, saint-aubin premier cru 2023 | Sec | 2025>32 | 30 € 90
- Sous Roche Dumay, saint-aubin premier cru 2023 | Sec | 2025>32 | 32 € 91

Domaine Bruno Colin

✪✪✪

Bruno Colin, le plus jeune fils de Michel Colin-Deléger, s'est installé à son compte en 2004 pour développer une interprétation précise et stylée du chardonnay bourguignon. Avec pas moins de huit premiers crus sur la seule appellation de chassagne-montrachet, les neuf hectares de vignoble s'étendent sur 50 micro-parcelles, également sur les communes de Puligny-Montrachet, Saint-Aubin, Maranges et Santenay. Les blancs et les rouges affichent une précision remarquée de leur texture et une cohérence avec leur terroir d'origine dans un style classique intelligemment revisité. Au vu des derniers millésimes, et notamment des 2023, on est proche d'une quatrième étoile.

- La Boudriotte, chassagne-montrachet premier cru 2023 | Sec | 2025>32 | 106 € 93
- La Truffière, puligny-montrachet premier cru 2023 | Sec | 2025>3 | 170 € 95
- En Charmois, Le Charmois, saint-aubin premier cru 2023 | Sec | 2025>32 | 68 € 92
- En Remilly, chassagne-montrachet premier cru 2023 | Sec | 2025>32 | 136 € 94
- La Fussière, maranges premier cru 2023 | Sec | 2025>32 | 50 € 91
- chevalier-montrachet grand cru 2023 | Sec | 2027>35 | 1000 € 96

Domaine de la Commaraine

✪✪✪

Le Domaine de la Commaraine est constitué autour de son clos de 3,6 hectares à Pommard et de son château historique du XIIe siècle. Il exploite également des vignes dans plusieurs climats de la côte de Beaune et même jusqu'à Chambolle-Musigny. Les vins montrent des tannins délicats, bien enrobés construits sur la subtilité plutôt que sur la puissance. Le saint-aubin les Murgers des Dents de Chien 2023 impressionne et les rouges 2023 sont remarquables. Le niveau global des vins mérite une étoile supplémentaire.

- Clos de la Commaraine, pommard premier cru 2023 | Sec | 2026>34 | 225 € | ☘ 94
- Les Murgers des Dents de Chien, saint-aubin premier cru 2023 | Sec | 2025>32 | 98 € | ☘ 94
- En Champans, volnay premier cru 2023 | Sec | 2026>33 | 148 € | ☘ 94

Domaine du Comte Armand

✪✪✪✪ ✦

Le talentueux Paul Zinetti est depuis 2014 le régisseur de ce domaine emblématique de neufs hectares créés en 1826. Le vignoble y est conduit en accordance des pratiques biodynamiques depuis plus de 10 ans et contient le fameux clos des Épeneaux, joyaux de 5,3 hectares du domaine. Pas de faute d'orthographe ni de faute de goût ici, épeneaux est un monopole qui se décline sous des aspects racés de pommard, avec une grande finesse de tannins. Splendide volnay premier cru les Frémiets qui égale le pommard en termes de puissance absolue. Les boisés qui ont pu faire débat par le passé sont désormais très bien intégrés et laissent s'exprimer la qualité remarquable des jus. Le domaine fait référence sur ses climats, notons en 2023 un hautes-côtes de nuits blanc impressionnant et un brillant clos des Épeneaux 2022.

- auxey-duresses premier cru 2022 | Sec | 2026>32 | 79 € 93
- Clos des Épeneaux, pommard premier cru 2022 | Sec | 2027>35 | 211 € 96
- Le Mont, hautes côtes de nuits 2023 | Sec | 2025>30 | 35 € 91
- bourgogne 2023 | Sec | 2025>30 | 38 € 90

Domaine des Comtes Lafon

✪✪✪✪✪ ✦

Ce domaine, créé à la fin du XIXe siècle, dispose de l'un des plus beaux patrimoines de la côte de Beaune. Les 16,5 hectares de son vignoble cultivé sous influence biodynamique se situent non seulement dans les tous meilleurs crus de Meursault et de Volnay, mais représentent également les parcelles les plus admirablement placées au sein de leurs climats respectifs ! Pierre et Léa ont pris la suite de Dominique Lafon et maintiennent ce domaine familial au sommet de son art à un niveau qualitatif exceptionnel. Les blancs, qui ont bâti la réputation du domaine alors que celui-ci produit un tiers de vins rouges, se distinguent par une énergie saline, vibratoire et sapide et un toucher de bouche élancé et velouté. Les rouges, vinifiés sans les rafles, possèdent une identité pulpeuse, dense et savoureuse. Le domaine ne peut pas prendre de nouveaux clients mais maintient 40 % de sa distribution en France pour la belle restauration et les bons cavistes. Des volumes sont disponibles ponctuellement sur nosclimats.com, un site ouvert sur demande aux grands amateurs.

- Clos de la Barre, meursault 2022 | Sec | 2027>35 | 118.08 € | ☘ 95
- Charmes, meursault premier cru 2022 | Sec | 2027>35 | 209.16 € | ☘ 96
- du Milieu, Santenots, volnay premier cru 2023 | Sec | 2026>35 | 145.8 € | ☘ 95

Domaine de Courcel

✪✪✪✪✪ ✦

Le domaine va encore plus loin que n'importe lequel des autres producteurs de pommards de longue date. Les 10 hectares appartiennent à la famille de Courcel depuis le XVIe siècle. Ce domaine possède le plus homogène des vignobles de Pommard, essentiellement composé de premiers crus, avec une parcelle royale de 5 hectares d'Épenots et de très vieilles vignes. Yves Confuron, vigneron passionné et talentueux, y avait développé depuis 1996 une viticulture de haute couture aux rendements infimes qui lui permet de repousser les dates de vendanges vers une maturité optimale des raisins qui seront vinifiés en grappes entières. Ce sont des rouges de très grande garde, ils expriment un absolu en côte-de-beaune dans cette couleur. Le domaine nous présente parfois des verticales d'un cru pour montrer à quel point les vins évoluent bien sur le long terme. La densité de texture du simple bourgogne du domaine le fait démarrer à un niveau où bien des premiers crus de Pommard ne vont pas.

- Grand Clos des Épenots, pommard premier cru 2022 | Sec | 2027>35 | NC 95
- Les Frémiers, pommard premier cru 2022 | Sec | 2027>35 | NC 94
- Les Rugiens, pommard premier cru 2022 | Sec | 2027>35 | NC 96
- Les Croix Noires, pommard premier cru 2022 | Sec | 2027>35 | NC 94

Domaine Henri Delagrange

✪✪ ⊛

La quinzaine d'hectares du domaine s'étale d'Aloxe à Meursault. Didier Delagrange, sixième génération, est en charge de ce domaine de tradition et a beaucoup fait avancer viticulture et vinification, dans l'esprit qui anime ses amis dégustateurs du village, Thomas Bouley et Nicolas Rossignol. Il réalise des vins sincères en recherchant une maturité avancée du raisin avec parfois des trames acides qui signent quelques vins.

- Vieilles Vignes, volnay 2023 | Sec | 2025>32 | 39 € 91
- Clos des Chênes, volnay premier cru 2023 | Sec | 2025>32 | 60 € 92
- Les Vaumuriens-Hauts, pommard 2023 | Sec | 2025>31 | 39 € 90
- Les Bertins, pommard premier cru 2023 | Sec | 2025>32 | 55 € 91
- Champans, volnay premier cru 2023 | Sec | 2027>35 | 55 € 92

Joseph Drouhin

✪✪✪✪ ✦

Joseph Drouhin fonda cette maison iconique en 1880. Celle-ci demeure, près de 140 ans plus tard, une histoire de famille, avec Frédéric à la gestion, Laurent aux marchés export, Philippe à la vigne et Véronique dans les chais. La viticulture biologique a fait ses débuts sur les 80 hectares du domaine en 1988, et les premières préparations biodynamiques y furent appliquées en 1997. Cette maison fait partie des rares domaines bourguignons à porter une attention notable au contrôle de sa merranderie afin d'imposer une sélection de bois des plus précises, ainsi qu'un temps de séchage adéquat (minimum 3 ans) pour chacune de ses cuvées. La même minutie est appliquée à la vigne, où les achats de raisins sont suivis dès le mois de mai afin d'établir les méthodes de vinification qui accompagneront chacune des parcelles. Il en découle un style de vin, en blanc comme en rouge, axé sur l'élégance, la finesse et l'expression du fruit dans sa phase primaire. Chaque climat s'exprime ici de façon limpide et précise. Notre dégustation annuelle confirme la cohérence de l'ensemble et une fine lecture du millésime 2023, au service d'un style bourguignon à la fois classique et d'avenir.

✦ Star ✚ Valeur sûre ⊛ À suivre de près Ⓝ Nouvelle entrée

- Marquis de Laguiche, montrachet grand cru 2023 | Sec | 2028>35 | NC — 96
- côte de beaune 2023 | Sec | 2025>30 | NC — 90
- chassagne-montrachet 2023 | Sec | 2025>30 | NC — 94
- Marquis de Laguiche, Morgeot, chassagne-montrachet premier cru 2023 | Sec | 2025>35 | NC — 95
- corton-charlemagne grand cru 2023 | Sec | 2028>35 | NC — 95
- Les Petits Monts, vosne-romanée premier cru 2023 | Sec | 2028>35 | NC — 95
- gevrey-chambertin 2023 | Sec | 2025>30 | NC — 92
- Les Amoureuses, chambolle-musigny premier cru 2023 | Sec | 2028>35 | NC — 95
- musigny grand cru 2023 | Sec | 2028>40 | NC — 96
- meursault 2023 | Sec | 2025>35 | NC — 93
- Clos des Mouches, beaune premier cru 2023 | Sec | 2025>30 | NC — 95
- Perrières, meursault premier cru 2023 | Sec | 2025>35 | NC — 95
- côte de beaune 2023 | Sec | 2025>30 | NC — 90
- chambertin-clos de bèze grand cru 2023 | Sec | 2028>40 | NC — 96
- chambolle-musigny 2023 | Sec | 2025>30 | NC — 94
- saint-romain 2023 | Sec | 2025>30 | NC — 92
- savigny-lès-beaune 2023 | Sec | 2025>30 | NC — 90

Domaine Dubuet-Boillot

✪✪✪ +

Après la mécanique en sport automobile, Maxime Dubuet-Boillot est revenu à Volnay reprendre les vignes de la famille Pierre Boillot. Après une série de 2020 épatants, 2021 joue l'immédiateté, on pourra les boire plus rapidement. La profondeur des 2022 nous a séduits et les 2023 n'en sont pas très éloignés bien que le millésime n'ait pas le même équilibre. Ceci mérite une troisième étoile.

- Les deux terroirs, pommard 2023 | Sec | 2027>33 | 48.8 € — 92
- Les vieilles vignes, volnay 2023 | Sec | 2025>32 | 41.3 € — 91
- Les Pitures, volnay premier cru 2023 | Sec | 2027>35 | 78 € — 93
- Grand coeur, beaune 2023 | Sec | 2025>30 | 30.5 € — 91
- Sur la Velle, monthélie premier cru 2023 | Sec | 2026>32 | 66.3 € — 90

Michel et Joanna Écard

✪✪

Dans ce domaine familial constitué de 4 hectares de vieilles vignes, les vins rouges (90 % de la production) sont élevés un minimum de deux hivers sans bois neuf depuis 2012, et possèdent un parfum floral harmonieux unique. Le domaine est en progression et les vins étonnent par leur digestibilité et leurs arômes floraux raffinés. Remarquable densité du serpentières et des narbentons pour ne citer qu'eux.

- Les Narbantons, savigny-lès-beaune premier cru 2020 | Sec | 2025>28 | 39 € — 88
- savigny-lès-beaune 2022 | Sec | 2025>28 | 30 € — 90

Maison Emile Chandesais

✪ N

Née au début du vingtième siècle, la maison Emile Chandesais appartient désormais au groupe Picard qui redonne aujourd'hui une nouvelle et brillante impulsion à cette marque populaire. La gamme qui couvre l'ensemble de la Côte d'Or et Chablis, propose des vins accessibles, fruités et toniques, avec un accent bienvenu mis sur la buvabilité. Un redémarrage à suivre !

- pommard 2023 | Sec | 2025>30 | 45 € — 90
- volnay 2023 | Sec | 2025>30 | 35 € — 88
- nuits-saint-georges 2023 | Sec | 2025>30 | 46 € — 89
- chablis 2024 | Sec | 2025>28 | 18 € — 88
- chablis premier cru 2023 | Sec | 2025>30 | 28 € — 92
- chassagne-montrachet 2023 | Sec | 2025>30 | 58 € — 93

Domaine Jean Féry

✪✪

Le domaine Jean Féry, créé en 1972, prend son essor au fil des rachats de parcelles par Jean-Louis Féry, un avocat d'affaires. En 1989, un nouveau chapitre s'ouvre avec l'arrivée de son fils Laurent à la tête du domaine. Aujourd'hui, ce domaine familial possède 33 hectares de vignes certifiées bio, situées dans des secteurs prestigieux. Installé à Échevronne, entre la côte de Beaune et la côte de Nuits, il propose une quinzaine de cuvées. Depuis 2022, François Lécaillon est devenu le directeur technique et élabore les vins avec beaucoup de style, en y incluant une proportion de grappes entières. Nous avons apprécié la densité du savigny-lès-beaune rouge premier cru, Les Peuillets.

- Les Combottes, pernand-vergelesses 2023 | Sec | 2025>32 | 43.5 € | ☘ — 92
- Vergelesses, pernand-vergelesses premier cru 2023 | Sec | 2027>36 | 46 € | ☘ — 93
- gevrey-chambertin 2023 | Sec | 2026>32 | 72 € | ☘ — 92
- Les Narvaux, meursault 2023 | Sec | 2026>35 | 77 € | ☘ — 92
- Abbaye de Morgeot, chassagne-montrachet premier cru 2023 | Sec | 2027>34 | 95 € | ☘ — 93
- Les Peuillets, savigny-lès-beaune premier cru 2023 | Sec | 2026>33 | 42.9 € | ☘ — 93

Domaine Jean-Philippe Fichet

✪✪✪ +

À force de ténacité, Jean-Philippe Fichet s'est constitué une exploitation de 7 hectares centrée sur Meursault. Vigneron discret qui ne présente que rarement sa production en dégustation, nous l'avions un peu perdu de vue. À force de travail à la vigne, il a présenté des 2022 aux grands jours de Bourgogne qui survolaient l'appellation Meursault par leurs puretés, leurs notes cristallines. Dans une appellation dont les vins peuvent vite tendre vers l'opulence voire la lourdeur, beaucoup trop de vignerons les rééquilibrent par des vendanges à maturité insuffisante. Ce n'est pas le cas ici, l'équilibre est parfaitement abouti entre tension et caractère spécifique du grand meursault. Nous avions promis une troisième étoile si les 2023 confirmaient, ce qui est clairement le cas.

- Le Tesson, meursault 2023 | Sec | 2025>33 | NC — 94
- Les Gruyaches, meursault 2023 | Sec | 2025>32 | NC — 93
- Les Chevalières, meursault 2023 | Sec | 2025>33 | NC — 94
- Le meix sous le château, meursault 2023 | Sec | 2025>32 | NC — 94
- Vieilles vignes, bourgogne côte d'or 2023 | Sec | 2025>30 | NC — 90

Domaine Fleurot-Larose

✪ N

Un domaine un peu hors des modes et du temps qui a la chance de posséder une ouvrée de bâtard-montrachet et une de montrachet. Nicolas Fleurot le dirige avec sa charmante épouse japonaise, Kumiko. Si tous les vins ne se goûtaient pas forcément bien lors de notre dégustation, d'autres tenaient leur rang avec brio. Et il est incroyable que la descente dans les profondeurs de la cave n'aient pas inspiré des cinéastes en quête de lieux exceptionnels. Le frisson n'est pas loin à chaque détour d'escalier mais il semblerait que les caves ne soient réellement hantées que par de très vieux millésimes. Montrachet et bâtard-montrachet n'étant vendus qu'en magnum, prévoyez une large tablée.

- Clos de la Roquemaure, chassagne-montrachet premier cru 2023 | Sec | 2025>32 | NC — 92
- bâtard-montrachet grand cru 2023 | Sec | 2027>40 | NC — 95
- montrachet grand cru 2023 | Sec | 2028>40 | NC — 95

Domaine Follin-Arbelet

✪✪✪

Franck Follin-Arbelet exploite et vinifie une belle gamme d'appellations sur la commune et ses environs, dont quatre grands crus et quatre premiers crus. C'est un vigneron discret et ses vins sont à son image. Dans un style très classique, sans concession, les vins sont taillés pour le futur. Les aloxe-corton expriment au mieux les terroirs qui les portent, avec un clos du Chapitre et des Vercots qui constituent des premiers crus de référence. Le corton joue, bien sûr, un cran au-dessus. Une grande partie de la gamme mérite d'être recherchée. Soulignons que les prix restent accessibles pour des côtes de Beaune.

- Les Vercots, aloxe-corton premier cru 2023 | Sec | 2027>33 | 45 € — 91
- Clos du Chapitre, aloxe-corton premier cru 2023 | Sec | 2025>32 | 45 € — 92
- aloxe-corton 2023 | Sec | 2026>32 | 35 € — 91
- corton-charlemagne grand cru 2023 | Sec | 2025>35 | 110 € — 94
- corton grand cru 2023 | Sec | 2027>37 | 80 € — 94
- pernand-vergelesses 2023 | Sec | 2025>31 | 30 € — 91

Domaine Génot Boulanger

✪✪✪

Aude et Guillaume Lavollée sont les héritiers et exploitants depuis 10 ans de ce domaine créé en 1974. En 1992, le domaine s'est équipé d'une cuverie moderne en zone industrielle et a doublé sa surface jusqu'en 1998 pour atteindre 22 hectares, de Chambolle-Musigny à Mercurey, dont 18 hectares en côte de Beaune. Domaine certifié bio à partir du millésime 2018, sa gamme s'étale sur 15 blancs et 15 rouges. Ces derniers sont d'un toucher d'une rare élégance et les blancs austères et verticaux dans leur jeunesse, sont vinifiés dans une optique de garde. Des vins très purs, sur la retenue, plutôt bâtis pour la garde en blanc mais le Clos Blanc de pommard a une capacité à être bu plus vite.

- Clos du Cromin, Le Cromin, meursault 2022 | Sec | 2025>32 | NC | ☘ — 91
- Les Folatières, puligny-montrachet premier cru 2019 | Sec | 2026>33 | 80 € | ☘ — 94
- Les Bouchères, meursault premier cru 2022 | Sec | 2025>32 | 135 € | ☘ — 94

- Clos Blanc, pommard premier cru 2020 | Sec | 2025>31 | 99 € | 93
- Les Nosroyes, puligny-montrachet 2022 | Sec | 2025>32 | 81 € | 93
- Vieilles Vignes, pommard 2022 | Sec | 2026>32 | NC | 92

Domaine Vincent Girardin

★★★★ ✚

Vincent Girardin créa en 1982 ce négoce novateur puis l'entreprise a été cédée en 2012 à la Compagnie des Vins d'Autrefois, basée à Beaune. Éric Germain, associé de la première heure, continue la gestion de l'équipe et de ses vignobles qui ne cessent de s'agrandir et comptent aujourd'hui 24 hectares entre propriété et prestation de service, avec une représentation unique des climats de côte de Beaune. Aujourd'hui les blancs et les rouges, toujours réussis, sont devenus des valeurs sûres et peuvent servir de métronome sur la côte, chaque cru correspond à l'idée que l'on peut se faire de ce terroir quand il est bien mené. Ceux qui connaissent mal les grands bourgognes pourront venir ici s'en faire une idée juste, notamment avec les épatants rouges 2022 ou les 2023 un peu plus vite accessibles, les blancs ne sont pas en reste.

- Les Combettes, puligny-montrachet premier cru 2023 | Sec | 2025>34 | 212 € | 95
- Santenots, volnay premier cru 2023 | Sec | 2025>32 | 94 € | 94
- Champans, volnay premier cru 2023 | Sec | 2026>33 | 96 € | 95
- Perrières, meursault premier cru 2023 | Sec | 2026>35 | 218 € | 95
- Les Casse-têtes, meursault 2023 | Sec | 2025>32 | 110 € | 93
- Clos des chênes, volnay premier cru 2023 | Sec | 2027>35 | 102 € | 95

Camille Giroud

★★★★ ✚

Carel Voorhuis a succédé au talentueux David Croix depuis 2017, parti s'occuper de son domaine personnel à Beaune. Camille Giroud est un petit négoce de 75 000 bouteilles sur 28 cuvées qui existe depuis 1865. Les vins s'imposent par leur pureté, leur spontanéité, leur soyeux et le parfum du pinot noir qu'ils exhalent. Blancs et rouges sont d'un haut niveau, infiniment gourmands, racés, du plus modeste vin aux grands crus, avec la délicatesse et les touchers de bouche subtils qui sont la marque de cette maison.

- bourgogne 2023 | Sec | 2025>30 | NC | 90
- santenay 2023 | Sec | > | NC | 90
- vosne-romanée 2023 | Sec | 2025>35 | NC | 91
- Le Croix Moines, maranges premier cru 2023 | Sec | 2025>35 | NC | 91
- Les Vergers, chassagne-montrachet premier cru 2023 | Sec | 2025>35 | NC | 91
- charmes-chambertin grand cru 2023 | Sec | 2025>35 | NC | 92
- chambertin grand cru 2023 | Sec | 2025>40 | NC | 98
- Aux Cras, beaune premier cru 2023 | Sec | 2025>35 | NC | 95
- Clos Rousseau, santenay premier cru 2023 | Sec | 2025>35 | NC | 91
- Les Avaux, beaune premier cru 2023 | Sec | NC | 90
- Les Lurets, volnay premier cru 2023 | Sec | 2025>35 | NC | 93
- Longeroies, marsannay 2023 | Sec | 2025>35 | NC | 92
- bourgogne 2023 | Sec | > | NC | 90
- Lavaut Saint-Jacques, gevrey-chambertin premier cru 2023 | Sec | 2025>40 | NC | 95
- auxey-duresses 2023 | Sec | 2025>40 | NC | 92
- volnay 2023 | Sec | 2025>35 | NC | 95
- Les Crais, gevrey-chambertin 2023 | Sec | 2025>35 | NC | 92
- clos de la roche grand cru 2023 | Sec | > | NC | 91
- corton - charlemagne grand cru 2023 | Sec | 2025>40 | NC | 94
- clos de vougeot grand cru 2023 | Sec | 2025>40 | NC | 94
- Aux Échanges, chambolle-musigny premier cru 2023 | Sec | 2025>35 | NC | 91
- nuits-saint-georges 2023 | Sec | 2025>35 | NC | 92
- corton - renardes grand cru 2023 | Sec | 2025>40 | NC | 95
- Les Borniques, chambolle-musigny premier cru 2023 | Sec | 2025>40 | NC | 96
- Clos Voyens, mercurey premier cru 2023 | Sec | > | NC | 90
- Les Cras, pommard 2023 | Sec | 2025>35 | NC | 94
- Clos Solon, morey-saint-denis 2023 | Sec | 2025>35 | NC | 93
- Aux Clous, savigny-lès-beaune 2023 | Sec | 2025>35 | NC | 95
- ladoix 2023 | Sec | 2025>30 | NC | 90
- morey-saint-denis premier cru 2023 | Sec | 2025>35 | NC | 93
- chassagne-montrachet 2023 | Sec | > | NC | 90
- Clos des Mouches, beaune premier cru 2022 | Sec | NC | 90
- charmes-chambertin grand cru 2022 | Sec | 2025>40 | NC | 95

Domaine Alain Gras

★★★

Alain Gras incarne la cinquième génération de cette famille vigneronne de Saint-Aubin. Conseiller de chasse du regretté Bernard Loiseau, il a réussi grâce à la qualité de ses vins à les voir figurer sur les cartes des établissements culinaires les plus réputés. Vigneron affable et charismatique, il donne davantage de hauteur à ce cru de Saint-Romain qui culmine déjà pourtant dans la côte de Beaune du haut de ses 400 mètres. Il est désormais rejoint par son fils Arthur qui propose une petite gamme de négoce qualitatif. Le pinot prend ici des allures gourmandes avec son croquant de cerise et ses notes florales de pivoine et de violette, quand le chardonnay donne des blancs minéraux, digestes et complexes, très réussis en 2023.

- saint-romain 2023 | Sec | 2025>32 | 25 € | 91
- Les Crais, auxey-duresses 2023 | Sec | 2025>32 | 32 € | 92
- Sous le château, saint-romain 2023 | Sec | 2025>32 | 28 € | 91
- Arthur Gras, Clos de Verger, pommard premier cru 2023 | Sec | 2025>33 | 58 € | 92
- Cuvée Monatine, bourgogne côte d'or 2023 | Sec | 2025>32 | 14 € | 91
- Les Vergelesses, savigny-lès-beaune premier cru 2023 | Sec | 2025>32 | 36 € | 93

Domaine Albert Grivault

★★★★

Claire Bardet la propriétaire reçoit au cœur du village sur la place du Murger : le clos caressant les bâtiments y produit 2 cuvées : « Deux tiers sont en Meursault village, ce sont les vieilles vignes au jus tonique et minéral, le tiers restant se trouve répertorié en Bourgogne blanc sur les jeunes vignes, au profil parfaitement abouti.» Au-delà des habitations, en direction de Puligny, reposent les joyaux des « Perrières », un premier cru affichant une grande pureté. Comme un trésor caché, le « Clos des Perrières » par sa subtile intensité minérale mériterait d'être classé grand cru. Le pommard, clos blanc par le nom, rouge par l'âme est toujours d'une grande régularité. Une adresse sûre avec des vins évoluant parfaitement dans le temps !

- Perrières, meursault premier cru 2015 | Sec | 2025>40 | NC | 95
- Clos du Murger, meursault 2023 | Sec | 2025>45 | NC | 93
- Clos Blanc, pommard premier cru 2019 | Sec | 2025>40 | NC | 92
- Monopole, Clos des Perrières, meursault premier cru 2023 | Sec | 2029>50 | NC | 97
- Clos du Murger, bourgogne 2023 | Sec | 2025>35 | NC | 91

Domaine Antonin Guyon

★★★ ✚

Avec 47 hectares sur 25 climats, ce domaine familial assemblé à partir d'innombrables parcelles dispose d'un patrimoine viticole unique, avec en particulier une représentation de premier choix des alentours de la colline de Corton. Les vins sont fidèles à leurs terroirs d'origine, sans artifice, pleins de sincérité. Le domaine est géré par Dominique Guyon, conduit en bio et certifié à partir du millésime 2018. Les rouges, issus de raisins partiellement égrappés, allient maturité de fruit et tannins fins. Ils sont de fidèles représentants de leur terroir d'origine avec en 2022 un corton clos du roi de haute volée et des blancs remarquables. Les rouges 2023 sont à mettre en cave quelques années et affichent l'intensité attendue.

- Clos des Chênes, volnay premier cru 2023 | Sec | 2028>35 | 65 € | 93
- Dessus, Charmes, meursault premier cru 2023 | Sec | 2025>33 | 105 € | 94
- corton - clos du roi grand cru 2023 | Sec | 2028>37 | 130 € | 95
- corton - charlemagne grand cru 2023 | Sec | 2026>35 | 220 € | 94
- corton - bressandes grand cru 2023 | Sec | 2028>37 | 120 € | 93
- Clos du Village, chambolle-musigny 2023 | Sec | 2027>32 | 77 € | 92

Maison Louis Jadot

★★★★ ✚

Sous la direction de Thomas Seiter, les vinifications sont assurées par Frédéric Barnier, qui a brillamment succédé à Jacques Lardière en renforçant la constance et l'homogénéité des cuvées. Les blancs sont pressés en pneumatique, fermentés directement en fûts, puis élevés sur lies avec bâtonnage pendant 12 à 20 mois. Les rouges sont vinifiés éraflés, non foulés, sans préfermentaire à froid, avec une cuvaison de 25 à 27 jours, puis un élevage de 12 à 22 mois (un tiers de fûts neufs). Si la largeur de gamme implique parfois quelques disparités, le millésime 2023 révèle un travail de précision : les appellations moins en vue brillent par leur justesse et les grands crus restent à leur sommet. Frédéric Barnier signe un millésime accompli, porté par une lecture fine des terroirs et une volonté claire : élaborer des vins faits pour être bus. Les rapports qualité-prix demeurent nombreux.

- Domaine Duc de Magenta, Clos de la Garenne, puligny-montrachet premier cru 2023 | Sec | 2025>40 | NC | 94
- clos de vougeot grand cru 2022 | Sec | 2025>40 | NC | 94
- corton - charlemagne grand cru 2023 | Sec | 2025>40 | NC | 96

- Les Demoiselles, chevalier-montrachet grand cru 2023 | Sec | 2025>40 | NC 95
- Clos des Ursules, beaune premier cru 2022 | Sec | 2025>32 | NC 92
- Les Folatières, puligny-montrachet premier cru 2023 | Sec | 2025>35 | NC 93
- musigny grand cru 2022 | Sec | 2030>45 | 1076.5 € 97
- Les Grands Epenots, pommard premier cru 2022 | Sec | 2025>35 | NC 92
- Les Rugiens, pommard premier cru 2022 | Sec | 2025>35 | NC 91
- , clos saint-denis grand cru 2022 | Sec | 2025>40 | NC 97
- chambertin-clos de bèze grand cru 2022 | Sec | 2025>40 | NC 95
- Le Clos Blanc, Les Grèves, beaune premier cru 2023 | Sec | 2025>35 | NC 93
- Les Boucherottes, beaune premier cru 2022 | Sec | 2025>30 | NC 90
- Les Fuées, chambolle-musigny premier cru 2022 | Sec | 2025>40 | NC 94
- bonnes-mares grand cru 2022 | Sec | 2030>45 | NC 96
- Clos Saint-Jacques, gevrey-chambertin premier cru 2022 | Sec | 2025>35 | NC 92
- Les Amoureuses, chambolle-musigny premier cru 2022 | Sec | 2030>45 | NC 97
- Échezeaux grand cru 2022 | Sec | 2025>32 | NC 91
- Clos de la Barre, volnay premier cru 2022 | Sec | 2025>35 | NC 93
- corton - grèves grand cru 2022 | Sec | 2025>35 | NC 92
- chapelle-chambertin grand cru 2022 | Sec | 2025>40 | NC 95
- Aux Cras, beaune premier cru 2022 | Sec | 2025>32 | 55 € 92
- Les Chevalières, meursault 2023 | Sec | 2025>35 | NC 92
- Famille Gagey, Grèves, beaune premier cru 2022 | Sec | 2025>35 | NC 91

Domaine Claudie Jobard

✪✪✪ ✚

Bien née, avec un père pépiniériste et une mère œnologue, Claudie Jobard se partage entre la maison Remoissenet, où elle assure la direction technique, et son domaine familial essentiellement situé à Rully (même si elle possède aussi des parcelles à Pommard et Beaune). Viticultrice respectueuse de ses sols et vinificatrice sensible et adroite, elle réussit des blancs et rouges savoureux et fins et vient d'être certifiée bio à partir du millésime 2022. Les rouges 2023 ne manquent certainement pas de charme.

- Villerange, rully 2023 | Sec | 2025>32 | 23 € | ☘ 90
- Milliane, bourgogne 2023 | Sec | 2026>30 | 18 € | ☘ 89
- Les Épenottes, beaune premier cru 2023 | Sec | 2025>32 | 45 € | ☘ 93
- Les Charmots, pommard premier cru 2023 | Sec | 2026>32 | 55 € | ☘ 93
- Madeleine, montagny premier cru 2023 | Sec | 2025>31 | 25.5 € | ☘ 90
- Les Roichottes, savigny-lès-beaune 2023 | Sec | 2025>32 | 32 € | ☘ 90

Domaine Pierre Labet

✪✪✪

La présence de la famille Labet à Beaune remonte à plusieurs siècles. François Labet, dont le grand-père fut maire de Beaune, exploite ce domaine familial ainsi que celui du château de la Tour du clos de Vougeot depuis 1984 et a été rejoint par son fils Edouard qui ne manque pas non plus de talent. Les 10 hectares de vignoble du domaine Pierre Labet, ainsi que les 6 hectares du château de la Tour, sont conduits depuis 1992 en suivant les préceptes de la viticulture biologique. L'ensemble de la gamme est irréprochable, on se régale du simple bourgogne à l'excellent premier cru de Beaune.

- Aux Coucherias, beaune premier cru 2023 | Sec | 2025>32 | 54 € 93
- Dessus des Marconnets, beaune 2023 | Sec | 2025>32 | 42 € 92
- Les Vergelesses, savigny-lès-beaune premier cru 2023 | Sec | 2025>33 | 54 € 94
- Les Tillets, meursault 2023 | Sec | 2025>32 | 54 € 93
- Dessus des Marconnets, beaune 2023 | Sec | 2025>32 | 42 € 93
- Vieilles Vignes, bourgogne 2023 | Sec | 2025>30 | 28 € 90
- Vieilles Vignes, gevrey-chambertin 2023 | Sec | 2025>32 | 42 € 93
- bourgogne 2023 | Sec | 2025>30 | 28 € 91
- Aux Coucherias, beaune premier cru 2023 | Sec | 2025>32 | 42 € 93
- vin de france 2023 | Sec | 2025>32 | NC 94

Labruyère-Prieur Sélection

✪✪✪

L'activité de négoce du domaine Jacques Prieur, développée par Édouard Labruyère, propose des vins vinifiés par Nadine Gublin, issus principalement d'achats de raisins pour compléter la production du domaine. Les cuvaisons sont moins longues qu'au domaine, avec des élevages préférant le foudre aux traditionnels fûts et qui s'orientent vers une recherche de buvabilité accrue. Superbe chassagne-montrachet premier cru Morgeot 2022 vinifié en rouge, c'est une rareté hautement recommandable. Le même mais en blanc et en 2023 est bien réussi.

- Morgeot, chassagne-montrachet premier cru 2023 | Sec | 2025>32 | NC 94
- La Comme, santenay premier cru 2023 | Sec | 2027>33 | NC 91

Domaine Lafouge

✪✪

Maxime est la sixième génération de Lafouge à diriger ce domaine de 12 hectares, essentiellement implanté sur Auxey-Duresses. Il vinifie avec des levures indigènes, sans désherbants chimiques en insistant sur le travail des sols. C'est le dernier domaine d'Auxey à ramasser à la main. Il nous a montré une série de blancs et de rouges de très belle facture. Le domaine est discret et nous l'avions un peu délaissé, faute de voir ses vins en dégustation. Cet oubli est réparé et nous le suivrons avec attention au vu des 2023 présentés.

- Les Hautées, auxey-duresses 2023 | Sec | 2025>32 | 28 € 91
- Les Boutonnières, auxey-duresses 2023 | Sec | 2025>32 | 28 € 92
- Les Duresses, auxey-duresses premier cru 2023 | Sec | 2025>32 | 34 € 92
- meursault 2023 | Sec | 2025>32 | 38 € 93
- Les Meix Chavaux, meursault 2023 | Sec | 2025>32 | 40 € 93
- Clos de Rougeot, meursault 2023 | Sec | 2026>35 | 75 € 93
- auxey-duresses 2023 | Sec | 2028>35 | NC 90
- Les Ecusseaux, auxey-duresses premier cru 2023 | Sec | 2027>33 | NC 90
- Climat du Val, auxey-duresses premier cru 2023 | Sec | 2025>32 | NC 92
- La Chapelle, auxey-duresses premier cru 2023 | Sec | 2025>32 | NC 92
- Les Duresses, auxey-duresses premier cru 2023 | Sec | 2027>35 | NC 93

Domaine Hubert Lamy

✪✪✪✪ ✦

Olivier Lamy, après s'être forgé une expérience en France et à l'étranger, a rejoint son père en 1995. Il fait partie de ces vignerons chercheurs, à la vigne comme en cuverie. Les cuves miniatures utilisées dans le chai construit sur trois niveaux attestent de l'attention portée aux détails. Chaque parcelle y trouve sa place, chaque âge de vigne y est dissocié, et chaque vin y développe sa propre identité sans l'interférence du bois neuf. Les 18 hectares de vignes sont cultivés de manière biologique, avec minutie. À l'arrivée, les vins blancs montrent une identité cristalline, de belle profondeur et les rouges affichent une texture soyeuse et ample. Les blancs 2022 sont au sommet de ce que Saint-Aubin peut faire.

- Vieilles vignes, Clos de la Chatenière, saint-aubin premier cru 2022 | Sec | 2025>32 | 129 € 94
- En Remilly, saint-aubin premier cru 2022 | Sec | 2025>32 | 129 € 94
- Clos des Gravières, santenay premier cru 2022 | Sec | 2025>32 | 100 € 92

Louis Latour

✪✪✪✪ ✚

Fondée en 1797, cette maison familiale est historiquement liée à la côte de Beaune, où elle possède l'essentiel de son vignoble, avec une implantation majeure sur la prestigieuse colline de Corton. Florent Latour, onzième génération, préside aujourd'hui le directoire familial. Il a été rejoint par Éléonore Latour, qui insuffle une nouvelle dynamique d'image, dans la continuité des convictions humanistes et exigeantes de son père Louis-Fabrice, dont nous saluons à nouveau la mémoire. L'équipe, soudée et compétente à tous les niveaux — vinification, vignoble, commerce, communication — confère à la maison une réelle authenticité et une agilité précieuse face aux enjeux du marché actuel. Les blancs, souvent discrets dans leur jeunesse, gagnent en complexité avec le temps et vieillissent magnifiquement. Le millésime 2023 confirme la régularité du style : rouges profonds, blancs équilibrés et grandes cuvées toujours subtiles.

- Domaine Latour, aloxe-corton 2023 | Sec | 2025>35 | 50 € 90
- Les Vignes Franches, beaune premier cru 2023 | Sec | 2025>32 | 67 € 90
- Château Corton Grancey, corton grand cru 2023 | Sec | 2025>40 | 115 € 95
- montrachet grand cru 2023 | Sec | > | 778 € 90
- Les Demoiselles, chevalier-montrachet grand cru 2023 | Sec | 2025>35 | 559 € 95
- En Chevret, volnay premier cru 2023 | Sec | 2025>35 | 75 € 93
- criots-bâtard-montrachet grand cru 2023 | Sec | 2025>35 | 502 € 92
- Genevrières, meursault premier cru 2023 | Sec | 2025>35 | 178 € 92
- Les Épenots, pommard premier cru 2023 | Sec | 2025>35 | 92 € 92

- **La Garenne, puligny-montrachet premier cru 2023** | Sec | 2025>35 | 152 € — 91
- **Cailleret, chassagne-montrachet premier cru 2023** | Sec | 122 € — 92
- **Héritiers Latour, chambertin grand cru 2023** | Sec | 2025>40 | 484 € — 96
- **marsannay 2023** | Sec | 2025>32 | 31.5 € — 92
- **marsannay 2023** | Sec | 2025>30 | 31 € — 90
- **Clos Poirier, bâtard-montrachet grand cru 2023** | Sec | 2025>45 | 632 € — 96
- **fixin 2023** | Sec | 2025>32 | 40.5 € — 90

Domaine Vincent Latour

✪✪✪ ⊕

Né avec la République sous le nom de Latour-Labille, ce domaine porte depuis le millésime 2010 le nom de Vincent Latour. Avec son épouse Cécile, ils en exploitent les 8 hectares auxquels s'ajoutent 2 hectares de négoce pour assurer une jolie représentation des crus de Meursault, Chassagne-Montrachet, Saint-Aubin et Pommard. Une large gamme de meursaults blancs permettra de comprendre le caractère de tous les secteurs du village, avec même un très bon rouge du premier cru les Cras. Vincent Latour est depuis plusieurs millésimes maître de son style. Les rouges 2022 sont floraux, déjà très agréables. Les 2023 continuent la lignée de 2021, remarquables de franchise et d'expression de leur terroir, d'une rare pureté.

- **Perrières, meursault premier cru 2023** | Sec | 2025>37 | 150 € — 94
- **cuvée Thomas, saint-aubin 2023** | Sec | 2025>32 | 31 € — 92
- **Morgeot, chassagne-montrachet premier cru 2023** | Sec | 2025>32 | 95 € — 93
- **Clos des Magny, meursault 2023** | Sec | 2025>32 | 55 € — 92
- **Les Pellans, meursault 2023** | Sec | 2025>32 | 55 € — 92

Domaine Latour-Giraud

✪✪✪ ⊕

Ce domaine classique, dirigé par Jean-Pierre Latour, riche d'histoire de Meursault, cultive un patrimoine de 10 hectares décliné en 14 cuvées, dont certains premiers crus de Meursault parmi les plus célèbres (Charmes, Perrières, Genevrières). Si le domaine aime suivre le goût de ses clients pour des meursaults frais, purs et plus énergiques que par le passé, il évite de tomber dans les maturités trop justes que l'on voit parfois en côte de Beaune. Jean-Pierre Latour produit des vins de facture classique et soignée qui font du domaine un incontournable de Meursault au style abouti et sûr que les grands amateurs de l'appellation ne pourront qu'apprécier. A noter que les prix indiqués sont ceux proposés par les cavistes qui distribuent le domaine.

- **Charles-Maxime, meursault 2023** | Sec | 2025>32 | 69 € — 91
- **Charmes, meursault premier cru 2023** | Sec | 2025>33 | 115 € — 93
- **Genevrières, meursault premier cru 2023** | Sec | 2026>35 | 125 € — 94

Domaine Leflaive

✪✪✪✪✪ ✦

Sur ce domaine, de très grands vignerons tels que Vincent ou Anne-Claude Leflaive, monument de la viticulture bourguignonne disparue trop tôt et prescriptrice de principes biodynamiques au sein de son vignoble depuis 1990, se sont succédés. Brice de La Morandière, neveu d'Anne-Claude, pilote les 44 hectares de ce vignoble (24 hectares à Puligny et 20 hectares à Mâcon). Il devient par la même occasion garant d'un style considéré par tous comme l'une des références absolues de la planète chardonnay. La pureté des blancs du Maconnais est ravissante et la race de ceux de la côte de Beaune est impressionnante de millésime en millésime, les 2023 comme les 2022 et bien des millésimes antérieurs sont parmi les brillamment vinifiés de la Bourgogne.

- **Clavoillon, puligny-montrachet premier cru 2023** | Sec | 2026>35 | 194 € | ☘ — 94
- **Les Pucelles, puligny-montrachet premier cru 2023** | Sec | 2027>40 | 441 € | ☘ — 97
- **chevalier-montrachet grand cru 2023** | Sec | 2027>40 | 1195 € | ☘ — 98
- **bâtard-montrachet grand cru 2023** | Sec | 2029>40 | 879 € | ☘ — 96
- **Les Folatières, puligny-montrachet premier cru 2023** | Sec | 2025>35 | 248 € | ☘ — 96
- **puligny-montrachet 2023** | Sec | 2026>35 | 112 € | ☘ — 94

Olivier Leflaive

✪✪✪✪ ✚

En un peu plus de trente ans, Olivier Leflaive est devenue une grande maison spécialiste des vins blancs. Sa production se décline aujourd'hui sur plus de 80 appellations, dont 13 hectares de vignobles en propriété et une centaine hectares d'achats en raisins ou en moûts, vinifiés dans le même esprit désormais par Solène Panigai après le départ à la retraite du talentueux Franck Grux. Le maison possède un hôtel et une table d'hôte incontournable pour séjourner à Puligny-Montrachet.

- **bâtard-montrachet grand cru 2022** | Sec | 2025>40 | NC — 96
- **Les Folatières, puligny-montrachet premier cru 2022** | Sec | 2025>35 | NC — 94
- **pommard 2022** | Sec | 2025>32 | NC — 92
- **Clos des Angles, Les Angles, volnay premier cru 2022** | Sec | 2025>35 | NC — 92
- **Les Sétilles, bourgogne 2023** | Sec | 2025>35 | NC — 90
- **puligny-montrachet 2022** | Sec | 2025>35 | NC — 93
- **auxey-duresses 2023** | Sec | 2025>35 | NC — 92
- **Oncle Vincent, bourgogne 2023** | Sec | 2025>30 | NC — 91
- **volnay 2022** | Sec | 2025>32 | NC — 91
- **santenay 2022** | Sec | 2025>30 | NC — 90
- **Les Épenots, pommard premier cru 2022** | Sec | 2025>35 | NC — 93
- **Les Pucelles, puligny-montrachet premier cru 2022** | Sec | 2025>40 | NC — 95
- **Sous le Dos d'Ane, meursault premier cru 2022** | Sec | 2025>35 | NC — 91
- **corton - clos du roi grand cru 2022** | Sec | 2025>40 | NC — 94
- **Sous Frétille, pernand-vergelesses premier cru 2023** | Sec | 2025>35 | NC — 91
- **Houillières, chassagne-montrachet 2022** | Sec | 2025>35 | NC — 92

Domaine Chantal Lescure

✪✪✪

Chantal Lescure, qui détenait la société d'emboutissage bourguignonne SEB, a fondé ce domaine de 18 hectares essentiellement sur Pommard et pour 3,5 hectares en côte de Nuits. Le domaine a été repris en 2022 par Jean-Philippe Girard qui œuvre dans la farine industrielle accompagné par Eric Rousseau du domaine éponyme à Gevrey-Chambertin. Les vins certifiés bio depuis 2006 ont du corps, de la sève, des tannins présents, visibles mais sans agressivité. La lecture des terroirs est très compréhensible pour ceux qui veulent s'initier à la diversité bourguignonne. Il est possible d'acheter des vins au caveau du domaine après avoir pris rendez-vous, ce qui devient rare en Bourgogne.

- **Les Bertins, pommard premier cru 2023** | Sec | 2027>32 | 77 € | ☘ — 93
- **Les Vaumuriens, pommard 2023** | Sec | 2025>32 | 59 € | ☘ — 92
- **Les Damodes, nuits-saint-georges 2023** | Sec | 2025>32 | 79 € | ☘ — 92
- **Le Clos des Topes Bizot, côte de beaune 2023** | Sec | 2025>31 | 32 € | ☘ — 90
- **La grande châtelaine, côte de beaune 2023** | Sec | 2025>31 | 34 € | ☘ — 90

Domaine Catherine et Claude Maréchal

✪✪✪

Les appellations du domaine ne sont pas les plus réputées de la côte de Beaune, mais les vins concentrent toute l'essence du pinot noir. Le couple inséparable créa ce domaine en 1981 pour y développer, avec expérience et au fur et à mesure de rencontres (H. Jayer, A. Clape, ou encore J. Thévenet), une viticulture exemplaire et exempte d'artifices chimiques. Les 13 hectares du domaine bénéficient de labours millimétrés et d'une taille très courte garantissant des rendements infimes de grappes gorgées de saveurs. Les 2021 et 2022 sont réussis, d'un style classique, 2023 méritera d'être revu, nous l'avons goûté très proche de la mise.

- **Les Chaillots, ladoix 2023** | Sec | 2026>31 | 30 € — 89
- **La Chanière, pommard 2023** | Sec | 2027>32 | 47 € — 90
- **chorey-lès-beaune 2023** | Sec | 2027>32 | 30 € — 88
- **Vieilles vignes, savigny-lès-beaune 2023** | Sec | 2025>31 | 34 € — 90
- **Les bons feuvres, beaune 2023** | Sec | 2026>32 | 35 € — 88

Domaine Marquis d'Angerville

✪✪✪✪

Ce domaine viticole, créé en 1804, est une propriété de la famille d'Angerville depuis 1906. Sous l'impulsion du marquis Jacques d'Angerville, celui-ci prit, dès les années 1920, une position prépondérante dans l'initiative novatrice d'embouteiller les vins de Bourgogne, et dans l'établissement de la classification des appellations d'origines de la région. Guillaume d'Angerville passe progressivement à sa fille Margot les rennes de ce domaine et de ses 16 hectares de vignoble très compact, qui s'étend du sud de Pommard au nord de Meursault, et qui depuis 2006 adhère aux préceptes de la viticulture biodynamique. Avec non moins de 11 hectares de Volnay premier cru et une palette de 14 vins, ce domaine s'impose comme la référence absolue de ce cru sans trop céder à la souplesse livresque de Volnay surexploitée par certains. La primauté ici est le

Albéric Bichot, Domaines Albert Bichot

À quoi pense-t-il, Albéric, du haut de cette stèle à l'entrée du clos des Maréchaudes, monopole de la maison situé sur la colline de Corton ? Peut-être à l'avenir de sa Bourgogne dans un monde qui suit sa course folle. Lui ne s'arrête jamais et va donner à ses équipes de nouvelles infrastructures, installées en périphérie de Beaune, pour leur permettre d'ancrer encore plus durablement cette maison fondée en 1831. Avec ses domaines, de Chablis au Beaujolais, ses engagements vers une viticulture plus respectueuse ont donné du sens à son travail. En bref, il n'est pas près de s'arrêter. *Louis-Victor Charvet* respect du potentiel des terroirs de ce finage, qu'ils tendent à des vins de dentelle ou qu'ils s'expriment nativement avec force..

- Santenots, meursault premier cru 2023 | Sec | 2025>32 | NC | 93
- Champans, volnay premier cru 2023 | Sec | 2028>38 | NC | 96
- Clos des Ducs, volnay premier cru 2023 | Sec | 2028>38 | NC | 97
- Frémiets, volnay premier cru 2023 | Sec | 2025>35 | NC | 94
- Taillepieds, volnay premier cru 2023 | Sec | 2028>38 | NC | 96
- Les Caillerets, volnay premier cru 2023 | Sec | 2025>35 | NC | 96
- volnay premier cru 2023 | Sec | 2025>32 | NC | 93
- Clos des Angles, volnay premier cru 2023 | Sec | 2025>35 | NC | 94
- Passetoutgrain, bourgogne 2023 | Sec | 2025>28 | NC | 88
- bourgogne aligoté 2023 | Sec | 2025 28 | NC | 90
- bourgogne 2023 | Sec | 2025>30 | NC | 91
- volnay 2023 | Sec | 2025>32 | NC | 93

Domaine du Château de Meursault

✪✪✪✪ ✚

Ce magnifique domaine continue sa progression vers les sommets de la Bourgogne, avec en rouge et en blanc des choix de vinification classiques mais aboutis, précis, homogènes, et une grande adresse dans la façon de vendanger. Aucune dilution en blanc, aucune surcharge alcoolique en rouge, les vins sont typés de leur origine et délicats dans leurs tannins, aptes à bien vieillir, de mieux en mieux construits millésime après millésime. Il faut compter avec eux et féliciter l'équipe technique, Stéphane Follin-Arbelet et Emmanuel Escutenaire en tête, qui bénéficient du plein soutien du propriétaire, Olivier Halley. Le château entièrement rénové va ouvrir au public pour accueillir la promotion des climats de Bourgogne.

- Les Trois Journaux, Les Grèves, beaune premier cru 2023 | Sec | 2027>[illegible] | 81 € | 95
- Clos des Épenots, pommard premier cru 2023 | Sec | 2027>35 | 95 € | 95
- Perrières, meursault premier cru 2023 | Sec | 2025>35 | 139 € | 95
- corton - maréchaudes grand cru 2023 | Sec | 2027>35 | 185 € | 95
- Charmes-Dessus, meursault premier cru 2023 | Sec | 2025>35 | 109 € | 94
- corton - charlemagne grand cru 2023 | Sec | 2025>38 | 310 € | 95

Domaine de Montille

✪✪✪✪ ✦

Le domaine de Montille, dirigé par Étienne de Montille, se balade sur les toits de la Bourgogne, avec des vins qui ont de la résonance et transcendent les millésimes tout en faisant parler les climats. Ils sont issus de 20 hectares d'appellations régionales, rouges et blancs, de villages et essentiellement de premiers et grands crus en côtes de Beaune et de Nuits. À partir du millésime 2017, la production du château de Puligny est englobée au domaine, le tout en biodynamie. Les rouges sont d'une noblesse rare, provoquant de l'émotion et les blancs sont vinifiés dans une recherche de tension et de verticalité et c'est leur pureté qui est probablement le marqueur de la maison. Ce domaine fait incontestablement partie de la caste des grands, proche d'une cinquième étoile. Un peu de vente aux particuliers est possible sur le site nos-climats.com accessible sur demande aux grands amateurs.

- Taillepieds, volnay premier cru 2022 | Sec | 2026>35 | 150 € | 96
- Les Pézerolles, pommard premier cru 2022 | Sec | 2025>33 | 140 € | 95
- Le Cailleret, puligny-montrachet premier cru 2022 | Sec | 2025>32 | 165 € | 95

David Moret

✪✪✪✪ ⊕

Jovial, gastronome, chasseur, David Moret est un négociant épicurien vinifiant des blancs taillés pour la table qui évoluent de belle façon. On va du plaisir immédiat à la grande complexité. De plus en plus de restaurants étoilés font appel à ce Bourguignon et les accords mets et vins en sortent grandis. Nous voyons depuis 2016 une lignée ininterrompue de grandes réussites qui démarrent dès les entrées de gamme tarifées à un prix raisonnable. Chaque cru proposé étant une expression fidèle de son origine, nous conseillons cette source d'approvisionnement sans réserve.

- rully 2023 | Sec | 2025>32 | 25 € | 91
- auxey-duresses 2023 | Sec | 2025>32 | 28 € | 92
- Les Narvaux, meursault 2023 | Sec | 2025>32 | 59 € | 93
- Vieilles Vignes, chassagne-montrachet 2023 | Sec | 2025>32 | 56 € | 93
- Sur Gamay, saint-aubin premier cru 2023 | Sec | 2025>32 | 49.5 € | 93
- La pièce sous le bois, meursault premier cru 2023 | Sec | 2025>33 | 96 € | 94

Domaine Lucien Muzard et Fils

✪✪✪

Le domaine de Claude et Hervé Muzard s'étend sur 20 hectares, avec une représentation majoritaire des climats de Santenay, dont cinq premiers crus. La fille de Claude, Capucine les a rejoints. Une petite activité de négoce complète la gamme du domaine sur les climats tels que Puligny, Chassagne ou Volnay. Le style des vins rouges correspond à des santenays qui possèdent une gourmandise dès leur jeunesse, à l'exception de quelques climats à attendre quelques années. Les blancs, qui ne représentent que 20 % de la production, sont également rapidement accessibles. Ce domaine donne aujourd'hui l'une des plus belles expressions de Santenay à travers de vieilles vignes vinifiées avec un évident talent et pourront être bus assez vite.

- La Maladière, santenay premier cru 2023 | Sec | 2025>32 | 40 € | 92
- Clos de Tavannes, santenay premier cru 2023 | Sec | 2025>31 | 42 € | 91
- Les Gravières, santenay premier cru 2023 | Sec | 2025>32 | 40 € | 91
- Vieilles vignes, Les Champs Claudes, santenay 2023 | Sec | 2025>32 | 26.5 € | 92
- Les Champs Claudes, santenay 2023 | Sec | 2025>31 | 26.5 € | 89
- Maladières, santenay premier cru 2023 | Sec | 2025>32 | 41.65 € | 92

Domaine Antoine Olivier

✪✪✪

Antoine Olivier est un vigneron-négociant à la tête de l'activité familiale de Santenay qu'il a reprise en 2003. Certes, il est en recherche permanente de la qualité, mais surtout du plaisir au travers de ses vins, le tout sous le signe de l'humour, que l'on saura apprécier avec les noms donnés à ses cuvées. Le vignoble tend vers une viticulture biologique depuis 2010, la certification a été obtenue à compter du millésime 2023. Le domaine vient de s'agrandir en côte chalonnaise avec la reprise de six hectares et la fille d'Olivier, Jade, l'a rejoint.

- L'Air de Rien, Bieveaux, santenay 2023 | Sec | 2026>32 | 30 € | 91
- Les Coteaux sous la Roche, santenay 2023 | Sec | 2027>32 | 30 € | 91
- Les Deux Dindes, bourgogne 2023 | Sec | 2025>30 | 18 € | 90
- bouzeron 2023 | Sec | 2025>30 | 19 € | 89

Domaine Philippe Pacalet

✪✪✪ ⊕

Tombé dans le chaudron sans soufre depuis son plus jeune âge, Philippe Pacalet débute sa carrière chez son oncle Marcel Lapierre, dans le Beaujolais puis chez Prieuré-Roch jusqu'en 2001. Aujourd'hui, il cultive 15 hectares en Bourgogne et développe également quelques projets satellites dont un à Moulin-à-Vent et un à Cornas. La vinification des rouges se fait en raisins entiers, sans sulfitage. L'élevage est ici appelé « affinage » et dure un an en fût (très peu ou pas de bois neuf), suivi d'une période en masse de 4 à 6 mois. Le style Pacalet a ses aficionados, d'autres préféreraient un peu plus de protection autour de ces matières remarquables. Mais tous s'accorderont sur la digestibilité et la fraîcheur des vins du domaine. Nous notons une évolution depuis 2019 vers des vins exempts de tout reproche dans un nouveau style Pacalet, avec un charnu des textures superlatives, auquel nous adhérons sans hésitation, les 2023 dégustés en attestent.

- gevrey-chambertin 2023 | Sec | 2026>32 | NC | 92
- Échezeaux grand cru 2023 | Sec | 2027>35 | NC | 95
- Les épenots, pommard premier cru 2023 | Sec | 2025>34 | NC | 95
- Limozin, meursault 2023 | Sec | 2025>32 | NC | 92

Domaine Agnès Paquet

✪✪ ⊕

Agnès Paquet a vinifié son premier millésime à Meloisey en 2001 sur une parcelle familiale située à Auxey-Duresses. Elle a su mener son domaine de main de maître pour être à la tête maintenant de 15 hectares, en Hautes-Côtes de Beaune, Auxey-Duresses, Chassagne-Montrachet et Saint-Aubin où les vignes sont menées avec intelligence, selon les principes du bio avec une certification depuis le millésime 2022. Les blancs sont droits et ciselés, d'une digestibilité hors normes et les rouges, vinifiés partiellement en grappes entières, sont précis et gourmands. À noter la production d'un étonnant et goûteux effervescent maison, en méthode ancestrale, produit uniquement avec de l'aligoté.

- Les Combes, pommard 2023 | Sec | 2025>31 | NC | 92
- Patience, auxey-duresses 2022 | Sec | 2025>32 | 40 € | 93
- Patience, auxey-duresses 2022 | Sec | 2025>32 | 40 € | 93
- Les Hoz, auxey-duresses 2023 | Sec | 2026>31 | NC | 91
- Le clou et la plume, bourgogne aligoté 2023 | Sec | 2025>28 | 18 € | 90
- Le clou et la plume, bourgogne aligoté 2023 | Sec | 2025>30 | NC | 90
- Les Hoz, auxey-duresses 2023 | Sec | 2025>32 | 30 € | 92
- Les Hoz, auxey-duresses 2023 | Sec | 2025>31 | NC | 92
- En Matrin, hautes côtes de beaune 2023 | Sec | 2025>30 | NC | 90

Les Parcellaires de Saulx

Les Parcellaires de Saulx, nouveau nom donné à l'ancien Manoir Murisaltien, est une maison de négoce rachetée en 2017 par un couple d'Américains passionnés d'art de vivre à la française et par son directeur Jean-Luc Vitoux. Ils ont conjointement acquis le domaine Belleville à Rully, ainsi que le château et le clos de la Commaraine à Pommard. Cette maison vinifie et élève des vins provenant d'appellations prestigieuses de la Bourgogne avec une philosophie et une pratique originales puisqu'elle ne réalise aucun assemblage. Chaque vin provient d'un seul viticulteur et d'une seule parcelle, afin de respecter et de mettre en valeur chaque terroir. Le fil rouge de la production en rouge est la finesse d'extraction des tannins avec parfois une juste maturité qui tend les rouges. Elle est en blanc la pureté dans des textures élégantes. A suivre de près.

- Les Corbeaux, gevrey-chambertin premier cru 2023 | Sec | 2027>35 | 153 € 92
- Les Évocelles, gevrey-chambertin 2023 | Sec | 2027>33 | 79 € 92
- En l'Ebaupin, saint-aubin 2023 | Sec | 2025>32 | 48 € 91
- Le pré de Manche, meursault 2023 | Sec | 2025>32 | 90 € 92
- Les Argillats, nuits-saint-georges 2023 | Sec | 2025>32 | 87 € 92
- En Caradeux, pernand-vergelesses premier cru 2023 | Sec | 2025>32 | 66 € 93

Domaine Luc Pavelot

Vous ne confondrez pas ce domaine Pavelot à Pernand qui ne fait pas de savignys avec celui de Savigny qui ne fait pas de pernands. Celui-ci est dirigé par Luc et sa sœur Lise qui vinifient leurs dix hectares avec très peu de soufre et l'ont fait certifier en bio depuis 2009 et font des essais de biodynamie. Le travail à la vigne est leur credo. Les levures indigènes sont privilégiées et les rouges ne connaissent ni collage ni filtration. Un pernand Sous Frétille 2000 dégusté en 2025 nous a montré la grande capacité des blancs à vieillir harmonieusement et les rouges sont tout aussi réussis.

- pernand-vergelesses 2023 | Sec | 2025>35 | 26.2 € | 91
- bourgogne aligoté 2023 | Sec | 2025>30 | 14.4 € | 89
- Sous Frétille, pernand-vergelesses premier cru 2023 | Sec | 2025>32 | 36.7 € | 94
- corton - charlemagne grand cru 2023 | Sec | 2026>35 | 115 € | 96
- En Caradeux, pernand-vergelesses premier cru 2023 | Sec | 2025>33 | 31.9 € | 92
- En Caradeux, pernand-vergelesses premier cru 2022 | Sec | 2025>32 | NC | 93
- Les Vergelesses, pernand-vergelesses premier cru 2023 | Sec | 2027>35 | 33.6 € | 93
- Les Vergelesses, pernand-vergelesses premier cru 2022 | Sec | 2025>32 | NC | 94
- Ile des Vergelesses, pernand-vergelesses premier cru 2023 | Sec | 2026>35 | 37.7 € | 93
- corton grand cru 2023 | Sec | 2026>37 | 72.9 € | 95

Domaine du Château Philippe le Hardi

Ce grand domaine de 90 hectares, appartenant au Crédit Agricole, est basé à Santenay dans l'une des plus belles demeures de Bourgogne aux tuiles vernissées, ancienne propriété de Philippe le Hardi. Ses vignes sont réparties entre la côte d'Or et la côte chalonnaise sur 14 appellations, avec une viticulture certifiée Terra Vitis. Les rouges 2023 sont une réussite.

- clos de vougeot grand cru 2022 | Sec | 2027>35 | 180 € 92
- Bois de Lallier, mercurey 2023 | Sec | 2025>31 | 26 € 90
- Les Puillets, mercurey premier cru 2023 | Sec | 2026>32 | 31 € 91
- En Vesvau, saint-aubin 2023 | Sec | 2025>32 | 34 € 90
- Monopole, Clos de la Chaise Dieu, bourgogne côte d'or 2023 | Sec | 2025>30 | 23 € 89
- Champerrier du Dessus, gevrey-chambertin 2023 | Sec | 2025>32 | 70 € 91

Domaines et Maison Famille Picard

La famille Picard exploite 5 domaines qui constituent un patrimoine exceptionnel de 140 hectares de vignes, répartis entre la côte chalonnaise et la côte de Beaune le château de Davenay, le domaine Voarick, le domaine Levert-Barault et Au pied du mont chauve. Francine Picard gère la partie viticole des activités de la famille, également impliquée dans les spiritueux. Avec une démarche bio non certifiée, les vins cultivent la gourmandise, les rouges 2023 seront à boire assez vite.

- Domaine Voarick, Sous les Roches, mercurey 2023 | Sec | 2025>30 | 33 € 88
- Les Combins, mercurey premier cru 2023 | Sec | 2025>32 | 47.5 € 88
- Domaine Levert-Barault, Clos des Montaigus, mercurey premier cru 2023 | Sec | 2025>32 | 47.5 € 89
- Les Saint-Jacques, rully 2023 | Sec | 2025>30 | 34 € 88
- Château de Davenay - Clos Chaudron, montagny premier cru 2023 | Sec | 2025>28 | 31.5 € 88

Château de Pommard

Avec 20 hectares de vignes d'un seul tenant sur lesquelles se dresse un château tricentenaire, ce domaine représente le monopole privé le plus vaste de Bourgogne. Le propriétaire, Michael Baum, a mis en place un nouveau duo, Jean-Rémi Frey le chef de culture et Paul Négrerie, le maître de chai. Une activité de négoce complète désormais la gamme du château et répond aux demandes de vins blancs sur les marchés locaux et internationaux. Les vins de ce domaine, en blanc comme en rouge, passent par une période d'élevage sous bois très longue. Les rouges possèdent l'empreinte véritable du terroir de Pommard sur sa partie basse, avec ses aspects charnus et la puissance que lui confère une présence accrue de l'argile dans les sols. La gamme a été complètement repensée et 2022 les voit particulièrement élégants et racés. 2023 les a dotés d'une matière très satisfaisante pour le millésime.

- Monopole, Clos Marey-Monge, pommard 2023 | Sec | 2027>33 | 156 € | 93
- Chantrerie, pommard 2023 | Sec | 2027>34 | 180 € | 92
- Nicolas - Joseph, pommard 2023 | Sec | 2026>34 | 180 € | 94
- 75 rangs, pommard 2023 | Sec | 2025>34 | 180 € | 94
- Grands Esprits, pommard 2023 | Sec | 2028>35 | 180 € | 93

Domaine de la Pousse d'Or

Domaine historique de Volnay, vieux de plus de huit siècles. Patrick Landanger, disparu en 2023 avait acquis ce domaine en 1997, avait repris lui-même les rênes de ses chais en 1999 afin d'y effectuer une série de travaux colossaux dont une redéfinition de la cuverie qui opère dorénavant par gravité sur 6 étages. Les vins du domaine n'ont depuis jamais cessé de s'orienter vers des touchers de bouche au soyeux incomparable partagés par toute la gamme et à leur paroxysme sur les cortons, sur le volnay premier cru, le clos-des-soixante-ouvrées et sur le clos-de-la-roche. Son équipe poursuit désormais dans la même voie.

- Clos de la Bousse-d'Or, volnay premier cru 2023 | Sec | 2027>35 | 82 € 94
- Le Cailleret, puligny-montrachet premier cru 2023 | Sec | 2028>37 | 102 € | 94
- Clos des Soixante Ouvrées, volnay premier cru 2023 | Sec | 2027>35 | 87 € | 95
- corton - clos du roi grand cru 2023 | Sec | 2028>37 | 98 € | 95
- clos de la roche grand cru 2023 | Sec | 2029>40 | 360 € | 97

Domaine Jacques Prieur

Grand par sa palette de terroirs, mais tout aussi grand par la qualité de ses vins, le domaine Jacques Prieur est un incontournable des grands domaines bourguignons. Les efforts sont évidents sur les 28 hectares, conduits depuis 1997 de façon biologique sans certification, sous le contrôle sérieux de Daniel Godefroy. Ce sont des raisins d'une qualité exceptionnelle qui sont ensuite vinifiés de main de maître par Nadine Gublin, experte reconnue, qui apporte sa touche personnelle à l'élaboration de cette palette exceptionnelle de climats. Elle réussit à merveille, en jouant avec la vendange entière pour les rouges, permettant la pure révélation du terroir, sans artifice. Les musignys 2020 à 2022 sont des pièces de musée. Les blancs 2023 sont d'une ampleur étonnante, les rouges sont d'une grande profondeur.

- Monopole, Clos des Santenots, volnay premier cru 2023 | Sec | 2027>35 | NC | ☘ 95
- Les Combettes, puligny-montrachet premier cru 2023 | Sec | 2026>35 | NC | ☘ 95
- clos de vougeot grand cru 2023 | Sec | 2028>38 | NC | ☘ 95
- Monopole, Clos de Mazeray, meursault 2023 | Sec | 2027>33 | NC | ☘ 92

Prosper Maufoux

✪✪

La maison Prosper Maufoux est ancienne, créée par un notaire en 1870. Elle a été acquise par Éric Piffaut, dirigeant de la maison Veuve Ambal. Nadine Gublin conseille l'équipe d'œnologues pour produire des blancs de belle facture et des rouges croquants, sur le fruit. Le domaine nous a montré une verticale de climats bien réalisés, et les 2023 sont bien réussis. C'est une adresse sûre, à suivre de près.

- Les Gravières, santenay premier cru 2023 | Sec | 2026>32 | 36 € 90
- Clos du Château, saint-aubin premier cru 2023 | Sec | 2025>32 | 47.4 € 90
- La Pièce sous le Bois, meursault premier cru 2023 | Sec | 2027>34 | 87.4 € 93
- Grand terroir, mâcon-igé 2023 | Sec | 2025>32 | 15.4 € 90
- Les Combes au sud, saint-aubin premier cru 2023 | Sec | 2025>32 | 42.2 € 91
- Les Chaponnières, pommard premier cru 2023 | Sec | 2025>34 | 60 € 93

Domaine Rapet Père et Fils

✪✪✪✪ ✚

Vincent Rapet a succédé à son père pour gérer les 20 hectares de vignoble, principalement situés autour de la colline de Corton. Les murs historiques du chai accueillent depuis quelques années une cuverie moderniste qui, associée à une série d'investissements dans le renouvellement du matériel de culture, offre désormais à Vincent un outil de production qui permet de bousculer les meilleurs de la Bourgogne. Depuis 2015 les rouges nous épatent. Ils ont rejoint des blancs de réputation ancienne, notamment le corton-charlemagne et le pernand premier cru blanc Sous Frétille. Les quelques 2023 que nous avons pu déguster étaient au niveau attendu pour le domaine. C'est une adresse très sûre où aucun vin de la large gamme ne déçoit.

- Clos du Village, pernand-vergelesses premier cru 2023 | Sec | 2025>32 | 43 € | ☘ 93
- Les Cents Vignes, beaune premier cru 2023 | Sec | 2025>35 | 45 € | ☘ 93
- Les belles filles, pernand-vergelesses 2023 | Sec | 2025>32 | 30 € | ☘ 92

Remoissenet Père et Fils

✪✪✪

Fondée en 1877, cette maison beaunoise fut gérée durant de très longues années par l'infatigable Roland Remoissenet. À sa retraite, celle-ci fut vendue, avec son stock impressionnant de vieilles bouteilles et ses caves magnifiques du XIVe siècle, à des banquiers et collectionneurs new-yorkais, Edward et Howard Milstein. Avec un vignoble de 15 hectares complété par des achats de raisins dans toutes les belles appellations de la côte d'Or, la très douée œnologue Claudie Jobard bénéficiera désormais du savoir du nouveau chef de culture, Jean-Luc Parent, venu de Chanson. Les vins ont un profil à la fois séduisant et profond, tant pour les blancs amples et floraux que pour les rouges d'un brillant équilibre.

- corton - charlemagne grand cru 2022 | Sec | 2025>40 | NC 95
- Les Grèves, beaune premier cru 2022 | Sec | 2025>35 | NC 92
- gevrey-chambertin 2022 | Sec | > | NC 88
- Les Cazetiers, gevrey-chambertin premier cru 2022 | Sec | 2025>40 | NC 91
- Les Serpentières, Aux Serpentières, savigny-lès-beaune premier cru 2022 | Sec | 2025>32 | NC 92
- charmes-chambertin grand cru 2022 | Sec | 2025>40 | NC 93
- Vergelesses, pernand-vergelesses premier cru 2022 | Sec | 2025>35 | NC 90
- Montagne Saint-Désiré, beaune 2022 | Sec | > | NC 88
- Bressandes, beaune premier cru 2022 | Sec | 2025>35 | NC 90
- bourgogne 2022 | Sec | 2025>30 | NC 88
- Les Lavières, savigny-lès-beaune premier cru 2022 | Sec | 2025>30 | NC 90
- Les Grêchons, ladoix premier cru 2022 | Sec | 2025>30 | NC 90

Ropiteau

✪✪

Ropiteau Frères a été créé en 1848 et sélectionne et achète des raisins et des vins auprès de viticulteurs avec lesquels la maison a noué des partenariats. Elle les élève dans les anciennes caves des Hospices de Beaune dont certaines datent du XVe siècle. Ce négoce est aujourd'hui dans le giron du groupe Boisset. Les blancs 2023 que nous avons dégustés montrent des progrès considérables par rapport à ce que nous connaissions de la maison. A suivre.

- Le Limozin, meursault 2023 | Sec | 2025>31 | 58 € 90
- Chardonnay, bourgogne 2023 | Sec | 2025>30 | 15 € 88
- hautes côtes de beaune 2023 | Sec | 2025>30 | 18 € 89
- saint-romain 2023 | Sec | 2025>31 | 31 € 90
- meursault 2023 | Sec | 2025>31 | 58 € 90
- Le Porusot, meursault premier cru 2023 | Sec | 2025>32 | 99 € 91

Domaine Roulot

✪✪✪✪ ✦

Jean-Marc Roulot, vigneron connu et reconnu, que l'on croise parfois sur grand écran, l'homme étant acteur à ses heures, représente la sixième génération de ce domaine familial de 16 hectares. Depuis le début des années 2000, les vignes sont conduites selon les préceptes biodynamiques et de nouvelles réflexions sont en cours sur la gestion du soufre après vendanges. Dans la recherche d'une pureté minimaliste et cristalline dans ses vins, il a créé une émulation pour toute une génération de vignerons. Ses blancs très réussis, ont une pureté et un ciselé rares.

- Monopole, Clos des Bouchères, meursault premier cru 2023 | Sec | 2025>32 | NC | ☘ 94
- bourgogne 2023 | Sec | 2025>30 | NC | ☘ 90
- Les Meix Chavaux, meursault 2022 | Sec | 2025>32 | NC | ☘ 93

Seguin Manuel

✪✪✪ ✚

Thibault Marion, dont la famille fut liée à l'histoire de Chanson, s'est associé à Jean-Luc Coupet en 2004 pour reprendre cette ancienne activité de négoce familiale. La gamme du domaine, qui ne compte pas moins de 30 climats aux quantités de bouteilles limitées, est complétée par des achats de raisins et de moûts sur les deux côtes. La maison vient de s'agrandir en Beaune clos des mouches avec aujourd'hui un hectare de ce fameux cru. Les rouges jouent intelligemment la carte des millésimes sans excès de puissance ni de maturité. Les vins blancs sont de facture classique, réussis et même assez opulents en 2023, les rouges sont également réussis. C'est une adresse sûre.

- Clos des Mouches, beaune premier cru 2023 | Sec | 2025>32 | 99.3 € | ☘ 92
- Les Petits Noizons, pommard 2023 | Sec | 2027>33 | 62 € | ☘ 92
- Les Cazetiers, gevrey-chambertin premier cru 2023 | Sec | 2028>35 | 180 € | ☘ 93
- Aux Communes, vosne-romanée 2023 | Sec | 2026>32 | 85.7 € | ☘ 91
- Vieilles vignes, pouilly-vinzelles 2023 | Sec | 2025>30 | 31.4 € | ☘ 90
- Vieilles vignes, santenay 2023 | Sec | 2025>32 | 41.1 € | ☘ 91

Domaine du Comte Senard

✪✪✪✪ ✚

Entre tradition et modernité, Lorraine Senard-Pereira a entrepris depuis 2005 des changements radicaux afin de procurer à ses vins l'élégance nécessaire pour une consommation plus immédiate, tout en préservant le potentiel de garde et la qualité intrinsèque des grands cortons, dont le domaine possède aujourd'hui une représentation sur pas moins de six climats ! Nous ne cessons de nous étonner devant la finesse de tannins des vins depuis le millésime 2016. En 2023 comme en 2022, à côté de rouges qui démarrent fort dès le simple aloxe-corton, le corton blanc impressionne par son volume, comme toujours.

- Les Valozières, aloxe-corton premier cru 2023 | Sec | 2026>33 | 78 € | ☘ 94
- Clos des Meix, corton grand cru 2023 | Sec | 2027>36 | 150 € | ☘ 93
- corton - clos du roi grand cru 2023 | Sec | 2027>35 | 140 € | ☘ 94
- corton grand cru 2023 | Sec | 2026>38 | 175 € | ☘ 94
- Jules, aloxe-corton 2023 | Sec | 2026>32 | 43 € | ☘ 92
- Ana, bourgogne 2023 | Sec | 2025>30 | 24 € | ☘ 90

Henri de Villamont

✪✪✪ ⊛

Installée à Savigny-lès-Beaune, cette maison de négoce qui appartient au grand groupe suisse Schenk, vient de réaliser sous la houlette de son nouveau directeur Vincent Bascou une excitante révolution culturelle. Après un solide parcours qui l'a emmené du Roussillon à la Nouvelle-Zélande et de l'Oregon à la Bourgogne, cet ingénieur agro a affiné spectaculairement le style des blancs et des rouges pour leur apporter un profil à la fois séduisant, frais, aromatique et contemporain. S'appuyant sur un vignoble de 10 hectares (dont de belles parcelles autour de la propriété à Savigny et des pépites en chambolle-musigny et surtout grands échezeaux), il dispose aussi trois hectares supplémentaires de fermages, le tout complété par des achats de raisins. Encore dissimulé sous les radars de la notoriété, c'est une adresse hautement recommandable.

- **chambolle-musigny 2023** | Sec | 2025>35 | 42 € — 92
- **Le Village, savigny-lès-beaune 2023** | Sec | 2025>30 | 15 € — 92
- **Les Chatelots, chambolle-musigny premier cru 2023** | Sec | 2025>40 | NC — 94
- **Les Feusselottes, chambolle-musigny premier cru 2023** | Sec | 2025>35 | 57 € — 95
- **grands-Échezeaux grand cru 2023** | Sec | 2025>40 | NC — 94
- **Les Baudes, chambolle-musigny premier cru 2023** | Sec | 2025>35 | NC — 93
- **Clos des Guettes, savigny-lès-beaune premier cru 2023** | Sec | 2025>35 | NC — 95
- **Le Village, savigny-lès-beaune 2023** | Sec | 2025>30 | NC — 92
- **Les Groseilles, chambolle-musigny premier cru 2023** | Sec | > | 57 € — 90
- **Les Bouchères, meursault premier cru 2023** | Sec | 2025>34 | 50 € — 91
- **Clos des Guettes, savigny-lès-beaune premier cru 2023** | Sec | 2025>32 | 25.2 € — 93
- **Les Belles Filles, pernand-vergelesses 2023** | Sec | 2025>32 | NC — 93
- **Sous Frétille, pernand-vergelesses premier cru 2023** | Sec | 2025>32 | NC — 94
- **Embazées, chassagne-montrachet premier cru 2023** | Sec | 2025>35 | 42 € — 95
- **Clos du Cromin, meursault 2023** | Sec | 2025>32 | 36 € — 90
- **corton - charlemagne grand cru 2023** | Sec | 2027>35 | NC — 96
- **Aligoté, bourgogne 2023** | Sec | 2025>28 | 6 € — 90
- **Grumes d'Or, pouilly-fuissé 2023** | Sec | 2025>30 | 12 € — 88
- **Les Belles Filles, pernand-vergelesses 2023** | Sec | 2025>30 | 16 € — 90
- **bourgogne 2023** | Sec | 2025>28 | 9.1 € — 91
- **La Plice, santenay 2023** | Sec | 2025>30 | 15.8 € — 93

Domaine Anne-Marie et Jean-Marc Vincent

Anne-Marie et Jean-Marc Vincent sont des vignerons attachants, volubiles et surtout en perpétuelle quête d'une viticulture de pointe. Rien n'est laissé au hasard dans les vignes et leur travail fait référence. Ils proposent une gamme de vins tout simplement remarquable, rarement égalée, avec des rouges qui font honneur à Santenay, une appellation qui mérite d'être redécouverte. Auparavant profonds, les rouges évoluent vers des textures de plus en plus affinées avec, en 2023 une intensité remarquée dans le millésime. Les blancs ont gagné en volume et nous avons aimé leur précision. A noter une remarquable solera d'aligoté bien réussie.

- **Les Hautés, auxey-duresses 2023** | Sec | 2025>32 | NC — 91
- **Beaurepaire, santenay premier cru 2023** | Sec | 2026>35 | NC — 93
- **Passetemps, santenay premier cru 2023** | Sec | 2026>35 | NC — 94
- **Les Gravières, santenay premier cru 2023** | Sec | 2025>32 | NC — 92
- **Les Vignes denses, santenay 2023** | Sec | 2025>32 | NC — 92
- **Soler'al, bourgogne aligoté** | Sec | 2025>30 | NC — 90

Chalonnais

Domaine Belleville

Cette maison historique de Rully créée au début du XXe siècle a été acquise en 2017 par un couple d'Américains passionnés d'art de vivre à la française, également propriétaire de la maison de champagne Leclerc Briant. Le domaine est dirigé par Jean-Luc Vitoux, co-propriétaire, entouré de Charles Nebout, régisseur. Les 22 hectares sont en conversion bio. La gamme montre nombre de cuvées appétantes, fidèles à leur terroir d'origine. De belles cuvées de blanc sont très réussies en 2023, les rouges suivent de près.

- **La Pucelle, rully premier cru 2023** Sec | 2025>32 | 47 € — 93
- **Les Perrières, mercurey 2023** | Sec | 2025>32 | 35 € — 91
- **Les Saint-Jacques, rully 2023** | Sec | 2025>32 | 34 € — 91
- **Les Duresses, monthélie premier cru 2023** | Sec | 2025>32 | 57 € — 92
- **Clos du Meix Garnier, monthélie 2023** | Sec | 2025>32 | 64 € — 92

Domaine Bertrand - Catarina & Raphaël

Raphael et Catarina exploitent une dizaine d'hectares autour de Mercurey. Ce couple attachant nous a étonnés avec de jolis mercureys et de très réussis vin en appellation régionale. Tous gagneront à un petit carafage avant le service.

- **La Pidancerie, mercurey 2022** | Sec | 2025>32 | 22 € — 92
- **Les Marcoeurs, mercurey 2022** | Sec | 2025>32 | NC — 92
- **En Boussoy, mercurey 2022** | Sec | 2025>31 | 22 € — 91
- **Vieilles vignes, bourgogne 2022** | Sec | 2025>30 | 17 € — 91
- **Clos Les Boilles, bourgogne 2022** | Sec | 2025>28 | 17 € — 86

Vignerons de Buxy

La cave des Vignerons de Buxy, créée en 1931, est animée par 120 vignerons et 45 salariés et commercialise sept millions de bouteilles par an. Elle vinifie 75 % des vins issus de l'appellation montagny et ce regroupement d'une multitude de petites exploitations familiales permet la création d'un outil de production performant, qui s'engage dans une vraie démarche qualitative de vinification et de production (Vignerons en Développement Durable). Elle vient d'ouvrir la maison Millebuis, un espace de dégustation et d'œnotourisme. Les vins présentés montrent que la coopération viticole est capable de valoriser ses appellations avec des rapports qualité-prix extrêmement attractifs comme le montagny premier cru Les Coères.

- **Millebuis, Les Coères, montagny premier cru 2023** | Sec | 2025>30 | 15.9 € — 89
- **Millebuis, Clos Marceaux, givry premier cru 2023** | Sec | 2026>32 | 23 € — 89
- **Millebuis, montagny 2023** | Sec | 2025>28 | 12.9 € — 88
- **Demie Hotte Millebuis, bourgogne côte chalonnaise 2023** | Sec | 2026>30 | 11 € — 86
- **Saint-Morille, montagny premier cru 2023** | Sec | 2026>32 | 42 € — 91
- **Clôs de Chenoves, bourgogne 2023** | Sec | 2025>29 | 12 € — 89

Domaine du Cellier aux Moines

Le Cellier aux Moines à Givry certifié en bio puis en biodynamie sur le millésime 2023 ne se contente plus d'être un superbe lieu viticole cistercien, restauré magnifiquement par Catherine et Philippe Pascal ; il est devenu une propriété incontournable de l'appellation. Le travail minutieux et passionné effectué dans le vignoble avec des palissages plus adaptés au stress hydrique et en cave par Guillaume Marko, co-gérant, marque chaque année de vrais résultats. Le domaine comprend 4,7 hectares du clos du Cellier aux Moines, où une grande partie des vignes a été replantée. Le style des vins est affirmé grâce à l'utilisation adroite de raisins entiers ou vinifiés en fonction de l'âge des vignes dans une cuverie en gravité totale. Une attention particulière est portée aux élevages.

- **Clos du Cellier aux Moines, givry premier cru 2022** | Sec | 2027>35 | 54 € — 91
- **Les Pucelles, puligny-montrachet premier cru 2022** | Sec | 2027>33 | 200 € — 92
- **Les Margotons, mercurey 2022** | Sec | 2027>35 | 35 € — 89
- **Les dessus, givry premier cru 2022** | Sec | 2028>37 | 130 € — 93
- **Les Charmelottes, montagny premier cru 2022** | Sec | 2026>32 | 70 € — 90
- **En chevret, volnay premier cru 2022** | Sec | 2027>35 | 130 € — 93

Château de Chamirey

✪✪✪ ✚

La famille Devillard est une référence à Mercurey, le château de Chamirey reste la plus importante de leurs propriétés bourguignonnes avec 37 hectares, dont quinze en premiers crus. La particularité du domaine est aussi de proposer une table d'hôtes au cœur du hameau. Une équipe technique compétente, avec l'arrivée de Carole Briffox, la nouvelle maître de chai, réfléchit sans discontinuer à améliorer le travail dans les vignes, en vinification et en élevage, toujours à la recherche de l'excellence. Après des blancs 2020 épatants, 2021 et 2022, moins atypiques que leur prédécesseur retrouvent un classicisme bourguignon très cohérent avec leur millésime. Les blancs 2023 nous ont impressionné, les rouges sont remarquables.

- **mercurey 2023** | Sec | 2025>32 | 26 € — 91
- **La Mission, mercurey premier cru 2023** | Sec | 2027>33 | 55 € — 93
- **Le Clos du Roi, mercurey premier cru 2023** | Sec | 2026>34 | 40 € — 93
- **En Pierrelet, mercurey 2023** | Sec | 2026>33 | 32 € — 92
- **Clos des Ruelles Monopole, ercurey premier cru 2023** | Sec | 2026>32 | 40 € — 93
- **Cuvée Hors-Ligne, mercurey 2023** | Sec | 2025>33 | 105 € — 93

Domaine Chanzy

✪✪ Ⓝ

Avec 80 hectares, la maison Chanzy est l'un des plus importants producteurs de la côte chalonnaise, produisant en propriété et en négoce des vins de la côte chalonnaise à la côte de Nuits. La maison appartient à un groupe d'investisseurs et actionnaires passionnés, prêts à hisser la maison vers le haut. C'est la famille Jessiaume qui dirige la partie technique du domaine en pratiquant une viticulture « bioraisonnée » et la protéodie en cave, où le vin réagit aux fréquences de la musique pendant les fermentations. Les résultats sont intéressants et même si quelques imprécisions demeurent encore, nous avons décelé de belles cuvées.

- **Le Clos du Roy, mercurey premier cru 2022** | Sec | 2026>32 | NC — 92
- **En Rosey, rully 2023** | Sec | 2026>32 | NC — 91
- **La Crée, rully 2022** | Sec | 2025>29 | 28 € — 88
- **montagny premier cru 2023** | Sec | 2025>29 | 32.5 € — 90
- **Les 68 rangs, mercurey 2022** | Sec | 2026>32 | NC — 91

Domaine Vincent Dureuil-Janthial

✪✪✪✪ ✦

Vincent Dureuil est la référence suprême de l'appellation rully et de la côte chalonnaise. Avec son épouse et beaucoup de modestie et de rigueur, il mène remarquablement et minutieusement son vignoble de 21 hectares qui décline 23 cuvées réparties principalement sur Rully mais également sur Puligny et Nuits-Saint-Georges. De superbes blancs 2023 cohabitent avec des rouges non moins réussis dans le millésime. Pratiquant une « viticulture paysanne », il tient à recevoir lui-même ses clients au domaine sur rendez-vous.

- **rully 2023** | Sec | 2025>32 | 26.5 € | ☘ — 92
- **Le Meix Cadot, rully premier cru 2023** | Sec | 2025>32 | 38 € | ☘ — 93
- **rully 2023** | Sec | 2025>32 | 26.5 € | ☘ — 92
- **Chapitre, rully premier cru 2023** | Sec | 2025>32 | 41 € | ☘ — 94
- **Vieilles Vignes, Grésigny, rully premier cru 2023** | Sec | 2025>32 | 44.5 € | ☘ — 94

Domaine de la Ferté

✪✪✪ ✚

Située à Givry, cette petite propriété de deux hectares et demi est exploitée par la famille Devillard, également propriétaire du château de Chamirey. Elle est composée de trois parcelles, deux en appellation village dont le clos de Mortières, une en premier cru Servoisine. Les vignes sont exploitées en culture raisonnée, sous la direction de Carole Briffox, les vendanges sont manuelles et les élevages longs. Les parcelles sont voisines et très bien placées sur l'appellation. Les quantités sont donc limitées mais produites avec un soin comparable aux mercureys du château de Chamirey. C'est une adresse sûre.

- **givry 2023** | Sec | 2025>30 | 28 € — 90
- **Clos de la Servoisine, givry premier cru 2023** | Sec | 2026>32 | 40 € — 92
- **Clos de Mortières, givry 2023** | Sec | 2026>32 | 31 € — 91

Domaine P. & M. Jacqueson

✪✪✪ ✚

C'est l'une des adresses phare de l'appellation, indissociable de son essor ! La nouvelle génération est désormais à l'œuvre, incarnée depuis 2015 par Marie Jacqueson et son frère Pierre, qui gèrent les 18 hectares de vignoble sur Rully, Bouzeron et Mercurey (pour les rouges). Rien n'est laissé au hasard, que ce soit dans la vigne ou en cave, avec des vinifications parfaitement maîtrisées et des élevages de grand style. Les Jacqueson signent une gamme harmonieuse, de grand classicisme, qui ne déçoit jamais. On y compte des cuvées plus simples d'accès à côté d'autres plus ambitieuses et remarquables comme le bouzeron ou les premiers crus rouges de Rully et de Mercurey. Également un réussi Rully blanc premier cru La Pucelle 2023.

- **La Pucelle, rully premier cru 2023** | Sec | 2025>32 | 32 € — 92
- **Grésigny, rully premier cru 2023** | Sec | 2025>32 | 35 € — 91
- **Les Chaponnières, rully 2023** | Sec | 2025>31 | 24 € — 91
- **Vieilles vignes, bourgogne aligoté 2023** | Sec | 2025>27 | 18 € — 89
- **Les Velley, mercurey premier cru 2023** | Sec | 2027>32 | 30 € — 92
- **Les Préaux, rully premier cru 2023** | Sec | 2025>32 | 30 € — 92

Domaine Michel Juillot

✪✪✪ ➔

Laurent Juillot est à la tête de ce domaine familial de 31 hectares de vignes, situés à Mercurey et Corton. Il a été rejoint par son fils Pierre depuis 2021. Conduite soignée des vignes, maîtrise parfaite des équilibres en cave, sans pompage et peu d'intervention pour laisser le fruit le plus intact possible : tout ici est sagement ordonné, livrant des cuvées de belle facture, élevées en barriques et en demi-muids. La gamme de mercureys est brillante. Une adresse recommandable.

- **Clos des Barraults, mercurey premier cru 2023** | Sec | 2025>32 | 33 € — 92
- **Clos Tonnerre, mercurey premier cru 2023** | Sec | 2025>31 | 29 € — 90
- **Les Vignes de Maillonge, Vigne de Maillonge, mercurey 2023** | Sec | 2025>32 | 24 € — 90
- **Les Vignes de Maillonge, mercurey 2023** | Sec | 2025>31 | 25 € — 91
- **Les Champs Martin, mercurey premier cru 2023** | Sec | 2025>32 | 32 € — 91
- **Les Thivaux, rully 2023** | Sec | 2025>32 | 21 € — 89

Domaine Bruno Lorenzon

✪✪✪✪ ✦

Bruno Lorenzon est incontestablement l'un des vignerons contemporains les plus doués de Bourgogne. Son exploitation phare de Mercurey est exemplaire, tant par la conduite de ses vignes qui peuvent atteindre une densité de 20 000 pieds à l'hectare (le double de la norme !), que par la maîtrise absolue des vinifications. Vendanges en petites caisses, foulage au pied, hygiène drastique forment ce modèle d'exigence, sous label bio. L'utilisation très adroite et progressive de la vendange entière ces derniers millésimes donne des vins fabuleux et prouve une fois de plus que les vins reflètent l'âme du vigneron capable de sublimer des terroirs quand l'osmose opère.

- **Les Champs Martin, mercurey premier cru 2022** | Sec | 2026>34 | NC — 95
- **Les Croichots, mercurey premier cru 2022** | Sec | 2025>32 | NC — 93
- **Carline, Clos des Champs Martin, mercurey premier cru 2022** | Sec | 2025>32 | NC — 96
- **Les Champs Martin, mercurey premier cru 2022** | Sec | 2025>32 | NC — 95
- **Les Truffières, montagny premier cru 2022** | Sec | 2025>32 | NC — 93
- **Le Mont Laurent, montagny premier cru 2022** | Sec | 2025>32 | NC — 94

Domaine Ninot

✪✪✪ ✚

Erell et Flavien Ninot, sœur et frère, exploitent en binôme ce domaine de 13 hectares transmis par leur père et répartis sur Rully et Mercurey. La production est pour moitié chardonnay, pour moitié pinot noir. Leur philosophie est de respecter au mieux la nature, en culture bio. On aime le travail bien fait ici et cela se voit dans les vins. Leur style évolue et progresse chaque année vers davantage d'homogénéité et de race, notamment.

- **La Barre, rully 2023** | Sec | 2025>32 | 30 € | ☘ — 90
- **bourgogne aligoté 2023** | Sec | 2025>30 | NC | ☘ — 89
- **Marissou, rully premier cru 2023** | Sec | 2025>32 | NC | ☘ — 92
- **Les Velleys, mercurey premier cru 2023** | Sec | 2025>32 | NC | ☘ — 93
- **Chaponnière, rully 2023** | Sec | 2025>31 | 30 € | ☘ — 91
- **Le Meix Guillaume, rully 2023** | Sec | 2025>32 | 30 € | ☘ — 91

Domaine Jean-Baptiste Ponsot

✪✪✪ ✚

C'est à l'âge de 20 ans que Jean-Baptiste Ponsot a repris le flambeau du domaine et l'a progressivement trans-

formé radicalement. Les deux tiers de la surface sont classés en premier cru, les sols sont travaillés avec beaucoup de labours pour des vignes saines, sans herbicide, dans l'objectif d'obtenir de beaux raisins. Le domaine montre la régularité attendue pour un domaine classé 3 étoiles, des entrées de gamme aux premiers crus. Nous recommandons une visite (sur rendez-vous) à tous ceux qui veulent découvrir les expressions sincères de Rully.

- Molesme, rully premier cru 2023 | Sec | 2025>32 | 33 € 92

Domaine Ragot

✪✪✪ ⊕

Le domaine Ragot s'étend sur neuf hectares à Givry dont un tiers en premier cru. Nicolas Ragot, qui a repris la suite de son père en 2008, n'a pas de secret : il passe sa vie dans les vignes où la gestion de l'enherbement par la double culture vignes-herbes mérite d'être remarquée. Les désherbages sont mécaniques, la vendange est manuelle, égrappée et des vinifications traditionnelles sont menées avec beaucoup de rigueur. Le résultat est dans la bouteille, avec des vins précis, francs et intenses aux fruités profonds. Les 2023 mériteront un peu de patience.

- Crausot, givry premier cru 2023 | Sec | 2025>32 | 30 € 90
- Vieilles Vignes, givry 2023 | Sec | 2025>31 | 22 € 90
- Vieilles Vignes, givry 2023 | Sec | 2027>32 | 26 € 89
- La Grande Berge, givry premier cru 2023 | Sec | 2025>32 | 30 € 90
- Clos Jus, givry premier cru 2023 | Sec | 2027>32 | 30 € 91
- Les Grands Prétans, givry premier cru 2023 | Sec | 2027>32 | 30 € 91

Domaine François Raquillet

✪✪✪ ✚

Les Raquillet sont vignerons de père en fils depuis treize générations et leur domaine de Mercurey s'étale maintenant sur 14,5 hectares, dont trois et demi en blancs. Amoureux de la vigne et du raisin, François Raquillet n'hésite pas à se remettre en question. Sa passion du métier lui donne cette émulation pour mener le domaine au meilleur niveau. Sa gamme se décline sur quatre cuvées de blancs et six de rouges et il y a toujours une cuvée de la maison qui se place dans le peloton de tête de nos dégustations à l'aveugle. Une adresse incontournable.

- Vieilles Vignes, mercurey 2023 | Sec | 2025>31 | 27 € 90
- Les Vasées, mercurey premier cru 2023 | Sec | 2025>32 | 36 € 92
- Les Naugues, mercurey premier cru 2023 | Sec | 2026>32 | 36 € 92
- Les Velley, mercurey premier cru 2023 | Sec | 2025>32 | 36 € 92
- Les Chazeaux, mercurey 2023 | Sec | 2025>31 | 30 € 91
- Clos Paradis, mercurey premier cru 2023 | Sec | 2025>32 | 36 € 91

Domaine de Suremain

✪✪✪ ⊕

Le domaine de Suremain est probablement l'un de ceux qui nous surprend le plus ces dernières années. Avec la chance d'être doté des meilleurs climats de Mercurey classés en premier cru, Loïc de Suremain et sa soeur Blandine exploitent les 18 hectares de ce domaine. Une attention particulière au respect des terroirs donne différents mercureys aux typicités et nuances bien tranchées. Loïc, passionné de viticulture, s'attache à faire évoluer les vins vers davantage de fruit et d'homogénéité, en passant par une vraie compréhension de ses sols. La cuverie a été entièrement rénovée et agrandie, les vins sont de plus en plus précis et font un zéro faute lors de nos dégustations à l'aveugle. Les 2023 sont structurés comme il se doit, ils n'ont pas cédé à la facilité de rendements potentiellement importants.

- Le Clos l'Évêque, mercurey premier cru 2023 | Sec | 2027>32 | 32 € 92
- La Bondue, mercurey premier cru 2023 | Sec | 2027>35 | 32.6 € 93
- En Sazenay, mercurey premier cru 2023 | Sec | 2027>34 | 35 € 93
- Les Crêts, mercurey premier cru 2023 | Sec | 2026>33 | 29.6 € 91
- Les Croichots, mercurey premier cru 2023 | Sec | 2025>32 | 29.6 € 91
- En Sazenay, mercurey premier cru 2023 | Sec | 2025>31 | 35 € 91

Domaine Theulot-Juillot

✪✪✪

Depuis la fin des années 1980, Nathalie Theulot et son mari Jean-Claude travaillent d'arrache-pied pour obtenir le meilleur de ce domaine de 12 hectares, situé sur la commune de Mercurey. Sa particularité est d'être depuis le début du XXe siècle transmis par les femmes. Leur fil conducteur est la maîtrise des rendements et un travail aussi naturel que possible. En plus des appellations village, le domaine possède six parcelles de premiers crus dont le monopole du climat emblématique La Cailloute. Le style du domaine a évolué depuis 2019. Les pinots noirs légers et très mûrs sont devenus plus denses avec un sens abouti de l'équilibre et de la gourmandise. Egalement un joli blanc 2023 Les Champs Martin, très abouti.

- Les Combins, mercurey premier cru 2023 | Sec | 2025>32 | 29.5 € 91
- Monopole, La Cailloute, mercurey premier cru 2023 | Sec | 2026>32 | 32.5 € 92
- Les Champs Martin, mercurey premier cru 2023 | Sec | 2025>32 | 29 € 92
- Château Mipont, mercurey 2023 | Sec | 2025>31 | 25 € 90
- Les Champs Martin, mercurey premier cru 2023 | Sec | 2025>32 | 31 € 91

Mâconnais

Château de Beauregard

✪✪✪ ✚

Fleuron historique de la famille Burrier, le château de Beauregard, à Fuissé, est l'un des 5 domaines dirigés par Frédéric Marc Burrier totalisant environ 60 hectares, dont 15 en Beaujolais, avec la majeure partie certifiée bio ou en conversion. Il est secondé par son neveu Julien Burrier, chef de culture, pour produire les vins des domaines Georges Burrier, de la Rochette, du Château de Beauregard et du Château du Clos, le tout commercialisé par la Maison Joseph Burrier. Son sens du collectif l'a amené également à se dévouer à la reconnaissance des premiers crus de pouilly-fuissé. Les vins blancs sont des expressions fidèles de leurs terroirs d'origine et 2023 ne dépareillera pas une impressionnante lignée de millésimes réussis. Une nouvelle génération de Burrier, la septième, reprend progressivement le domaine.

- La Maréchaude, pouilly-fuissé premier cru 2023 | Sec | 2025>32 | 39.8 € | ☘ 92
- Vers Cras, pouilly-fuissé premier cru 2023 | Sec | 2026>32 | 39.8 € | ☘ 92
- Vignes Blanches, pouilly-fuissé premier cru 2023 | Sec | 2026>32 | 39.8 € | ☘ 91
- Les Crays, pouilly-fuissé premier cru 2023 | Sec | 2026>33 | 49.9 € | ☘ 92
- Les Ménétrières, pouilly-fuissé premier cru 2023 | Sec | 2027>33 | 45.8 € | ☘ 93
- Les Reisses, pouilly-fuissé premier cru 2023 | Sec | 2026>33 | 45.8 € | ☘ 93

Domaine de la Bongran - Jean et Gautier Thévenet

✪✪✪ ✚

Gautier le fils et Jean, le père, sont les dignes représentants de ce fabuleux secteur de Quintaine, entre Viré et Clessé. Ils gèrent un ensemble de trois domaines, la Bongran, dans la famille depuis le XVe siècle et couvrant 15 hectares, Roally avec 4 hectares à Viré et Emilian Gillet, 10 hectares sur Quintaine. Tous les domaines sont certifiés bio depuis 2008, les vins sont vinifiés et élevés longuement en cuve, sans aucun passage en fût pour rechercher l'âme des vins, qui sont toujours savoureux et d'une grande originalité, la sensation de surmaturité n'étant jamais éloignée de ces chardonnays.

- Domaine de la Bongran - Quintaine - cuvée E.J. Thévenet, viré-clessé 2020 | Sec | 2025>32 | 29 € | 93
- Domaine Émilian Gillet - Quintaine, viré-clessé 2022 | Sec | 2025>32 | 21 € | 92
- Domaine de la Bongran - Quintaine - cuvée Levroutée, viré-clessé 2017 | Demi-sec | 2025>32 | 55 € | 92

Domaine André Bonhomme

André Bonhomme a passé la main à son gendre Éric Palthey et sa fille Jacqueline, tous deux rejoints par leurs fils Aurélien et Johan. Certifié en bio depuis 2011, ce domaine de 15 hectares est l'un des rares du secteur à vendanger à la main. Certifié également HVE (Haute Valeur Environnementale), c'est un domaine quasi-autonome, ayant le souci d'un impact minimal sur l'environnement. Le style des vins est toujours reconnaissable par l'ampleur de leur fruité mûr et leur caractère aromatique développé grâce à un patrimoine exceptionnel de vignes très âgées, souvent de plus de 80 ans.

- cuvée Spéciale, viré-clessé 2023 | Sec | 2025>31 | 17.8 € | 91
- Vieilles Vignes, viré-clessé 2023 | Sec | 2025>32 | 21.3 € | 92
- Hors-Classe - Les Brénillons, viré-clessé 2023 | Sec | 2025>32 | 17.7 € | 91
- Les Hauts des Ménards, viré-clessé 2022 | Sec | 2025>32 | 25.4 € | 91
- Hommage à Gisèle Bonhomme, viré-clessé 2022 | Sec | 2025>32 | 33 € | 92
- Les Quarts, viré-clessé 2022 | Sec | 2025>32 | 25 € | 92

Château du Clos

Remarquablement situé au cœur du vignoble de Pouilly, le château du Clos est une propriété de 3 hectares d'un seul tenant, dans la même famille depuis 1782 dans l'esprit des clos bourguignons. Jean-François Combier, l'actuel propriétaire, en a confié l'exploitation depuis le millésime 2012 à Frédéric Marc Burrier, son expérimenté voisin du château de Beauregard. Les vins ont un profil idéal pour la gastronomie et une capacité de garde. 2023 y est très réussi.

- cuvée Léonard Chandon, pouilly-fuissé 2023 | Sec | 2025>35 | 40.8 € | 94
- Pouilly, pouilly-fuissé 2023 | Sec | 2026>32 | 49.9 € | 92

Domaine du Clos des Rocs

Comment faire de grands vins dans une appellation méconnue ? Olivier Giroux s'y emploie avec une certaine idée de la perfection. Septième génération d'une famille de vignerons, il a acquis ce domaine en 2002, après une première expérience en vallée du Rhône. Ses 9,90 hectares, dont 3,5 en monopole Clos des Rocs, sur le territoire de Pouilly-Loché, sont travaillés en bio, avec de faibles rendements, des levures indigènes et selon le principe à chaque parcelle sa cuvée. Il en résulte des vins de caractère, impressionnants de précision et d'élégance, pleins de vie car ils sont peu protégés.

- En Chantone, pouilly-loché 2023 | Sec | 2025>31 | 32 € | 92
- Les Mûres, pouilly-loché 2023 | Sec | 2025>32 | 30 € | 92
- Monopole, Clos des Rocs, pouilly-loché 2023 | Sec | 2025>32 | 32 € | 93
- Les Quatre Saisons, pouilly-loché 2023 | Sec | 2025>32 | 22 € | 92
- Les Barres, pouilly-loché 2023 | Sec | 2025>32 | 24 € | 91
- En Près Forest, mâcon-loché 2023 | Sec | 2025>30 | 19 € | 91

Domaine Dominique Cornin

Ce domaine conduit en biodynamie, certifié bio depuis 2000, est mené par Romain Cornin. Le vignoble de 11,5 hectares est réparti sur Chaintré, Chânes, Fuissé et en Beaujolais blanc. Les Cornin ont aussi le privilège d'être vignerons des Hospices de Beaune pour un hectare et demi. Romain, œnologue, a fait ses classes aux États-Unis, en Nouvelle-Zélande et chez Verget et pratique des élevages longs de 20 mois sur lies, sans collage ni filtration. Les vins sont d'une précision remarquée et ont cette énergie si particulière issue de la biodynamie ; ce travail mérite d'être largement reconnu et récompensé.

- mâcon-chaintré 2023 | Sec | 2025>32 | 17.3 € | 91
- Les Serreuxdières, mâcon-chaintré 2023 | Sec | 2025>32 | 18.6 € | 92
- Les Plessys, pouilly-fuissé 2023 | Sec | 2025>32 | 31.3 € | 92
- Les Chevrières, pouilly-fuissé 2023 | Sec | 2025>32 | 34 € | 92
- pouilly-fuissé 2023 | Sec | 2025>32 | 2?.4 € | 92
- Les Bruyères, mâcon-fuissé 2023 | Sec | 2025>30 | 18.9 € | 89

Domaine des Deux Roches

Ce domaine est né en 1986 de l'association de Jean-Luc Terrier et Christian Collovray, deux amis d'enfance qui ont épousé deux sœurs héritières d'un patrimoine de vignes dans le Mâconnais. Aujourd'hui, le domaine est repris par leurs enfants, Julien Collovray et Pierre-Alexis Terrier et s'étend sur 45 hectares dont 20 en Saint-Véran et sept à Chardonnay, et n'emploie que des composts naturels sans aucun désherbant. C'est un domaine dynamique et incontournable qui fait référence en appellation saint-véran et maintenant en pouilly-fuissé, avec des vins toujours expressifs et très abordables quand beaucoup de bourgognes blancs voient leurs tarifs s'envoler. Le domaine Altugnac en est l'extension languedocienne à Limoux et suit les mêmes préceptes qualitatifs.

- Les Terres Noires, saint-véran 2023 | Sec | 2025>32 | 20 € | 91
- Sur le fil, mâcon-la roche-vineuse 2024 | Sec | 2025>30 | 13.7 € | 88
- Les pommards, saint-véran 2023 | Sec | 2025>32 | 23 € | 91
- Les Crays, pouilly-fuissé premier cru 2023 | Sec | 2025>32 | 32 € | 93
- La CR, saint-véran 2023 | Sec | 2025>32 | 23 € | 92
- Sur la Roche, pouilly-fuissé premier cru 2023 | Sec | 2026>32 | 32 € | 92

Domaine J.A. Ferret

Ce domaine de 18 hectares, lové au cœur du village de Fuissé, a été racheté en 2008 par la maison Jadot, qui a eu la brillante idée d'en perpétuer la tradition et l'histoire en plaçant à sa tête une femme dans la lignée de Jeanne et Colette Ferret. Audrey Braccini est désormais remplacée par Clément Robinet qui vient du domaine des Héritiers du Comte Lafon après un diplôme d'œnologie et une expérience à l'international. La certification bio a été obtenue à partir du millésime 2023. Il souhaite pérenniser l'esprit Ferret, très cohérent avec le style Jadot, par un travail sur la vivacité des vins, des malolactiques partielles et des élevages conduits avec habileté. Une merveilleuse adresse, où maîtrise et excellence sont les atouts majeurs. Au sommet, le match Tournant de Pouilly versus Les Ménétrières est passionnant. Le reste de la gamme n'est pas loin derrière.

- Hors Classe - Les Ménétrières, pouilly-fuissé premier cru 2023 | Sec | 2025>35 | 84 € | 95
- Hors Classe - Tournant de Pouilly, pouilly-fuissé premier cru 2023 | Sec | 2025>35 | 84 € | 95
- Tête de Cru Les Perrières, pouilly-fuissé premier cru 2023 | Sec | 2025>32 | 58 € | 93
- pouilly-fuissé 2023 | Sec | 2025>31 | 40 € | 92
- Le Clos des Prouges, pouilly-fuissé 2023 | Sec | 2025>32 | 59 € | 93
- Tête de cru, Clos de Jeanne, pouilly-fuissé premier cru 2023 | Sec | 2025>32 | 59 € | 93

Château de Fuissé

Antoine et Bénédicte Vincent, frère et sœur, dirigent cette propriété historique de 40 hectares répartis sur les appellations pouilly-fuissé, saint-véran, mâcon et juliénas. Les sols sont travaillés, la viticulture est raisonnée et l'élevage des vins se fait avec les fûts d'un seul tonnelier pour maintenir une constance, dans une optique rigoriste. On trouve des cuvées commercialisées sous une gamme château et une gamme négoce. À noter que les cuvées le Clos et les Brûlés sont classées en premier cru depuis le millésime 2020.

- Tête de Cuvée, pouilly-fuissé 2023 | Sec | 2026>33 | 34 € | 92
- Le Clos Monopole, pouilly-fuissé premier cru 2023 | Sec | 2025>32 | 65 € | 93
- Les Brûlés, pouilly-fuissé premier cru 2023 | Sec | 2026>33 | 60 € | 93
- Les Combettes, pouilly-fuissé 2023 | Sec | 2027>33 | 50 € | 91
- saint-véran 2023 | Sec | 2025>32 | 24.5 € | 91

Domaine de la Garenne

Situé sur les coteaux d'Azé, le domaine de la Garenne a été racheté en 2008 grâce à l'alliance des familles Beaumont et Devillard (propriétaires du château de Chamirey et du domaine des Perdrix). Géré par les équipes Devillard et leur œnologue Robert Vernizeau, il s'est agrandi en 2014 avec des vignes en Mâcon-Bussières et Pouilly-Fuissé.

Les blancs sont sincères et bien réalisés et nous les voyons en progression vers plus de finesse et de pureté, ce qui mérite une seconde etoile.

- mâcon-azé 2023 | Sec | 2025>31 | NC — 90
- pouilly-fuissé 2023 | Sec | 2025>32 | NC — 91
- Mâcon Solutré, mâcon-solutré-pouilly 2023 | Sec | 2025>30 | NC — 90

Domaine Guffens-Heynen

★★★★★ ✦

Jean-Marie Guffens est certainement l'un des plus habiles vinificateurs de chardonnay au monde. Ce Belge iconoclaste a posé ses valises dans le Mâconnais en 1976, d'abord comme régisseur d'un petit domaine, puis comme propriétaire de quelques parcelles à Pierreclos dès 1979. En parallèle, il crée en 1990 une petite activité de négoce de très haute qualité, Verget, couvrant aussi bien la côte-d'Or que le chablisien. Puis achète en 1997 le château des Tourettes, 40 hectares face au Ventoux et dernièrement huit hectares à Barsac, le château Closiot, jouxtant les premiers crus Climens et Coutet. Aujourd'hui, la roche calcaire de cette Bourgogne Sud hautement prisée permet l'éclosion de vins qui tranchent par leur droiture et leur énergie. « La précision n'est pas une forme d'art : c'est une nécessité » dit-il. S'il a inspiré de nombreux artisans-vignerons du Mâconnais, Jean-Marie Guffens reste aujourd'hui le seul artiste capable d'initier un style et une identité remarquables, forgés par une vendange très mûre, des fermentations prolongées et un sens génial de l'élevage. Il faut au moins goûter une fois les vins de Guffens pour voir ce que l'on peut faire avec du chardonnay. Il produit des quantités déjà trop réduites pour satisfaire la demande internationale. Il faut donc s'en emparer aussi souvent que l'occasion se présente.

- Tri de Chavigne, mâcon-pierreclos 2023 | Sec | 2025>33 | NC — 95
- Clos de Poncetys, saint-véran 2023 | Sec | 2025>33 | NC — 95
- Le Chavigne, mâcon-pierreclos 2023 | Sec | 2025>32 | NC — 95
- Juliette et les Vieilles de Chavigne, mâcon-pierreclos 2023 | Sec | 2025>34 | NC — 95
- 1er Jus, saint-véran 2023 | Sec | 2025>33 | NC — 95
- Premiers jus des premiers crus, pouilly-fuissé 2023 | Sec | 2025>33 | NC — 97

Domaine des Héritiers du Comte Lafon

★★★ ✚

Dominique Lafon, célèbre pour son domaine de Meursault et vinificateur de génie, pouvait profiter de cette notoriété pour ne plus rien avoir à prouver. Pourtant, la remise en question et la recherche permanente l'animaient constamment, désireux de toujours hisser un peu plus haut ses vins du sud de la Bourgogne. La nouvelle génération, Pierre et Léa, s'inspire de son action depuis 2022 en infléchissant le style par petites touches. Les 26 hectares sont conduits en bio pour la partie viticole. Une adresse irréprochable et incontournable qui transcende les appellations du Mâconnais.

- Le Clos du Four, mâcon-milly-lamartine 2023 | Sec | 2025>32 | 29.2 € | ☘ — 92
- viré-clessé 2023 | Sec | 2025>32 | 30.6 € | ☘ — 93
- saint-véran 2023 | Sec | 2027>35 | 30.6 € | ☘ — 93

Domaine La Soufrandière - Bret Brothers

★★★ ✚

Les frères Bret, qui ne manquent jamais d'idées ni d'inventivité, sont devenus une référence en Mâconnais grâce à leur maîtrise aigüe de la biodynamie. La plupart des travaux de la vigne sont faits à la main, en dehors des labours et traitements (au tracteur ou cheval) et leurs vignes sont devenues le terrain de jeu des chercheurs de l'INRA. La Soufrandière est le domaine familial de 11 hectares, aujourd'hui certifié Demeter. Bret Brothers est l'activité de négoce, en achats de raisins, produisant 15 microcuvées (dont dix sont certifiées bio). Les vins sont toujours d'une énergie remarquable, d'une grande pureté avec une digestibilité hors pair. Une des adresses modèle de la région, en toute confiance, dès les entrées de gamme.

- Terres de Vergisson, pouilly-fuissé 2023 | Sec | 2025>33 | 34 € | ☘ — 91
- La Soufrandière - Le Clos du Grand Père, mâcon-vinzelles 2023 | Sec | 2025>32 | 24 € | ☘ — 90
- Les Quarts Millerandés, pouilly-vinzelles 2023 | Sec | 2025>32 | 57 € | ☘ — 93
- Les Crays, mâcon-chardonnay 2023 | Sec | 2025>32 | 22 € | ☘ — 90
- En Chatenay, pouilly-fuissé 2023 | Sec | 2025>33 | 46 € | ☘ — 93
- Ovoïde, saint-véran 2023 | Sec | 2025>32 | 33 € | ☘ — 92
- Au Vignerais, pouilly-fuissé premier cru 2023 | Sec | 2025>33 | 46 € | ☘ — 94
- Cuvée Zen, Côte de Besset, saint-amour 2023 | Sec | 2025>28 | 26 € | ☘ — 89
- La Bottière, juliénas 2023 | Sec | 2025>28 | 26 € | ☘ — 89

Cave de Lugny

★

Fondée en 1927, la cave de Lugny fut la deuxième coopérative viticole créée en Mâconnais pour être aujourd'hui le premier producteur de vins de l'appellation (un tiers du volume) et le premier producteur de vins de Bourgogne en volume et en surface (6 % de la production totale), avec 1 450 hectares exploités sur 21 communes et 400 adhérents. Elle participe au programme Vignerons en développement durable, incitant les producteurs à travailler en lutte raisonnée.

- Cœur de Charmes, mâcon-lugny 2023 | Sec | 2025>30 | 15.5 € — 89
- Saint-Pierre, mâcon-lugny 2023 | Sec | 2025>30 | 12 € — 89
- Les Beluses, mâcon-chardonnay 2023 | Sec | 2025>30 | 10.5 € — 90
- mâcon-péronne 2023 | Sec | 2025>31 | 11.9 € — 91

Domaine Nicolas Maillet

★★★ ✚

Installé en 1999, Nicolas Maillet, ingénieur agronome et œnologue, fait référence dans le Mâconnais pour la conduite de son vignoble de sept hectares et demi certifiés bio avec des pratiques de la biodynamie. Le cœur de son domaine est à Verzé, avec des vignes âgées en moyenne de 50 ans, sur les quatre cépages bourguignons. Sans aucune levure exogène, les fermentations et les élevages se font uniquement en cuve, pour la plus pure expression du terroir. Les vins sont gourmands, pleins de saveurs et doivent beaucoup aux vignes menées en bio depuis une trentaine d'années. Une adresse modèle qui impressionne par l'expression unique de ses blancs magistraux tarifés à des prix qui réconcilieront les amateurs avec les bourgognes blancs.

- bourgogne aligoté 2023 | Sec | 2025>30 | 25 € | ☘ — 92
- Le Chemin Blanc, mâcon-verzé 2023 | Sec | 2025>32 | 28 € | ☘ — 93
- mâcon-verzé 2023 | Sec | 2025>32 | 25 € | ☘ — 92
- mâcon-igé 2023 | Sec | 2025>32 | 25 € | ☘ — 93
- mâcon 2023 | Sec | 2025>28 | 28 € | ☘ — 89

Merlin

★★★ ✚

Installés en 1987, Olivier et Corinne Merlin ont été rejoints par leurs fils, Théo et Paul, tous deux s'étant forgés une expérience dans les vignobles étrangers. Ils apportent dans l'escarcelle du domaine huit hectares supplémentaires et l'exploitation s'étend désormais sur 23 hectares dans le Mâconnais et en moulin-à-vent (comprenant le château des Quarts). Leurs installations modernes au cœur de la Roche-Vineuse leur permettent d'innover et de toujours se remettre en question. Les vins s'expriment avec franchise et un sens abouti de l'équilibre, les 2023 sont très réussis.

- Vieilles Vignes, mâcon-la roche-vineuse 2023 | Sec | 2025>32 | NC — 90
- moulin-à-vent 2023 | Sec | 2025>31 | 18.95 € — 90
- pouilly-fuissé 2023 | Sec | 2025>32 | NC — 92
- Les Chevrières, pouilly-fuissé premier cru 2023 | Sec | 2025>32 | NC — 93
- Sur la Roche, pouilly-fuissé premier cru 2023 | Sec | 2025>34 | NC — 93

Domaine Normand

★★ ➜

Sylvaine et Alain Normand, tous deux diplômés en viti-œnologie, se sont installés avec 13 hectares comme coopérateurs en 1993. En 2010, l'entreprise a pris une autre dimension, passant à 35 hectares. Les vignes sont réparties sur Solutré, Chaintré, Saint-Véran et la Roche-Vineuse, cultivées avec une attention particulière après la certification HVE, la lutte raisonnée pour aller vers la certification bio. Leur fils Thomas les a rejoint en 2023 après une carrière de rugbyman professionnel, un BTS viti-oeno et un passage au château Vannières (Bandol), ainsi qu'à Châteauneuf-du-Pape. La construction d'un nouveau chai et d'un lieu d'accueil d'œnotourisme permet d'apprécier sur place le style des vins, agréable tout en étant complexe.

- pouilly-fuissé 2023 | Sec | 2025>32 | 24 € — 89
- mâcon-la roche-vineuse 2023 | Sec | 2025>30 | 13 € — 90
- saint-véran 2023 | Sec | 2025>32 | 18.5 € — 89
- Esus, bourgogne 2023 | Sec | 2026>32 | 18 € — 88
- mâcon-solutré-pouilly 2023 | Sec | 2025>32 | 18.5 € — 89
- mâcon-igé 2023 | Sec | 2025>30 | 13 € — 88

Château des Quarts

★★★ ✚

C'est un lieu d'exception qu'ont acquis Dominique Lafon et son associé et complice Olivier Merlin, des domaines éponymes, deux signatures fortes et incontournables de la région. Cet ensemble architectural de prestige, au cœur d'un clos magnifique, est situé au beau milieu des vignes ; 2,5 hectares bénéficiant d'une exposition plein est, sur un sol très pauvre, calcaire et caillouteux, qui donnent une cuvée d'exception en Mâconnais, toujours impeccable de régularité. Il ne faut pas la manquer depuis des millésimes et 2023 confirme cette recommandation.

- **Les Quarts Monopole, pouilly-fuissé 2023** | Sec | 2025>32 | NC 94
- **L'orangerie du château des Quarts, pouilly-fuissé premier cru 2023** | Sec | 2025>32 | NC 93

Domaine Rijckaert

✪✪✪✪ ✚

Florent Rouve, également présent dans le Jura, a repris le domaine de Jean Rijckaert et emploie une énergie peu commune à la préservation du style de cette belle maison. Soit un travail revendiqué « à l'ancienne », un soin extrême à la qualité de la vendange et des élevages longs. Il produit ainsi une très belle gamme de vins soignés et savoureux, issue des vignes de la propriété ou d'achats de raisins avec toujours une attention qualitative élevée. Le niveau impressionne, les 2021 sont très réussis et les 2022 ont trouvé des volumes de bouche dont peu de domaines sont capables dans le Mâconnais. Les 2023 ont obtenu la certification bio et suivent dans un style mûr, bien dessinés.

- **Les Verchères, viré-clessé 2023** | Sec | 2025>31 | 29.6 € | ☘ 91
- **Sur La Roche, pouilly-fuissé premier cru 2023** | Sec | 2025>32 | 38.9 € | ☘ 94
- **En Crèches, saint-véran 2023** | Sec | 2025>32 | 27.2 € | ☘ 92
- **Levant, mâcon-la roche-vineuse 2023** | Sec | 2025>32 | 20.6 € | ☘ 91
- **Vieilles vignes, pouilly-fuissé 2023** | Sec | 2026>32 | 34.5 € | ☘ 92
- **Vieilles Vignes, Les clos, mâcon-bussières 2023** | Sec | 2025>30 | 21.9 € | ☘ 89

Château des Rontets

✪✪✪

On peut aisément comprendre pourquoi les époux Montrasi ont vite abandonné leur métier d'architecte en Italie pour reprendre cette maison de famille et se reconvertir au métier de vigneron, tellement le lieu est magique. Ils ont patiemment remis cette propriété historique de près de sept hectares au plus haut niveau de Pouilly-Fuissé, tirant aujourd'hui le meilleur d'un terroir original situé en altitude. Un travail méticuleux des vignes en mode biologique et des élevages soignés et longs ont construit des cuvées au profil inimitable. La précision des fins de bouche impressionne. On est proche d'une quatrième étoile.

- **Les Birbettes, pouilly-fuissé 2022** | Sec | 2025>33 | 60 € | ☘ 95
- **Pierrefolle, pouilly-fuissé 2022** | Sec | 2025>33 | 45 € | ☘ 95
- **Clos Varambon, pouilly-fuissé 2022** | Sec | 2025>35 | 35 € | ☘ 93
- **Côte de Besset, saint-amour 2023** | Sec | 2025>30 | NC | ☘ 91
- **du Sud, bourgogne 2023** | Sec | 2025>30 | NC | ☘ 91

Domaine Jacques Saumaize

✪✪✪ ✚

Ce beau domaine de Vergisson, développé avec passion par Jacques et Nathalie Saumaize depuis une trentaine d'années, confirme le tournant pris avec l'arrivée de leur fils Anthony et dorénavant de leur fille Lucie. Le père peut doublement se réjouir : une harmonie et une continuité s'inscrivent avec la poursuite d'une viticulture proche du bio et des essais de biodynamie, avec un refus de la mécanisation. Le vignoble de 12,5 hectares répartis en Saint-Véran, Pouilly-Fuissé et Mâcon, est vinifié brillamment de façon parcellaire. Les vins ont gagné en énergie et en précision et nous nous réjouissons de cette voie prise. La gamme compte de belles réussites et les 2023 y sont réussis et sont commercialisés à des prix encore accessibles.

- **La Maréchaude, pouilly-fuissé 2023** | Sec | 2025>33 | 32 € 93
- **En Crèches, saint-véran 2023** | Sec | 2027>33 | 24 € 91
- **Sur la Roche, mâcon-vergisson 2023** | Sec | 2025>30 | 22 € 90
- **Les Cras, saint-véran 2023** | Sec | 2025>32 | 25 € 91
- **Le haut de la roche, pouilly-fuissé 2023** | Sec | 2025>32 | 30 € 91
- **Les Croux, pouilly-fuissé 2023** | Sec | 2025>32 | 30 € 92

Domaine Saumaize-Michelin

✪✪✪✪ ✦

Roger Saumaize, épaulé par son épouse Christine et désormais Vivien et Lisa s'imposent comme l'un des fers de lance du Mâconnais. L'homme est habité par sa quête de précision, de pureté et de vibration, ayant toujours pratiqué le labour depuis l'installation à la fin des années 1970 que ce soit au tracteur ou à la pioche et avec Diloune, la jument, pour les recoins difficiles. Ils s'inspirent de la biodynamie mais se méfient des chapelles. Amoureux de ses vignes qu'ils bichonnent comme des jardiniers en observant la vie du sol, ils sculptent des cuvées dont l'énergie et le naturel nous laissent admiratifs. On est ici à un très bon niveau en Mâconnais à des prix qui restent accessibles pour cette qualité.

- **Sur la Roche, pouilly-fuissé premier cru 2023** | Sec | 2025>32 | 33 € 93
- **Les Crèches, saint-véran 2023** | Sec | 2025>32 | 20 € 91
- **La Roche, mâcon-vergisson 2023** | Sec | 2025>32 | 20 € 90
- **Les Crays, pouilly-fuissé premier cru 2023** | Sec | 2025>32 | 33 € 93
- **En Tillier, pouilly-fuissé 2023** | Sec | 2025>32 | 25 € 91
- **Aux Charmes, pouilly-fuissé 2023** | Sec | 2025>32 | 26.5 € 92

Vignerons des Terres Secrètes

✪✪ ✚

Les Vignerons des Terres Secrètes réunissent 120 coopérateurs de la Bourgogne du sud qui cultivent l'équivalent de 850 hectares dont 65 sélections parcellaires au plus près du terroir bourguignon. La cave impliquée en pouilly-fuissé et en mâcon produit à elle seule le tiers de l'appellation saint-véran. Très tôt, la cave a été labellisée en développement durable et a lancé en 2023 avec la gamme Cerço les premiers vins de Bourgogne consignés. Les blancs sont à rechercher pour leur niveau qualitatif d'ensemble, 2023 y est une réussite et les prix restent angéliques pour la Bourgogne.

- **Les Sentinelles, saint-véran 2023** | Sec | 2025>31 | 13 € 92
- **Les Sentinelles, bourgogne 2023** | Sec | 2026>30 | 13 € 89
- **Croix-Jarrier, mâcon-verzé 2023** | Sec | 2025>30 | 11.7 € 90
- **Clos du Four, mâcon-milly-lamartine 2023** | Sec | 2026>31 | 11.7 € 91
- **Vigne blanche, saint-véran 2023** | Sec | 2025>31 | 9.6 € 91
- **A la côte, saint-véran 2023** | Sec | 2025>32 | 9.6 € 92

Domaine Thibert Père et Fils

✪✪✪ ✚

Ce grand domaine de Fuissé atteint maintenant 30 hectares, composé d'une large palette de terroirs, avec un beau potentiel de futurs premiers crus. Sandrine et son frère Christophe gèrent la propriété et ce dernier veille méticuleusement sur les vins, avec une remise en question permanente. Son parti-pris de les proposer le plus possible avec un décalage de millésime est à saluer. Les vinifications parcellaires sont intelligemment menées dans de magnifiques installations modernes, parfaitement adaptées avec une certification bio en cours. C'est sans conteste un domaine de référence dans le Mâconnais qui développe l'agroécologie et où l'on trouvera des vins de garde. À leur apogée, les vins développent une palette aromatique remarquable.

- **Champ Rond, saint-véran 2023** | Sec | 2025>32 | 32 € 90
- **Bois de Fee, saint-véran 2019** | Sec | 2025>32 | 38 € 92
- **Bois de la Croix, mâcon-fuissé 2023** | Sec | 2025>32 | 25 € 91
- **pouilly-loché 2023** | Sec | 2026>33 | 33 € 91
- **bourgogne 2023** | Sec | 2025>30 | 23 € 89
- **Les Perrières, pouilly-fuissé 2019** | Sec | 2025>32 | 49 € 91

Verget

✪✪✪✪ ✦

La maison de négoce Verget fait partie de la galaxie Guffens-Heynen, où Jean-Marie Guffens, épaulé par son fidèle second Julien Desplans, applique les recettes éprouvées sur son domaine d'élite depuis les années 1980, qui servent de référence mondiale en matière de chardonnay. Le fer de lance reste ici le Mâconnais mais les achats sur le Chablisien sont réguliers et en fonction des millésimes, il y a de belles cuvées en provenance de la côte de Beaune. La vente des vins est rapidement épuisée, la réservation en primeurs sera d'autant plus judicieuse que cela peut donner l'opportunité d'acheter en capsule à vis des vins « sans terroir », preuve que ce n'est pas toujours le terroir qui fait foi en matière de qualité, le talent importe également. Les prix que nous indiquons sont ceux des ventes en primeur. Une adresse exemplaire.

- **Terroir de Vergisson La Roche, pouilly-fuissé premier cru 2023** | Sec | 2025>32 | 38 € 93
- **Sur la Roche, mâcon-vergisson 2023** | Sec | 2025>32 | 21.2 € 92
- **Lieu Interdit, saint-véran 2023** | Sec | 2025>32 | 27.9 € 92
- **Vignes de Montbrison, mâcon-bussières 2023** | Sec | 2025>31 | 18.5 € 91
- **Les Combes vieilles vignes, pouilly-fuissé 2023** | Sec | 2025>32 | 38 € 93

Domaine Vessigaud

✪✪✪ ➔

Viticulteur écologique, c'est comme cela que se définit Pierre Vessigaud, cinquième génération, à la tête de ses 10 hectares à Solutré-Pouilly dont un hectare de Saint-Amour. Françoise le seconde à la vigne avec des labours et le tressage des vignes pour laisser plus de feuilles afin de garder de la fraîcheur aux vins malgré le réchauffement. Nous aimons ses vins élégants, très équilibrés, précis. L'homogénéité de la gamme dès les premières cuvées mérite une troisième étoile.

- **Vieilles Vignes, pouilly-fuissé 2023** | Sec | 2025>32 | NC | ☘ 92
- **Les Tâches, mâcon-fuissé 2023** | Sec | 2025>32 | NC | ☘ 91
- **Pierres à Canard, pouilly-fuissé 2023** | Sec | 2025>32 | NC | ☘ 92
- **Vignes blanches, pouilly-fuissé premier cru 2023** | Sec | 2027>33 | NC | ☘ 92
- **Les Reisses, pouilly-fuissé premier cru 2023** | Sec | 2025>32 | NC | ☘ 94
- **mâcon-solutré-pouilly 2023** | Sec | 2025>32 | NC | ☘ 90

Avant d'être dégustés par les amateurs, les champagnes de la maison Boizel patientent dans des caves historiques, classées au patrimoine mondial de l'Unesco. Ce long vieillissement, à l'abri, dans la fraîcheur de ces lieux, est essentiel. Il révèle toute la complexité des champagnes et leur confère un caractère unique.
Le 4 juin 2025.

Champagne

TAITTINGER
TAITTINGER
CHAMPAGNE
BRUT RÉSERVE
REIMS

Bonheurs en pagaille

Maisons et vignerons champenois poursuivent la même idée : permettre aujourd'hui aux vins de Champagne d'être toujours demain les ambassadeurs d'un art de vivre que le monde entier admire. C'est bien parti

sélection ***Michel Bettane, Louis-Victor Charvet, Thierry Desseauve et Guillaume Puzo***

Abelé 1757

●●● ➔

Cette maison, forte de 260 ans d'histoire et désormais reprise par le groupe Nicolas Feuillatte, est la cinquième plus ancienne maison de Champagne. Profitant de sa réputation, elle s'appuie sur des approvisionnements en raisins, avec pour spécialité le vignoble des Riceys, reconnu pour ses vins rouges et rosés. Les assemblages réalisés sur mesure bénéficient d'un long vieillissement. La gamme cohérente affiche cette année d'importants changements stylistiques. La maison a réinterprété sa cuvée Rosé et propose désormais un nouvel assemblage : 50 % de chardonnay et 50 % de pinot noir des Riceys, en rosé de macération. La marque profite de l'énergie de Marie Gicquel, sa directrice, et d'Étienne Eteneau, son jeune et dynamique chef de cave, pour avancer rapidement sur la route des grands vins.

- **champagne** | Brut | 2025>30 | 44 € — 92
- **Blanc de blancs, champagne** | Brut | 2025>32 | 56 € — 92
- **Le Sourire de Reims, champagne 2013** | Brut | 2025>35 | 145 € — 96
- **champagne** | Brut | 2025>30 | 55 € — 92

Domaine Pascal Agrapart

●●●●● ✦

Pascal Agrapart est un homme franc, sincère et attaché aux valeurs du terroir. Son fils Ambroise prend aujourd'hui la main, tout en restant fidèle au savoir-faire et savoir-être de son père. Le vignoble s'étend sur la Côte des Blancs, principalement autour d'Avize, auquel s'ajoutent Cramant, Oger, Oiry, Avenay Val d'Or, Coligny et Vauciennes. Les vins sont toujours remarquables de droiture et de tension profonde : les derniers tirages illustrent à la perfection la perpétuelle recherche de ce domaine toujours plus rigoureux.

- **Terroirs, Blanc de blancs, champagne** | Extra-brut | 2025>32 | 56 € — 93
- **Grand cru Vénus, Blanc de blancs, champagne 2019** | Non dosé | 2025>32 | 170 € — 97
- **Grand cru Minéral, Blanc de blancs, champagne 2019** | Extra-brut | 2025>32 | 84 € — 93
- **Grand cru L'Avizoize, Blanc de blancs, champagne 2019** | Extra-brut | 2025>33 | 150 € — 96
- **Grand cru Complantée, champagne** | Extra-brut | 2025>32 | 60 € — 94
- **pinot, champagne 2019** | Non dosé | 2025>32 | 70 € — 92

Alexandre Bonnet

●●● ➔

Situé au cœur du splendide vignoble des Riceys, à l'est de la Champagne, ce domaine est devenu le chef de file de ce secteur en proposant des vins qui brillent par leur personnalité. La gamme, récemment restructurée entre cuvées d'assemblage et cuvées parcellaires inspirées du modèle bourguignon, illustre la richesse des coteaux abrupts de ce terroir particulier où le calcaire kimméridgien affleure, donnant aux vins une droiture et une verticalité très marquées. Arnaud Fabre, le président du domaine s'est entouré d'une équipe passionnée par une vision du vin inspirante. Il pourra notamment compter sur Irvin Charpentier, le jeune chef de cave, pour explorer le goût que peuvent donner les terroirs des Riceys.

- **Blanc de noirs, champagne** | Extra-brut | 2025>30 | 39 € — 90
- **Les Contrées 7 cépages, champagne 2020** | Non dosé | 2025>32 | 100 € — 94
- **Blanc de blancs, champagne** | Extra-brut | 2025>30 | 49 € — 88
- **Les Contrées, champagne 2020** | Extra-brut | 2025>30 | 90 € — 93
- **Les Riceys, coteaux champenois 2022** | Non dosé | 2025>30 | 39 € — 91

Alfred Gratien

●●●● ✚

La petite maison d'Épernay vient de célébrer ses 160 ans, et depuis quatre générations la même lignée de chefs de cave est à l'œuvre. Aujourd'hui, c'est Nicolas Jaeger, qui maintient les fondamentaux mis en place par ses prédécesseurs : des appros livrés en moût et provenant d'un cercle de 40 kilomètres autour d'Épernay, une fermentation en fût (228 litres) suivie d'un élevage de six mois avant soutirage, les malos sont bloquées, le tout avec quelques ajustements en SO2 très légers. La gamme n'a pas varié, hormis le lancement cette année d'un Clos le Village 2018, un pur meunier issu du cru Cumières.

- **Brut, champagne** | Brut | 2025>35 | 40 € — 94
- **Cuvée Paradis, champagne 2016** | Brut | 2029>41 | 110 € — 94
- **Cuvée Paradis Rosé , champagne 2008** | Brut | 2025>38 | 120 € — 96
- **Blanc de blancs, champagne 2017** | Brut | 2025>32 | 62 € — 93
- **Brut Rosé, champagne** | Brut | 2025>30 | 44 € — 93
- **Brut Millésimé, champagne 2016** | Brut | 2025>36 | 78 € — 93
- **Brut Millésimé, champagne 2008** | Brut | 2025>38 | 160 € — 96

✦ Star ✚ Valeur sûre ➔ À suivre de près Ⓝ Nouvelle entrée

Étienne Eteneau, Abelé 1757

Pour comprendre sa passion pour le vin, il faut remonter à l'enfance, lorsqu'il passait ses vacances dans le vignoble familial de l'Hérault. Diplômé d'AgroParisTech, Étienne Eteneau a effectué son stage de fin d'études au service technique du Comité Champagne, avant des expériences en Australie puis en Californie. Lorsqu'il intègre la maison Abelé en 2019, il devient l'un des plus jeunes chefs de cave de la région. Depuis, il harmonise la gamme, repense les assemblages et insuffle une nouvelle dynamique que nous suivons de près. *Hicham Abou Raad*

Aspasie

✪

Paul-Vincent Ariston produit sur le terroir original de Brouillet (vallée de l'Ardre), des vins pleins de charme, fruités, généreux et frais. 12 hectares de vignes en grande partie plantés de meunier, sur des sols de tuf, une terre plus légère et friable que la craie. L'arrière-arrière-grand-mère Aspasie le cultivait déjà, comme l'arbanne, le pinot blanc et le petit meslier, cépages blancs autorisés en Champagne mais aujourd'hui quasiment disparus. Paul-Vincent les réhabilite depuis plus de 20 ans et les assemble dans sa cuvée Cépages d'Antan. La cuvée Brut de fût est une réussite.

- **Cépages d'Antan, champagne 2014** | Brut | 2025>33 | 86 € | ☘ — 92
- **Blanc de blancs, champagne** | Brut | 2025>30 | 39 € | ☘ — 90
- **Brut de fût, champagne** | Brut | 2025>30 | 50 € | ☘ — 88

Ayala

✪✪✪✪ ✚

Cette maison historique du cru Aÿ a été reprise par sa voisine Bollinger en 2005, avec pour objectif d'affirmer un style propre, basé sur la pureté, l'élégance et l'équilibre des chardonnays, le cépage fort dans les assemblages. Réduit à néant lors du rachat, le vignoble maison s'est depuis agrandi pour atteindre 22 hectares. Une nouvelle cuverie en cours de construction permettra de disposer de contenants mieux adaptés aux vinifications en petits lots. La gamme a été repensée et raccourcie, depuis le Brut Majeur et le Brut Nature portés par les agrumes jusqu'à la cuvée de prestige, Perle, aujourd'hui présentée dans le millésime 2015. Une stratégie claire qui s'avère payante à chaque dégustation.

- **Brut Nature, champagne** | Brut | 2025>30 | 45 € — 94
- **Rosé Majeur Brut, champagne** | Brut | 2025>29 | 53 € — 92
- **Le Blanc de Blancs, champagne 2008** | Extra-brut | 2025>35 | NC — 95
- **Le Blanc de Blancs, champagne 2016** | Extra-brut | 2025>40 | NC — 95
- **Brut Majeur, champagne** | Brut | 2025>30 | 40.9 € — 92
- **Le Blanc de blancs A18, champagne 2018** | Extra-brut | 2025>35 | 74.9 € — 93
- **Perle, champagne 2015** | Extra-brut | 2025>35 | 170 € — 94

Beaumont des Crayères

✪✪

Cette petite coopérative classique de la vallée de la Marne, produisant depuis longtemps des vins équilibrés et souples, réunissant les qualités des trois cépages. Mais la marque gagne d'année en année en précision de style, tandis que les prix demeurent sages. Un bel ensemble de champagnes possédant tous une véritable personnalité qui continue de s'affirmer.

- **Grand Prestige, champagne** | Brut | 2025>30 | 35 € — 90
- **Grande Réserve, champagne** | Brut | 2025>30 | 32 € — 91
- **Grand Rosé, champagne** | Brut | 2025>30 | 37 € — 88
- **Grand Meunier, champagne** | Extra-brut | 2025>30 | 36 € — 92
- **Fleur Blanche, champagne 2019** | Extra-brut | 2025>32 | 47 € — 90
- **Fleur Noire, champagne 2018** | Extra-brut | 2025>32 | 46 € — 94

Françoise Bedel

✪✪✪ ✚

Françoise Bedel est l'une des vigneronnes les plus attachantes de la Champagne. Avec son fils Vincent, elle porte haut les couleurs de la biodynamie en la pratiquant avec une intelligence rigoureuse sur les huit hectares et demi de leur domaine situé à Crouttes-sur-Marne, dans la vallée de la Marne. Les vins sont un juste témoignage du terroir qui les porte, brillants par leur maturité et leur complexité.

- **L'Âme de la Terre, champagne 2008** | Extra-brut | 2025>32 | 98 € | ☘ — 95
- **Origin'elle, champagne** | Extra-brut | 2025>32 | 50 € | ☘ — 93
- **Comme Autrefois, champagne 2008** | Brut | 2025>35 | 137 € | ☘ — 96

Bérêche et Fils

✪✪✪✪ ✦

Raphaël et Vincent Bérêche figurent parmi les acteurs les plus dynamiques du vignoble champenois et perpétuent la tradition familiale engagée depuis le XIXe siècle. Si Vincent est l'homme des vignes, Raphaël définit le style des vins. Ce duo bien rodé fait merveille et produit des vins de style à partir d'un vignoble soigné. Les vins s'affichent avec élégance, plénitude, harmonie, avec une recherche stylistique de l'origine et un puissant ancrage. Cette excellence se traduit à merveille avec les derniers millésimes.

- **Brut Réserve, champagne NM** | Brut | 2025>30 | 21 € — 92
- **Le Cran, champagne 2016** | Brut | 2025>34 | NC — 97
- **Reflets d'Antan, champagne NM** | Brut | 2025>30 | 66 € — 94
- **Mailly-Champagne, champagne 2018** | Extra-brut | 2025>32 | NC — 96
- **Grand Cru Ambonnay, champagne 2018** | Extra-brut | 2025>32 | NC — 95
- **Aÿ Grand cru, champagne 2016** | Extra-brut | 2025>34 | NC — 97

André Bergère

✪✪

La progression de ce domaine ancien, bien repris par Adrien Bergère, jeune œnologue talentueux, se confirme. Les cuvées sont toutes singulières et expressives, avec au sommet deux -très différentes- expressions de grand blanc de blancs de la Côte des Blancs, mais aussi des jolis vins remarquablement bien construits du secteur de Fèrebrianges. Une adresse sûre et à suivre.

- **Origine, champagne** | Brut | 2025>30 | 35 € — 89
- **Grand cru, Blanc de blancs, champagne** | Extra-brut | 2025>32 | 50 € — 94
- **Solera, champagne** | Brut | 2025>30 | 42 € — 90
- **Millésime, champagne 2015** | Brut | 2025>32 | 65 € — 90
- **Les Vignes de Nuit, champagne 2019** | Extra-brut | 2025>30 | 70 € — 89

Besserat de Bellefon

✪✪✪✪ ✚

L'arrivée de Nathalie Doucet a remis cette maison, propriété du groupe BCC (Lanson, Boizel, etc.), sur la voie de l'excellence, aidée dans sa mission par l'excellent Cédric Thiébault, le chef de cave. Sa particularité est de produire des champagnes onctueux et peu effervescents en raison d'une pression moindre obtenue par une adjonction faible de liqueur de tirage avant la phase de prise de mousse. La qualité de la gamme s'affirme sans faiblesse tandis qu'un nouveau siège au cœur d'Epernay permet au public de (re)découvrir la marque et son univers extrêmement attachant.

- **Cuvée des Moines, champagne 2012** | Extra-brut | 2025>32 | 160 € — 94
- **Triple B, champagne 2015** | Non dosé | 2025>32 | 63 € | ☘ — 92
- **BB Bleu Brut, champagne** | Brut | 2025>30 | 42 € — 91
- **BB, champagne** | Brut | 2025>30 | 52 € | ☘ — 88
- **Millésimé, champagne 2013** | Extra-brut | 2025>30 | 72 € — 93
- **Grand cru, Blanc de blancs, champagne** | Brut | 2025>32 | 61 € — 94
- **Grand cru, Blanc de noirs, champagne** | Brut | 2025>32 | 61 € — 92
- **Cuvée des Moines, champagne 2015** | Non dosé | 2025>32 | 180 € | ☘ — 94

Billecart-Salmon

✪✪✪✪✪ ✦

Mathieu Roland-Billecart dirige avec talent cette maison de Mareuil-sur-Aÿ, deux fois centenaire et familiale, qui a acquis sa réputation dans les années 1990 grâce à ses flacons uniques et son célébrissime rosé. Elle peut s'appuyer sur le savoir-faire de ses hommes (Denis Blée au vignoble et au chai, Florent Nys en chef de cave), mais aussi sur un vignoble de 100 hectares et un approvisionnement d'une superficie totale de 300 hectares dans 40 crus. Les vignes sont choyées au rythme de la nature, avec pour fleuron le remarquable clos Saint-Hilaire. Les millésimes sortent après un long vieillissement et l'assurance qu'ils soient prêts. Tous les vins savent très artistiquement conjuguer une accessibilité immédiate avec une véritable complexité de saveurs et d'arômes.

- **Élisabeth Salmon, champagne 2012** | Brut | 2025>40 | 190 € — 98
- **Le Blanc de blancs, champagne** | Extra-brut | 2025>30 | 82 € — 93
- **Clos Saint-Hilaire, Blanc de noirs, champagne 2009** | Extra-brut | 2025>40 | 475 € — 95
- **Nicolas François, champagne 2012** | Brut | 2025>40 | 175 € — 97
- **Le Rosé, champagne** | Extra-brut | 2025>30 | 75.5 € — 92
- **Le Réserve, champagne** | Extra-brut | 2025>30 | 53.5 € — 90
- **Le sous bois, champagne** | Extra-brut | 2025>35 | 78.5 € — 94
- **Louis Salmon, Blanc de blancs, champagne 2012** | Extra-brut | 2025>45 | 175 € — 95

✦ Star ✚ Valeur sûre ⊛ À suivre de près Ⓝ Nouvelle entrée

L'ABUS D'ALCOOL EST DANGEREUX POUR LA SANTÉ, À CONSOMMER AVEC MODÉRATION

Château de Bligny

Seul château de Champagne à porter le titre de « château » sur ses étiquettes, le Château de Bligny incarne l'élégance et le patrimoine champenois. Située au cœur de la Côte des Bar, cette magnifique bâtisse, édifiée sur les bases d'un château féodal, appartient à la famille Rapeneau depuis 1999. Depuis, la propriété a connu une renaissance architecturale et culturale majeure. À Bligny, le climat, rigoureux et continental avec une influence océanique, donne naissance à des vins vifs au caractère singulier. L'utilisation de fortes proportions de vins de réserve confère harmonie et constance à une gamme qui a su, au fil du temps, affirmer son style.

- **Blanc de blancs, champagne NM** | Brut | 2025>32 | 42 € 91
- **Grande Réserve, champagne** | Brut | 2025>30 | 35 € 88
- **Grand Rosé, champagne** | Brut | 2025>30 | 40 € 90
- **Le Clos du Château 6 cépages, Brut Nature, champagne** | Non dosé | 2025>32 | 70 € 92

H. Blin

Bénéficiant d'un beau terroir au cœur de la vallée de la Marne, cette coopérative cultive 118 hectares, dont 70 % de meuniers. Les progrès affichés depuis quelques années sont encourageants.

- **100% meunier, Blanc de noirs, champagne** | Extra-brut | 2025>30 | 25 € 89
- **Esprit Nature, Blanc de noirs, champagne** | Extra-brut | 2025>30 | 40 € | ☘ 90
- **Sélection parcellaire 100 % meunier vieilles vignes, champagne 2015** | Extra-brut | 2025>35 | 50 € 92

Boizel

✚

Depuis 1834, six générations de la famille Boizel se sont succédé à la tête de cette maison installée à Épernay. Après Évelyne et son mari, c'est désormais Florent Roques-Boizel et son frère Lionel, représentants de la nouvelle génération, qui reprennent les rênes avec vision et dynamisme. Le vignoble maison, d'une superficie de sept hectares, est situé au cœur des crus historiques de la Champagne, comme la Côte des Blancs et Avize. La gamme a été repensée et des cuvées monocru réussies ont été lancées. Elle décline avec sagesse un style équilibré, savoureux et consistant, que l'on imagine autant à table qu'à l'apéritif. À son sommet, la cuvée de prestige Joyau est une réussite.

- **Brut Réserve, champagne** | Brut | 2025>30 | 40 € 90
- **Ultime zéro dosage, champagne** | Non dosé | 2025>29 | 45.5 € 88
- **Premier Cru La Côte , Blanc de blancs, champagne** | Extra-brut | 2025>30 | 51.5 € 91
- **Grand Vintage, champagne 2018** | Extra-brut | 2025>32 | 67 € 93
- **Joyau de France, champagne 2012** | Extra-brut | 2025>32 | 140 € 92

Bollinger

✦

Grande maison traditionnelle installée à Aÿ depuis 1829, Bollinger demeure au plus haut niveau de la Champagne. Son vignoble de 178 hectares en grands et premiers crus lui assure 60 % de son approvisionnement. Toute la production des vins millésimés est vinifiée en barriques, tout comme une petite proportion du brut multi-millésimes de la maison, le Special Cuvée. Celle-ci bénéficie d'une forte proportion de vins de réserve conservés en magnums qui assure aux assemblages une précision inégalable. Depuis quelques années la maison crée des nouvelles cuvées passionnantes : un blanc de noirs d'Aÿ issu de la parcelle de la Côte aux Enfants, qui produit aussi un superbe coteau champenois, mais aussi chaque année une cuvée célébrant l'emblématique cépage de la maison, le pinot noir (série PN) dont le nom provient du cru dominant de l'assemblage, qui varie chaque année. Tous les vins de la maison brillent à table.

- **R.D., champagne 2008** | Extra-brut | 2025>50 | 440 € 99
- **Special Cuvée, champagne** | Brut | 2025>30 | 63 € 93
- **La Grande Année, champagne 2015** | Brut | 2025>50 | 215 € 97
- **Vieilles Vignes françaises, champagne 2016** | Brut | 2025>50 | NC 95
- **Côte aux Enfants , Blanc de noirs, champagne 2015** | Extra-brut | 2025>50 | NC 98
- **Bollinger Rosé, champagne** | Brut | 2025>40 | 80 € 95
- **PN VZ19, champagne** | Brut | 2025>35 | 125 € 94
- **PN TX20, champagne** | Brut | 2025>35 | 125 € 95

Bonnaire

Situé à Cramant, terroir de référence pour les grands chardonnays, ce domaine familial de 22 hectares est aujourd'hui aux mains de Jean-Étienne et Jean-Emmanuel Bonnaire. Très apéritifs, ces champagnes constituent des valeurs sûres du secteur. La fratrie gère également les Champagnes Paul Clouet, une maison cousine adjointe au vignoble familial depuis 1992. Les cuvées sont pour certaines élevées sous bois et les vieux millésimes peuvent faire l'objet d'un dégorgement à la demande. Voici une adresse sûre qui progresse et affine son style.

- **Grand cru Terroirs, Blanc de blancs, champagne** | Extra-brut | 2025>32 | 36 € 92
- **Cramant Vintage Grand Cru, Blanc de blancs, champagne 2016** | Extra-brut | 2025>32 | 54 € 92
- **Grand cru Le Bateau , Blanc de blancs, champagne 2017** | Extra-brut | 2025>32 | 69 € 93
- **Grand cru Terres des Buissons , Blanc de blancs, champagne 2017** | Extra-brut | 2025>30 | 69 € 92
- **Premier Cru Bergères «Les Harengs», Blanc de blancs, champagne 2021** | Extra-brut | 2025>30 | 39 € 90
- **Cramant Nature, coteaux champenois 2022** | Brut | 2025>30 | 49 € 94

Franck Bonville

Olivier Bonville incarne la troisième génération qui travaille la vigne dans ce secteur béni du chardonnay. Les 20 hectares du domaine s'étendent sur les communes de Cramant, Oger et Avize. Les vins possèdent une délicieuse saveur donnée par les accents crayeux de la côte des Blancs. Pas de dureté ici, la fraîcheur se veut saline et caressante.

- **Grand cru, Blanc de blancs, champagne** | Brut | 2025>30 | 35.5 € 90
- **Pur Mesnil, Grand cru Blanc de blancs, champagne 2018** | Extra-brut | 2025>32 | 70 € 94
- **Pur Avize, Grand cru Blanc de blancs, champagne 2018** | Extra-brut | 2025>32 | 70 € 93
- **Pur Oger, Grand cru Blanc de blancs, champagne 2018** | Extra-brut | 2025>30 | 70 € 92
- **Unisson, Grand cru Blanc de blancs, champagne** | Brut | 2025>32 | 43.6 € | ☘ 94
- **Les Belles Voyes, Grand cru Blanc de blancs, champagne 2017** | Extra-brut | 2025>32 | 80 € 94

Champagne Francis Boulard et Fille

Francis Boulard est associé à sa fille Delphine, rejoint en 2018 par Quentin, son fils. L'équipe travaille 3,35 hectares en biodynamie, entre les secteurs de la Petite Montagne de Reims (Massif de Saint-Thierry), de la Montagne de Reims (Mailly Champagne Grand Cru) et de la vallée de la Marne. La patience accordée aux vins permet ici de donner encore plus de résonnances à leur précision et à leur harmonie originelle. L'amateur appréciera ces champagnes complets et ciselés, où la minéralité prend tout son sens tant la fine amertume et les notes iodées accompagnent les fins de bouche avec subtilité. En bref, des vins racés et authentiques.

- **Les Rachais, champagne 2016** | Non dosé | 2025>35 | 80 € | ☘ 94
- **Petraea, champagne** | Non dosé | 2025>35 | 80 € | ☘ 93
- **Vieilles vignes, Blanc de blancs, champagne 2021** | Non dosé | 2027>32 | 55 € | ☘ 91
- **Les Murgiers, champagne** | Non dosé | 2025>32 | 45 € | ☘ 92
- **Mailly, Grand cru, champagne 2022** | Non dosé | 2025>35 | 55 € | ☘ 93
- **Les Rachais, champagne 2014** | Non dosé | 2025>32 | 80 € | ☘ 91

Champagne Brice

Ⓝ

Installée à Bouzy, cette maison s'est recentrée sur son cru d'origine, dont elle possède huit hectares en propre, jusqu'à proposer des originalités comme un chardonnay grand cru de Bouzy. Après un long et remarqué passage dans la Côte des Blancs, chez Vergnon, le chef de cave Christophe Constant commence à produire ici des champagnes de grande personnalité qui en font l'une des redécouvertes de la Champagne d'aujourd'hui.

- **Héritage, champagne** | Brut | 2025>29 | 31 € 93
- **Blanc de noirs, champagne** | Extra-brut | 2025>32 | 36 € 94
- **Poteau, champagne** | Non dosé | 2025>32 | 75 € 95
- **Brut nature Vintage, Blanc de noirs, champagne** | Brut | 2025>32 | 54 € 96
- **Héritage brut nature, champagne** | Brut | 2025>30 | 35 € 94
- **Héritage, champagne** | Brut | 2025>29 | 34 € 91

✦ Star ✚ Valeur sûre ➔ À suivre de près Ⓝ Nouvelle entrée

Denis Bunner, Champagne Bollinger

De ses années au Comité technique de la Champagne, cet Alsacien d'origine a gardé un goût particulier pour les données et leur interprétation. Son approche empirique, jamais technocrate, donne une lecture nouvelle des terroirs que la maison Bollinger explore de plus en plus avec ses cuvées PN. Des champagnes au style affirmé, matière à beaucoup de pédagogie et de transparence. Denis l'a compris, lui qui aime rappeler que l'appréciation d'un grand champagne doit être un bonheur évident même s'il naît d'un assemblage d'éléments d'une complexité prodigieuse. *Louis-Victor Charvet*

Brimoncourt

★★

Alexandre Cornot a repris cette marque en 2008 et a su lui donner une personnalité à la fois accessible et élégante, que l'on retrouve dans l'ensemble des vins de la gamme. On recherche ici un esprit spirituel et élégant illustré par une palette aromatique toujours fruitée et séduisante et des corps souples, harmonieux et soutenus par une bulle fine. L'ensemble de la gamme est construit sur un style généreux et accessible.

- Régence, champagne | Brut | 2025>28 | 37 € — 88
- Blanc de blancs, champagne | Brut | 2025>28 | 45 € — 90
- Rosé, champagne | Brut | 2025>27 | 42 € — 88
- champagne | Extra-brut | 2025>30 | 54 € — 92

Edouard Brun

★★

Cette petite maison d'Aÿ, fondée en 1975 et tenue depuis le milieu des années 1990 par la famille Delescot, a considérablement progressé ces dernières années. En plus de ses achats de raisins, les huit hectares du vignoble familial situés dans la Montagne de Reims, permettent à la maison de signer une gamme soignée mais encore hétérogène.

- Grand cru Brut Nature, champagne | Non dosé | 2025>27 | 58 € — 91
- Premier cru Millésimé, champagne 2012 | Brut | 2025>27 | 45 € — 89
- Grand cru Ay, Blanc de noirs, champagne | Extra-brut | 2025>27 | 75 € — 90

Maison Burtin

★ — Nouvelle entrée

Cette maison, qui fait partie du groupe BCC (également propriétaire de Lanson), rend justement hommage à un entrepreneur essentiel de la Champagne du XXe siècle, Gaston Burtin, qui contribua avec force à l'arrivée de ce vin d'élite dans beaucoup de foyers français. La gamme, très classique et bien composée, propose des champagnes harmonieux et très accessibles, bien dans la philosophie du patriarche fondateur.

- Hommage à Gaston Burtin Brut, champagne | Brut | 2025>30 | 34.95 € — 88
- Hommage à Gaston Burtin Rosé, champagne | Brut | 2025>30 | 39.95 € — 89
- Hommage à Gaston Burtin Extra Brut, champagne | Extra-brut | 2025>30 | 37.95 € — 90
- Blanc de Blancs, champagne 2018 | Brut | 2025>32 | 42.95 € — 90
- Vintage, champagne 2015 | Brut | 2025>32 | 47.95 € — 90

Caillez-Lemaire

★★

Ce domaine de 7 hectares est essentiellement situé sur les secteurs de Damery et Cumières. Les vins donnent la part belle au pinot meunier dont c'est le terroir de prédilection. La cuvée Reflets est ainsi un très joli et accessible exemple de ses magnifiques terroirs du cœur de la vallée de la Marne. L'ensemble de la gamme progresse indiscutablement. Une adresse à suivre de près qui réjouira qui veut sortir des sentiers battus.

- Jadis, champagne 2012 | Extra-brut | 2025>30 | 60 € — 92
- champagne | Brut | 2025>30 | 36.5 € — 91
- chardonnay de la Vallée, champagne 2018 | Non dosé | 2025>35 | 45 € — 95
- Pur meunier, champagne 2018 | Non dosé | 2025>32 | 45 € — 95
- Éclats, champagne | Extra-brut | 2025>30 | 29 € — 90
- Reflets, champagne | Extra-brut | 2025>30 | 24.5 € — 92

Canard-Duchêne

★★★ — À suivre de près

Fondée en 1868 par Léonie Duchêne, vigneronne, et Victor Canard, tonnelier, Canard-Duchêne appartient au groupe Thiénot. Depuis sa création, elle est implantée à Ludes, village classé premier cru, au cœur de la montagne de Reims. Après une transition menée sur plusieurs années, Laurent Fédou, emblématique chef de cave de la maison, a passé le relais à Cynthia Fossier, qui perpétue avec passion le style Canard-Duchêne. La marque élabore des champagnes souples et apéritifs, bien construits, dans un registre accessible, tout en affirmant de plus en plus son attachement aux terroirs et à sa vision du pinot noir. Elle a rajeuni intelligemment et réaffirmé sa vision de qualité en lançant une gamme issue de la viticulture biologique et la nouvelle gamme Iconic.

- Millésime, champagne 2018 | Brut | 2025>35 | NC — 94
- Rosé Iconic, champagne NM | Brut | 2025>35 | 31.9 € — 92
- P181, champagne NM | Extra-brut | 2025>30 | 28 € | bio — 91
- V2012, champagne 2012 | Brut | 2025>35 | 80 € | bio — 93
- Léonie Iconic, champagne | Brut | 2025>30 | 36.9 € — 90
- Blanc de blancs Iconic, champagne | Brut | 2025>35 | 49 € — 92
- Blanc de noirs Iconic, champagne | Brut | 2025>35 | 49 € — 93

Castelnau

★★★

Créée en 1916, la maison de champagne Castelnau est aujourd'hui intégrée au groupe TEVC (Nicolas Feuillatte, Abelé, Henriot). Portée par Hannelore Chamaux, sa directrice générale, et Carine Bailleul, sa brillante cheffe de cave, ce duo dynamique mène une réflexion passionnante sur l'identité de la marque et le style des champagnes. Le vieillissement lent sur lies des flacons en cave après la mise en bouteille fait partie intégrante de l'ADN de la maison et constitue l'un des piliers du travail de la cheffe de cave. Ici, l'amateur privilégiera les cuvées millésimées, toujours étonnantes par leur capacité de garde, à l'image du millésime 2009, ou encore la remarquable collection Solera, qui met en lumière la richesse aromatique acquise au fil d'un long affinage en cuves.

- champagne | Brut | 2025>30 | 37 € — 89
- Millésimé, champagne 2006 | Brut | 2025>30 | 57 € — 92
- champagne | Brut | 2025>30 | 42 € — 88
- Millésimé, Blanc de blancs, champagne 2009 | Brut | 2025>30 | 62 € — 92
- Extra Brut, champagne | Extra-brut | 2025>32 | 39 € — 91
- Solera 9.2, champagne | Brut | 2025>32 | 59 € — 92

Cattier

★★★

Cette maison vient de célébrer les 400 ans de l'activité vigneronne des Cattier. Son joyau est le Clos du Moulin, une rareté en Champagne, qui exprime bien le caractère à la fois fin et vineux du terroir de Chigny-lès-Roses et Ludes, sur la face nord de la Montagne de Reims. Si la gamme a toujours proposé des champagnes élégants, souples et énergiques, elle a gagné en homogénéité et en précision grâce à l'exigence d'Alexandre Cattier, la nouvelle génération, œnologue de formation.

- Premier cru, Blanc de blancs, champagne | Brut | 2025>30 | 53.5 € — 91
- Premier cru, champagne | Brut | 2025>30 | 44 € — 90
- Clos du Moulin, champagne | Brut | 2025>35 | 153 € — 94
- Clos du Moulin, champagne | Brut | 2025>30 | 175 € — 95
- Premier cru, Blanc de noirs, champagne | Brut | 2025>30 | 53.5 € — 93
- Premier cru Nature, champagne | Non dosé | 2025>30 | 44 € — 89
- Millésimé Premier cru, champagne 2015 | Brut | 2025>30 | 59 € — 90
- Millésimé premier cru meunier, champagne 2016 | Brut | 2025>36 | 122 € — 93
- Premier Cru, champagne | Brut | 2025>30 | 38 € — 92

Dom Caudron

★ — Nouvelle entrée

Le champagne Dom Caudron porte le nom du plus célèbre curé du village, qui fit don en 1929 de 1000 francs aux viticulteurs pour fonder la coopérative. À cette époque, 23 viticulteurs plus le curé se sont unis pour l'achat d'un vendangeoir. Leur défi : valoriser leurs raisins. Aujourd'hui, leur domaine représente 120 hectares situés dans la vallée de la Marne, à Passy-Grigny.

- Prédiction, champagne | Brut | 2025>30 | 26.99 € — 88
- champagne | Extra-brut | 2025>30 | 27.5 € — 90

Champagne Claude Cazals

★★ — Nouvelle entrée

Depuis 1996, Delphine Cazals, quatrième génération, gère les 9 hectares répartis sur Oger (3,70 hectares), le Mesnil-sur-Oger, Vertus et Villeneuve. L'une des cuvées phare du domaine est le clos-cazals, monopole de la famille de 3,70 hectares sur le grand cru Oger, qui donne naissance à deux cuvées : le clos-cazals et la-chapelle-du-clos. L'ensemble des vins ne manque pas d'élégance.

- Cuvée vive, Grand Cru Blanc de Blancs, champagne | Extra-brut | 2025>30 | 31.5 € — 92
- Le Clos Vieilles Vignes, champagne 2015 | Extra-brut | 2025>32 | 87.5 € — 94
- Chapelle du Clos, champagne 2018 | Extra-brut | 2025>32 | 55 € — 93
- Solera, champagne | Extra-brut | 2025>32 | 48.5 € — 92
- Rose XV, champagne 2021 | Extra-brut | 2025>30 | 42 € — 91
- Millésime, champagne 2016 | Extra-brut | 2025>30 | 37 € — 90

Charles Heidsieck

★★★★★ — Star

Fondée à Reims par l'incroyable voyageur Charles-Camille Heidsieck, la maison est le fleuron de la famille Des-

Charlotte, Valentin et Julie De Sousa, Champagne De Sousa

Pas toujours facile de garder les pieds sur terre pour les vignerons de Champagne dont les bouteilles font rêver la planète. Le phénomène ne concerne pas cette fratrie. Tant mieux pour les amateurs qui savent à quel point la gamme de cuvées est sans doute ce qui se fait de mieux aujourd'hui à Avize. Pour qui ne sait pas encore ce que signifie la pureté ou veut s'initier au concept d'umami, c'est l'adresse idéale. Prévoyez du temps : les rencontrer, c'est avoir envie de passer un moment avec eux. *Louis-Victor Charvet* cours. Elle doit ce statut à la superbe onctuosité singulière de chacun de ses champagnes, caractéristique du « style Charles ». Un style fondé sur une harmonie virtuose et pure que le temps sublime, une bibliothèque de vins de réserve exceptionnelle et une philosophie entre noblesse végétale et dosage révélateur. Les vins affichent des potentiels de garde exceptionnels. Il faut saluer l'excellente gestion de la maison, dirigée par Stephen Leroux, et le talent des techniciens qui lui ont permis de maintenir la maison au plus haut niveau. Nommé tout récemment chef de cave de la maison, Emilien Erard prend la suite d'Elise Losfelt, qui a souhaité retourner sur ses terres languedociennes.

- **Blanc des Millénaires, Blanc de blancs, champagne 2006** | Brut | 2025>40 | 250 € — 98
- **Blanc des Millénaires, Blanc de blancs, champagne 2014** | Brut | 2025>40 | 250 € — 97
- **Rosé Millésimé, champagne 2018** | Brut | 2025>40 | 163 € — 96
- **Brut Réserve, champagne** | Brut | 2025>35 | 49 € — 93
- **Brut Millésimé, champagne 2018** | Brut | 2025>35 | 117 € — 94
- **Blanc de blancs, champagne** | Brut | 2025>35 | 71 € — 92
- **champagne** | Brut | 2025>35 | 71 € — 93

Charpentier

✪✪✪ ⊝ (À suivre de près)

Située à Charly-sur-Marne, au cœur de la Vallée de la Marne, la Maison Charpentier a été fondée en 1855. Aujourd'hui, Jean-Marc Charpentier, représentant de la huitième génération, dirige cette maison familiale. Spécialiste du pinot meunier, il cultive ses vingt-quatre hectares de vignes comme un jardin. Le vignoble en coteaux, composé de soixante-douze parcelles, compte 45 % de chardonnay, complété par du pinot meunier et du pinot noir. Certifié en agriculture biologique, il a été conduit avec brio vers la biodynamie. La vinification, précise et parcellaire, permet l'élaboration d'une gamme harmonieuse et ciselée, alliant fraîcheur aromatique et vinosité. Une adresse à suivre de très près.

- **Terre d'émotion, Blanc de noirs, champagne** | Extra-brut | 2025>30 | 47.5 € | ☘ — 90
- **Terre d'émotion, Blanc de blancs, champagne** | Brut | 2025>30 | 47.5 € | ☘ — 90
- **Terre d'émotion Brut Vérité, champagne** | Brut | 2025>30 | 41.2 € | ☘ — 92
- **pinot meunier, champagne** | Non dosé | 2025>32 | 61 € | ☘ — 93
- **Terre d'Emotion Rosé, champagne** | Brut | 2025>30 | 54.6 € | ☘ — 90

Chartogne-Taillet

✪✪✪✪✪ ✦ (Star)

À deux pas de Reims, à Merfy, sur le massif de Saint-Thierry, dans la petite Montagne de Reims, Alexandre Chartogne est un perfectionniste. Le travail à la vigne est le moins intrusif possible, les sols sont travaillés au cheval pour éviter les tassements. La compréhension du lieu est fondamentale. Esthète du terroir, Alexandre communique à travers ses vins la composition des sols en essayant de ne pas perturber la plante. La nouvelle cave construite de ses mains lui permet d'accentuer son attention personnalisée sur la vinification, gestion des raisins, des jus, séparation si nécessaire et adaptation ultra précise des bois. Génie intuitif et exigeant, c'est aussi un chirurgien du terroir qui opère ses sols.

- **Sainte-Anne, champagne NM** | Extra-brut | 2025>28 | 14.5 € — 93
- **Les Barres, Blanc de noirs, champagne 2019** | Extra-brut | 2025>30 | NC — 94
- **Heurtebise, Blanc de blancs, champagne 2019** | Extra-brut | 2025>32 | NC — 96
- **Les Couarres, champagne 2017** | Extra-brut | 2025>28 | NC — 90
- **Les Couarres, champagne 2018** | Extra-brut | 2025>30 | NC — 92
- **Les Grands Champs, Blanc de blancs, champagne 2016** | Extra-brut | 2025>45 | 65 € — 96
- **Hors série, Blanc de blancs, champagne 2016** | Extra-brut | 2025>32 | NC — 95

Chassenay d'Arce

✪✪✪

Cette marque de la cave coopérative de la côte des Bar (qui se qualifie joliment de « maison de vignerons »), dans l'Aube, a beaucoup progressé et témoigne avec efficacité du potentiel certain de ce terroir « méridional » de la champagne viticole. Les champagnes possèdent une personnalité certaine, comme en témoigne par exemple l'étonnant Pinot Blanc. La gamme est cette année encore une vraie réussite, ce qui ne nous surprend plus tant cette maison est capable de faire bon.

- **Cuvée Première, champagne** | Brut | 2025>30 | 26.7 € — 88
- **Cuvée Origine, champagne** | Extra-brut | 2025>30 | 33.5 € | ☘ — 90
- **Audace, champagne 2017** | Extra-brut | 2025>32 | 42.3 € | ☘ — 91
- **Sélection Blanche, champagne** | Brut | 2025>30 | 29.95 € — 89
- **Cuvée Expression, champagne** | Brut | 2025>30 | 28.6 € — 88
- **chardonnay, champagne 2018** | Extra-brut | 2025>32 | 36 € — 91

Champagne Benoît Cocteaux

✪✪ Ⓝ (Nouvelle entrée)

Créée en 2005 par Hélène et Benoît Cocteaux, cette maison familiale, installée à Montgenost, valorise 9 hectares de vignes répartis sur quatre grands terroirs champenois : Sézannais, côte des Blancs, vallée de la Marne et côte des Bars. Viticulture durable, approche parcellaire, élevages soignés signent des champagnes de caractère, accessibles et précis, de plus en plus profonds. Un style affirmé, entre puissance et finesse d'expression, qui mérite l'attention.

- **Origine Brut Nature, champagne** | Non dosé | 2025>30 | 31 € — 89
- **Grande Colette, Chouilly, champagne** | Extra-brut | 2025>35 | 51 € — 94
- **Or blanc, champagne** | Extra-brut | 2025>32 | 30.9 € — 91
- **L'Alliance, champagne** | Brut | 2025>30 | 27.5 € — 90
- **Éternelle création, champagne** | Extra-brut | 2025>35 | 68 € — 94
- **Terre de genese jarre, coteaux champenois 2022** | Sec | 2025>30 | 31 € — 90

Champagne Collery

✪ Ⓝ (Nouvelle entrée)

Historiquement enracinée à Aÿ, la maison Collery forge son identité sur les pinots noirs issus des secteurs grands crus. Chaque cuvée bénéficie d'un élevage prolongé sur lies, en foudres, cuves inox ou barriques de second usage (Sauternes, Bourgogne, chêne américain), pour une complexité maîtrisée. Assemblages précis, vins de réserve en foudres (environ 20 %), c'est une adresse à suivre pour ses champagnes aux expressions nuancées.

- **NV Brut Grand Cru, champagne** | Brut | 2025>28 | 37 € — 89
- **Blanc de noirs Grand Cru, champagne** | Brut | 2025>30 | 48 € — 90
- **NV Rosé Brut Grand Cru, champagne** | Brut | 2025>30 | 42 € — 91
- **NV Extra-Brut Grand Cru, champagne** | Extra-brut | 2025>29 | 37 € — 88

Champagne Collet

✪ Ⓝ (Nouvelle entrée)

La Cogevi est la plus ancienne coopérative de Champagne. Née en 1921 à Aÿ, à la suite des grands mouvements de vignerons face aux pratiques jugées déloyales du négoce d'alors, elle s'appuie aujourd'hui sur de très belles et modernes installations et surtout sur les apports de l'ensemble des coopérateurs. On peut visiter à Aÿ, sur réservation, la villa Collet, dédiée à l'Art Déco, et la maison Cogevi, qui retrace notamment la révolte vigneronne. Le champagne brut non millésimé baptisé art-déco séduit par son attaque vineuse et sa suite en bouche élégante. C'est un bon apéritif. Le reste de la gamme est correct mais reste dans une personnalité facile et sans surprise.

- **Rosé, champagne** | Brut | 2025>30 | 45 € — 90
- **Art Déco, champagne** | Brut | 2025>30 | 39 € — 88
- **Extra Brut Premier cru, champagne** | Extra-brut | 2025>30 | 39 € — 88
- **Millésimé, champagne 2016** | Brut | 2025>30 | 57 € — 89
- **Premier Cru, Blanc de noirs, champagne** | Brut | 2025>30 | 48 € — 89

Ulysse Collin

✪✪✪

Olivier Collin, revenu au domaine familial en 2003 après des études de droit, est de ceux qui font bouger la Champagne des vignerons. Son vignoble de quatre hectares et demi, en cours de conversion à la biodynamie, est situé sur le terroir crayeux de Congy, au sud de la côte des Blancs. Il y cisèle une gamme de champagnes singuliers, élevés sous bois, qui font sa force et son originalité, aux contours délicats et aux trames très fines. Les vins, vinifiés en parcellaire, non millésimés et monocépages, sont de plus en plus courtisés, avec des sélections parcellaires de haute volée.

Champagne Marie Copinet

✪ Ⓝ (Nouvelle entrée)

On a du mal à trouver ses repères dans la vingtaine de cuvées proposées dans ce domaine de 7 hectares qui porte désormais le nom de Marie Copinet, figure emblématique de la propriété. Ce domaine familial se situe au sud de

Olivier Vigneron, Champagne Laurent-Perrier

Qui succède à l'expérimenté Michel Fauconnet se doit d'avoir un CV avec quelques prérequis. Olivier Vigneron n'est pas un nouveau venu. Plutôt du genre patient, ce fils de la Marne sait que la nature décide pour le peuple des vignes. Depuis vingt ans, il s'est formé au style Laurent-Perrier et à ses trois savoir-faire : assemblage des vins de réserve, technique de maturation, maîtrise du dosage. Les champagnes Laurent-Perrier, en particulier la cuvée Grand Siècle, nous rappellent que l'élégance n'est pas une notion vide pour la maison de Tours-sur-Marne. Le voici désormais gardien de ses caves. *Louis-Victor Charvet*

Sézanne et dans la vallée de la Marne, on y élabore des champagnes francs, équilibrés, pour certains un brin démonstratif sur les élevages. Les cuvées la-cabane et la-cocarde ont particulièrement retenu notre attention.

- **Au détour du Sezannais, champagne** | Extra-brut | 2025>30 | 65 € — 90
- **Extra-Quality, champagne** | Extra-brut | 2025>30 | 36 € | ☘ — 91
- **Nos pas dans la pierre, champagne** | Extra-brut | 2025>30 | 46 € | ☘ — 90
- **Nos pas dans la terre, champagne** | Extra-brut | 2025>30 | 46 € | ☘ — 90
- **Nos pas dans l'argile, champagne** | Extra-brut | 2025>30 | 46 € — 90
- **La croix du Babi, champagne** | Extra-brut | 2025>32 | 65 € — 92

Vincent Couche

✪✪

Installé dans la Côte des Bar, Vincent Couche cultive 15 hectares de vignes en bio et en biodynamie depuis leur conversion en 1998. Son vignoble s'étend sur deux communes de l'Aube : trois hectares de chardonnay à Montgueux, plantés sur des sols crayeux, et douze hectares de pinot noir à Buxeuil, sur des sols argilo-calcaires et marneux du Kimméridgien. Il découvre la vigne dès l'âge de 8 ans, aux côtés de sa mère, et développe très tôt un lien intime avec les terroirs. Profondément attaché à sa terre et à la biodiversité, il inscrit son travail dans une démarche respectueuse et contemporaine. Il signe une gamme de champagnes purs, précis, pulpeux et texturés, portés par une belle énergie, qui expriment le fruit avec sincérité et rendent hommage à la richesse de leurs terroirs.

- **Millésimé, champagne 2015** | Non dosé | 2027>35 | 70 € | ☘ — 91
- **Chloé, champagne NM** | Non dosé | 2025>32 | 37 € | ☘ — 92
- **Elégance, champagne** | Non dosé | 2025>32 | 48 € | ☘ — 91
- **Millésimé, champagne 2009** | Extra-brut | 2025>32 | 83 € | ☘ — 91
- **Sensation, champagne 2002** | Brut | 2025>30 | 152 € — 96
- **ADN Montgueux, champagne** | Non dosé | 2025>32 | NC — 92

Roger Coulon

✪✪✪ ⊙

À Vrigny, Éric et Isabelle Coulon, rejoints par leurs enfants Louise et Edgar, s'occupent de ce domaine de 11 hectares éclatés en 109 parcelles dont des chardonnays du grand cru Chouilly. Pour mieux marquer l'identité de leurs cuvées, ils ont différencié la gamme en deux collections. Référence propose les assemblages des années, des terroirs et des cépages. Et la collection Empreinte souligne l'excellence d'un terroir exclusif dans une année précise. À la vigne, chaque sujet est réfléchi afin de respecter les équilibres naturels et l'activité microbiologique. Au-delà de la viticulture biologique, des sélections massales, d'une taille adaptée, des rendement maitrisés, etc., l'agroforesterie prend ici une part essentielle. D'ingénieuses étiquettes permettent de visualiser l'origine des parcelles.

- **Esprit de Vrigny, champagne** | Non dosé | 2025>30 | 82.3 € — 93
- **Rosélie, champagne 2022** | Non dosé | 2025>30 | 78.8 € | ☘ — 88
- **Heri Hodie, champagne** | Extra-brut | 2025>28 | 46 € — 90
- **L'Hommée, champagne** | Extra-brut | 2025>28 | 58 € — 91
- **Les Hauts Partas, champagne 2018** | Non dosé | 2025>30 | 106 € — 94
- **champagne 2014** | Extra-brut | 2025>30 | 122 € — 94

De Sousa

✪✪✪✪✪ ✦

Dans les pas de leur père disparu trop tôt, l'attachante nouvelle génération continue de propulser ce domaine au sommet de la Champagne. Julie travaille les vignes avec ses deux chevaux tandis que Charlotte et Valentin sont aux vinifications et au commerce. La famille possède 10 hectares de vignoble répartis entre Avize, Oger, Le-Mesnil-sur-Oger, Cramant, Aÿ et Ambonnay. À la vigne, conduite entièrement en biodynamie avec inertie et profonde antériorité, tout est fait pour favoriser l'aération des sols et l'enracinement profond des très vieilles vignes de 70 ans. Chaque nouvel assemblage est patiemment reposé en caves afin d'en extraire la quintessence des terroirs.

- **Cuvée 3 A Grand Cru, champagne** | Extra-brut | 2025>35 | 60 € | ☘ — 95
- **Cuvée des Caudalies Millésimé, Blanc de blancs, champagne 2013** | Extra-brut | 2025>35 | 175 € | ☘ — 97
- **Mycorhize, champagne** | Extra-brut | 2025>35 | 75 € | ☘ — 94
- **Réserve, champagne** | Extra-brut | 2025>29 | 46 € | ☘ — 93
- **Millésimé, Blanc de noirs, champagne 2018** | Non dosé | 2025>35 | 63 € — 96

Dehours et Fils

✪✪✪✪ ✚

Jérôme Dehours est l'un des producteurs les plus talentueux et les plus précis du secteur de Cerseuil, terre de prédilection du meunier qui représente 60 % de l'encépagement de son domaine. Il a suivi l'excellente logique de la vinification parcellaire sous bois de ses meilleures vignes, réalisée avec de très faibles dosages en sucre. Tous ses vins ont une grande classe. Les cuvées sont toutes recommandables, chacune dans son style mais toutes très gourmandes, faites pour la table, suaves et élégantes, aux textures très raffinées.

- **Grande Réserve, champagne** | Extra-brut | 2025>32 | 36 € | ☘ — 94
- **Terre de meunier, champagne** | Extra-brut | 2025>34 | 46 € | ☘ — 96
- **Brise fer , champagne** | Extra-brut | 2025>35 | NC — 95

Delamotte

✪✪✪✪

Cette maison fondée à Reims en 1760 par François Delamotte appartient au groupe Laurent-Perrier depuis 1988. Elle est liée par le mariage avec la maison Salon, dirigée elle aussi par Didier Depond. Le Mesnil-sur-Oger est la craie angulaire du style qui prend naissance sur les grands chardonnays et s'enrichit des villages voisins de la Côte des Blancs (Oger, Avize, Cramant) et des pinots de la Montagne de Reims provenant de Bouzy, Ambonnay et Tours-sur-Marne. Les vins affirment avec élégance leurs origines avec des bouches toujours tactiles et des finales radieuses.

- **Millésimé, Blanc de blancs, champagne 2018** | Brut | 2025>32 | 75 € — 92
- **Blanc de blancs, champagne** | Brut | 2025>28 | 49 € — 91
- **Brut, champagne** | Brut | 2025>28 | 36 € — 90
- **Collection, Blanc de blancs, champagne 2007** | Brut | 2025>32 | NC — 94

Deutz

✪✪✪✪✪ ✚

Une nouvelle direction est aujourd'hui en place dans cette belle maison d'Aÿ : Marc Hoellinger à la présidence et Caroline Latrive comme cheffe de caves puisque Michel Davesne, son prédécesseur, a officiellement fait valoir ses droits à la retraite. En Champagne, on pratique le temps long et Caroline ne manque pas de projets, notamment des essais de réserve perpétuelle pour élargir la palette de choix en assemblage. Année après année, l'excellence de la maison est incarnée par les cuvées Amour de Deutz, en blanc de blancs et en rosé, et William Deutz, un assemblage très marqué par les pinots noirs.

- **Brut Rosé, champagne NM** | Brut | 2025>30 | 42.3 € — 92
- **Brut Millésimé, champagne 2015** | Brut | > | NC — 92
- **Brut Millésimé, champagne 2016** | Brut | 2025>36 | NC — 93
- **William Deutz, champagne 2013** | Brut | > | 335 € — 94
- **William Deutz, champagne 2014** | Brut | 2025>34 | NC — 95

Champagne Devaux

✪✪

Fondée en 1846 à Épernay par la famille Devaux, cette maison installée dans un magnifique manoir au cœur de la Côte des Bar a conservé son caractère familial. Elle est depuis près de 30 ans la propriété de l'Union Auboise (Alliance Champagne), coopérative créée en 1967. Dans cet ensemble, Devaux représente le meilleur, avec sa pertinente Collection D (sélections parcellaires, vins de réserve élevés en foudres et vieillissement de cinq ans minimum, sept ans pour les magnums) dont les vins sont produits à partir de 80 hectares rigoureusement choisis. Une belle adresse de champagnes de plaisir et qui ne déçoivent jamais.

- **Hommage Augusta, champagne** | Brut | 2025>35 | 27.9 € — 90
- **Hommage Œil de Perdrix, champagne** | Brut | 2025>30 | 27.9 € — 90
- **Blanc de blancs, champagne** | Brut | 2025>30 | 27.9 € — 89
- **Blanc de noirs, champagne** | Brut | 2025>30 | 27.9 € — 89

Dom Pérignon

✪✪✪✪✪ ✦

Dom Pérignon est le vin de Champagne de prestige le plus diffusé et donc le plus connu dans le monde. Les émotions qu'il procure proviennent d'abord de la qualité extraordinaire des centaines d'hectares de grand cru qui constituent le noyau inimitable de ses assemblages. Le savoir-faire chirurgical de la maison et de son chef de cave Vincent Chaperon permet un équilibre idéal entre chardonnay et pinot noir.

✦ Star ✚ Valeur sûre ⊙ À suivre de près N Nouvelle entrée

Jérôme Legras, Champagne Legras & Haas

Avec ses frères Rémi et Olivier, Jérôme veille sur cette petite maison vigneronne assez récente dans le paysage puisqu'elle a été fondée en 1991. Un peu plus de trente plus tard, elle a pourtant réussi l'exploit de s'imposer comme l'une des signatures à suivre, proposant aux amateurs une lecture identitaire des terroirs champenois. En particulier ceux du village de Chouilly, que la maison met à l'honneur avec des cuvées très savoureuses. Jérôme a aussi un pied en Allemagne et c'est une histoire dont nous reparlerons. *Louis-Victor Charvet*

Blanc comme rosé subissent un parcours de vieillissement original, avec différentes phases temporelles (nommées plénitudes) offrant des caractères gustatifs aussi brillants que différents. Des travaux sont entrepris à Hautvillers, berceau de la cuvée, pour reconstituer la cave historique de Dom Pérignon qui serait certainement fier des vins actuels.

- **Dom Pérignon, champagne 2018** | Brut | 2025>45 | 230 € 98
- **Dom Pérignon, champagne 2017** | Brut | 2025>45 | 230 € 96
- **Dom Pérignon, champagne 2015** | Brut | 2025>45 | 225 € 99
- **Dom Pérignon Rosé, champagne 2008** | Brut | 2025>45 | NC 98
- **Dom Pérignon Rosé, champagne 2010** | Brut | 2025>50 | 390 € 100
- **Plénitude 2, champagne 2008** | Brut | 2025>45 | 460 € 98

Didier Doué

✪✪✪

Fort d'un parcellaire épars sur les différents terroirs de Montgueux, en Côte des Bar dans l'Aube, Didier Doué vinifie séparément chaque vigne pour en tirer la quintessence. Il s'affirme comme l'une des références en matière d'expression de ce terroir. Certifiés en agriculture biologique depuis 2012, les vins sont remarquables de pureté, avec des dosages placés et une expression aromatique digne des crus de la Côte des Blancs.

- **La Chanose, champagne** | Brut | 2025>30 | 25 € | ☘ 90
- **Les Corres, champagne 2015** | Non dosé | 2025>32 | 27 € | ☘ 92
- **Le Truchat, champagne 2012** | Extra-brut | 2025>32 | 27 € | ☘ 92

Drappier

✪✪✪✪ ✚

La petite maison d'Urville a échappé au gigantisme qui a touché ses consœurs de la Marne, en faisant le choix de rester familiale. Ici, on travaille vraiment en famille : Michel, son épouse Sylvie, Hugo et Antoine, toutes les générations des Drappier contribuent au déploiement de cette belle institution de l'Aube. Avec pour point faible une gamme parfois confuse, certaines cuvées ne sont ainsi éditées qu'une seule fois. Mais les points forts restent les cuvées traditionnelles de la maison, à commencer par l'irrésistible Carte d'Or.

- **Carte d'Or, champagne NM** | Brut | 2025>34 | 63.45 € 97
- **Millésime d'Exception, champagne 2015** | Brut | 2025>30 | NC 96
- **La Grande Sendrée , champagne 2012** | Extra-brut | 2025>37 | 105 € 97
- **Brut Nature sans soufre ajouté, champagne NM** | Brut | 2025>28 | 32 € 92
- **Charles de Gaulle, champagne NM** | Brut | 2025>28 | 39 € 91

Champage Edouard Duval

✪✪✪ Ⓝ

Le champenois Edouard Duval est revenu sur ses terres après avoir longtemps été l'un des principaux importateurs de vin en Chine. Au cœur de la Côte des Bar, à Bligny, il hectares de son 28 peut s'appuyer sur vignoble familial de Sainte-Eulalie, également doté d'une maison d'hôtes. Les vins produits sont remarquablement dessinés, avec une vinosité et une salinité très caractéristique. On suivra avec beaucoup d'attention ce domaine .ambitieux et déjà très au point

- **Brut Eulalie, champagne** | Brut | 2025>35 | 41.5 € 90
- **Blanc d'Eulalie, champagne** | Extra-brut | 2025>32 | 53.5 € 94
- **Noir d'Eulalie, champagne** | Extra-brut | 2025>32 | 50 € 92
- **Saignée d'Eulalie, champagne** | Brut | 2025>32 | 61.5 € 92

Duval-Leroy

✪✪✪

Sous la conduite énergique et passionnée de Carol Duval-Leroy et ses fils, cette maison installée depuis 1859 à Vertus, dans la Côte des Blancs, n'a cessé d'élever son niveau d'exigence. Le vignoble en propre est très important, couvrant 200 hectares avec une belle proportion de grands crus. Cela représente un tiers des besoins de la maison, qui achète par ailleurs beaucoup de raisins et produit chaque année deux millions de bouteilles. La cheffe de cave est également une femme, Sandrine Logette-Jardin. Les vins sont francs et précis. Il faut également découvrir ses très intéressantes cuvées parcellaires, réalisées avec beaucoup de précision.

- **Clos des Bouveries, champagne 2008** | Extra-brut | 2025>31 | 113.17 € | ☘ 93
- **Grand Cru Femme de Champagne, champagne NM** | Brut | 2025>32 | 58 € 93
- **Premier Cru Rosé Prestige, champagne** | Brut | 2025>30 | 60.67 € | ☘ 92
- **Fleur de Champagne, champagne** | Brut | 2025>30 | 60.67 € | ☘ 91
- **Femme de Champagne, champagne 2008** | Extra-brut | 2025>35 | 292.46 € | ☘ 96
- **Premier cru, Blanc de blancs, champagne** | Brut | 2025>32 | NC 91

Egly-Ouriet

✪✪✪✪✪ ✦

Francis Egly est un vigneron et vinificateur hors pair. Ses choix de viticulture respectueuse et disciplinée, son art du pressurage et de la vinification en barriques, en partie neuves et provenant de l'exceptionnelle tonnellerie de son ami Dominique Laurent, l'ont conduit au sommet de la hiérarchie des récoltants-manipulants champenois. Le style de ses vins est marqué par l'absence fréquente de fermentation malolactique, par un long vieillissement sur pointe, dont la durée est toujours précisée sur la contre-étiquette, et par la qualité de ses raisins de pinot noir et chardonnay de grands crus (Ambonnay, Verzenay, Verzy) et premiers crus (Bisseuil), y compris de beaux meuniers de Vrigny. Son exceptionnel et rare coteau champenois rouge d'Ambonnay est devenu la référence absolue de sa catégorie, inspirant toute une nouvelle génération de vignerons et chefs de cave. Clémence et Charles, les enfants, sont aujourd'hui aux côtés de leurs parents.

- **Ambonnay cuvée des Grands Côtés, coteaux champenois 2020** | Sec | 2025>36 | NC 96
- **Ambonnay cuvée des Grands Côtés, coteaux champenois 2021** | Sec | 2025>32 | NC 97
- **Grand Cru Millésimé, champagne 2014** | Extra-brut | 2025>32 | NC 94
- **Grand Cru Millésimé, champagne 2015** | Extra-brut | 2025>40 | NC 98
- **Grand Cru Rosé, champagne NM** | Brut | 2025>35 | 40 € 94
- **Grand Cru VP Extra Brut, champagne NM** | Extra-brut | 2025>40 | 78 € 96

Champagne EPC

✪✪ Ⓝ

Créé à la fin des années 2010 par un jeune champenois, Édouard Roy, associé à Camille Gilardi et Jérôme Queige, EPC (comprenez EPiCurien) est un ovni dans le paysage bien structuré de la Champagne. Assurant un rapide développement par l'acquisition de cuvées sélectionnées auprès de partenaires bien installés, EPC vise une clientèle nouvelle grâce à une communication originale et contemporaine. Progressivement, le style des vins s'affirme au fur et à mesure que les sources d'approvisionnement en raisins se construisent. La récente acquisition par EPC de la maison familiale Charles Mignon marque en ce sens une étape significative. On suivra avec attention cette aventure excitante pour toute la Champagne.

- **champagne** | Brut | 2025>30 | 42.9 € 89
- **Blanc de blancs, Coteaux du Sézannais, champagne** | Brut | 2025>30 | 52.9 € 91
- **Blanc rosé, Coteaux du Sézannais, champagne** | Extra-brut | 2025>30 | 52.9 € 90
- **Nature, Blanc de blancs, champagne** | Non dosé | 2025>30 | 55.9 € 90
- **Millésimé, Blanc de blancs, champagne 2014** | Non dosé | 2025>30 | 72.9 € 92
- **Blanc de noirs, champagne** | Extra-brut | 2025>30 | 47.9 € 90

Esterlin

✪✪

Cette cave coopérative, créée en 1948 et basée à Épernay, produit des cuvées d'excellent rapport qualité-prix. Elle compte un peu plus de 100 hectares d'approvisionnements, notamment en chardonnay. L'ensemble des vins est vinifié sans fermentation malolactique, ce qui confère à la gamme un supplément de fraîcheur toujours recherchée des amateurs. On appréciera les cuvées de millésimes anciens comme le brut nature mais aussi les cuvées d'entrée de gamme de plus en plus précises. L'arrivée de la talentueuse Gabrielle Malagu au poste de cheffe de cave devrait donner encore une nouvelle impulsion à cette maison qui progresse rapidement.

- **Brut Éclat, champagne** | Brut | 2025>27 | 28.3 € 89
- **Rosé Éclat, champagne** | Brut | 2025>27 | 33.25 € 91
- **Cléo, Blanc de blancs, champagne 2012** | Brut | 2025>30 | 57.4 € 93
- **Pur Meunier, champagne** | Extra-brut | 2025>27 | 40.2 € 90
- **Brut Nature, champagne 2009** | Non dosé | 2025>30 | 41.95 € 91
- **Blanc de Blancs Eclat, champagne** | Brut | 2025>27 | 35.2 € 89
- **coteaux champenois 2022** | Sec | 2025>30 | NC 92

✦ Star ✚ Valeur sûre ➔ À suivre de près Ⓝ Nouvelle entrée

Ségolène Gallienne, Champagne Lenoble

De son défunt père, l'homme d'affaires belge Albert Frère, elle a hérité une acuité particulière pour l'étude des dossiers d'acquisition d'une entreprise et un goût pour les bons vins. Naturellement, lorsque le dossier Lenoble lui est passé entre les mains via son *family office*, elle a tout de suite vu les forces de cette petite maison de la vallée de la Marne. Après avoir mis en place une équipe compétente et motivée, elle ne va pas tarder à pouvoir déguster les premiers changements. Nous aussi. *Guillaume Puzo*

Champagne Nathalie Falmet

✪

Après des études de Chimie à Paris et un diplôme d'œnologue à Reims en 1993, Nathalie Falmet reprend l'exploitation familiale et devient vigneronne dans la Côte des Bar. Les vins sont d'une maîtrise parfaite, avec une détente sur la cuvée Terra qui lui donne un supplément d'âme. C'est incontestablement devenu une valeur sûre du secteur.

- **Terra, Le Val Cornet, champagne 2021** | Extra-brut | 2025>32 | 70 € — 92
- **champagne** | Brut | 2025>30 | 35 € — 89
- **Brut Nature, champagne 2021** | Non dosé | 2025>30 | 40 € — 90
- **Le Val Cornet, champagne** | Brut | 2025>30 | NC — 87
- **Tentation rosée, champagne 2022** | Brut | 2025>30 | 35 € — 90
- **Oeil de perdrix, champagne 2023** | Brut | 2025>28 | 35 € — 90

Fleury

✪✪✪✪

Morgane, Jean-Sébastien et Benoît Fleury développent une large gamme de vins millésimés hautement savoureux, à partir de 27 hectares de coteaux argilo-calcaires, en culture biodynamique depuis 1989 grâce à la vision précieuse de leur père, le regretté Jean-Pierre Fleury. Les vins sont finement équilibrés, entre un fruit riche et une grande fraîcheur. Tout ici n'est que précision et intransigeance : les millésimés sont tirés sous liège, les dégorgements sont réalisés à la demande et les dosages réajustés. Des champagnes éblouissants et fascinants, purs et plein de vitalité.

- **Fleur de l'Europe , champagne NM** | Non dosé | 2025>32 | NC | ☘ — 95
- **Blanc de noirs, champagne NM** | Brut | 2025>30 | 26 € | ☘ — 94
- **Robert Fleury, champagne 2013** | Extra-brut | 2025>34 | NC — 97
- **Robert Fleury, champagne 2012** | Extra-brut | 2025>34 | NC — 96
- **Variation, champagne 2018** | Non dosé | 2025>34 | NC — 94
- **Cépages Blancs, champagne 2014** | Non dosé | 2025>30 | NC — 94

Frèrejean Frères

✪✪✪

Jeune maison (elle est née en 2005) installée à Avize, Frèrejean Frères a été créée, comme son nom ne l'indique pas tout à fait, par trois frères issus de l'une des branches de la dynastie Taittinger. La gamme est naturellement tournée vers des champagnes à dominante chardonnay, bien construits et séducteurs. La gamme n'a cessé de s'affiner et surtout de préciser son style et sa personnalité : son installation récente au cœur du village d'Avize est en soit une déclaration d'amour aux grands blancs de la Côte, tout comme la création d'un magnifique blanc de blancs grand cru.

- **Hussards Premier Cru, champagne 2013** | Extra-brut | 2025>32 | 165 € — 95
- **Premier Cru, champagne** | Extra-brut | 2025>30 | 55 € — 93
- **Premier Cru, champagne** | Brut | 2025>32 | 79.9 € — 93

Champagne Gamet

✪ Ⓝ

Ce domaine familial est à la croisée des générations et le futur est marqué par le passage à une viticulture à Haute Valeur Environnementale entre Mardeuil et Fleury-la-Rivière, où les cuvées produites sont à la fois élégantes et précises. C'est une heureuse découverte.

- **Rive Droite, champagne** | Extra-brut | 2025>28 | 30 € — 89
- **Rive Gauche, champagne** | Extra-brut | 2025>30 | 34 € — 90
- **Carrés du Midi, Blanc de noirs, champagne 2019** | Non dosé | 2025>32 | 56 € — 89
- **Bas Bauchets, champagne 2019** | Extra-brut | 2025>30 | 56 € — 92
- **La Vallée Suspendue, champagne** | Extra-brut | 2025>32 | 48 € — 91

Gatinois

✪✪

Louis Cheval gère le vignoble familial avec la plus grande application. Il y bichonne ses sept hectares sur Aÿ avec beaucoup de succès. Les champagnes de bonne densité pinotent de la plus belle des façons. Ce sont de bons rapports qualité-prix, en progrès constant sur les derniers millésimes.

- **Grand Cru Brut Réserve, champagne** | Brut | 2025>30 | 28 € — 90
- **Grand Cru, champagne 2014** | Brut | 2025>32 | 44 € — 93
- **Grand Cru, champagne 2015** | Brut | 2025>35 | 45 € — 94
- **Brut Tradition, champagne** | Brut | 2025>30 | 25 € — 89
- **Grand Cru Brut Nature, champagne** | Non dosé | 2025>30 | 26 € — 90
- **Grand Cru, champagne** | Brut | 2025>30 | 29 € — 88

René Geoffroy

✪✪✪✪

Jean-Baptiste Geoffroy est un véritable métronome. Chacune de ses créations affiche une ultime précision qui démarre avec une intransigeance à la vigne, puis aux chais. La gamme est large avec une expression irréprochable, qui respecte le temps nécessaire afin d'augmenter les équilibres. Si le rosé de saignée reste une référence dans un style sans équivalent, que dire du coteaux-champenois et des millésimes. Du grand art.

- **Pureté, champagne** | Non dosé | 2025>30 | 47 € — 91
- **Les Tiersaudes, champagne 2019** | Non dosé | 2025>32 | 84 € — 94
- **Terre, champagne 2015** | Non dosé | 2025>32 | 112 € — 90
- **Blanc de Rose, champagne 2016** | Extra-brut | 2025>35 | 83 € — 95

Pierre Gimonnet et Fils

✪✪✪✪

Didier et Olivier Gimonnet perpétuent le domaine familial, cultivant 30 hectares et 40 parcelles, sur cinq villages de la Côte des Blancs ; Cuis, Cramant, Oger, Chouilly et Vertus, dont ils s'efforcent de livrer la version la plus pure, avec de faibles dosages. Amoureux de la vigne, le mode de viticulture est tourné vers le respect des sols et la biodiversité. Précurseur dans les vinifications parcellaires en cuve inox, dans l'art de l'assemblage et des véritables champagnes sans dosage, le style Gimonnet est reconnaissable dans sa complexité fine, précise et élancée.

Champagne Gimonnet-Gonet

✪✪

Gimonnet et Gonet sont deux grandes familles de la Côte des Blancs et ce domaine, créé en 1986, rassemble deux branches majeures du chardonnay sur un vignoble de treize hectares, principalement situé sur la Côte des Blancs parmi les grands crus les plus prestigieux, à savoir Cramant, Chouilly, Oger et Le Mesnil-sur-Oger. À côté des grands blancs de blancs, ils cultivent bien sûr les deux autres cépages champenois, le pinot noir et le meunier dans la vallée de la Marne, sur les crus de Troissy, Vincelles et Verneuil. La cuvée prestige, qui assemble les terroirs de Cramant et du Mesnil, offre puissance et élégance, avec une aromatique d'agrumes précise.

- **L'Identité Grand Cru, Blanc de blancs, champagne 2018** | Extra-brut | 2025>35 | 48 € — 94
- **L'Accord, champagne NM** | Brut | 2025>30 | 28.1 € — 90
- **L'Origine Grand Cru, Blanc de blancs, champagne** | Brut | 2025>32 | 34 € — 91
- **L'Extra Grand Cru, Blanc de blancs, champagne** | Non dosé | 2025>32 | 34.5 € — 92
- **L'Etonnant, Blanc de noirs, champagne** | Brut | 2025>30 | 30.5 € — 89
- **Terre de Cuis Grand Cru, Blanc de blancs, champagne 2018** | Extra-brut | 2025>32 | 68 € — 93

Domaine Henri Giraud

✪✪✪ Ⓝ

À l'écart des modes, Sébastien Le Golvet fait croître de nouveaux rameaux à ce grand arbre majestueux qu'est le domaine Henri Giraud ; il y déroule un créneau de qualité pulvérisant toutes les références existantes en élaborant de grands vins de gastronomie qui prennent l'accent d'Aÿ et du développement durable, avec toute l'intensité propre à ce terroir d'exception. La maison vient de fêter ses 400 ans.

- **Esprit Nature, champagne** | Brut | 2025>32 | 66 € — 94
- **Hommage au pinot noir, champagne** | Brut | 2025>35 | 88 € — 94

Hugues Godmé

✪✪

À cheval sur quatre crus de la montagne de Reims, Verzenay, Verzy, Villedommange et Villers-Marmery, Hugues Godmé conduit depuis 2006 l'intégralité

Rare
CHAMPAGNE
Rare
MILLÉSIME 2012
RARE CHAMPAGNE
RARE MILLÉSIME 2012
LUMINEUX
rarechampagne_official
www.rare-champagne.com
L'ABUS D'ALCOOL EST DANGEREUX POUR LA SANTÉ, À CONSOMMER AVEC MODÉRATION.

de son vignoble en biodynamie. Réputé dans toute la Champagne pour son expertise viticole, il l'est aussi pour la qualité de ses champagnes, tous d'une limpidité remarquable dans leur expression, avec des équilibres subtilement dosés.

- **Les Terres d'Unions, champagne** | Non dosé | 2025>30 | 40 € | ☘ 90
- **Grand Cru, Blanc de noirs, champagne** | Non dosé | 2025>32 | 45 € | ☘ 93
- **Les Champs Saint Martin, champagne 2013** | Non dosé | 2025>32 | 75 € | ☘ 93

Paul Goerg

✪✪✪

Située en pleine Côte des Blancs, sur la commune de Vertus, la coopérative La Goutte d'Or commercialise ses vins sous la marque Paul Goerg. C'est une structure à taille humaine, qui en outre bénéficie d'approvisionnements de premier ordre, notamment en ce qui concerne le chardonnay. Ses cuvées de premiers crus (blanc de blancs, tradition ou vintage) s'affichent à des prix raisonnables eu égard à leur qualité d'ensemble.

- **Tradition, champagne** | Brut | 2025>29 | 36.7 € 91
- **Premier Cru Absolu, Blanc de blancs, champagne** | Extra-brut | 2025>32 | 41.7 € 92
- **Premier Cru, Blanc de blancs, champagne** | Brut | 2025>30 | 39.7 € 90
- **Premier Cru Vintage, champagne 2014** | Brut | 2025>35 | 67.8 € 94
- **Premier Cru, champagne** | Brut | 2025>32 | 43.8 € 94
- **Vintage, Blanc de blancs, champagne 2014** | Brut | 2025>35 | 88.5 € 92

Philippe Gonet

✪✪ ✚

C'est l'une des branches de la grande famille Gonet du Mesnil. Ici, Pierre et sa sœur Chantal, mettent en valeur une vingtaine d'hectares divisés en 35 parcelles. Nous avons retrouvé lors de nos dégustations cette année tout l'allant et le naturel d'expression des grands terroirs du domaine.

- **Réserve, champagne** | Brut | 2025>32 | 41.25 € 91
- **Signature, Blanc de blancs, champagne NM** | Brut | 2025>32 | 47.6 € 92
- **Le Mesnil-sur-Oger, champagne 2018** | Brut | 2025>35 | 94.25 € 95
- **3210, champagne** | Non dosé | 2025>32 | 53 € 93
- **Roy Soleil, Le Mesnil-sur-Oger, champagne** | Brut | 2025>33 | 63.85 € 94

Gonet Sulcova

✪✪

S'appuyant sur un vignoble de 20 hectares essentiellement sur la Côte des Blancs, avec également des parcelles dans l'Aube, en particulier à Mongueux, la famille Gonet-Sulcova produit une gamme homogène de champagnes essentiellement composés de chardonnay. La gamme reste très accessible en termes de tarifs, mais la précision des vins ne cesse de s'améliorer.

- **Blanc de blancs, champagne** | Brut | 2025>30 | 28.5 € 91
- **Réserve, champagne** | Brut | 2025>30 | 23 € 90
- **Grand Cru, champagne** | Extra-brut | 2025>32 | 35 € 94
- **Cuvée de Montgueux, champagne** | Brut | 2025>30 | 29.5 € 90
- **Grand Cru Millésime, champagne 2015** | Brut | 2025>35 | 39 € 92

Gonet-Médeville

✪✪✪✪ ✚

Xavier Gonet et son épouse Julie Médeville (châteaux Gilette et Les Justices, entre autres) sont un couple connu du monde viticole. Propriétaires de 12 hectares, en partie sur les grands crus Le Mesnil-sur-Oger, Oger et Ambonnay, ils s'affirment parmi l'élite avec un style à rebours des champagnes modernes. Les vins sont élevés dans la recherche de l'harmonie, d'une mousse crémeuse et de complexité aromatique. Excellence dans les équilibres, finesse, intensité : un style spectaculaire et brillant.

- **Tradition, champagne** | Brut | 2025>32 | 37 € 91
- **Théophile grand cru, champagne 2008** | Extra-brut | 2025>34 | 140 € 98
- **Blanc de noirs, champagne** | Brut | 2025>30 | 41 € 92
- **champagne** | Extra-brut | 2025>29 | 55 € 92
- **Cuvée Bouzy, champagne 2019** | Extra-brut | 2025>32 | 60 € 95

Gosset

✪✪✪✪✪ ✚

Gosset reste une petite maison dans l'univers des géants de la Champagne, avec en moyenne un million de cols écoulés chaque année. Sous la houlette d'Odilon de Varine, la gamme privilégie désormais le chardonnay dans ses assemblages, avec une part de pinot noir en retrait afin de garder constant le goût final, une adaptation rendue nécessaire par les changements récents du climat et la plus haute maturité du raisin observé à la vendange. Ici le vieillissement en cave s'entend sur le temps long, à l'image de la sublime Celebris Rosé 2008, qui fera date. De temps en temps, la maison propose une pépite longuement vieillie en cave, cette année un extraordinaire 21 Ans a minima.

- **Celebris Vintage Extra-Brut, champagne 2012** | Extra-brut | 2025>42 | NC 97
- **Grand Millésime Brut, champagne 2016** | Brut | 2025>36 | 78 € 93
- **Grande Réserve Brut, champagne** | Brut | 2025>32 | 53 € 92
- **Grand Rosé Brut, champagne** | Brut | 2025>32 | 69 € 93
- **Celebris Vintage, Blanc de blancs, champagne 2012** | Brut | 2025>35 | 270 € 94
- **Grand Blanc de blancs, champagne** | Brut | 2025>35 | 75 € 93
- **12 ans de cave a minima, champagne** | Brut | 2025>35 | 155 € 95
- **21 Ans à Minima, champagne** | Brut | 2025>35 | 350 € 98
- **Celebris Rosé, champagne 2008** | Brut | 2025>38 | 250 € 99

Christian Gosset

✪✪✪

Après 30 années passées au sein du domaine familial Gosset-Brabant, Christian Gosset a choisi d'élaborer son propre vin issu de son vignoble d'Aÿ de cinq hectares dont une petite partie à Chouilly, certifié HVE/VDC. La gamme se compose de deux assemblages vinifiés en cuves et de quatre cuvées parcellaires vinifiées sous bois. Elle démontre l'expertise et la volonté d'exprimer un lieu, un style tranchant aux dispositions naturelles mais aussi d'une grande capacité de garde et de prise expansive de complexité.

- **Grand Cru Chouilly Sorangeon, Blanc de blancs, champagne 2018** | Non dosé | 2025>29 | NC 92
- **Grand Cru Ay Les Pierres Robert, Blanc de noirs, champagne 2019** | Extra-brut | 2025>32 | 82 € 94
- **Rosé de Saignée Premier Cru Pinot Noir - Garvaux, Mareuil sur Aÿ, champagne 2019** | Extra-brut | 2025>29 | 82 € 92
- **Croix Courcelles, champagne 2018** | Extra-brut | 2025>32 | NC 94

Hathyr

✪✪✪

À Charly-sur-Marne, Monica Marini s'est lancée seule et a décidé de créer en 2014 sa propre signature avec ses petits moyens. Le vignoble est certifié Haute Valeur Environnementale et Viticulture Durable en Champagne depuis 2016. Sur 52 hectares, dont plus de la moitié à Charly, Monica sélectionne les raisins à partir d'un vignoble majoritairement planté en pinot noir et meunier ou en chardonnay, pour proposer une gamme de vins transparents et purs. Ses quatre cuvées présentent une véritable singularité en termes de style gustatif. La marque célèbre ses dix ans cette année.

- **Terre de Vallée, champagne** | Brut | 2025>30 | 25 € 92
- **Rémanence de Terroirs, Blanc de blancs, champagne** | Brut | 2025>32 | 32 € 92
- **Mademoiselle Rosé, champagne** | Brut | 2025>30 | 35 € 90
- **Millésimé, champagne 2012** | Brut | 2025>32 | 60 € 93

Marc Hébrart

✪✪✪

Jean-Paul Hébrart est un vigneron passionné et précis qui pratique la lutte raisonnée sur ses 14 hectares où domine le pinot noir sur les secteurs de Mareuil, Avenay Val d'Or et Bisseuil. Les 25 % de chardonnay sont sur les secteurs de Oiry et Chouilly. Le style Hébrart est admirable de régularité, et privilégie l'élégance à la puissance. Domaine hautement recommandable.

- **Spécial Club, champagne 2019** | Brut | 2025>35 | 40 € 92
- **Noces de Craie, champagne 2019** | Extra-brut | 2025>35 | 46 € 94
- **Rive Gauche Rive Droite, Grand Cru, champagne 2018** | Extra-brut | 2025>32 | 60 € 94

Henriot

✪✪✪✪ ✚

La famille Henriot a cédé sa marque familiale au groupe Terroirs & Vignerons de Champagne (Nicolas Feuillatte, Abelé, Castelnau), mais la transition s'est faite sans heurts puisque la cheffe de cave, Alice Tétienne, est restée aux manettes et que les contrats d'approvisionnement ne sont pas remis en cause. Henriot, c'est d'abord un brut, Souverain, toujours séduisant par sa gourmandise de fruit et sa luminosité

Hervé Jestin, Champagne Leclerc Briant

Sous une allure affable et avec un ton toujours ouvert et constructif, Herve Jestin est un homme de conviction. Œnologue, il a été très tôt séduit par la viticulture biodynamique et l'a pratiquée avec beaucoup de méthode et de talent. En rejoignant Frédéric Zeimett, le directeur de Leclerc Briant, domaine pionnier de la biodynamie en Champagne racheté par un couple d'Américains eux-mêmes persuadés de l'exigence d'une viticulture bio, il a pu affiner le travail dans les vignes en le conjuguant à des vinifications et à un élevage remarquables de précision. Hervé peut être fier du travail accompli, Leclerc Briant est l'une des signatures les plus excitantes de la Champagne. *Thierry Desseauve* en bouche. Un brut très élégant auquel s'ajoute un toujours réussi blanc de blancs, incisif et minéral à souhait ou bien la cuvée de prestige, Hemera, toujours puissante et saline, dont l'assemblage est toujours identique lorsque la maison décide d'en tirer une édition.

- Brut Souverain, champagne | Brut | 2025>32 | 45 € 91
- Blanc de blancs, champagne | Brut | 2025>30 | 57 € 93
- Brut Millésimé, champagne 2015 | Brut | 2025>35 | 81 € 93
- Cuvée Hemera, champagne 2013 | Extra-brut | 2025>40 | 175 € 96
- L'inattendue, champagne 2018 | Brut | 2025>38 | 110 € 94

Huré Frères

✪✪✪

Le domaine de Pierre (ingénieur en viticulture) et François Huré (œnologue) se situe à Ludes, à l'est de la montagne de Reims. Il est constitué d'une dizaine d'hectares principalement sur les villages de Ludes et Villedommange. Les frères Huré ont pu s'engager avec passion dans une production de qualité dont la philosophie repose tout aussi bien sur le matériel végétal que sur le travail en cave. Le style cristallin et tonique trouve notre totale adhésion.

- Mémoire, champagne | Extra-brut | 2025>29 | 78 € 92
- Instantané, champagne 2018 | Extra-brut | 2025>32 | 55 € 93
- Insouciance, champagne | Extra-brut | 2025>29 | 43 € 88
- Inattendue, champagne 2018 | Extra-brut | 2025>29 | 55 € 90
- Quatre éléments pinot meunier, champagne 2016 | Brut | 2025>36 | NC 95
- Invitation, champagne | Extra-brut | 2025>30 | 38 € 89

Jacquart

✪✪✪ ➔

Jacquart est née en 1964 à l'initiative d'une trentaine d'artisans-vignerons décidés à unir leur savoir-faire et leur vignoble pour créer des champagnes de qualité. Aujourd'hui, cette marque sexagénaire a fait de l'art de l'assemblage et du long vieillissement sa signature. Forte d'un approvisionnement diversifié dans plus de soixante crus, elle propose des champagnes solidement construits, avec une place centrale accordée au chardonnay dans toute sa diversité. L'arrivée de Joëlle Weiss comme œnologue en 2020 renforce encore la cohérence et l'exigence de la maison. La gamme Mosaïque séduit par son expression équilibrée, tandis que la cuvée Alpha incarne avec finesse l'ADN de Jacquart.

- Brut Mosaïque, champagne | Brut | 2025>27 | 28 € 90
- Alpha, champagne 2014 | Brut | 2025>35 | 130 € 92
- Millésimé, Blanc de blancs, champagne 2016 | Brut | 2025>32 | 65 € 90
- Signature B018, champagne | Brut | 2025>32 | 37 € 88
- Signature, champagne | Extra-brut | 2025>30 | 40 € 90
- Signature, champagne | Brut | 2025>28 | 40 € 91

André Jacquart

✪✪✪

Sur les 24 hectares du domaine, 16 sont situés à Vertus et au Mesnil-sur-Oger, en plein cœur de la Côte des Blancs. Depuis 2004, Marie Doyard, arrière-petite-fille de Maurice Doyard, co-fondateur du CIVC (l'interprofession champenoise) a repris la propriété familiale créée en 1958 par son grand-père André Jacquart, qui a donné son nom au domaine. La gamme se veut représentative des terroirs de Vertus et du Mesnil-sur-Oger. Le long de vieillissement en cave, le faible dosage, l'absence de fermentation malolactique et la vinification en barriques sont les signatures de la maison.

- Grand cru Mesnil Expérience , Blanc de blancs, champagne | Brut | 2025>27 | 38 € 91
- Premier cru Vertus Expérience, Blanc de blancs, champagne | Extra-brut | 2025>26 | 30 € 88
- Premier cru Solera Réserve perpétuelle , champagne | Extra-brut | 2025>29 | 85 € 92
- Grand cru Chetillon , champagne 2015 | Extra-brut | 2025>30 | 150 € 93

Jacquesson

✪✪✪✪✪ ✦

Cette maison historique de la Champagne avait été sortie de l'anonymat par les frères Laurent et Jean-Hervé Chiquet dans les années 90. Ces derniers ont fait le choix de revendre leurs parts en 2022 à Artémis Domaines, qui regroupe les investissements viticoles de la famille Pinault. Les vignes sont en culture bio labellisée ou en cours de certification, ce qui procure un sel particulier à la gamme des séries 700, nouveau concept pour les bruts sans année qui revendiquent ainsi la vendange majoritairement présente dans l'assemblage. Des élevages longs en cave et des dosages très faibles révèlent encore mieux la pureté et la tension de ces vins qui vieillissent à la perfection.

- Avize - Champ Caïn, Blanc de blancs, champagne 2014 | Extra-brut | 2025>36 | 220 € 96
- Dizy Premier Cru Corne-Bautray, Dizy 1er Cru Corne-Bautray Blanc de Blancs, champagne 2014 | Extra-brut | 2025>36 | 200 € 94
- Dizy Terres Rouges, champagne 2014 | Brut | 2025>41 | 150 € 96
- Cuvée n°747, champagne | Extra-brut | 2025>34 | NC 95
- 748, champagne | Brut | 2025>35 | 72 € 93
- 743 DT, champagne | Brut | 2025>40 | 115 € 94

Joseph Perrier

✪✪✪✪ ✚

Un peu à l'écart des grandes maisons de Reims et d'Épernay, Joseph Perrier est implantée depuis toujours à Châlons-en-Champagne, où ses caves sont creusées à flanc de colline, apportant des conditions d'hygrométrie et d'humidité optimales aux flacons en cours de vieillissement. Si la maison a intégré le groupe Thiénot, elle a conservé sa direction familiale, Benjamin Fourmon ayant pris le relais de son père Jean-Claude. Derrière la gamme Royale se déploient des champagnes toujours harmonieux au vieillissement et de bel équilibre, à commencer par le Brut Royal. La cuvée de prestige, Joséphine, offre un supplément de profondeur et de tension qui souvent demande quelques années de garde supplémentaires pour être appréciée à son meilleur. La maison vient de célébrer avec faste son bicentenaire, et entame de façon triomphante son troisième siècle.

- Royale Vintage, champagne 2018 | Extra-brut | 2025>35 | 68.5 € 96
- Royale, champagne | Brut | 2025>30 | 40.7 € 90
- Royale Rosé, champagne | Brut | 2025>30 | 57.9 € 90
- Royale Brut Nature, champagne | Non dosé | 2025>30 | 43.8 € 91
- Le Ciergelot Brut Nature, Blanc de noirs, champagne 2020 | Non dosé | 2025>32 | 87.5 € 93
- La cuvée 200 (édition limitée en magnum), champagne 2015 | Extra-brut | 2025>40 | 295 € 97

Krug

✪✪✪✪✪

Les amateurs comme les professionnels parlent souvent du style Krug pour désigner une certaine manière de concevoir le champagne, pourtant peu arrivent à rivaliser avec cette maison qui a rejoint le groupe LVMH en 1999. Aujourd'hui détentrice du savoir-faire de la maison, Julie Cavil poursuit cette savante technique faite d'une fermentation en petits fûts champenois, les vins étant soutirés à l'issue des phases fermentaires, avant un méticuleux travail d'assemblage entre crus plus ou moins vieillis en réserve (tant pour la Grande Cuvée que le Krug Rosé), avant à nouveau un vieillissement sous verre de sept années au minimum. Ce travail d'orfèvre s'accomplissait jusque-là dans la maison historique, à Reims : désormais le nouveau chai Joseph, à Ambonnay, offrira encore plus de précision à ces réglages déjà bien pointus.

- Grande Cuvée 173ème édition, champagne | Brut | 2025>32 | NC 92
- Grande Cuvée 163ème édition, champagne | Brut | 2025>35 | NC 95
- Rosé 29ème édition, champagne | Brut | 2025>35 | NC 94

JM Labruyère

✪✪✪

Présente sur le Beaujolais, la Bourgogne et Pomerol, la famille Labruyère croit beaucoup au potentiel de ses cinq hectares et demi de grands crus situés sur le secteur très qualitatif de Verzenay. Et pour cause, les Rochelles, les Champs Saint-Martin ou encore les Potences comptent parmi les belles parcelles du domaine. Deux cuvées à dominante de pinot noir et un blanc de blancs composent la gamme dans un style élégant et exploitant pleinement la puissance et la race du grand cru Verzenay.

- Page Blanche, Blanc de blancs, champagne | Brut | 2025>27 | 53 € 91
- Anthologie, champagne | Brut | 2025>29 | 50 € 92
- Prologue, champagne | Brut | 2025>29 | 40 € 90
- Paradoxe, Blanc de noirs, champagne 2018 | Extra-brut | 2025>28 | 59 € 91
- Apogée, champagne | Extra-brut | 2025>29 | 59 € 91

Lafalise-Froissart

✪✪✪ ➔

Après dix ans comme commercial chez Rémy Martin, puis chez Champagne Henriot, Paul Froissart a développé un sens aigu du business avant de reprendre les vignes familiales à Verzenay et à Verzy. Il prend soin de ces

cinq hectares, avec la mise en place de pratiques biodynamiques. Les cuvées 791 et 276 sont de haut niveau avec des équilibres de bouche magnifiques et les dernières créations (cuvées 108 et 090) sont dans la même recherche de pureté et de précision.

- 791 Premier cru, champagne | Extra-brut | 2025>35 | 35 € 93
- Verzenay Grand Cru, champagne | Brut | 2025>30 | 26 € 90
- 045 Grand Cru, champagne | Extra-brut | 2025>35 | 35 € 92
- Cuvée 276, champagne | Non dosé | 2025>35 | 35 € 93
- Cuvée 108, champagne | Extra-brut | 2025>35 | 35 € 94
- Cuvée 090, champagne 2020 | Extra-brut | 2025>40 | 60 € 95

Benoît Lahaye

★★★★

Benoît Lahaye est l'un des vignerons les plus doués de sa génération, d'une sagesse et d'une passion débordante. Installé à Bouzy, il est maintenant rejoint par ses fils Étienne et Valentin qui poursuivent son travail d'orfèvrerie. Issus de quatre hectares et demi de vignes conduites en biodynamie, les vins sont d'une parfaite harmonie entre le fruit et terroir. Réfléchie et méthodique par leurs assemblages et leurs vieillissements, la vinification est ici exemplaire et un grand nombre de cuvées brillent malgré l'absence de dosage.

- Rosé de Macération, champagne NM | Brut | 2025>27 | 25 € | ☘ 96
- Blanc de noirs, champagne NM | Extra-brut | 2025>27 | NC | ☘ 93
- Grand cru Brut Nature, champagne | Non dosé | 2025>27 | 47 € 92
- Jardin de la Grosse Pierre, champagne NM | Brut | 2025>29 | 63 € | ☘ 97
- Blanc de blancs, champagne | Non dosé | 2025>28 | NC 96

Laherte Frères

★★★

Aurélien Laherte, septième génération, marche désormais dans les pas de son père Thierry et son oncle Christian. À partir de 11 hectares de vignoble complétés par 4 hectares d'approvisionnements, ils ne produisent pas moins de 16 cuvées, suivant en cela une mode chez les vignerons de restituer le terroir avant tout. Leurs vins ne manquent ni de saveur ni d'expression, dans la diversité des expressions proposées, l'amateur est certain d'y trouver celui qui lui conviendra le mieux.

- Les 7, champagne | Extra-brut | 2025>30 | 110 € 91
- Les Empreintes, champagne 2018 | Extra-brut | 2025>30 | 80 € 92
- Premier Cru Nature de Craie, champagne | Extra-brut | 2025>28 | 60 € 92
- Rosé de meunier, champagne | Extra-brut | 2025>30 | 50 € 91

Lallier

★★★ ➔

Tel un joueur d'échecs qui sait déjà quels coups il jouera à l'avance, Dominique Demarville a fait progresser Lallier de manière spectaculaire. La nouvelle cuverie construite à Oger offre le plus moderne des outils de production, désormais on peut vinifier au plus proche de la parcelle, ce qui va permettre par la suite d'affiner les assemblages. En entrée de gamme, les cuvée R en blanc et en rosé ont déjà été repensées, et avec succès, le reste de la gamme évolue progressivement ou est déjà en cours de vieillissement. Chez Lallier on appréhende le temps long en cave, il faut se montrer patient.

- Blanc de blancs, champagne | Brut | 2025>35 | 51.5 € 91
- Ouvrage, champagne 2018 | Extra-brut | 2025>33 | 148 € 94
- Loridon, champagne 2017 | Extra-brut | 2025>32 | 121 € 93
- Les Sous, champagne 2016 | Extra-brut | 2025>30 | NC 89
- R21 , champagne | Brut | 2025>33 | NC 93
- Millésimé, champagne 2016 | Sec | 2025>31 | 55 € 90
- Blanc de Noirs, champagne | Brut | 2025>35 | 51.5 € 94

Lancelot-Pienne

★★★★ ✚

Gilles Lancelot exploite 8,50 hectares sur la Côte des Blancs, la vallée de la Marne et les coteaux sud d'Épernay. Cet œnologue de formation dirige la maison familiale vieille de plus d'un siècle depuis 2005. Julien, son fils, travaille avec lui en toute confiance afin d'accroître encore le niveau de ces vins aux expressions aromatiques superbes grâce à un subtil mélange de texture et de fraîcheur qui ne durcit jamais le fruit. Une qualité indispensable quand on travaille le chardonnay sur craie. La cuvée Marie Lancelot possède la profondeur que l'on attend du grand cru Cramant.

- Marie Lancelot, Blanc de blancs, champagne 2018 | Extra-brut | 2025>32 | 55 € 95
- Instant présent, Blanc de blancs, champagne | Extra-brut | 2025>30 | 33 € 92
- Accord Majeur, champagne | Extra-brut | 2025>30 | 33 € 90
- La Dame du Lac, champagne | Extra-brut | 2025>30 | 44 € 94

Lanson

★★★★ ✚

Hervé Dantan a bien fait évoluer la gamme de chez Lanson, sans rien révolutionner, par petites touches. Désormais le Black Label est baptisé Black Création, avec un numéro d'assemblage qui permet de distinguer les années de tirage, et le Rosé a lui aussi opté pour le nom de Rosé Création selon la même logique. Le millésime proposé actuellement est le brillant 2013, très Lanson dans le style, où la fraîcheur ne vient pas seulement de l'absence de malolactique dans les vins mais aussi d'un raisin cueilli à la maturité idéale. À l'époque une vendange d'octobre ! Les temps ont bien changé depuis...

- Noble Champagne, Blanc de blancs, champagne 2005 | Brut | 2025>40 | 240 € 94
- Clos Lanson, champagne 2010 | Extra-brut | 2025>35 | 250 € 92
- Vintage, champagne 2013 | Brut | 2025>43 | 65 € 96
- Le Black Réserve, champagne | Brut | 2025>35 | 47 € 93
- Le Blanc de Blancs, Blanc de blancs, champagne | Brut | 2025>35 | 62 € 94
- Le Green Bio-Organic, champagne | Extra-brut | 2025>30 | 57 € | ☘ 89
- Le Black Création 258, champagne | Brut | 2025>35 | 37 € 92
- Le Rosé Création 67, champagne | Brut | 2025>35 | 54 € 92

Larmandier-Bernier

★★★★

Pierre et Sophie Larmandier, accompagnés de leur fils Arthur, cultivent 16 hectares en biodynamie depuis plus de vingt ans. Peu de domaines viticoles, toutes régions confondues, peuvent se targuer d'une telle régularité à ce haut niveau. La gamme est remarquablement tenue et proposée à des prix raisonnables. Dans les cuvées mythiques du domaine, Vieille Vigne du Levant est incontestablement une référence de la Côte des Blancs. Le style revendique des textures crémeuses où l'équilibre est une valeur centrale. Dans cette élégance discrète, l'on trouve souvent ce que la Côte des Blancs a de plus beau à offrir.

- Vieille Vignes du Levant, Grand Cru, champagne 2015 | Extra-brut | 2025>35 | 148 € | ☘ 96
- Rosé de Saignée, Premier cru, champagne 2021 | Extra-brut | 2025>30 | 96 € | ☘ 92
- Les Chemins d'Avize, Grand cru, champagne 2016 | Extra-brut | 2025>32 | 148 € | ☘ 94
- Longitude, champagne | Extra-brut | 2025>30 | 68 € | ☘ 94
- Terre de Vertus, Premier cru, champagne 2017 | Non dosé | 2025>30 | 94 € | ☘ 92
- Vertus Blanc, coteaux champenois 2018 | Sec | 2025>32 | 90 € | ☘ 94

Laurent-Perrier

★★★★★ ✦

Si l'iconique Michel Fauconnet continue de veiller sur le style de la maison de Tours-sur-Marne, la nomination de l'expérimenté Olivier Vigneron au poste de chef de caves donne une nouvelle impulsion aux champagnes Laurent-Perrier. Depuis le splendide brut non millésimé, la Cuvée, jusqu'à la cuvée de prestige, Grand Siècle, les plus grands chardonnays de la Côte des Blancs comme de la Montagne de Reims sont ici à l'honneur, avec un style droit, minéral et profond qui est devenu la signature de la maison. Désormais les itérations de Grand Siècle portent un numéro de série, permettant ainsi aux amateurs avisés de bien les distinguer. Toute la gamme présentée cette année était simplement éblouissante d'équilibre, de justesse et d'élégance.

- Brut Millésimé, champagne 2015 | Brut | 2025>35 | 69 € 95
- La Cuvée, champagne | Brut | 2025>35 | 39.5 € 93
- Alexandra Rosé, champagne 2012 | Brut | 2025>50 | 295 € 96
- Cuvée Rosé, champagne | Brut | 2025>35 | 75.9 € 94
- Grand Siècle Itération n°26, champagne | Brut | 2025>50 | 232.5 € 100
- Héritage, champagne | Brut | 2025>35 | 89 € 95
- Grand Siècle Itération n°24, champagne | Brut | 2025>45 | 250 € 98
- Blanc de blancs, champagne | Non dosé | 2025>35 | 90 € 94

Champagne Laurianne Lejour

★★ N

À la tête de 1,5 hectare, Laurianne Lejour incarne une nouvelle génération de vigneronnes-artisanes, attachées à chaque geste de la vigne comme de la cave. Elle vinifie séparément ses parcelles situées en grands et premiers crus, dans les secteurs de la côte des Blancs et du sud de la Montagne de Reims. Certifiée HVE depuis 2020, elle

✦ Star ✚ Valeur sûre ➔ À suivre de près N Nouvelle entrée

Bruno Paillard, Champagne Bruno Paillard, Lanson-BCC

Tout en bâtissant une maison à son nom, dont il a confié la direction à sa fille Alice, Bruno Paillard a créé en trente-quatre ans l'un des plus ambitieux groupe champenois, et l'un des rares détenus par ses fondateurs. Aujourd'hui, Lanson-BCC (Boizel-Chanoine Champagne) regroupe huit maisons : Lanson, Besserat de Bellefon, Chanoine Frères, Boizel, Philipponnat, de Venoge, Maison Burtin et Alexandre Bonnet. Toutes ont une vraie personnalité, tant pour leurs vins que leur implantation locale. Grand connaisseur des arcanes champenoises, gestionnaire avisé et fin dégustateur, Bruno Paillard est un patron exigeant qui sait où il va. Et, indiscutablement, il va loin. *Thierry Desseauve* revendique une approche paysanne, précise et respectueuse du vivant. Pas de fermentation malolactique sur certaines cuvées, pour préserver tension et minéralité. Une adresse sincère et prometteuse.

- Grand Cru, champagne | Brut | 2025>32 | 34.5 € — 93
- Premier cru Nature, champagne | Non dosé | 2025>32 | 37.8 € — 94
- Premier cru, champagne | Extra-brut | 2025>32 | 40.8 € — 93
- Blanc de blancs, La Tourniole Trepail, champagne 2019 | Non dosé | 2025>32 | 46.7 € — 95
- Blanc de noirs, Ambonnay, champagne 2020 | Extra-brut | 2026>32 | 47.25 € — 92

Le Brun de Neuville

Cette cave coopérative créée en 1963 regroupe aujourd'hui 252 vignerons, avec pour particularité d'avoir l'intégralité de ses apports dans le Sézannais, à l'ouest de la Côte des Blancs. Présidée par l'énergique Damien Champy, elle propose une gamme ambitieuse où les vins ne manquent pas de style ni de personnalité, des champagnes souvent taillés pour accompagner le repas.

- Côte Blanche, champagne | Brut | 2025>28 | 37.4 € — 89
- Le Chemin Empreinté, champagne | Extra-brut | 2025>30 | 39.4 € — 89
- Le Chemin Empreinté, champagne | Extra-brut | 2025>35 | 39.4 € — 91
- La Croisée des Chemins, champagne | Extra-brut | 2025>32 | 41.4 € — 90
- Extra Blanc, champagne | Extra-brut | 2025>32 | 39.4 € — 89
- Le Chant des Fûts, champagne | Extra-brut | 2025>32 | NC — 92
- Le Chant des Fûts, champagne 2019 | Extra-brut | 2025>30 | 85 € — 90
- Blanc de Noirs, champagne | Extra-brut | 2025>30 | 40.1 € — 93
- Millésimé, champagne 2012 | Extra-brut | 2025>32 | 52 € — 93
- Œnothèque 04, champagne | Brut | 2025>30 | 110 € — 88
- coteaux champenois 2022 | Sec | 2025>32 | 60 € — 91
- Autolyse Noirs et Blancs, champagne | Brut | 2025>35 | 55 € — 93

Leclerc Briant

Cette marque située à Épernay, pionnière de la viticulture bio en Champagne, créée par la famille Leclerc en 1872, a connu une renaissance sous l'égide de Pascal Leclerc-Briant dans les années 1990 et 2000. La maison de négoce a été rachetée en 2012 par un couple d'Américains, Mark Nunnelly et Denise Dupré, passionnés de champagne et d'art de vivre à la française. La maison a aujourd'hui trouvé une brillante maturité, complétée par la relance spectaculaire de l'hôtel Royal Champagne. Tous les champagnes, issus d'une viticulture biodynamique, sont de grande personnalité et d'une expression intense et profonde. Hervé Jestin, le chef de cave, propose des vins qui suscitent notre admiration.

- Abyss, champagne 2018 | Extra-brut | 2025>32 | 175 € | ☘ — 97
- Abyss, champagne 2019 | Extra-brut | 2025>32 | 290 € | ☘ — 96
- Clos des Trois clochers, champagne 2019 | Extra-brut | 2025>32 | 146 € | ☘ — 96
- Les Carelles, champagne 2018 | Extra-brut | 2025>32 | 155 € | ☘ — 95
- Château d'Avize, champagne 2014 | Extra-brut | 2025>35 | 195 € — 96
- Derrière les Clos, champagne 2019 | Extra-brut | 2025>32 | 155 € | ☘ — 95

A. Leconte

En 2013, Alexis a pris le relais de Xavier et propose des vins à son image. Les vignes sont bichonnées : chaque sol est considéré selon sa composition et sa capacité à révéler un cépage. Le raisonnement parcellaire est de mise ainsi que quelques tirages liège en cave afin de parfaire quelques cuvées. A surveiller de près.

- Totem, champagne | Brut | 2025>30 | 35 € — 90
- Aria, champagne | Extra-brut | 2025>30 | 62 € — 90
- Ageius, champagne 2018 | Extra-brut | 2025>32 | 82 € — 90
- La Terre mère, champagne | Extra-brut | 2025>30 | 40 € — 88
- Arietis, champagne | Non dosé | 2025>30 | 57 € — 89
- Totem, champagne | Brut | 2025>30 | 38 € — 88

Valentin Leflaive

Olivier Leflaive, de Puligny-Montrachet, a souhaité se lancer dans le champagne, et de fort belle manière au vu des cuvées que l'on déguste dans cette maison créée en 2015 et baptisée d'après le prénom du jeune fils d'Olivier, Valentin. Installé à Oger, et avec le savoir-faire du chef de cave Elysé Brigandat, les fermentations se déroulent en fût, et la vinification parcellaire est ici un point de repère, ce qui n'est pas sans rappeler la Côte d'Or. Les étiquettes sont des modèles de transparence pour le consommateur, et les lieux-dits sont eux des modèles tout courts.

- CV 19 3.0, Blanc de blancs, champagne | Extra-brut | 2025>30 | 49 € — 93
- Cramant 21 4.0 Grand Cru, Blanc de blancs, champagne | Extra-brut | 2025>32 | 78 € — 94
- Verzenay 20 6.0 Grand Cru, champagne | Extra-brut | 2025>32 | 89 € — 92
- Verzenay Les Longues Raies 20 3.0 Grand Cru, Blanc de noirs, champagne | Extra-brut | 2025>32 | 95 € — 94
- Avize Les Roches 20 4.0 Grand Cru, Blanc de blancs, champagne | Extra-brut | 2025>34 | 95 € — 96
- Cramant Les Bauves 20 5.0 Grand Cru, Blanc de blancs, champagne | Extra-brut | 2025>32 | 95 € — 95

Legras & Haas

Le style de cette maison évolue vers une expression précise et fraîche. La gamme, avec une offre plus large, reste cohérente sur les différentes qualités proposées. Un travail long et difficile qui nous semble atteindre aujourd'hui une forme de maturité pour les amateurs de la maison et ceux qui recherchent des champagnes élégants, frais, privilégiant le fruit et d'une qualité irréprochable. Une maison fiable et recommandable, conduite avec talent par Jérôme Legras, passionné par les terroirs champenois. Très impliqué dans la vie locale et associative de la région, il met aussi un point d'honneur à promouvoir un champagne encore abordable et accessible au plus grand nombre. Gamme sérieuse avec une qualité constante des cuvées.

- Grand Cru Chouilly Millésimé, Blanc de blancs, champagne 2018 | Brut | 2025>34 | NC — 95
- Intuition, champagne | Brut | 2025>30 | 35.35 € — 92
- Grand Cru Les Visions, Blanc de blancs, champagne | Brut | 2025>32 | 42.2 € — 92
- Grand Cru L'Evidence, Blanc de blancs, champagne | Extra-brut | 2025>32 | 46.95 € — 94
- Intuition, champagne | Brut | 2025>30 | 39.5 € — 92

Champagne Lenoble

Après trente années passées à développer la maison familiale, dont ils représentaient la quatrième génération, Anne et Antoine Malassagne ont choisi en 2023 de céder leurs parts à la famille Frère-Gallienne (par ailleurs actionnaire du château Cheval Blanc, à Saint-Émilion). Autour d'une nouvelle équipe constituée de Guillaume Truchot à la direction et de Julien Lardy en cave, les changements attendus vont être passionnants à suivre progressivement, même si les fondamentaux de la maison ne changeront pas, à savoir un style avec ou sans malo suivant l'itinéraire technique, et des dosages très bas, toujours en extra-brut pour faire briller la pureté des fins de bouche.

- Grand Cru Gentilhomme, Blanc de blancs, champagne 2012 | Brut | 2025>32 | 115 € — 92
- V.21, champagne | Extra-brut | 2025>31 | 44 € — 93
- V.19, champagne | Non dosé | 2025>29 | 51 € — 91
- Blanc de Blancs V.20, champagne | Brut | 2025>30 | 58 € — 91
- V.19, champagne | Brut | 2025>29 | 55 € — 90
- Blanc de Noirs, champagne 2013 | Brut | 2025>30 | 79 € — 90
- Blanc de Blancs Grand Cru, champagne 2012 | Brut | 2025>30 | 85 € — 91

Lombard

Cette maison se recentre sur une recherche passionnante d'expression de grands terroirs. Complètement relancés par Thomas Lombard et par une équipe dévouée et passionnée, les champagnes ont considérablement progressé offrant des expressions pures, soit en assemblage, soit en monocru (Cramant, Verzenay et Le Mesnil), pas ou très peu dosés et d'une grande intensité. Les cuvées possèdent un style vineux, profond et intense qui gagnent en élégance. Elles sont au service des terroirs champenois que la maison cherche à explorer avec une gamme de vins parcellaires passionnante à découvrir. Innovante et dynamique, la maison profite de l'énergie débordante de sa jeune équipe pour devenir une marque de plus en plus incontournable. La maison a fêté son centenaire cette année et continue de réaffirmer son esprit de modernité et d'innovation.

- Brut Nature Grand Cru, champagne NM | Non dosé | 2025>30 | 39 € — 91
- Brut Nature Cramant Grand Cru, Les Bauves, champagne | Brut | 2025>35 | 68 € — 94
- Grand Cru Nature Verzenay, Lieu-dit Les Corettes, champagne 2015 | Brut | 2025>30 | NC — 94
- Brut Nature Avize Grand Cru, Chemin de Flavigny, champagne 2025 | Non dosé | 2025>35 | NC — 95

Arnaud Van Der Voorde, Champagne Pannier

Violoncelliste par passion, Arnaud Van Der Voorde est doté d'un sens artistique affirmé. Après un BTS à Avize et un diplôme national d'œnologue à Reims, il est parti faire un tour de France en Bourgogne, dans le Rhône, la Loire, en Charente et en Normandie. De son expérience chablisienne, il a gardé la vinification sous bois qu'il a érigée en signature pour la maison Pannier, dont le style des champagnes repose sur le chardonnay et surtout le meunier. Sa grande polyvalence est au service de cette maison dynamique. *Hicham Abou Raad*

Nicolas Maillart

★★★

Ingénieur et œnologue, Nicolas Maillart est à la tête d'un vignoble de 18 hectares certifiés HVE, principalement planté en pinot noir (70 %) et réparti sur deux sites : Écueil, premier cru sur la petite montagne de Reims, et Bouzy, grand cru. À la cave, la précision est au cœur du style. Les champagnes sont d'une pureté remarquable, au fruit pulpeux et rafraîchissant. L'ensemble des vins dégusté cette année est de haute volée.

- **Premier Cru Platine, champagne** | Extra-brut | 2025>30 | 36 € — 92
- **Rosé, champagne** | Extra-brut | 2025>35 | 43 € — 93
- **Premier Cru Mont Martin, champagne 2019** | Extra-brut | 2025>30 | 70 € — 92
- **Jolivettes, champagne 2020** | Extra-brut | 2028>40 | 86 € — 94
- **Montchenot, champagne 2019** | Extra-brut | 2025>35 | 53 € — 93

Mailly Grand Cru

★★★★ ✚

Située au cœur du village de Mailly, la cave exploite 75 hectares de vignes classées grand cru, réparties sur 34 parcelles, soit un tiers de la surface du-dit cru, chacune vinifiée indépendamment. Ses fidèles adhérents apportent leurs raisins pour la confection d'une gamme identitaire, de grande exigence, partiellement élevée sous-bois, en barriques ou en foudres. Sébastien Moncuit, le chef de cave, élabore ses créations avec mesure et acuité. Union de producteurs d'excellence, Mailly Grand Cru fait figure de modèle humain, viticole et vinique, revendiquant un fonctionnement domaine et une démarche environnementale éminemment engagée (HVE puis VDC, travail des sols, traitements par infusions, implantations de ruches et agroforesterie).

- **Grand Cru Brut Réserve, champagne** | Brut | 2025>30 | 40.5 € — 91
- **Grand Cru Extra-Brut, champagne 2019** | Extra-brut | 2025>35 | 54 € — 94
- **Grand Cru Blanc de pinot noir, champagne** | Brut | 2025>32 | 49 € — 93
- **L'Intemporelle, champagne 2018** | Extra-brut | 2025>32 | 84 € — 93
- **Les Echansons, champagne 2015** | Extra-brut | 2025>35 | 139 € — 94
- **Poétique de la Terre, Variation XVIII.1, champagne** | Extra-brut | 2025>35 | 99 € — 96

Mandois

★★

Établie depuis 1735 à Pierry, près d'Épernay, la maison de champagne Mandois, historique et familiale, vient d'entamer l'écriture d'un nouveau chapitre de son histoire avec la construction d'un nouveau chai moderne et spectaculaire conçu par l'architecte Vincent Fierfort, la refonte stylistique au profit de plus d'expression de terroirs, une viticulture de plus en plus précise, etc. Le vignoble maison, réparti entre les villages de Pierry, Vertus et Chouilly, s'étend sur une quarantaine d'hectares et fait la part belle au chardonnay (70 %). La maison progresse vite à tous les niveaux, bien aidée par une équipe très investie. Le talent de Maximilien de Billy, son jeune chef de cave, n'est pas étranger à ce retour au premier plan.

- **Victor, champagne 2016** | Brut | 2025>30 | 59.7 € — 92
- **Brut Origine, champagne** | Brut | 2025>30 | 30.9 € — 89
- **Origine, champagne** | Brut | 2025>30 | 34.4 € — 89
- **Origine, champagne** | Non dosé | 2025>30 | 38.6 € — 90
- **Blanc de blancs, champagne 2020** | Extra-brut | 2025>30 | 36.9 € | ♣ — 90
- **Clos Mandois, champagne 2012** | Extra-brut | 2025>30 | 161 € — 93

Margaine

★★★

La cinquième génération Margaine, représentée par Mathilde, confirme son talent pour le chardonnay de Villers-Marmery, avec une gamme où trace cette pointe minérale qui n'est pas sans rappeler la pierre à fusil. La vinosité du terroir est toujours rattrapée par une excellente fraîcheur que l'usage des vins de réserve finit d'harmoniser. Le domaine se maintient année après année avec une compréhension de ces terroirs toujours aussi justes.

- **Spécial Club, champagne 2018** | Brut | 2025>32 | 73 € — 94
- **Le Brut, champagne** | Brut | 2025>30 | 35 € — 91
- **M de Margaine, champagne** | Extra-brut | 2025>32 | 56 € — 91
- **L'Extra Brut, champagne** | Extra-brut | 2025>30 | 45.5 € — 90
- **Le rosé, champagne** | Brut | 2025>30 | 42.7 € — 92
- **Le rosé de saignée, champagne 2018** | Extra-brut | 2025>30 | 58 € — 90

Benoit Marguet

★★★★

Installé à Ambonnay, Benoît Marguet soigne 7,30 hectares de vieilles vignes à moyenne d'âge de 40 ans et 0,70 hectares à Bouzy. Si la biodynamie l'anime, Benoît écoute surtout ses intuitions afin de respecter l'ensemble de son écosystème. Ici, le cheval travaille les sols et la phytothérapie ou l'aromathérapie s'ajoutent à l'ordonnance médicinale. Chaque geste est médité, également à l'intérieur du chai à barrique, où la gamme est élevée patiemment et les sulfites ont disparus.

- **Les Crayères, champagne 2019** | Non dosé | 2026>38 | NC — 97
- **Sapience, champagne 2010** | Extra-brut | 2025>35 | 155 € — 94
- **Cru Bouzy, champagne 2019** | Extra-brut | 2025>32 | NC — 93
- **Cru Chouilly, champagne 2019** | Extra-brut | 2025>32 | NC — 93
- **Cru Oger, champagne 2019** | Extra-brut | 2025>34 | NC — 94
- **Cru Verzenay, champagne 2019** | Extra-brut | 2025>32 | NC — 94
- **Les Bermonts, Blanc de blancs, champagne 2019** | Extra-brut | 2026>38 | NC — 94

Mercier

★

Fondée à Épernay en 1858, cette maison séculaire, appartenant au groupe LVMH, propose une gamme accessible de vins simples et en progrès ces derniers millésimes. Proposés à des prix très abordables, facilement disponibles en grande distribution, ils constituent une gamme cohérente que l'on pourra servir sans attendre à l'apéritif.

- **Blanc de noirs, champagne NM** | Brut | 2022>24 | 22.58 € — 88

Christophe Mignon

★★

Laurence et Christophe Mignon incarnent la cinquième génération qui cultive la vigne dans ce secteur de la vallée de la Marne. Ils écrivent en majuscules les lettres de la grande noblesse du meunier sur 6,5 hectares. Les vins très peu dosés sont à la fois purs et sensuels. Une très belle découverte avec des vins qui nous ont beaucoup surpris cette année par leur justesse et leur profondeur.

- **ADN de meunier Brut Nature, champagne** | Non dosé | 43.5 € | ♣ — 93
- **ADN de Foudre pinot noir, champagne 2019** | Non dosé | 62.5 € — 93

Pierre Mignon

★

Cette maison familiale, située à Le Breuil dans la Vallée de la Marne, est dirigée par Céline et son frère Jean-Charles, la cinquième génération. Le vignoble de 16 hectares est situé sur les meilleurs crus de la vallée de la Marne, de la Côte des Blancs et de la région d'Épernay. Avec sa certification Haute Valeur Environnementale, la maison s'est aussi engagée durablement dans la protection de la nature et de la biodiversité. Le Clos des Graviers est au sommet de la gamme, les cuvées millésimées ont du caractère, l'Esprit de Noël est un incontournable pour les fêtes et nous recommandons cette année aussi la cuvée Harmonie de Blancs.

- **Clos des Graviers, champagne 2011** | Brut | 2025>32 | 150 € — 93
- **Blanc de noirs, champagne** | Brut | 2025>30 | 40 € — 90
- **Prestige, champagne** | Brut | 2025>30 | 35 € — 88
- **Grand Cru, Blanc de blancs, champagne** | Brut | 2025>32 | 42 € — 90
- **Grand Cru, Blanc de blancs, champagne** | Non dosé | 2025>32 | 42 € — 91
- **Pure, champagne** | Non dosé | 2025>30 | 39 € — 89

Moët & Chandon

★★★★ ✦

Sous l'impulsion de son brillant chef de cave Benoît Gouez, Moët a progressé sans renier ses fondamentaux : le fruité, l'équilibre, l'accessibilité juste, la faculté captivante au vieillissement, avec un style frais en quête de précision. Les cuvées s'affranchissent du dosage en harmonie avec les avancées en viticulture et une recherche technique de pointe. Les derniers assemblages commercialisés laissent entrevoir une dimension supplémentaire. Les fers de lance de la maison, Impérial et Rosé Impérial, sont des champagnes d'une précision aromatique et d'une finesse évidente, tandis que les millésimes de la cuvée Grand Vintage sont toujours aussi réussis. Bref, un bilan parfait pour «la Grande Maison» comme on la surnomme en Champagne.

- **Impérial, champagne** | Brut | 2025>30 | 42.9 € — 91
- **Grand Vintage, champagne 2015** | Extra-brut | 2025>35 | 150 € — 95

✦ Star ✚ Valeur sûre ⊕ À suivre de près N Nouvelle entrée

ALWAYS APPROPRIATE*
Nicolas Feuillatte
VINTAGE 2009
BRUT
Nicolas Feuillatte
CHAMPAGNE
PALMES d'OR
Brut
PALMES d'OR
CHAMPAGNE Nicolas Feuillatte
254 RUE DU FAUBOURG ST-HONORÉ - PARIS 8ÈME
*En toutes circonstances
Agence : Megusta - Photo : Gilles de Beauchêne

- Grand Vintage, champagne 2016
  | Extra-brut | 2025>35 | 68 € 93
- Rosé Impérial, champagne | Brut | 2025>30 | 54.5 € 92
- Grand Vintage Collection, champagne 2006
  | Brut | 2025>40 | 240 € 97
- Grand Vintage Collection, champagne 2004
  | Brut | 2025>40 | 280 € 95
- Grand Vintage Collection, champagne 2003
  | Brut | 2025>40 | 300 € 98
- Collection Impériale n°1, champagne
  | Non dosé | 2025>40 | 240 € 98

Champagne Moussé

✪✪✪ Ⓝ

Installée à Cuisles depuis 1923, la famille Moussé façonne des meuniers identitaires, issus d'un terroir singulier d'argiles vertes exposé plein sud. Vignerons depuis 1629, vinificateurs depuis quatre générations, ils signent des champagnes tendus, sincères, peu interventionnistes. Le domaine conjugue pratiques agricoles durables (zéro pesticides, éco-pâturage, soins par les plantes) et autonomie énergétique. Cédric Moussé était l'un des talents mis en avant lors de la dernière édition de notre guide et les vins dégustés cette année confirme tous le bien que nous pensons de son travail.

- L'Esquisse, champagne | Extra-brut | 2025>30 | 38 € 92
- Eugène, champagne | Non dosé | 2025>30 | 45 € | ☘ 92
- Eugène, champagne | Non dosé | 2025>32 | 50 € 93
- Les vignes de mon village, champagne
  | Non dosé | 2025>30 | 52 € 96
- Les Fortes Terres, champagne 2019
  | Extra-brut | 2025>35 | 111 € 96
- L'orage, champagne | Extra-brut | 2025>32 | 49 € 94

Moutard

✪✪✪

Moutard-Diligent est l'une des plus anciennes maisons de la côte des Bar, installée à Buxeuil depuis 1642, un village très au sud de Reims, près de Troyes. Elle propose une intéressante gamme de champagnes issue de ces terroirs argilo-calcaires spécifiques, ainsi qu'une cuvée assez rare dans son genre, composée des six cépages autorisés dans l'aire d'appellation champagne et devenus très rares : arbane (blanc), petit meslier (blanc), pinot blanc, chardonnay, pinot noir et meunier, ainsi qu'une cuvée millésimée de pure arbane.

- 6 Cépages, Côte des Bar, champagne 2012
  | Brut | 2025>32 | 82 € 93

G.H. Mumm

✪✪✪

Yann Munier a succédé au regretté Laurent Fresnet au poste de chef de cave de la fameuse marque au cordon rouge, aujourd'hui fer de lance du groupe Pernod-Ricard en Champagne. S'il faut toujours plusieurs années pour pleinement mesurer les premières décisions prises par tout chef de cave, nous continuons d'apprécier sans réserve les cuvées phare de la gamme RSRV, à savoir le blanc de blancs de Cramant, toujours aérien, citronné et à la bulle fine car tiré en demi-mousse (moins de pression dans la bouteille) et le rosé Fujita, aux gourmandes senteurs de fruits des bois.

- Cordon Rouge, champagne | Brut | 2025>30 | NC 89
- Millésimé, champagne 2016 | Brut | 2025>36 | NC 92
- RSRV Lalou, champagne 2013 | Brut | 2025>33 | NC 93
- RSRV rosé Foujita, champagne | Brut | 2025>35 | NC 93
- RSRV 4.5, champagne | Brut | 2025>30 | NC 89
- RSRV Cramant, Grand Cru Blanc de blancs, champagne 2015 | Brut | 2025>35 | NC 94
- Cordon Rosé, champagne | Brut | 2025>30 | NC 89
- RSRV Verzenay, Blanc de Noirs, champagne 2018
  | Brut | 2025>35 | NC 92

Nicolas Feuillatte

✪✪✪ ✚

Le géant coopératif champenois continue de promouvoir sa marque propre, malgré les rachats de maisons historiques ces dernières années (Henriot, Castelnau, Abelé). À la tête du pôle technique, Guillaume Roffiaen mène avec l'entrain et l'énergie qu'on lui connaît les équipes nécessaires pour faire avancer ce paquebot. En nouveauté récente, la Chronothèque Palmes d'Or, qui réinterprète le dosage de trois millésimes de la fameuse cuvée. Dans sa version rosée, sous le nom de Rosé Intense, de savoureux parfums de fleurs et d'épices surgissent au vieillissement.

- Grand cru, Blanc de blancs, champagne 2015
  | Brut | 2025>35 | 56 € 93
- Grand Cru, Blanc de noirs, champagne 2015
  | Brut | 2025>35 | 53 € 92
- Palmes d'Or, champagne 2009 | Brut | 2025>39 | NC 95
- Palmes d'Or, champagne 2000 | Brut | 2025>30 | 220 € 90
- Palmes d'Or Rosé Intense, champagne 2008
  | Brut | 2025>43 | 162 € 94
- Blanc de blancs, champagne 2019 | Brut | 2025>34 | 45 € 91

Champagne Odyssée 319

✪✪ Ⓝ

Olivier Bonville et Ferdinand Ruelle signent des vins précis et identitaires, ancrés dans la tradition de la côte des Blancs. Leurs cinq cuvées permanentes, issues de parcelles historiques, forment le socle de leur approche. Chaque année, ils y ajoutent une cuvée exploratoire sous le nom Odyssée 319, fruit d'un cru sélectionné ailleurs en Champagne. Ce projet itinérant, artisanal et pédagogique, étend leur regard au-delà d'Avize pour offrir une lecture plurielle et vivante des terroirs champenois.

- Grand Cru, Blanc de blancs, champagne
  | Extra-brut | 2025>32 | 33.5 € 92
- Grand Cru, Blanc de blancs, champagne 2017
  | Extra-brut | 2025>32 | 46 € 94
- Jour 4 : Mareuil sur Ay, champagne 2021
  | Extra-brut | 2025>32 | 44 € 92

Bruno Paillard

✪✪✪✪✪ ✦

Depuis 2019, la maison est dirigée par Alice Paillard, fille du fondateur. Avec son chef de cave, Laurent Guyot, elle s'appuie sur un vignoble en propre comptant 32 hectares, dont 12 en grands crus et premiers crus et plus de 110 parcelles toutes vinifiées séparément. Les champagnes sortent de cave après un temps de repos de trois à 11 ans. Les dosages sont désormais toujours extra-brut, signe d'une matière première saine et d'un savoir-faire méticuleux. Certifié HVE3, le vignoble est la priorité d'Alice, attentive aux besoins de la nature. Verticaux, architecturés, les vins sont tous à leur meilleur niveau actuellement.

- Rosé Première Cuvée, champagne
  | Extra-brut | 2025>32 | 67 € 93
- Grand Cru Extra-Brut, Blanc de blancs, champagne | Extra-brut | 2025>35 | 82 € 96
- D:Z, champagne | Non dosé | 2025>32 | 64 € 94
- Cuvée 72, champagne | Extra-brut | 2025>35 | 69 € 96
- Grand Cru Extra-Brut, Blanc de noirs, champagne | Extra-brut | 2025>35 | 82 € 97

Pierre Paillard

✪✪✪

Benoît Paillard et ses deux fils Antoine et Quentin dirigent aujourd'hui les 11 hectares de ce domaine familial, entièrement situés sur l'un des terroirs les plus prestigieux de la Champagne, Bouzy, classé en grand cru. Toutes les cuvées sont de haute tenue et les sélections parcellaires ont du style. Notamment un coteau champenois fort réussi.

- Terres Roses, champagne | Extra-brut | 2025>32 | 65 € 93
- Les Parcelles XIII, champagne NM
  | Brut | 2025>30 | 36 € 92
- Grand Cru Bouzy Les Mottelettes, champagne 2020
  | Extra-brut | 2025>32 | NC 93
- Vieilles vignes - pinot noir, Ambonnay, champagne 2020 | Extra-brut | 2025>30 | NC 92

Palmer & Co

✪✪✪✪ ✚

Difficile de manquer la nouvelle cuverie ultra moderne de Palmer lorsqu'on quitte la nouvelle gare TGV à Reims-Bézannes, parfaite illustration du haut niveau qualitatif qu'a atteint cette cave coopérative dont les apporteurs viennent essentiellement du nord de la Montagne de Reims. La régularité de la gamme depuis plus de 30 ans impressionne, et des vieux millésimes sont ici disponibles à la vente, notamment en blanc de blancs et en millésimé, deux des grandes spécialités de Palmer.

- Blanc de blancs, champagne 2018
  | Brut | 2025>40 | 60 € 94
- Blanc de blancs, champagne 2013 | Brut | 2025>43 | NC 96
- La Réserve, champagne | Brut | 2025>32 | 39 € 92
- Amazone de Palmer, champagne
  | Brut | 2025>35 | 142 € 94
- Blanc de noirs, champagne | Brut | 2025>35 | 54 € 92
- Grands Terroirs, champagne 2015
  | Brut | 2025>35 | 75 € 94
- Rosé Solera, champagne | Brut | 2025>35 | 49 € 92
- La Réserve Nature, champagne | Brut | 2025>30 | 47 € 91

Pannier

✪✪✪

Fondée par Louis-Eugène Pannier en 1899, cette maison historique, située à l'extrémité occidentale de l'appellation, au cœur des vignobles de la Vallée de la Marne, bénéficie d'un magnifique site et de caves médiévales de plus de deux kilomètres. Pannier s'appuie sur un approvisionnement varié et de grande qualité : le chardonnay de la Côte des Blancs, le meunier de la Vallée de la Marne, et le pinot noir de la Montagne de Reims. Finesse, fruité délicat et

✦ Star ✚ Valeur sûre ➔ À suivre de près Ⓝ Nouvelle entrée

Maud Rabin et Émilien Boutillat, Rare Champagne

Elle dirige la maison, lui fait les vins. Tous les deux la représentent partout dans le monde. Maud et Émilien savent parler avec admiration et humilité de ce que contient chaque flacon de Rare. Depuis que la cuvée a pris son envol et n'est plus l'étiquette de prestige de la maison Piper-Heidsieck, le duo a engagé un travail formidable pour donner à ce champagne prodigieux, toujours millésimé, composé uniquement de raisins issus de grands crus et disponible en blanc et en rosé, une classe toujours plus évidente. *Louis-Victor Charvet* structure caractérisent l'ensemble de la gamme. Les cuvées Blanc de Blancs, souples et apéritives, contrastent avec le Blanc de Noirs millésimé et Egérie, deux champagnes vineux à l'évolution remarquable. Velours, avec son nouvel habillage, se destine résolument à la gastronomie.

- **Vintage, champagne 2018** | Brut | 2025>30 | 44.1 € 92
- **Extra-Brut Exact, champagne** | Extra-brut | 2025>30 | 37.6 € 90
- **Rosé Velours, champagne** | Sec | 2025>30 | 76.9 € 90
- **Blanc Velours, champagne** | Brut | 2025>32 | 70.6 € 92
- **Rubis Velours, champagne** | Brut | 2025>30 | 82 € 93

Franck Pascal

Isabelle et Franck Pascal constituent l'un des couples les plus attachants de la vallée de la Marne où ils cultivent un peu plus de quatre hectares. La culture est biologique et biodynamique et l'élevage se veut le plus naturel possible. Franck Pascal, disciple d'Anselme Selosse, est un de ceux qui, dans le secteur du pinot meunier, travaille avec le plus de régularité. Les vins sont peu ou pas dosés, épurés et précis, avec de l'élan et des équilibres d'une grande subtilité.

- **Extra-Brut Quintessence, champagne 2013** | Brut | 2025>30 | 67 € 94
- **Reliance Brut Nature, champagne NM** | Brut | 2025>27 | 36 € | ☘ 94
- **Harmonie, champagne 2014** | Extra-brut | 2025>29 | 53 € 92
- **Sérénité, champagne 2012** | Extra-brut | 2025>30 | 97 € 95
- **Fluence Nature, champagne** | Brut | 2025>27 | 39 € | ☘ 94

Penet-Chardonnet

Alexandre Penet tient à séparer les vins qu'il vend sous son nom de ceux qu'il continue à élaborer dans la société familiale, sous la marque Penet-Chardonnet. Les vignes de ce domaine modèle de six hectares sont situées au cœur de la montagne de Reims et les vins produits possèdent dans toute leur plénitude les qualités de vinosité du secteur. Assemblages issus d'une sélection rigoureuse de parcelles grand cru de Verzy et de Verzenay, la gamme Terroir & Sens est de haute volée. La gamme parcellaire est pertinente tandis que la gamme Prestige n'a jamais autant mérité son nom. Une production solide et de haut niveau.

- **Grand Cru Diane Claire, champagne 2011** | Extra-brut | 2025>32 | 136 € 94
- **Les Fervins, champagne 2011** | Extra-brut | 2025>32 | 102 € 92
- **Les Épinettes, Blanc de noirs, champagne 2012** | Extra-brut | 2025>32 | 125 € 94
- **Hypothesis, champagne** | Extra-brut | 2025>32 | 45 € 92
- **Hypothesis, Blanc de noirs, champagne** | Non dosé | 2027>32 | 51 € 91
- **Épitome, champagne** | Extra-brut | 2025>32 | 65 € 91

Perrier-Jouët ✦

Également dans le giron de Pernod-Ricard, aux côtés de Mumm, Perrier-Jouët fait partie de ces maisons qui incarnent l'art de vivre à la française, notamment la Belle Époque qui a permis à la marque de baptiser sa cuvée de prestige avec ses fameuses anémones du Japon. Au cœur de l'avenue de Champagne, à Épernay, les collections de la maison Belle Époque - la maison d'hôtes de la marque, propriété historique de la famille Perrier-Jouët - constituent l'écrin idéal pour apprécier les dernières créations de Séverine Frerson, cheffe de cave, associées aux préparations culinaires du chef à demeure. Avec la vendange 2024, la maison a inauguré un nouveau chai à bois destiné exclusivement à la vinification des chardonnays, qui va permettre de faire évoluer la texture et le caractère floral de ce cépage dans les assemblages.

- **Belle Époque, champagne 2016** | Brut | 2025>32 | 219 € 94
- **Grand brut, champagne** | Brut | 2025>30 | 51.5 € 93
- **Blason Rosé, champagne** | Brut | 2025>30 | 81 € 91
- **Belle Époque, champagne 2014** | Brut | 2025>34 | 175 € 93
- **Belle Époque, Blanc de blancs, champagne 2017** | Brut | 2025>37 | NC 96
- **Blanc de blancs, champagne** | Brut | 2025>32 | 74 € 92

Pertois-Lebrun

Clément et Antoine Bourret progressent sur ce domaine familial de neuf hectares, qui prévaut pour ses parcelles situées en grand cru sur Cramant, Chouilly, Oiry, Oger et Le Mesnil-sur-Oger. Depuis 2009, un travail parcellaire de qualité a été entrepris, qui porte ses fruits. La finesse d'expression est perceptible sur toutes les cuvées qui sont en constante progression.

- **L'Extravertie, champagne** | Extra-brut | 2025>30 | 35.5 € 90
- **L'Ambitieuse, Blanc de blancs, champagne** | Extra-brut | 2025>32 | 43.5 € 92
- **Derrière le Mont Aigu N°18, champagne 2018** | Non dosé | 2025>34 | 74 € 92
- **Les Chétillons N°16, champagne 2016** | Extra-brut | 2025>34 | 88 € 95

Philipponnat ✦

Philipponnat poursuit son histoire familiale depuis cinq siècles à Aÿ et Mareuil-sur-Aÿ où elle est située. La maison est célèbre pour son Clos des Goisses, le plus vaste clos de toute la Champagne (cinq hectares et demi) qui surplombe abruptement la Marne et qu'elle détient depuis 1935. Depuis 1997, elle n'a cessé de progresser sous la direction de Charles Philipponnat. Le vignoble est conduit en respectant les gestes essentiels pour le préserver. En cave, les fûts et les foudres donnent le ton et la signature du style complexe, riche et précis à l'ensemble des cuvées. Un détail résume aussi l'attention portée ici aux vins : la contre-étiquette précise les dates de tirage et de dégorgement (qui permettent de comprendre que le vieillissement est largement supérieur à la règle) ainsi que le dosage et l'origine de l'assemblage. Des habillages d'une élégante sobriété à la race de l'ensemble des cuvées, tout ici converge vers la perfection.

- **Clos des Goisses, champagne 2015** | Extra-brut | 2025>40 | 360 € 94
- **Clos des Goisses, champagne 2016** | Extra-brut | 2025>40 | 360 € 95
- **Royale Réserve Rosé, champagne** | Brut | 2025>30 | 36 € 90
- **Royale Réserve, champagne** | Non dosé | 2025>30 | 49 € 90
- **Grand Cru 1522, champagne 2018** | Extra-brut | 2025>35 | 115 € 95
- **Clos des Goisses Juste Rosé, champagne 2014** | Brut | 2025>40 | 460 € 94
- **Blanc de noirs, champagne 2019** | Extra-brut | 2025>35 | 76 € 93
- **Le Léon, Blanc de noirs, champagne 2015** | Brut | 2025>40 | 234 € 96
- **Les Cintres, champagne 2012** | Extra-brut | 2025>40 | 540 € 98
- **Réserve Perpétuelle, champagne** | Brut | 2025>32 | 49 € 89

Piper-Heidsieck ✚

Le travail patient mené par les équipes de la maison depuis la reprise de la marque en 2011 par Christopher Descours a brillamment porté ses fruits. Son jeune chef de cave, Emilien Boutillat, assure avec beaucoup de talent la continuité de style et ne ménage pas ses efforts pour donner encore plus d'homogénéité à une gamme qui affiche clairement ses ambitions gastronomiques. Si le brut sans année doit encore gagner en profondeur, le reste de la gamme atteint aujourd'hui un niveau de précision remarquable, en particulier dans la collection Essentiel, extrêmement recommandable.

- **Brut, champagne** | Brut | 2025>29 | 33 € 89
- **Essentiel Brut, champagne NM** | Brut | 2025>32 | 40 € 92
- **Essentiel, Blanc de blancs, champagne** | Extra-brut | 2025>32 | 59 € 93
- **Vintage , champagne 2018** | Brut | 2025>35 | 66 € 95
- **Essentiel Blanc de Noirs, champagne** | Extra-brut | 2025>32 | 59 € 93

Pol Roger ✦

C'est l'une des dernières grandes maisons familiale et indépendante. La force de la maison repose dans la sagesse d'un développement plus fondé sur le maintien d'une qualité et d'un style que sur le développement volumétrique : le vignoble maison de 90 hectares continue à couvrir 65 % de ses besoins, et les approvisionnements sont maitrisés, tandis que la maison fait patiemment vieillir un stock de 9 millions dans les 7,5 kilomètres de caves, les plus fraîches et profondes de la région. Pureté et précision caractérisent les cuvées mais toutes offrent également une personnalité hédoniste et séduisante qui les rend accessibles à tous. La gamme est sans faille et très facile d'accès pour tous les amateurs de champagne : les vins ne sont jamais dans la démonstration, toujours tournés vers le plaisir.

- **Brut Réserve, champagne** | Brut | 2025>32 | 49.9 € 92
- **Sir Winston Churchill, champagne 2002** | Brut | 2025>42 | NC 97
- **Sir Winston Churchill, champagne 2018** | Brut | 2028>45 | 255 € 98

✦ Star ✚ Valeur sûre ➔ À suivre de près N Nouvelle entrée

- **Vintage, Blanc de blancs, champagne 2002** | Brut | 2025>42 | NC — 100
- **Vintage, Blanc de blancs, champagne 2016** | Brut | 2025>34 | 99 € — 96
- **Rosé Vintage, champagne 2018** | Brut | 2025>35 | 95 € — 97
- **Vintage, champagne 2004** | Brut | 2025>34 | NC — 94
- **Vintage, champagne 2018** | Brut | 2025>40 | 76 € — 98
- **Pure, champagne** | Extra-brut | 2025>32 | 60 € — 92

Pommery

⭘⭘⭘

Pommery est l'une des grandes marques historiques de la Champagne. Propriété de Paul-François Vranken depuis 2002, la marque conserve le style fin et délié qu'ont toujours apprécié les chefs de caves de la maison. Ne manquez pas la visite des caves, certainement parmi les plus spectaculaires et impressionnantes de Champagne. À tous les points de vue, cette maison a retrouvé aujourd'hui l'importance et le niveau qualitatif qui était le sien il y a un quart de siècle. La cuvée de prestige, Louise, est millésimée et existe en deux versions, l'une brut, l'autre non dosée. Essayez également à l'apéritif le demi-sec Royal Blue Sky qui se boit avec des glaçons.

- **Louise, champagne 2006** | Brut | 2025>32 | 160 € — 94
- **Grand Cru Royal, champagne 2009** | Brut | 2025>30 | 69 € — 92
- **Brut Apanage, champagne** | Brut | 2025>30 | 70 € — 92
- **Apanage, Blanc de blancs, champagne** | Brut | 2025>30 | 95 € — 91

Rare Champagne

⭘⭘⭘⭘⭘

Séparée de Piper-Heidsieck, son ancienne maison mère, Rare Champagne est désormais une marque à part entière dédiée à un seul vin, décliné en blanc et en rosé, toujours millésimé. Maud Rabin, la directrice et Emilien Boutillat, l'actuel chef de cave, travaillent intelligemment pour maintenir l'aura si spéciale de cette marque unique en son genre. Les derniers millésimes en blanc (2012 et 2013) ou en rosé (2012 et 2014) atteignent des sommets de raffinement et affichent un style qui continue de s'affirmer avec classe.

- **Rare, champagne 2012** | Brut | 2025>40 | 240 € — 98
- **Rare, champagne 2014** | Brut | 2025>35 | 420 € — 97

André Robert

⭘⭘⭘

Claire Robert et Jean-Baptiste Denizart, à la tête de cette exploitation située au Mesnil-sur-Oger, peuvent compter sur une majorité de premiers et grands crus. Passionnés, ils ont mis leur énergie et leur compétence pour proposer une gamme bien construite, avec des champagnes issus d'un travail très sérieux à la vigne comme en cave. Toujours aussi subtils et énergiques, les vins continuent de progresser vers encore plus de précision.

- **Les Jardins du Mesnil, champagne** | Extra-brut | 2025>30 | 48 € — 92
- **Terre du Mesnil, champagne 2019** | Extra-brut | 2025>35 | 75 € — 95
- **Les Horizons, champagne** | Extra-brut | 2025>32 | 42 € — 90
- **Les Vignes de Montigny, Les Grillons, champagne** | Extra-brut | 2025>30 | 36.5 € | — 91
- **Rose de Vignes, champagne** | Extra-brut | 2025>30 | 50 € — 93

Éric Rodez

⭘⭘⭘⭘

Éric Rodez est l'un des vignerons les plus cotés d'Ambonnay. Certifié en biodynamie, bio et HVE, le vignoble de six hectares entoure le village grand cru, ce qui permet de réaliser un nombre important de cuvées singulières. Son fils Mickaël l'a rejoint et s'occupe du vignoble. On ne peut que saluer les progrès considérables réalisés en une petite dizaine d'années. La gamme est remarquable dans sa consistance et dans la précision des élevages. Style limpide et maîtrisé, compositions subtiles, où les équilibres servent une signature aromatique originale et raffinée.

- **Blanc de blancs, champagne** | Extra-brut | 2025>32 | 62 € | — 93
- **Blanc de noirs, champagne** | Extra-brut | 2025>32 | 65 € | — 95
- **Grands Vintages, champagne** | Extra-brut | 2025>32 | 91 € | — 96
- **Les Beurys, champagne 2018** | Extra-brut | 2025>35 | 115 € | — 96
- **Empreinte blanche, champagne 2013** | Extra-brut | 2025>35 | 150 € | — 96
- **Les Genettes, champagne 2018** | Extra-brut | 2025>35 | 115 € | — 98

Louis Roederer

✪✪✪✪✪ ✦

Fondée à Reims en 1776, Roederer appartient à la même famille, représentée par Frédéric Rouzaud. Elle fait œuvre pionnière, en convertissant son vaste vignoble de 242 hectares en agriculture biologique et en biodynamie (126 hectares). Cristal, exceptionnelle cuvée de prestige, ne provient que de vignes poussant sur les sols de craie. Les vins millésimés et le cœur du brut non millésimé, désormais appelé Collection, avec un numéro indiquant l'année de base de l'assemblage, proviennent de sols toujours calcaires mais plus argileux. Les vins actuels sont les plus remarquables jamais produits, y compris d'étonnants coteaux-champenois rouges et blancs, avec les très confidentielles cuvées Camille.

- **Cristal Vinothèque, champagne 2002** | Brut | 2025>50 | 1100 € 98
- **Cristal Vinothèque, champagne 2016** | Brut | 2025>40 | 370 € 97
- **Rosé Vintage, champagne 2016** | Brut | 2025>40 | 95 € 95
- **Blanc de blancs, champagne 2016** | Brut | 2025>40 | 90 € 95
- **Cristal Vinothèque, champagne 2004** | Brut | 2025>50 | NC 99
- **Vintage, champagne 2016** | Brut | 2025>40 | 91 € 95
- **Brut Nature, champagne 2015** | Brut | 2025>35 | 90 € 92
- **Collection 246, champagne** | Brut | 2025>30 | 32 € 90

Barons de Rothschild

✪✪✪

Trois branches historiques de la famille Rothschild se sont réunies (Mouton, Lafite, Clarke) pour produire, par l'entremise de la cave de Vertus, des champagnes bien campés sur leur approvisionnement, de nature à plaire à un large public. De sérieux progrès allant vers plus de pureté et d'élégance naturelle se confirment avec le travail de Guillaume Lété, l'excellent chef de cave.

- **Rare Collection, Blanc de blancs, champagne 2014** | Extra-brut | 2025>35 | 316 € 95
- **Concordia, champagne** | Brut | 2025>35 | 55 € 90
- **Blanc de blancs, champagne** | Extra-brut | 2025>30 | 75 € 93
- **champagne** | Extra-brut | 2025>35 | 73 € 90
- **Brut Nature, champagne** | Non dosé | 2025>30 | 60 € 93
- **Triptyque, champagne 2018** | Extra-brut | 2025>35 | 99 € 94

Ruinart

✪✪✪✪ ✦

La disparition accidentelle en juin 2025 de Frédéric Panaïotis, emblématique chef de cave d'une maison star de ce nouveau siècle (et par ailleurs l'une des plus anciennes de Champagne) est un drame qui aura touché non seulement la Champagne mais aussi tous les amateurs de vins. Mais, forte de son histoire où le chardonnay règne en roi, la maison conserve un cap ambitieux, notamment sur les enjeux climatiques, sur le respect des terroirs et de leur biodiversité, sur l'empreinte carbone avec par exemple des emballages complètement repensés en ce sens. Brillants, les vins ont également réaffirmé leur identité : tirage liège sur la cuvée Dom Ruinart, création de la cuvée Blanc Singulier qui anticipe l'évolution du goût des champagnes, etc. Le ressenti d'une perpétuelle recherche de justesse n'a jamais été aussi perceptible dans la gamme.

- **«R» de Ruinart, champagne** | Brut | 2025>30 | 60 € 91
- **Dom Ruinart, Blanc de blancs, champagne 2010** | Brut | 2022>32 | NC 97
- **Dom Ruinart, Blanc de blancs, champagne 2009** | Brut | 2022>30 | 200 € 96
- **Dom Ruinart, Blanc de blancs, champagne 2013** | Brut | 2025>40 | NC 96
- **Blanc de blancs, champagne NM** | Brut | 2025>28 | 52 € 92
- **Ruinart Rosé, champagne NM** | Brut | 2025>29 | 52 € 91
- **«R» Millésimé, champagne 2016** | Brut | 2025>32 | NC 93
- **Blanc Singulier, champagne 2019** | Brut | 2025>30 | NC 93

Sadi Malot

✪✪ Ⓝ

Cindy Malot, cinquième génération, prend soin des 10 hectares de vignes, dont 80 % sont en chardonnay sur la commune de Villers-Marmery (premier cru) et 20 % en pinot noir sur Verzy (grand cru). L'ensemble du vignoble est actuellement engagé en conversion bio et les résultats ne se font pas attendre ! Les vins sont concentrés, parfumés et de très bonne constitution.

- **Les 2 cépages, champagne** | Extra-brut | 2025>32 | 30 € 92
- **Sous la Ville, champagne 2021** | Non dosé | 2025>32 | 60 € | ☘ 92
- **Vignes Les Goisses, champagne 2021** | Extra-brut | 2025>32 | 40 € | ☘ 92
- **Les Pucelles, champagne 2021** | Non dosé | 2025>32 | 60 € | ☘ 90
- **Rosé de saignée, champagne 2020** | Extra-brut | 2025>30 | 40 € | ☘ 92

De Saint-Gall

✪✪✪

L'Union Champagne est un groupement coopératif s'appuyant sur des vignobles situés en premier ou en grand cru, avec une nette majorité de villages de la Côte des Blancs et en particulier Avize, siège de la cave. Elle a créé cette marque qui s'appuie sur les nombreux excellents approvisionnements de la Côte des Blancs. Les vins possèdent de la finesse et ont gagné en équilibre. Une très bonne adresse pour trouver de beaux champagnes de la Côte des Blancs à des tarifs sages. Nous la recommandons sans hésitation.

- **Premier Cru, Blanc de blancs, champagne** | Brut | 2025>30 | 40 € 91
- **Premier cru Tradition, champagne NM** | Brut | 2025>30 | 37 € 90
- **Orpale, champagne 2012** | Brut | 2025>32 | 126 € 93
- **SO Dark Grand Cru, champagne 2016** | Brut | 2025>30 | 52.5 € 90
- **Le Blanc de Bio, champagne** | Extra-brut | 2025>30 | 50 € | ☘ 88

Salon

✪✪✪✪✪

Cette petite maison célébrissime fait partie du groupe Laurent-Perrier depuis 1988. Elle est dirigée par l'efficace et talentueux Didier Depond et les vins sont «cousus main» par Michel Fauconnet. Salon ne produit qu'un seul vin, uniquement dans les très grands millésimes (seulement 37 élaborés au XXe siècle) exclusivement à partir de chardonnays issus de la parcelle « Jardin de Salon » et 19 autres du Mesnil-sur-Oger. La marque n'a cessé de progresser sous l'impulsion de Laurent-Perrier.

- **S Salon Le Mesnil, Blanc de blancs, champagne 2015** | Brut | 2028>40 | NC 98

Sanger

✪✪

Sanger a été conçu dans une philosophie de partage, de transmission et de savoir-faire qui unit différentes générations. Avec un statut un peu à part, elle vinifie les apports de 80 vignerons pour un équivalent de neuf hectares auxquels se rajoutent les six hectares du domaine du lycée viticole d'Avize. L'ensemble est orchestré de main de maître par Nicolas Robert, le chef de cave pour produire des champagnes très identitaires, dotés d'une forte expression du goût et des saveurs. La gamme très homogène fait preuve d'une grande régularité et propose des cuvées où le rapport prix-plaisir est évident.

- **Voyage 360, champagne** | Extra-brut | 2025>30 | 30.3 € 91
- **Terroir Natal, champagne** | Extra-brut | 2025>27 | 42.4 € 91
- **Pères d'Origines, champagne 2016** | Brut | 2025>32 | 56.2 € 93
- **Triangle Minéral, Les Maladreries Avize, champagne 2018** | Extra-brut | 2025>35 | 50.9 € 93
- **Tango Paradoxe, champagne** | Brut | 2025>35 | 34 € 90
- **Avize, coteaux champenois 2022** | Non dosé | 2025>33 | 38.2 € 90

Frédéric Savart

✪✪✪✪

Pour comprendre les champagnes de Frédéric Savart, il faut s'intéresser à l'homme, passionné de vins, comme tous les plus grands vignerons. Une culture indispensable à qui souhaite un jour atteindre l'excellence. Sur les terroirs de la petite montagne, il a su pleinement exploiter puis explorer le potentiel des sols sablonneux d'Écueil avec des champagnes d'un style précis et singulier. Sa gamme admirable démontre avec brio ses talents de vinificateur. Chaque année, Frédéric repense ses créations en jouant sur la diversité de ses contenants d'élaboration. Les champagnes sont d'une précision exceptionnelle.

- **Expression Nature, champagne 2019** | Brut | 2025>36 | NC 97
- **Le Mont Benoit, champagne 2019** | Extra-brut | 2025>36 | NC 97
- **Le Mont des Chrétiens, champagne 2019** | Extra-brut | 2025>34 | NC 94
- **L'Ouverture, Blanc de noirs, champagne** | Brut | 2025>29 | 50 € 93
- **Expression Nature, champagne 2014** | Non dosé | 2025>36 | NC 98
- **Premier Cru, Blanc de blancs, champagne** | Brut | 2025>29 | NC 93
- **Premier Cru Les Noues, champagne 2019** | Brut | 2025>34 | NC 95

✦ Star ✚ Valeur sûre ⊕ À suivre de près Ⓝ Nouvelle entrée

Damien Cambres, Champagne Pol Roger

Damien Cambres est depuis huit ans le discret mais ultra compétent chef de cave de Pol Roger, mythique maison d'Épernay appartenant toujours aux familles du fondateur. Ayant passé plusieurs mois avec son prédécesseur, l'emblématique Dominique Petit, il est entré dans les habitudes d'une maison qui a des convictions et un style que le brut Réserve symbolise parfaitement : plénitude, harmonie, accessibilité. À l'aube d'une première décennie chez le champagne préféré de Churchill (et de beaucoup de citoyens britanniques), Damien Cambres peut s'enorgueillir de proposer une gamme cohérente, célébrant le plaisir de la dégustation. *Thierry Desseauve*

Jacques Selosse

✪✪✪✪✪ ✦

Anselme Selosse poursuit avec sa juste liberté intuitive ses convictions champenoises. Avant-gardiste sur de nombreux sujets, sa vision intellectuelle et philosophique ne laisse jamais indifférente, ses vins suivent cette mouvance. Avec son fils Guillaume, ils réalisent ensemble des vins singuliers que le monde s'arrache. Les grandes vinifications sous bois et l'éducation des vins sous solera mettent en avant des champagnes de terroirs où le sol exprime tout sa grande singularité au cœur d'une matière à la richesse concentrée et inouïe. Plus qu'un style, une envie.

- **Grand Cru Version Originale Extra-Brut, Blanc de blancs, champagne** | Non dosé | 2026>34 | NC 94
- **Grand Cru Substance, Blanc de blancs, champagne NM** | Extra-brut | 2025>35 | 93 € 98
- **Brut Rosé, champagne NM** | Extra-brut | 2025>30 | 56.5 € 92
- **Grand Cru Ay «La Côte Faron», Blanc de noirs, champagne** | Extra-brut | 2026>36 | NC 97
- **Grand Cru Le Mesnil Sur Oger «Les Carelles», Blanc de blancs, champagne NM** | Extra-brut | 2026>36 | 66 € 97
- **Grand Cru Extra-Brut Millésimé, champagne 2012** | Extra-brut | 2025>35 | NC 96

Taittinger

✪✪✪✪✪ ✦

Entourée d'une équipe fidèle et qualifiée (Clovis, son frère, Damien le Sueur, directeur général, Alexandre Ponnavoy, chef de cave, Christelle Rinville, la directrice du vignoble), Vitalie Taittinger a pris ses marques pour présider avec beaucoup de tact et de talent la maison qui porte son nom et son vignoble de 288 hectares. Toujours portée par l'élégance donnée par des proportions importantes de chardonnay dans les asssemblages, la cuvée a spectaculairement réaffirmé sa personnalité, en particulier la cuvée Brut réserve, superbe de profondeur et d'intensité. Évidemment, le sommet de la gamme est toujours la fameuse cuvée Comtes de Champagne, merveilleuse en blanc comme en rosé. Ouvert au public, son nouveau site lui permettra de rayonner encore plus au firmament des grandes maisons de Champagne. À noter aussi l'ouverture de la table Polychrome, qui réaffirme la volonté de la maison d'être une maison de grands vins de gastronomie.

- **Brut Réserve, champagne** | Brut | 2025>30 | 50 € 91
- **Comtes de Champagne Rosé, champagne 2012** | Brut | 2025>45 | 310 € 98
- **Comtes de Champagne Rosé, champagne 2013** | Brut | 2025>45 | NC 99
- **Comtes de Champagne, Blanc de blancs, champagne 2013** | Brut | 2025>45 | 215 € 98
- **Comtes de Champagne, Blanc de blancs, champagne 2014** | Brut | 2025>45 | NC 97
- **Brut Millésimé, champagne 2016** | Brut | 2025>35 | 67 € 93
- **Brut Réserve Rosé, champagne** | Brut | 2025>30 | 60 € 91

Tarlant

✪✪✪

Ce vignoble de 14 hectares, situé au cœur de la vallée de la Marne, compte 55 parcelles, plantées des trois cépages traditionnels mais aussi de pinot blanc, de petit meslier et d'arbanne. Benoît et Mélanie Tarlant y développent des cuvées parcellaires abouties, vieillies cinq ans en moyenne, très peu, voire pas du tout dosées. Ce respect du temps long leur permet de sortir un excellent champagne-zéro en entrée de gamme. Une preuve que la Champagne peut faire un vin équilibré, complexe et rafraîchissant sans tomber dans les micro-cuvées.

- **Rosé Zéro Brut Nature, champagne** | Non dosé | 2025>32 | 52 € 93
- **Zéro Brut Nature, champagne** | Non dosé | 2025>32 | 43 € 91
- **La Vigne d'Or, champagne 2009** | Non dosé | 2025>30 | 110 € 92
- **Saignée des Tempêtées, Rosé de saignée, champagne 2018** | Non dosé | 2025>30 | 76 € 91
- **La Vigne Royale, champagne 2007** | Non dosé | 2025>30 | 99 € 91
- **Petit Meslier, coteaux champenois 2020** | Sec | 2025>30 | 75 € 92

Telmont

✪✪✪ ⊛

Depuis deux ans, « cette petite maison » de Champagne comme aime à le rappeler Ludovic du Plessis, son président, gravit les échelons. Située à Damery, proche d'Épernay, détenue majoritairement par le groupe familial Rémy Cointreau depuis 2020, elle s'est lancée dans un projet éco-responsable d'envergure « au nom de la terre », en phase avec les valeurs et les ambitions de Rémy Cointreau, notamment à propos de la Responsabilité sociale des entreprises (RSE), sur les 20 hectares dont elle est propriétaire, mais aussi avec ses partenaires apporteurs de raisins. Une idée mise en application dans les vignes avec une première cuvée bio, Réserve de la Terre, lancée dès 2021 et un objectif de certification biologique de 100 % des vignes du domaine pour 2025. La maison va plus loin en s'engageant aussi dans l'agriculture régénératrice.

- **Blanc de noirs, champagne 2015** | Brut | 2025>33 | 132.75 € 93
- **Réserve Rosé, champagne** | Brut | 2025>30 | 65.5 € 90
- **Réserve Brut, champagne** | Brut | 2025>30 | 52 € 90
- **Vinothèque, champagne 2013** | Extra-brut | 2025>32 | 127 € 94
- **Réserve de la Terre, champagne** | Extra-brut | 2025>30 | 71.5 € | ☘ 92
- **Blanc de blancs, champagne 2015** | Extra-brut | 2025>32 | 144 € 93

Thiénot

✪✪✪

Tête de pont champenoise de la famille Thiénot, propriétaire de Dourthe à Bordeaux et de Canard-Duchêne et Joseph Perrier en Champagne, cette marque dispose d'une personnalité propre grâce à sa gamme complète. La nouvelle génération, Garance et Stanislas Thiénot, veille au grain, réussissant notamment la montée en gamme avec les cuvées qui portent leurs prénoms mais aussi un superbe monocru d'Avize, la Vigne-aux-Gamins. Les millésimes et cuvées de prestige sont tous réussis.

- **Vintage, champagne 2015** | Brut | 2025>32 | 57.5 € 92
- **Brut Rosé, champagne** | Brut | 2025>30 | 54.5 € 88
- **champagne** | Brut | 2025>30 | 39.9 € 90
- **Alain Thiénot, champagne 2008** | Brut | 2025>32 | 105 € 94
- **Blanc de blancs, champagne** | Brut | 2025>30 | 54.5 € 90

Tribaut-Schloesser

✪✪

Excellente petite maison de champagne qui s'est construite autour d'un vignoble de famille le long de la petite vallée du Brunet. Sous la direction de Sébastien et Valentin Tribaut, deux jeunes viticulteurs passionnés, les vignes sont en conversion biologique et les vins ont la personnalité donnée par des assemblages intelligents de millésimes, de cépages et de techniques de vinification et d'élevage qui associent barriques, foudres et cuves en inox. Les vins sont faiblement dosés et équilibrés.

- **8 Terroirs : Origine Brut, champagne** | Brut | 2025>30 | 34.5 € 90
- **Vallée du Brunet : Blanc de Chardonnay, champagne** | Brut | 2025>30 | 44 € 88
- **Vallée du Brunet : Blanc de Noirs, champagne** | Non dosé | 2025>32 | 41 € 92
- **Authentiques : Cuvée Renée, champagne** | Extra-brut | 2025>32 | 74 € 91
- **Authentique 2012, champagne 2012** | Extra-brut | 2025>32 | 87 € 92

Tsarine

✪

Tsarine est la marque développée par Chanoine Frères, appartenant au groupe BCC. Elle s'est développée en accompagnant le monde du cinéma. Les vins élaborés par Isabelle Tellier, la cheffe de cave, sont principalement fixés sur l'équilibre des trois cépages champenois, ils sont tendres et fruités sur la jeunesse. Les progrès entrevus doivent continuer, surtout à ce niveau de prix.

- **Grand Cru Tsarine, Blanc de blancs, champagne 2018** | Brut | 2025>32 | 58 € 89
- **Tsarine Brut, champagne** | Brut | 2025>29 | 34 € 88
- **Tsarine Rosé, champagne** | Brut | 2025>32 | 45 € 88
- **Tsarine Extra Brut, champagne** | Extra-brut | 2025>32 | 38 € 90
- **Précision n°15, champagne** | Extra-brut | 2025>35 | 195 € 92
- **Vintage Premier Cru, champagne 2019** | Extra-brut | 2025>32 | 52 € 91

Champagne Vaucelle

✪ Ⓝ

Fondé en 2023 par Thomas Cheurlin à Celles-sur-Ource, Vaucelle revendique une lecture personnelle de la côte des Bar. Le nom fait écho aux petites vallées locales – « vaucelles » en champenois – où s'étendent ses vignes, uniquement issues du domaine, sur les coteaux de l'Ource, de la Seine et de l'Arce. Issues d'un terroir jurassique d'argiles kimméridgiennes, chaque cuvée vieillit 36 mois sur lies, dont une

✦ Star ✚ Valeur sûre ⊛ À suivre de près Ⓝ Nouvelle entrée

Didier Mariotti, Champagne Veuve Clicquot

Un petit sourire toujours fiché au coin des lèvres, Didier Mariotti aime son métier de chef de cave. Mais dès que la question se fait technique, le professionnel qu'il est retrouve son sérieux pour dérouler dans le détail ses explications. Et les sujets ne manquent pas, entre la nouvelle cuverie du site de la Comète, l'apport des vins de réserve dans les assemblages ou encore l'amélioration des pratiques viticoles. Toujours disponible, souvent convaincant, il symbolise cette exigence récente que l'on attend des grands techniciens : le savoir-faire autant que le faire-savoir. *Guillaume Puzo* partie en foudres pour la cuvée Terre Natale. Un projet prometteur que nous ne manquons pas d'encourager.

- **Les Vallons, champagne** | Brut | 2025>30 | 29 € — 92
- **Terre Natale, champagne** | Brut | 2025>30 | 38 € — 89
- **Terre Nacrée, champagne** | Brut | 2025>30 | 38 € — 88
- **Terre de Nuances, champagne** | Brut | 2025>30 | 45 € — 92
- **Cuvée des ambassadeurs, champagne** | Brut | 2025>32 | 69 € — 91

De Venoge

Animée par le tandem Gilles de la Bassetière à la direction et Isabelle Tellier en cave, De Venoge fait partie depuis 1998 du groupe BCC. La gamme se divise en deux grands ensembles, les cuvées Cordon Bleu, accessibles et déclinées en plusieurs spécialités dont un toujours impeccable Blanc de noirs, et les cuvées Prince, reconnaissables entre toutes par leur très spectaculaire flaconnage. Les vins de cette gamme, toujours profonds et vineux, ont gagné en éclat aromatique et surtout en fraîcheur, et méritent d'être découverts, notamment à table.

- **Louis XV, champagne 2015** | Brut | 2025>32 | 200 € — 94
- **Cordon Bleu, champagne** | Brut | 2025>30 | 45 € — 92
- **Princes, Blanc de blancs, champagne** | Brut | 2025>32 | 80 € — 92
- **Princes, Blanc de noirs, champagne** | Brut | 2025>30 | 80 € — 94
- **Princes 3ème édition, champagne** | Brut | 2025>32 | 72 € — 92
- **Princesse, champagne** | Brut | 2025>30 | 80 € — 92

Jean-Louis Vergnon

Les cinq hectares de vignes de ce domaine de la Côte des Blancs sont plantés en chardonnay et cultivés en lutte raisonnée. La gamme est habilement construite : une entrée de gamme plutôt sur la gourmandise tandis qu'Éloquence s'ouvre sur des notes minérales. Ces deux cuvées sont de véritables pépites à prix raisonnable. Confidence, la cuvée phare du domaine, exige du temps pour se révéler et fait partie des grandes bouteilles de Champagne.

- **Grand Cru Conversation, Blanc de blancs, champagne** | Brut | 2025>32 | 36 € — 93
- **Grand Cru Éloquence, Blanc de blancs, champagne** | Extra-brut | 2025>32 | 36 € — 93
- **Grand Cru Hautes Mottes, Blanc de blancs, champagne 2014** | Non dosé | 2025>30 | 82 € — 94
- **Premier Cru Murmure, Blanc de blancs, champagne** | Non dosé | 2025>30 | 36 € — 90
- **Grand Cru MSNL, Blanc de blancs, champagne 2014** | Extra-brut | 2027>32 | 82 € — 95
- **coteaux champenois 2022** | Sec | 2025>30 | 35 € — 92

Veuve Clicquot ✦

La célèbre Veuve possède l'un des plus beaux outils de travail de toute la Champagne, inédit à ce niveau de production. Son nouveau site de la Comète, à la sortie de Reims, permet un pilotage très fin de toutes les étapes de la vinification puis de la champagnisation, et une extension va prochainement permettre d'apporter les mêmes soins à la réalisation des vins rouges, étapes indispensables à l'assemblage de grands champagnes rosés. Didier Mariotti, chef de cave, peut par ailleurs s'appuyer sur le plus impressionnant stock de vins de réserve de toute la région, qui lui permet d'élaborer de très réussis bruts sans année, en blanc et en rosé, sans oublier le très original extra-brut extra old.

- **Vintage, champagne 2015** | Brut | 2025>40 | 67 € — 95
- **La Grande Dame Rosé, champagne 2015** | Brut | 2030>45 | 225 € — 96
- **La Grande Dame, champagne 2018** | Brut | 2025>45 | 190 € — 96
- **Carte Jaune, champagne** | Brut | 2025>35 | 48 € — 93
- **Vintage Rosé, champagne 2015** | Brut | 2028>45 | 74 € — 94
- **Extra-Brut Extra Old, champagne** | Extra-brut | 2025>35 | 67 € — 93
- **Brut Rosé, champagne** | Brut | 2025>35 | 55 € — 93
- **La Grande Dame, champagne 2015** | Brut | 2025>45 | 190 € — 98

Veuve Fourny

Charles-Henry et Emmanuel Fourny ont transformé cette petite maison familiale, installée à Vertus depuis 1856, en une adresse sûre et excitante pour les amateurs de champagnes précis, vineux et authentiques. Le vignoble compte une rareté, un clos : celui du Faubourg Notre-Dame, utilisé pour les millésimes uniquement. Si les chardonnays dominent largement, les pinots noirs ne sont pas absents, vinifiés pour partie en fût de chêne. Ce sont aujourd'hui des champagnes de grande race exprimant superbement le terroir de Vertus mais aussi des vins hédonistes et séduisants, les cuvées R et les millésimes étant destinés à accompagner la table.

- **Nature, Blanc de blancs, champagne NM** | Brut | 2025>28 | 23 € — 92
- **Premier Cru Monts de Vertus, Blanc de blancs, champagne 2016** | Extra-brut | 2025>32 | 61 € — 92
- **Rosé Vinothèque, champagne 2016** | Extra-brut | 2025>30 | 61 € — 92
- **Premier Cru, Blanc de blancs, champagne** | Extra-brut | 2025>28 | 38 € — 92

Vignon Père et Fils

Les Vignon sont établis à Verzenay, un terroir que l'on retrouve à la dégustation de leurs cuvées, souvent puissantes et structurées. De par leur présence en bouche, elles sont plus souvent destinées à la table qu'à l'apéritif. La cuvée de rosé des Vignes Goisses, plus en fruit et en profondeur qu'en finesse et en élégance, en est une parfaite illustration dans le millésime 2019.

- **Grand Cru Les Vignes Goisses, champagne 2020** | Extra-brut | 2025>30 | NC — 92
- **Cuvée Hommage Auguste Escoffier, Vol-au-Vent, champagne 2018** | Extra-brut | 2025>33 | NC — 94
- **Les Marquises, champagne** | Brut | 2025>30 | NC — 91
- **Les Espérances, Blanc de noirs, champagne 2020** | Non dosé | 2025>34 | NC — 96
- **Les Marquises Potences Rochelles, champagne 2020** | Non dosé | 2025>32 | NC — 92
- **Les Marquises millésimé, champagne 2020** | Non dosé | 2025>32 | NC — 92

Vilmart & Cie

Au cœur de la montagne de Reims, la maison Vilmart cultive sur 11 hectares 60 % de chardonnay et 40 % de pinot noir. Laurent Champs, cinquième génération, est à la tête du domaine depuis 1995. Il pratique avec une grande maîtrise les élevages en foudres et en fût de chêne. À la vigne, le domaine exclut l'usage d'engrais chimiques, d'herbicides et d'insecticides. Les champagnes sont d'une pureté brillante et intense, avec une précision de définition qui en font des vins complets et tous réussis.

- **Grand Cellier, champagne** | Brut | 2025>32 | 38 € — 93
- **Cœur de Cuvée, champagne 2017** | Brut | 2025>35 | 92 € — 96
- **Grand Cellier d'Or, champagne 2020** | Brut | 2025>30 | 58 € — 91
- **Rubis, champagne** | Brut | 2025>30 | 39 € — 90
- **Grande Réserve, champagne** | Brut | 2025>29 | 28.9 € — 90
- **Millésimé, Blanc de blancs, champagne 2013** | Extra-brut | 2025>35 | 188 € — 96

Vranken

Fondée en 1976 par Paul-François Vranken, la maison de Champagne Vranken est devenue l'une des marques importantes du groupe géré par le tourbillonnant homme d'affaires. Pommery, Heidsieck & Co Monopole ou encore Charles Lafitte complètent son portefeuille champenois, en plus des vignobles qu'il possède en France, au Portugal et en Angleterre. En 2004, Paul-François Vranken et son épouse ont racheté et rénové la villa Demoiselle à Reims, l'un des fleurons de l'Art Nouveau. Les champagnes sont souples et harmonieux, spirituels, dans un registre destiné à l'apéritif.

- **Diamant Blanc, Blanc de blancs, champagne** | Brut | 2025>30 | 79 € — 91
- **Demoiselle Parisienne, champagne 2018** | Brut | 2025>30 | 49 € — 90
- **Diamant Millésimé, champagne 2014** | Brut | 2025>30 | 110 € — 91

Waris Hubert

La quatrième génération de la famille Waris-Hubert, installée à Avize dans la Côte des Blancs, dispose de terroirs (11 hectares) en premiers et grands crus parmi les plus réputés du secteur. La gamme, dont les cuvées portent des noms inspirés et poétiques, proposent des sélections de terroirs.

- **Grand Cru Lilyale, Blanc de blancs, champagne** | Non dosé | 2025>32 | 43 € — 94
- **Annexã, Blanc de noirs, champagne 2016** | Extra-brut | 2025>30 | 85 € — 91
- **Sophos, champagne 2017** | Extra-brut | 2025>32 | 88 € — 92
- **Clos de la Corneille, Blanc de blancs, champagne 2012** | Non dosé | 2025>32 | 195 € — 93
- **Sans Sulfites Ajoutés, Les Hauts Boquets, champagne** | Extra-brut | 2025>30 | 54 € — 92

✦ Star ✚ Valeur sûre ⊖ À suivre de près N Nouvelle entrée

1522
PHILIPPONNAT
CHAMPAGNE
PHILIPPONNAT
1522
PHILIPPONNAT
CHAMPAGNE
RÉSERVE PERPÉTUELLE
BRUT
En perpétuel mouvement,
par nature
L'ABUS D'ALCOOL EST DANGEREUX POUR LA SANTÉ, À CONSOMMER AVEC MODÉRATION.
sowine

Au sud d'Ajaccio, le domaine Vaccelli déploie un paysage digne d'une carte postale. Vu du ciel, il offre un spectacle majestueux entre mer Méditerranée, fraîcheur des forêts, senteurs du maquis, richesse des reliefs et diversité des terroirs corses. Une partition harmonieuse où nature et grands vins se rencontrent. Le 13 octobre 2020.

Corse

Beautés de l'île

« Je n'ai jamais goûté d'aussi grands vins corses qu'aujourd'hui »,
avertit notre dégustateur en chef. Regardons sa sélection : des stars, des valeurs sûres, des découvertes. Comment ne pas se laisser séduire par ce beau voyage ?

sélection ***Michel Bettane***

Vignerons d'Aghione

✪

Cette cave coopérative de taille respectable (850 hectares) travaille de façon quasi familiale sur des vignes d'un seul tenant, sous le contrôle technique de son nouveau directeur Denis Gigault. Les effervescents sont étonnants de franchise et les vins tranquilles tout autant.

- **San Ghjuvà Riserva, corse 2022** | Sec | 2025>28 | 13.5 € 90
- **Sampiero, corse 2024** | Sec | 2025>28 | 6.9 € 89

Castellu di Alba

✪✪ ➔

Jean-André Cardosi a replanté un domaine qu'il avait arraché deux décennies plus tôt pour sauver ses agrumes d'un gel dévastateur. Avec le retour de la prospérité, il a eu à cœur de les replanter, aidé par son ami Manu Venturi. Les vins sont parmi le plus réussis de son secteur et le terroir calcaire donne aux vins finesse et énergie.

- **corse 2023** | Sec | 2025>28 | NC 88
- **La Chapelle, corse 2023** | Sec | 2025>30 | NC 92
- **corse 2023** | Sec | 2025>30 | 22 € 92
- **Chapelle, corse 2023** | Sec | 2025>30 | NC 94

Clos d'Alzeto

✪✪

Un des domaines les plus hauts perchés de l'île et de France, Alzeto est une propriété conduite par la famille Albertini, qui soigne aussi bien son vignoble que ses vinifications, dans un cuvier parmi les plus modernes et les mieux conçus que nous connaissions. Dans les derniers millésimes, les blancs nerveux et élégants montrent plus de définition que les rouges.

- **Prestige, ajaccio 2024** | Sec | 2025>27 | 13 € 89

Domaine Jean-Baptiste Arena

✪✪✪ N

Jean-Baptiste, fils aîné d'Antoine Arena et maire de Patrimonio, prend désormais en charge sa part du domaine familial, à savoir la magnifique vigne de Grotte di Sole et une partie de Morta Maïo, sur 6 hectares en agriculture biologique. En vin rouge, il a vinifié de façon assez vigoureuse et tannique le millésime 2015 et a un peu modifié en 2016 ce style dans une direction plus élégante, mais ses 2017 et 2018 encore en élevage retrouvent des tannins assez durs. On les dégustera après trois ou quatre ans de bouteille pour mieux les comprendre. Nous avons aimé ses 2023.

- **Grotte di Sole, muscat du cap corse 2022** | Doux | 2025>30 | 25 € 94
- **Morta Majo, patrimonio 2023** | Sec | 2025>30 | 25 € 91

Clos de Bernardi

✪✪ N

Repris par Pierre François de Bernardi, neveu de Régine Sumeire, désormais en charge de ses célèbres propriétés provençales, ce domaine historique a retrouvé finesse et régularité dans sa production, avec un naturel d'expression qui n'exclut pas la précision.

- **patrimonio 2024** | Sec | 2025>27 | NC 90
- **Crème de tête, patrimonio 2022** | Sec | 2025>28 | NC 90
- **muscat du cap corse 2023** | Doux | 2025>30 | NC 94
- **Blanc de blancs, patrimonio 2024** | Sec | 2025>27 | NC 89

Clos Canarelli

✪✪✪✪ ✦

Yves Canarelli cultive, en biodynamie, plus de 30 hectares dans les secteurs de Figari et de Bonifacio, puisant parmi les cépages corses les plus adaptés à son goût et son terroir. Le chai permet la vinification dans différents contenants : amphores, œufs béton, barriques, foudres. Après avoir donné naissance à son grand cru sur le terroir calcaire de Bonifacio, Tarra di Sognu, la grande nouvelle est le défrichement et la plantation d'un superbe nouveau vignoble par et pour Simon, son fils, bâtisseur aussi doué que son père. Nous recommandons particulièrement la superbe cuvée rouge Amphora.

- **corse - figari 2024** | Sec | 2025>30 | 40.8 € 91
- **corse - figari 2022** | Sec | 2025>30 | 30 € 91
- **Amphora, corse - figari 2018** | Sec | 2025>35 | 43.2 € | ☘ 95
- **Amphora, corse - figari 2023** | Sec | 2025>30 | 49 € 92
- **Alta rocca, corse - figari 2022** | Sec | 2025>35 | 55 € 95
- **Tarra di Sognu , vin de france 2023** | Sec | 2025>30 | 50 € 94
- **Tarra di Sognu , vin de france 2024** | Sec | 2025>30 | 60 € 94
- **Tarra di Sognu, vin de france 2023** | Sec | 2025>35 | 60 € 95
- **Costa Nera , vin de france 2022** | Sec | 2025>28 | 55 € 90
- **Senza Nome, corse - figari 2021** | Sec | 2025>30 | 66 € 92
- **Petit Clos, corse - figari 2024** | Sec | 2025>27 | 16 € 88

Clos Canereccia

✪✪✪ ✚

Christian Estève reste fidèle à une ligne de conduite qui lui fait essayer toute sorte de contenant pour l'élevage avec une préférence de moins en moins secrète pour les amphores en terre. Il y a encore de la disparité entre toutes ses cuvées mais on apprécie la netteté des vinifications et le suivi des mises. Les vins plus aboutis sont hors appellation d'origine tant notre conservatisme fait de tort à notre patrimoine.

- **corse 2020** | Sec | 2025>28 | 24.33 € 90

Domaine Castellu di Baricci

✪✪ ➔

Le vignoble qui se situe au cœur de la magnifique vallée de l'Ortolo donne des vins précis et proprement vinifiés. Les deux derniers millésimes montrent une expression du terroir plus affirmée et renouent avec les meilleures réussites des années 2010, notamment la rare mais étonnante cuvée multi millésimes en rouge, mémoire de la propriété.

- **corse - sartène 2024** | Sec | 2025>27 | 23 € 90
- **corse - sartène 2024** | Sec | 2025>27 | 24 € 91
- **Réserve Perpétuelle, vin de france** | Sec | 2025>30 | 27 € 93
- **Contessa, corse - sartène 2024** | Sec | 2025>30 | 31 € 92
- **Marchesi, corse - sartène 2023** | Sec | 2025>30 | 38 € 92

✦ Star ✚ Valeur sûre ➔ À suivre de près N Nouvelle entrée

Clos Colonna

★★ (N)

Situé vers Tizzano, dans une vallée reculée de l'appellation sartène, ce domaine a trouvé dans sa nouvelle vinificatrice, Titienne Leccia, la fille d'Antoine Leccia (groupe Advini), propriétaire avec son frère de ce vignoble, un renouveau attendu depuis longtemps. Les vins sont purs, précis, fidèles au terroir et disponibles à des prix attractifs. Le domaine mérite d'être suivi.

- corse - sartène 2023 | Sec | 2025>30 | 14 € — 91
- corse - sartène 2022 | Sec | 2025>30 | 13 € — 91

Domaine Comte Abbatucci

★★★★ ✦

Dans ce haut lieu historique du vignoble d'Ajaccio, Jean-Charles Abbatucci pratique avec une générosité contagieuse une viticulture irréprochable. La collection unique de vieux cépages blancs locaux a fait prendre conscience de l'obligation morale et culturelle de diversifier l'encépagement de toute la Corse. Le nouveau cuvier, reconstruit après l'incendie qui a détruit l'ancien, a permis de conserver toutes les qualités de finesse et de précision qui font la célébrité des vins du domaine. Les derniers vins dégustés sont d'une qualité exceptionnelle.

- Faustine, vin de france 2024 | Sec | 2025>30 | 28 € — 91
- cuvée du Diplomate, vin de france 2024 | Sec | 2025>35 | 63 € — 97
- Ministre, vin de france 2023 | Sec | 2025>35 | 70 € — 95
- Général, vin de france 2024 | Sec | 2025>30 | NC — 94
- Général, vin de france 2023 | Sec | 2025>30 | 65 € — 94
- Monte Bionco, vin de france 2023 | Sec | 2025>35 | 60 € — 96
- Valle di Mare, vin de france 2023 | Sec | 2025>40 | 125 € — 98
- Chiesa di Mare, vin de france 2024 | Sec | 2025>30 | NC — 94
- Chiesa di Mare, vin de france 2023 | Sec | 2025>35 | 150 € — 95
- Empire, vin de france 2023 | Extra-brut | 2025>30 | 50 € — 91
- Monte Mare, vin de france 2023 | Sec | 2025>40 | 120 € — 97

Domaine du Comte Peraldi

★★ →

Le vignoble touche la ville qui l'entoure à la façon de la banlieue bordelaise à Pessac. La nature reprend ses droits dès les premiers rangs de vignes et le granite produit les expressions fines qu'on associe à Ajaccio, sous la direction attentive de la nouvelle génération des de Poix. Les rouges ont une expression proche de celles de grands pinots noirs. Le vin blanc de prestige pourrait être moins marqué par le bois.

- ajaccio 2021 | Sec | 2025>28 | 21.7 € — 90
- Cardinal, ajaccio 2019 | Sec | 2025>28 | 34.9 € — 90
- Comte de Poix, ajaccio 2019 | Sec | 2025>30 | 59 € — 93

Domaine Culombu

★★★★ +

Dans le nouveau cuvier à la pointe qui permet au domaine d'aller encore plus loin dans les vinifications parcellaires et dans ses recherches sur les cépages oubliés, Paul-Antoine Suzzoni au talent extrêmement prometteur, a rejoint son père Étienne. Ensemble, le duo fait preuve d'un parfait savoir agronomique et œnologique. Le domaine produit quelques-uns des vins les plus originaux et les mieux élaborés de toute la Corse.

- Clos Culombu, corse - calvi 2022 | Sec | 2025>30 | 14.9 € — 91
- Scelta, vin de france 2020 | Sec | 2025>40 | 54 € — 97

Domaine L'Enclos des Anges

★★★ +

Richard Spurr produit sur 15 hectares des vins qui vont au bout de la logique d'expression du terroir. Il confirme qu'il est le maître incontesté des rouges de son secteur de Calvi. Son vin mérite de figurer sur les plus belles tables gastronomiques méditerranéennes. Les blancs et les rosés ne manquent pas de caractère mais on peut ne pas aimer la puissance des blancs, qui perdent en noblesse aromatique ce qu'ils cherchent à gagner en ampleur.

- Sesto, corse - calvi 2021 | Sec | 2025>30 | 22 € — 93

Clos Finidori

★★ →

Nouveau jeune et brillant producteur des hauteurs des coteaux de Figari, Matteo Finidori s'est lancé dans un programme intelligent de nouvelles plantations avec un sens évident de la vigne et du vin. Cette famille remarquable a créé un petit paradis terrestre dans la ferme auberge du domaine de Piscia. Les 2024 montrent encore un progrès et font de cette source une des plus intéressantes du sud de la Corse.

- corse - figari 2023 | Sec | 2025>35 | 24 € — 95
- corse - figari 2024 | Sec | 2025>30 | 16 € — 91

Domaine Gentile

★★ (N)

Ce domaine phare de Patrimonio ne présentait plus ses vins à notre dégustation comparative. Il les a présentés cette année. Leur style vigoureux, plein, un peu rustique n'a pas changé. En revanche, ils vieillissent remarquablement, comme l'ont montré quelques beaux blancs dégustés au restaurant.

- Grande Expression, patrimonio 2016 | Sec | 2025>30 | 30.5 € — 91
- I Sensi, patrimonio 2019 | Sec | 2025>30 | 56 € — 92

Domaine Giacometti

★★ →

En limite d'appellation, à l'entrée du désert des Agriates, le terroir change de nature par rapport au cœur de Patrimonio, avec des sols granitiques et un microclimat encore plus sec. La famille Giacometti respectueuse de la nature et de l'environnement, sait conserver dans les meilleurs de ses vins le naturel et la gourmandise donnés par le terroir. Les prix restent sages pour la qualité.

- Cuvée Sarah, patrimonio 2021 | Sec | 2025>28 | 15 € | ☘ — 90

Domaine Giudicelli

★★★★ +

Muriel Giudicelli exploite une propriété située au cœur du vignoble historique de Patrimonio, conduite en agriculture biologique et biodynamique. Vigneronne hors norme, elle a affiné les tannins de ses vins rouges et ses vins blancs sont des modèles d'harmonie qui exigent au moins quatre ou cinq ans pour atteindre leur apogée. Ses muscats du Cap Corse sont de loin les plus aboutis de l'île.

- patrimonio 2021 | Sec | 2025>35 | 46.5 € — 94
- patrimonio 2022 | Sec | 2025>30 | 47.6 € — 93
- patrimonio 2023 | Sec | 2025>27 | 46.5 € — 90
- patrimonio 2021 | Sec | 2025>27 | 54 € — 90
- patrimonio 2020 | Sec | 2025>35 | 61.5 € — 95
- patrimonio 2019 | Sec | 2025>35 | 69.8 € — 97

Domaine Granajolo

★★ →

Ce domaine produit avec constance des vins purs et souples et d'une régularité désormais irréprochable. Leur naturel et leur charme immédiat en font des vins de granit très séducteurs.

- corse - porto-vecchio 2024 | Sec | 2025>30 | NC — 92

Clos Landry

★★★ +

Ce domaine emblématique de Calvi, qui trouve avec une nouvelle génération une seconde jeunesse, confirme son retour au premier plan de la qualité, avec des vins de mieux en mieux vinifiés et expressifs de leur origine. Une finesse particulière les caractérise au sein d'un ensemble remarquable de viticulteurs locaux.

- rosé gris, corse 2024 | Sec | 2025>27 | 14 € — 90
- Inattendu de Carignan, vin de france 2021 | Sec | 2025>35 | 38 € — 94
- Roche Mer, corse - calvi 2023 | Sec | 2025>30 | 29 € — 93
- Léa, corse - calvi 2022 | Sec | 2025>27 | 26 € — 90
- Eccu, vin de france 2023 | Sec | 2025>30 | NC — 91

Domaine Leccia - Annette Leccia

★★ →

Annette Leccia, après le départ de son frère Yves, a légué son domaine à son neveu Lisandru, vinificateur précis et qui a de qui tenir. Les vins rouges demandent à être carafés au moins deux heures à l'avance en raison de leur caractère tannique un peu strict. Les magnifiques vins blancs et les impeccables rosés sont l'honneur de leur appellation. Annette continue à signer de son nom ses muscats équilibrés et délicieux.

- muscat du cap corse 2023 | Moelleux | 2025>30 | 40 € — 93
- patrimonio 2024 | Sec | 2025>27 | 40 € — 91
- Pétale, patrimonio 2021 | Sec | 2025>30 | 40 € — 92

Yves Leccia

★★★ +

Ce grand nom de la viticulture corse et en particulier du terroir de Patrimonio continue à expérimenter et à créer en toute liberté. Il préfère ainsi proposer la plupart de ses vins, tous pourtant produits dans son vignoble de Patrimonio, sous le label IGP île-de-beauté afin de choisir les cépages et les assemblages qui conviennent le mieux à sa capacité de création sans être bridé par les règlements ou les habitudes. Mettant à l'honneur la richesse ampélographique de l'île avec plusieurs cuvées issues de rares cépages autochtones, Yves Leccia est en outre un styliste formidable, ciselant ses classiques cuvées YL ou E Prove.

- E Crocce, patrimonio 2021 | Sec | 2025>30 | 33 € — 92
- E Crocce, patrimonio 2024 | Sec | 2025>30 | 32 € — 92

- Y.L, île de beauté 2023 | Sec | 2025>28 | 17.5 € — 90
- île de beauté 2024 | Sec | 2025>30 | NC — 91
- O Ba !, île de beauté 2020 | Sec | 2025>30 | 30 € — 91
- YL, île de beauté 2024 | Sec | 2025>27 | 18.5 € — 90
- Biancu Marinu, île de beauté 2024 | Sec | 2025>27 | 18 € — 88
- Era ora, patrimonio 2021 | Sec | 2025>28 | NC — 90
- Altru biancu, île de beauté 2022 | Sec | 2025>30 | 19 € — 94
- Sciaccaremu, île de beauté | Sec | 2025>30 | NC — 91

Domaine Montemagni

✪✪

Ce grand et prestigieux domaine de Patrimonio a longtemps déçu, aussi bien par sa viticulture que par la sévérité et l'irrégularité de ses vins. Une véritable petite révolution le voit travailler ses sols et affiner considérablement ses meilleurs blancs et rouges qui montrent une typicité bien supérieure à la moyenne de ce que nous dégustons, mais on aimerait encore plus de constance entre les différents niveaux de sélection et de prix.

- Andria, patrimonio 2022 | Sec | 2025>30 | 33 € — 92
- Louis, patrimonio 2022 | Sec | 2025>30 | 27 € — 91

Domaine Nicolai

✪ Ⓝ

Jeune vigneron courageux, Pierre-Paul Nicolaï a planté sur un superbe coteau élevé mais très pentu de Figari un vignoble exemplaire, ayant pris comme modèle Yves Canarelli. Les blancs de Vermentinu ont beaucoup de finesse et sont heureusement largement majoritaires, les rouges et les rosés peuvent encore progresser.

- corse - figari 2023 | Sec | 2025>30 | 14.5 € — 93

Clos Nicrosi

✪✪

La nouvelle génération des Luigi semble plus concernée par l'exactitude des vinifications et devrait redonner confiance dans cette propriété mythique en Corse qui a si souvent produit des vins bizarres, pour employer un euphémisme. Mais quand ils sont réussis c'est une apothéose du muscat corse. Nous sommes heureux de voir ce domaine mythique de l'île vinifier des vins secs moins austères et plus précis. Mais nous restons sur notre faim pour les muscats.

- Stecaja , corse - coteaux du cap corse 2024 | Sec | 2025>27 | 17 € — 90

Domaine Orenga de Gaffory

✪✪✪ ✚

Cet important vignoble au cœur de Patrimonio appartient à la famille Orenga. Ses vins sont des classiques de l'île, largement distribués dans tous les restaurants et hôtels. Elle est aussi propriétaire du Clos San Quilico. Les conseils judicieux de l'œnologue Emmanuel Gagnepain ont remarquablement fait progresser l'homogénéité de la production des deux domaines.

- patrimonio 2024 | Sec | 2025>27 | 11 € — 92

Clos Ornasca

✪✪ ➔

Laetitia Tola est une vigneronne très authentique, fière de son terroir et soucieuse de progresser à chaque nouveau millésime. Avec l'aide de son conseiller œnologique, Olivier Nalès, les derniers millésimes voient des vins au caractère beaucoup plus affirmé, modernes dans leur élaboration mais fidèles au style ajaccien.

- Tradition, ajaccio 2022 | Sec | 2025>30 | 13 € — 92

Domaine Paradella

✪✪✪ ➔

Lionel Wojcik, nouveau-venu à Patrimonio, a choqué le petit monde local par sa résolution et sa façon de bousculer les traditions corses en empruntant à Bordeaux des principes de vinification et d'élevage qui typent ses vins. Ils évoluent remarquablement en bouteille et méritent d'être recherchés.

- patrimonio 2021 | Sec | 2025>30 | 42 € — 93

Domaine Pero Longo

✪✪

Ce domaine bio très représentatif des terroirs de la vallée de l'Ortolo offre des vins d'un naturel d'expression toujours affirmé. Ils sont très recommandables pour leur bon rapport qualité-prix.

- Esprit de Terre, corse - sartène 2021 | Sec | 2025>32 | 26.7 € — 93
- Equilibre, corse - sartène 2022 | Sec | 2025>29 | 12 € — 92

Domaine Pieretti

✪✪✪ ✚

Ce magnifique domaine situé à proximité de la mer, à une trentaine de kilomètres au nord de Bastia, sur les flancs est du Cap Corse est dirigé par Lina Venturi-Pieretti. Avec détermination, elle produit des vins jouant plus sur la finesse que sur la puissance, dans le respect de l'originalité du microclimat marin. Ses cuvées marines n'ont guère de concurrence en matière de finesse iodée.

- muscat du cap corse 2023 | Moelleux | 2025>30 | 27.4 € — 93
- corse - coteaux du cap corse 2024 | Sec | 2025>27 | NC — 89

Domaine Bernard Renucci

✪✪✪ ✚

Nous avons été impressionnés cette année par l'étonnante puissance de tous les vins présentés, et par une régularité retrouvée. Bernard Renucci est un vinificateur talentueux, audacieux même, malgré un tempérament réservé, et les risques pris ont exalté la qualité d'expression de ses terroirs.

- Vignola, corse - calvi 2024 | Sec | 2025>27 | 13 € — 90
- Vignola, corse - calvi 2021 | Sec | 2025>30 | 12 € — 91
- Pitraia, île de beauté 2022 | Sec | 2025>30 | 23.5 € — 94
- Pitraia, vin de france 2021 | Sec | 2025>35 | 23.5 € — 96

Clos San Quilico

✪✪ Ⓝ

Managé et vinifié par le domaine Orenga de Gaffory, ce beau domaine situé sur les sols les plus caractéristiques de Patrimonio donnent des vins encore plus précis que par le passé. Ils méritent une entrée dans notre guide par ses vins qui offrent un compromis entre la puissance traditionnelle et une élégance aromatique immédiate.

- Minera, patrimonio 2023 | Sec | 2025>30 | NC — 94

Domaine Sant-Armettu

✪✪✪✪ ✦

Gilles Seroin produit les vins les plus réguliers de Sartène, bénéficiant de vieilles vignes et d'un sens inné de l'équilibre en vinification. Il réalise des cuvées de terroir sur 40 hectares en favorisant de vieilles variétés de cépages. Son domaine est le plus septentrional de l'appellation, près de Propriano dans la vallée du Baracci, entouré d'oliviers et ouvert sur le golfe du Valinco. Les derniers millésimes avaient confirmé son talent. Guillaume, fils de Gilles, vinifie désormais dans le même esprit et avec la même réussite.

- Myrtus, île de beauté 2022 | Sec | 2025>30 | 40 € | ☘ — 91
- Myrtus, île de beauté 2024 | Sec | 2025>27 | NC — 91
- Ermite, île de beauté 2020 | Sec | 2025>35 | 70 € | ☘ — 96
- Burghese, île de beauté 2020 | Sec | 2025>35 | 77 € | ☘ — 95
- Rosumarinu, corse - sartène 2024 | Sec | 2025>28 | NC — 90
- Elegante, île de beauté 2023 | Sec | 2025>30 | NC — 92
- Ermite, île de beauté 2024 | Sec | 2025>35 | NC — 96
- Vinifera Genovese, île de beauté 2023 | Sec | 2025>35 | NC — 95

Domaine Saparale

✪✪

Ce domaine célèbre de Sartène a produit quelques-uns des vins les plus expressifs de l'appellation. Un travail sérieux de vinification parcellaire et d'essais sur les élevages a permis de mettre au point des cuvées de prestige de haute qualité. Il a désormais transformé sa maison historique en un luxueux hôtel mais depuis deux millésimes nous sommes déçus par la perte d'individualité de ses cuvées les plus simples.

- corse - sartène 2024 | Sec | 2025>27 | 10.5 € — 90

Clos Signadore

✪✪✪✪ ✦

Vigneron-artisan courageux et déterminé, Christophe Ferrandis produit dans son chai de poupée des vins de caractère, typiques de leur quartier et vinifiés dans un esprit bio bien compris. Il faut leur donner deux à trois ans de bouteille. Souhaitons-lui de disposer assez vite d'un outil de travail à la hauteur de ses efforts. Ses derniers millésimes ont encore progressé et aucun autre producteur de l'appellation ne fait aujourd'hui mieux.

- A Mandria, patrimonio 2023 | Sec | 2025>30 | 27 € — 93
- A Mandria, patrimonio 2023 | Sec | 2025>35 | 29 € — 95
- Clos Signadore, patrimonio 2021 | Sec | 2025>30 | 60 € — 91
- patrimonio 2023 | Sec | 2025>30 | 60 € — 92

Domaine de Solenzara

✪✪ ➔

Émile et Fabienne Lucchini s'occupent de ce domaine magnifiquement situé entre terre et mer. En plus de louer des

Faustine Abbatucci, Domaine Comte Abbatucci

La fille de Jean-Charles a l'honneur, depuis sa naissance, d'avoir dans les trois couleurs un vin qui porte son nom parmi les cuvées, toutes plus réussies les unes que les autres, de ce domaine en biodynamie. Des vins de plaisir, à boire sur leur jeunesse. Nielluccio, sciaccarello, vermentino : le trio de cépages corses permet de s'initier aux saveurs de l'île tout en profitant du travail de cette famille vigneronne, mené dans un souci constant de recherche et développement (greffages, surgreffages, musicologie viticole, etc.). Incarnée désormais par Faustine, cette vision va continuer de nous passionner. *Louis-Victor Charvet* villas en plein cœur des vignes, ils produisent un vin bien vinifié, porteur de toutes les saveurs du maquis.

- Mvuroni, corse - porto-vecchio 2020 | Sec | 2025>32 | 14.5 € 90
- Mvuroni, corse - porto-vecchio 2019 | Sec | 2025>34 | 16 € 88

Domaine de Tanella

✪✪✪

Le vignoble de ce domaine qui avait brillé à la fin du siècle dernier est de mieux en mieux cultivé et suffisamment étendu (80 hectares pratiquement d'un seul tenant) pour faire des sélections. Rouge parmi les plus complets de Corse, la cuvée de prestige séduit par sa puissance et son raffinement.

- Suarte, corse - figari 2023 | Sec | 2025>30 | 39 € 92

Domaine Tarra di l'Apa

✪✪ N

Ce domaine, fier de son terroir ajaccien et également producteur, comme son nom l'indique, d'un miel réputé, a présenté des vins de très bon niveau, pleins des senteurs du maquis et qui font honneur à l'appellation ajaccio.

- Regina, ajaccio 2022 | Sec | 2025>28 | 27 € 90
- Aeterna, ajaccio 2023 | Sec | 2025>27 | 21 € 90

Clos Teddi

✪✪✪ ✚

Les granites du Clos Teddi ne sont pas la roche-mère la plus originale de Patrimonio mais conviennent particulièrement à la production de vins blancs d'une grande finesse. Marie-Brigitte Poli les aime frais, nerveux, immédiats, et réussit d'ailleurs de mieux en mieux ses vins rouges et rosés.

- Grande Cuvée, patrimonio 2022 | Sec | 2025>30 | 19.9 € 93
- Tradition, patrimonio 2023 | Sec | 2025>30 | 11.8 € 91
- Tradition, patrimonio 2024 | Sec | 2025>27 | 11.5 € 90

Domaine de Torraccia

✪✪

Marc Imbert exploite 43 hectares de vignoble d'arènes granitiques conduit en viticulture biologique, la propriété est un véritable paradis en bord de mer. Dans les derniers millésimes, même si le domaine a excellé avec ses deux cuvées de rosé, blancs et rouges ont montré trop d'inégalités. Mais les 2023 retrouvent la plénitude de leur style.

- corse - porto-vecchio 2023 | Sec | 2025>30 | 18.5 € 91
- Oriu, corse - porto-vecchio 2023 | Sec | 2025>30 | 29.9 € 93
- Alligria, corse - porto-vecchio 2019 | Sec | 2025>28 | NC 90
- Oriu, corse - porto-vecchio 2023 | Sec | 2025>27 | 18.6 € 93
- Alligria, corse - porto-vecchio 2023 | Sec | 2025>30 | NC 92

Domaine Vaccelli

✪✪✪✪ ✦

Avec ses étiquettes reconnaissables parmi toutes et une gamme bien découpée, ce domaine tenu d'une main de maître par Gérard Courrèges s'impose de plus en plus comme l'une des références majeures du vignoble corse. Les vins, prisés des amateurs, sont difficiles à trouver sur le marché. On recommande absolument l'ensemble de la gamme mais il faudra attendre encore deux ans pour que Gérard livre ses millésimes 2021 et 2022 puisqu'il a décidé de les vendre après un long vieillissement en bouteille. Nous le félicitons pour cette initiative qui évitera qu'on les consomme trop précocement. Leur dégustation a montré cette année que l'attente a porté tous ses fruits.

- Granit, ajaccio 2021 | Sec | 2025>30 | 60 € 93
- ajaccio 2021 | Sec | 2025>28 | 36 € 90
- ajaccio 2022 | Sec | 2025>30 | NC 92
- Campo di Magna, ajaccio 2022 | Sec | 2025>30 | 84 € 94
- Chioso Novo, ajaccio 2021 | Sec | 2025>35 | 84 € 94
- ajaccio 2023 | Sec | 2025>27 | NC 91

Domaine Vecchio

✪✪ ⊛

Ce domaine produit des vins rouges d'une personnalité affirmée, dotés d'une matière dense, mûre et savoureuse, originaux tout en exaltant les notes aromatiques du maquis. Aucun autre dans ce secteur ne le dépasse. Les vins blancs sont parfois moins réussis, sans doute vendangés un peu trop mûrs.

- Mélusine, corse 2022 | Sec | 2025>30 | 35 € 92
- Collezione, île de beauté 2022 | Sec | 2025>35 | 9 € 95
- Collezione, île de beauté 2023 | Sec | 2025>30 | 9 € 92
- A Galina Rosa, île de beauté 2024 | Sec | 2025>27 | 8 € 90
- A Capella, île de beauté 2023 | Sec | 2025>30 | 25 € 91

Clos Venturi

✪✪✪✪✪ ✦

Manu Venturi incarne la viticulture corse dans ce qu'elle a de plus visionnaire après avoir converti les vignes à la biodynamie, introduit de la vie animale et maîtrisé l'enherbement. Il dispose de nombreuses parcelles où revivent des cépages anciens, ce qui lui permet d'élargir sa gamme avec de nouvelles cuvées. Il pratique une courageuse politique de vieillissement en bouteilles pour mettre en marché des vins arrivés à maturité. 1769 désigne un premier niveau de qualité, d'une régularité exemplaire. La gamme des sélections parcellaires et des grands secteurs de la propriété présentée cette année, éblouissante de perfection formelle et de personnalité, le place au sommet de la qualité non seulement de la Corse mais du continent.

- Clos Venturi, corse 2022 | Sec | 2025>30 | 29 € 93
- Clos Venturi, corse 2023 | Sec | 2025>30 | 29 € 93
- Chiesa Nera, vin de france 2023 | Sec | 2025>40 | 90 € 98
- Altare, corse 2023 | Sec | 2025>40 | 90 € 98
- 1769, corse 2023 | Sec | 2025>30 | 16 € 92
- Chemin de croix, corse 2020 | Sec | 2025>40 | 140 € 99
- Fulmine, corse 2020 | Sec | 2025>40 | 140 € 99
- Guarando, corse 2023 | Sec | 2025>40 | 140 € 99
- Altare, vin de france 2023 | Sec | 2025>35 | 50 € 98
- Chiesa Nera, vin de france 2022 | Sec | 2025>35 | 90 € 98

Domaine Vico

✪✪✪ ✚

Désormais, Vico et clos Venturi ne font qu'une entité mais avec des vignes bien séparées, différentes par leur sol, leur exposition et leur potentiel. Le centre de la Corse possède en effet une diversité géologique unique, parfaitement comprise ici et mise en valeur. Les meilleures parcelles donnent des vins haut de gamme parmi les plus étonnants et complexes de la Corse, comme les cuvées A-Mina, U-Fornu, Cantinone ou Emera.

- A Mina, corse 2022 | Sec | 2025>35 | NC 95
- U Fornu, corse 2022 | Sec | 2025>40 | NC 97
- Emera, corse 2023 | Sec | 2025>30 | NC 92
- Cantinone, corse 2023 | Sec | 2025>40 | NC 97
- Emera, corse 2024 | Sec | 2025>30 | NC 90
- Fiuminale, corse 2021 | Sec | 2025>35 | NC 94

Domaine Benoit Vincenti

✪✪

Une toute jeune plantation magnifiquement réalisée par les frères Vincenti laisse espérer une production de patrimonios de haute expression. Le millésime 2022 égalait les meilleurs dans notre dégustation à l'aveugle. Un domaine à suivre de près même si nous avons été relativement déçus par son 2023.

- île de beauté 2022 | Sec | > | 12 € 89
- patrimonio 2022 | Sec | 2025>32 | 25 € 93

Domaine Zuria

✪✪✪✪ ✦

Christian Zuria, agrumiculteur, est passé des clémentines au vin de Bonifacio. Avec la plantation de l'incroyable parcelle de Spinella, sur un grand terroir passionnant, la famille Zuria possède un vignoble d'élite (3,5 hectares). Les premiers vins issus des parcelles Stintinu (calcaire et granite en bandes complémentaires) et Musella accentuent le potentiel du vignoble. Le domaine a pris comme conseiller le bourguignon Jean-Pierre Confuron, et le résultat a été immédiat, en raison de l'entente parfaite avec Ivan Zuria, fils de Christian et jeune viticulteur étonnant par sa maturité et son savoir. Les vins blancs et rouges rivalisent avec ceux de Tarra di Sogno, avec encore peut être un peu plus de finesse immédiate.

- Initiale, île de beauté 2023 | Sec | 2025>30 | 35 € 93
- Stintinu, île de beauté 2023 | Sec | 2025>35 | 52 € 94
- Stintinu, île de beauté 2024 | Sec | 2025>40 | 63 € 98
- Initiale, île de beauté 2024 | Sec | 2025>27 | 22 € 95
- Initiale, île de beauté 2024 | Sec | 2025>30 | 35 € 94
- Crocci, île de beauté 2023 | Sec | 2025>35 | 52 € 96
- Spinella, île de beauté 2023 | Sec | 2025>35 | 60 € 95
- Aria, île de beauté 2024 | Sec | 2025>27 | 17 € 89
- Santa Giulia, île de beauté 2024 | Sec | 2025>27 | 50 € 89
- Pialincu , île de beauté 2024 | Sec | 2025>35 | NC 94

✦ Star ✚ Valeur sûre ⊛ À suivre de près N Nouvelle entrée

Manu Venturi, Clos Venturi

Il ne fera pas regretter à son père Jean-Marc, grande figure corse de la viticulture, de lui avoir confié très jeune les deux beaux domaines qu'il avait restaurés à Ponte Leccia, dans cette partie de l'île éloignée de la mer et collée aux montagnes où la vigne s'habitue à une climatologie rude. La géologie y recoupe de façon complexe tous les types de sol de la Corse, ce qui permet à Manu de vinifier des vins d'une intensité et d'une diversité de caractère sans équivalent. Les pratiques biodynamiques de ce perfectionniste de la viticulture et des vinifications sont les plus disciplinées que je connaisse. Reconstitution de l'écosystème local, outil de travail à la pointe du progrès, précision et éclat dans les vins : il mérite de rejoindre l'élite absolue des vignerons français. *Michel Bettane*

Fort de ses sept appellations (crémant du Jura, macvin du Jura, côtes-du-jura, château-chalon, l'étoile, arbois et marc du Jura) et de ses cinq cépages (chardonnay et savagnin pour les blancs, poulsard, trousseau et pinot noir pour les rouges), le vignoble jurassien est pourtant longtemps resté méconnu. Profondément ancré dans le paysage local, il est aujourd'hui plus que jamais sous le feu des projecteurs et jouit désormais d'une renommée mondiale. Le 30 mai 2024.

Jura

Terre d'espoirs

Grâce à ses vignerons qui ont le goût du grand vin, le Jura a retrouvé sa place dans la cave des amateurs pointus. Il n'y en aura pas pour tout le monde

sélection **Gilles Durand-Daguin**

Château d'Arlay

★★★ ✚

Le plus ancien château viticole de France, ancien couvent classé monument historique. Il a été tenu par Alain de Laguiche qui a œuvré depuis le millésime 2012 pour rafraîchir le style des vins et mettre en place avec Alain Soulard une agriculture bio sur les 22 hectares. C'est désormais Pierre-Armand, son fils aîné, en reconversion et fort d'un BTS viticulture-œnologie à Montmorot, qui lui succède. Il perpétue l'héritage très ancien de la famille et applique ses valeurs : authenticité, exigence, liberté. Une gamme classique dans les deux couleurs avec des vins qui prennent le temps de se patiner en cave, avec des arômes tertiaires (pot-pourri) dans les rouges.

- **Vin jaune, côtes du jura 2017** | Sec | 2025>40 | 51 € 92
- **Tradition, côtes du jura 2022** | Sec | 2025>30 | 27 € 89
- **Pinot noir, côtes du jura 2018** | Sec | 2025>32 | 20 € 90

Domaine Jérôme Arnoux

★

Il a longtemps été le bras droit de Stéphane Tissot, sans doute la meilleure école qui soit. Il a dirigé le domaine de Chavannes, qu'il a passé en biodynamie, avant de s'installer à son compte en 2012 – avec une activité de négoce qu'il avait monté avec Stéphane Tissot – en association avec un investisseur. Désormais installé dans une belle bâtisse au centre d'Arbois, avec de magnifiques caves voûtées du XIVe siècle, Jérôme Arnoux exploite 21 hectares certifiés bio depuis 2023. Gamme assez large de vins bien faits avec des élevages présents sans être excessifs. Les vins présentent un touché de bouche arrondi sans acidité saillante.

- **chardonnay Chantemerle, arbois 2020** | Sec | 2025>28 | 17.9 € 88
- **savagnin Authentique , arbois 2018** | Sec | 2025>28 | 21.5 € 91
- **ZD, crémant du jura 2018** | Extra-brut | 2025>28 | 20 € 91
- **Préambule savagnin , arbois 2021** | Sec | 2025>28 | 19.5 € 90
- **Nuance, arbois 2018** | Sec | 2025>28 | 17.3 € 89

Caveau de Bacchus - Lucien Aviet & Fils

★★

Le domaine est l'archétype de la transmission familiale et de l'ancrage villageois. À Montigny-lès-Arsures, près d'Arbois, Lucien Aviet, surnommé Bacchus, a créé ce domaine en 1961. Puis Vincent l'a rejoint dans les années 90 pour un apprentissage à la dure, mais très enrichissant. Il règne dans ce caveau une ambiance de temps figé où l'expérience vigneronne est très présente. Le domaine est spécialiste du trousseau, ce qui est rare, notamment grâce à des sélections massales d'excellente qualité. On y trouve des rouges d'excellente garde dans une région plutôt réputée pour ses rouges « glouglou ». Il est parfois difficile de se retrouver dans les cuvées qui font parfois l'objet de mises différentes.

- **Cuvée des géologues , arbois 2022** | Sec | 2025>39 | 27 € 94
- **trousseau - Poussot, arbois 2022** | Sec | 2025>39 | NC 94
- **trousseau - Nonceau, arbois 2019** | Sec | 2025>34 | NC 93
- **Vin jaune, arbois 2015** | Sec | 2025>50 | 52 € 94

Benoît Badoz

★★ ➔

Benoît incarne la dixième génération de Badoz à Poligny. Formé au lycée viticole de Beaune, il est revenu au domaine en 2003 et a inauguré la cuverie en 2004. Les vignes ont progressivement été passées en bio avant d'obtenir la certification en 2019. Le vignoble du domaine est situé sur les lieux-dits Roussots et Grands Roussots. Si la moitié du vignoble est planté en savagnin, il ne faut pas négliger les rouges. Benoît Badoz ne laisse jamais rien au hasard et ses vins sont maîtrisés.

- **Les Roussots, côtes du jura 2023** | Sec | 2025>28 | 16.9 € | ☘ 89
- **Dédicace à Pierre, côtes du jura 2023** | Sec | 2027>33 | 22.9 € | ☘ 92
- **Arrogance, côtes du jura 2023** | Sec | 2027>33 | 22.9 € | ☘ 93
- **Édouard Badoz, côtes du jura 2023** | Sec | 2027>33 | 30 € 92
- **Trousseau Marnes Rouges, côtes du jura 2023** | Sec | 2025>31 | 18.9 € | ☘ 92
- **Vin Jaune, côtes du jura 2018** | Sec | 2025>35 | 39.8 € | ☘ 90

Domaine Berthet-Bondet

★★ ➔

Ce sont Chantal et Jean qui ont fondé le domaine de quinze hectares, dont 4,5 hectares en appellation château-chalon où ils sont installés sur un éperon rocheux qui domine l'appellation. Leur fille Hélène les a rejoints en 2013, date de la certification bio. Elle mène le domaine depuis 2018 et continue de perpétuer une belle tradition de vins jaunes sur la finesse. Hélène développe aussi la gamme de vins ouillés et s'intéresse à ses rouges autant qu'à ses blancs. On trouve toujours une forme de délicatesse dans les vins du domaine.

- **Vin Jaune, château-chalon 2017** | Sec | 2028>43 | 46 € 94
- **Tradition, côtes du jura 2020** | Sec | 2025>35 | 17.5 € 93
- **savagnin, côtes du jura 2019** | Sec | 2025>35 | 23.5 € 93
- **Savagnier, côtes du jura 2022** | Sec | 2025>30 | 15.9 € 89
- **La Poirière, côtes du jura 2023** | Sec | 2025>32 | 17.3 € 90
- **L'Acacias, côtes du jura 2022** | Sec | 2025>32 | 20.6 € 90

Domaine Bruno Bienaimé

★

Bruno s'est installé en 2018 avec peu de vignes et exploite désormais 3,6 hectares. Champenois d'origine, mais pas du milieu de la vigne et du vin, il s'est formé chez Vincent Laval, ainsi qu'en Toscane, à Gaillac et dans le Jura. Le décès de son épouse a chamboulé sa vie, mais il continue d'aller au bout de son idée du vin, ce qui l'a amené à tout passer en vin de France pour s'affranchir des carcans administratifs. Comme les éléments se sont acharnés sur ses vignes de chardonnay, il a des envies de cépages plus résistants, comme l'assyrtiko.

Ses vins sont à la fois expressifs et sur la tension. Les effervescents sont excellents et les prix ambitieux.

- trousseau, côtes du jura 2022 | Sec | 2025>32 | NC 92
- pinot noir, côtes du jura 2022 | Sec | 2025>34 | NC 93
- La Bulle d'Amélie, crémant du jura 2019 | Sec | 2023>32 | NC 92

Domaine de la Borde

Fils d'agriculteur de la région de Dole, Julien Mareschal s'est vite tourné vers le vin qui le passionnait. Après l'obtention d'un DNO à Dijon, il s'est installé en 2003 sur son domaine qu'il a peu à peu agrandi (six hectares aujourd'hui). Formé au domaine de la Pinte, il s'est rapidement tourné vers le bio et la biodynamie, sans pour autant se faire certifier. Il possède quelques belles parcelles sur les terroirs complexes de Pupillin, cherche peu les notes oxydatives et élève ses vins dans des grands contenants. Les vins sont fins et en tension, même si les chaleurs parfois excessives ces dernières années rendent la viticulture et les fermentations plus complexes. Il laisse volontairement un peu de réduction dans ses rouges, pour les préserver.

- savagnin Les Écrins, arbois 2018 | Sec | 2025>35 | NC 94
- savagnin Foudre à Canon, arbois 2021 | Sec | 2025>35 | NC 93

Domaine Laura Bourdy

Il a fallu du caractère à Laura Bourdy, qui approche la quarantaine, pour succéder à son oncle et à son père. Elle a repris en 2018 ce domaine de dix hectares, désormais en biodynamie, et l'a beaucoup «féminisé». Pas seulement en embauchant une cheffe de culture, Claire Soulard, mais aussi en donnant les prénoms féminins de la famille aux cuvées. Elle a apporté de l'hygiène en cave et de la netteté aux vins, ainsi qu'une petite touche de fantaisie. Elle qui a grandi juste à côté du domaine, et a conservé toutes les notes laissées par son grand-père, propose aujourd'hui une gamme complète de vins du Jura. S'ils sont plutôt délicats et subtils, c'est aussi grâce aux caves fraîches, qui bénéficient notamment aux vins sous voiles.

- Henriette, côtes du jura 2022 | Sec | 2025>34 | NC 91
- Sosthème, côtes du jura 2022 | Sec | 2025>35 | NC 91
- Cuvée Chloé, côtes du jura 2023 | Sec | 2025>32 | NC 89
- François, macvin du jura 2022 | Sec | 2025>40 | NC 90
- Vin de Paille, côtes du jura 2019 | Liquoreux | 2025>40 | NC 93
- Château-Chalon, château-chalon 2018 | Sec | 2025>40 | NC 94

Domaine Courbet

Bien formé, avec un diplôme national d'œnologue obtenu à Dijon, Damien Courbet est revenu au domaine familial en 2011 pour prendre soin de son patrimoine de vignes (neuf hectares, dont la moitié en appellation château-chalon). Son père Jean-Marie a dirigé la Société de Viticulture du Jura. Son grand-père Vichot-Girod a laissé d'excellents souvenirs de dégustation à Michel Bettane. Le domaine, certifié bio depuis 2019, applique des pratiques biodynamiques. Si le cœur de la gamme est donné par les blancs, notamment les savagnins, les rouges sont aussi de bon niveau. Un domaine discret et encore accessible.

- Vin Jaune, château-chalon 2016 | Sec | 2025>45 | 50 € 94
- L'Origine, côtes du jura 2021 | Sec | 2025>34 | 28 € 92
- chardonnay Les Rondos, côtes du jura 2022 | Sec | 2025>32 | 22 € 92
- trousseau de la vallée, côtes du jura 2022 | Sec | 2026>34 | 22 € 92

Les Canons du Jean - Julien Crinquand

Au départ, Julien ne voulait pas faire le métier de son père, qui était apporteur à la fruitière vinicole d'Arbois. Après quelques années comme commercial, il est revenu à la vigne. Formé à Montmorot, seul lycée viticole avec une mention bio, puis avec Philippe Bornard et Fabrice Dodane, il exploite depuis 2016 cinq hectares de vignes aux Arsures. Il n'a commencé à embouteiller une partie de sa production que depuis 2019. Il aime les élevages longs et avait, début 2025, encore des 2020 et 2021 en élevage. Sans doute un des jeunes vignerons jurassiens les plus prometteurs de ces dernières années.

- Le S.A.V. du Jean (savagnin), arbois 2023 | Sec | 2030>35 | NC 93
- Savagnin, arbois 2021 | Sec | 2026>34 | NC 92
- Savagnin, arbois 2022 | Sec | 2027>35 | NC 93

Domaine Ganevat

Jean-François Ganevat, surnommé Fanfan, est une figure majeure de la région. Avec les Labet, il a mis le Revermont, au sud du Jura, sur la carte. Il a passé dix ans chez Jean-Marc Morey à Chassagne-Montrachet avant de revenir à Rotalier où sa famille est enracinée depuis huit générations. Conversion en bio en 1998, à la biodynamie en 2006, puis début du négoce avec sa sœur Anne en 2013. On a plus parlé ces dernières années de l'arrivée d'un investisseur russe que des vins, au grand désarroi de Fanfan, qui continue de les superviser, même si c'est le régisseur Jocelyn Broncard qui dirige la propriété au quotidien. Les vins du domaine (étiquetés Jean-François Ganevat) sont d'excellente qualité. Quelques raretés sont même hors-normes. Les cuvées de négoce classiques (étiquetées Anne et Jean-François Ganevat) sont de bonne qualité. Il existe tout un tas de cuvées de négoce en vin de France, plus fantaisistes, dont le niveau est variable.

- chardonnay Les Grands Teppes - Vieilles Vignes de 1919, côtes du jura 2020 | Sec | 2025>32 | 46.8 € 93
- trousseau Plein Sud, côtes du jura 2020 | Sec | 2025>30 | 38 € 90
- pinot noir Julien En Billat, côtes du jura 2023 | Sec | 2025>30 | 38 € 90
- chardonnay Florine, côtes du jura 2020 | Sec | 2025>37 | 42 € 95
- côtes du jura 2016 | Sec | 2025>45 | 96 € 99
- chardonnay Grusse en Billat, côtes du jura 2020 | Sec | 2025>32 | 44.4 € 94
- Les Vignes de mon Père, côtes du jura 2010 | Sec | 2025>40 | 118 € 98
- Le Clos, arbois 2020 | Sec | 2025>35 | 40 € 94
- Antide, côtes du jura 2020 | Sec | 2025>37 | 52.8 € 94
- Grands Teppes, côtes du jura 2022 | Sec | 2025>28 | NC 91

Domaine Grand

Emmanuel Grand assure la continuité de ce domaine familial avec sa femme Nathalie. Initialement immense (24 hectares), ils n'ont gardé que dix hectares pour pouvoir faire ce qu'ils voulaient et passer le vignoble en bio. Ils ont aussi renouvelé les étiquettes, graphiques et réussies, symbole de ce renouveau. Une très belle gamme de vins blancs, ainsi que des crémants, des vins ouillés, des traditions et des vins jaunes subtils. Les rouges de trousseau sont dans un style mûr et structuré, assez rare dans la région.

- Trousseau, côtes du jura 2023 | Sec | 2025>33 | 27 € 90
- Tradition, côtes du jura 2021 | Sec | 2025>33 | 23 € 89
- Vin jaune, arbois 2017 | Sec | 2028>38 | 60 € 90
- La Grande Chaude, côtes du jura 2023 | Sec | 2025>32 | 27 € 92
- En Guille Bouton, arbois 2023 | Sec | 2025>31 | 27 € 92
- Vin jaune, côtes du jura 2017 | Sec | 2025>40 | 55 € 92
- En Baumont, château-chalon 2017 | Sec | 2025>34 | 65 € 90
- Savagnin vin de voile, côtes du jura 2018 | Sec | 2025>35 | 33 € 92

Nicolas Jacob

Une des nouvelles têtes du sud-Revermont, le secteur dynamique du Jura. Nicolas s'est formé chez les Macle puis chez Ganevat, après être sorti de la première promo du BTS viti-oeno bio de Montmorot. Il a commencé avec peu de vignes (70 ares à L'Étoile) et en exploite désormais six hectares. Plus à l'aise avec le faire que le dire, il produit une jolie gamme de blancs, les trois quarts de sa production, et de rouges qui lui valent un succès express. Durement éprouvé par le gel en 2021, il a développé une gamme de negoce. Les 2022 signent son retour au meilleur niveau, avec des vins parfois un peu riches. Le succès est express et les prix s'emballent.

- Les Chazaux, côtes du jura 2022 | Sec | 2025>35 | NC 93
- Les Chazaux (poulsard), côtes du jura 2023 | Sec | 2025>30 | NC 91
- G_M, vin de france 2023 | Sec | 2026>34 | NC 88

Domaine Labet

La fratrie Labet (Julien, Romain, Charline) est en train de récolter le travail effectué depuis trente ans. C'est Julien qui a dégainé le premier, partant se former en Bourgogne, avant de revenir au pays avec de nombreuses idées révolutionnaires. Son père moyennement convaincu, Julien est parti les appliquer de son côté, avant que la jeune génération ne prenne le pouvoir et applique ses principes aux 14 hectares du domaine : du bio, des interventions minimales, pas d'intrant, éventuellement un peu de SO2 avant la mise, point final. Et surtout une sorte de patte quasi-artistique avec des élevages aussi longs que nécessaires. Certaines cuvées sortent particulièrement du lot, plutôt en blanc qu'en rouge. Le domaine est en train de devenir culte. Les vins ne sont pas toujours simples à trouver, et parfois exagérément tarifés par les revendeurs.

- chardonnay Les Varrons, côtes du jura 2022 | Sec | 2028>38 | 28 € | ☘ — 96
- pinot noir Les Varrons , côtes du jura 2023 | Sec | 2025>30 | 25 € | ☘ — 89
- Bajocien, côtes du jura 2022 | Sec | 2025>34 | 30 € | ☘ — 92
- savagnin Chalasses, côtes du jura 2022 | Sec | 2027>37 | 30 € | ☘ — 95
- Elevage Long savagnin En chalasse, côtes du jura 2018 | Sec | 2025>35 | 45 € | ☘ — 95

Domaine Macle

★★★★ ✚

La réputation du domaine n'est plus à faire. Il cultive la discrétion, se payant même le luxe de ne pas avoir de site internet. Si son origine remonte à 1850, c'est Jean Macle qui l'a fait connaître à partir des années 1960. Depuis 2003, son fils Laurent, avec sa femme Béatrice et sa sœur Christelle, poursuivent l'œuvre du père. Le domaine est réputé pour ses vins jaunes qui proviennent des pentes de marnes bleues de Château-Chalon. Il produit également des vins blancs élevés brièvement sous-voile (trois ans), ce qui leur donne une typicité sans trop les marquer aromatiquement. Le domaine est connu pour sa régularité. Prix globalement sages, même si les vins jaunes peuvent flamber en bout de chaîne.

- Tradition, côtes du jura 2018 | Sec | 2027>40 | 26 € — 93
- macvin du jura | Moelleux | 2025>40 | 23 € — 92
- chardonnay de voile, côtes du jura 2018 | Sec | 2025>35 | 25 € — 94

Domaine des Marnes Blanches

★ N

Pauline et Géraud Fromont sont tous deux œnologues. Ils ont repris un domaine de 4 hectares en 2008 désormais porté à 16, situé dans le sud-Revermont, à Sainte-Agnès, où un nouveau bâtiment inerte thermiquement a vu le jour. Ils cultivent un peu moins de deux-tiers de cépages blancs où le chardonnay est majoritaire. Rigoureux scientifiquement et très curieux, ils ne cessent d'innover, que ce soit avec des robots autonomes dans les vignes ou de nouveaux contenants (œufs béton, amphores terre cuite) en chai. Les vins, certifiés bio, sont précis et réguliers.

- poulsard, côtes du jura 2023 | Sec | 2025>30 | NC — 88
- pinot noir, côtes du jura 2023 | Sec | 2027>35 | NC — 90
- Chardonnay En Levrette, côtes du jura 2022 | Sec | 2025>32 | NC — 89
- Reflet savagnin En Quatre Vis, côtes du jura 2023 | Sec | 2027>35 | NC — 91
- savagnin En Jensillard, côtes du jura 2023 | Sec | 2025>30 | NC — 89
- chardonnay En Quatre Vis, côtes du jura 2022 | Sec | 2025>30 | NC — 88
- Savagnin Aux Bois, côtes du jura 2022 | Sec | 2025>35 | NC — 92
- La Combette (chardonnay), côtes du jura 2022 | Sec | 2025>35 | NC — 91

Domaine des Miroirs

★★ ✦

Un de ces micro-domaines qui font le buzz. Le japonais Kenjiro Kagami et son épouse Mayumi se sont installés à Grusse en 2011 après une dizaine d'années à travailler pour les autres. C'est l'incontournable « Fanfan » Ganevat qui les aide à acquérir 3,2 hectares qu'ils complètent de quelques locations pour exploiter 4,2 hectares. Entre la précision japonaise qui en fait des « jardiniers » méticuleux et la volonté de s'inscrire dans une école proche de la nature, le domaine a fini par acquérir un statut culte tant ceux qui y ont accès sont rares. La majeure partie des bouteilles est exportée. Elles sont difficiles à trouver en France et trop souvent à des tarifs dissuasifs.

- Mizuiro Les Sauzettes, vin de france 2019 | Sec | 2025>32 | NC — 93

Domaine de Montbourgeau

★★★ ✚

Fondé en 1920 par Victor Gros, le domaine était incarné depuis 1986 par Nicole Deriaux. Ce sont ses fils, César et Baptiste, qui dirigent désormais ce domaine de 11 hectares de vignes situés à L'Étoile, quasiment que des blancs. Si le domaine n'a pas de certification environnementale, il bénéficie de l'écosystème de 10 hectares de prés et de 20 hectares de bois. César a aussi introduit des moutons sur l'exploitation et infléchi le style de certaines cuvées en travaillant sur les lies et la réduction. Une nouvelle cuverie est aussi sortie de terre. Les élevages sont parfois un peu riches, notamment en 2022, millésime chaud. Le domaine est sur la pente ascendante. Les étiquettes, emblématiques, sont marquées de leur étoile rouge gravée des initiales VG.

- savagnin, Les Budes, l'Étoile 2023 | Sec | 2025>32 | 23 € — 93
- Cuvée Spéciale, l'Étoile 2020 | Sec | 2025>35 | 21 € — 94
- En Banode, l'Étoile 2021 | Sec | 2027>32 | 16 € — 92
- Bas de Montangis, l'Étoile 2023 | Sec | 2025>30 | 18.5 € — 91
- savagnin, l'Étoile 2020 | Sec | 2025>30 | 25 € — 92

Valentin Morel - Les Pieds sur Terre

★★ ➔

Valentin Morel a fait des études de droit et a commencé à travailler en préfecture. C'est la lecture du livre Éloge du Carburateur et le départ à la retraite de son père, qui était associé dans le domaine Morel-Thibaut, qui l'ont décidé à reprendre six hectares et demi de vignes à Poligny en 2014. Valentin est passé en bio et met un soin particulier à travailler ses vignes. Presque aussi speed que Stéphane Tissot, il a aussi besoin de nourrir son esprit, d'où l'écriture d'un livre (Un autre vin : comment penser la vigne face à la crise écologique). Si ses vins sont précis et déjà prisés, quelques cuvées sont plus expérimentales. Il est très en pointe sur la question des cépages résistants, avec lesquels il fait des essais.

- Les Trouillots (trousseau), côtes du jura 2023 | Sec | 2025>30 | 19.5 € — 90
- En Boutasse (poulsard), côtes du jura 2023 | Sec | 2020>25 | 18 € — 89

Pierre Overnoy – Emmanuel Houillon

★★★ ✦

Légende du Jura, Pierre Overnoy a étudié à Beaune à la fin des années 1960. Il en est revenu dubitatif de ce qu'on lui avait appris : engrais, désherbage chimique, pesticide, soufre. C'est la rencontre avec Jules Chauvet dans le Beaujolais qui lui permettra de vinifier sans soufre au milieu des années 1980. Sans enfant, il a transmis son domaine à Emmanuel Houillon, qui a commencé à travailler avec lui à quatorze ans, au début des années 1990. La formule est restée la même : pas d'interventions inutiles, de chimie « réparatrice », et de la patience. Leurs vins, en particulier jaunes, sont devenus cultes et affolent le marché, parfois de façon excessive. La grande force du domaine est qu'il garde les vins le temps qu'il faut, les relâchant quand ils sont prêts.

- chardonnay , arbois pupillin 2014 | Sec | 2020>30 | NC — 92
- savagnin, arbois pupillin 2011 | Sec | 2022>35 | NC — 93
- ploussard, arbois pupillin 2023 | Sec | 2025>30 | NC — 89
- Poulsard/trousseau, côtes du jura 2023 | Sec | 2025>32 | NC — 90
- Vin jaune, arbois pupillin 2000 | Sec | 2020>40 | 180 € — 96

Domaine Guillaume Overnoy

★

Il porte un patronyme magique, mais ne souhaite pas être l'objet de toutes les attentions comme son grand-oncle. Fils de Jean-Louis, qui représente la branche de la famille installée dans le sud du Jura, il s'est bien formé à Beaune. Quand il est revenu au domaine, son père lui a laissé faire ce qu'il voulait. Guillaume s'est lancé dans le bio, partisan d'une viticulture respectueuse de l'environnement. Pour s'adapter aux aléas climatiques, il s'est diversifié avec de la bière et des jus de fruits. Il essaie de pousser ses élevages pour apporter de la complexité à ses vins. D'un naturel discret, il ne souhaite que faire du bon vin. Une valeur sûre, loin des projecteurs.

- pinot noir, côtes du jura 2022 | Sec | 2025>32 | 25 € — 90
- savagnin ouillé, côtes du jura 2020 | Sec | 2025>30 | 34 € — 92
- Charmille (chardonnay), côtes du jura 2022 | Sec | 2025>35 | 24 € — 92
- Charmille (chardonnay), côtes du jura 2019 | Sec | 2025>30 | 24 € — 93
- Au Vignet (Chardonnay), côtes du jura 2022 | Sec | 2026>34 | 26 € — 88
- Chardonnay Vieilles Vignes (sous voile), côtes du jura 2020 | Sec | 2027>40 | 32 € — 90

Domaine du Pélican

★★ ✚

Guillaume d'Angerville, du célèbre domaine situé à Volnay, et son régisseur, François Duvivier, ont constitué ce domaine à partir de 2012 en rachetant le domaine de Chavanes, puis 4,5 hectares à Jacques Puffeney et enfin cinq autres hectares à l'entrée d'Arbois. Quinze en tout, certifiés Demeter, avec près de la

Julien Mareschal, Domaine de la Borde

« Quand mes copains achetaient des clopes, moi j'achetais des bouteilles », dit celui qui a grandi à cinquante kilomètres de son domaine. La vigne a toujours été une évidence pour Julien Mareschal. Il s'est installé en 2003 dans le jura, quand les hectares n'étaient pas chers et les bouteilles pas faciles à vendre. Les Ganevat, Puffeney, Clairet l'ont aidé à démarrer. Il n'aime pas les photos, peut avoir l'air de n'en faire qu'à sa tête, mais sait très bien ce qu'il fait, même si *« il fait de plus en plus chaud et faire comme d'habitude ne suffit plus »*. *Gilles Durand-Daguin*

moitié en savagnin. Les vins sont classiques, purs, maîtrisés, assez traçants, sans notes oxydatives, même dans les vins ouillés. Ils ont un côté très bourguignon. On aime aussi leur crémant Brut S Zéro, un 100 % savagnin ambitieux et original.

- chardonnay , arbois 2023 | Sec | 2025>32 | 32.5 € | ☘ 90
- savagnin ouillé, arbois 2023 | Sec | 2027>32 | 32.5 € | ☘ 90
- savagnin ouillé, arbois 2020 | Sec | 2025>30 | NC 90
- Trois Cépages, arbois 2023 | Sec | 2025>30 | 34.5 € | ☘ 89
- In Barbi (chardonnay), arbois 2023 | Sec | 2027>35 | 44.5 € | ☘ 91
- Trousseau Les Bérangers, arbois 2023 | Sec | 2028>33 | 56 € | ☘ 90
- Grand Curoulet Savagnin ouillé, arbois 2023 | Sec | 2028>38 | 48.5 € | ☘ 94

Domaine Pignier

✪✪✪ ✚

Vignerons à Montaigu, Jean-Étienne, Antoine et Marie-Florence Pignier constituent une fratrie qui possède quinze hectares de vigne situés dans deux vallées reculées : le val de Vallière et le val de Sorne. Ils ont été rejoints en 2020 par Thibault, le fils d'Antoine qui incarne la huitième génération. Le domaine est certifié bio depuis 2002 et certifié biodynamie (Demeter) depuis 2003. La moitié du domaine est plantée en chardonnay. Ils incarnent une forme de sagesse et de continuité paysanne. Belle gamme de vins du Jura, sans esbrouffe et à prix sage.

- savagnin, côtes du jura 2019 | Sec | 2025>30 | 45 € 90
- Sauvageon, côtes du jura 2023 | Sec | 2025>30 | 33 € 90
- Trousseau, côtes du jura 2023 | Sec | 2025>35 | 31 € | ☘ 92
- gamay blanc, côtes du jura 2022 | Sec | 2025>35 | 32 € | ☘ 92
- Les Gauthieres, côtes du jura 2023 | Sec | 2025>35 | 44 € | ☘ 93
- crémant du jura 2022 | Non dosé | 2025>29 | 18 € | ☘ 92

Domaine de la Pinte

✪✪✪ ✚

Fondé en 1953 par Roger Martin, le domaine appartient toujours à la famille, qui est dans le BTP à Dijon. Pour diriger le domaine, elle peut compter sur François Duboz, récemment arrivé, et l'œnologue Emmanuelle Goydadin, bien en place depuis treize ans. Le domaine est en bio depuis 1999 et en biodynamie depuis 2009. 33 hectares bien placés entre Arbois et Pupillin, avec presque la moitié des vignes plantées en savagnin et un tiers de rouges. Un style maîtrisé, sans aspérité, sur la finesse et l'élégance. Et des rapports qualité-prix qui devraient en faire un des best-sellers de la région alors que le domaine est étonnamment peu médiatisé.

- L'Ami Karl, arbois 2022 | Sec | 2025>30 | 20.5 € 90
- Fonteneille, arbois pupillin 2020 | Sec | 2025>34 | NC 94
- savagnin, arbois 2020 | Sec | 2025>30 | 26.5 € 92

Domaine de la Renardière

✪ Ⓝ

Domaine de 7,3 hectares à Pupillin, fondé en 1990 par Laurence et Jean-Michel Petit qui ont commencé avec un hectare de vignes familiales de la famille de Jean-Michel, dont le père était coopérateur à la fruitière de Pupillin. La Renardière est une affaire de famille, comme en atteste les cuvées parcellaires qui portent la date de plantation des vignes et l'empreinte des mains de trois générations de Petit. Celle qui a planté, celle qui développé, et désormais celle qui prépare l'avenir avec l'arrivée de Léo, la trentaine, qui s'est fait la main en produisant de la bière, activité complémentaire. Ils possèdent de beaux terroirs à Pupillin (Marcette, Caillot, Vianderies). Les vins sont bons et les rouges sortent du lot.

- Les Terrasses, arbois 2022 | Sec | 2025>32 | 25 € | ☘ 92
- Jurassique, arbois 2022 | Sec | 2025>30 | 22 € | ☘ 93
- Ploussard, arbois 2023 | Sec | 2025>31 | 22 € | ☘ 93
- Vignes de 1983, arbois pupillin 2023 | Sec | 2027>33 | 25 € | ☘ 92
- Pinot Noir, arbois pupillin 2023 | Sec | 2025>30 | 26 € | ☘ 91

Domaine Rijckaert - Jura

✪✪✪ ✚

Au départ on trouve Jean Rijckaert, un Belge, qui vient faire du vin en Bourgogne dans les années 90, et achète aussi quelques hectares dans le Jura. En 2013, il passe la main à Florent Rouve, forestier reconverti dans la vigne, qui possède désormais sept hectares dans la région. Il vinifie et élève ses vins « à la bourguignonne » et ne fait que des vins ouillés. Quasiment que des blancs de chardonnay, avec des élevages en fûts (mais pas neufs), poussés jusqu'à 24 mois pour la cuvée Grand Élevage. Les vins ont du gras et des notes d'élevage.

- savagnin Les Sarres, côtes du jura 2023 | Sec | 2025>32 | NC 93
- En Paradis , arbois 2023 | Sec | 2025>32 | NC 92
- chardonnay, arbois 2022 | Sec | 2025>32 | NC 89
- savagnin, arbois 2023 | Sec | 2025>32 | NC 91
- Poulsard, arbois 2023 | Sec | 2025>28 | NC 90

Domaine Rolet

✪✪ ➔

Un des rares grands domaines du Jura, puisque Rolet, installé à Montigny-lès-Arsures, exploite 66 hectares. Créé par Désiré Rolet en 1942, puis dirigé par ses quatre enfants pendant cinquante ans, la propriété, qui a été vendue en 2018, met désormais en avant une jeune équipe composée du régisseur Cédric Ducoté, de la maître de chai Chloé Weber et du chef de culture Louis Morel. Le domaine passe progressivement au bio, avec déjà trente hectares convertis et vingt-cinq autres sans désherbant. Dans la gamme complète et classique, il ne faut pas négliger les crémants qui ont leur mot à dire. Un domaine qui monte, incontestablement.

- Vin jaune, arbois 2017 | Sec | 2026>40 | 45 € 93
- chardonnay, arbois 2023 | Sec | 2025>30 | 16.5 € 91
- Cœur de chardonnay, crémant du jura 2020 | Brut | 2025>32 | 21.5 € 92
- chardonnay, côtes du jura 2023 | Sec | 2025>30 | 16.5 € 90
- Rouge Tradition, arbois 2023 | Sec | 2025>32 | 16.5 € 91
- savagnin ouillé, arbois 2023 | Sec | 2025>30 | 19.5 € 89
- L'Étoile Chardonnay, l'Étoile 2023 | Sec | 2025>32 | 19.5 € 93
- Puits Saint Pierre, château-chalon 2017 | Sec | 2028>45 | 66 € 93
- Blanc de Noirs, crémant du jura 2020 | Brut | 2025>32 | 19.5 € 91

Domaine François Rousset-Martin

✪✪ ➔

Originaire du Jura, François Rousset-Martin a fait beaucoup d'études (microbiologie, œnologie, droit viticole) avant de revenir au bercail. Des 0,5 hectares dont son père s'occupait le week-end, il a fait un domaine de dix hectares avec pas mal de vignes à Château-Chalon. D'abord orienté vin jaune, il fait désormais beaucoup de vins ouillés, c'est-à-dire non-oxydatifs, même s'il ouille un peu quand il veut. D'un naturel réfléchi, et « anxieux et assez prudent », il fait les choses selon son inspiration du moment. Résolument libre-penseur, il travaille en bio, se revendique même nature, mais fuit les certifications. Il pousse loin ses élevages sur les blancs, leur apportant patine et complexité. Il faut accepter de se faire surprendre chez FRM et les surprises sont plutôt bonnes. Sa réputation monte, notamment à l'étranger.

- savagnin Vignes aux dames, côtes du jura 2020 | Sec | 2025>28 | 60 € 92
- pinot noir Cuvée 909, côtes du jura 2022 | Sec | 2025>30 | 50 € 89
- Cuvée du professeur (chardonnay), côtes du jura 2020 | Sec | 2025>30 | 60 € 94
- Oxy More (savagnin), côtes du jura 2020 | Sec | 2028>38 | 72 € 91
- Beaumont (chardonnay), côtes du jura 2022 | Sec | 2027>37 | 54 € 93

Cellier Saint-Benoît

✪✪ ➔

Quatrième génération de ce domaine de Pupillin, avec six hectares bien placés sur certains des plus beaux terroirs du village. Bien formé en Bourgogne, Benjamin aurait sans doute aimé prendre le temps de travailler avec son père qui est décédé alors qu'il venait de revenir au domaine. Ça ne l'a pas coupé dans son élan et il a une idée précise de ce qu'il veut faire. Une nouvelle cuverie est pleinement opérationnelle depuis les vendanges 2023. Très méticuleux, respectueux de la vigne, Benjamin utilise des pratiques bio sans se faire certifier. Inspiré par son passage en Bourgogne, il fait des cuvées parcellaires, avec l'intention de faire parler ses terroirs dans ses cépages, notamment le ploussard. Une approche qui plait énormément aux amateurs de vins étrangers, ce qui lui permet de revendiquer des prix assez élevés.

- Côte de Feule (ploussard), arbois pupillin 2023 | Sec | 2025>32 | NC 91
- crémant du jura 2020 | Brut | 2025>32 | NC 91
- Les Plantées (savagnin ouillé), arbois pupillin 2022 | Sec | 2025>35 | NC 94
- Charots (chardonnay), arbois pupillin 2022 | Sec | 2025>35 | NC 91
- Courbes Raies (chardonnay), arbois pupillin 2022 | Sec | 2025>28 | NC 91
- La Marcette (chardonnay), arbois pupillin 2022 | Sec | 2025>30 | NC 89
- Courbes Raies (pinot noir), arbois pupillin 2023 | Sec | 2025>32 | NC 89

✦ Star ✚ Valeur sûre ➔ À suivre de près Ⓝ Nouvelle entrée

Fabrice Dodane, Domaine de Saint-Pierre

Trente ans que Fabrice Dodane est dans le métier. Pour une cave coopérative locale dans les années 1990, puis comme exploitant du domaine de Saint-Pierre dans le Jura dans les années 2000. Dix ans plus tard, le décès du propriétaire permet à Fabrice de se mettre à son compte. Les années 2020 seront celles des élevages longs sur les blancs, changement suggéré par son copain Fanfan (Ganevat). Le millésime 2020, élevé presque cinq ans, arrive sur le marché. Tout le monde va l'adorer, comme nous il y a quelques mois. *Gilles Durand-Daguin*

- Viandris (ploussard), arbois pupillin 2023 | Sec | 2025>32 | NC — 90
- Fonteneille (trousseau), arbois pupillin 2023 | Sec | 2027>35 | NC — 92

Domaine de Saint-Pierre

✪✪ (N)

Fabrice Dodane, la cinquantaine, est devenu le régisseur du domaine de Saint-Pierre en 2002. Puis le propriétaire en 2012, au décès de Philippe Moyne, date où le domaine a été certifié bio. Fabrice s'est laissé convaincre par son copain Ganevat d'allonger les élevages sur les blancs. Ils durent trois à cinq ans depuis le millésime 2020. Les premiers résultats sont spectaculaires. Le domaine est passé à 7,5 hectares grâce à des replantations. Fabrice privilégie le savagnin, qui supporte mieux la chaleur, au chardonnay. Une minorité de vins rouges, assez classiques, dans un style nature. Et quelques cuvées de négoce (gamay, grenache) pour pallier les aléas climatiques jurassiens. Le domaine est déjà bien connu des amateurs. Sa notoriété va monter.

- Château Renard (chardonnay), arbois 2022 | Sec | 2025>33 | NC — 89
- Les Calles (melon à queue rouge), arbois 2022 | Sec | 2025>33 | NC — 90
- Les Brûlées (chardonnay), arbois 2020 | Sec | 2025>40 | NC — 95
- Savagnin Autrement, arbois 2020 | Sec | 2028>40 | NC — 94
- Trousseau à la dame, arbois 2023 | Sec | 2026>34 | NC — 91
- Petit Curoulet (poulsard), arbois 2023 | Sec | 2025>31 | NC — 90

Domaine de Sainte-Marie

✪✪ (N)

Le domaine de Sainte-Marie est une création de la famille du même nom. Gaëtan de Saint Marie, entrepreneur lyonnais tout juste quinquagénaire, s'est associé avec son père Bertrand, originaire de la région, et avec l'œnologue Nicolas Cottier, qui a longtemps travaillé à la fruitière vinicole d'Arbois. Ils ont acheté en 2020 un domaine de 14 hectares auquel ils ont adjoint quelques vignes de famille. Gaëtan jouait «à faire du vin» avec son grand-père. Il le fait désormais en grand. Dix-neuf hectares désormais avec deux tiers de savagnin, et globalement plutôt orienté vin blanc. Le domaine a été passé en bio. Les vins s'exportent déjà très bien. Ils sont bien faits, classiques, et portent les ambitions de ces nouveaux venus qui ne comptent pas s'arrêter là.

- Trousseau, côtes du jura 2022 | Sec | 2025>30 | 15 € — 91
- Duo de savagnin, côtes du jura | Sec | 2025>35 | 16 € | ☘ — 91
- Savagnin Ouillé, côtes du jura 2020 | Sec | 2025>30 | 14 € | ☘ — 92
- MacVin, macvin du jura | Liquoreux | 2025>35 | 20 € — 90

Domaine de Savagny

✪✪ ✚

Ce domaine appartient aux Grands Chais de France depuis 2002 et fait 54 hectares en propriété. Rachel Gondol, après dix ans d'oeno-conseil dans la région, en a pris la direction et en est l'œnologue depuis 2020. Elle a immédiatement cherché à améliorer les vinifications, notamment en supprimant le soufre sur les moûts et en minimisant les intrants. Tout est maîtrisé ici, avec des processus de vinification qui garantissent au plus grand nombre de trouver des bouteilles bien faites à peu près partout. Sur son site jurassien, impressionnant par sa taille et sa technologie (le chai à vin jaune abrite 6000 fûts !), le groupe développe également une activité importante de négoce sous la signature de La Maison du Vigneron.

- crémant du jura | Brut | 2025>28 | 13 € — 92
- Vin Jaune, côtes du jura 2017 | Sec | 2025>32 | 37 € — 93
- Vin de paille, côtes du jura 2019 | Sec | 2025>35 | 29 € — 93
- Vin Jaune, château-chalon 2017 | Sec | 2025>35 | 41 € — 94

Domaine André et Mireille Tissot - Stéphane Tissot

✪✪✪✪ ✦

Une véritable locomotive pour la région. Installé à Montigny-lès-Arsures, Stéphane Tissot est le grand représentant de l'appellation arbois. Il a repris le domaine familial avec sa femme Bénédicte en 1990 et s'est focalisé sur les terroirs. La certification bio est arrivée en 1999, la biodynamie en 2009. Avec près de 50 hectares, le volubile et hyperactif Stéphane peut proposer une large gamme de vins du Jura, avec des vinifications par terroir. Chacun y trouvera son compte, des effervescents aux vins jaunes, eux aussi désormais vinifiés en parcellaire, une des nombreuses initiatives de Stéphane Tissot qui ne s'arrête jamais d'innover. C'est pourtant quand il accepte un certain classicisme qu'il semble le meilleur. Vu que le domaine est grand, c'est un des rares du Jura qu'on trouve assez facilement.

- Les Graviers (chardonnay), arbois 2022 | Sec | 2025>35 | 45 € — 92
- La Mailloche - chardonnay, arbois 2017 | Sec | 2025>37 | 50 € — 93
- Les Bruyères (chardonnay), arbois 2022 | Sec | 2027>37 | 45 € | ☘ — 92
- Les Bruyères (chardonnay), arbois 2017 | Sec | 2025>32 | 45 € — 90
- poulsard vieilles vignes, arbois 2023 | Sec | 2025>30 | 30 € | ☘ — 92
- chardonnay En Sursis, côtes du jura 2022 | Sec | 2025>37 | 47 € | ☘ — 93
- Vin Jaune, arbois 2017 | Sec | 2029>40 | 105 € | ☘ — 91
- pinot noir En Barberon, côtes du jura 2022 | Sec | 2027>35 | 52 € | ☘ — 94

Domaine de la Touraize

✪

André-Jean Morin est la huitième génération de vignerons à Arbois. S'il a rejoint son père en 1983, ce n'est que depuis 2008 qu'il met en bouteilles sa propre production. Il a d'ailleurs réduit le domaine à cette occasion, pour ne garder que 10 hectares et se faire construire une cuverie en 2014. Il travaille avec sa femme Héléana, et prochainement sa fille. Le domaine est certifié Demeter depuis 2020 et travaille dans un esprit nature. La cuverie s'est équipée d'un couloir rafraîchissant en 2022 qui devrait encore améliorer la précision des vins. Les vins sont clairement d'inspiration nature avec des blancs fins et délicats, et des rouges parfois sur le fil. Les 2023 sont convaincants.

- ploussard La Cabane, arbois 2023 | Sec | 2025>30 | 20 € | ☘ — 89
- Terres Bleues, arbois 2022 | Sec | 2025>30 | 25 € | ☘ — 90
- trousseau Les Corvées, arbois 2022 | Sec | 2025>30 | 22 € | ☘ — 91
- chardonnay En Flandre, arbois 2022 | Sec | 2025>30 | 22 € | ☘ — 91
- Côtes à Côtes, arbois 2023 | Sec | 2025>30 | 20 € | ☘ — 89

Fruitière Vinicole de Voiteur

✪

Cette coopérative créée à la fin des années 1950 au pied du village de Château-Chalon regroupe aujourd'hui une cinquantaine de vignerons, exploitant 70 hectares sous la direction du dynamique directeur Bertrand Delannay et du maître de chai Eric Chambard, présent depuis 1998. La structure a récemment inauguré une nouvelle cuverie, misant sur le froid, qui devrait donner plus de maîtrise dans la qualité de réception de la vendange et la maîtrise des fermentations. On verra plus les résultats sur la vendange 2025 que sur la famélique vendange 2024. La gamme est large, avec des vins consensuels à des tarifs très compétitifs. On s'y procure un château-chalon convenable sans se ruiner.

- Vin jaune, côtes du jura 2012 | Sec | 2026>35 | 40.5 € — 90
- Vin jaune, côtes du jura 2017 | Sec | 2025>35 | 31.8 € — 90

✦ Star ✚ Valeur sûre ➔ À suivre de près (N) Nouvelle entrée

Géraud Fromont, Domaine des Marnes Blanches

Il est œnologue, comme Pauline qui travaille avec lui. Elle est diplômée de Dijon, lui de Reims. Ils se sont installés ensemble en 2008 sur quatre hectares dans le sud Revermont. Ils en ont désormais seize et font surtout du chardonnay et du savagnin. Leurs vins sont précis, comme eux. L'innovation est au cœur de leur démarche. On peut croiser le robot enjambeur autonome Bakus dans leurs vignes. Les Marnes Blanches sont une source fiable, et à prix raisonnable, d'excellents vins du Jura. *Gilles Durand-Daguin*

Un grand ciel bleu illumine les vignes d'Euzet, baignées par le climat méditerranéen doux, rafraîchies par les vents en provenance des sommets des Cévennes. Ce même ciel veille sur des vignerons talentueux qui font rayonner toute une région. Le 7 juillet 2021.

Languedoc

Bâtisseurs de l'éternité

Le vaste Languedoc n'a pas fini de nous surprendre. Rouges, blancs, rosés, bulles, tout ici prend des airs de nouveauté. Vins de plaisir, vins de terroirs, icônes en devenir : suivez-les attentivement

sélection ***Alain Chameyrat*** *avec* ***Thierry Desseauve***

Abbotts et Delaunay

✪✪ ⊕

Laurent Delaunay a installé ses chais de vinification à Marseillette, un petit village viticole non loin de Carcassonne. Depuis quelques années, c'est sa fille Jeanne qui gère ce domaine languedocien. Forte de son héritage familial bourguignon, elle crée des vins méditerranéens en recherchant fraîcheur et précision. La démarche parcellaire au cœur de son travail, révèle des cuvées provenant de terroirs à forte personnalité. Consciente ces enjeux environnementaux, elle intègre à sa démarche la préservation de la biodiversité, la vitalité des sols, l'utilisation de bouteilles allégées et d'encres à base de pigments naturels. Les cuvées parcellaires sont remarquables et les cuvées plus accessibles font du rapport qualité-prix un véritable atout.

- **languedoc 2023** | Sec | 2025>30 | 9 € — 90
- **languedoc 2024** | Sec | 2025>28 | 9 € — 89
- **Le Palajo, limoux 2022** | Sec | 2026>32 | NC — 88

Domaine de l'Accent

✪✪

Konrad Pixner est un jeune Suisse-Allemand venu s'implanter en Languedoc après plusieurs expériences dans le monde. Il a créé son domaine en 2019 à Arboras et frappe fort dès ses premiers essais malgré des conditions de travail et d'élevage rudimentaires. Una Notte et Petit Accent sont deux IGP très gourmands. Son talent s'exprime sur ses cuvées en terrasses-du-Larzac et sur un carignan d'anthologie. Il ne lui manque que le futur chai qu'il est en train de construire pour exprimer tout son talent. C'est un grand de demain.

- **Elliot, terrasses du larzac 2023** | Sec | 2025>32 | 16 € | ♣ — 92
- **La Rocheuse, terrasses du larzac 2023** | Sec | 2025>32 | 19 € | ♣ — 92
- **Blanc de noir, vin de france 2024** | Sec | 2025>26 | 13 € | ♣ — 88
- **Carignan gris, saint-guilhem le désert 2023** | Sec | 2026>28 | 29 € | ♣ — 90
- **Carignan noir, vin de france 2023** | Sec | 2025>32 | 27 € | ♣ — 93

Clos Aguilem

✪ ⊕

Domaine sur Saint-André de Sangonis créé en 2015 par Jean-Charles Auffret rejoint par Andrew Jarvie qui propose des vins particulièrement intenses, sans concession, avec l'ambition de tirer la quintessence des cépages. Ils disposent aujourd'hui de 21 hectares après la reprise de parcelles sur le causse de Montpeyroux. Les cuvées 1959 et Kiara vont aussi loin que le permettent les vignes agées de 40 à 60 ans. A signaler un très joli chenin en 2024.

- **Kiara, terrasses du larzac 2023** | Sec | 2025>32 | 22 € | ♣ — 90
- **La Bouissade, saint-guilhem le désert 2023** | Sec | 2025>30 | 14 € | ♣ — 88
- **Ballade, saint-guilhem le désert 2024** | Sec | 2025>28 | 15.5 € | ♣ — 90

Domaine d'Aigues Belles

✪✪✪ ✚

Gilles Palatan dirige ce domaine d'une vingtaine d'hectares, installé dans le Gard. La réussite en IGP d'Oc est exceptionnelle, elle surpasse comme chaque année tout ce que nous avons goûté sous cette dénomination. Le Blanc est un pur chardonnay quand l'Autre Blanc est emporté par la roussanne, le sauvignon et une pointe de chardonnay. Un nouveau-venu est dédié au rolle depuis quelques millésimes. En rouge, le Grand Classique est un assemblage de cépages languedociens à base de mourvèdre quand l'Insolent ne connaît que ce cépage. Ne pas oublier le rosé, lui aussi l'un des meilleurs du Languedoc. Une cuvée de Pic saint-loup, l'Epique, est la seule revendiquée en appellation alors que la plupart des terroirs du domaine peuvent y prétendre. Très réussie, cette cuvée donne le la pour le Pic. Une autre cuvée, MAJ, a vu le jour en 2021, dédiée au cinsault avec un complément de mourvèdre. Ne manquez pas une visite au domaine.

- **Le Blanc, oc 2024** | Sec | 2025>35 | 17.5 € — 94
- **Nicole, oc 2023** | Sec | 2025>35 | 16 € — 95
- **Poirier des Rougettes, oc 2024** | Sec | 2025>27 | NC — 90
- **Lombarde, oc 2023** | Sec | 2025>32 | 14.5 € — 94
- **L'Insolent, oc 2023** | Sec | 2027>35 | 50 € — 95
- **Le Grand Classique, languedoc 2023** | Sec | 2025>32 | 16.5 € — 93
- **Premier rolle, oc 2023** | Sec | 2025>32 | NC — 96
- **L'épique, pic saint-loup 2023** | Sec | 2025>33 | 22 € — 96
- **MAJ, oc 2023** | Sec | 2025>32 | 13 € — 91

Mas d'Albo

✪✪

Fabien Azéma a repris en 2014 le domaine familial de Roquebrun que son père avait commencé à cultiver comme un jardin. Il fait de superbes cuvées de soif, légères et représentatives de saint-chinian. La gamme monte en puissance avec Perarol, Orbrun puis Mythique. Chaque cuvée gagne en intensité, orientée vers la volupté, aucun vin n'est fatigant. Le millésime 2022 permet une gamme intelligemment étagée jusqu'à Orbrun avec des rapports qualité-prix devenus rares, même en Languedoc.

- **Augustin, saint-chinian 2023** | Sec | 2025>32 | 8.5 € | ♣ — 91
- **Perarol, saint-chinian 2023** | Sec | 2025>32 | 10 € | ♣ — 91
- **Or brun, saint-chinian 2023** | Sec | 2025>32 | 15 € | ♣ — 92

Domaine Allegria

✪✪ ⊕

Ghislain et Delphine d'Aboville exploitent leurs 12 hectares en bio depuis 2011 à Caux près de Pézenas. Nous avons été séduits par une série de rouges remarquables, sans défaut bien que sans sulfite pour certains. Les hauts de gamme sont de grande ambition. 2020 a vu la plantation d'une parcelle de cinsault en spirale pour faire un grand vin du sud à partir de ce cépage injustement mis de côté par la région. Nous lui ajoutons une étoile supplémentaire cette année. A suivre de près.

- **La belle histoire, languedoc-pézenas 2023** | Sec | 2025>32 | 30 € | ♣ — 92

✦ Star ✚ Valeur sûre ⊕ À suivre de près Ⓝ Nouvelle entrée

- L'aventure c'est l'aventure, hérault 2022 | Sec | 2025>29 | 20 € | ☘ 91
- Cousu main, languedoc-pézenas 2022 | Sec | 2025>35 | 38 € | ☘ 92

Clos de l'Amandaie

★ N

Situé à près de 300 mètres d'altitude, ce domaine capte une fraîcheur bienvenue en millésime chaud. Dans la gamme, tous les vins ont une empreinte minérale visible, nous recommandons huis-clos pour son onctuosité et sa profondeur.

- Huis Clos, languedoc-grés de montpellier 2019 | Sec | 2026>32 | 19 € | ☘ 89
- languedoc-grés de montpellier 2021 | Sec | 2025>32 | 14 € | ☘ 90
- Les parcelles, cinsault, vicomté d'aumelas 2024 | Sec | 2025>29 | 11 € | ☘ 89
- Madolia, languedoc-grés de montpellier 2020 | Sec | 2025>32 | 36 € | ☘ 90

Anne de Joyeuse

★ N

C'est l'une des deux grandes caves de Limoux, qui se partagent à elles seules 80 % de l'appellation. Anne de Joyeuse, très attachée au respect de l'environnement et à la biodiversité, s'est spécialisée dans l'élaboration des vins tranquilles, rouges et blancs, notamment sur le haut de gamme. Ce choix est aujourd'hui parfaitement abouti et justifié. Toutes les cuvées sont d'un très bon niveau et sont, tant en rouge qu'en blanc, dotées d'une belle énergie et d'un grand naturel.

- Rien à cirer, oc 2024 | Sec | 2025>28 | 12.9 € 89

Antech

★★ +

Françoise Antech Gazeau dirige de main de maître cette performante maison de négoce qui a fait des vins effervescents sa spécialité depuis six générations. Près d'un million de bouteilles sortent chaque année des caves. Une large gamme de vins très cohérente, d'un bon niveau qualitatif, avec une recherche évidente de pureté, de minéralité et d'équilibre sur la fraîcheur. La cuvée M30 à base de mauzac nous a épatés par sa formidable capacité apéritive. Bien des chantiers montrent le dynamisme de la maison comme l'évolution vers le bio, l'acquisition de nouvelles parcelles et la baisse des dosages.

- Héritage, crémant de limoux 2020 | Brut | 2025>28 | 16.8 € 88
- Émotion, crémant de limoux 2022 | Brut | 2025>28 | 14.1 € 90
- M le Mauzac, blanquette de limoux 2023 | Extra-brut | 2025>28 | 12.15 € 90

Aubert & Mathieu

★★ →

Aubert et Mathieu ont décidé après d'autres aventures professionnelles de revenir en Languedoc pour créer une gamme de vins dont le point commun est le respect des valeurs écologiques. Trois rouges bien réalisés partagent la même finesse de tannins et une expression intense des saveurs méditerranéennes avec la fraîcheur en fil rouge. Etonnante et délicieuse cuvée Hautes Pistes 2022 dédiée à la syrah.

- Milo, minervois-la-livinière 2022 | Sec | 2025>30 | 19 € 93
- Hautes pistes, oc 2022 | Sec | 2025>29 | 14.9 € | ☘ 91

Domaine d'Aupilhac

★★★ +

Généreux comme lui, les vins de Sylvain Fadat vont désormais vers plus de fraîcheur et d'élégance que par le passé. Ses 13 hectares sont complétés par les Cocalières, un amphithéâtre nord-ouest planté en pleine garrigue à 350 mètres d'altitude. En haut de gamme, le Clos, la Boda et les Cocalières rouge dominent la gamme de rouges de leur intensité et de leur finesse de tannins. Splendide Cocalières rouge 2022 à ne pas rater.

- Aupilhac, languedoc-montpeyroux 2022 | Sec | 2025>30 | 20 € | ☘ 89
- Les Cocalières, languedoc 2022 | Sec | 2025>32 | 24 € | ☘ 94
- La Boda, languedoc-montpeyroux 2022 | Sec | 2027>32 | 37 € | ☘ 94
- La Boda, languedoc-montpeyroux 2023 | Sec | 2027>32 | 37 € | ☘ 92
- Les Clos, languedoc 2022 | Sec | 2025>35 | 50 € | ☘ 93
- Le Canaguier, vin de france 2023 | Sec | 2025>30 | 24 € | ☘ 92

Domaine d'Aussières

★★ +

Les barons de Rothschild (branche Lafite) ont redonné vie au hameau d'Aussières en replantant les vignes à l'abandon et en rénovant les installations. Le vignoble immense (167 hectares) est situé sur les contreforts de Fontfroide. Dans cette zone climatique fraîche des Corbières, les vins affichent une élégance toute bordelaise, avec de la fraîcheur et de la délicatesse. Jean de Roquefeuil venu de Rieussec vient de prendre la direction du domaine avec l'intention de rajouter à la gamme de grands blancs de corbières.

- corbières 2014 | Sec | 2025>27 | 51.8 € 91
- corbières 2020 | Sec | 2025>32 45 € 92

Clos Bagatelle

★★★ →

Christine Deleuze et son frère Luc Simon mènent ce domaine de 60 hectares, fondé en 1623 et installé sur des sols argilo-calcaires et de schistes, avec certaines vignes centenaires. Parvenu dans l'élite de Saint-Chinian, le duo propose des vins aux arômes parmi les plus expressifs de l'appellation. Mathieu, la nouvelle génération est aux manettes des vinifications depuis 2023. On peut se régaler de toute la gamme dès son début, avec la cuvée Colline, le plaisir ira crescendo ensuite.

- Je Me Souviens, saint-chinian 2018 | Sec | 2025>30 | 47 € 91
- Donnadieu Bagatelle, saint-chinian 2023 | Sec | 2025>30 | 13 € 90
- Au Fil de Soi, saint-chinian 2021 | Sec | 2025>32 | 17 € 91
- L'Aventure, saint-chinian 2020 | Sec | 2025>30 | 90 € 94
- Clos Bagatelle, saint-chinian 2024 | Sec | 2025>30 | 12 € 92

Domaine de Bancel

★★ →

Nouveau domaine créé ex nihilo dans le Gard en 2021 par Mathéo Jesus. De nouvelles parcelles de chardonnay, de grenache, de syrah et de mourvèdre vont arriver en 2024. Le simple IGP du Gard, l'Insouciant rouge frappe fort en 2023 et bouscule ce qui se fait dans cette IGP. L'AOP Languedoc 2023 est un ovni comparé à la masse de ses pairs. A suivre de très près, un parfait inconnu mais un probable futur grand est proche de l'ébullition ici. Et les blancs sont à l'avenant. Nous accordons d'emblée deux étoiles à ce domaine sorti de nulle part, ce qui est rarissime dans le guide.

- Sur le fil, gard 2024 | Sec | 2025>30 | 15 € 92
- Origines, gard 2024 | Sec | 2025>30 | 12 € 92
- Les noces de Cana, cévennes 2024 | Sec | 2025>28 | 11 € 88
- Auguste, languedoc 2023 | Sec | 2025>30 | 18 € 89

Domaine de Baronarques

★★★ +

Une bonne maîtrise du terroir (43 hectares de sols argilo-calcaires) permet de produire ces vins aboutis. L'assemblage varie au gré des millésimes, entre cépages atlantiques (merlot, cabernet franc, cabernet-sauvignon) et méditerranéens (syrah, malbec, grenache). Les chardonnays donnent l'un des meilleurs blancs de l'appellation. Bien équipé aujourd'hui et avec une idée claire du style des vins, droits, fins, frais et débarrassés d'élevage trop démonstratifs, c'est un cru qui ne cesse de progresser.

- Grand Vin, haute vallée de l'aude 2023 | Sec | 2025>32 | 42 € 92
- La Capitelle de Baronarques, haute vallée de l'aude 2023 | Sec | 2025>27 | 45 € 89
- Grand Vin, haute vallée de l'aude 2023 | Sec | 2025>30 | 45 € 92
- La Capitelle de Baronarques, limoux 2023 | Sec | 2025>30 | 21 € 90

Domaine de Barroubio

★ N

Ce domaine est dans la même famille depuis le XVe siècle. Situé au nord du causse du Minervois, il était initialement réputé, à juste titre, pour ses muscats-de-saint-jean-de-minervois, sur un terroir de galets blancs, mais il a remarquablement progressé en rouges. Les vins sont marqués par de délicates notes florales qui leur confèrent un charme étonnant. La cuvée marie-thérèse repose sur la syrah, quand le carignan assure la structure de la cuvée jean-mique.. Une adresse sérieuse.

- carte noire, muscat de saint-jean-de-minervois 2023 | Doux | 2025>30 | 11.5 € 89
- Dieuvaille, muscat de saint-jean-de-minervois 2023 | Liquoreux | 2025>32 | 13 € 90
- Nicolas, muscat de saint-jean-de-minervois 2023 | Liquoreux | 2025>35 | 18 € 90

Domaine de Baubiac

★ N

Ce domaine avait été créé par un géologue et botaniste de l'université de Montpellier. Sa disparition en 2009 a fait mettre les vignes en fermage. Son épouse, Samira Philip, a relancé le domaine avec ses enfants et Baubiac recommence sa production à partir de 2022. Nous avons beaucoup apprécié la cuvée Scolopax 2023, l'autre nom des bécasses que l'on voit fréquemment sur ce terroir. Un domaine à suivre de près.

- **Scolopax, pic saint-loup 2023** | Sec | 2025>32 | 16.5 € | ☘ — 91
- **Eole, cévennes 2023** | Sec | 2025>30 | 14 € | ☘ — 89

Domaine de la Baume

★★ ✚

Ce très vaste domaine (qui mettait déjà sa production en bouteilles au début du XXe siècle) est situé entre Béziers et Pézenas. Propriété du groupe alsacien Grands Chais de France, La Baume est devenue en quelques années l'une des meilleures références de ce qui soit en matière de vins de cépages, tous réalisés sans aucune caricature variétale et construits avec un remarquable sens de l'équilibre.

- **viognier Elisabeth, oc 2024** | Sec | 2025>26 | 9 € — 88
- **Garance à boire frais, oc 2024** | Sec | 2025>27 | 8 € — 88

Mas Belles Eaux

★★ ✚

Cette vaste propriété est située au nord de Pézenas. Entourée de sources qui sont à l'origine du nom, elle s'étend sur près de 100 hectares répartis autour d'une folie du XIXe siècle. Après un passage d'une quinzaine d'années dans le giron d'Axa Millésimes, le cru a été repris par le groupe Grands Chais de France. La gamme se partage entre vins d'appellation pézenas et vins de cépages.

- **Les Coteaux, languedoc 2024** | Sec | 2025>28 | 10 € — 90

Château Belvèze

★ Ⓝ

Ce domaine créé en 1899 est dirigé par Guillaume Malafosse qui mène les 150 hectares dont 40 plantés en vigne. Il fait partie du mouvement qui pousse au renouveau de l'appellation Malepère près de Carcassonne. A suivre.

- **élevé en fûts de chêne, malepère 2020** | Sec | 2027>32 | NC | ☘ — 90
- **malepère 2022** | Sec | 2026>30 | NC | ☘ — 88

Bergerie du Capucin

★★ ➔

Le sympathique Guilhem Viau dirige ce domaine familial avec enthousiasme et le souci constant de faire progresser ses vins. La propriété, de longue date dans sa famille, s'étend aujourd'hui sur quinze hectares. La cuvée Dame-Jeanne montre la voie aux vins du secteur : festive et charmeuse mais complexe, elle affiche des tannins fins. Au sommet Larmanela demande un peu de patience en cave avec un élevage de qualité qui sait désormais se faire discret. La démarche de passage en bio est entamée et un nouveau caveau de vente vient d'ouvrir à Lauret.

- **Larmanela, pic saint-loup 2021** | Sec | 2025>32 | 29 € | ☘ — 91
- **Dame Jeanne, pic saint-loup 2024** | Sec | 2025>26 | 13 € | ☘ — 89
- **Dame Jeanne, saint-guilhem le désert 2023** | Sec | 2025>28 | 16 € | ☘ — 90
- **Dame Jeanne, pic saint-loup 2022** | Sec | 2025>32 | 19 € | ☘ — 90

Domaines Gérard Bertrand

★★★★ ✦

Gérard Bertrand a fait de son nom l'une des marques les plus dynamiques du vignoble français. S'il revendique faire des vins du Sud comme un « art de vivre », il est d'abord un vigneron méticuleux et exigeant, en recherche d'excellence pour ses 17 domaines. Cette quête trouve son aboutissement avec le Clos d'Ora, magnifique cru sur les hauteurs de la Livinière et avec un rosé du terroir de Cabrières, le Clos du Temple, qui brille par son intense personnalité, mais aussi des cuvées parcellaires dans de nombreuses autres de ses propriétés, en particulier à l'Hospitalet (en appellation la clape), Villemajou (cuvée la Forge en boutenac), la Sauvageonne (terrasses du larzac), l'Aigle (cuvée Royal en limoux) ou encore la Soujeole (malepère). L'ensemble de ses vignobles sont aujourd'hui certifiés en viticulture biodynamique, ce qui en fait le plus important producteur dans cette catégorie. Mais Gérard Bertrand est aussi un entrepreneur hors pair, en pointe sur l'œnotourisme (à l'Hospitalet) comme sur toutes les tendances du vin contemporain (vin orange, rouge léger, rosé, bulles) avec très souvent des vins qui sont d'immédiats modèles de leur catégorie.

- **Château l'Hospitalet Grand Vin, coteaux du languedoc - la clape 2023** | Sec | 2025>35 | 43 € — 95
- **La Forge, corbières-boutenac 2023** | Sec | 2025>35 | 72 € — 97
- **Le Viala, minervois-la-livinière 2023** | Sec | 2027>35 | 65 € — 92
- **Hospitalitas, coteaux du languedoc - la clape 2023** | Sec | 2025>35 | 75 € — 96
- **Cigalus, igp pays d'oc 2023** | Sec | 2025>30 | 38 € — 91
- **Domaine de l'Aigle chardonnay, limoux 2024** | Sec | 2025>28 | 64 € — 90
- **Château La Sauvageonne Grand vin, terrasses du larzac 2023** | Sec | 2025>30 | 34 € — 90
- **Château de Villemajou Grand Vin, corbières-boutenac 2022** | Sec | 2025>32 | 33.5 € — 92
- **L'Aigle royal chardonnay, limoux 2023** | Sec | 2025>30 | 64 € — 92
- **L'Aigle Royal pinot noir, haute vallée de l'aude 2023** | Sec | 2025>32 | 64 € — 93
- **Clos d'Ora, minervois-la-livinière 2023** | Sec | 2025>35 | 199 € — 95
- **Château de la Soujeole, malepère 2019** | Sec | 2026>30 | 29 € | ☘ — 91
- **Château de la Soujeole, malepère 2022** | Sec | 2027>33 | 31 € — 94
- **Château la Sauvageonne, languedoc 2024** | Sec | 2025>28 | 33 € — 91
- **Clos du Temple, languedoc-cabrières 2024** | Sec | 2025>32 | 219 € — 97
- **Villa Soleilla, vin de france 2022** | Sec | 2025>32 | 149 € | ☘ — 94
- **Villa Soleilla, vin de france 2023** | Sec | 2025>32 | 149 € — 92
- **Orange Gold, vin de france 2023** | Sec | 2025>28 | 13.9 € — 92
- **Château la Sauvageonne la Villa, terrasses du larzac 2022** | Sec | 2025>35 | 100 € — 96
- **Plantabelle, languedoc-cabrières 2022** | Sec | 2028>38 | 95 € — 92
- **French Cancan Brut nature orange, vin de france** | Non dosé | 2025>27 | 19.9 € — 92
- **Art de vivre, vin de france 2023** | Sec | 2025>28 | 13.5 € — 90
- **Château la Sauvageonne La Villa, languedoc 2023** | Sec | 2025>30 | 100 € — 93
- **Château l'Hospitalet Grand Vin, la clape 2024** | Sec | 2025>30 | 39 € — 93

Domaine Bertrand-Bergé

★★★ ✦

La rigueur et le travail de Jérôme Bertrand, sur les beaux terroirs de Paziols, ont fait du domaine Bertrand-Bergé le modèle à suivre pour toute l'appellation. Les entrées de gamme en rouge sont accessibles en termes de prix et se placent au-delà des standards qualitatifs de Fitou. L'onctueuse cuvée Jean Sirven porte le nom de l'aïeul, qui œuvrait déjà pour une viticulture de qualité au début du siècle dernier. Cette cuvée s'impose aujourd'hui, par sa race et sa densité, dans le gotha des plus grandes cuvées du Sud. Mais la cuvée de base ne manque pas de charmes pour attendre cette bombe de saveurs. Une adresse indispensable en Languedoc.

- **Ancestrale, fitou 2022** | Sec | 2025> | 16 € | ☘ — 92
- **Jean Sirven, fitou 2022** | Sec | 2028>38 | 42 € | ☘ — 94
- **Origines, fitou 2023** | Sec | 2025>30 | 10.5 € | ☘ — 90
- **La Boulière, fitou 2022** | Sec | 2027>35 | 20 € | ☘ — 92
- **Funambule, vallée du torgan 2024** | Sec | 2025>30 | NC | ☘ — 91

Borie La Vitarèle

★★ ➔

Camille Yzarn soutenue par son mari Ulrich signe des vins tous recommandables. Le domaine est entre de bonnes mains après la disparition accidentelle de son père, le regretté Jean-François Yzarn. La cuvée Terres-blanches est une entrée de gamme qui a l'air d'un haut de gamme et mérite d'être recherchée. La cuvée Les Schistes affiche une grande capacité de garde, Les Crès sont sur des sols de galets roulés du Villafranchien. Hommage à Jeff est un ovni au sommet de la production languedocienne.

- **Les Schistes, saint-chinian 2022** | Sec | 2025>32 | 17.7 € | ☘ — 90
- **Terres Blanches, saint-chinian 2023** | Sec | 2026>35 | 12.5 € | ☘ — 91
- **Terres Blanches, saint-chinian 2023** | Sec | 2026>35 | 12.5 € | ☘ — 91
- **Les Crès, saint-chinian 2022** | Sec | 2028>35 | NC | ☘ — 91
- **Midi Rouge, saint-chinian roquebrun 2020** | Sec | 2028>35 | 40 € | ☘ — 93
- **Le Grand Mayol, languedoc 2022** | Sec | 2025>28 | 14.9 € | ☘ — 90
- **Hommage à Jef, saint-chinian roquebrun 2019** | Sec | 2028>35 | 61 € | ☘ — 94

Mas Bruguière

★★★ ✚

Ce domaine de Valflaunès, situé à l'ombre de l'impressionnant pic Saint-Loup, a été l'un des pionniers du renouveau qualitatif en Languedoc. Xavier, la nouvelle génération des Bruguière, explore la biodynamie et

✦ Star ✚ Valeur sûre ➔ À suivre de près Ⓝ Nouvelle entrée

Matthieu Rollin et Nicolas Seffusatti, Domaine Cassagne et Vitailles

Partis à Shanghai en 2006 après des études aux États-Unis, Matthieu Rollin et Nicolas Seffusatti ont monté une société qui importait la bagatelle de seize millions de bouteilles en Chine. Le mal du pays les a ramenés en Languedoc où ils ont créé un domaine de huit hectares à Montpeyroux, dont une parcelle nommée Cassagnes et Vitailles a donné son nom à la propriété. Les sols y sont travaillés au quad pour ne pas les tasser, les vignes sont menées en bio et tout est organisé pour produire des vins exceptionnels dès les entrées de gamme. *Alain Chameyrat* obtient des résultats dans des rouges frais, structurés et gourmands. L'original blanc Les Mûriers est destiné à la gastronomie. Le domaine a fait le choix courageux de revendre une partie de ses vignes pour se recentrer sur les terres familiales historiques entre le Pic et le massif de l'Hortus. Nous aimons le sens de l'équilibre de ses rouges délicieux et de son blanc, Les Mûriers dont 2024 est le meilleur millésime que nous avons dégusté récemment.

- L'Arbouse, pic saint-loup 2023 | Sec | 2025>32 | 20 € | ☘ 92
- Les Mûriers, languedoc 2024 | Sec | 2025>30 | 20 € | ☘ 92

Domaine de Cabrol

✪✪ Ⓝ

Ce domaine classique de Cabardès produit une gamme de vins classiques, généralement de bonne tenue avec parfois quelques irrégularités. La cuvée vent-d'est se remarque régulièrement dans cette gamme.

- Vent d'Est, cabardès 2021 | Sec | 2025>32 | NC 92

Mas Cal Demoura

✪✪✪✪ ✦

Rigueur et soin, intelligence et précision, ainsi qu'une idée claire du grand vin ont amené les rouges du talentueux Vincent Goumard au sommet. Ils s'inscrivaient dans un classicisme exemplaire qui ne tendait jamais vers l'austérité. L'évolution sans ne rien perdre de ces qualités vers une sensualité confondante constitue l'aboutissement d'un premier cycle de vingt années après la création du domaine, où dominent précision et finesse des tannins. En blanc, la cuvée l'Etincelle est déconcertante de fraîcheur et Parole de Pierres 2023 a franchi une nouvelle étape. Les Combariolles sont un must en terrasses du Larzac. A leurs côtés, trois cuvées de grand style sont à majorité d'un cépage, Belle fiole avec le cinsault, Fragments avec la syrah et Feu Sacré avec le grenache.

- Les Combariolles, terrasses du larzac 2023 | Sec | 2025>35 | 37 € | ☘ 96
- Feu Sacré, terrasses du larzac 2023 | Sec | 2026>35 | 57 € | ☘ 96
- Paroles de Pierres, hérault 2023 | Sec | 2025>32 | 35 € | ☘ 92
- Terre de Jonquières, terrasses du larzac 2023 | Sec | 2025>32 | 26 € | ☘ 94
- Fragments, terrasses du larzac 2023 | Sec | 2027>35 | 57 € | ☘ 96
- Belle Fiolle, vin de france 2023 | Sec | 2025>34 | 57 € | ☘ 95

Calmel & Joseph

✪✪✪ ✚

Maison idéale pour qui veut connaître la spécificité des terroirs du Languedoc. Jérôme Joseph et Laurent Calmel sont des négociants sans chai. Ils élèvent les cuvées sélectionnées chez les vignerons auxquels ils les achètent, respectueux des saveurs et des terroirs d'origine. Une large gamme gourmande avec de nombreux vins réussis se complète de quelques surprises épatantes dans les premiers vins. La gamme Les Crus nous impressionne depuis des années par la fidélité d'expressions de chacun de ses représentants à son terroir d'origine. Bravo ! Le Penchant 2024, une roussanne sans soufre nous a également épatés cette année.

- La Madone, corbières 2018 | Sec | 2025>29 | 50 € 92
- Le Penchant, oc 2024 | Sec | 2025>30 | NC | ☘ 92
- Ams Tram Gram, languedoc 2024 | Sec | 2025>29 | NC | ☘ 89
- Am Stram Gram - La reine Carignan(ne), oc 2024 | Sec | 2025>28 | NC | ☘ 89

Canet-Valette

✪✪ ➲

Marc Valette construisait des vins à son image, de carrure large qui exprimaient tous une puissance évidente. Il travaille en agriculture biologique et se limite à de très petits rendements. Il a fait évoluer l'ensemble de la gamme vers des vins buvables beaucoup plus vite. Au sommet le vin Maghani emprunte son nom au vin des mages dans les quatrains du grand poète perse, Omar Khâyam. Nous avouons beaucoup de sympathie pour l'entrée et le milieu de gamme, notamment Ivresses ou Une et mille nuits. La relève est en place avec le fils de Marc, Camille, dès la vendange 2024.

- Ivresses, saint-chinian 2023 | Sec | 2025>32 | 18.5 € | ☘ 91
- Le Vin Maghani, saint-chinian 2021 | Sec | 2027>33 | 29.5 € | ☘ 89
- Une et Mille Nuits, saint-chinian 2023 | Sec | 2025>30 | 14.5 € | ☘ 90

Mas des Capitelles

✪

Ce domaine de Faugères de 28 hectares est géré par la famille Laugé depuis plusieurs siècles et la culture s'inspire des préceptes de la biodynamie. Le domaine dispose de très vieilles vignes de carignan dont il extrait une cuvée qui lui est dédiée. Il nous a présenté cette année des cuvées de 2019 élevées avec grand soins. Ce luxe discret a été intelligemment mis au service de l'expression des terroirs et des cépages.

- Crescendo, faugères 2019 | Sec | 2025>30 | 23.8 € | ☘ 87

Château de Caraguilhes

✪✪ ✚

Sur le terroir de Boutenac, Caraguilhes couvre 600 hectares dont un vignoble de près de 110 hectares d'un seul tenant, entouré de garrigues, qui depuis les années 1990 n'a jamais reçu le moindre traitement chimique. L'ensemble est en bio, la partie en appellation boutenac est conduite en biodynamie. Les vins sont aromatiques, complexes et frais, de très bon niveau. Ici, tout est bon dans les trois couleurs, Caraguilhes survole les appellations corbières.

- Solus, corbières-boutenac 2023 | Sec | 2027>35 | 24 € | ☘ 92
- Solus, corbières 2023 | Sec | 2025>30 | 24 € | ☘ 91
- Les Gourgoules, corbières 2023 | Sec | 2025>31 | 13 € | ☘ 90
- Le trou de l'ermite, corbières-boutenac 2023 | Sec | 2025>32 | 15 € | ☘ 91
- La Font Blanche, corbières 2023 | Sec | 2025>27 | 13 € | ☘ 90

Domaine Cassagne et Vitailles

✪✪✪ ➲

Après une première carrière à importer des vins français en Chine, Matthieu Rollin et Nicolas Seffusatti sont revenus dans leur région d'origine, en Languedoc, à Montpeyroux pour y fonder leur domaine qui porte le nom d'une parcelle. Sept hectares aujourd'hui où le plus grand soin est apporté à la vigne avec enherbement naturel et vendanges manuelles. Cette propriété est un laboratoire, on y voit des essais mais aussi beaucoup de vins épatants qui approchent le sommet qualitatif de la région. A suivre de très près.

- Combarels, à la lumière, terrasses du larzac 2023 | Sec | 2025>32 | 22 € 93
- Clas Mani, terrasses du larzac 2020 | Sec | 2025>35 | 52 € 91
- Les Crouzets, vin de france 2020 | Sec | 2025>30 | 68 € 92
- Les Chausmes, languedoc-montpeyroux 2021 | Sec | 2025>32 | 48 € 92

Domaine de Cazaban

✪✪ Ⓝ

Clément Mengus, jeune Alsacien formé à Beaune, avait rejoint Cabardès après avoir fait ses armes chez plusieurs viticulteurs phare, en Alsace puis chez Charlopin à Gevrey. Il avait défini une nouvelle norme en Cabardès. Le domaine a été repris depuis et complète son activité par la location de gîtes de charme en plein milieu des vignes. Les vins sont sincères, le fruit toujours présent, la minéralité souvent au rendez-vous, la texture chaleureuse et charmeuse, avec une bonne fraîcheur. Bref, de beaux vins de caractère, plaisants à boire.

- cabardès 2022 | Sec | 2025>29 | NC 90
- cabardès 2023 | Sec | 2025>30 | NC 88

Domaine de Cébène

✪✪ ➲

Brigitte Chevalier travaillait pour Jean-Luc Thunevin avant de monter en 2007 son domaine à Faugères. Le nom du domaine vient de Cébèna, fille des titans sensible à la beauté du monde. Elle aurait donné la forme de son corps à la montagne qui culmine au-dessus de Faugères. Les rendements au domaine sont limités, souvent moins de 20 hectolitres par hectare, sans usage de bois et en biodynamie depuis une dizaine d'années. Nous avons le plaisir de retrouver dans les vins la sensibilité de Brigitte, avec des vins dotés de la précision que nous leur connaissions et la grande gourmandise des vins sur terroirs de schiste.

- Les Bancèls, faugères 2022 | Sec | 2025>30 | 20 € | ☘ 91
- Felgaria, faugères 2020 | Sec | 2025>32 | 44 € | ☘ 93
- Belle Lurette, faugères 2023 | Sec | 2025>32 | 26 € | ☘ 91

✦ Star ✚ Valeur sûre ➲ À suivre de près Ⓝ Nouvelle entrée

Cellier des Demoiselles

★

Cette cave coopérative créée en 1914 porte ce nom en hommage aux femmes qui ont porté cette structure pendant la grande guerre. Elle propose des vins agréables à un prix très raisonnable. On pourra aisément succomber au charme du pinot noir.

- **Domaine des Vals, languedoc 2024** | Sec | 2025>28 | 6.9 € | 89
- **Pinot noir, oc 2024** | Sec | 2025>28 | 6.4 € | 88
- **Rosé des demoiselles, corbières 2024** | Sec | 2025>26 | 7.9 € | 88

Château Cesseras

★★

Pierre-André Ournac exploite, avec son neveu Guillaume, le domaine Coudoulet, vaste propriété en IGP Pays d'Oc puis, plus récemment, le château Cesseras, en Minervois. Les vins d'appellation ont rejoint l'élite vigneronne et le domaine réalise des vins de cépages de grande expression qui nous servent de diapason pour mesurer la réussite d'un cépage dans le millésime. On retrouve les mêmes marqueurs au château Cesseras : sur cette belle propriété les vins font partie de l'élite locale. Ils sont riches, complets et équilibrés, même souvent aériens, touchés par la grâce avec la fraîcheur propre au terroir de La Livinière. On est proche d'une troisième étoile.

- **Olric, minervois 2022** | Sec | 2026>30 | 10 € | 88
- **minervois-la-livinière 2022** | Sec | 2025>30 | 18 € | 93
- **La Charlotte, cinsault, oc 2024** | Sec | 2025>29 | 9 € | 89
- **Mélasse 1ère qualité, oc 2022** | Sec | 2025>28 | 18 € | 90

Mas Champart

★★★

Isabelle et Mathieu Champart avaient créé leur domaine en 1976 et en avaient fait une signature car année après année, tout y était toujours excellent. L'apparente simplicité de ces vins de l'ombre n'avait d'égale que la longueur et la complexité des finales. Le domaine a changé de mains, Pascaline Bour apparentée à la famille Mulliez l'a repris et a confié la direction à la sémillante Noémie Vidil formée à Reims puis au Roc d'Anglade. A suivre.

- **Clos de la Simonette, saint-chinian 2020** | Sec | 2025>32 | 32 € | 94
- **saint-chinian 2021** | Sec | 2025>27 | 20 € | 86
- **saint-chinian 2024** | Sec | 2025>26 | 14 € | 87
- **hérault 2020** | Sec | 2025>27 | NC | 87

Chante-Cocotte

★★

Le domaine Chante-Cocotte, créé par le dessinateur Régis Franc et repris en 2023 par Renaud Mamy et Marion Gisquet, propose des vins qui misent tout sur la fraîcheur aromatique, la gourmandise et l'équilibre. Les vins continuent de progresser vers plus de pureté et de profondeur, ils méritent d'être attendus. Ne ratez pas la Villa Cocotte en blanc, c'est aussi original que savoureux.

- **Chante-Cocotte, oc 2020** | Sec | 2026>32 | 40 € | 90
- **La Villa Cocotte, oc 2023** | Sec | 2025>27 | 12.9 € | 91

Mas des Chimères

★★

Le secteur d'Octon propose un paysage dantesque, alternant entre terres rouges arides, sols noirs basaltiques et masse d'eau du lac artificiel du Salagou. Guilhem Dardé, paysan vigneron, affiche sa sincérité dans ses vins qui évoluent à chaque millésime vers l'élégance et la fraîcheur. Remarquable oeillade 2022 de grande finesse à un prix très raisonnable mais c'est sur le millésime suivant qu'un pas est franchi vers des sommets de délicatesse. La moustache drue fièrement arborée par le vigneron se serait-elle assouplie en 2023 ?

- **Caminarem, languedoc 2023** | Sec | 2025>32 | 17.5 € | 94
- **Nuit Grave, terrasses du larzac 2023** | Sec | 2025>32 | 14.8 € | 93

Domaine du Clos Charlotte

★

Charlotte Lemstra a grandi dans les vignes et a créé en 2023 ce domaine en Cabardès. La dégustation syndicale nous a révélé ce domaine naissant, à suivre de près pour ses vins stylés.

- **La Gourmandise, cabardès 2023** | Sec | 2025>31 | NC | 91
- **La décadence, cabardès 2023** | Sec | 2026>32 | NC | 93

Domaine Clos des Ors

★

Domaine du Gard créé par Alexandre Thouroude qui a longtemps dirigé les Grés de Montpellier. Ses deux cuvées de languedoc montrent un style aérien. Quelques réglages et ce sera un domaine à suivre de près.

- **Le vieux Charles, languedoc 2022** | Sec | 2027>32 | 27 € | 90
- **Point rouge, cévennes 2023** | Sec | 2025>28 | 14 € | 88

Mas Combarèla

★★★

Olivier Faucon ne cesse de nous étonner avec ses rouges magnifiques, aériens et d'une rare intensité, impressionnants par leur finesse de grain et leurs finales salines. Depuis son premier millésime en 2015, ce domaine de 12 hectares n'a cessé de se rapprocher des grands et mérite amplement la troisième étoile attribuée en 2022 après seulement trois millésimes produits. La quatrième s'approche.

- **Les Vieux Mazets, saint-guilhem le désert 2022** | Sec | 2025>30 | 20 € | 92
- **Ode aux Ignorants, terrasses du larzac 2022** | Sec | 2025>32 | 23 € | 90
- **Lueur d'espar, terrasses du larzac 2022** | Sec | 2025>35 | 38 € | 96
- **Grain de folie, vin de france 2024** | Sec | 2025>27 | 12 € | 89
- **Des Si et des Mi, terrasses du larzac 2023** | Sec | 2025>30 | 16 € | 90

Clos Constantin

★★★

Pierre Halley et Samuel Durand ont créé ce domaine en 2017, sur les contreforts du Larzac, à 20 kilomètres de Montpellier, réalisant leur rêve de gosse. Rosés, blancs et rouges composent la gamme issue des 15 hectares éparpillés en petites parcelles conduites dans un esprit bio en mettant en lumière le terroir d'Argelliers au sein des Terrasses du Larzac. Buvabilité des rouges remarquable, maîtrise des tannins, style accessible, grain délicat et savoureux : tout ceci justifie largement l'étoile supplémentaire attribuée.

- **Les Polissons, languedoc 2024** | Sec | 2025>30 | 12.8 € | 91
- **Arjies, terrasses du larzac 2023** | Sec | 2025>32 | 23.6 € | 93
- **Euziera, terrasses du larzac 2023** | Sec | 2025>32 | 17.6 € | 91
- **Strate, languedoc 2023** | Sec | 2025>27 | 19.8 € | 88

Domaine Cottebrune

★★

Pierre Gaillard, bien connu au nord de la vallée du Rhône s'est installé en 2007 à Faugères, séduit par le charme des Cévennes. Depuis quelques années, Pierre-Antoine, son fils, prend progressivement la relève. Nous avons dégusté des blancs 2023 épatants, d'une inspiration rhodanienne du nord évidente grâce à la roussanne.

- **Les Moulins, faugères 2023** | Sec | 2025>30 | 11.5 € | 90
- **Le Caïrn, faugères 2023** | Sec | 2025>30 | 16 € | 90

La Croix Gratiot

★

Ce domaine de 35 hectares à Montagnac est connu pour ses picpoul-de-pinet. Yves et sa fille Anaïs le dirigent en biodynamie et essaient de nouveaux contenants dont des dolias de terre cuite de céramique et de grès. Ne manquez pas Bréchallune, un picpoul élevé lentement sur lies qui s'écarte du style classique de l'appellation ou encore Le Chant des Dolia, un épatant languedoc très au-delà du standard de cette appellation régionale.

- **Bréchallune, picpoul de pinet 2024** | Sec | 2025>28 | 15 € | 90
- **Désir Blanc, hérault 2024** | Sec | 2025>29 | 9.5 € | 88
- **Le chant des dolia, languedoc 2022** | Sec | 2026>31 | 23 € | 90
- **picpoul de pinet 2024** | Sec | 2025>26 | 9.5 € | 86

Mas de Daumas Gassac

★★★

Aimé Guibert - disparu en 2016 - avait su identifier sur Aniane, des terroirs qualitatifs aptes à porter un cabernet-sauvignon non autorisé par les appellations locales. En blanc, il a également choisi de vinifier un assemblage de chardonnay, viognier et petit manseng qui lui interdisait également l'accès à l'appellation. Il a su imposer des IGP à un niveau de prix inconnu dans cette catégorie. Ses fils Roman, Samuel, Gaël et Basile ont repris le flambeau. Les vins, tant en blanc qu'en rouge, sont d'une pureté, d'une précision et d'une complexité inégalables, et vieillissent remarquablement bien. La gamme est complétée par des IGP agréables, conçues pour être bues rapidement. En Combe Calcaire, le blanc 2023 et le rouge 2023 sont délicieux tout comme le grand rouge 2022 qui nous a épatés. Une valeur sûre de la région.

- **saint-guilhem le désert 2022** | Sec | 2027>40 | 53 € — 93
- **saint-guilhem le désert 2023** | Sec | 2027>33 | 53 € — 91
- **Combe calcaire, hérault 2023** | Sec | 2025>30 | 12 € — 90
- **Combe calcaire, hérault 2023** | Sec | 2025>28 | 12 € — 89
- **Rosé Frizant, vin de france 2023** | Extra-brut | 2025>28 | 17 € — 90

Domaine Jean-Louis Denois

Le vignoble est dominé par le village de Roquetaillade, perché sur son piton rocheux. C'est l'un des crus les plus hauts de la Haute-Vallée de l'Aude, en plein pays cathare. Terroir d'altitude et fortement venté, il permet la bonne adaptation de cépages précoces. Infatigable chercheur des différents modes culturaux, après avoir voyagé aux quatre coins du Nouveau Monde viticole, c'est ici que Jean-Louis Denois élabore des vins d'une grande originalité. Une adresse prisée des amateurs.

- **Tradition, crémant de limoux NM** | Brut | 2025>30 | 12 € — 90
- **Bulle d'Argile, limoux NM** | Sec | 2025> | 16 € — 90
- **Pinot Noir Haut de Magrie, haute vallée de l'aude 2024** | Sec | 2025>27 | 10 € — 87
- **Bulles de syrah, vin de france** | Extra-brut | 2025>28 | 15 € — 91

Domaine de la Dourbie

Ce domaine peu connu est installé dans la vallée de Rouveyrolles dans la zone de Canet à l'est de Clermont L'Hérault. Les rouges présentés ont des tannins très fins et sont tous deux de grande élégance, aériens. Intemporal est récolté à très faible rendement à partir d'un cinsault septuagénaire. Les blancs en provenance de très vieilles vignes conjuguent pureté et caractère. Ils méritent d'être découverts.

- **Mala Coste, languedoc 2022** | Sec | 2025>30 | 20 € — 91
- **Mala Coste, languedoc 2023** | Sec | 2025>27 | 20 € — 90
- **Intemporal, hérault 2022** | Sec | 2025>30 | 35 € — 92
- **L.A.V.Q., hérault 2023** | Sec | 2025>27 | 17 € — 92
- **Joseph, pays d'hérault 2023** | Sec | 2025>30 | 17 € — 90
- **Intemporal, pays d'hérault 2022** | Sec | 2025>27 | 35 € — 91

Domaine de l'Églisette

Voici un domaine qui ne fait pas beaucoup parler de lui. Certifié en bio depuis 2020, il est situé à la pointe nord-est de l'appellation terrasses-du-Larzac. Les amplitudes thermiques y sont donc conséquentes et contribuent à la finesse des tannins des vins. A suivre de près, notamment pour la cuvée Terre Astrale.

- **Terre astrale, terrasses du larzac 2023** | Sec | 2025>30 | 14 € — 90
- **Raison folle, languedoc 2023** | Sec | 2025>28 | 15 € — 90
- **Nuit blanche, languedoc 2023** | Sec | 2025>27 | 10 € — 88

Le Chai d'Émilien

Le vignoble Fournel, propriété familiale, n'a cessé de croître (35 hectares aujourd'hui). Émilien, dernière génération, a décidé avec sa femme Ophélie de devenir vigneron-récoltant en créant le Chai d'Émilien en 2014. Un joli blanc, un rosé délicieux et des rouges (Espiègle, Épopée) originaux par leurs arômes bien que les derniers millésimes manquaient parfois de précision. Il y a du talent dans ce domaine quand on se réfère aux millésimes anciens et ce vigneron, après quelques réglages, pourrait être un grand de demain.

- **Espiègle, languedoc 2022** | Sec | 2025>29 | 9.8 € — 90

Château de l'Engarran

On admire l'énergie et la saine ambition des deux sœurs Diane et Constance, rejoint désormais par Elise Losfelt, jusqu'à peu cheffe de cave de la maison de Champagne Charles Heidsieck, qui mènent avec dynamisme l'Engarran (50 hectares), disséminés autour d'une folie du XVIIIe siècle. Diane, en charge des vinifications, recherche la précision. Le style met en avant une grande maturité des raisins qui rend les vins opulents, avec des progrès dans la qualité des tannins, plus fins et plus ronds. Rapport qualité-prix épatant avec Sainte-Cécile et la cuvée de grès de montpellier est l'une des plus abouties du secteur.

- **Quetton Saint-Georges, languedoc 2020** | Sec | 2027>32 | 24 € — 91
- **languedoc-grés de montpellier 2020** | Sec | 2025>32 | 16 € — 92
- **La Lionne, oc 2024** | Sec | 2025>29 | 10 € — 89

Château Estanilles

Grandeur de Faugères dans les années 1990, ce domaine a été repris en mains par Julien Seydoux, venu ici avec la modestie d'apprendre le terroir et l'envie de porter les Estanilles au premier plan. Le domaine apprécie les élevages un peu luxueux qui peinent parfois à s'intégrer à la qualité des jus issus d'une viticulture remarquable mais Vallongue voit en 2023 la meilleure vendange de cette cuvée, parfaitement élevée.

- **Clos du Fou, faugères 2021** | Sec | 2028>32 | 25 € — 89
- **Vallongue, faugères 2023** | Sec | 2025>30 | 12 € — 92
- **Sous les rocs, faugères 2021** | Sec | 2027>32 | 16 € — 91
- **Vallongue, faugères 2023** | Sec | 2025>27 | 12 € — 89

Villa Exindrio

Clément Veyrac, aveyronnais passé par le conseil auprès des agriculteurs a repris en 2021 ce domaine peu connu qui était dédié au muscat vers Frontignan. Il nous régale d'un IGP colline de la moure tarifé à 7 euros, un succès à partir d'une improbable association de cabernet, de syrah et d'alicante, un vieux cépage productif qui est universellement boudé. Le reste de la gamme en rouge montre des finesses de tannins remarquable avec au sommet un grés de montpellier délicieux tarifé à 14 euros. Un agréable et rare muscat de mireval complète la gamme. A suivre de près.

- **Les Salins, collines de la moure 2024** | Sec | 2025>29 | 7 € — 90
- **L'Estagnol, aop languedoc 2023** | Sec | 2025>30 | 10 € — 88
- **La Magdelaine, languedoc-grés de montpellier 2023** | Sec | 2025>30 | 14 € — 93
- **Vent d'anges, muscat de mireval 2024** | Doux | 2025>32 | 11.5 € — 89

Famille Fabre

La famille Fabre est installée en Languedoc depuis 1605. Elle est aujourd'hui propriétaire de 360 hectares de vignes répartis sur quatre domaines, château Fabre Gasparets, en Corbières-Boutenac, château de Luc et château Coulon, en Corbières et IGP Pays d'Oc, et enfin le domaine Grande Courtade en IGP. Les vins sont authentiques et généreux, montrent un beau fruité avec la priorité de préserver l'équilibre sur la fraîcheur.

- **Château Fabre Gasparets, corbières-boutenac 2020** | Sec | 2025>30 | 17.5 € — 91
- **Orangerie de Luc, languedoc 2023** | Sec | 2025>30 | 10.8 € — 89
- **côtes de provence 2024** | Sec | 2025>27 | NC — 90

Mas Farchat

Hélène Jougla rejointe par sa fille Cécile produit des vins d'AOP Pézenas ainsi qu'une cuvée d'AOP Languedoc qui nous ont épatés sur les millésimes 2018 et 2020. D'autres cuvées d'entrée de gamme plus récentes n'étaient pas aussi abouties. Nous allons suivre le domaine avec intérêt.

- **Genèse, languedoc 2020** | Sec | 2026>32 | 15 € — 91
- **Saryis de Val Castel, languedoc-pézenas 2018** | Sec | 2025>30 | 33 € — 92

Domaine Félines Jourdan

Félines veut dire tuilerie en occitan, le domaine en a abrité une par le passé. C'est aujourd'hui un domaine producteur de picpoul de pinet installé sur trois types de terroirs plus ou moins proches de l'étang de Thau qui régule les excès de la température méditerranéenne. Le domaine a lancé une cuvée, Féline, dans la mouvance Patience lancée par l'appellation. Ce sont des picpouls élevés longtemps sur lies fines qui transfigurent le style classique. Nous suivons ces essais avec intérêt.

- **Les Fruités, coteaux de bessilles 2024** | Sec | 2025>26 | 6.5 € — 86
- **picpoul de pinet 2024** | Sec | 2025>26 | 8 € — 86
- **Féline, picpoul de pinet 2023** | Sec | 2025>26 | 13.5 € — 89

Les Vignobles Foncalieu

★

Bien repris en main, ce groupement de producteurs s'appuie sur une base solide de vignobles dans le secteur des coteaux d'Ensérune. Les vins sont simples et aromatiques, avec une recherche bienvenue d'équilibre et de fraîcheur. Les IGP Pays d'Oc sont aromatiques et souples, le corbières possède plus de fond.

- Le Versant sauvignon, oc 2024 | Sec | 2025>28 | 8.9 € 89
- Petit Paradis, saint-chinian 2024 | Sec | 2025>30 | 10.5 € 89
- Tere d'Eden, languedoc 2024 | Sec | 2025>26 | 11.5 € 90

Domaine de Fontsainte

★★

Dans le terroir fameux de Boutenac, Fontsainte est depuis longtemps un domaine de référence. Yves puis Bruno Laboucarié ont constitué un vignoble bien tenu, très typique des bons crus du secteur. Le carignan domine l'encépagement (50 %), bien complété par le trio grenache, syrah, mourvèdre. Les vins, très bien vinifiés, affichent une grande originalité quant à la palette aromatique, des textures franches et vigoureuses, ils ne manquent en tous cas pas de caractère. Le Clos du Centurion, boutenac jusqu'au bout des ongles, témoigne d'un travail attentif à la vigne (parfaite maturité du fruit et des tannins) et au chai, avec des élevages très maîtrisés.

- La Demoiselle, corbières 2020 | Sec | 2025>28 | 13.2 € 89
- Clos du Centurion, corbières-boutenac 2021 | Sec | 2026>32 | 17.6 € 90
- Gris de gris, corbières 2024 | Sec | 2025>26 | 9.9 € 90

Domaine Gayda

★★ →

Le domaine Gayda est installé au pied des contreforts des Pyrénées, dans le Languedoc, sur une quarantaine d'hectares. Une équipe de passionnés, venus des quatre coins du monde (le Britannique Tim Ford et le Sud-Africain Anthony Record, Vincent Chansault, le vinificateur, et Marc Kent, le conseiller), y réalise depuis une quinzaine d'années des vins IGP d'Oc mono-cépages convaincants, sans se priver d'incursions réussies dans les AOP.

- Chemin de Moscou, oc 2022 | Sec | 2025>32 | 24 € | ☘ 91
- Altre Cami grenache noir , oc 2021 | Sec | 2025>32 | 27 € | ☘ 91
- La petite villa, minervois-la-livinière 2021 | Sec | 2025>30 | 30 € | ☘ 91

Domaine Girard

★★ →

Philippe Girard s'est installé en 2000 pour poursuivre la tradition familiale autour du village d'Alaigne dans la Malepère, un peu oublié à l'ouest du terroir languedocien. Ce vigneron très discret bouscule tout ce qui se fait dans le secteur, que ce soit en cépages atlantiques traditionnels de la Malepère et surtout en pinot noir, chenin et chardonnay sous la bannière de l'IGP Oc. Les prix permettront de se régaler par ces temps d'inflation forcenée.

- Tradition, malepère 2021 | Sec | 2025>30 | 10.5 € 89
- Tradition, malepère 2021 | Sec | 2026>30 | NC 89
- Néri, malepère 2021 | Sec | 2025>30 | 15 € 90
- Néri, malepère 2021 | Sec | 2027>32 | NC 89
- Las Salvios, limoux 2023 | Sec | 2025>28 | 15.5 € 89

Château de Gragnos

★ N

Ce château de Saint-Chinian sur sa partie argilo-calcaire et grès propose des cuvées sincères, droites, très expressives en fruit.

- Lou Daro, saint-chinian 2023 | Sec | 2025>30 | 13.6 € 89
- Bout du monde, saint-chinian 2023 | Sec | 2025>30 | 17.5 € 89
- Dolmen, saint-chinian 2023 | Sec | 2025>30 | 29 € 90

Château du Grand Caumont

★★ +

Le site est splendide et riche culturellement puisqu'à l'époque romaine, le domaine était une grande villa romaine ; il reste aujourd'hui un vaste domaine avec 100 hectares de vignes. La famille Rigal l'acheta dans les années 1900. Laurence après une première vie dans la publicité a rejoint la propriété en 2003 et s'attache avec beaucoup de ténacité à la faire vivre et à y produire de bons vins. C'est le cas avec une gamme très diversifiée, alliant les cuvées de plaisir (Garriguea en rouge ou Aurana en blanc), de belles suprises comme le blanc Impatience et des vins ambitieux et très réussi comme le rouge Capus Monti.

- Impatience, corbières 2022 | Sec | 2025>32 | 15 € 90
- Impatience, corbières 2024 | Sec | 2025>28 | 15 € 91
- Capus Monti, corbières 2023 | Sec | 2027>32 | 30 € 91
- Aurana, corbières 2024 | Sec | 2025>27 | 9.5 € 88
- Garriguea, corbières 2023 | Sec | 2025>30 | 8.75 € 90

Mas Granier - Mas Montel

★★★ +

Avec son domaine familial, Jean-Philippe Granier, situé sur le secteur de Sommières, propose des vins parfaitement propres, impeccablement vinifiés, des IGP jusqu'aux languedocs : c'est à la qualité des entrées de gamme que l'on reconnaît un bon domaine. Il y a ici une recherche évidente du goût et des saveurs que doit exprimer tout vin de la région. Une adresse très sûre, d'autant qu'en complément des rouges, les blancs sont tout aussi réguliers et le rosé Parenthèse est régulièrement exceptionnel, 2024 ne dépareillera pas dans cette collection brillante.

- Les Marnes, languedoc 2023 | Sec | 2025>32 | 12.5 € | ☘ 92
- Les Grès, languedoc 2023 | Sec | 2025>32 | 13.5 € | ☘ 90
- Camp de l'Oste, languedoc-sommières 2022 | Sec | 2026>32 | 19.5 € | ☘ 91
- La Clémence, languedoc 2023 | Sec | 2025>30 | 8.8 € | ☘ 90
- Parenthèse, languedoc 2024 | Sec | 2025>26 | 9 € | ☘ 92
- Bouquet de Blancs, oc 2024 | Sec | 2025>27 | 8.5 € | ☘ 90

Clos du Gravillas

★ N

Gravillas a été constitué, hectare après hectare, à partir de 1999 par un sympathique couple américano-narbonnais, autour des terroirs de Saint-Jean-du-Minervois. En rouge, le domaine est un ardent défenseur du cépage carignan qui est ici bien traite. Les igp des côtes-de-brian sont tout à fait dans l'esprit raffiné et rafraîchissant du Minervois et tout particulièrement la cuvée des très vieux carignans. L'expression des vins, vraiment originale et savoureuse, est dotée d'une forte personnalité. La précision, le naturel et le raffinement sont de mise.

- Rendez-Vous sur la Lune, minervois 2023 | Sec | 2025>28 | 15 € | ☘ 89

Château Guéry

★★ N

Les Guéry sont en Minervois depuis 1635 et se transmettent la passion de la vigne de génération en génération. L'essentiel de l'exploitation produit des igp pays-d'oc particulièrement bien traités. Nous avons un capital sympathie réelle pour cette maison qui sait si bien traiter les cépages et en exprimer tout le potentiel. La relève en ce moment est particulièrement bien assurée, avec la nouvelle génération, talentueuse et véritable métronome, qui produit des vins tout à fait remarquables. Les rouges sont toujours aussi réguliers, avec de beaux arômes, des trames gourmandes et une très grande buvabilité. La cuvée les-grès représente pour nous un exceptionnel rapport qualité-prix, les-éolides ne déçoivent jamais. Les blancs, qui s'expriment complètement sur ces terroirs argilo-calcaires frais, sont tout à fait cohérents avec les rouges : arômes, équilibre, fraîcheur. Une belle référence de l'appellation.

- Grès, minervois 2023 | Sec | 2025>32 | 9 € | ☘ 89
- Serre de Guery Carignan, oc 2023 | Sec | 2025>27 | 10 € | ☘ 89
- Magnifique, minervois-la-livinière 2022 | Sec | 2027>35 | 2[illegible] € 90
- Serre de Guéry - Gewurztraminer, oc 2024 | Sec | 2025>28 | 8.8 € | ☘ 90

Château Guilhem

★ N

Cette propriété familiale depuis six générations, située au cœur de l'appellation Malepère, est actuellement gérée par Bertrand Gourdou. Trente hectares, avec des cépages principalement océaniques, vinifiés avec soin, produisent des vins authentiques. Ce sont surtout les igp pays-d'oc, produits sous l'étiquette Famille Guilhem, qui nous ont particulièrement bluffés. Des cépages bien à leur place, aucun caractère variétal, une grande expression aromatique, le tout à des prix tout à fait raisonnables.

- Vignes du Levant, malepère 2023 | Sec | 2025>26 | NC | ☘ 89
- Vignes du Levant, malepère 2023 | Sec | 2026>29 | NC | ☘ 89

Hecht & Bannier

✪✪ ✚

Grégory Hecht et François Bannier sélectionnent minutieusement leurs raisins sur tout le pourtour méditerranéen, du Roussillon à la Provence, ils vinifient et élèvent avec soin des cuvées ambitieuses. A côté de vins de grande ambition, plusieurs cuvées jouent la frivolité, la facilité d'accès telle Nouvelle Vague mais elles bénéficient des mêmes attentions avec des rapports qualité-prix très attractifs. Une marque à privilégier pour sa régularité et son homogénéité.

- languedoc 2023 | Sec | 2025>27 | NC — 90
- Villa Madeleine, bandol 2022 | Sec | 2025>27 | NC — 90
- Villa Madeleine, bandol 2024 | Sec | 2025>28 | NC — 92

Héritage du Pic-Saint-Loup

✪✪ Ⓝ

Trois frères Ravaille, Jean-Marc, Pierre et Xavier, à l'aise sur le Pic Saint-Loup comme le seraient dans l'eau les trois poissons figurant sur les étiquettes. Ils ont dû modifier le nom pourtant historique du domaine, l'Ermitage du Pic saint-loup pour ne pas concurrencer l'appellation rhodanienne bien connue. En rouge, sainte-agnès assemble les quatre principaux cépages languedociens et le blanc est basé sur la roussanne pour moitié. La démarche vers la biodynamie est engagée depuis plusieurs années. Sainte-agnès se positionne régulièrement en archétype des rouges du Pic Saint-Loup.

- Sainte-Agnès, pic saint-loup 2022 | Sec | 2025>32 | 24 € — 90

Domaine de l'Hortus - Vignobles Orliac

✪✪ ✚

Un pied sur le pic Saint-Loup, l'autre sur l'appellation languedoc et les IGP, la famille Orliac possède 80 hectares de vignes dans la garrigue, au cœur de l'Hérault. Jean supervise avec une grande intelligence la destinée du domaine malgré les deuils qui ont touché la famille. Avec plusieurs gammes de vin réparties sur cette large palette de terroirs (Bergerie de l'Hortus, Clos du Prieur), la famille Orliac œuvre pour des vins de grande justesse, notamment les rouges, fins et élégants. Le style des vins évolue avec deux cuvées onéreuses, Le Dit de l'Hortus en version La Soulane dédiée au mourvèdre et en version L'Ombrée dédiée à la syrah. Elles restent dans la lignée du domaine, les autres cuvées évoluent vers plus de légèreté pour être accessibles rapidement.

- Bergerie de l'Hortus, pic saint-loup 2023 | Sec | 2025>30 | 17.8 € — 89
- Domaine de l'Hortus Grande Cuvée, pic saint-loup 2022 | Sec | 2025>30 | 30 € — 90
- Domaine de l'Hortus - Grande Cuvée, val de montferrand 2023 | Sec | 2025>30 | 30 € — 88
- Le Dit de l'Hortus - L'Ombrée, pic saint-loup 2023 | Sec | 2027>32 | 75 € — 94
- Le Dit de l'Hortus La Soulane, pic saint-loup 2023 | Sec | 2027>34 | 75 € — 95

Le Clos d'Isidore

✪ Ⓝ

Domaine situé à Murviel-lès-Montpellier, le terroir historique de Saint-Georges d'Orques. Il est dirigé par Joël Anthérieu qui réalise des rouges aux tannins très fins. Il faut les découvrir et une étoile supplémentaire est probable si le millésime suivant confirme.

- Murs Murets, languedoc-grés de montpellier 2022 | Sec | 2025>32 | 12.5 € — 92
- Dolia, aop languedoc 2023 | Sec | 2025>30 | 9 € — 89
- Essentia, collines de la moure 2024 | Sec | 2025>27 | 15 € — 89

Les Jamelles

✪ ✚

Après un séjour en Californie, les œnologues Catherine et Laurent Delaunay, originaires de Bourgogne, se sont installés dans la région en 1991 pour y créer une activité de négoce ambitieuse, privilégiant les vins de cépage. La gamme est supervisée par Catherine Delaunay, véritable chef d'orchestre qui sélectionne drastiquement les meilleurs raisins, jus et terroirs et réalise les meilleurs assemblages puis élevages. Plusieurs cuvées parcellaires ont été créées de façon à ce que l'adéquation entre terroir et cépage soit parfaite : le résultat est remarquable, d'autant que le rapport prix-plaisir est tout à fait convaincant.

- mourvèdre Cépage Rare, oc 2021 | Sec | 2025>28 | 8.5 € — 87
- Les Jamelles - viognier, oc 2022 | Sec | 2025>27 | 8.05 € — 91
- syrah, oc 2021 | Sec | 2025>28 | 7.55 € — 89

Vignobles Jeanjean

✪✪ ✚

Depuis 1870 et cinq générations qui se sont succédé, la famille Jeanjean participe à l'histoire viticole du Languedoc. Leur ambition est de faire découvrir les terroirs sur lesquels sont implantés leurs sept domaines, représentatifs de la diversité des crus et appellations du Languedoc avec un vignoble essentiellement en bio. Les propriétés sur lesquelles la maison Jeanjean s'appuie sont entre autres le Causse d'Arboras, le Mas de Lunès ou le Devois des Agneaux. Également des vins réalisés en partenariat avec des caves locales, comme celles de Castelmaure en Corbières ou de Pinet. La petite révolution culturelle apportée par cette maison à ses propriétés, pour qu'elles égalent les meilleurs vignerons de chaque secteur, porte ses fruits.

- Domaine Le Pive Vie de Bohème, sable-de-camargue 2024 | Sec | 2025>26 | 11 € — 86
- Domaine des terres blanches, picpoul de pinet 2024 | Sec | 2025>28 | 12 € — 90
- Domaine du causse d'Arboras, L'Extrême, terrasses du larzac 2022 | Sec | 2025>32 | 16 € — 91
- L'inédit du Mas neuf, oc 2024 | Doux | 2025>28 | 10 € — 89
- L'Emblématique 1936, languedoc-grés de montpellier 2022 | Sec | 2025>32 | 14 € — 90
- L'Audacieuse du Devois des agneaux, languedoc 2022 | Sec | 2025>30 | 11.5 € — 89

Château de Jonquières

✪ Ⓝ

Isabelle et François de Cabissole avaient sorti leur domaine de la coopération pour l'exploiter directement. C'est la nouvelle génération Charlotte et Clément de Béarn qui ont repris le flambeau. Le vignoble du beau château de Jonquières, classé monument historique, est installé sur des éboulis calcaires provenant du Larzac, un sol drainant apte à donner des vins de forte expression. N'oubliez pas les blancs qui frappent fort en 2023 et 2024.

- La Baronnie, terrasses du larzac 2022 | Sec | 2027>32 | 19.5 € — 88
- La Baronnie, saint-guilhem le désert 2023 | Sec | 2025>28 | 19.5 € — 90
- Lansade, saint-guilhem le désert 2024 | Sec | 2025>28 | 15 € — 90
- Lansade, terrasses du larzac 2023 | Sec | 2026>30 | 15 € — 89
- White Label, vin de france 2023 | Sec | 2025>29 | 11 € — 90

Château Jouclary

✪✪ ➔

Pascal Gianesini a repris cette propriété familiale d'une soixantaine d'hectares. Les rouges sont d'inspiration plutôt atlantique, avec une forte proportion de cépages bordelais. Ce domaine mérite amplement son classement car depuis quelques années il prime par sa régularité et par l'homogénéité de sa gamme. Certes, Guillaume-de-Jouclary, cuvée la plus ambitieuse du domaine, est un zeste au-dessus des cuvées plus simples par son raffinement, mais les autres cuvées sont tout bonnement délicieuses, pleines de personnalité et très intelligemment vinifiées. Une adresse incontournable dans le secteur !

- Guilhaume de Jouclary, cabardès 2022 | Sec | 2025>32 | NC — 90

Mas Jullien

✪✪✪✪✪ ✦

Installé initialement à Jonquières à l'ouest de Montpellier, Olivier Jullien, référence incontestée et incontestable, est parvenu avec intuition et intelligence à hisser au plus haut le niveau qualitatif des vins de la région et a entraîné derrière lui toute une génération de jeunes vignerons. Il s'est installé en 1985 et son domaine compte aujourd'hui 18 hectares de terres aux sols très variés (argilo-calcaires, silices, grès), cultivés dans une démarche d'agriculture biodynamique non revendiquée pour échapper aux dogmes. La cuvée Autour de Jonquières est issue de parcelles essentiellement d'éboulis calcaires, terroir originel du mas Jullien. Carlan est issue de schistes de 200 à 400 mètres d'altitude, Lous Rougeos provient de terroirs d'altitude qui étaient presque abandonnés, au pied de la zone d'effondrement du plateau du Larzac. Une nouvelle cuvée La Brune,

✦ Star ✚ Valeur sûre ➔ À suivre de près Ⓝ Nouvelle entrée

réalisée près de Jonquières complète la gamme. Tous les rouges sont au meilleur niveau du Languedoc et évoquent pleinement sa typicité, avec des notes de sauge, de garrigue et de thym, d'une fraîcheur constante. Le maître à penser de la nouvelle génération de vignerons talentueux garde une longueur d'avance et justifie pleinement sa cinquième étoile.

- **Carlan, terrasses du larzac 2023** | Sec | 2025>33 | 44 € | 97
- **hérault 2023** | Sec | 2025>30 | 44 € | 92
- **Lous Rougeos, terrasses du larzac 2023** | Sec | 2025>35 | 44 € | 98
- **Autour de Jonquières, terrasses du larzac 2023** | Sec | 2025>35 | 44 € | 99
- **La Brune, terrasses du larzac 2023** | Sec | 2025>32 | 44 € | 98

Domaine de La Cendrillon

Situé à Ornaisons, aux frontières des terroirs de Boutenac, le domaine de la Cendrillon existe depuis cinq générations. Il dispose d'un vignoble d'une cinquantaine d'hectares avec ses vieilles vignes et ses jeunes plantations aux cépages originaux, albariño et verdejo. Dans les années 2000, Robert Joyeux a mené conjointement sa carrière d'industriel et les travaux de rénovation profonde à la propriété lui permettant de réaliser le corbières dont il rêvait. Le domaine est certifié bio depuis 2013, le raisin est soigné à la perfection, les extractions douces permettent d'obtenir des vins généreux mais raffinés et sincères. Il est désormais géré par son fils Hubert. La cuvée La Coume 2019 montre des tannins d'une tendresse particulière.

- **Inédite, corbières 2018** | Sec | 2025>30 | 22 € | 90
- **Minuit, corbières 2024** | Sec | 2025>26 | 12 € | 90
- **Essentielle, corbières 2021** | Sec | 2025>29 | 15 € | 89

Domaine La Chouette du Chai

Sylvie Guiraudon après avoir œuvré au renouveau du domaine Mortiès en Pic Saint-Loup a créé son domaine en 2015. Elle y exploite 18 hectares de vignes dans un site à couper le souffle de 200 hectares au pied du pic Saint-Loup. Toute la gamme mérite un réel intérêt car chaque vin nous fait partager un joli conte où les arômes sont très exprimés et précèdent des rouges délicats. Et ceci dès l'entrée de gamme, Autoportrait. Puis arrivent Rien ne m'effraie et Un Beau Roman Une Chouette Histoire, tous tannins rentrés, avec le bouton du volume tourné d'un cran chaque fois que l'on monte en gamme.

- **Rien ne m'effraie, pic saint-loup 2022** | Sec | 2025>30 | 17 € | 91
- **Rien ne m'effraie, pic saint-loup 2021** | Sec | 2025>30 | 17 € | 90
- **Ne vous déplaise, vin de france 2021** | Sec | 2025>30 | 18 € | 92
- **L'Orfraie, languedoc 2024** | Sec | 2025> | 18 € | 91
- **Autoportrait, vin de france 2023** | Sec | 2027>32 | 13 € | 91

Domaine La Croix de Saint-Jean

La Croix de Saint-Jean a été créée en 2004 par Michel Fabre, vigneron, et Fabrice Leseigneur, photographe de presse. Le domaine produit trois cuvées sur les terroirs de Minervois, Lo Mainatge, Lo Paire et une cuvée au nom du domaine. Ce sont de grandes expressions racées et profondes de ce beau terroir, qui entrent dans le gotha du meilleur de cette appellation. Les vins sont d'une superbe régularité, avec des arômes subtils, une texture solide sans manquer de raffinement, de fraîcheur et surtout d'un bon équilibre. Une adresse à connaître.

- **Lo Mainatge, minervois 2022** | Sec | 2025>28 | 12 € | 90
- **La croix du père Michel, minervois 2023** | Sec | 2025>28 | 10 € | 88

Château La Dournie

Cette grande propriété de près de 50 hectares a été reprise comme le Mas Champart par des membres de la famille qui possède Auchan. Dirigée par la pétulante Noémie Vidil, originaire de Cognac et formée à Reims puis au roc d'Anglade, la gamme a été complètement revue et les étiquettes ont été redessinées avec goût. Le style des vins exprime désormais la typicité conférée par les zones de schistes de Saint-Chinian dans un registre plus aérien que par le passé. Les blancs ont de la personnalité en bouche. Cette propriété nous semble entre de bonnes mains.

- **Sous le figuier, saint-chinian 2022** | Sec | 2025>28 | 11.5 € | 89
- **Cabanette, oc 2022** | Sec | 2025>32 | NC | 90
- **Pierres chaudes, saint-chinian 2020** | Sec | 2025>32 | 16.2 € | 92

La Font des Ormes

Ce sont 20 hectares d'un seul tenant qui constituent ce domaine certifié en bio (en conversion biodynamique) dans la dénomination Pézenas, sur des calcaires et pour l'essentiel sur des éboulis basaltiques. Guy Cazalis de Fondouce, languedocien d'origine, a repris ce domaine après une carrière de psychiatre sur l'île de la Réunion. Les débuts de ce néo-vigneron prometteur, secondé par Bertrand Querne et Mireille Fabre, confirment nos espoirs. La gamme s'est étoffée : autour de l'IGP Caux, on trouve désormais un languedoc et un languedoc-pézenas. Ce sont des vins assez mûrs, toujours très goûteux, qui savent devenir aériens grâce à la qualité des grenaches qui les composent.

- **Terres Mêlées, languedoc-pézenas 2021** | Sec | 2025>30 | 20 € | 90
- **Basalte, languedoc 2021** | Sec | 2025>32 | 29 € | 91
- **La font de l'Oun, caux 2021** | Sec | 2025>28 | 13 € | 87
- **Terres blanches, caux 2023** | Sec | 2025>30 | 14 € | 90

Domaine La Linquière

Domaine classique de Saint-Chinian géré par Pierre Salvestre, un homme rigoureux. La cuvée des Cigales est régulière, sur schistes mais également sur argilo-calcaires. Les matières sont voluptueuses avec une note de fumé et de lardé qui participe au charme des vins. On se régale ici dès les entrées de gamme qui expriment intensément la typicité de saint-chinian.

- **La Sentenelle 310, saint-chinian 2022** | Sec | 2025>32 | 19 € | 92
- **Le Chant des Cigales, saint-chinian 2022** | Sec | 2025>30 | 12 € | 90
- **Fleur de Lin, saint-chinian 2024** | Sec | 2025>27 | 12 € | 89
- **Le Rocher de Notre-Dame, saint-chinian 2021** | Sec | 2025>32 | 26 € | 92
- **Au nom du père, saint-chinian 2022** | Sec | 2025>32 | 47 € | 92

Domaine La Louvière

Ce domaine a été acheté en 1992 par un industriel allemand bien connu dans le bâtiment. La famille Grohe en a aujourd'hui confié la direction à Jem Harris venu d'Australie. On pourra être charmé ou choqué par les étiquettes qui sortent résolument des sentiers battus. Au-delà du contenant, les vins font régulièrement partie de ce qui se fait de mieux en Malepère. Ils sont regroupés en quatre familles : les plaisirs, les péchés, les tentations et les perles. Vous pouvez retenir notre choix de cuvées ou vous laisser aller à d'autres proposées par le domaine et dont l'habillage vous interpelle. Rien n'est jamais décevant au domaine.

- **La Séductrice, malepère 2022** | Sec | 2025>30 | 14 € | 90
- **L'Empereur, malepère 2022** | Sec | 2026>32 | NC | 89

Domaine La Mijane

Aux portes de Carcassonne, en bordure du canal du Midi, La Mijane, domaine viticole depuis le XVIIIe siècle, s'étend sur une centaine d'hectares, dont trente hectares de vignes à ce jour. Y sont produits des cabardès mais également des igp pays-d'oc. Les vins sont tendres, très aromatiques, frais et les plus construits d'entre eux sont d'une grande élégance.

- **Arpège, cabardès 2022** | Sec | 2025>32 | NC | 92
- **cabardès 2022** | Sec | 2025>32 | NC | 92

La Réserve d'O

La Réserve d'O est un domaine d'une dizaine d'hectares, situé à Arboras sur les hauteurs des Terrasses du Larzac. Créé en 2004 par Frédéric et Marie Chauffray, conduit selon les principes de la biodynamie, il s'est vite hissé parmi les adresses reconnues du secteur. La cuvée qui porte le nom du domaine affiche un style très gourmand, longiligne. Sans élevage sous bois, elle a beaucoup évolué et figure depuis 2011 en bonne place parmi les cuvées du Languedoc qui comptent. Bilbo et Hissez-O sont de bons représentants de l'appellation terrasses-du-Larzac, dans un style plutôt charnu.

- Hissez O, terrasses du larzac 2022 | Sec | 2026>32 | 28 € | ♣ 90
- La Réserve d'O, terrasses du larzac 2022 | Sec | 2025>28 | 22 € | ♣ 89
- Bachi Bouzouk, saint-guilhem le désert 2024 | Sec | 2025>30 | 18 € | ♣ 89
- La côte d'Arboras, terrasses du larzac 2022 | Sec | 2027>32 | 35 € | ♣ 89

Clos La Rivière

✪✪ ➔

Les sols argilo-calcaires et plus encore les sols de schistes de Saint-Chinian permettent des vins particulièrement aromatiques et gourmands. Jean-Philippe Madalle vinifie avec talent son domaine familial de 17 hectares. Ses deux rouges sont une grande réussite, ils incarnent comme nul autre en Languedoc la notion de vin de copains. Au sommet de la gamme, la cuvée qui porte le nom du domaine, essentiellement à base de syrah et tarifée huit euros, est délicieuse mais son entrée de gamme, les Schistes-de-Paul, du nom du grand père qui a planté les vignes, est aussi un coup de cœur, un archétype du vin facile à boire. Ce n'est certes pas le vin le plus ambitieux du Languedoc mais, franchement, à 7 euros, on ne sait pas quel meilleur rapport qualité-prix vous recommander.

- saint-chinian 2022 | Sec | 2025>30 | 8 € 92
- Les Schistes de Paul, saint-chinian 2023 | Sec | 2025>30 | 7 € 90

Domaine La Terrasse d'Élise

✪✪ N

Xavier Braujou a acquis depuis 1998 une belle renommée avec son domaine situé au nord de Montpellier, près d'Aniane. La production est limitée hélas mais constitue l'une de ces adresses chéries que l'on se passe sous le manteau. On peut y boire de très grands vins. Vieilles vignes, rendements a minima et travail méticuleux forgent des cuvées de cépages qui se hissent au sommet de la production languedocienne.

- XB, hérault 2023 | Sec | 2025>30 | 15 € | ♣ 90
- Les Hauts de Carol's, hérault 2021 | Sec | 2025>32 | 34 € 93
- Pradelou, hérault 2022 | Sec | 2025>30 | 27 € 91

La Tête dans les Étoiles

✪✪ ➔

Luc Jourdan est un nouveau vigneron doué qui tourne la page d'une carrière à la chambre d'agriculture pour mener à bien ses convictions vigneronnes. Installé sur quatre hectares certifiés en bio de schistes et de galets roulés, il a amené sa cuvée Au-delà des rêves à un niveau étonnant en quelques millésimes. À base de syrah et de mourvèdre complétés par du grenache noir, la finale onctueuse et de grande délicatesse ralliera tous les suffrages sans réserve, du plus néophyte au plus exigeant des amateurs. Et les prix sont restés tendres, ce qui ne gâche rien. On est proche ici d'une troisième étoile.

- Au-delà des Rêves, terrasses du larzac 2022 | Sec | 2025>32 | 12 € | ♣ 92

Château de Lancyre

✪✪ ✚

Après Bernard Durand, qui a accompagné la reconversion du pic Saint-Loup de la polyculture à dominante ovine jusqu'à sa reconnaissance en zone viticole qualitative, Régis Valentin, son neveu, a repris les rênes techniques. Sans tambours ni trompettes, c'est un domaine à rechercher pour la fraîcheur de sa cuvée Vieilles Vignes, puissante tout en étant savoureuse, son clos des Combes, sa Grande Cuvée. La cuvée Madame est encore plus ambitieuse et le rosé est régulièrement délicieux.

- Vieilles Vignes, pic saint-loup 2022 | Sec | 2027>32 | 16 € | ♣ 88
- Clos des Combes, pic saint-loup 2023 | Sec | 2027>32 | 13 € | ♣ 88
- La Rouvière, languedoc 2023 | Sec | 2025>27 | 11 € | ♣ 90
- D'ici on voit la mer, pic saint-loup 2024 | Sec | 2025>26 | 13 € | ♣ 92

Château de Lascaux

✪✪ ✚

Le château de Lascaux est dirigé depuis 1990 par Jean-Benoît Cavalier, ingénieur agronome qui préside également aux destinées de la vaste appellation languedoc. Le domaine, installé sur Vacquières, exploite des parcelles dont certaines sont classées en Pic-Saint-Loup. Ce domaine de 45 hectares, plutôt orienté vers la syrah, est en agriculture biologique. Le domaine ne cesse d'innover et n'hésite pas à se remettre en question, gage de progrès. Il vinifie par terroirs en isolant les parcelles installées sur les différents types de sols, dont La Gravette de Corconne aux accents si identitaires. Le nouveau chai très bien pensé a permis d'améliorer la précision dans les vins ainsi que l'usage de grands contenants qui a gommé les élevages lents à se fondre. On peut vraiment se régaler ici dès les entrées de gamme, Carra 2023 est épatant.

- Les Pierres d'Argent, languedoc 2023 | Sec | 2025>30 | 18 € | ♣ 89
- Les Nobles Pierres, pic saint-loup 2021 | Sec | 2027>32 | 25 € | ♣ 90
- Garrigue, languedoc 2024 | Sec | 2025>30 | 12 € | ♣ 90
- Carra, pic saint-loup 2023 | Sec | 2025>32 | 15 € | ♣ 92
- Bois de Toutourel, pic saint-loup 2017 | Sec | 2027>32 | 45 € | ♣ 90
- Carra, pic saint-loup 2024 | Sec | 2025>27 | 12.5 € | ♣ 89
- Garrigue, languedoc 2023 | Sec | 2025>30 | 12 € | ♣ 90

Mas Lasta

✪✪ ➔

Mas Lasta veut dire « le dernier » en esperanto. Après avoir vinifié près d'une dizaine d'années aux quatre coins de la planète, notamment au château Latour à Pauillac, Anne-Laure Sicard a démarré avec huit hectares proches de la parcelle des Rougeots d'Olivier Jullien. Elle a réalisé son premier millésime en 2017 et signé l'une des meilleures cuvées en appellation languedoc. Elle poursuit depuis la même lignée sur ses deux cuvées, le languedoc et le terrasses-du-Larzac. Ses vins sont denses, fougueux mais domptés, avec des tannins puissants et très fins. Nous encourageons tous les amateurs à rencontrer ses vins.

- terrasses du larzac 2022 | Sec | 2027>35 | 22 € | ♣ 92
- languedoc 2022 | Sec | 2025>30 | 15 € | ♣ 91

Château de Lastours

✪✪ ✚

D'importants travaux ont été réalisés sur la propriété située dans le secteur méditerranéen des Corbières et un nouveau chai a été inauguré en 2014. Aujourd'hui, c'est Anne-Laurence de Gramont qui assure la direction technique du domaine. Les 2020 (premier millésime certifié bio) dégustés cette année ainsi que le grand vin 2018 profitent à plein des investissements réalisés. Le site de Lastours abrite également un complexe d'œnotourisme, avec une restauration et une hôtellerie de qualité.

- La bergerie, corbières 2023 | Sec | 2025>26 | 9 € | ♣ 87
- corbières 2018 | Sec | 2025>28 | 16 € | ♣ 92
- Grande Réserve, corbières 2019 | Sec | 2026>32 | 39 € 91

Lauraire des Lys

✪ N

Installé sur la Caunette, à quelques kilomètres de la charmante cité de Minerve, ce domaine est sur un secteur à forte proportion de calcaire dans des terroirs d'altitude modérée. Les cuvées sont toutes marquées par des aromatiques étonnantes. Récoltées à maturité avancée, elles exhalent des senteurs méditerranéennes qui en font des vins de gastronomie. Bravo pour le premier millésime du blanc, Code 255. En rouge nous apprécions les cuvées d'entrée de gamme, sans élevage bois.

- Kalys, côtes du brian 2022 | Sec | 2025>30 | 11 € | ♣ 89
- Loriza, minervois 2021 | Sec | 2025>30 | 13 € | ♣ 88
- Code 255, minervois 2023 | Sec | 2025>28 | 15 € | ♣ 90

Mas Laval

✪✪ ➔

Sans bruit mais avec une évidente réussite, les Laval réalisent des vins étonnants. Une hygiène irréprochable, un chai climatisé, ce qui n'est pas si fréquent en Languedoc, et des barriques magnifiques, rarement neuves mais d'un an, en provenance d'emblématiques domaines de Bourgogne, permettent une gamme qui ne comporte que deux vins rouges : les-pampres, en IGP de l'hérault, un deuxième vin tarifé comme tel, très accessible, bien vinifié, gourmand et équilibré, et la grande cuvée, un terrasses-du-larzac. L'un et

Jean-Christophe Granier, Domaine Les Grandes Costes

Rien de tel qu'un début de carrière dans la presse viticole pour avoir une idée précise du grand vin. Jean-Christophe Granier est revenu en 2000 dans son village de Vacquières, une commune qui fait partie de la zone d'appellation pic-saint-loup, pour reprendre les vignes de son grand-père. Le domaine compte aujourd'hui huit hectares à Vacquières et deux à Corconne, sur des éboulis calcaires. La cuvée La Ruche permet d'en comprendre le style. Corconne sera un jour un cru à part entière tant il se distingue des autres pic saint-loup. *Alain Chameyrat* l'autre sont très proches des sommets dans leurs classifications respectives. La finesse des tannins est la marque de fabrique de ce domaine étonnant, cultivé comme un jardin.

- Les Pampres, hérault 2022 | Sec | 2026>31 | 15 € 89
- Les Pampres, hérault 2024 | Sec | 2025>28 | 11.5 € | 89
- La Grande Cuvée, terrasses du larzac 2021 | Sec | 2025>32 | 29 € 93
- Grande cuvée, languedoc 2024 | Sec | 2025>28 | 22 € | 90
- carignan, hérault 2024 | Sec | 2025>30 | 10.5 € | 90

Domaine Le Clos du Serres

3 étoiles — À suivre de près

Le clos du Serres a été constitué en 2006 à Saint-Jean-de-la-Blaquière, sur les contreforts du Larzac, à près de 300 mètres d'altitude par Béatrice et Sébastien Fillon. Millésime après millésime, on retrouve la même recherche systématique de sincérité. La gamme a été remodelée autour des Maros sur schistes, d'un équilibre entre densité et buvabilité abouti, de Sainte-Pauline, sur des grès et des galets roulés, souple et gourmande, du Palas sur grès et schistes, séveuse et ferme, et de Saint-Jean, arrondie et goûteuse. Humeur-vagabonde provient d'une syrah et d'un carignan que peu sont capables d'amener à ce niveau de charme : juvénile en bouche, il ne fait pas ses 85 ans. Mais l'ensemble de la gamme ne se différencie que par des nuances, la patte du domaine imprégnant fortement l'ensemble des cuvées. Le style assez puissant à l'origine évolue vers des nuances bien plus aériennes, bravo ! Nous lui ajoutons une étoile cette année pour le sérieux des réalisations depuis des lustres, y compris son blanc qui lorgne vers l'hermitage en rhône nord.

- Les Maros, terrasses du larzac 2023 | Sec | 2025>30 | 20 € | 92
- Humeur Vagabonde, terrasses du larzac 2021 | Sec | 2025>32 | 35 € | 92
- Le Saut du Poisson, languedoc 2023 | Sec | 2025>32 | 20 € | 92
- Saint-Jean, terrasses du larzac 2023 | Sec | 2025>31 | 16 € | 91
- Sainte-Pauline, terrasses du larzac 2023 | Sec | 2025>32 | 18 € | 92

Domaine Le Conte des Floris

3 étoiles — Valeur sûre

Catherine et Daniel Le Conte des Floris se sont implantés sur le terroir de Pézenas. Les blancs, remarquables de profondeur, démontrent l'intérêt du carignan blanc et rappellent combien son arrachage massif en Languedoc fut une erreur. Les vignerons les plus avisés de la région commencent à en replanter, signe des temps. La gamme de rouges se décline autour des terroirs qui les voient naître : carbonifère, basaltique et villafranchien. Ils ont en commun un caractère digeste bienvenu. Le domaine s'amuse également à produire des cartagènes, des mistelles dont la réputation était forte par le passé. Nous vous incitons à redécouvrir ce produit, un moût de raisin complété par de l'alcool pur.

- Carbonifère, languedoc-pézenas 2020 | Sec | 2025>32 | 20 € | 91
- Lune Blanche, languedoc-pézenas 2022 | Sec | 2025>32 | 45 € | 91
- Six Rats Noirs, languedoc-pézenas 2022 | Sec | 2025>27 | 12 € | 89
- Cartagène noire, vin de france 2013 | Doux | 2025>40 | 18 € | 92

Domaine Le Nouveau Monde

1 étoile — Nouvelle entrée

Les notes florales des derniers millésimes impressionnent. Il se passe quelque chose dans ce domaine mené par Anne-Laure et Sébastien Borras. Après des millésimes parfois rustiques, 2022 renoue avec l'élégance et 2023 se positionne un cran au-dessus. Excellente cuvée Brame-Reille 2023 qui est très au-delà des standards de l'appellation régionale.

- cuvée Brame Reille, languedoc 2023 | Sec | 2025>32 | 22 € | 91
- L'Estanquier, languedoc 2022 | Sec | 2026>32 | 18 € | 90
- Tradition, languedoc 2023 | Sec | 2025>28 | 13 € | 89
- Le monde en rose, languedoc 2024 | Sec | 2025>26 | 13.5 € | 88

Domaine Les Aurelles

4 étoiles — Star

Proche de Pézenas, à une trentaine de kilomètres de la Méditerranée, le domaine des Aurelles, d'une petite dizaine d'hectares, jouit d'un terroir de rêve, unique en son genre, mêlant basaltes et graves dans un paysage à couper le souffle qui se déploie jusqu'aux Cévennes. Solen, la première cuvée, dépasse la plupart des vins du Languedoc. Aurel est le grand vin. Les deux cuvées sont commercialisées après un temps conséquent de maturation en bouteille et ne connaissent aucun bois. Aurel blanc est unique, distribué après plusieurs années de cave : voilà un très grand vin de gastronomie. Récemment repris par Matthieu Gufflet (château Guiraud à Sauternes), un nouveau chapitre commence.

- Solen, languedoc 2016 | Sec | 2025>30 | 37 € 94
- Solen, languedoc 2022 | Sec | 2027>37 | 50 € 93
- Aurel, languedoc 2022 | Sec | 2027>37 | NC 96

Les Celliers d'Orfée

1 étoile — Nouvelle entrée

Cette cave coopérative regroupe les villages de Fontfroide et Lagrasse, au cœur du pays cathare, et propose une belle expression des cépages traditionnels, carignan, grenache, syrah et mourvèdre, sur les terroirs de garrigues calcaires et terrasses caillouteuses. Elle réalise des cuvées de caractère dont certaines, comme la cuvée Sextant, bénéficient d'un élevage en barriques un peu appuyé, ce qui est leur marque de fabrique. Ego in Terra bénéficie quant à elle de matières suffisamment denses pour tenir ce type d'élevage en bois neuf. A l'opposé dans la gamme, Angélique, au prix très raisonnable et sans élevage bois est des plus agréables.

- Sextant, corbières 2022 | Sec | 2027>32 | 19.6 € 88
- Orfée, corbières 2023 | Sec | 2027>31 | 20 € 88
- Ego in Terra, corbières 2021 | Sec | 2026>35 | 30 € 91
- L'Angélique, corbières 2023 | Sec | 2025>30 | 11.35 € 89

Domaine Les Grandes Costes

2 étoiles — À suivre de près

Après une première carrière dans la presse viticole, Jean-Christophe Granier est revenu dans son village de Vacquières, une commune qui fait partie de la zone du Pic Saint-Loup. C'est un domaine hautement fréquentable qui fait preuve de régularité. La cuvée La Ruche étonne par des notes originales issues de la gravette de Corconne, une roche calcaire grise. Toutes les cuvées, Musardises, Sarabande et Grandes Costes jouent la buvabilité sans manquer de structure.

- Musardises, languedoc 2023 | Sec | 2025>30 | 15 € 89
- La Sarabande, languedoc 2022 | Sec | 2025>30 | 20.8 € 89
- pic saint-loup 2020 | Sec | 2025>32 | 29.5 € 91
- La Ruche, languedoc 2022 | Sec | 2025>30 | 24.85 € 92
- L'Hort blanc, saint-guilhem le désert 2023 | Sec | 2025>30 | 13 € 88

Domaine Les Païssels

3 étoiles — À suivre de près

Ce domaine récent est mené par deux ingénieurs agronomes. Vincent a dirigé le cru Fitou après avoir vinifié en Australie et en Californie. Ils ont repris une vigne familiale sortie de la coopération puis sont progressivement passés d'un à quinze hectares. On voit ici des saint-chinian sur schiste particulièrement empreints du minéral, goûteux, dès l'entrée de gamme.

- Le Banel, saint-chinian 2023 | Sec | 2025>31 | 9 € | 90
- saint-chinian 2022 | Sec | 2025>32 | 14 € | 91
- Les jalouses, saint-chinian 2022 | Sec | 2026>32 | 28 € | 92
- Bulles de schistes, vin de france | Extra-brut | 2025>26 | 15 € | 87

Les Vignes Oubliées

3 étoiles — Star

Jean-Baptiste Granier fait l'un des cinsaults les plus excitants, cultivant en virtuose une petite dizaine d'hectares depuis ses débuts en 2007, propulsé par un certain Olivier Jullien. Finale délicieuse, florale, sur les fruits rouges, la réglisse : la similitude de sensations tactiles avec les grands pinots noirs de Bourgogne est évidente. Il a tout d'un grand, sauf le prix. La Grande Cuvée, en terrasses-du-larzac, n'est tombée dans aucun des pièges classiques, sur-maturité et sur-extraction, elle tangente les modèles du genre, si proche de les égaler. Une nouvelle cuvée parcellaire Le Pioch fait la part belle au mourvèdre, son style diffère légèrement mais reste dans la lignée du Terrasses du Larzac. Le blanc s'est imposé en quelques années comme l'un des meilleurs vins de gastronomie de la région. On est proche ici d'une quatrième étoile.

- terrasses du larzac 2023 | Sec | 2025>32 | 22 € | 95

✦ Star ✚ Valeur sûre ➔ À suivre de près N Nouvelle entrée

- Autour du cinsault, languedoc 2023 | Sec | 2025>33 | 14 € | ☘ 94
- languedoc 2023 | Sec | 2025>32 | 22 € | ☘ 91
- Le Pioch, terrasses du larzac 2021 | Sec | 2025>35 | 40 € | ☘ 95

Domaine Les Yeuses

✪✪

C'est un domaine de soixante-dix hectares au bord du bassin de Thau, sur un terroir de semi-coteaux très calcaires sous influence maritime, qui favorise le caractère si particulier des cuvées produites. Magali Dardé s'occupe des vins et montre un talent qui nous épate chaque année, son cousin Sylvain s'occupe du commerce. Une belle régularité et des prix doux. Une excellente adresse que nous portons volontiers vers la seconde étoile.

- syrah Les Épices, oc 2023 | Sec | 2025>28 | 8.5 € 88
- Ô d'Yeuses, oc 2023 | Sec | 2025>27 | 10.8 € 88
- Rosé muscaté, oc 2024 | Sec | 2025>27 | 5.8 € 90
- picpoul de pinet 2024 | Sec | 2025>26 | 7.8 € 89
- Ô d'Yeuses, oc 2024 | Sec | 2025>26 | 8.8 € 90
- Irrégulière, oc 2024 | Sec | 2025>27 | 7.8 € 89

Maison Lorgeril

✪✪✪ +

En vingt ans, Nicolas et Miren de Lorgeril ont remis sur pied le vignoble historique ainsi que le château, dessiné initialement par Le Vau et dont le parc fut aménagé et conçu par Le Nôtre. Le domaine s'étend désormais sur 250 hectares. Il produit des vins sur huit appellations et deux IGP dont Minervois, Saint-Chinian, Faugères et Côtes-du-Roussillon, avec le même souci qualitatif qu'en Cabardès et une constance inébranlable. Ici les vins sont classiques, réguliers, dotés d'une grande richesse aromatique, d'une excellente fraîcheur notamment sur les terroirs d'altitude et d'un équilibre jamais pris en défaut. Une adresse de référence qui a célébré les 400 ans du château de Pennautier en 2022.

- Château de Pennautier, cabardès 2022 | Sec | 2027>37 | 14.5 € 92
- L'Esprit de Pennautier, cabardès 2022 | Sec | 2027>35 | 29 € 95
- La Borie Blanche, minervois-la-livinière 2023 | Sec | 2027>35 | 14 € 89
- Château de Ciffre, Terroirs d'Altitude, faugères 2023 | Sec | 2025>32 | 14.5 € 91
- Château de Ciffre, Terroirs d'Altitude, saint-chinian 2023 | Sec | 2025>32 | 14.5 € 90
- Château de Ciffre, faugères 2023 | Sec | 2026>35 | 30 € 94
- Château de Ciffre Grand Vin, saint-chinian 2023 | Sec | 2025>32 | 30 € 92
- Domaine de La Borie Blanche Grand Vin, minervois-la-livinière 2023 | Sec | 2027>37 | 29 € 91
- Les Anges, vin de france 2023 | Sec | 2028>40 | 29 € 94
- La Nore, vin de france 2023 | Sec | 2027>40 | 34 € 96

Clos Marie

✪✪✪ ✦

Ce domaine phare du Pic Saint-Loup est mené de main de maître depuis 1995 par Christophe Peyrus. Figure de l'appellation, le vigneron cultive 23 hectares. Salués pour leur intensité, leur finesse, leur chair et leur distinction, les vins du domaine ont pu désorienter certains amateurs par des choix de faible protection des vins. La question ne se pose plus sur les derniers millésimes et nous défendons désormais sans réserve Clos Marie pour sa finesse de tannins unique ainsi que la délicatesse de ses goûts. Son entrée de gamme, l'Olivette surpasse les autres cuvées de pic saint-loup. Simon adopte les mêmes concepts, un cran au-dessus et le blanc, Manon 2023 est épatant.

- Simon, pic saint-loup 2022 | Sec | 2028>35 | 35 € | ☘ 95
- L'Olivette, pic saint-loup 2023 | Sec | 2027>34 | 22 € | ☘ 94
- Manon, languedoc 2023 | Sec | 2025>30 | 22 € | ☘ 93

Domaine Mirabel

✪✪✪ +

Le domaine Mirabel est situé à la limite nord-est de l'aire d'appellation du Pic Saint-Loup, sur un terroir d'argilo-calcaires. Les frères Feuillade mènent leurs 14 hectares avec passion, ils les cultivent avec le plus grand soin, comme un jardin. Le rendement moyen est faible, de l'ordre de 20 hectolitres par hectare. Sans bruit ni tapage, on ne théorise pas au domaine sur la bio : on la pratique, on aime le travail bien fait, la sincérité, et ça se voit, pour le plus grand plaisir des amateurs. Les rouges sont délicieux, associant harmonieusement intensité et buvabilité. Avec des blancs d'une fraîcheur confondante, des rosés d'une précision incroyable, ce domaine d'une régularité exemplaire ne cesse de nous étonner. Dans le tiercé de tête des meilleurs pic-saint-loup, ce domaine est notre coup de cœur depuis des lustres.

- Loriot, oc 2024 | Sec | 2025>32 | 17 € | ☘ 94
- Les Éclats, pic saint-loup 2023 | Sec | 2025>32 | 21 € | ☘ 92
- Les Bancels, pic saint-loup 2023 | Sec | 2025>32 | 17 € | ☘ 92

Domaine de Montcalmès

✪✪✪✪ ✦

Moncalmès veut dire mont calcaire en occitan. Créé en 1999 à partir des vignes familiales qui étaient apportées en coopérative, le domaine couvre aujourd'hui 22 hectares en bio sur Puechabon et ses calcaires lacustres, sur Aniane et ses galets roulés, sur Saint-Saturnin et ses éboulis calcaires et sur les argilo-calcaires de Saint-Jean-de-Fos. Fort d'une expérience à la Grange des Pères, chez Olivier Jullien et Alain Graillot, Frédéric Pourtalié vinifie ses grenaches, syrahs et carignans terroir par terroir avant l'assemblage. La gamme de rouges est resserrée, la cuvée en terrasses-du-larzac est, par ses tannins ultra fins, un vin au sommet de l'élite du Languedoc, un vin de songes. Également un blanc en quantités plus confidentielles et quelques délicieuses cuvées de mono-cépage labellisées en vin de France.

- terrasses du larzac 2022 | Sec | 2025>33 | 32 € | ☘ 96
- languedoc 2022 | Sec | 2025>32 | 32 € | ☘ 95
- La Sy, languedoc 2020 | Sec | 2025>32 | 42 € | ☘ 97
- Mourvèdre, vin de france 202[illegible] | Sec | 2025>35 | 28 € | ☘ 96
- vin de france 2022 | Sec | 2025>32 | 25 € | ☘ 94
- Chenin, hérault 2022 | Sec | 2025>32 | 27 € | ☘ 95

Domaine de Mortiès

✪✪ +

Pascale Moustiès après une première vie dans l'immobilier et Richard qui œuvrait dans la tech ont décidé de changer de vie et ont repris le domaine Mortiès situé dans la partie la plus chaude du pic Saint-Loup, l'un des terroirs les plus frais du Languedoc. Ils continuent seuls l'aventure commencé à plusieurs couples et leur fils Benoît les a rejoints. Au bord d'impressionnantes falaises d'argile noire, ce domaine produit plusieurs cuvées de rouge, dont Jamais-Content et un remarquable languedoc devenu pic-saint-loup depuis la création de cette AOP. La recherche d'améliorations constante et le goût du travail bien fait se retrouvent dans des vins originaux pour l'appellation, mûrs tout en restant frais comme tous bons pic.

- Que Sera Sera, pic saint-loup 2023 | Sec | 2025>32 | 42 € | ☘ 94
- Jamais Content, pic saint-loup 2023 | Sec | 2025>35 | 27 € | ☘ 93
- pic saint-loup 2023 | Sec | 2025>32 | 19 € | ☘ 91

Mas Nicolas

✪ Ⓝ

Domaine situé à Cabrerolles dans l'appellation faugères. La cuvée au nom du mas combine le carignan pour moitié aux grenaches, avec un zeste de syrah. La cuvée le coing-secret est réalisée sur la syrah avec 20 % de carignan, en toute petite quantité, mille bouteilles.

- Le Coing Secret, faugères 2021 | Sec | 2025>32 | 14.5 € | ☘ 90
- Cydonia, faugères 2023 | Sec | 2025>30 | 9 € | ☘ 89
- Le Coing Secret, faugères 2023 | Sec | 2025>30 | 13 € | ☘ 91
- Coingtessence, faugères 2020 | Sec | 2025>30 | 30 € | ☘ 90

Domaine de Nizas

✪✪

Situé dans la zone de Pézenas, ce domaine est peu connu en France bien qu'il réalise régulièrement de très jolis vins. Il a rejoint la galaxie de François Lurton que l'on retrouve sur plusieurs continents. Les cuvées en AOP sont constituées de syrah pour l'essentiel ainsi que de mourvèdre et de grenache. Deux cuvées se remarquent cette année, le languedoc Le Clos, un modèle pour l'appellation régionale languedoc et le languedoc-Pèzenas tout aussi réussi.

- languedoc 2024 | Sec | 2025>30 | 18.9 € | ☘ 90
- Le Clos, languedoc 2024 | Sec | 2025>26 | 12.9 € | ☘ 90

Château de Nouvelles

✪✪ +

Le château de Nouvelles et ses 70 hectares, installé à Tuchan dans une zone assez reculée, a été un pionnier de la progression qualitative en Fitou. Initialement réputé pour ses vins doux naturels, il continue d'offrir une gamme qui s'avère réussie. L'infatigable Jean Daurat, qui a porté haut et fort la réputation du fitou pendant des décennies, est secondé par son fils Jean-Rémy. Les vins sont élégants, tant par la complexité aromatique que par la texture. Le carignan apporte une délicieuse fraîcheur. Une adresse sûre, à découvrir sans plus attendre. car 2022 est une grande réussite ici.

- **Tuilé Rancio, rivesaltes 2009** | Doux | 2025>40 | 19 € | ☘ — 93
- **Vieilles Vignes, fitou 2022** | Sec | 2026>32 | 14.5 € | ☘ — 91
- **Gabrielle, fitou 2022** | Sec | 2025>33 | 18.5 € | ☘ — 93
- **Augusta, fitou 2023** | Sec | 2025>32 | 11 € | ☘ — 91
- **Ambré, rivesaltes 2008** | Doux | 2025>40 | 18 € | ☘ — 92

Mas du Novi

✪ N

Au cœur du Languedoc, voilà un vignoble de quarante hectares, à flanc de coteaux, sur un terroir réellement sec. Ici le cépage roi est le chardonnay mais nous ne l'avons pas dégusté cette année. Parmi les rouges, une nouvelle cuvée haut de gamme, Le Point de Novi, montre tout le potentiel de ce domaine.

- **chardonnay, oc 2023** | Sec | 2026>32 | 20 € | ☘ — 89
- **Ô de Novi, languedoc-grés de montpellier 2019** | Sec | 2025>29 | 20 € | ☘ — 90
- **Prestigi, languedoc-grés de montpellier 2020** | Sec | 2025>29 | 17 € | ☘ — 88
- **Le Point de Novi, languedoc-grés de montpellier 2020** | Sec | 2025>30 | 35 € | ☘ — 94

Domaine Ollier-Taillefer

✪✪

Françoise Ollier et son frère Luc ont repris l'exploitation familiale. Ce domaine produit des vins empreints de naturel et d'humanisme, sans recherche du sensationnel. La cuvée de blanc, Allegro, va chercher la roussanne et le rolle mais renonce au bois pour exprimer leur naturel. Elle est encore très réussie en 2024. Castel-Fossibus (traduisez par-là le château de Fos) emprunte à la syrah, au grenache et au mourvèdre leur fruité fin et les notes de fumé. C'est la cuvée de référence du domaine depuis des lustres. En vin plus simple et sans sulfite, Tournée Générale nous a étonnés par l'immédiateté de son fruit gourmand.

- **Allegro, faugères 2024** | Sec | 2025>30 | 15 € | ☘ — 92
- **Grande Réserve, faugères 2021** | Sec | 2025>30 | 15 € | ☘ — 90
- **Le rêve de Noé, faugères 2021** | Sec | 2025>32 | 32 € | ☘ — 92
- **Tournée générale, faugères 2024** | Sec | 2025>30 | 13 € | ☘ — 89

Château Ollieux-Romanis

✪✪✪ ✚

Pierre Bories a hissé son domaine familial au sommet de l'appellation Corbières et le gère depuis 2001 d'une main de maître, affichant la même détermination et la même exigence dans les vignes qu'au chai. Constitué d'un vaste ensemble de 150 hectares (dont l'ancien terroir du Château des Ollieux), à une dizaine de kilomètres de Narbonne, le vignoble permet de réaliser des vins de grande élégance, de la cuvée Prestige à la cuvée Atal-Sia, incontestablement l'un des fleurons de la propriété qui montre l'intérêt de la macération carbonique quand elle est bien menée. Toute la gamme est au diapason, ce qui propulse cette adresse parmi nos favorites du secteur, cette régularité depuis des lustres justifie largement la troisième étoile que nous lui avons accordé.

- **Cuvée Or, corbières-boutenac 2022** | Sec | 2027>32 | 27 € | ☘ — 92
- **Prestige, corbières 2022** | Sec | 2025>32 | 18 € | ☘ — 93
- **Atal Sia, corbières-boutenac 2023** | Sec | 2025>35 | 27 € | ☘ — 94
- **Prestige, corbières 2022** | Sec | 2025>30 | 25 € | ☘ — 89
- **Alba, corbières 2024** | Sec | 2025>30 | 16 € | ☘ — 90

Domaine de L'Ostal

✪✪ ✚

Lorsque le regretté Jean-Michel Cazes (château Lynch-Bages, château Ormes de Pez, domaine des Sénéchaux) a investi le Minervois, ce ne fut ni par hasard, ni sans ambition. Le vignoble de 60 hectares a été replanté pour moitié et restructuré lors de son rachat en 2002. Le secteur chaud où sont implantées les vignes marque les vins, ce sont des minervois denses et sérieusement construits. Son fils Jean-Charles a fait évoluer les vins vers un style bien à lui, vrai mix entre le classicisme et l'élégance bordelaise, avec l'exubérance aromatique raffinée due aux cépages et au climat méditerranéens. Une très belle adresse, sérieuse et régulière, dont on ne se lasse pas y compris en rosé, elle entame sa conversion en bio et la gamme s'affiche désormais vegan.

- **Estibals, minervois 2022** | Sec | 2025>30 | 13 € — 92
- **L'Ostal Rosé, oc 2024** | Sec | 2025>26 | 10 € — 90
- **Grand Vin, minervois-la-livinière 2022** | Sec | 2025>32 | 25.5 € — 94
- **Domaine l'Ostal Cazes, oc 2023** | Sec | 2026>31 | 23 € — 89

Domaine du Pas de l'Escalette

✪✪✪

Julien Zernott et Delphine Rousseau ont acquis en 2002 ce vignoble implanté en terrasses entourées de murets de pierres sèches. Perchées à 350 mètres d'altitude sur une vingtaine d'hectares, au pied du plateau du Larzac, les vignes sont menées en bio, baignées d'un micro-climat frais et venté et bénéficiant de ce terroir d'éboulis calcaires du causse et de toute la biodiversité du lieu. Le fil rouge ici est la fraîcheur, permise par l'altitude du vignoble ; on la retrouve dans toutes les cuvées, sans exception, ce qui en fait un domaine à part des terrasses du larzac qui trouve la parfaite adéquation entre fraîcheur et structure. Ce domaine est une valeur sûre et incontournable, nous ne regrettons pas la troisième étoile décernée récemment et voyons des améliorations constantes dès l'entrée de gamme.

- **Les Clapas, hérault 2023** | Sec | 2025>30 | 26 € | ☘ — 89
- **Les Petits Pas, languedoc 2023** | Sec | 2025>30 | 15 € | ☘ — 91
- **Le Grand Pas, terrasses du larzac 2022** | Sec | 2025>32 | 32 € | ☘ — 92
- **Le Pas de D., terrasses du larzac 2022** | Sec | 2025>32 | 26 € | ☘ — 90

Les domaines Paul Mas

✪✪✪ ✚

Fils de vigneron très tôt saisi par l'entrepreneuriat, Jean-Claude Mas a réalisé une première carrière en France et aux États-Unis avant de retrouver la filière viti-vinicole. En deux décennies, ce pur languedocien a bâti un patrimoine de plus de 800 hectares de vignes et a créé des marques dont la plus fameuse demeure le savoureux Arrogant Frog. Centré aujourd'hui sur ses domaines, l'hyperactif Jean-Claude Mas sait donner aux syrah languedociennes une personnalité savoureuse, juteuse et fruitée. En blanc, le style est gourmand, porté par des chardonnays et viogniers gorgés de soleil. Hormis quelques cuvées de prestige issues des meilleures parcelles des domaines, la plupart des vins sont proposés à des tarifs angéliques, une autre caractéristique de ce que Jean-Claude Mas appelle « luxe rural ».

- **Arrogant Frog, languedoc 2023** | Sec | 2025>27 | 8.5 € — 90
- **Clos des Mûres, languedoc 2023** | Sec | 2025>27 | 13.9 € — 92
- **Château Paul Mas - Clos du Moulinas, languedoc-pézenas 2023** | Sec | 2026>31 | 17.5 € — 92
- **Château Paul Mas - Clos de Savignac, languedoc-grés de montpellier 2023** | Sec | 2025>30 | 17.5 € — 93
- **Domaine de Martinolles pinot noir, oc 2023** | Sec | 2025>28 | 9.65 € — 91
- **Racines de Lauriga, côtes catalanes 2023** | Sec | 2025>32 | 10.9 € — 94
- **Martinolles Vieilles Vignes, limoux 2023** | Sec | 2025>28 | 13.9 € — 92
- **Château Martinolles, crémant de limoux** | Brut | 2025>28 | 12.9 € — 92
- **Laurinya du Château Lauriga, côtes du roussillon 2022** | Sec | 2025> | 30 € — 92
- **Château Paul Mas, Beluguette, languedoc 2023** | Sec | 2025>27 | 13.9 € — 92
- **Paul Mas réserve viognier, oc 2024** | Sec | 2025>26 | 7.9 € — 90
- **Jean-Claude Mas Les Schistes syrah - viognier, oc 2023** | Sec | 2025>27 | 8.5 € — 92
- **Domaine Astruc chardonnay, oc 2023** | Sec | 2025>26 | NC — 91
- **Domaine Les Verrières Les Pierres Plantées, languedoc 2019** | Sec | 2025>28 | 19.9 € — 90
- **Astelia - Le Grand Blanc, terres du midi 2023** | Sec | 2025>32 | 49 € — 92
- **Château des Crès Ricards - Stécia, terrasses du larzac 2023** | Sec | 2025>29 | NC — 93
- **Château Martinolles - Garriguet, limoux 2023** | Sec | 2025>30 | 11.9 € — 92
- **Château Martinolles Extrême, crémant de limoux** | Extra-brut | 2025>27 | 17.9 € — 92
- **Mas des Tannes - Réserve rouge bio, languedoc 2023** | Sec | 2025>27 | 12 € — 91
- **Domaine de Ferrandière - Grand Blanc , igp pays d'oc 2023** | Sec | 2025>23 | 10.95 € — 92
- **Château Martinolles Grande Réserve, crémant de limoux** | Brut | 2025>32 | 19 € — 94
- **Astelia Chalamat 178, languedoc-grés de montpellier 2022** | Sec | 2025>32 | 75 € — 91

✦ Star ✚ Valeur sûre ➔ À suivre de près N Nouvelle entrée

Jean-Claude Mas, Domaine Paul Mas

Un peu avant le changement de millénaire, Jean-Claude Mas créait les domaines Paul Mas à partir de trente-cinq hectares de vignes dans le Languedoc. Vingt-cinq ans plus tard, le voici propriétaire de dix-sept domaines dans la région, mais aussi dans le Roussillon. Qui d'autre que lui peut raconter l'évolution de la viticulture méditerranéenne dans un contexte climatique où tout a changé ou presque ? Une vie vigneronne faite de succès, d'essais, d'expériences, de réflexions passionnantes pour parvenir à proposer cette vision du « luxe rural » qui fait rêver tant de personnes aujourd'hui et qu'il avait entrevu le premier. C'est ça, être pionnier. *Louis-Victor Charvet*

Château Pech-Redon

✪✪✪ ✦

Christophe Bousquet est très en phase avec la nature sur son terroir faiblement arrosé par les pluies mais qui nous semble le plus qualitatif de la Clape. Sur les hauteurs de Gruissan tout près de Narbonne, à un kilomètre de la Méditerranée, avec ses 30 hectares pâturés par les brebis en hiver et menés en bio certifiée, Pech-Redon réalise de longue date les meilleurs vins du secteur de la Clape, les plus frais et complexes. La visite des blancs, notamment La Centaurée, s'impose. L'Epervier rosé est superbe. En rouge, La Centaurée fait la course à part dans un style absolu, un vin de réflexion aux tannins très fins qui surpasse Les Cades et même l'Epervier. Tous les rouges des millésimes à la vente sont des vins qui peuvent être gardés et évolueront bien, y compris l'entrée de gamme.

- ■ L'Épervier, languedoc-la clape 2023 | Sec | 2026>35 | 19 € | ☘ 93
- ■ La Centaurée, languedoc-la clape 2023 | Sec | 2026>35 | 30 € | ☘ 95
- ■ La Centaurée, languedoc-la clape 2022 | Sec | 2026>35 | 30 € | ☘ 94
- ■ Les Cades, languedoc 2024 | Sec | 2026>33 | 13 € | ☘ 91
- ■ L'Épervier, languedoc-la clape 2024 | Sec | 2025>30 | 18 € | ☘ 91
- ■ La Centaurée, languedoc-la clape 2023 | Sec | 2025>30 | 30 € | ☘ 94

Domaine Peyre Rose

✪✪✪✪ ✦

Cette exploitation, perdue au bout d'un chemin introuvable, est conduite en agriculture biologique par Marlène Soria. Marlène produit trois cuvées de rouge à dominante de syrah, le Clos des Cistes, Syrah Léone devenue Belle Léone, puis depuis le millésime 2003, Marlène N°3 sur un nouveau terroir. Les Cistes proviennent de la partie la plus haute du domaine, installée sur des sols caillouteux très durs. Cette cuvée porte plus d'acidité que Belle Léone, installée sur des roches plus friables et facilement traversées par l'eau : c'est souvent la cuvée la plus sensuelle. Marlène N°3 n'est ni un troisième ni un second vin. Troisième plantation du domaine, c'est certainement la mieux plantée des parcelles avec une proportion plus importante de grenache, elle est celle qui gagne le plus au vieillissement. En blanc, Oro est à base de rolle, de roussanne et de viognier, complétés par plusieurs autres cépages languedociens. S'il fallait donner un synonyme à Peyre Rose ce serait sûrement mille et une nuits tant les finales sont envoûtantes.

- ■ Clos des Cistes, vin de france 2013 | Sec | 2025>40 | 92 € | ☘ 97
- ■ Clos des Cistes, vin de france 2015 | Sec | 2025>40 | NC 97
- ■ Oro, languedoc 2011 | Sec | 2025>35 | NC 95
- ■ Marlène n°3, vin de france 2013 | Sec | 2025>40 | 92 € | ☘ 99
- ■ Marlène n°3, vin de france 2015 | Sec | 2025>40 | NC 99
- ■ Belle Léone, vin de france 2015 | Sec | 2025>35 | NC 98

Château Peyrepertuse

✪ Ⓝ

Ce domaine au pied du fameux château cathare éponyme est sur la limite entre l'Aude et le pays catalan. Il dispose de possibilités oenotouristiques et nous a étonnés par la qualité de ses deux cuvées, citadelle et 1240. Elles sont de création récente car le premier millésime mis en vente sous le nom du château a été 2019. A suivre.

- ■ Citadelle, languedoc 2022 | Sec | 2026>32 | 12 € 90
- ■ 1240, languedoc 2022 | Sec | 2025>30 | 23 € 91

Mas Peyrolle

✪

Jean-Baptiste Peyrolle conduit son mas de 12 hectares situés à Valflaunès et sur le terroir de Corconne dans la zone du Pic Saint-Loup. Il y produit une cuvée chant de l'Aire et un remarquable Sorelline en rouge. A noter un épatant blanc, Finalmente en AOP Languedoc, très réussi en 2023.

- ■ Chant de l'Aire, pic saint-loup 2022 | Sec | 2025>30 | 21 € | ☘ 90
- ■ Sorelline, pic saint-loup 2022 | Sec | 2025>30 | 20 € | ☘ 89
- ■ Vigne Miau, pic saint-loup 2020 | Sec | 2025>32 | 34 € | ☘ 91

Domaine Pujol

✪ Ⓝ

De belles cuvées dans ce domaine sur le terroir de Laure, tant en minervois qu'en igp, très portées sur le fruit, fraîches et équilibrées.

- ■ Sur la pointe des pieds, minervois 2023 | Sec | 2025>32 | 10.9 € | ☘ 89
- ■ 12h30, minervois 2023 | Sec | 2025>30 | 7.5 € | ☘ 89
- ■ Ailes imaginaires, minervois 2023 | Sec | 2025>30 | 12.5 € | ☘ 89

Mas des Quernes

✪ Ⓝ

Jean Natoli, œnologue-conseil réputé dans le sud de la France, a créé ce domaine avec le négociant Peter Riegel. Jean apporte au domaine sa technicité et sa fine connaissance des vins du Languedoc. La recherche de maturité est systématique dans des vins sérieux et bien construits. Mourvèdre-armand est régulièrement l'une des cuvées les plus abouties avec un igp de l'hérault, leblaireau, d'une grande buvabilité.

- ■ La Villa Romaine, terrasses du larzac 2021 | Sec | 2025>32 | 26 € | ☘ 88
- ■ Les petits travers, languedoc 2024 | Sec | 2025>30 | 15 € | ☘ 88
- ■ Les Cros, languedoc-montpeyroux 2021 | Sec | 2025>32 | 19 € | ☘ 91

Clos des Reboussiers

✪✪✪ Ⓝ

Le domaine Christophe Peyrus initié par le propriétaire du clos Marie avec des amis est désormais dirigé par Dorian Rebattel pour le compte de Jean-Pierre Girard qui l'a racheté en 2019. Situés à Cazevieille, proche du Pic Saint-Loup, les huit hectares de vignes qui composent le vignoble poussent sur un sol calcaire à silex et sur des résurgences dolomitiques. La cuvée Les Reboussiers semble un peu évoluée en 2021, la cuvée Spoutnik montre plus de fond. Les deux partagent un même sens du tannin fin.

- ■ Les Reboussiers, pic saint-loup 2021 | Sec | 2025>30 | 21 € | ☘ 91
- ■ Spoutnik, pic saint-loup 2021 | Sec | 2025>32 | 42 € | ☘ 94

Château Rives Blanques

✪✪ Ⓝ

Situé sur les hauteurs du village de Cépie, à 400 mètres d'altitude, le vignoble du château Rives Blanques est idéalement situé face à la chaîne des Pyrénées. Ses anciens propriétaires, la famille Panman, Hollandais d'origine, aidés par Éric Vialade qui veille sur la propriété ont vendu fin 2022 au talentueux Pierre Bories des Ollieux Romanis en Corbières. Les vins de la propriété sont raffinés et dotés d'une grande fraîcheur avec des cuvées de mono-cépage et une cuvée Trilogie qui assemble le chardonnay, le mauzac et le chenin.

- ■ blanquette de limoux 2022 | Brut | 2025>28 | NC | ☘ 88
- ■ La Trilogie, limoux 2022 | Sec | 2025>30 | 25 € | ☘ 90
- ■ Chardonnay, limoux 2023 | Sec | 2025>30 | NC | ☘ 88
- ■ Tres Pech, limoux 2023 | Sec | 2025>30 | NC 92

Cave de Roquebrun

✪✪ ✚

Cette cave sérieuse de Saint-Chinian-Roquebrun produit l'essentiel des vins de l'appellation avec 720 hectares d'apports dont 450 de syrah. On est ici au nord de l'appellation saint-chinian et on y produit des vins typés par leur cépage majoritaire et par la macération carbonique qui signe le style de la cave. Elle est dirigée par un nouveau directeur, Cyril Mariscal et fait partie des rares coopératives languedociennes remarquées pour leur réussite. Nous apprécions la cohérence de la gamme, ces vins puissants expriment ce goût inimitable de fumé et de lardé à la finale réglissée.

- ■ Roches Noires, saint-chinian roquebrun 2021 | Sec | 2025>28 | 10.9 € 89

Domaine de Roquemale

✪ Ⓝ

Valérie et Dominique Ibanez mènent ce domaine de Villeveyrac certifié en bio depuis 2008 qui nous régale de ses vins de grande gourmandise. Dès une dizaine d'euros, les cuvées jouent la carte du grand fruit, avec ou sans sulfites.

- ■ Lema, languedoc-grés de montpellier 2022 | Sec | 2025>29 | 16 € 90
- ■ Les Terrasses, languedoc 2023 | Sec | 2025>32 | 10 € | ☘ 88
- ■ Méli mélo, pays d'hérault 2023 | Sec | 2025>28 | 10 € | ☘ 88

Château Rouquette-sur-Mer

✪✪✪ ✦

Avec un vignoble bien tenu, Jacques Boscary montre que le secteur de la Clape peut produire de grands vins dans les trois couleurs, très appréciés et identifiables en dégustation. Voici une adresse où il n'est pas indispensable de monter haut en gamme pour se régaler, ce qui fait du château une valeur sûre. L'élégance et la gourmandise sont les caractéristiques des vins de la propriété. Amarante et Esprit-Terroir sont des entrées de gamme délicieuses. Au sommet, les cuvées Henry Lapierre, Château-de-la-Tour et Absolu revisitent la clape avec des tannins particulièrement fins, elles sont intensément savoureuses sans oublier Arpège en blanc et Azur en rosé, délicieuses.

- **Arpège, languedoc-la clape 2024** | Sec | 2025>29 | 11.1 € | 91
- **Azur, languedoc 2024** | Sec | 2025>26 | 11.5 € | 90
- **L'Esprit Terroir, la clape 2023** | Sec | 2025>30 | 10.8 € | 91
- **Amarante, la clape 2022** | Sec | 2025>32 | 12.9 € | 92
- **Henry Lapierre, la clape 2022** | Sec | 2027>35 | 19.9 € | 94

Château Saint Martin de la Garrigue

Ce grand domaine avec son château du 16ème siècle et sa chapelle du 9ème siècle occupe 180 hectares dont 52 sont plantés en vignes. Il a été racheté par Tom Pedersen, un investisseur norvégien dans l'hôtellerie en 2019. Gilles Habit arrivé en 2001 y poursuit la direction technique. Les terroirs exploités, sur les grés de montpellier et en picpoul de pinet, produisent des vins axés sur le plaisir et sur la fraîcheur quand le millésime s'y prête. La cuvée Bronzinelle en rouge et en blanc est régulièrement l'une des meilleures du secteur par sa précision, elle affiche un rapport qualité-prix remarquable. Onctueuse et un peu plus élégante et complexe dans son tannin, la cuvée de Grés de Montpellier qui jouait habituellement la puissance met en avant depuis 2018 la finesse des textures. Un centre oenotouristique permet d'accueillir le public et un projet de luxe rural va bientôt le compléter.

- **Bronzinelle, languedoc 2020** | Sec | 2025>30 | 12 € | 91
- **languedoc-grés de montpellier 2020** | Sec | 2025>30 | 18 € | 91
- **languedoc-grés de montpellier 2021** | Sec | 2027>33 | 18.6 € | 92
- **picpoul de pinet 2024** | Sec | 2025>29 | 11.5 € | 90
- **Bronzinelle, languedoc 2020** | Sec | 2025>32 | 12 € | 92

Domaine Saint-Daumary

Julien Chapel mène ce domaine discret de Valflaunès qui passe souvent sous les radars. Nous avons pu déguster la gamme cette année et avouons avoir été étonnés par la profondeur de texture des rouges. Nous ferons l'an prochain une dégustation plus détaillée, en attendant prenez une option sur ces rouges hors du commun dans l'appellation.

- **Troisième mi-temps, pic saint-loup 2023** | Sec | 2025>30 | 14.5 € | 89
- **Belladona, pic saint-loup 2023** | Sec | 2025>30 | 17 € | 90

Domaine Saint-Georges d'Ibry

Michel Cros exploite ce domaine sur Abeilhan, entre Agde et Pézenas. La production se partage entre côtes-de-thongue et igp d'oc. Excellence en blanc et 1860 en rouge sont très aromatiques. On ne peut pas accuser la cuvée La Grande Vague, en rosé, de dilution ou de pâleur. À suivre de près, nous lui accordons volontiers une seconde étoile tant la cuvée 1860 nous a conquis et se positionne en référence des vins des côtes de Thongue.

- **cuvée 1860, côtes de thongue 2023** | Sec | 2025>31 | 18.8 € | 92
- **Closerie d'Ibry, côtes de thongue 2023** | Sec | 2025>30 | 11.1 € | 89
- **La Grande Vague, côtes de thongue 2024** | Sec | 2025>26 | 14.9 € | 92

Château Saint-Jacques d'Albas

Graham Nutter, fin connaisseur des meilleurs vins du monde, désormais rejoint par son fils a acquis ce domaine en 2001, situé à Laure, en plein cœur du Minervois. Après d'impressionnants investissements, les vins ont désormais rejoint le clan des très bons représentants de la région. Saint-Jacques d'Albas serait devenu au Xe siècle un prieuré pour les pèlerins sur le chemin de Saint-Jacques de Compostelle et la chapelle de la même époque, en cours de rénovation, domine encore le domaine. Les vins, plutôt riches et opulents, ont du caractère avec des élevages parfois prononcés mais disposent de beaux arômes fruités et de longues finales fraîches.

- **Domaine d'Albas, minervois 2022** | Sec | 2025>30 | 14.5 € | 89
- **Domaine d'Albas, coteaux de peyriac 2022** | Sec | 2025>30 | 14.5 € | 89
- **L'imprévu, oc 2024** | Sec | 2025>26 | 12.5 € | 88
- **Héritage, minervois 2022** | Sec | 2027>32 | 35 € | 89

Mas du Salagou

Bruno Peyre travaille ses 7 hectares à l'ancienne, à la main, sans tracteur ni cheval, tel qu'on le faisait au début du siècle passé. Rien n'est trop soigné pour le carignan qu'il chérit : c'est l'une des rares propriétés où l'on peut trouver encore du carignan blanc. Ses pieds de vignes dépassent tous allègrement les 90 ans, et c'est l'une des raisons du raffinement et de la complexité des vins obtenus. Les vignes jouxtent le lac du Salagou, un lieu étonnant qui mérite également le détour Voici deux bonnes raisons de venir ici.

- **La Ruffe, oc 2023** | Sec | 2025>35 | 16 € | 92
- **Mas du Salagou - Les Clapisses, hérault 2024** | Sec | 2025>30 | 15 € | 91
- **Mas du Salagou - Les Clapisses, coteaux du salagou 2023** | Sec | 2025>32 | 13 € | 91

Domaine de la Sapinière

Situé sur le siège d'un camp gallo-romain, les 10 hectares du domaine ont été repris en 1997 par Joëlle et Dominique Parayre après quinze ans d'inactivité viticole Les travaux se déroulèrent pendant dix ans pour se terminer avec la création du chai en 2007. Le premier millésime fut le 2004. Les cépages sont pour 75 % atlantiques et pour 25 % méditerranéens. Des vins bien vinifiés, jouant plus sur le raffinement de texture que sur la puissance, avec un bon équilibre sur la fraîcheur. Authenticité et caractère sont leurs maîtres-mots.

- **Archibald, malepère 2021** | Sec | 2027>32 | 19 € | 89
- **Bianca Flora, malepère 2024** | Sec | 2025>26 | 16 € | 88

Domaine Sarrat d'en Sol

Le Domaine Sarrat d'en Sol est un domaine familial situé dans les Hautes-Corbières, au pied des châteaux cathares. Les vignes ancestrales (carignan, grenache et syrah) entourent une bergerie du quatorzième siècle transformée en gîte. Vigneron depuis toujours, Nicolas Brassou, après avoir longtemps confié ses vins à la coopérative, décide en 2014 de vinifier par lui-même dans son tout nouveau chai. Le résultat est à la hauteur de ses espérances, un vin puissant, généreux, parfaitement travaillé et expressif. Le prix très raisonnable de la cuvée de fitou ne pourra que séduire.

- **fitou 2022** | Sec | 2025>30 | 13 € | 91
- **Arménie, fitou 2020** | Sec | 2027>30 | 18 € | 88

Domaine de Saumarez

Domaine entré l'an passé dans le guide après avoir été repris par Robin et Liz Williamson. Il nous épate par le niveau de sa production, dès l'entrée de gamme. Viennent ensuite un grés de Montpellier bien plus frais que le standard de la zone et un saint-georges d'orques salin à souhait. Le domaine produit également deux barriques du cépage sangiovese qui montrent la pertinence de l'implantation de ce cépage en Languedoc. La finesse tactile est le fil rouge du domaine dans les deux couleurs, il est tout proche d'une troisième étoile.

- **S', coteaux du languedoc 2023** | Sec | 2025>28 | 9 € | 89
- **Trinitas, languedoc-grés de montpellier 2023** | Sec | 2025>30 | 12 € | 91
- **S', coteaux du languedoc 2024** | Sec | 2025>29 | 12 € | 89
- **syrah, vin de france 2022** | Sec | 2025>30 | 15 € | 92
- **Chardonnay, collines de la moure 2024** | Sec | 2025>27 | 9 € | 90

Domaine Sauta Roc

Deux jeunes fraîchement installés sur Vaillan et deux cuvées, Codoliera, intense et très buvable, In-trecio, plus en muscles mais onctueuse. Deux réussites remarquables en rouge par la qualité de leurs tannins et par une expression de goût très supérieure aux standards locaux. Également un pur grenache de belle gourmandise.

- Codoliera, languedoc 2022 | Sec | 2025>30 | 13 € | 91
- Piera levada, languedoc 2023 | Sec | 2025>28 | 13.6 € | 90
- Esposadis, vin de france 2020 | Sec | 2027>32 | 39 € | 91

Domaine de la Senche

Domaine historique de La Livinière qui a été repris en 2019 par une famille norvégienne. Elle en a engagé la conversion en bio et propose une cuvée de Vieilles vignes et une cuvée Hibou au rapport qualité-prix épatant. Après quelques réglages sur les élevages, le haut de gamme, Somi, devrait devenir une référence dans l'appellation au vu de la qualité des matières de cette cuvée. Il conviendra d'en affiner l'élevage.

- Somi, minervois-la-livinière 2021 | Sec | 2027>32 | 20 € | 88
- Hibou, minervois 2023 | Sec | 2025>30 | 10 € | 88
- Vieilles vignes, minervois 2022 | Sec | 2025>30 | 11 € | 88

Mas de la Séranne

Le mas de la Séranne, situé dans la zone des terrasses du larzac, appartient à Jean-Pierre Venture. Ce vigneron s'est extirpé de l'industrie agro-alimentaire pour revenir à la vigne où il s'est patiemment construit un domaine d'une quinzaine d'hectares. La gamme de rouges est orientée vers la gourmandise, dans un style accessible et flatteur, faite pour être bue dès la mise sur le marché mais sans manquer de profondeur. Tous les vins partagent la note charmeuse fumée et lardée qui semble un archétype habituel de la syrah mûre, même quand ils ne contiennent pas de syrah ! Cette note est donc la patte du domaine où on retrouve le souci constant d'obtenir des tannins très souples.

- Les Griottiers, languedoc 2023 | Sec | 2025>28 | 12 € | 88
- Antonin et Louis, terrasses du larzac 2022 | Sec | 2025>32 | 26 € | 91

Caves du Sieur d'Arques

La coopérative du Sieur d'Arques est l'acteur économique majeur de Limoux car elle met en marché 16 millions de bouteilles. Pionnière dans la sélection parcellaire, elle poursuit la réalisation de cuvées très bien calibrées. La gamme des blancs Toques et Clochers, à base de chardonnay, issue des 4 terroirs limouxins, est élevée en barriques, à la bourguignonne, avec bâtonnages, ce qui donne des vins généreux, charmeurs et parfaitement équilibrés. Une jolie gamme de bulles de qualité complète parfaitement l'ensemble des vins de la cave. Sa régularité qualitative en fait un véritable fer de lance pour l'appellation.

- Toques et Clochers, crémant de limoux 2018 | Extra-brut | 2025>28 | 18.2 € | 89
- Toques et Clochers Haute Vallée, limoux 2023 | Sec | 2025>32 | 13.75 € | 91
- Première bulle, crémant de limoux NM | Brut | 2025>28 | 12 € | 89
- Blason rouge , crémant de limoux | Brut | 2025>28 | 13.7 € | 90

Villa Tempora

Domaine repris en 2017 par Agathe Dalisson et Amaury Coste sur le secteur de Caux, tout près de Pézenas. Ils s'étaient rencontrés dans une organisation humanitaire à Kaboul avant de revenir en Languedoc où Amaury a passé un master viti-oeno à Montpellier. Il a vinifié au mas Combarela, à la Croix Chaptal, en de multiples endroits avant de s'installer à Villa Tempora. L'approche est bio et la gamme exprime ce terroir méconnu qu'est Pézenas avec la mise en avant de cuvées gourmandes, pleines de saveurs.

- Un temps pour elle, vin de france 2023 | Sec | 2025>27 | 18 € | 89
- Les copains d'abord, languedoc 2023 | Sec | 2025>30 | 11 € | 88
- Villa Tempora, languedoc-pézenas 2023 | Sec | 2025>32 | 14 € | 90
- Le démon du midi, languedoc-pézenas 2020 | Sec | 2025>30 | 18 € | 90
- Le démon du midi, languedoc-pézenas 2022 | Sec | 2025>30 | 18 € | 89
- L'Ange vin, languedoc-pézenas 2020 | Sec | 2025>32 | 26 € | 92
- Porphyre, vin de france 2022 | Sec | 2025>32 | 40 € | 91

Domaine de Tholomies

Cette propriété de la Livinière appartient au groupe Grands Chais de France. Très bien situé au pied du Causses, le cru ne manque pas d'atout et est cultivé en agriculture bio.

- minervois-la-livinière 2020 | Sec | 2025>29 | 20 € | 91
- La Chapelle, minervois-la-livinière 2020 | Sec | 2025>32 | 20 € | 92

Domaine Uma

Karen Turner conseille ce domaine de Valflaunès après avoir œuvré au prieuré Saint-Jean de Bébian à Pézenas. Ce nouveau domaine est en fait la réunification des domaines Valcyre et Terre des Cambon réalisée par Emmanuel Clausel qui a choisi cette seconde vie après avoir travaillé dans la promotion immobilière. Les deux vins présentés en rouge sont de bons représentants du Pic Saint-Loup, également de remarquables blancs et un rosé qualitatif. La restauration au domaine est possible avec une jolie vue sur le pic Saint-Loup et l'Hortus.

- Apanage, pic saint-loup 2022 | Sec | 2027>32 | 16.5 € | 89
- Hommage, languedoc 2023 | Sec | 2025>30 | 24.9 € | 90
- Hommage, pic saint-loup 2022 | Sec | 2027> | 26.5 € | 90
- Apanage blanc , saint-guilhem le désert 2023 | Sec | 2025>26 | 14.9 € | 89

Château de Vaugelas

Depuis 2000, cette propriété de 150 hectares appartient à la famille Bonfils, très implantée dans les vignobles du Sud. Le vignoble a l'originalité de n'être implanté que sur une seule et même parcelle. Le terroir n'est pas facile mais le domaine parvient, par son savoir-faire et son exigence, à se positionner au niveau des très bons corbières. Les vins sont incontestablement bien vinifiés, généralement très flatteurs, exubérants, bien représentatifs de leur terroir, toujours bien équilibrés et agréables à boire. Les cuvées V et 140 en sont les représentants les plus aboutis bien que le Prieuré nous régale souvent pour une dizaine d'euros.

- Le Prieuré, corbières 2023 | Sec | 2025>28 | 10 € | 88
- Excellence, corbières 2018 | Sec | 2027>35 | 48 € | 90
- 140, corbières 2022 | Sec | 2025>30 | 20 € | 89

Maison Ventenac

Avec le château Pennautier, le château de Ventenac est l'autre grand domaine de l'appellation Cabardès, géré par Stéphanie (fille du fondateur Alain Maurel) et son mari Olivier Ramé. En à peine dix ans, le jeune couple a mené une véritable révolution copernicienne, menant la mue du domaine avec aplomb et ambition. En étroite concertation avec Alain Maurel, âme et propriétaire des lieux, ils ont élargi la gamme, doublant les volumes et réformant la commercialisation. Aujourd'hui, les vins jouent la buvabilité et la conversion bio a été achevée. C'est une adresse qui sait proposer des prix sages.

- Pierre, oc 2024 | Sec | 2025>30 | 8 € | 87
- Marie, oc 2024 | Sec | 2025>30 | 8 € | 88
- La Réserve de Jeanne, cabardès 2022 | Sec | 2025>28 | 9 € | 86

Claude Vialade

Nouvelle entrée dans le guide pour un carignan centenaire qui nous a épatés, il montre toute la profondeur que peut délivrer ce cépage quand il atteint un âge canonique.

- Carignan mon amour, aude 2023 | Sec | 2025>30 | NC | 90
- Attrape-moi si tu peux, oc 2023 | Sec | 2025>30 | NC | 89

Domaine Vila Voltaire

Cécile Garidou et Stéphane Yerle exploitent les 15 hectares de ce domaine de Cazouls-lès-Béziers. Il est mené en bio depuis 2007 et nous avons noté de grands progrès en quelques années. Toutes les cuvées sont intéressantes dès les Orchis du Mazet. Au sommet, la Faute est une remarquable syrah élevée avec talent qui ne demande qu'à vieillir un peu.

- Puech Auriol, coteaux d'ensérune 2022 | Sec | 2025>27 | 11 € | 87
- La Faute, saint-chinian 2022 | Sec | 2025>32 | 20 € | 92
- Les Orchis du Mazet, saint-chinian 2021 | Sec | 2025>29 | 12 € | 89

Star · Valeur sûre · À suivre de près · Nouvelle entrée

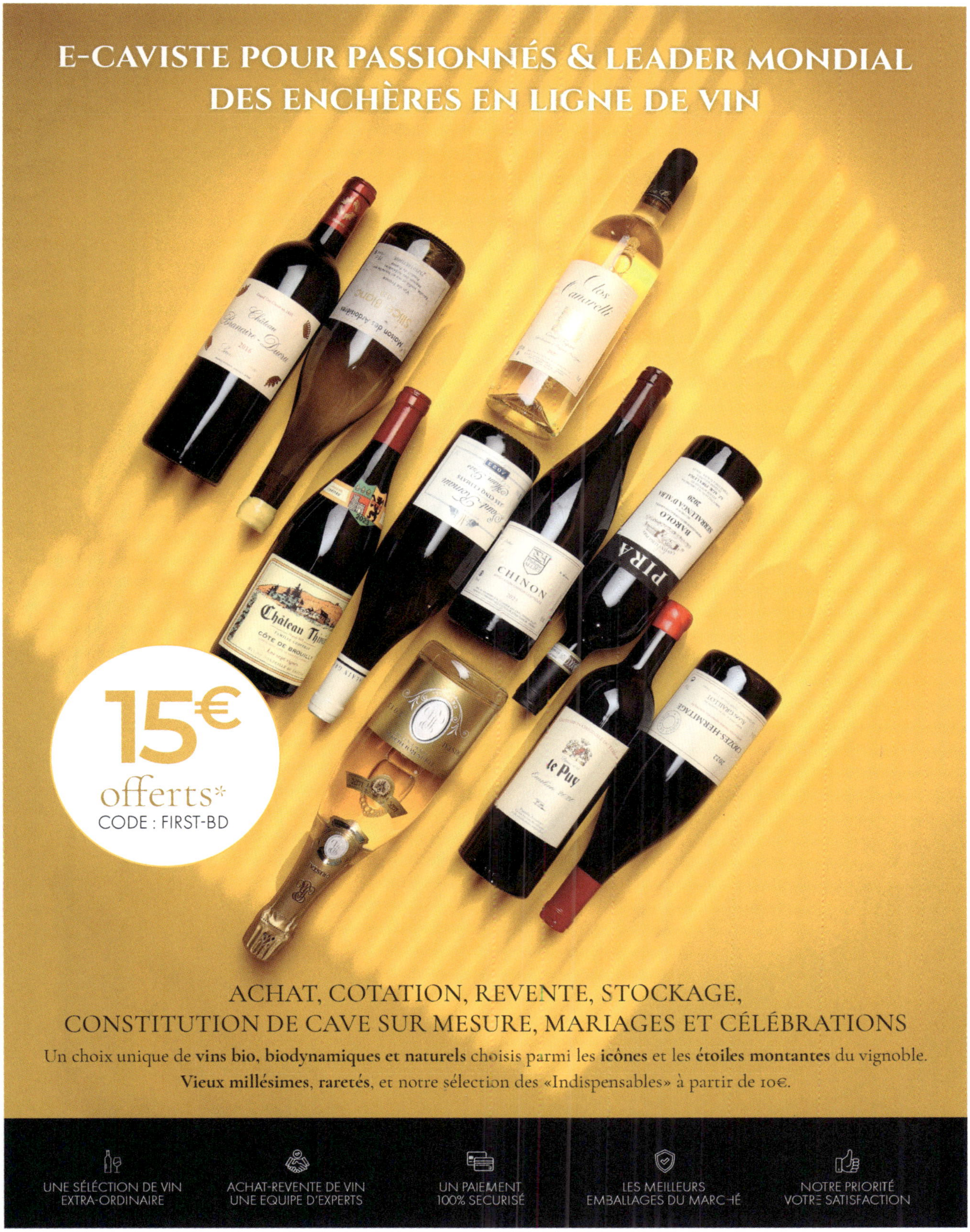
E-CAVISTE POUR PASSIONNÉS & LEADER MONDIAL
DES ENCHÈRES EN LIGNE DE VIN
15€
offerts*
CODE : FIRST-BD
ACHAT, COTATION, REVENTE, STOCKAGE,
CONSTITUTION DE CAVE SUR MESURE, MARIAGES ET CÉLÉBRATIONS
Un choix unique de vins bio, biodynamiques et naturels choisis parmi les icônes et les étoiles montantes du vignoble.
Vieux millésimes, raretés, et notre sélection des «Indispensables» à partir de 10€.

Entre berges naturelles et bancs de sable, la Loire est avant tout le fleuve le plus long de France (1 020 kilomètres). Il a rythmé l'histoire du pays et façonné les paysages de la région pour y accueillir la vigne. Mais la Loire déroule aussi, sur 800 kilomètres, la plus longue route des vins de France. Un itinéraire qui mérite le détour. Le 2 octobre 2018.

Loire

Lumières ligériennes

Réservoir de talents et de vins à tous les prix, le vignoble de la vallée de la Loire est celui que le monde regarde. Si vous ne voulez pas être devancé par les sommeliers branchés de la planète, on vous conseille de tout lire

sélection **Denis Hervier**

Anjou

Ackerman

★ Ⓝ

Plus ancienne maison d'effervescents de la vallée de la Loire, Ackerman signe une gamme soignée de bulles dans le Saumurois. Ses autres domaines ligériens, dédiés aux vins tranquilles, confirment également une nette montée en qualité.

- **Emilie Ackerman, crémant de loire** | Brut | 2025>30 | 8.35 € — 90
- **Royal, crémant de loire 2022** | Brut | 2025>32 | 15.45 € — 92
- **Domaine des Hardières - Bonnes Blanches, anjou 2022** | Sec | 2025>35 | 26.2 € — 90
- **Domaine La Perruche - Terroir de craie, saumur-champigny 2023** | Sec | 2025>35 | 13.2 € — 89
- **Clos de l'Eglise, saumur-champigny 2021** | Sec | 2025>35 | 22.05 € — 91

Domaine de Bablut

★★ Ⓝ

Cultivant un peu plus de 50 hectares en biodynamie sur les secteurs de l'Anjou-Brissac et de l'Aubance, Christophe Daviau est un vigneron perfectionniste qui brille avec ses grands vins moelleux et liquoreux (sélections de grains nobles). Des vins capables de se bonifier avec le temps et taillés pour traverser les décennies comme en témoigne le 1943, modèle du genre.

- **Grandpierre, coteaux de l'aubance 2019** | Liquoreux | 2025>50 | 28 € — 94
- **Petit Princé, anjou 2019** | Sec | 2025>35 | 19.5 € — 92
- **Unique, coteaux de l'aubance 2020** | Moelleux | 2025>40 | 22 € — 91
- **Noble, coteaux de l'aubance 2005** | Liquoreux | 2025>50 | 45 € — 95

Domaine Patrick Baudouin

★★★ ✚

Patrick Baudouin incarne une approche exigeante du chenin, où le respect du terroir prime sur toute concession stylistique. Installé sur 14 hectares de l'Anjou noir (schistes, grès, roches volcaniques), il conduit une viticulture bio rigoureuse, privilégiant des sols vivants et des maturités optimales. Les blancs secs brillent par leur tension minérale, leurs notes d'agrumes et leur salinité vibrante. Les coteaux-du-Layon expriment toute la magie du botrytis. Le millésime 2023 nourrit de beaux espoirs au prix d'un maigre rendement de 17 hl/ha puisqu'il a fallu sacrifier la moitié de la récolte.

- **Cornillard, anjou 2023** | Sec | 2025>40 | 40 € — 94
- **Bellevue, savennières 2023** | Sec | 2025>35 | 40 € — 94
- **Les Gâts, anjou 2023** | Sec | 2025>45 | 40 € — 92
- **Ronceray, anjou 2023** | Sec | 2025>45 | 52 € — 91
- **Clos des Bruandières, anjou 2023** | Sec | 2025>45 | 40 € — 92

Domaine des Baumard

★★★ ✚

Référence incontournable des appellations savennières, quarts-de-chaume et coteaux-du-Layon, le domaine des Baumard fait honneur aux grands chenins de la Loire. Les générations se succèdent avec succès à la tête de ce domaine historique de 35 hectares situé à Rochefort-sur-Loire. Les moelleux et liquoreux affichent un équilibre millimétré entre sucre et acidité et les secs présentent un style cristallin, en grands progrès ces derniers millésimes.

- **Clos du Papillon, savennières 2020** | Sec | 2025>40 | 28.2 € — 93
- **Grand Cru, quarts de chaume 2014** | Liquoreux | 2025>50 | 47.2 € — 96
- **Clos Sainte-Catherine, coteaux du layon 2019** | Liquoreux | 2025>45 | 16.2 € — 94

Domaine Belargus

★★★ ✦

Ancien financier devenu l'un des vignerons moteurs de l'Anjou, Ivan Massonnat continue de s'activer et vient de recruter pour diriger ses propriétés Audrey Braccini, qui s'est illustrée en Bourgogne au domaine Ferret, en produisant des pouilly-fuissé remarquables. De quoi faire encore progresser Belargus et ses 22 hectares de chenin conduits en biodynamie. Les anjous blancs secs, savennières, coteaux-du-Layon ou quarts-de-chaume, sont ici des vins intenses et vibrants.

- **Les Treilles, anjou 2021** | Sec | 2025>44 | 150 € — 93
- **Ronceray, anjou 2022** | Sec | 2025>45 | 40 € — 92
- **Ruchères, savennières 2021** | Sec | 2027>42 | 110 € — 93
- **Anjou noir, anjou 2022** | Sec | 2025>34 | 25 € — 90

Domaine de la Bergerie

★★★ ✚

Proche de Champ-sur-Layon, Anne et Marie Guégniard continuent de faire progresser ce domaine familial de 35 hectares cultivés en bio. Les anjou blancs secs sont de plus en plus aboutis, en particulier les cuvées Vauchaumier ou Zerzilles qui expriment avec nuances un fruité lumineux et précis, porté par des saveurs minérales persistantes. Dans un bâtiment attenant au caveau, David Guitton, le mari d'Anne dirige un restaurant étoilé Michelin, une adresse à découvrir.

- **Clos Le Grand Beaupréau, savennières 2020** | Sec | 2025>50 | 25 € — 94
- **quarts de chaume 2017** | Liquoreux | 2025>45 | 52 € — 96
- **Vauchaumier, anjou 2020** | Sec | 2025>40 | 21 € — 93
- **Zerzilles, anjou 2021** | Sec | 2025>50 | 28 € — 93

Domaine de Bois Mozé

★★

Privilégiant le bio pour ses pratiques culturales et menant ses vinifications de la façon la plus douce possible, Mathilde Giraudet-Crapier, la gérante de ce domaine qui appartient à René Lancien, arrive à donner à ses cuvées de cabernet franc des textures subtiles et une intensité rare. Les blancs secs, en appellation coteaux-de-l'Aubance, et les crémants constituent une gamme d'un excellent rapport qualité-prix.

- **Élégance, coteaux de l'aubance 2022** | Moelleux | 2025>40 | 14.4 € — 92
- **Château Rousset, coteaux de l'aubance 2018** | Moelleux | 2025>40 | 18.2 € — 94
- **Blanc Secret, crémant de loire 2019** | Brut | 2025>31 | 17.6 € — 92
- **Clos de Lorette, anjou 2020** | Sec | 2025>40 | 22.4 € — 93

Domaine Thibaud Boudignon

★★★★ ✦

Grâce à une viticulture exigeante et des élevages d'une grande précision, Thibaud Boudignon s'est imposé une quinzaine d'années comme l'un des plus grands vignerons de la Loire. Ses

✦ Star ✚ Valeur sûre ⊛ À suivre de près Ⓝ Nouvelle entrée

8,2 hectares sont cultivés selon les principes d'une biodynamie intelligente. Ses trois lieux-dits de Savennières, situés dans le secteur de La Possonnière, sont devenus des références de l'appellation, comme ses deux anjous blancs. Des vins profonds conjuguant éclat aromatique et persistance saline, à marier avec une grande cuisine. Les 2022 sont époustouflants.

- **anjou 2023** | Sec | 2025>40 | 30 € 93
- **À François(e), anjou 2022** | Sec | 2025>45 | 50 € 94
- **Clos de la Hutte, savennières 2022** | Sec | 2025>45 | 80 € 96
- **Clos de Frémine, savennières 2022** | Sec | 2025>45 | 60 € 95
- **Clos de la Hutte, Franc de pied, savennières 2022** | Sec | 2026>50 | NC 98

Bouvet Ladubay

Institution des effervescents ligériens, Bouvet Ladubay, propriété de la famille Monmousseau conjugue tradition et modernité pour offrir des vins de plus en plus accomplis. En quête de nouveautés et de qualité, la maison produit avec une technique pointue des effervescents d'excellence qui associent fruité du chenin et minéralité des terroirs, en particulier sur les cuvées Trésor. Le domaine produit également des vins tranquilles d'un bon rapport qualité-prix.

- **cuvée Trésor, saumur mousseux 2021** | Brut | 2025>34 | 15.1 € 91
- **Trésor, saumur mousseux** | Brut | 2025>31 | 15.1 € 91
- **Excellence Brut, crémant de loire** | Brut | 2025>31 | 10.6 € 90
- **Instinct, saumur mousseux** | Extra-brut | 2025>31 | 16.6 € 89
- **Célestine, vin mousseux** | Extra-dry | 2025>32 | 9.3 € 91

Château de Brézé

Les équipes de Derenoncourt Consultants contribuent au renouveau de ce vignoble de cinq hectares, propriété de la famille de Colbert dont le château est l'un des plus beaux de la région. Les rouges sont francs et les blancs offrent un profil savoureux. Adresse à découvrir et à suivre.

- **Cuvée Des Jumelles, saumur 2023** | Sec | 2025>35 | 25 € 90
- **Cuvée de la Girardrie, saumur-champigny 2021** | Sec | 2025>29 | 25 € 88
- **saumur-champigny 2022** | Sec | 2025>30 | 17 € 89

Domaine La Chance

Christine Kieu, responsable marketing chez Longchamp, et son compagnon, Jérôme Becuwe, directeur financier de la start-up Happn, ont décidé de changer de vie. Ils ont quitté Paris pour s'occuper de ce vignoble de cabernet franc et de chenin (6,5 hectares) situé entre Turquant et Montsoreau, en plein cœur du Saumurois. Avec l'illustre Thierry Germain pour mentor et conseiller, le duo se lance dans la culture bio et proposent des vins déjà bien définis.

- **Volte-Face, vin de france 2023** | Sec | 2025>27 | 17 € 90
- **Un monde nouveau, saumur 2022** | Sec | 2025>27 | 17 € 89

Clau de Nell

Secondé par son régisseur Sylvain Potin et ses trois filles, Christian Jacques, époux de la regrettée Anne-Claude Leflaive, déploie beaucoup d'énergie sur la dizaine d'hectares de ce domaine conduit en biodynamie. Marine, architecte de métier, a conçu les plans de la nouvelle cuverie. Charlotte se charge de la communication et de la commercialisation. Et Claire représente la maison dans sa cave à vins et à manger de Beaune, où l'on se régale des vins du domaine où le cabernet franc donne des vins joyeux, en rouge comme en blanc (de noirs).

- **Grolleau, Tuffalun, val de loire 2022** | Sec | 2025>29 | 35.5 € 92
- **Chenin, Tuffalun, anjou 2022** | Sec | 2025>33 | 45.5 € 90
- **Violette, Tuffalun, anjou 2022** | Sec | 2025>35 | 33 € 92
- **Blanc de noir, Tuffalun, vin de france 2022** | Sec | 2025>30 | 43.5 € 90

Domaine du Clos de l'Élu

« C'est une région de blancs et nous produisons 60 % de rouges », expliquent Charlotte et Thomas Carsin, duo installé depuis plus de 17 ans avec ce vignoble aux pentes exposées plein sud, entre Chaume et Ardenay. Du bio pour la partie culturale et de la douceur lors des vinifications permettent de donner des rouges délicieux, tout en infusion, et les blancs ciselés.

- **Ephata, vin de france 2021** | Sec | 2025>30 | 48.5 € 91
- **Magellan, vin de france 2020** | Sec | 2025>31 | 48.5 € 93
- **Entre 2 mondes, vin de france 2022** | Sec | 2025>30 | 28.3 € 92

Domaine du Closel

Figure charismatique de l'appellation savennières, Evelyne de Pontbriand, vigneronne émérite et créatrice de la paulée d'Anjou, est disparue en novembre 2024. La famille et l'équipe en place assurent la continuité de ce domaine de 15 hectares conduits en biodynamie. Les raisins sont récoltés à parfaite maturité et les vins s'appuient sur un style ample et puissant, avec de la minéralité et une complexité affirmée. Les très classiques 2023 ont déjà fière allure.

- **Les Caillardières, savennières 2023** | Sec | 2025>40 | NC 91
- **Le Clos du Papillon, savennières 2023** | Sec | 2025>46 | NC 93
- **La Jalousie, savennières 2023** | Sec | 2025>30 | NC 89

Domaine des Closiers

\+

Au cœur de l'appellation saumur-champigny, autour du charmant village de Parnay, le domaine des Closiers s'étend sur 15 hectares de vignes bien situées. Aux commandes, Anatole de la Brosse veille avec passion sur ce vignoble conduit en agriculture biologique. Les rouges issus de cabernet franc, sont vinifiés avec une attention particulière pour préserver toute la fraîcheur du fruit. Quant aux blancs, ils débordent d'énergie et de finesse, toujours impeccablement élevés.

- **Les Coudraies, saumur-champigny 2021** | Sec | 2025>35 | 46 € 92
- **Trezellières, saumur-champigny 2021** | Sec | 2025>36 | 80 € 93

Clos Cristal

Ce domaine mythique appartient depuis 1928 aux Hospices de Saumur à la suite du legs d'Antoine Cristal, qui en fit boire le vin à son ami Clemenceau et à la cour d'Angleterre. Aujourd'hui le cru a été repris avec succès par la cave coopérative Robert & Marcel. L'équipe de jeunes talents, réunis autour de Nicolas Emereau, le directeur de la cave, continuent de replanter une bonne partie du vignoble et à travailler en bio. Le travail passionnant sur de longs élevages permet d'aller encore plus loin dans l'expression de ce vignoble unique au monde, déclinés désormais en deux étiquettes : le grand vin et Les Epistolaires.

- **Clos Cristal, saumur-champigny 2020** | Sec | 2027>42 | 65 € 94
- **Epistolaires, saumur-champigny 2020** | Sec | 2025>30 | 28 € 92

Richard Desouche - Le P'tit Domaine

Diplômé d'école de commerce et de viticulture, Richard Desouche s'est tourné vers la vigne à la fin du siècle passé. Désormais, il est à la tête d'un vignoble de 4,7 hectares cultivés en agriculture biologique situés sur les terroirs de Dampierre, Champigny et Varrains. Les trois cuvées parcellaires (Bonneveaux sur sol argilo-siliceux, Bois Blancs sur sol argilo-calcaire et Clos Lintier, voisin du célèbre Clos Cristal) sont parmi les plus réussies de leur secteur.

- **Les Bonneveaux, saumur-champigny 2021** | Sec | 2025>40 | NC 92
- **Clos Lintier, saumur-champigny 2019** | Sec | 2025>44 | 44 € 93
- **Bois blancs, saumur-champigny 2021** | Sec | 2025>40 | NC 92

Domaine Drost

Après avoir repris et renommé de leur nom l'emblématique domaine Delesvaux, Ombretta et Nils Drost engagent désormais une viticulture en biodynamie pour donner un nouveau souffle à ce vignoble d'Anjou, situés entre Louet et Layon. La qualité est au rendez-vous dès les premiers millésimes et les vins sont à découvrir.

- **La Haie Longue, anjou 2022** | Sec | 2025>37 | 30 € 91
- **Franc de Pied, anjou 2022** | Sec | 2025>31 | 60 € 92
- **La Corniche, anjou 2023** | Sec | 2026>44 | 18 € 91

Domaine Fabien Duveau

Fabien Duveau incarne la huitième génération à la tête de ce domaine familial de Chacé, comptant une quinzaine d'hectares et des caves souterraines datant du XIVe siècle. Si les cuvées parcellaires Poyeux et Bourg jouent évidemment le haut de l'affiche en saumur-champigny, tous les vins (certifiés bios) sont structurés, élégants et d'une belle persistance aromatique. Des 2023 classiques et des 2022 généreux méritent la plus grande attention.

- Poyeux, saumur 2022 | Sec | 2025>37 | 25 € 92
- Le Bourg, saumur-champigny 2023 | Sec | 2025>30 | 19 € 90
- Hauts Poyeux, saumur-champigny 2022 | Sec | 2025>35 | 27 € 91

Clos de l'Écotard

✪✪✪ ✚

Ce domaine confidentiel, qui ne produit que des blancs de chenin est prisé des amateurs et des professionnels. Ses trois hectares situés à Courchamps sont tenus par le vigneron Michel Chevré, qui a longtemps secondé Thierry Germain au domaine des Roches Neuves. Avec Thibaud, son fils, ils signent des blancs purs et précis, toujours salins.

- Les Pentes, Courchamps, saumur 2022 | Sec | 2025>35 | 56 € 92
- La haie Nardin, saumur 2022 | Sec | 2025>32 | 28 € 90

Les Vignobles Edonis

✪✪ ➔

Il s'agit de l'entité haut de gamme créée par Alliance Loire, le premier regroupement de caves coopératives de la vallée de la Loire. Elle réunit des vins d'appellation réussis et des cuvées parcellaires abouties, en appellation touraine, saumur et saumur-champigny, chinon et bourgueil. Conduit avec dynamisme par une équipe qui ne laisse rien au hasard, tous les vins sont en progrès et constituent d'excellents rapports qualité-prix.

- Château du Bellay, saumur-champigny 2020 | Sec | 2025>40 | 15.85 € 91
- Poyeux, saumur-champigny 2023 | Sec | 2025>37 | 9.15 € 90
- Héritage, saumur-champigny 2019 | Sec | 2025>39 | 15 € 90
- Héritage, saumur 2016 | Sec | 2025>35 | 12.4 € 91

Domaine de l'Enchantoir

✪

Amandine Brunet prend en douceur la succession de son père Jean-Michel sur ce domaine bio de 15 hectares, situé au cœur du secteur Puy Notre-Dame. Des sols riches en tuffeau favorisent l'élaboration de vins de caractère, en particulier pour les rouges tous élancés, soyeux et élégants. Les blancs évoluent parfaitement dans le temps. C'est une belle adresse à découvrir.

- Pied à l'Etrier, saumur puy-notre-dame 2020 | Sec | 2025>35 | 18 € 91
- L'îlot des biches, saumur 2022 | Sec | 2025>35 | 14.5 € 89
- Terres Blanches, saumur 2022 | Sec | 2025>34 | 18 € 90
- Refuge de Chavannes, saumur 2020 | Sec | 2025>37 | 28 € 92

Château de Fesles

✪✪ ➔

Berceau de l'un des plus grands vins liquoreux de Loire, capable d'évoluer favorablement sur plusieurs décennies, le château de Fesles couvre 40 hectares dont la moitié en chenin et l'autre en cabernet franc. Il appartient depuis 2008 au groupe Les Grands Chais de France qui lui donne ces derniers millésimes un souffle nouveau grâce à un travail de remise en forme et de sélection plus exigeante. Les vins ont tout pour briller.

- chenin, anjou 2021 | Sec | 2025>28 | 13 € 89
- bonnezeaux 2015 | Liquoreux | 2025>50 | NC 95
- cabernet franc, anjou 2022 | Sec | 2025>28 | 10 € 88
- crémant de loire | Brut | 2025>27 | 25 € 90

Domaine du Fief Noir

✪

Ce domaine qui couvre une trentaine d'hectares est situé à Saint-Lambert-du-Lattay, tout proche d'Angers, au cœur de l'Anjou noir. Les vins issus de l'agriculture biologique traduisent au mieux les terroirs de schiste propre à ce secteur. Blancs comme rouges affichent une belle profondeur et beaucoup de personnalité. Ils sont à mettre en cave plusieurs années afin de gagner en complexité.

- Bonnes blanches, anjou 2023 | Sec | 2025>40 | 28 € 91
- Somnambule, anjou 2023 | Sec | 2025>30 | 14 € 89
- Potardière, anjou 2023 | Sec | 2025>35 | 28 € 91

Domaine Filliatreau

✪

Retour au premier plan pour ce vaste domaine de 45 hectares, conduit en biodynamie. Les derniers millésimes témoignent des progrès, notamment en appellation saumur-champigny, à l'image de l'excellente cuvée domaine 2021. La cuvée Vieilles Vignes, plus profonde, est une expression très raffinée tandis que la cuvée L'Affûtée est taillée pour la grande garde.

- Vieilles vignes, saumur-champigny 2022 | Sec | 2025>40 | 18 € 92
- saumur-champigny 2022 | Sec | 2025>27 | 14.5 € 90
- Château Fouquet Le Clos, saumur 2020 | Sec | 2029>37 | 24 € 89

Domaine FL

✪✪✪✪ ✦

Docteur en informatique, Philip Fournier crée en 2006 le domaine FL en s'appuyant sur les meilleurs terroirs de l'Anjou. En 2009, son fils Julien a pris les rênes du vignoble, le conduisant en culture biologique. Il s'est adjoint à partir de 2014 des conseils de Kyriakos Kynigopoulos, l'œnologue grec star de la Bourgogne. Les grandes cuvées sont ainsi pensées comme les meilleurs vins de la Côte d'Or, notamment les parcellaires en appellation savennières (sur le lieu-dit Roche aux Moines) et quarts-de-chaume grand cru. Une adresse de vins de lieu, où blancs secs comme moelleux sont des priorités.

- Les Varennes, quarts de chaume 2015 | Liquoreux | 2025>45 | NC 94
- savennières - roche aux moines 2018 | Sec | 2029>50 | 54 € 96
- Le Parc, savennières 2019 | Sec | 2025>45 | 30.4 € 94
- La Frémine, savennières 2022 | Sec | 2025>40 | 26 € 93
- Clos du Parc, savennières 2019 | Sec | 2027>55 | 30.4 € 95

Château de Fosse-Sèche

✪ ➔

Ce domaine d'une quinzaine d'hectares conduits en biodynamie est situé à l'extrémité du plateau de Brossay et de son sol qui ne contient pas de calcaire – curiosité pour le secteur – mais des silex et des oxydes de fer. La situation géographique convexe de ce terroir apporte aussi une exposition fraîche et venteuse, ce qui donne des vins d'une grande droiture. L'arrivée d'un partenaire financier dans le capital du domaine devrait lui permettre d'avoir les moyens de franchir encore un cap qualitatif.

- Eolithe, vin de france 2023 | Sec | 2025>30 | 23 € 89
- Arcanes, vin de france 2023 | Sec | 2025>32 | 28 € 90

Clos de Galerne

✪ Ⓝ

Au cœur de l'Anjou Noir, ce vignoble de 12 hectares propose de jolis savennières et anjou blancs issus des secteurs de Beaulieu et de Chaume. Les blancs 2023 sont des vins équilibrés, bien en phase avec leurs parcellaires respectifs. Une adresse pleine de promesses et une belle découverte.

- Les Rouannières, anjou 2023 | Sec | 2025>40 | 28 € 91
- Moulin Brûlé, anjou 2023 | Sec | 2025>35 | 32 € 91
- savennières 2023 | Sec | 2025>35 | 24 € 91

Domaine Jeanne Germain et Florent Bouvet

✪✪ ➔

Jeanne Germain a beaucoup appris aux côtés de son père Thierry, figure emblématique du domaine des Roches Neuves à Saumur. Avec l'aide de Florent Bouvet, son compagnon, elle bichonne 1,7 hectare de vignes en appellation saumur-champigny, cultivées avec des pratiques biodynamiques et l'aide de leurs chevaux Ben et Comtesse. Vin de plaisir immédiat, la cuvée Bavardages permet d'attendre Coulée, un vin qui méritera une garde un peu plus longue.

- Bavardages, saumur-champigny 2023 | Sec | 2025>30 | 17 € 92
- La Foulée, saumur-champigny 2023 | Sec | 2025>34 | 22 € 93
- Cabrose, saumur 2023 | Sec | 2025>26 | 15 € 90

Domaine de la Grange Saint-Sauveur

✪ ➔

Avec 6,5 hectares situés entre Angers et Saumur, la vigneronne Alice Gitton-Pouponneau, ex-assistante sociale, s'amuse avec la diversité des sols de son vignoble (argile, sable, alluvions et grès) bien exposé. Les vignes âgées de 40 à 100 ans, plantées en gobelets et issues de sélections massales, sont travaillées en biodynamie avec un travail des sols au cheval. Les vinifications sont peu interventionnistes, en levures indigènes, avec des quantités minimes de soufre à la mise. Cinq cuvées sont proposées en vin de France : des rouges floraux et un chenin blanc très réussi issu de vignes centenaires.

- Huguette, vin de france 2021 | Sec | 2025>32 | NC 91

✦ Star ✚ Valeur sûre ➔ À suivre de près Ⓝ Nouvelle entrée

Avec son regard clair et une élégance naturelle, Juliette Monmousseau incarne l'âme de Bouvet Ladubay, maison saumuroise de fines bulles. À 48 ans, elle perpétue l'esprit visionnaire de sa lignée dans cette entreprise familiale fondée en 1851 et veille avec passion sur ses 80 vignobles partenaires qui travaillent dans une démarche de respect de l'environnement, tous en HVE ou en bio. Dans les caves de Saint-Hilaire-Saint-Florent, les superbes blancs de blancs expriment une finesse éclatante, avec toute la vitalité ligérienne et un rapport qualité-prix difficilement égalable. *Denis Hervier*

■ Clandestine, vin de france 2021 | Sec | 2025>30 | NC 90
■ chenin centenaire, vin de france 2023 | Sec | 2025>35 | NC 92
■ Martray, vin de france 2023 | Sec | 2025>30 | NC 91

Domaine Guiberteau

★★★★ ✦

L'excellent Romain Guiberteau exploite 17 hectares de vignes cultivées en bio, sur les sols argilo-calcaires des secteurs de Bizay et de Brézé, ou ceux plus profonds de la région de Montreuil-Bellay. Les vins très purs et ciselés ces derniers millésimes font partie de l'élite du Saumurois, de la cuvée domaine aux cuvées parcellaires très demandées. Il faut s'en emparer sans hésiter tant ce domaine se rapproche du plus haut niveau de notre hiérarchie.

■ Les Arboises, saumur 2022 | Sec | 2025>50 | 60 € 93
■ Brézé, saumur 2022 | Sec | 2025>55 | 60 € 96
■ Le Bourg, saumur 2023 | Sec | 2025>50 | 45 € 93

Domaine de Haute-Perche

★

En Anjou, ce domaine d'une trentaine d'hectares a été complétement relancé à partir de 2019, sous l'impulsion de Thierry Denjean, son nouveau propriétaire. Conversion en biodynamie, acquisition de nouveaux pressoirs, mise en place de sélections massales pour les plantations, les moyens déployés sont nombreux pour proposer des vins de terroirs précis et gourmands. On aime aussi l'accueil proposé par le domaine, avec dégustations et randonnées dans les vignes pour les amateurs de passage.

■ Les Fontenelles, coteaux de l'aubance 2022 | Moelleux | 2025>40 | 24 € 93
■ anjou 2024 | Sec | 2025>30 | 10 € 89
■ coteaux de l'aubance 2022 | Moelleux | 2025>40 | 15 € | ☘ 92
■ Le Clos des Constants, anjou 2023 | Sec | 2025>40 | 24 € 91
■ Clos de derrière l'église, anjou-villages brissac 2023 | Sec | 2025>42 | 24 € 90

Château du Hureau

★★★ ✚

Philippe Vatan et son équipe travaillent intelligemment leur vingtaine d'hectares en agriculture bio. Si Tuffe est le vin idéal pour s'initier au style du domaine, les cuvées parcellaires montrent une grande intensité : Fours-à-Chaux charme par sa large matière ; Les Févettes, cabernet franc planté en 1943 issu d'un coteau argileux, montre une grande finesse aromatique ; Lisagathe tout en profondeur savoureuse est taillée pour la garde. Les 2022 sont une priorité pour les amateurs.

■ Fevettes, saumur-champigny 2022 | Sec | 2025>35 | 20 € 92
■ Lisagathe, saumur-champigny 2022 | Sec | 2027>55 | 28 € 95
■ Fours à Chaux, saumur-champigny 2022 | Sec | 2025>35 | 20 € 93
■ Tuffe, saumur-champigny 2022 | Sec | 2025>40 | 15 € 92

Domaine de Juchepie

★★★ ✚

Moustaches effilées, voix de ténor, Eddy Oosterlinck-Bracke et son épouse Mileine continuent de proposer des grands liquoreux issus de la vallée du Layon tout en progressant sur les blancs secs. Ces derniers millésimes, les vins affichent une belle vibration. Le vignoble cultivé en biodynamie permet de produire une gamme de vins riches et complexes, où les vins liquoreux font office de référence. Une belle adresse où s'arrêter pour compléter sa cave.

■ Quarts de Juchepie, coteaux du layon faye d'anjou 2020 | Moelleux | 2025>40 | 32 € 93
■ La Passion, coteaux du layon faye d'anjou 2021 | Liquoreux | 2025>45 | 48 € 94
■ Mont, anjou 2022 | Sec | 2025>35 | 22 € 90

Domaine Arnaud Lambert

★★★★ ✦

Issus d'un vignoble conduit selon des principes proches de la biodynamie, les vins d'Arnaud Lambert sont parmi les meilleurs du Saumurois. Toutes les cuvées affichent aujourd'hui consistance et raffinement, portés par des élevages soignés et appropriés. En blanc, les parcellaires Clos David, Clos de la rue, Brézé ou Coulée de Saint-Cyr ont de l'étoffe tout en conservant une grande énergie minérale. Très savoureux, les rouges reflètent leurs terroirs. Les millésimes 2021 et 2022 sont de grandes réussites.

■ Terres Rouges, saumur-champigny 2022 | Sec | 2025>27 | 16 € 92
■ Coulée de Saint-Cyr, saumur 2021 | Sec | 2025>50 | 32 € 96
■ Moleton, saumur-champigny 2020 | Sec | 2026>45 | 40 € 95
■ Les Perrières, saumur 2023 | Sec | 2025>40 | 22 € 92
■ David, saumur 2022 | Sec | 2025>40 | 28 € 93
■ La Rue, saumur 2021 | Sec | 2025>42 | 46 € 94

Langlois

★★★ ✚

Détenu depuis 1973 par la maison Bollinger, ce domaine saumurois progresse de belle façon depuis quelques millésimes, sous l'impulsion d'une équipe remarquable dirigée avec beaucoup de tact et de vison par François-Régis de Fougeroux, qui a décidé de se recentrer sur ses crémants. La cuvée Quadrille devient Cadence et l'ensemble de la gamme affiche profondeur et finesse. Cette année, la maison a lancé son premier crémant certifié bio, le blanc de blancs extra-brut 2020, vin audacieux, exigeant et très élégant. Tous les vins sont complexes et capables de se bonifier avec le temps.

■ Brut Réserve, crémant de loire | Brut | 2025>32 | 15.95 € 93
■ Blanc de blancs, crémant de loire 2020 | Extra-brut | 2025>35 | 22.95 € 93

Domaine Damien Laureau

★ Ⓝ

Depuis la fin des années 1990, Damien Laureau s'occupe de ce domaine viticole familial qui dispose d'un remarquable patrimoine de vignes en appellation savennières. Les meilleurs cuvées (Les Genêts, Le Bel Ouvrage et Roche-aux-Moines) montrent des progrès évidents ces derniers millésimes, avec un style élégant et d'un grand naturel.

■ Les Genêts, savennières 2005 | Sec | 2027>40 | 56.3 € | ☘ 92
■ Roches aux moines, savennières 2021 | Sec | 2027>57 | 99 € 93
■ Champ Bourcier, savennières 2021 | Sec | 2026>36 | 99 € 91

Le Petit Saint-Vincent

★★★ ✚

Dominique Joseph incarne la quatrième génération de cette famille qui prend soin de ce domaine bio et de ses 12 hectares situés autour du village de Varrains, au cœur de l'appellation saumur-champigny. La cuvée Pelo en rouge ou Les Perruchets en blanc sont à boire dans leur jeunesse tandis que les cuvées Phare et Poyeux sont des cabernets francs fruités, épicés et agréablement structurés.

■ saumur-champigny 2023 | Sec | 2025>29 | 10.5 € 89
■ Les Poyeux, saumur-champigny 2021 | Sec | 2025>45 | 22 € 92
■ Les Clos Lyzières, saumur-champigny 2020 | Sec | 2025>42 | 16.5 € 93

Mardi Midi

★ Ⓝ

Simon Chatain, passionné de vins et pharmacien à Niort, a constitué ce domaine après avoir fait l'acquisition d'un 1,5 hectare de vignes en appellation savennières. Il s'est associé avec le chevronné Nicolas Réau et le duo propose dès son premier millésime en 2023 des vins qui se révèlent prometteurs. Une belle histoire et une adresse qu'il faudra suivre de près.

■ savennières 2023 | Sec | 2027>35 | NC 90
■ Roche aux moines, savennières 2023 | Sec | 2028>40 | NC 91

Domaine aux Moines

★★★★ ✦

Que de chemin parcouru par Tessa Laroche depuis son diplôme d'œnologue à Reims, en 2001, et la reprise des 12 hectares entièrement situés sur le cru de la Roche aux Moines, terroir d'une qualité exceptionnelle au cœur de l'appellation savennières. Son génie vigneron et sa magie opère dès la cuvée Le Berceau des Fées issue des jeunes vignes du domaine. Pur et cristallin, le grand vin brille par son profil aromatique entre notes salines et arômes fumés irrésistibles. Il faut lui laisser du temps d'exprimer tout son potentiel. Les vins du domaine donnent de belles émotions.

■ savennières - roche aux moines 2023 | Sec | 2029>55 | 45 € 93
■ Le Berceau des Fées, vin de france 2024 | Sec | 2025>35 | 26 € 91

Domaine de Nerleux

★★★ ✚

Nerleux, qui signifie « loups noirs » en vieux français, est le nom de ce domaine bio de 30 hectares, tenus par Amélie Neau, 9e génération de sa famille aux commandes depuis 2010. Débordante

✦ Star ✚ Valeur sûre ⊛ À suivre de près Ⓝ Nouvelle entrée

d'énergie, la vigneronne affine le style des vins de façon constante et rouges comme blancs affichent profondeur et subtilité. Le gîte situé sur la propriété est une halte heureuse.

- Les Loups Noirs, saumur-champigny 2022 | Sec | 2025>45 | 19 € — 93
- Clos des Châtains, saumur-champigny 2022 | Sec | 2025>35 | 13 € — 92
- Les Loups Blancs, saumur 2023 | Sec | 2025>40 | 19 € — 92
- La Louve Alpha, saumur-champigny 2021 | Sec | 2025>45 | 34 € — 93

Domaine Ogereau

★★★ +

Emmanuel Ogereau pratique une viticulture vertueuse et exigeante sur ses 23 hectares certifiés bio. En appellations anjou, savennières et coteaux-du-Layon Saint-Lambert, ce vigneron attachant propose des vins qui ne cessent de progresser. En chef de file d'une génération ligérienne qui a mis sur le devant de la scène les blancs secs, Emmanuel fait briller dans ce registre le terroir de Quarts-de-Chaume, à l'image de l'excellente cuvée La Martinière. Sa version liquoreuse mérite également d'y prêter attention et toutes les cuvées du domaine sont à boire les yeux fermés.

- Côte de la Houssaye, anjou 2023 | Sec | 2025>35 | 19 € — 91
- Clos Le Grand Beaupréau, savennières 2023 | Sec | 2025>50 | 34 € — 94
- La Martinière, quarts de chaume 2022 | Liquoreux | 2025>45 | 40 € — 95
- Les Bonnes Blanches, anjou 2023 | Sec | 2025>40 | 29 € — 92

Château de Parnay

★

Il s'agit de l'ancienne propriété du célèbre Antoine Cristal qui sauva le vignoble de Loire du phylloxera. Ce domaine est réputé pour son clos ceint de murs qui donne le blanc Entre les murs, une belle expression du chenin dans ce secteur, qui profite de la configuration unique de ce vignoble atypique. Les rouges sont francs et gouleyants.

- Clos du Château, saumur-champigny 2020 | Sec | 2027>40 | 23 € — 92
- Chemin des Murs, saumur 2023 | Sec | 2025>35 | 25 € — 91
- Blason, saumur 2023 | Sec | 2025>35 | 14 € — 89

Domaine du Petit Métris

★★★ +

Grâce notamment à un travail méticuleux et beaucoup d'audace à la vigne, Hervé et Pascal Renou produisent de grands vins moelleux et liquoreux qui valent pleinement le détour, sur six hectares en appellation chaume et un hectare en quarts-de-chaume. Des vins intenses et riches qui ne manquent cependant pas de finesse et d'une belle fraîcheur qui vient toujours rééquilibrer l'ensemble. Une adresse incontournable.

- quarts de chaume 2022 | Liquoreux | 2025>44 | 36 € — 96
- coteaux du layon 2023 | Moelleux | 2025>54 | 10.9 € — 92
- François René, coteaux du layon chaume 2022 | Liquoreux | 2025>45 | 17 € — 95

Château de Plaisance

★★★ ⊕

Vanessa Cherruau, s'est associée à un investisseur pour reprendre en main le château de Plaisance. Avec une vision complète, cette fan de chenin poursuit le travail en biodynamie initié dans les vignes depuis 2008 et propose des vins d'une pureté minérale impressionnante, notamment avec les cuvées parcellaires Ronceray et La Grande Pièce. Le domaine confirme son renouveau et continue sur sa lancée.

- Ronceray, anjou 2023 | Sec | 2025>40 | 26 € — 93
- La Grande Pièce, anjou 2023 | Sec | 2025>45 | 39 € — 94
- Grand Lopin, anjou-villages 2022 | Sec | 2025>34 | 26 € — 92

Domaine des Roches Neuves

★★★★★ +

Thierry Germain a fait de son domaine une référence et une adresse phare de la biodynamie et des grands vins ligériens, tout en ayant réussi à transmettre sa passion à Jeanne et Louis, ses enfants, qui travaillent désormais avec lui. Les vins, denses et pleins d'énergie, mettent en valeur les magnifiques terroirs calcaires de l'appellation saumur-champigny, en particulier les cuvées parcellaires Clos Romans ou Clos de l'Echelier. Les faibles rendements donnent de belles concentrations pour les rouges, toujours très soyeux et longs.

- Insolite, saumur 2023 | Sec | 2025>37 | 24 € — 95
- Marginale, saumur-champigny 2023 | Sec | 2025>37 | 35 € — 93
- Franc de Pieds, saumur-champigny 2023 | Sec | 2025>32 | 36 € — 96
- Clos Romans, saumur 2023 | Sec | 2025>45 | 57 € — 97
- Clos de l'Échelier, saumur-champigny 2023 | Sec | 2025>45 | 37 € — 97

Domaine de Rocheville

★

Homme du vin engagé, Philippe Porché a converti en bio ses 16 hectares de coteaux argilo-calcaires situés dans le secteur de Parnay, ou la pluviométrie est l'une des plus faibles de la région. Au fil des millésimes, le domaine progresse et propose des rouges sur le fruit et la souplesse (cuvée Le Page) comme des vins plus structurés et profonds (cuvée Le Prince et Le Roy). On recommande aussi des blancs de plaisir (La Jouvencelle) ou le plus sérieux Clos de la Thibaudière, issu de parcelles bien situées sur la colline de Brézé. Une adresse idéale pour se faire plaisir.

- La Dame, saumur 2023 | Sec | 2025>40 | 18.9 € — 90
- La Jouvencelle, saumur 2023 | Sec | 2025>35 | 13.9 € — 89

Clos Rougeard

★★★★ +

Sans surprise, les premiers vins de Cyril Chirouze, le nouveau directeur technique du Clos Rougeard, s'annoncent prometteurs. Passionné et talentueux, il peut compter sur une nouvelle cuverie inaugurée en 2023 est idéalement adaptée à une logique de vinification parcellaire. Les millésimes 2023 et 2024, encore plus précis, gardent l'esprit du vin qui a fait la renommée de ce domaine mythique de la Loire, propriété de la famille Bouygues depuis 2017. Le vignoble compte désormais deux hectares supplémentaires (un dans les Poyeux, l'autre dans le cœur du bourg de Chacé).

- Poyeux, saumur-champigny 2016 | Sec | 2030>55 | NC | ☘ — 96
- Poyeux, saumur-champigny 2019 | Sec | 2030>50 | NC — 94
- Clos du Bourg, saumur-champigny 2019 | Sec | 2030>50 | NC — 95
- Clos Rougeard, saumur-champigny 2019 | Sec | 2027>30 | NC — 91
- Brézé, saumur 2016 | Sec | 2025>40 | NC | ☘ — 93
- Brézé, saumur 2019 | Sec | 2025>45 | NC — 94

Domaine des Sables Verts

★★ ⊕

Avec leur domaine de 16 hectares (dont un hectare de chenin) en conversion bio, Caroline Meurée et Hervé Malinge ont su imposer leur style et leurs vins parmi ceux qui comptent dans l'appellation saumur-champigny. Le duo produit des rouges toujours raffinés et d'une grande énergie, avec deux grandes réussites pour les cuvées Poyeux et Chaintres.

- Les Poyeux, saumur-champigny 2022 | Sec | 2025>34 | NC — 92
- Chaintres, saumur-champigny 2022 | Sec | 2025>40 | NC — 93

Domaine Antoine Sanzay

★★★ +

Antoine Sanzay cultive les 12 hectares de son vignoble en agriculture bio certifié et propose des vins qui brillent par leur finesse et leur fraîcheur. S'ils ont encore gagné en élégance et en définition de texture ces derniers millésimes, tous les vins affichent un vrai caractère ligérien. La cuvée Paterne se boit à la régalade, La Haie Dampierre, plus concentrée, charme par ses notes florales et épicées tandis que les Poyeux est fidèle au pedigree du terroir. Les blancs gagnent aussi en précision.

- Les Salles Martin, saumur 2022 | Sec | 2025>35 | 32 € — 92
- Les Poyeux, saumur-champigny 2022 | Sec | 2025>45 | 3? € — 96
- La Haye Dampierre, saumur-champigny 2022 | Sec | 2025>40 | 28 € — 94
- La Paterne, saumur-champigny 2023 | Sec | 2025>32 | 18 € — 93

Château Soucherie

★★★ +

Roger-François Béguinot, industriel à succès dans l'agro-alimentaire (Materna, spécialiste du lait maternel), a réussi son projet vigneron et a pris comme directeur Vianney de Tastes. Les vins, en appellations anjou et savennières (dont 1,80 hectare au clos des Perrières), coteaux-du-Layon et chaume (quatre hectares) sont des expressions de terroir abouties et sincères. Le domaine dispose de cinq belles chambres d'hôtes et proposent des repas orchestrés par un chef. Une halte de repos bienvenue au cœur de la Loire.

- Clos des Perrières, savennières 2023 | Sec | 2025>40 | 39 € 92
- Patrimoine, coteaux du layon 2022 | Liquoreux | 2025>50 | 16 € 92
- Blanc Ivoire, anjou 2023 | Sec | 2025>34 | 17 € 89

La Source du Ruault

✪✪ ⊕

À Varrains, le talentueux Jean-Noël Million a repris le domaine familial, passé de 15 à 10 hectares et converti en biodynamie cinq ans plus tard après son arrivée. Pour maintenir et développer une forte biodiversité, il a planté de nombreuses haies. Issus de sols essentiellement argilo-calcaires, ni collés ni filtrés, les vins sont d'une grande gourmandise, affichant tous une texture soyeuse et un excellent potentiel de garde.

- Senseï, saumur-champigny 2017 | Sec | 2025>35 | 18 € 92
- La Coulée d'Aunis, saumur 2021 | Sec | 2025>40 | 19 € 90

Clos des Treilles

✪ Ⓝ

Créé par Nicolas Réau, le clos des Treilles s'appuie sur 8 hectares de vignes réparties dans le sud de l'Anjou, menés selon les principes de l'agriculture biologique. De bons cabernets francs donnent des vins précis, sans esbrouffe, à l'image de la cuvée Pompois. Le chenin est également à l'honneur avec la remarquable cuvée Attention chenin méchant et la recherchée cuvée Victoire.

- Pompois, anjou 2023 | Sec | 2025>35 | NC 90
- anjou 2022 | Sec | 2025>35 | NC 91
- Victoire, anjou 2023 | Sec | 2025>40 | NC 92

Château de Villeneuve

✪✪✪✪ ✦

Retraité actif, Jean-Pierre Chevalier a transmis le flambeau à ses deux filles Caroline et Céline, dont l'ambition est de proposer des vins qui reflètent au mieux la côte calcaire de Souzay, terroir de prédilection du domaine. Le saumur-champigny Clos de la bienboire 2023 est un vin gourmand et soyeux, plus structuré que lors des millésimes précédents. Doté d'une grande longueur, le saumur blanc Les Cormiers 2022 brille par sa finale saline très pure. Tous les vins expriment leur plein potentiel à table.

- Les Cormiers, saumur 2022 | Sec | 2025>50 | 25 € 96
- Le Grand Clos, saumur-champigny 2021 | Sec | 2025>37 | 29 € 94
- Vieilles vignes, saumur-champigny 2022 | Sec | 2025>45 | 20 € 94
- Clos de la Bienboire, saumur-champigny 2023 | Sec | 2025>27 | 15 € 92

Château Yvonne

✪✪✪ ⊕

Mathieu Vallée cultive les 11 hectares en bio de son vignoble sur les terroirs froids de Parnay, réalisant des vins qui progressent à chaque millésime. Les rouges sont plein de vitalité avec en point d'orgue la cuvée Beaumeray, remarquable par sa plénitude et son harmonie. Les blancs sont au diapason.

- Château Yvonne, saumur-champigny 2022 | Sec | 2025>40 | 26 € 92
- Le Gory, saumur 2022 | Sec | 2025>30 | 44 € 91
- Le Beaumeray, saumur-champigny 2021 | Sec | 2026>36 | 44 € 93

Pays nantais

Domaine Alauda

✪ Ⓝ

Philippe Feitussi, Jo Pithon et Géraldine Tridon ont fondé ce domaine de 43 hectares en 2023, avec l'ambition de mettre en avant les grands terroirs des secteurs de Mouzillon, Vallet et Gorges. Originaire de cette région, Laurent Vallet (ex-château Ausone) est revenu au pays afin de prendre la direction de la propriété et accompagner avec rigueur la conversion du vignoble au bio et à la biodynamie. Les cuvées parcellaires étiquetées Alauda, dégustées avant la mise en bouteille, sont prometteuses. Facile d'accès, la gamme produite sous le nom de « Maison aux alouettes » comprend de jolis vins de plaisir.

- La Martinière, muscadet 2023 | Sec | 2025>40 | NC 92
- Grand Landet, muscadet sèvre-et-maine gorges 2023 | Sec | 2026>35 | NC 91
- Prélude, muscadet 2023 | Sec | 2025>27 | NC 90
- Lulu, muscadet 2023 | Sec | 2025>27 | NC 89

Domaine Bonnet Huteau

✪

Jean-Jacques Bonnet et Vincent Pineau forment le duo à la tête de ce domaine familial, conduit en biodynamie, dans le but de faire briller les sols de gneiss, micaschistes, amphibolite et granite. Tous les vins expriment de mieux en mieux les terroirs, avec au sommet de la gamme, une superbe réussite avec le cru communal Goulaine, puissant et taillé pour la garde.

- Goulaine, muscadet sèvre-et-maine 2018 | Sec | 2025>35 | NC 91
- Les Laures, muscadet sèvre-et-maine 2023 | Sec | 2025>30 | NC 89
- Clos Moulin Chartrie, muscadet sèvre-et-maine 2022 | Sec | 2025>35 | NC 92

Domaine Julien Braud

✪✪✪ ✚

Avec un domaine de 14 hectares en biodynamie répartis dans l'excellent secteur de Monnières-Saint-Fiacre, Julien Braud s'est imposé comme l'un des vignerons du Pays nantais les plus passionnants à suivre. Il sélectionne avec application ses parcelles pour signer des vins d'une juste maturité avec une pointe iodée très pure en finale. Les 2022 et 2023 sont à rechercher en priorité.

- Monnières Saint Fiacre, muscadet sèvre-et-maine 2022 | Sec | 2025>45 | 16 € 95
- Moulin de la Justice, muscadet sèvre-et-maine 2023 | Sec | 2025>45 | 11.5 € 93
- Les Grands Quarterons, muscadet sèvre-et-maine 2023 | Sec | 2025>45 | 11.5 € 94

Domaine Brégeon

✪✪✪ ⊕

Frédéric Lallier a pris avec succès la succession de Michel Brégeon, l'une des figures mythiques de ce vignoble conduit en bio, planté sur les sols granitiques de Clisson et les gabbros de Gorges. Les crus communaux sont à rechercher en priorité pour leur onctuosité, leur tension et leur finale firement iodée. Coup de cœur cette année pour la cuvée Marginal, élaborée à partir d'une solera de melon de Bourgogne.

- Réserve, muscadet sèvre-et-maine 2022 | Sec | 2026>42 | 19.5 € 92
- Gorges, Les Vigneaux, muscadet sèvre-et-maine 2020 | Sec | 2027>35 | 21 € 93
- Clisson, La Molette, muscadet sèvre-et-maine 2020 | Sec | 2027>44 | 20 € 92
- Marginal, vin de france | Sec | 2025>32 | 18 € 92

Domaine Jérôme Bretaudeau

✪✪✪✪ ✦

Si Jérôme Bretaudeau est devenu l'un des vignerons français les plus estimés de sa génération et le chef de file du renouveau qualitatif des vins du Pays nantais, les projets continuent d'aller bon train au domaine de Bellevue. La construction d'un nouveau chai au milieu des vignes devrait débuter dans les prochains mois, permettant aux vins de gagner encore plus en précision et en complexité. La vingtaine d'hectares cultivés en biodynamie permet d'élaborer des cuvées toutes plus recherchées les unes que les autres : des blancs de haut vol, cristallins et iodés et des rouges très fruités et soyeux.

- Gaïa, muscadet 2022 | Sec | 2025>40 | 45 € 96

- Clos des Bouquinardières, muscadet 2022 | Sec | 2025>35 | 30 € 94
- Statera, vin de france 2023 | Sec | 2025>35 | 80 € 95
- Ornaté, vin de france 2023 | Sec | 2025>35 | 38 € 96

Château du Cléray

✪✪✪ ✚

Domaine historique du Pays nantais, les 95 hectares du Cléray permettent d'élaborer des cuvées soigneusement élevées sur lies, élégantes et minérales. Parmi les crus communaux, Vallet est sans doute le plus abouti. La cuvée Haute-Culture est une vraie réussite pour les amateurs de muscadets de garde. Belle adresse avec des vins à prix très sages.

- chardonnay, val de loire 2024 | Sec | 2025>27 | 7.5 € 88
- sauvignon, val de loire 2024 | Sec | 2025>27 | 7.5 € 88
- Haute Culture - Jardins secrets, muscadet sèvre-et-maine 2023 | Sec | 2025>35 | NC 91
- Vallet, muscadet sèvre-et-maine 2022 | Sec | 2025>33 | NC 93

Domaine des Cognettes

✪

Certifié en bio depuis plus d'une décennie, ce vignoble de 24 hectares est implanté sur les coteaux de la Sèvre nantaise et de la Moine, sur des terroirs où les sols de granite et de gabbro prépondérants permettent de produire de grands muscadets de garde. C'est le cas au domaine pour les crus communaux Gorges ou Clisson, deux vins complexes qui évoluent parfaitement dans le temps.

- Clisson, muscadet sèvre-et-maine 2020 | Sec | 2027>40 | 16 € 93
- Gorges, muscadet sèvre-et-maine 2022 | Sec | 2025>40 | 16 € 92

Domaine de la Combe

✪ ➔

Si Pierre-Henri Gadais appartient à l'une des grandes familles du Muscadet, il se fait depuis quelques millésimes un prénom avec son domaine de 15 hectares cultivé en agriculture bio sur le village de Pétière. Le jeune vigneron défend avec conviction une vision stylistique de ses vins, où fruit et iode se répondent parfaitement, toujours dans un souci d'équilibre et dans le respect du consommateur.

- muscadet sèvre-et-maine 2023 | Sec | 2025>30 | 12 € 90
- Vigne de l'Astrée, muscadet 2022 | Sec | 2026>40 | 21 € 91

Domaine de l'Épinay

✪

Les frères Cyrille et Sylvain Paquereau ont beaucoup fait progresser ce domaine de 55 hectares (dont près de la moitié est certifiée bio). On y trouve des muscadets frais et pimpants qui permettent d'attendre encore un peu l'excellent cru communal de Clisson proposé par le domaine, devenu l'un des classiques de l'appellation.

- Esprit, muscadet sèvre-et-maine 2017 | Sec | 2025>32 | NC 90
- Esprit, muscadet sèvre-et-maine 2023 | Sec | 2025>35 | 10 € 90
- Clisson, muscadet sèvre-et-maine 2021 | Sec | 2025>40 | 15 € 92

Domaine Gadais Père et Fils

✪✪ ✚

La famille Gadais continue de nous régaler avec une gamme de vins très gourmands, issue de la cinquantaine d'hectares situés essentiellement dans le secteur de Saint-Fiacre-sur-Maine. Les cuvées Peninsula et Plantation élaborées à partir de vieilles vignes de melon de Bourgogne affichent une belle persistance. Le Clos des Perrières, cuvée phare du domaine, constitue l'une des références de la région.

- Grande Réserve des Moulins, muscadet sèvre-et-maine 2023 | Sec | 2025>32 | 10.8 € 91
- Peninsula Vieilles Vignes, muscadet sèvre-et-maine 2022 | Sec | 2025>40 | 12.5 € 92
- Perrières Monopole, muscadet 2022 | Sec | 2025>45 | 17.9 € 93

Domaine de la Grenaudière

✪ N

Le domaine de la Grenaudière, vignoble fondé en 1723, s'appuie sur des sols granitiques situés entre les rivières Sèvre et Maine. Issus de formations anciennes, ils sont mêlés à des substrats de gneiss et de quartzite qui donnent aux vins un profil iodé et savoureux. Des élevages longs sur lies fines enrichissent leur structure et leur donnent de subtiles nuances avec une profondeur aromatique qui s'expriment pleinement avec le temps.

- Clisson, muscadet sèvre-et-maine 2018 | Sec | 2025>35 | 14.9 € 91
- Château Thébaud, muscadet sèvre-et-maine 2022 | Sec | 2025>35 | 14.9 € 90

Vignobles Günther-Chéreau

✪✪✪ ✚

Domaine familial tenu avec détermination par Véronique et Aurore Günther-Chéreau, cet attachant duo mère-fille continue de maintenir la dynamique de leurs propriétés. Si les vignes du château de la Gravelle (17 hectares), du château du Coing (45 hectares) et du Grand Fief de la Cormeraie (8 hectares) permettent d'enrichir les différentes cuvées d'assemblages, il faut aussi souligner la qualité des crus communaux qui confirment leur progrès ces derniers millésimes, à l'image du très pur Château-Thébaud 2020, expression très pure de ce secteur.

- Comte de Saint Hubert, muscadet sèvre-et-maine 2020 | Sec | 2025>35 | 13 € 90
- Château Thébaud, muscadet sèvre-et-maine 2020 | Sec | 2025>40 | 16.5 € 93
- Monnières, muscadet sèvre-et-maine 2019 | Sec | 2025>40 | 16.5 € 92

Domaine Jérémie Huchet

✪✪✪ ➔

Jérémie Huchet, vigneron et œnologue, vinifie ses vins dans un ancien monastère. Exigeant, passionné, il a propulsé son vignoble de 60 hectares au panthéon des meilleurs vins blancs de la vallée de la Loire, élaborant des vins fidèles aux terroirs, dominés par les granits de Château-Thébaud. Toutes les cuvées du Chemin des Prières en passant par la folle blanche jusqu'aux crus communaux méritent la plus grande attention. Les derniers millésimes sont au top, avec des vins toujours à l'aise à table et brillants par leur pureté de corps et de parfum.

- Clos des Monthys, muscadet sèvre-et-maine 2022 | Sec | 2025>45 | 19 € 96
- Granit de Château Thébaud, muscadet sèvre-et-maine 2019 | Sec | 2025>40 | 18 € 97
- Monnières, muscadet sèvre-et-maine 2018 | Sec | 2025>40 | 18 € 95
- Les Montys – Le Parc, muscadet sèvre-et-maine 2023 | Sec | 2025>35 | 14 € 93
- Les 15 Hommées, muscadet sèvre-et-maine 2023 | Sec | 2025>35 | 14 € 92

Domaine La Haute Févrie

✪✪✪ ➔

Sébastien Branger a fait de ce domaine l'une des adresses sûres du Pays nantais. Avec ses 26 hectares convertis à l'agriculture biologique, il propose des cuvées remarquables comme Le Fé Noir, élevé en amphore, ou le classique Pont Caffino. Les crus communaux (Monnières-Saint-Fiacre, Château-Thébaud) sont taillés pour la garde.

- Monnières-Saint-Fiacre, muscadet sèvre-et-maine 2020 | Sec | 2025>40 | 16 € 93
- Pont Caffino, muscadet sèvre-et-maine 2024 | Sec | 2025>32 | 9 € 90
- Fé noir, muscadet sèvre-et-maine 2022 | Sec | 2027>40 | 22 € 93

Domaines Landron

✪✪✪ ✚

La transmission s'effectue en douceur entre Jo Landron et sa fille Hélène, qui prend désormais soin des 46 hectares conduits en biodynamie du château de la Carizière et du domaine de la Louvetrie. Si la cuvée Amphibolite est devenue culte par son fruité et le plaisir qu'elle donne à coup sûr, il faut aussi redécouvrir les cuvées Les Houx ou Le Fief du Breil, taillées pour la garde et toujours délicieuses après quelques années de garde.

- Les Houx, muscadet sèvre-et-maine 2023 | Sec | 2027>35 | 17 € 93
- Fief du Breil, muscadet sèvre-et-maine 2020 | Sec | 2029>45 | 28 € 94
- Amphibolite, muscadet 2023 | Sec | 2025>27 | 16 € 90

Domaine Le Fay d'Homme

✪✪

Vincent Caillé dirige avec dynamisme ce domaine familial de 25 hectares, conduit en bio et en biodynamie. Le changement de cuverie a permis aux vins d'afficher ces derniers millésimes encore plus de précision dans l'expression des terroirs de gneiss ou orthogneiss, où se mêlent par endroits des couches superficielles de graviers et d'argiles. Les crus Gorges et Monnières-Saint-Fiacre sont une priorité pour l'amateur.

- Monnières - Saint-Fiacre, muscadet sèvre-et-maine 2020 | Sec | 2025>45 | 19.5 € 93
- Clos de la Févrie, muscadet sèvre-et-maine 2023 | Sec | 2025>30 | 14.5 € 90

✦ Star ✚ Valeur sûre ➔ À suivre de près N Nouvelle entrée

- Gorges, muscadet sèvre-et-maine 2020 | Sec | 2025>45 | 20 € — 92
- Fief Seigneur, muscadet sèvre-et-maine 2023 | Sec | 2025>35 | 12.75 € — 92

Famille Lieubeau

★★★★ +

Obtenue avec le millésime 2022, la certification bio témoigne de l'attachement profond de la famille Lieubeau et de son engagement en faveur de l'environnement. S'il est désormais possible de venir savourer, dans le nouveau caveau, une gamme de vins vibrants, prisée par les restaurants étoilés et les amateurs, tous les vins sont délicieux et invitent à la découverte et au partage des grands terroirs du Pays nantais. Une promotion s'impose.

- Château Thébaud, muscadet sèvre-et-maine 2020 | Sec | 2025>45 | 23 € — 93
- Château Thébaud, muscadet sèvre-et-maine 2021 | Sec | 2025>35 | 21 € — 95
- Clos de la Placelière, muscadet sèvre-et-maine 2023 | Sec | 2025>32 | 12.8 € — 92
- Goulaine, muscadet sèvre-et-maine 2022 | Sec | 2027>42 | 20 € — 94
- Clisson, muscadet sèvre-et-maine 2022 | Sec | 2027>44 | 19 € — 94
- Bel Abord, muscadet sèvre-et-maine 2023 | Sec | 2025>30 | 14.5 € — 91

Domaine Lucas-Salmon

★★ N

À Château-Thébaud, Mickaël Salmon incarne une nouvelle génération de vignerons libres et exigeants. Depuis 2019, il a repris le domaine familial Lucas pour y écrire sa propre histoire, entre héritage et innovation. Sur dix hectares conduits en bio, il cultive melon de Bourgogne, folle blanche et gamay, avec un soin particulier porté à la vigne : échalas, palissages hauts, sélections massales. En cave, il limite les interventions pour laisser parler les terroirs de granite, gneiss et micaschistes et signer des cuvées en vin de France, comme Follera, une folle blanche en réserve perpétuelle, ou Vendange intégrale, un gamay élevé en amphore. A suivre de près.

- Vendange intégrale - Gamay, vin de france 2023 | Sec | 2025>32 | 20 € — 93
- Le fief cognard, vin de france 2023 | Sec | 2025>40 | 20 € — 94

- Les Brosses, muscadet sèvre-et-maine 2023 | Sec | 2025>35 | 15 € — 92
- La Bareille - Pinot noir, vin de france 2023 | Sec | 2025>32 | 20 € — 91

Domaine Luneau-Papin

★★★★ ✦

Marie et Pierre-Marie Luneau connaissent sur le bout des ongles leur quarantaine d'hectares cultivés en biodynamie. Pionnier et sur tous les fronts, le duo propose des vins toujours aussi brillants, plein de d'une énergie rare, aussi bien pour les entrées de gamme que pour les cuvées parcellaires. Le domaine est toujours le grand ambassadeur de la région et un modèle à suivre, qui dépasse le seul cadre de la vigne et du vin.

- Excelsior, Goulaine, muscadet sèvre-et-maine 2021 | Sec | 2025>45 | 39 € — 95
- L d'Or, muscadet sèvre-et-maine 2023 | Sec | 2025>40 | 26 € — 95
- Terre de Pierre, muscadet sèvre-et-maine 2023 | Sec | 2025>37 | 26 € — 94
- Gula-Ana, muscadet sèvre-et-maine 2022 | Sec | 2025>40 | 39 € — 96

Famille Michon

★★★ +

Thierry Michon et ses fils Antoine et Mickael restent très amers sur le fait que le cahier des charges de l'appellation fiefs-vendéens ne tolère plus les vins de mono-cépage et de lieu-dit. Tous leurs vins sont ainsi classés depuis 2021 en vin de France. Ce qui ne les empêche surtout pas de continuer à affirmer brillamment l'identité d'une gamme de vins qui ont « la gueule de l'endroit ». Les 42 hectares cultivés en biodynamie produisent une gamme cohérente qui évolue bien dans le temps, avec des blancs ciselés et des rouges frais et pulpeux.

- Les Hauts Chemins - Le Haut des Clous, fiefs vendéens 2023 | Sec | 2025>35 | 26 € — 91
- Viventius 1975, fiefs vendéens 2020 | Sec | 2025>37 | 38 € — 95
- Roches Blanches, fiefs vendéens 2021 | Sec | 2025>35 | 38 € — 93

L'Orée du Sabia

★★ ➔

Bastien Mousset confirme le talent que nous avions entrevu lors de nos dégustations. Installé depuis 2017 à Brem-sur-Mer, il fait briller 9 hectares convertis en biodynamie. Des terroirs riches en quartz, schiste et granit, qui lui permettent d'élaborer des blancs salins et sapides. Parmi les rouges, notre coup de cœur est pour la cuvée Les Barrelières, un 100 % négrette intensément fruité.

- Le Clos, val de loire 2023 | Sec | 2025>35 | 21.9 € — 92
- Les Barrelières, val de loire 2021 | Sec | 2025>30 | 14.9 € — 92
- Les Abattis, val de loire 2022 | Sec | 2026>36 | 25.9 € — 92

Clos des Orfeuilles

★★★ ➔

Depuis le millésime 2022, ce domaine célèbre, propriété de la famille Castel, a pris un virage important. Agathe Renaut (ex-château Pape Clément) en est devenue la régisseuse. Elle pourra compter sur l'œnologue-consultant Julien Belle pour affirmer la complexité aromatique d'un vin issu d'un vignoble certifié bio de 18,5 hectares au terroir drainant entre sols légers et sablonneux, qui compte aussi un peu de quartz. Il faut ajouter à cet ensemble géologique varié des schistes et des micaschistes qui apportent des notes iodées.

- muscadet sèvre-et-maine 2024 | Sec | 2025>35 | 11.9 € — 93
- muscadet sèvre-et-maine 2023 | Sec | 2025>30 | NC — 92
- Goulaine - Château de l'Hyvernière, muscadet sèvre-et-maine 2023 | Sec | 2025>40 | 16.9 € — 92

Domaine de la Pépière

★★★ +

Ce domaine référence (39 hectares) sublime les sols granitiques des coteaux de la Maine. Rémi Branger et Gwénaëlle Croix y appliquent une vision ultra exigeante de la viticulture biologique : taille courte, sélection massale pour le renouvellement du vignoble, labour des sols, récolte manuelle, etc. Une adresse de grands vins de style, salins, précis, énergiques et raffinés, toujours d'un rapport qualite-prix exceptionnel.

- Clisson, muscadet sèvre-et-maine 2022 | Sec | 2025>40 | 18.5 € — 92
- Monnières, muscadet sèvre-et-maine 2022 | Sec | 2025>40 | 18.5 € — 93
- Repos Moutons, muscadet sèvre-et-maine 2022 | Sec | 2025>32 | 13.5 € — 90

Sancerre centre

Domaine Agisson

★★★ ➔

Jean-Philippe Agisson est devenu l'un des vignerons stars du Centre-Loire. Il soigne par ailleurs ce vignoble de poupée (1,5 hectare), situé autour de Sury-en-Vaux et de Pouilly. Préservant la vie de ses sols et leurs équilibres, maîtrisant les rendements, recherchant une maturité équilibrée, ce passionné pratique des élevages prolongés, en demi-muids ou en barriques de plusieurs vins, puis en bouteille où la mise s'effectue sans filtration préalable. Les 2022 regoûtés après leur mise en bouteille ont gagné en définition.

- La Belle endormie, pouilly-fumé 2022 | Sec | 2025>35 | NC — 93
- Equilibre, sancerre 2022 | Sec | 2025>40 | NC — 94

Domaine Émile Balland

★ N

Fils du grand Joseph, figure emblématique de Bué, Emile Balland est un enfant de la vigne. Il s'est forgé une solide réputation avec ces 7 hectares (6 en coteaux-du-Giennois et 1 en sancerre) et propose avec une belle régularité des cuvées distinguées et de belle étoffe. Une belle adresse à découvrir.

- Le Grand Chemin, coteaux du giennois 2023 | Sec | 2025>35 | 17.2 € — 90
- Croq' Caillotte, sancerre 2023 | Sec | 2025>32 | 21.85 € — 90
- La Pente, sancerre 2021 | Sec | 2025>35 | 36.7 € — 91

Domaine Denis Barbara

★ N

Fer de lance du vignoble de Saint-Pourçain, au fil des millésimes, Denis Barbara bichonne ses 8,5 hectares convertis en agriculture bio, sur les communes de Bransat, Cesset, Montord et Verneuil-en-Bourbonnais. Les cuvées parcellaires issus de sols volcaniques, en rouge comme en blanc, brillent par leur structure et leur fraîcheur.

- Les Maltôtes, saint-pourcain 2022 | Sec | 2025>32 | 24 € — 90
- Les Maltôtes, saint-pourcain 2023 | Sec | 2025>35 | 24 € — 92

Domaine des Bérioles

✪ Ⓝ

Servis à la table des premiers rois capétiens, les vins de Saint-Pourçain sont en plein renouveau grâce au travail de la famille Teissèdre, qui produit des vins rouges fruités, caressants et énergiques. Nous saluons aussi le travail réalisé pour réhabiliter le tressalier, vieux cépage blanc local capable de donner des jolis vins de plaisir salins et élégants. Le domaine est cultivé selon les principes de la biodynamie.

- Tressaille, saint-pourcain 2023 | Sec | 2025>27 | 16 € 90
- Autochtone, saint-pourcain 2022 | Sec | 2025>29 | 30 € 91
- La Chabanne, saint-pourcain 2022 | Sec | 2025>30 | 21 € 90

Domaine du Bouchot

✪✪✪ ➔

Après une expérience en Afrique du Sud, Antoine Gouffier a repris les rênes de ce domaine situé au cœur de l'appellation pouilly-fumé. Ses 10 hectares de vignes conduits en biodynamie (certifiés Demeter et Biodyvin) sont idéalement situés sur le flanc sud-ouest de la butte de Saint-Andelain, grand terroir de l'appellation pouilly-fumé. Des 2023 ciselés et salivants s'appuient sur une maturité très juste.

- Terres blanches, pouilly-fumé 2023 | Sec | 2025>35 | NC 92
- MCMLV, pouilly-fumé 2023 | Sec | 2025>35 | NC 93

Domaine Gérard Boulay

✪✪✪ ✚

Thibaut Boulay, talentueux agrégé d'histoire, a quitté sa chaire de la faculté de Tours pour reprendre le domaine familial à la suite de son père Gérard, toujours présent. La tenue exemplaire des 12 hectares de vignes reflète le degré d'exigence de cette famille. Travail régulier des sols, enherbement des parcelles les plus pentues pour limiter l'érosion, bannissement des pesticides et du cuivre, tout est mis en œuvre dans un souci d'agriculture modèle et durable. Parmi les vins en appellation sancerre issus du secteur de Chavignol, l'ensemble des 2023 sont des modèles.

- Monts Damnés, sancerre 2023 | Sec | 2025>50 | 36 € 93
- Clos de Beaujeu, sancerre 2023 | Sec | 2025>45 | 36 € 92
- Comtesse, sancerre 2023 | Sec | 2025>55 | 45.5 € 96
- La Côte, sancerre 2023 | Sec | 2025>50 | 37.5 € 94

Domaine Henri Bourgeois

✪✪✪ ✚

Depuis leur fief de Chavignol, Arnaud, Lionel et Jean-Christophe Bourgeois cultivent l'esprit de famille. Ils écoutent avec attention les précieux conseils de leur père Jean-Marie. Winetrotter intarissable et ambassadeur international du sauvignon sancerrois, le patriarche connait par cœur les marnes kimméridgiennes qui constituent une bonne partie des 72 hectares du domaine, répartis pour l'essentiel en appellations sancerre et pouilly-fumé. Des pratiques vertueuses ont été mis en place, comme l'enherbement des vignes pour favoriser la présence des insectes pollinisateurs tout en limitant l'érosion. Une adresse de vins de plaisir mais aussi de cuvées parcellaires qui jouent dans la cour des grands. Accueil au caveau très chaleureux.

- D'Antan, sancerre 2023 | Sec | 2025>35 | 38.6 € 94
- Le Graveron, sancerre 2020 | Sec | 2025>40 | 38.5 € 94
- Les Côtes aux Valets, sancerre 2020 | Sec | 2025>45 | 47.4 € 95
- Les Ruchons, sancerre 2020 | Sec | 2025>40 | 47.4 € 95
- Grande Réserve, sancerre 2022 | Sec | 2025>32 | 20 € 91
- ES56, sancerre 2019 | Sec | 2025>35 | 27.8 € 92
- La Côte des Monts Damnés, sancerre 2023 | Sec | 2025>40 | 34.5 € 94

Clos de Breuilly

✪✪ ➔

Situé à Cesset dans l'Allier, ce domaine de l'appellation saint-pourçain a complètement été relancé par William Taÿ Pamart et Ambroise Demonceaux à la tête d'une petite équipe de passionnés. Les vins, vinifiés par Brian Barbara, affichent de belles qualités de fruit et de plaisir. Sur les huit hectares cultivés en bio depuis 2006, pinot noir, gamay et tressalier (pour les blancs) sont des purs vins de plaisir. Le domaine progresse dans la précision du fruit et exprime plus de subtilité. Le projet de vin issu de la côte de Montgeorge nous a séduit dès le premier millésime.

- saint-pourcain 2023 | Sec | > | 15 € 90
- Barnabooth, saint-pourcain 2023 | Sec | > | 25 € 91
- Tressallier, vin de france 2023 | Sec | 2025>30 | 19 € 92

Domaine Hubert Brochard

✪✪ ➔

Le domaine Hubert Brochard, repris en 2022 par la maison saumurienne Langlois, appartient au groupe détenu par Bollinger, déjà vignerons en appellation sancerre avec les châteaux de Fontaine-Audon et Thauvenay. Une équipe renouvelée impulse un nouveau souffle sous l'égide de François-Régis de Fougeroux, directeur général de Langlois, de Rodrigo Zamorano, le directeur du domaine Hubert Brochard, de Matthieu Franchini, le responsable de la signature vin, et d'Anne-Sophie Brochard, la responsable du vignoble. Les très bons 2022 et 2023 traduisent la progression de la propriété.

- La Grande Haie (silex), sancerre 2022 | Sec | > | 51 € 92
- Château de Thauvenay, terres blanches, sancerre 2023 | Sec | 2025>30 | 22 € 90
- Les Trois Coteaux, terres de caillottes, sancerre 2023 | Sec | 2025>35 | 25.5 € 93
- Château de Fontaine-Audon, terres de silex, sancerre 2023 | Sec | 2025>37 | 23.5 € 93

Domaine des Chasseignes

✪ Ⓝ

Depuis 2011, Aurore Dezat tient les rênes de ce domaine bien connu des amateurs des vins de Sancerre. Elle a été rejointe en 2016 par son conjoint David Girard, lui aussi vigneron, œuvrant également en parallèle avec son frère Anthony sur son domaine familial. La propriété pratique une viticulture raisonnée et respectueuse de l'environnement. Une adresse à découvrir où l'on peut dénicher des blancs complexes, élégants et minéraux, ainsi que des rouges subtils.

- Les Chasseignes, sancerre 2022 | Sec | 2025>40 | 26 € 91
- Les Démalés, sancerre 2022 | Sec | 2025>35 | 30 € 90
- sancerre 2022 | Sec | 2025>37 | 20 € 89

Domaine de Chavet et domaine de l'Ermitage

✪✪✪ ✚

Antoine de la Farge, petit-fils de Gérard Clément, s'est imposé comme l'une des figures iconiques de l'appellation menetou-salon. Il a transformé ces deux domaines emblématiques du Berry, dotés d'une trentaine d'hectares et de bâtiments techniques très fonctionnels. Le développement des cuvées parcellaires traduit une belle progression, avec des millésimes 2022 et 2023 à la hauteur de la réputation des lieux. À côté de cela, un petit négoce à son nom permet à Antoine de la Farge de développer la gamme de vins ligériens.

- La Côte, menetou-salon 2024 | Sec | 2025>30 | 11.9 € 90
- Clos de Coquin, menetou-salon 2023 | Sec | 2025>35 | 15.9 € 91
- Clos de Beauregard, menetou-salon 2022 | Sec | 2025>40 | 15.9 € 93
- Clos des Jentonnes, menetou-salon 2022 | Sec | 2025>30 | 18.5 € 92

Domaine Daniel Chotard

✪✪✪ ✚

Conduit en bio, ce domaine mené par le talentueux Simon Chotard développe des cuvées parcellaires parmi les meilleures du Sancerrois. Plus souples, les sancerres « tradition » sont de savoureuses entrées de gamme. Les blancs 2021 affichent des équilibres classiques que l'on aime et les rouges goûtés cette année figurent dans le top de la couleur à Sancerre.

- cuvée Marcel Henri, sancerre 2023 | Sec | 2025>35 | 18 € 92
- Racines, sancerre 2023 | Sec | 2025>40 | 22 € 93
- Les Cris, sancerre 2023 | Sec | 2025>35 | 22 € 93
- Les Coutonnes, sancerre 2022 | Sec | 2025>44 | 22 € 94
- Les Coutonnes, sancerre 2023 | Sec | 2025>37 | 22 € 93
- Champs d'Alligny, sancerre 2022 | Sec | 2025>45 | 27 € 94

Domaine Clair de Brumes

✪✪ Ⓝ

Depuis neuf générations, la famille Saget est solidement implantée à Pouilly-Fumé. Pour illustrer sa longue expérience de l'appellation, elle a créé la gamme Clair de Brumes, qui met en avant ses meilleurs terroirs cultivés en agriculture bio. Les vins du millésime 2022 sont très réussis, en particulier les parcellaires Vaurigny, Les Déserts et Les Roches, tous fidèles à leurs secteurs. Une adresse à suivre de près.

- Les Déserts, pouilly-fumé 2022 | Sec | 2025>35 | 28 € | 92
- Les Roches, pouilly-fumé 2022 | Sec | 2025>35 | 30 € 93
- Vaurigny, pouilly-fumé 2022 | Sec | 2025>35 | 26 € 92

✦ Star ✚ Valeur sûre ➔ À suivre de près Ⓝ Nouvelle entrée

François-Régis de Fougeroux, Langlois, Domaine Hubert Brochard

Derrière son air jovial et sa parole énergique, François-Régis n'en est pas moins un fin connaisseur de l'écosystème ligérien. Il peut se targuer d'en faire partie depuis un quart de siècle. À Saumur, au sein de la maison Langlois, où il sait sans doute mieux que quiconque le chemin parcouru par ces effervescents pour s'imposer comme une signature que l'on prend aujourd'hui au sérieux. Et désormais aussi à Sancerre, où il a pris les rênes du domaine Hubert Brochard. Un nouveau défi à la hauteur du personnage, sans cesse tourné vers l'avenir. *Louis-Victor Charvet*

Domaine des Côtes Blanches

✪

Neuvième génération de la famille qui s'occupe de ce domaine situé à Bué, Nicolas Millet a obtenu la certification en agriculture biologique pour le millésime 2024. Ce vigneron vertueux fait appel à son bon sens paysan avant chaque intervention et propose des blancs et rouges expressifs. Les cuvées parcellaires comme Les Grands Champs ou Le Chêne Marchand jouent dans la cour des grands.

- **Les Grands Champs, sancerre 2023** | Sec | 2025>35 | 23 € 91
- **Le Chêne Marchand, sancerre 2023** | Sec | 2025>35 | 38 € 91
- **Les Rimbardes, sancerre 2023** | Sec | 2025>35 | 38 € 90

Domaine Lucien Crochet

✪✪✪ ✚

Ce domaine phare de Bué possède une superficie de 35 hectares (dont 26 hectares de sauvignon et neuf de pinot noir). Son vignoble, essentiellement situé sur les sols argilo-calcaires, donne des vins élégants, en blanc comme en rouge, grâce notamment à des élevages maîtrisés. Après la disparition de Gilles Crochet, Laurence, son épouse, aidée par une solide équipe technique a repris le flambeau. Les vins sont des références.

- **Le Chêne Marchand, sancerre 2020** | Sec | 2025>42 | 26.5 € 92
- **La Croix du Roy, sancerre 2020** | Sec | 2025>35 | 24.9 € 91

Domaine François Crochet

✪✪✪ ✚

Les vins jouent la carte de la finesse entre ceux issus des terroirs calcaires (Grand et Petit Chemarin) et ceux issus des silex (Exils). Le blanc domaine, assemblage de ces différents terroirs, offre un fruit croquant et suave tandis que les Amoureuses (issus de parcelles argilo-calcaires) affiche profondeur et tension saline. François et Carine Crochet accueillent au domaine selon les codes de l'hospitalité sancerroise. Les vins brillent par leur régularité et leur raffinement.

- **Chêne Marchand, sancerre 2023** | Sec | 2026> | 39 € 93
- **Le Petit Chemarin, sancerre 2023** | Sec | 2025>34 | 36.5 € 93
- **Le Grand Chemarin, sancerre 2023** | Sec | 2025>40 | 36.5 € 94
- **Les Marnes, sancerre 2023** | Sec | 2025>45 | 40 € 93
- **Amoureuses, sancerre 2023** | Sec | 2025>37 | 32 € 93

Domaine Didier Dagueneau

✪✪✪✪✪ ✦

« Soyez réalistes, demandez l'impossible » est-il inscrit à l'entrée du domaine en guise de ligne de conduite. Louis-Benjamin Dagueneau bichonne ses 12 hectares de vignes et les terroirs font le reste, que ce soit ceux d'argile dure à gros silex situés sur le haut de la butte de Saint-Andelain (pour la cuvée Silex), les argiles plus riches en bas de coteau (Buisson renard) ou les marnes calcaires (Astéroïde). En sancerre, la cuvée des Monts-Damnés est une référence absolue. Après une année 2021 presque sans production, on retrouve pour notre plus grand plaisir toutes les cuvées du domaine avec le millésime 2022.

- **Silex, pouilly-fumé 2022** | Sec | 2025>45 | NC 97
- **Pur Sang, pouilly-fumé 2022** | Sec | 2025>50 | NC 95
- **Buisson Renard, pouilly-fumé 2022** | Sec | 2025>50 | NC 95
- **Le Mont Damné, sancerre 2022** | Sec | 2025>50 | NC 97

Domaine Serge Dagueneau et Filles

✪✪ ➔

Ce domaine familial de 21 hectares, fondé au début du XXe siècle, par l'arrière-grand-mère Léontine est tenue de belle façon par Valérie Dagueneau qui produit des cuvées d'une grande régularité, que ce soit en appellation pouilly-fumé ou en IGP côtes de la Charité.

- **La Léontine, pouilly-fumé 2022** | Sec | 2025>32 | 28 € 91
- **Clos des Chaudoux, pouilly-fumé 2023** | Sec | 2025>32 | 20 € 90
- **Tradition, pouilly-fumé 2024** | Sec | 2025>30 | 15 € 89
- **L'Odyssée, pouilly-fumé 2023** | Sec | 2025>35 | 28 € 92
- **Les Pinottes, côtes de la charité 2022** | Sec | 2025>32 | 13.5 € 90

Domaine Vincent Delaporte

✪✪ N

Situé à Chavignol, cette exploitation familiale de 33 hectares a été relancé par Matthieu Delaporte. Les cuvées produites, en blanc comme en rouge, sont des reflets fidèles de leurs terroirs originels. Les vins du domaine montent en puissance et la certification en agriculture biologique a été obtenue avec le millésime 2023.

- **Cul de Beaujeu, sancerre 2022** | Sec | 2025>35 | 32 € 91
- **Monts Damnés, sancerre 2023** | Sec | 2026>46 | 32 € 94
- **Chavignol, sancerre 2023** | Sec | 2025>32 | 22 € 90

Domaine Denizot

✪✪✪

Les 18,5 hectares de ce domaine familial sont situés dans le secteur d'Amigny et sur les communes de Verdigny, Chavignol et Sancerre, sans compter les 2,5 hectares à Pouilly depuis quelques années. Les derniers millésimes ont gagné en expression et en précision, avec des vins alliant maturité et énergie, avec ce qu'il faut de délicatesse et de nuances aromatiques.

- **Séléné, pouilly-fumé 2022** | Sec | 2025>40 | 35 € 94
- **Biorga, sancerre 2022** | Sec | 2025>40 | 30 € 93
- **Absolu, sancerre 2022** | Sec | 2025> | 35 € 93
- **Osmose, sancerre 2023** | Sec | 2025>30 | 19 € 92

Domaine Désormière

✪✪ ➔

On est séduit par le sérieux de Thierry et Éric Désormière, duo investi aussi à la vigne mais aussi en cave. Participant activement au renouveau de l'appellation côte-roannaise avec 15 hectares exploités, la cuvée Perdrizière (sur sols sableux) séduit par son fruité gourmand, tandis que les cuvées Granite et Montolivet sont plus structurées. La cuvée Les Têtes, une sélection de vieilles vignes, est une référence parmi les vins de la « Loire volcanique ».

- **Perdrizière, côte roannaise 2023** | Sec | 2025>30 | 9.2 € 91
- **Les Têtes, côte roannaise 2023** | Sec | 2025>32 | 11 € 92
- **Boutheran, côte roannaise 2023** | Sec | 2025>35 | 12 € 93

Domaine Fouassier

✪✪✪ ➔

Les cousins Paul et Benoît Fouassier conduisent en biodynamie avec conviction et ambition leurs 60 hectares (dont 10 de pinot noir). Ils signent de nombreuses cuvées, vinifiées en levures indigènes et élevées dans le but de préserver le fruit et l'expression du terroir. Une maison de référence qui propose des vins énergiques et gourmands dont les prix restent sages.

- **Les Romains, sancerre 2022** | Sec | 2025>35 | 26 € 92
- **Les Chasseignes, sancerre 2023** | Sec | 2025>40 | 22.5 € 93
- **Le Clos de Bannon, sancerre 2023** | Sec | 2025>35 | 23.5 € 93
- **Empreinte, sancerre 2020** | Sec | 2025>35 | 33.5 € 92

Maison Foucher

✪ N

Avec ses cuvées parcellaires, Marc Vappereau fait chanter les grands terroirs des appellations pouilly-fumé, menetou-salon et sancerre. Sur cette dernière, on peut naviguer en toute confiance parmi les vins proposés, en découvrant impérativement les cuvées Monts Damnés et Chêne Marchand. Des vins de belle facture, toujours équilibrés entre rondeur et tension.

- **Les Monts Damnés, sancerre 2023** | Sec | 2025>28 | 33.6 € 88
- **Cuvées des Sandres, pouilly-fumé 2024** | Sec | 2025>28 | 18.8 € 91
- **menetou-salon 2023** | Sec | 2025>28 | 16.4 € 90
- **Le Mont, sancerre 2023** | Sec | 2025>28 | 19.6 € 90
- **Les Lumeaux, pouilly-fumé 2023** | Sec | 2025>30 | 26.3 € 92

Domaine Vincent Gaudry

✪✪✪ N

À l'écoute du monde et de la nature, Vincent Gaudry est un vigneron biodynamiste qui ne cherche pas à imposer la moindre idéologie. Forts de ses terroirs situés dans les secteurs de Sury-en-Vaux, Saint-Satur, Chavignol et Crézancy, il propose des vins d'une grande pureté, comme en témoignent les millésimes 2022 et 2023, à garder quelques années en cave. Rien de plus normal pour ce vigneron qui considère que le temps permet d'effacer la typicité variétale du sauvignon au bénéfice de l'expression du sol.

- **Tournebride, côte roannaise 2023** | Sec | 2025>37 | NC 92
- **Mélodie de Vieilles Vignes, sancerre 2023** | Sec | 2025>35 | NC 94
- **Constellation du Scorpion, sancerre 2023** | Sec | 2027>45 | NC 95
- **Pour Vous, sancerre 2022** | Sec | 2025>40 | NC 96
- **À Mi-Chemin, sancerre 2022** | Sec | 2025>50 | NC 97

Domaine Gilbert

✪✪✪ ✚

Philippe Gilbert, vigneron en biodynamie continue de progresser et de faire les ajustements nécessaires à la vigne comme en cave pour proposer des vins au plus près du terroir. Avec 30 hectares tenus de manière exemplaire, le domaine est devenu l'un des ambassadeurs dans le monde des vins du Berry.

✦ Star ✚ Valeur sûre ➔ À suivre de près N Nouvelle entrée

Les derniers millésimes sont d'une grande pureté, avec des blancs subtils et ciselés.

- Les Chandelières, menetou-salon 2022 | Sec | 2025>35 | 31 € 94
- Clos des Treilles, menetou-salon 2022 | Sec | 2025>35 | 31 € 94
- Domaine, menetou-salon 2023 | Sec | 2025>35 | 23 € 92

Domaine Anthony et David Girard

Anthony et David Girard exploitent ce domaine familial, dont le vignoble de 3 hectares se concentre sur les secteurs des Monts Damnés et de Chavignol. De quoi donner tout ce qu'il faut de profondeur aux blancs comme aux rouges, toujours d'un subtil rebond, avec cette touche minérale en finale qui construit les grands vins du Sancerrois.

- Florilège des Monts Damnés, sancerre 2022 | Sec | 2025>40 | 31 € 93
- Les Monts Damnés, sancerre 2023 | Sec | 2025>40 | 21 € 92
- Monts Damnés, sancerre 2023 | Sec | 2025>35 | 34 € 92

Domaine Guillerault-Fargette

En 2002, Gilles Guillerault s'est associé avec Sébastien Fargette, son beau-frère venu du Beaujolais, pour créer ce domaine d'une vingtaine d'hectares essentiellement situé à Crezancy et Bué, certifié bio depuis le millésime 2022. Aux cuvées habituelles toujours ciselées, s'ajoutent désormais les cuvées Epsilon et Iota, dont les élevages peuvent aller jusqu'à 24 mois. La gamme est composée de vins profonds et vibrants.

- Alpha-Omega, sancerre 2022 | Sec | 2025>35 | NC 92
- Iota, sancerre 2020 | Sec | 2025>40 | NC 94
- Epsilon, sancerre 2020 | Sec | 2025>45 | NC 95
- Psi, sancerre 2020 | Sec | 2025>35 | NC 90

Comte Henry d'Assay

Corinne et Henry d'Assay ont créé cette petite structure de négoce spécialisée dans le sauvignon. Fin sélectionneur, Henry use de toute son expérience du cépage et des terroirs pour signer des vins ciselés et tranchants. Pouilly-fumé et sancerre sont les grandes réussites de la maison et les vins recherchent la pureté sans rien perdre de leur charme immédiat. Grands rapports qualité-prix.

- pouilly-fumé 2024 | Sec | 2025>32 | 20 € 91
- coteaux du giennois 2023 | Sec | 2025>30 | 12 € 90

Domaine Laporte

Mené en agriculture biologique, ce domaine de Sancerre appartient à la famille Bourgeois, qui y produit cinq cuvées. Si Le Rochoy est issu d'une large parcelle de 8,5 hectares (sols d'argiles et de silex), Le Grand Rochoy est une sélection des vignes de 50 ans plantées sur le même coteau. Notre préférence va à cette dernière en rouge, ainsi qu'à la cuvée Les Royaux, un pinot noir infusé et délicat.

- Le Grand Rochoy, sancerre 2022 | Sec | 2025>35 | 28 € 92
- La Comtesse, sancerre 2023 | Sec | 2025>37 | 28 € 93
- Les Royaux, sancerre 2022 | Sec | 2025>35 | 27.7 € 92

Guillaume Sorbe - Les Poëte

Avec son vignoble très morcelé (28 parcelles) de sept hectares travaillés comme un jardin, entre sols de sables et de graves alluvionnaires, Guillaume Sorbe fait le choix de vendanger au meilleur moment pour conserver la plus grande expression du fruit, sans jamais basculer dans une surmaturité afin de conserver de la fraîcheur. La gamme comprend quatre blancs ciselés et un rouge remarquable. Le domaine déploie aussi un formidable travail pour construire un écosystème complet autour de son vignoble.

- Toison d'Or, vin de france 2020 | Sec | 2025>40 | 34 € 94
- pouilly-fumé 2023 | Sec | 2025>35 | 28 € 91
- Orphée, vin de france 2020 | Sec | 2025>35 | 34 € 93

Lestang 1573

Ancien financier, Rémy Graillot revient à Sancerre en 2012 pour y racheter le château de Lestang, situé au pied de la colline. Il entreprend la rénovation du domaine et redonne vie au vignoble avec son maître de chai, Célestin Bizet. Ensemble, ils signent deux cuvées identitaires : Tradition, vinifiée six mois sur lies avec bâtonnage, puis affinée en cuve, développe une belle précision aromatique et un léger gras ; L'Illustre Voyageur, élevée un an en fûts anciens puis en bouteille, révèle une version plus patinée du lieu. Deux expressions sincères d'un terroir retrouvé et sans doute le début d'une renaissance.

- sancerre 2022 | Sec | 2025>30 | 35 € 91
- L'Illustre Voyageur, sancerre 2022 | Sec | 2025>35 | 61 € 93

Domaine de la Madone

Gilles Bonnefoy élabore en biodynamie sur plus d'une dizaine d'hectares en appellation côtes-du-Forez des vins de belle facture, issus des terroirs granitiques et volcaniques qui sont les plus méridionaux de la Vallée de la Loire. Les rouges de gamay donnent toute leur mesure sur les cuvées Mémoire de Madone ou Migmatite. Les blancs de roussanne et sauvignon ont l'accent du lieu.

- Mémoire de Madone, côtes du forez 2023 | Sec | 2025>32 | 26 € 90
- Migmatite, côtes du forez 2023 | Sec | 2025>29 | 22 € 89
- Dacite, côtes du forez 2023 | Sec | 2025>27 | 14 € 88

Domaine Martin

Ce domaine se situe sur les coteaux qualitatifs de Saint-Fiacre. De père en fils, l'entretien du vignoble est raisonné et le rochils-de-monnière sort régulièrement dans nos dégustations de communales.

- Culs Damnés, sancerre 2022 | Sec | 2025>40 | NC 92
- Cul de Beaujeu, sancerre 2023 | Sec | 2025>35 | NC 91
- Monts Damnés, sancerre 2023 | Sec | 2025>35 | NC 91

Domaine Alphonse Mellot

Habile vinificateur, Alphonse Mellot livre une lecture passionnante de Sancerre, avec des cuvées parcellaires qui détaillent chaque terroir. L'âge des vignes, d'une moyenne de 75 ans, lui permet d'offrir une gamme impeccable dont la première marche (cuvée La Moussière) est déjà d'un haut niveau. 18 hectares en IGP côtes-de-la-charité, témoignent aussi sa maîtrise du chardonnay et du pinot noir. On salue le travail et l'inspiration de ce passionné infatigable, qui couronne plus de trente années de recherche et d'intransigeance. Les rouges 2022 goûtés avant la mise en bouteille s'annoncent somptueux.

- Génération XIX, sancerre 2022 | Sec | 2027>50 | NC 97
- En Grands-Champs, sancerre 2020 | Sec | 2026>40 | 107 € 97
- Edmond, sancerre 2022 | Sec | 2027>45 | 74 € 97
- La Demoiselle, sancerre 2021 | Sec | 2025>40 | NC 96
- La Moussière, sancerre 2023 | Sec | 2025>40 | 26 € 93
- Satellite, sancerre 2023 | Sec | 2025>40 | 53 € 95
- Paradis, sancerre 2021 | Sec | 2025>37 | 59 € 95

Domaines Joseph Mellot

S'appuyant sur une histoire vieille de plus de cinq siècles et un parcours fait de combats, l'excellente Catherine Corbeau-Mellot continue de faire progresser la large gamme de vins dans différentes appellations, pilotant une équipe culturale et technique performante avec ses fils Adrien et Armand, qui développent une vraie vision globale des vins ligériens. Les menetou, pouilly ou sancerre et autres reuilly Commanderie, quincy Clos de la Victoire sont ainsi des vins toujours réguliers, d'une maturité optimale et bénéficiant d'élevages millimétrés. L'ensemble des vins donnent beaucoup de plaisir, en particulier à table.

- La Chatellenie, sancerre 2023 | Sec | 2025>35 | 20.5 € 92
- Domaine des Mariniers, sancerre 2023 | Sec | 2025>35 | 19.5 € 92
- La Grande Châtelaine, sancerre 2022 | Sec | 2025>35 | 33.5 € 93
- Les Vignes du Rocher, sancerre 2023 | Sec | 2025>35 | 25.5 € 94
- Pierre Étienne, sancerre 2020 | Sec | 2025>35 | 35.5 € 94
- L'Original, sancerre 2019 | Sec | 2025>32 | 45 € 92
- Clos de la Victoire, quincy 2023 | Sec | 2025>27 | 14.5 € 90

Domaine Minchin

Sur son vignoble de 17 hectares, Bertrand Minchin, vigneron jovial et attachant continue de progresser. Son domaine de Menetou-Salon est maintenant certifié bio et celui de Valencay est en conversion. Au fil des millésimes, il affine le style de ses rouges qui comptent désormais parmi les meilleurs du secteur et les blancs, souvent structurés ont aussi gagné en précision. La gamme présente de superbes rapports qualité-prix.

- Célestin, menetou-salon 2022 | Sec | 2026>40 | 25 € 93

- Honorine, menetou-salon 2023 | Sec | 2027>37 | 24 € 93
- En Fumet, menetou-salon 2023 | Sec | 2025>35 | 21 € 92
- Les Mi-Voies, valençay 2024 | Sec | 2025>30 | 11.9 € 90
- Saint-Lazare, valençay 2022 | Sec | 2025>35 | 11.5 € 92

Domaine Pierre Morin

★ Ⓝ

Situé au cœur du Sancerrois dans la commune de Bué, ce domaine de 10 hectares conduit en agriculture bio depuis 2018 produit une gamme de vins blancs équilibrés et recommandables. La cuvée Prémices est un assemblage de terroirs d'une régularité constante chaque millésime. Le Chêne Marchand et Le Chant de l'Orme sont des vins taillés pour la garde, tout comme le rouge Bellechaume.

- Chêne Marchand, sancerre 2023 | Sec | 2025>31 | 24.5 € 90
- Le Chant de l'Orme, sancerre 2022 | Sec | 2025>35 | 27.5 € 91
- Prémices, sancerre 2023 | Sec | 2025>30 | 17.5 € 88

Domaine Jonathan Didier Pabiot

★

Si Jonathan Pabiot a commencé modestement en 2005 avec 3 hectares (en bio), il dispose aujourd'hui de 20 hectares (dont 0,5 hectare de chasselas à Tracy) certifiés en biodynamie, après avoir intégré en 2010 le vignoble de son père Didier. Ce domaine propose des vins soignés et classiques, très représentatifs de l'appellation pouilly-fumé, conciliant tension, rondeur et persistance.

- Aubaine, pouilly-fumé 2023 | Sec | 2025>30 | 32 € 91
- Eurythmie, pouilly-fumé 2023 | Sec | 2025>35 | 42 € 92
- Luminance, pouilly-fumé 2023 | Sec | 2025>32 | 36 € 93

Domaine de la Pagerie

★ Ⓝ

En 2017, Baptiste Pointereau a repris le vignoble historique de Guy Malbète en appellation reuilly, douze hectares situés de beaux terroirs entre sols argilo-calcaires et sols sables-silicieux, cultivés en agriculture bio. Les vins affichent une progression constante et les millésimes 2022, 2023 et 2024 sont à découvrir.

- Les Terres de Silice, reuilly 2024 | Sec | 2025>30 | 13 € 90
- Les belles terres, reuilly 2022 | Sec | 2025>27 | 17 € 90
- Rulliacus, reuilly 2023 | Sec | 2025>35 | 17 € 91

Domaine Henry Pellé

★★★ ✚

Paul-Henry Pellé fait briller cette adresse familiale et son vignoble en appellation menetou-salon, grâce notamment à des cuvées parcellaires qui brillent par des élevages sous-bois très maîtrisés, notamment avec l'usage de grands contenants (foudres et cuves). La vision d'excellence trouve un nouvel élan avec la certification en agriculture biologique obtenue depuis 2021.

- Les Blanchais, menetou-salon 2023 | Sec | 2026>40 | 24 € 93
- Vignes de Ratier, menetou-salon 2023 | Sec | 2025>37 | 20 € 92
- Les Cris, menetou-salon 2022 | Sec | 2025>37 | 24 € 92
- Morogues, menetou-salon 2023 | Sec | 2025>32 | 16 € 91

Le Piton - Sancerre

★★ ➔

Créé en 2019 par la famille Oddo, ce domaine de 8,5 hectares actuellement en conversion bio possède des parcellaires situés au pied du célèbre piton sancerrois, sur des sols essentiellement argilo-calcaires avec une partie composée de silex. Les vins de sauvignon sont issus de vignes de plus de 30 ans et vinifiés avec soin dans le respect du terroir. Les progrès sont nets depuis quelques millésimes.

- Le Piton, sancerre 2023 | Sec | 2025>32 | NC 92

Domaine Matthias Planchon

★★★ ➔

Le jeune Matthias Planchon a installé sa cave et ses bâtiments techniques flambants neufs au milieu du Paradis, lieu-dit célèbre de Sancerre. Il possède également des parcelles sur le lieu-dit Les Herses, où dominent les sols de silex. On retrouve ces différentes expressions du terroir dans les cuvées du domaine (5,5 hectares). Issus d'une viticulture bio et bientôt en biodynamie, les vins traduisent bien le lieu qui les porte.

- Les Herses, sancerre 2022 | Sec | 2025>35 | NC 92

Domaine des Pothiers

★★★ ✚

Romain Paire est l'un des meilleurs ambassadeurs de l'appellation côte-roannaise où il excelle depuis déjà quelques millésimes avec son domaine de 21 hectares. Tous les vins sont très recommandables, du gamay de la cuvée domaine qui se boit sur le fruit de sa jeunesse jusqu'aux cuvées de demi-garde (Clos du Puy et Intégrale) issues de vignes de plus de 80 ans.

- Clos du Puy, côte roannaise 2023 | Sec | 2025>30 | 21.9 € 93
- Diogène, côte roannaise 2022 | Sec | 2025>31 | 36.2 € 94
- En Paradis, côte roannaise 2023 | Sec | 2025>30 | 21.9 € 92

Domaine du Pré Semelé

★

Julien et Clément Raimbault exploitent 21 hectares situés sur les coteaux de Maimbray et Sury-en-Vaux, dans des secteurs argilo-calcaires. La gamme très homogène propose des vins aboutis dans les deux couleurs, avec des rouges qui conjuguent puissance et élégance et des blancs purs et effilés. Le tout à des prix très raisonnables. Une valeur sûre.

- Mainbré, sancerre 2024 | Sec | 2025>30 | 18 € 90
- Montée de Saint Romble, sancerre 2023 | Sec | 2025>35 | 26 € 91
- Le Cotelin, sancerre 2023 | Sec | 2025>35 | 26 € 92

Domaine Paul Prieur et Fils

★★★ ✚

Luc Prieur cultive 19 hectares et produit des blancs sur différents terroirs de silex et de calcaires dans les secteurs de Verdigny et Chavignol. Les rouges sont issus de pinots plantés en sélection massale dans les années 1950 sur 5 hectares au lieu-dit Les Pichons. Des vins denses et profonds, justement ciselés, parmi les meilleurs de l'appellation sancerre en 2023. Les prix sont sages.

- Vinification en Grappes Entières, sancerre 2023 | Sec | 2025>30 | 31 € 91
- Les Monts Damnés, sancerre 2023 | Sec | 2025>45 | 39 € 96
- Pieuchaud, sancerre 2023 | Sec | 2025>40 | 35 € 95
- Les Pichons, sancerre 2023 | Sec | 2025>35 | 39 € 94

Michel Redde et Fils

★★ Ⓝ

Sébastien et Romain Redde exploitent 42 hectares situés au cœur de l'appellation pouilly-fumé. Le duo privilégie une culture de la vigne naturelle, peu interventionniste, pour proposer des vins dans un style classique, toujours savoureux et au niveau des meilleurs domaines de ces secteurs.

- La Moynerie, pouilly-fumé 2023 | Sec | 2025>30 | 20 € 90
- Les Bois de Saint-Andelain, pouilly-fumé 2022 | Sec | 2025>40 | 40.5 € 92
- Barre à Mine, pouilly-fumé 2022 | Sec | 2025>45 | 54.5 € 95

Domaine Claude Riffault

★★★★★ ✦

En biodynamie certifiée depuis 2021, le domaine de Stéphane Riffault signe des vins d'une précision rare, avec des cuvées parcellaires qui révèlent brillamment l'expression pure de chaque terroir de l'appellation sancerre. Chaque cuvée, comme la série des Monoparcelles 469 et 538, montrent un véritable travail d'orfèvrerie, où chaque détail compte. Les rouges ont rejoint le niveau des blancs. Le domaine, qui signe une série magistrale de millésimes, est au plus haut niveau de la hiérarchie de notre guide. Bravo pour cette cinquième étoile.

- Les Boucauds, sancerre 2023 | Sec | 2025>40 | 26 € 94
- Les Chasseignes, sancerre 2023 | Sec | 2025>39 | 30 € 94
- Les Chailloux, sancerre 2023 | Sec | 2025>40 | 30 € 94
- La Noue, sancerre 2023 | Sec | 2025>40 | 34 € 95
- Monoparcelle 469, sancerre 2023 | Sec | 2026>50 | 36 € 95
- Monoparcelle 538, sancerre 2023 | Sec | 2027>52 | 36 € 97

Domaine Matthias et Émile Roblin

★★ ➔

En progression constante, les frères Roblin proposent des vins d'une grande régularité, issus d'un vignoble de 17 hectares, répartis principalement sur les terroirs de terres blanches, mais aussi dans les secteurs en coteaux de Maimbray et de Sury-en-Vaux. Nous avons beaucoup aimé le blanc Origine, sauvignon précis et d'un équilibre irréprochable. C'est un domaine où les rapports qualité-prix sonr nombreux.

- Ammonites, sancerre 2023 | Sec | 2025>45 | NC 93
- Grande Côte de la Vallée, sancerre 2023 | Sec | 2025>45 | NC 93
- Enclos de Maimbray, sancerre 2023 | Sec | 2025>35 | NC 91

✦ Star ✚ Valeur sûre ➔ À suivre de près Ⓝ Nouvel.e entrée

Famille Saget

Propriétaire de domaines dans la vallée de la Loire (Centre-Loire, Touraine, Anjou et Pays nantais), Saget La Perrière cherche à illustrer la diversité et les nuances des grands terroirs bordant le fleuve royal. Dirigée aujourd'hui par Laurent Saget qui ne ménage pas ses efforts et les investissements pour maintenir ce large ensemble au premier plan, la maison propose des vins identitaires qui traduisent au mieux l'expression des appellations ligériennes tout en affichant une approche moderne et décomplexée, avec la gamme des vins de cépages (La Perrière) et une gamme de vins de plaisir (Les Eclaireurs). Une adresse où les excellents rapports qualité-prix sont nombreux.

- **Présage, pouilly-fumé 2022** | Sec | 2025>32 | 20 € 90
- **Roches, pouilly-fumé 2022** | Sec | 2025>40 | 30 € 93
- **La Petite Perrière, vin de france 2024** | Sec | 2025>28 | 7.5 € 90
- **La Petite Perrière, vin de france 2024** | Sec | 2025>27 | 7.5 € 89
- **Vaurigny, pouilly-fumé 2022** | Sec | 2025>35 | 26 € 91
- **Les Déserts, pouilly-fumé 2022** | Sec | 2025>37 | 28 € 92
- **El Chardo, vin de france 2023** | Sec | 2025>28 | 9.5 € 89
- **El Pinot, vin de france 2023** | Sec | 2025>28 | 9.5 € 90
- **L'Effet Papillon, savennières 2021** | Sec | 2025>35 | 19 € 93

Château de Sancerre

Fondé en 1919 par Louis-Alexandre Marnier-Lapostolle, le vignoble du château de Sancerre appartient désormais à la maison saumuroise Ackerman, qui dispose de 55 hectares plantés en sauvignon et pinot noir. Plusieurs cuvées sont recommandables, comme l'assemblage de terroirs et de vieilles vignes de la Connétable de Sancerre, intense en rouge comme en blanc. Clos du Roy et Chêne Marchand complètent une gamme de plus en plus soignée.

- **Terre de Silex, sancerre 2022** | Sec | 2025>35 | 34 € 91
- **Chêne Marchand, sancerre 2022** | Sec | 2025>37 | 47.9 € 90
- **Clos du Roy, sancerre 2022** | Sec | 2025>37 | 43.7 € 92
- **Tradition, sancerre 2023** | Sec | > | 21.45 € 88
- **L'Amphore, sancerre 2022** | Sec | 2025>30 | 44.75 € 90

Domaine Sautereau

Situé dans la commune de Crézancy, dans le sud de l'appellation sancerre, ce domaine familial d'une vingtaine d'hectares s'étend sur les communes de Crézancy, Bué et Sancerre, présentant ainsi une belle diversité de terroirs. Nouveau venu dans notre guide, c'est une adresse à découvrir. L'ensemble des vins affiche une qualité homogène.

- **sancerre 2022** | Sec | 2025>29 | 21 € 88
- **Caprice, sancerre 2020** | Sec | 2025>35 | 31 € 91
- **Chêne Marchand, sancerre 2022** | Sec | 2025>40 | 31 € 90

Domaine Sérol

Carine et Stéphane Sérol continuent de mener ce domaine familial de 34 hectares sur la voie de l'excellence. Artisans du gamay sur les sols volcaniques (granite et porphyre) de la Côte-Roannaise, le duo a mis en place une viticulture de précision en biodynamie. Tous les vins de la gamme offrent raffinement et gourmandise, aussi bien les cuvées de plaisir (Éclat de granit, Originelles) que les cuvées parcellaires (Oudan, Les Millerands, Perdrizière) qui se bonifient avec la garde. Les cuvées qui mettent en avant des « cœurs de parcelles » (Chez Coste, Chez Blondin, Chez Muron) sont élevés en amphore et constituent des références stylistiques pour l'appellation. Les blancs progressent également.

- **Les Blondins, côte roannaise 2022** | Sec | 2025>30 | 19 € 95
- **Oudan, côte roannaise 2023** | Sec | 2025>35 | 19 € 93
- **Perdrizière, côte roannaise 2023** | Sec | 2025>32 | 23 € 93
- **Éclat de Granite, côte roannaise 2023** | Sec | 2025>30 | 14 € 93
- **Chez Coste, côte roannaise 2022** | Sec | 2025>34 | 33 € 95

Domaine Tabordet

Situé dans le village de Verdigny, ce domaine conduit en bio (16 hectares en pouilly-fumé, 5 en sancerre) a été créé dans les années 1960 par Raymond Tabordet. Il a été dirigé habilement par ses deux fils, Yvon et Pascal, qui l'ont agrandi. Aujourd'hui, Pascal travaille avec son fils Marius et son neveu Gaël pour proposer une gamme de vins francs avec ce qu'il faut de complexité.

- **Les Champs des Chaumes, pouilly-fumé 2023** | Sec | 2025>35 | 23 € 92
- **L'Autre-Rive, pouilly-fumé 2023** | Sec | 2025>34 | 22 € 91
- **sancerre 2023** | Sec | 2025>30 | 16 € 90

Domaine Jean Teiller

Avec application et sensibilité, Patricia Teiller et Olivier Luneau incarnent la quatrième génération de ce domaine familial. Ils ont converti en biodynamie les 18 hectares de leur vignoble et élaborent des blancs ciselés et des rouges d'une belle persistance aromatique.

- **Hommage, menetou-salon 2023** | Sec | 2025>35 | NC 92
- **Expression, menetou-salon 2023** | Sec | 2025>30 | NC 90
- **La Montaloise, menetou-salon 2022** | Sec | 2025>35 | NC 92

Domaine de Terres Blanches

Situé à Bué, le domaine de Terres Blanches propose des vins dans plusieurs appellations du Centre-Loire. Sauvignon de plaisir, le coteaux-du-giennois Alchimie est une belle initiation pour découvrir la philosophie du domaine. Les cuvées classiques en sancerre sont des expressions minérales qui proviennent de l'assemblage des différents terroirs. Et les sélections parcellaires dévoilent toute la profondeur et la complexité des grands vins de lieu du secteur. Tout est en progrès ces derniers millésimes.

- **sancerre 2023** | Sec | 2025>32 | 20 € 91
- **Alchimie, coteaux du giennois 2023** | Sec | 2025>30 | 12.5 € 89
- **Chêne Marchand, sancerre 2020** | Sec | 2025>35 | 38 € 94
- **Le Vallon, sancerre 2022** | Sec | 2025>35 | 28 € 93
- **Bellechaume, sancerre 2019** | Sec | 2025>35 | 38 € 92

Domaine Thomas-Labaille

Avant d'entrer dans le village de Chavignol, on aperçoit le chai de cette grande famille vigneronne, incarnée aujourd'hui par Jean-Paul Labaille et son épouse Florence, à la tête d'un domaine de 11 hectares essentiellement situés dans les secteurs de Chavignol et de Sury-en-Vaux. La cuvée Les Aristides, issue de vignes de 35 ans provient du secteur qualitatif et pentu des Monts Damnés, est un vin en finesse, longiligne et racé. La cuvée parcellaire Fleur de Galifard issue de vignes cinquantenaires est taillée pour la garde.

- **Les Aristides, sancerre 2023** | Sec | 2025>35 | 17 € 92
- **Monts Damnés, sancerre 2023** | Sec | 2025>35 | 22 € 91

Château de Tracy

Sous l'impulsion de Juliette d'Assay, Tracy est un emblème de l'appellation pouilly-fumé. En surplomb de la Loire, son vignoble est consacré au sauvignon blanc, spécialité du domaine. Les différents types de sols, entre argiles à silex, marnes et calcaires, permettent de réaliser plusieurs cuvées imprégnées de ces terroirs et autant de valeurs sûres qui ne déçoivent jamais. Tout est en progrès et les cuvées prestige impressionnent. Un domaine à suivre de près.

- **pouilly-fumé 2022** | Sec | 2025>29 | 26 € 89
- **Mademoiselle de T, pouilly-fumé 2022** | Sec | 2025>29 | 19.5 € 90
- **101 Rangs, pouilly-fumé 2019** | Sec | 2025>40 | 61.9 € 92

Domaine Vacheron

Sur leur domaine familial du Sancerrois, comptant une cinquantaine d'hectares, les cousins Jean-Dominique et Jean-Laurent Vacheron ont mis en place dès 2004 un mode de culture biodynamique. Influencés par la Bourgogne où ils ont fait leurs armes, ils poursuivent le développement des cuvées parcellaires mises en place par la génération précédente tant en blanc qu'en rouge. Les vins magnifient leur lieu de naissance, avec un éventail de goûts d'une grande originalité, de fortes personnalités et une capacité à bien évoluer dans le temps. Coup de cœur pour les rouges 2022 aériens et subtils. Les blancs 2023 sont à la hauteur de la réputation du domaine.

- **Les Romains, sancerre 2023** | Sec | 2025>45 | NC 95
- **Les Marnes, sancerre 2022** | Sec | 2027>57 | NC 97
- **sancerre 2023** | Sec | 2025>32 | NC 93
- **Paradis, sancerre 2023** | Sec | 2025>45 | NC 94
- **Guigne Chèvre, sancerre 2023** | Sec | 2025>45 | NC 96
- **Le Pavé, sancerre 2023** | Sec | 2025>50 | NC 95
- **Belle Dame, sancerre 2022** | Sec | 2025>50 | NC 97

✦ Star ✚ Valeur sûre ➔ À suivre de près N Nouvelle entrée

Domaine Alexandre et Antoine Vétois

★

Les jumeaux Alexandre et Antoine Vétois mènent chacun de leur côté une vie professionnelle dans les propriétés alentours, avant de se retrouver le soir et le weekend pour s'occuper ensemble de ce domaine de Crézancy où ils cultivent comme un jardin leur vignoble regroupant 1,44 hectare. Après trois premiers millésimes prometteurs, leurs cuvées de 2022 regoûtées en bouteille confirment : élégants et ciselés, les vins sont à suivre de près.

- **sancerre 2023** | Sec | 2025>29 | 18 € — 90
- **Clos du Roy, sancerre 2022** | Sec | 2025>34 | 30 € — 92

Domaine Vial

★

Figure tutélaire de ce domaine d'une dizaine d'hectares, la « Denise » est la vache sacrée qui veille sur le vignoble des frères Vial, vignerons talentueux qui donnent au gamay cette espièglerie très originale dans le secteur de Bouthéran. Les rouges sont fins, déliés et concentrés. On trouvera aussi un viognier parfait à l'apéritif.

- **Bouthéran Réserve, côte roannaise 2023** | Sec | 2025>32 | 9.5 € — 91
- **Marquis, côte roannaise 2023** | Sec | 2025>31 | 9.5 € — 90
- **Bouthéran, côte roannaise 2024** | Sec | 2025>30 | 9.5 € — 90

Touraine

Domaine Philippe Alliet

★★★★ ✦

Plus que jamais l'une des références de la Loire, le domaine de la famille Alliet – Claude, Philippe et leur fils Pierre – est dévoué à la cause des grands vins de cabernet franc. Les vins ont encore gagné en raffinement dans leur jeunesse tout en gardant beaucoup de tenue dans le temps. La cuvée Coteau de Noiré, issue d'un terroir argilo-calcaire exposé plein sud, brille par son potentiel de garde, tandis que la cuvée L'Huisserie monte en intensité au fil des millésimes.

- **Coteau de Noiré, chinon 2023** | Sec | 2028>50 | 30 € — 96
- **L'Huisserie , chinon 2023** | Sec | 2025>40 | 25 € — 94
- **Vieilles vignes , chinon 2023** | Sec | 2025>42 | 17 € — 90
- **chinon 2023** | Sec | 2025>45 | 23 € — 94

Domaine Yannick Amirault

★★★ ✚

Yannick et Benoît Amirault sont des vignerons perfectionnistes naturellement convertis au bio. Ils disposent de 19 hectares de cabernet franc dont les deux tiers en appellation bourgueil et saint-nicolas-de-bourgueil. Avec un patrimoine de vieilles vignes plantés sur des sols d'argiles à silex, notamment sur la croûte calcaire de Bourgueil, ils élaborent des vins aboutis, à l'image de la cuvée Grand Clos, vin profond et intense qui prend de jolies notes florales avec le temps.

- **Les Quartiers, bourgueil 2022** | Sec | 2025>40 | 18 € | ☘ — 92
- **La Mine, saint-nicolas-de-bourgueil 2023** | Sec | 2025>32 | 17 € — 91
- **Les Malgagnes, saint-nicolas-de-bourgueil 2023** | Sec | 2025>45 | 24 € — 95
- **Le Grand Clos, bourgueil 2022** | Sec | 2027>40 | 20 € — 94

Domaine Bernard Baudry

★★★ ✚

Mathieu Baudry a bien pris la mesure de ce domaine exemplaire de Cravant. Son père Bernard reste toujours en soutien à la vigne comme à la cave. Ils ont bâti leur réputation sur des cabernets francs de garde, séveux, denses et longs, dans un domaine qui compte 30 hectares travaillés en bio. Les cuvées prennent le nom des terroirs qui les portent avec des tarifs encore accessibles.

- **La Croix Boissée, chinon 2021** | Sec | 2027>50 | NC — 92
- **Le Clos Guillot, chinon 2022** | Sec | 2027>37 | NC — 93
- **chinon 2022** | Sec | 2025>35 | NC — 90

Domaines Baudry-Dutour

★★★ ✚

Renforcée au fil de leur association au début de ce siècle, la philosophie de Christophe Baudry et Jean-Martin Dutour est de créer une synergie entre leurs domaines viticoles de Touraine, en particulier autour du Chinonais (domaine de la Perrière, château de Saint-Louans, château de la Grille et domaine du Roncée) Côté cultural, on met en valeur chaque écosystème, ce qui se retrouve de la gamme signature aux cuvées de prestige.

- **Domaine du Roncée - Clos des Marronniers, chinon 2022** | Sec | 2025>45 | 14 € — 93
- **Château de la Grille, chinon 2021** | Sec | 2025>40 | 26 € — 92
- **Château de Saint-Louans, chinon 2018** | Sec | 2025>45 | 30 € — 93
- **Château de Saint-Louans, chinon 2022** | Sec | 2025>40 | 30 € — 92

Domaine du Bel-Air

★★★ ➔

Sur ce domaine de 18 hectares certifiés bios, Pierre Gauthier fait parler son expérience à la vigne et laisse s'exprimer son fils Rodolphe en cave. Le domaine applique une procédure précise : raisins égrappés, triés sur table avant d'être encuvés pour des fermentations traditionnelles et en levures indigènes après une macération préfermentaire à froid. La cuvée Vingt lieux-dits est un assemblage fruité d'une vingtaine de parcelles sur sols d'alluvions, Les Grands monts est taillée pour la grande garde et le recherché Clos nouveau est l'un des meilleurs cabernets francs de la vallée de la Loire.

- **Jour de Soif, bourgueil 2024** | Sec | 2025>27 | 14.5 € — 89
- **Les Grands Monts, bourgueil 2021** | Sec | 2027>47 | 38 € — 92
- **Clos Nouveau, bourgueil 2021** | Sec | 2026>56 | 75 € — 94

Domaine de Bellivière

★★★ ✚

Laure-Anne et Clément Nicolas prennent en main la succession de Christine et Eric, tout en profitant pleinement du nouveau chai gravitaire. Dans ce domaine qui incarne comme nul autre la Sarthe viticole, l'ambition de faire briller au plus haut niveau les vins de Jasnières reste inchangée. Le vignoble de 15 hectares est conduit en bio et biodynamie et tous les vins affichent une belle personnalité qui justifient pleinement leurs prix entre 20 et 42 euros.

- **L'Effraie, coteaux du loir 2022** | Sec | 2025>32 | 23 € — 93
- **Vieilles vignes Éparses, coteaux du loir 2022** | Sec | 2027>57 | 42 € — 95
- **Les petits vélos, en tandem, vin de france** | Brut | 2025>27 | 18 € — 90

Benjamin Serer

★ Ⓝ

Ayant travaillé de nombreuses années pour le groupe Ducasse, Benjamin Serer est d'abord passé par l'univers des tables étoilées, avant de prendre la décision, en 2006, de revenir en Touraine, sa région natale, pour y devenir vigneron. Après des études au lycée viticole d'Amboise, il fait ses armes au domaine Foreau et chez Vincent Carême, puis s'installe en 2019 à Vernou-sur-Brenne, avec 1,6 hectares en appellation vouvray sur des sols argilo-calcaire. Ses vignes cinquantenaires cultivées selon les préceptes de l'agriculture bio sont voisines du fameux Clos de Bourg du domaine Huet. Tous les vins dégustés sont équilibrés et précis.

- **Le Bouchet, vouvray 2022** | Sec | 2025>50 | 21 € — 92
- **Les Grandes Dames, vouvray 2023** | Sec | 2025>45 | 21 € — 91
- **Les Trois Chênes, vouvray 2023** | Sec | 2025>40 | 14 € — 90

Domaine des Bernard

★ Ⓝ

Ce domaine situé dans le Chinonais, conduit en agriculture biologique, est né de la rencontre entre Bernard Gault, son propriétaire, Nicolas Reau, vigneron au Clos des Treilles, et leur ami Bernard Pelé. Le vignoble (10 hectares) fait la part belle au cabernet franc, avec en supplément un hectare de chenin. Les rouges sont d'une belle étoffe, et le blanc aussi expressif qu'énergique.

- Les trois piliers, chinon 2022 | Sec | 2025>30 | 16 € | ☘ 90
- Pallus, chinon 2022 | Sec | 2025>30 | 26 € | ☘ 90
- La Côte, chinon 2022 | Sec | 2025>32 | 26 € | ☘ 89
- Ballet, chinon 2022 | Sec | 2025>35 | 48 € 91

Domaine Bonnigal Bodet

★ N

En reprenant le domaine familial, Jean-Baptiste Bonnigal s'est associé à son ami Stéphane Bodet avec l'ambition de restructurer ce domaine de 90 hectares pour en conserver une cinquantaine sur les meilleurs parcellaires autour d'Amboise où le chenin et le côt réussissent bien. En conversion bio, le domaine prône le retour à des méthodes naturelles et à des vendanges manuelles. Les derniers millésimes ont de l'allure, avec des rouges croquants et pulpeux, d'une belle séduction et des blancs ciselés.

- Mont Luma, touraine amboise 2019 | Sec | 2025>40 | 23 € 91
- Génésis, Les Quartiers-Longs, touraine amboise 2023 | Sec | 2025>27 | 16 € 89
- Beauvoirs, touraine amboise 2023 | Sec | 2025>35 | 25 € 90
- Les Tonnes Baril, touraine amboise 2023 | Sec | 2025>35 | 22 € 91

Domaine Sébastien Brunet

★★

Sébastien Brunet a progressivement constitué, avec l'acquisition de parcelles de vignes dans de beaux terroirs, ce domaine de 15 hectares cultivés en bio, dont les vignes se répartissent dans les secteurs de Reugny, Chançay et Vernou. La gamme met bien en avant les spécificités de ce découpage parcellaire et les vins du millésime 2023 donneront un plaisir certain et immédiat.

- Renaissance, vouvray 2023 | Sec | 2025>35 | 17.5 € 92
- Les Pentes de la Folie, vouvray 2023 | Sec | 2025>45 | 26 € 93
- Fosse Rouge, vouvray 2023 | Sec | 2025>45 | 28 € 92

Domaine de la Butte

★★★★ ✦

Suite à la disparition de Jacky Blot en mai 2023, son fils Jean-Philippe assure de belle façon la continuité de ce domaine phare de Bourgueil. Dominant les plaines alluviales, le vignoble s'est développé sur l'un des plus beaux coteaux argilo-calcaires de l'appellation, exposé plein sud. On y applique une logique parcellaire sur le modèle bourguignon et les vins n'ont pas d'équivalent dans l'appellation par leur profondeur, leur sensualité et leur finesse de tannin. Ils évoluent aussi parfaitement avec le temps.

- Le Haut de la Butte, bourgueil 2022 | Sec | 2025>35 | 22 € 94
- Perrières, bourgueil 2022 | Sec | 2025>45 | 26 € 95
- Coteaux du Levant, bourgueil 2023 | Sec | 2025>35 | 20 € 93

Clos des Capucins

★★★ ➔

La vue sur la Vienne, saisissante, ajoute au charme de ce vignoble de trois hectares, dont la moitié est située en terrasses sous le mythique Clos de l'Écho, terroir riche en argilo-calcaires. Cette parcelle produit la cuvée Éminence grise, l'une des plus ambitieuses de l'appellation chinon par sa distinction et sa finesse de tannin. D'approche plus immédiate, la cuvée Perfectly drinkable se révèle souple et gourmande. Fiona Beeston, passée par le journalisme du vin, veille sur ce jardin d'Eden, bien soutenue par ses enfants passionnés de grands vins.

- Fiona Beeston's Perfectly Drinkable, chinon 2022 | Sec | 2025>27 | 25 € 90
- chinon 2020 | Sec | 2025>35 | 45 € 94

Domaine Vincent Carême

★★★ +

À Vouvray, Vincent Carême a imposé son style, avec des vins brillants, purs, précis et lumineux, proposés entre 15 et 20 euros et donc d'un grand rapport prix-plaisir. Les derniers millésimes offrent des vins qui sont parmi les plus accomplis de la propriété et de l'appellation. Toujours intéressante, la qualité des effervescents est à signaler et le brut non dosé est superbe. Il faut passer commande sur le champ.

- Le Peu Morier, vouvray 2023 | Sec | 2025>55 | 25 € 93
- Tendre, vouvray 2022 | Demi-sec | 2025>50 | 17.5 € 93
- Première Trie, vouvray 2018 | Moelleux | 2025>55 | 48 € 95
- Le Clos, vouvray 2022 | Sec | 2025>47 | 29 € 94
- Clos de la Roche, vouvray 2022 | Sec | 2025>40 | 28 € 92
- vouvray 2024 | Moelleux | 2025>50 | 26 € 93

Domaine de la Chapelle

★ N

Promoteur et mécène, Laurent Dumas est le nouveau propriétaire de l'ex-domaine Jourdan, situé à Cravant et cultivé selon les pratiques de l'agriculture bio et de la biodynamie. Le vignoble se compose de 15,5 hectares de cabernet franc et de 1,5 hectares de chenin. Avec un premier millésime en 2023, le domaine semble sur de bons rails, avec des cuvées précises, jouant chacune dans le registre de la gourmandise.

- Les Joueurs, chinon 2023 | Sec | 2025>30 | 16 € | ☘ 89
- Les Lutteurs, chinon 2023 | Sec | 2025>35 | 24 € | ☘ 92
- Les Grands Bournais, chinon 2023 | Sec | 2025>40 | 18 € 92

Domaine François Chidaine

★★★★ +

François Chidaine, l'un des chefs de file du renouveau des vins de Montlouis-sur-Loire, met en valeur toutes les nuances de chaque parcellaire entre argiles à silex, craies blanches et tuffeau, selon un mode de culture biodynamique. Il peut compter dans son projet sur l'autre rive du fleuve (une dizaine d'hectares en vouvray) sur le concours et le soutien de son épouse Manuela et désormais de ses enfants Alice et Pierre qui ont rejoint le domaine. Des grands vins de gastronomie qui s'affinent avec le temps.

- Clos du Breuil, montlouis-sur-loire 2023 | Sec | 2028>48 | 26 € 92
- Clos Habert, montlouis-sur-loire 2020 | Demi-sec | 2026>46 | 27 € 93
- Les Bournais, montlouis-sur-loire 2023 | Sec | 2025>40 | 33 € 94
- Les Tuffeaux, montlouis-sur-loire 2020 | Demi-sec | 2025>45 | 23.4 € 93
- Baudoin, vin de france 2023 | Sec | 2033>73 | 33 € 96

Domaine de la Cotelleraie

★★ ➔

Avec son vignoble converti en agriculture biologique, Gérald Vallée a entrepris un travail en profondeur pour traduire dans ses vins l'élégance et la délicatesse que permettent les terroirs variés de l'appellation saint-nicolas-de-bourgueil. La gamme est étonnante dès les premiers vins, élégants, racés, profonds et savoureux. Il y a de quoi trouver son bonheur parmi une gamme de vins à prix raisonnables.

- Le Vau Jaumier, saint-nicolas-de-bourgueil 2022 | Sec | 2025>35 | 20 € 92
- L'Envolée, saint-nicolas-de-bourgueil 2022 | Sec | 2025>42 | 25 € 93
- Postumus, saint-nicolas-de-bourgueil 2022 | Sec | 2025>30 | 30 € 90

Château de Coulaine

★★ ➔

Jean et Tatiana, la nouvelle génération de la famille Bonnaventure, fait progresser de la plus belle des façons ce domaine historique, cité par François Rabelais dans Gargantua. L'âge des vignes aidant et le mode cultural tourné vers le bio contribuent au succès grandissant de cette propriété où l'on trouve de bons rapports qualité-prix. Gamme recommandable et adresse sérieuse.

- Les Picasses, chinon 2022 | Sec | 2025>40 | 19 € 93
- Diablesse, chinon 2022 | Sec | 2027>37 | 24 € 92

Pierre et Bertrand Couly

★★★ +

Ce domaine d'une vingtaine d'hectares labélisés HVE produit des vins intensément fruités, toujours sur la fraîcheur, avec des accents de violette et des textures soyeuses. Aux chinons gourmands de l'entrée de gamme du domaine s'ajoute la cuvée V, plus complexe par sa pureté et son bouquet fruité. Les cuvées Clos de la Haute Olive et Clos du Parc sont taillées pour la garde. Les rapports qualité-prix sont nombreux.

- Les Blancs Closeaux, chinon 2024 | Sec | 2025>34 | 17 € 90
- Saint-Louans, chinon 2022 | Sec | 2027>47 | 17 € 90
- 4M, chinon 2022 | Sec | 2025>31 | 27.5 € 91

Domaine Timothée Delalle

★

Formé par Jacky Blot, Thimotée Delalle est l'un de ses disciples les plus brillants. Il s'est installé sur des terroirs oubliés de Touraine couvrant 8 hectares, côté rive droite de la Loire, à l'ouest de Tours sur les premières côtes de Luynes et de Fondettes, plantant au fil du temps chenin, cabernet

✦ Star + Valeur sûre ➔ À suivre de près N Nouvelle entrée

franc, grolleau et gamay. On retrouve sa liberté de ton dans ses vins équilibrés qui mettent en avant le fruit.

- PL1953G, val de loire 2023 | Sec | 2025>30 | 12 € 91
- Le moulin doré, val de loire 2023 | Sec | 2025>30 | 15.8 € 90
- Le Haut du Repos, val de loire 2023 | Sec | 2025>29 | 18 € 92

Domaine Xavier Frissant

Xavier Frissant est l'un des plus fins vinificateurs de la Loire. Ses pratiques culturales bios lui permettent d'exprimer avec brio le caractère des parcelles de son domaine de 18 hectares. Ses terroirs argilo-siliceux et limoneux-sableux se répartissent sur les premières côtes du village de Mosnes, en appellation touraine et touraine-Amboise. La gamme est complète et couvre toutes les occasions.

- L'Orée des Fresnes, touraine amboise 2022 | Sec | 2025>35 | 15 € 93
- Côt des Pierres, touraine amboise 2023 | Sec | 2025>30 | 11 € 92
- La Griffe d'Isa, val de loire 2023 | Sec | 2025>32 | 22 € 92

Domaine Thomas Frissant

Un savoir-faire acquis auprès de son père Xavier, complété par des stages en Australie, Nouvelle-Zélande, Bourgogne ou Vallée du Rhône, permet à Thomas Frissant de faire briller son vignoble de 14 hectares situé dans la région d'Amboise. Adepte de la culture bio, ce néo-vigneron fait preuve d'une grande maîtrise à la vigne et en cave pour proposer des vins fruités et vifs. Les cuvées en appellation touraine-Amboise sont parmi les meilleures de l'appellation.

- Perrières, touraine amboise 2021 | Sec | 2025>34 | 28 € 93
- La Touche, touraine amboise 2022 | Sec | 2025>30 | 15 € 91
- Les Rosiers, touraine amboise 2023 | Sec | 2025>40 | 22 € 92

Domaine Fabrice Gasnier

Fabrice Gasnier conduit en biodynamie ce domaine familial de 35 hectares. La cuvée Les Graves est un rouge précis et énergique, tandis que les cuvées Vieilles vignes et Queue de poêlon se montrent intenses et subtiles. Les plus vieilles vignes du domaine (entre 80 à 85 ans) permettent d'élaborer la cuvée Signature, taillée pour la garde. Les vins sont tous d'un grand rapport qualité-prix.

- Vieilles vignes, chinon 2022 | Sec | 2025>35 | 13 € 90
- La Queue de Poêlon, chinon 2022 | Sec | 2025>40 | 18 € 92
- Signature, chinon 2021 | Sec | 2025>26 | 18 € 93
- Clos de la Cure, chinon 2023 | Sec | 2025>35 | 12.5 € 91

Domaine Lionel Gosseaume

Entre Loire et Sologne, Lionel Gosseaume est revenu sur les terres de ses aïeux où il cultive un vignoble de 35 hectares. Les vins sont francs et gourmands, construits autour des cépages menu pineau, côt et sauvignon, toujours très représentatifs d'un esprit ligérien.

- Climat n°1, touraine oisly 2023 | Sec | 2025>30 | 15 € 89
- Climat N°3, touraine 2023 | Sec | 2025>35 | 16 € 91
- Climat n°2, vin de france 2021 | Sec | 2025>32 | 16 € 92

Domaine des Grandes Espérances

Engagé dans une démarche viticole bio, certifiée Ecocert, les 24 hectares du domaine des Grandes Espérances, qui appartient à la famille Saget (Sancerre) est installé sur la commune de Mesland, en plein cœur de la Touraine. Les vins sont issus de terroirs composés majoritairement de sables et de graviers et la gamme se décline en quatre univers : vins de copains, micro-cuvées, effervescents et jus de raisin. Accessibles et charnus, les rouges offrent un charme immédiat et les blancs se révèlent gourmands et minéraux.

- Aurore, touraine 2022 | Sec | 2025>35 | 18 € 91
- La Java, touraine 2023 | Sec | 2025>30 | 8.5 € 90
- Le Génie Orange, vin de france 2019 | Sec | 2025>30 | 16 € 91

Domaine Grosbois

Nicolas et Sylvain Grosbois cultivent 20 hectares de vignes en biodynamie, dans une volonté de polyculture où se côtoient vaches, cochons, légumes, arbres truffiers et abeilles. De quoi alimenter le restaurant qui sert les produits locaux. Les vins sont parmi les meilleurs de l'appellation chinon, provenant soit des sables jaunes de Panzoult, donnant naturellement de la souplesse, ou des secteurs argilo-calcaires, à même de donner des vins plus structurants. La cuvée Gabare charme par son tannin avenant et la cuvée Clos du noyer charme par ses notes minérales et sa profondeur aromatique. Une adresse incontournable !

- Clos du Noyer, chinon 2022 | Sec | 2025>35 | 42 € 93
- Gabarre, chinon 2022 | Sec | 2025>35 | 19 € 91
- Montet, chinon 2022 | Sec | 2025>40 | 28 € 93
- Roncières, touraine azay-le-rideau 2023 | Sec | 2025>35 | 21 € 91

Domaine des Hauts-Baigneux

Nicolas Grosbois (vigneron à Chinon) et Philippe Mesnier ont acheté en 2012 ce domaine de 16 hectares, cultivés en bio. Le duo redonne ainsi une vraie visibilité aux vins du secteur d'Azay-le-Rideau où les sols d'argile à silex permettent au chenin et au sauvignon de s'exprimer avec identité. Le vignoble compte aussi des vieilles vignes de grolleau et a diversifié ses activités entre maraichage, polyculture et bientôt l'ouverture d'un restaurant.

- Clos des Brancs, touraine azay-le-rideau 2023 | Sec | 2025>40 | 32.1 € 92
- grolleau, vin de france 2023 | Sec | 2025>35 | 18 € 91
- Blanc chenin, touraine azay-le-rideau 2023 | Sec | 2025>35 | 32.1 € 91
- sauvignon Pièce des Moulins, touraine 2023 | Sec | 2025>32 | 13.8 € 89

Domaine Huet

Cette propriété phare de Vouvray s'étendant sur 32 hectares est dirigée depuis 2003 par la famille Hwang. L'agriculture biodynamique qui y est pratiquée révèle l'essence des terroirs dans chacune des cuvées, sous la houlette de Benjamin Joliveau. Les sols argileux donnent un vin souple et dense dans la cuvée Le Haut-lieu, ceux de silex un vin droit et tranchant (cuvée Le mont) et ceux à dominante calcaire un chenin rond et très gastronomique (cuvée Clos du Bourg). Les 2023 et 2024 sont particulièrement brillants.

- Le Mont, vouvray 2024 | Sec | 2025>45 | 32 € 93
- vouvray pétillant 2019 | Brut | 2025>40 | 20 € 92
- Haut-Lieu, vouvray 2024 | Sec | 2025>50 | 24 € 92
- Clos du Bourg, vouvray 2023 | Demi-sec | 2025>54 | 33 € 94
- Le Mont , vouvray 2023 | Moelleux | 2025>70 | 35 € 95
- Clos du Bourg, vouvray 2024 | Sec | 2030>50 | 32 € 93

Domaine Charles Joguet

La recherche d'un tannin parfaitement harmonieux et sans accroche est pour Anne-Charlotte Genet la garantie de proposer des vins bons jeunes et encore meilleurs avec l'âge. Séduisants, incarnant charme, complexité et raffinement, les chinons produits ici font partie de l'élite des vins de Loire, s'appuyant sur une fine compréhension d'un vignoble de premier ordre. Si le millésime 2019 est exceptionnel pour les cuvées Chêne Vert, Varennes et Dioterie, les 2021 sont tout aussi délicieux et les 2022 s'annoncent somptueux. L'intégralité de la gamme est d'un très haut niveau.

- Les Varennes du Grand Clos, chinon 2021 | Sec | 2026>40 | 45.5 € 94
- Clos du Chêne Vert chinon 2021 | Sec | 2027>60 | 54 € 96
- Clos de la Dioterie, chinon 2021 | Sec | 2027>50 | 58 € 97
- Les Charmes, chinon 2022 | Sec | 2025>40 | 27 € 93

Domaine La Grange Tiphaine

Damien Delecheneau produit sur sa quinzaine d'hectares de son vignoble cultivés en biodynamie des vins qui peuvent servir d'exemples sur les appellations touraine, touraine Amboise et montlouis. Les vins sont d'une grande précision et très élégants : des rouges au caractère floral et des blancs toujours subtils, issus de raisins récoltés à parfaite maturité. Une adresse attachante où les vins sont purs. Les vins des millésimes 2023 et 2022 sont incontournables.

- Clef de Sol, montlouis-sur-loire 2023 | Sec | 2025>37 | 24 € 93
- Les Grenouillères, montlouis-sur-loire 2023 | Demi-sec | 2025>35 | 26 € 93
- Clef de Sol, touraine amboise 2023 | Sec | 2025>35 | 24 € 93
- côt vieilles vignes, touraine amboise 2022 | Sec | 2025>35 | 30 € 94
- Les Ormeaux, touraine 2023 | Sec | 2025>35 | 30 € 91

Domaine Lamé-Delisle-Boucard

✪✪ ✚

Connu pour ses légendaires 1893 et 1976 et son goût pour le cabernet-sauvignon (environ 10 % de l'encépagement), ce domaine de 44 hectares produit des vins toujours expressifs, y compris les blancs de chenin. En rouge, on apprécie la souplesse des entrées de gamme tandis que puissance et concentration fruitée guident l'esprit de la cuvée Vieilles vignes et des différentes sélections parcellaires. Les vins évoluent favorablement.

- Cuvée Vieilles Vignes, bourgueil 2023 | Sec | 2025>65 | 9.7 € — 91
- Prestige, bourgueil 2022 | Sec | 2025>40 | 10 € — 92
- Les Brunetières, bourgueil 2022 | Sec | 2027>47 | 17 € — 93

Domaine de la Lande

✪ Ⓝ

Trois générations de Delaunay se côtoient désormais sur ce domaine mené en agriculture bio. Le style de la maison consiste à produire des rouges élégants, à la fois longs et savoureux avec des textures harmonieuses, en particulier pour la cuvée Prestige. La macération à froid permet de donner de l'intensité aromatique à l'ensemble des vins de la gamme. Pour constituer son fond de cave, il n'y a pas mieux.

- Prestige, bourgueil 2019 | Sec | 2029>79 | 16 € — 92
- Graviers, bourgueil 2023 | Sec | 2025>30 | 9.5 € — 90
- Clos Barrot, bourgueil 2018 | Sec | 2025>40 | 17 € — 91

Domaine Angélique Léon

✪✪✪ ➔

Au fil des millésimes, Angélique Léon s'est fait une place solide dans la hiérarchie des meilleurs vins de Chinon avec une cuvée domaine très réussie, issue des secteurs de sables et graviers, toujours très florale, souple et subtile. La cuvée Clos de Danzay, produite à partir d'un coteau argilo-calcaire situé à proximité de la confluence entre la Vienne et la Loire, offre un vin équilibré et profond.

- chinon 2023 | Sec | 2025>27 | 8.9 € — 89
- Clos de Danzay, chinon 2022 | Sec | 2027>45 | 12 € — 92

Domaine Frédéric Mabileau

✪✪

La famille Mabileau fait aujourd'hui honneur à Frédéric disparu tragiquement dans un accident en 2020. Son épouse Nathalie et son fils Rémy continuent dans sa lignée exigeante par ses pratiques culturales en biodynamie et les vins n'ont rien perdu de leur éclat. Le saint-nicolas-de-bourgueil Les Rouillières séduit par sa souplesse et sa dimension florale et Les Coutures affiche de la délicatesse et une belle énergie. Côté bourgueil, la cuvée Racines est issue d'un terroir argilo-graveleux est l'un des vins les plus complets de l'appellation.

- Les Coutures, saint-nicolas-de-bourgueil 2021 | Sec | 2025>40 | 18 € — 91
- Racines, bourgueil 2022 | Sec | 2025>40 | 19 € — 92

Henry et Jean-Sébastien Marionnet

✪✪✪✪ ✦

Le domaine d'Henry Marionnet et son fils Jean-Sébastien fait la part belle aux cépages oubliés de Touraine (romorantin, gamay de Bouze), et aux cultures franches de pied (avec une exceptionnelle collection de vignes pour certaines vieilles de 150 ans). Si tous les vins sont brillants, il faut absolument goûter la cuvée issue de vinifications en macération (Première Vendange). À la propriété, les Marionnet expliquent leurs cuvées avec sympathie et intelligence. Un domaine incontournable et inspirant.

- gamay de Bouze, val de loire 2023 | Sec | 2025>35 | 17 € — 93
- Provignage, val de loire 2020 | Sec | 2025>43 | 85 € — 96
- Renaissance, touraine 2023 | Sec | 2025>35 | 24 € — 96
- La Pucelle de Romorantin, val de loire 2022 | Sec | 2025>40 | 33 € — 93
- sauvignon vinifera chenin, touraine 2024 | Sec | 2025>40 | 21 € — 93

Domaine du Clos Naudin

✪✪✪✪✪ ✦

Vincent Foreau succède à son père Philippe, pour élaborer des blancs prodigieux et vibrants, qui gagnent en raffinement avec le temps. Si les secs sont tous excellents, les moelleux sont toujours aussi fantastiques pour leur densité et leur tension, avec une énergie et une longueur considérable ces derniers millésimes. Des vins de gastronomie, avec un millésime 2022 qui fera date. Les 11,5 hectares du domaine seront certifiés bio avec le millésime 2024.

- vouvray 2016 | Demi-sec | 2025>75 | NC — 94
- Réserve, vouvray 2022 | Moelleux | 2025>26 | 55 € — 98
- Réserve, vouvray 2015 | Brut | 2025>50 | 33 € — 95
- vouvray 2024 | Sec | 2029>49 | 29 € — 93
- Goutte d'Or, vouvray 2020 | Moelleux | 2027>57 | NC — 97

Domaine de la Noblaie

✪✪✪✪ ✚

Le méticuleux Jérôme Billard est l'un des vignerons ligériens les plus doués de sa génération. La cuvée Le Temps des cerises, gorgée de fruits est un vin de plaisir immédiat. Blancs Manteaux est une sélection parcellaire de vieilles vignes de 60 ans, avec de la structure et de la fraîcheur. La cuvée Aux Chiens-Chiens affiche de la plénitude et Pierre de Tuffe est l'un des meilleurs vins de garde de Chinon. Des cabernets francs ligériens en 2022 comme en 2023.

- Les Blancs Manteaux, chinon 2022 | Sec | 2026>42 | 16 € — 95
- Pierre de Tuf, chinon 2022 | Sec | 2027>47 | 20 € — 96
- Les Chiens Chiens, chinon 2022 | Sec | 2025>45 | 14 € — 94
- Chante le Vent, chinon 2023 | Sec | 2025>35 | 13.5 € — 92
- Le Temps des Cerises, chinon 2024 | Sec | 2025>27 | 11 € — 90

Domaine de Pallus

✪✪✪

Bertrand Sourdais est un biodynamiste qui a repris le domaine familial de 18 hectares, dont les cuvées parcellaires sont parmi les plus excitantes de l'appellation chinon. Des vins toujours amples, séduisants et dotés d'une grande profondeur et d'un potentiel évident. L'ensemble de la gamme gagne en raffinement et le millésime 2020 a de la classe aujourd'hui.

- Les Pensées de Pallus, chinon 2020 | Sec | 2025>32 | 22 € — 90
- La Croix Boissée, chinon 2020 | Sec | 2027>42 | 70 € — 95
- La Rougerie, chinon 2020 | Sec | 2027>50 | 85 € — 96
- Le Clos de Pallus, chinon 2020 | Sec | 2025>35 | 35 € — 91

Domaine du Petit Bondieu

✪ Ⓝ

C'est en 2012 que Thomas Pichet reprend les 25 hectares du domaine familial, certifié bio depuis 2010. Quatre ans plus tard, il a ajouté trois hectares de plus en appellation chinon et créé une cuvée de blanc d'une réelle profondeur. En bourgueil, la cuvée Petit Mont est un vin soyeux, plein de vitalité, traduisant au mieux l'argile du terroir.

- Le Petit Mont, bourgueil 2023 | Sec | 2025>35 | 12 € — 90
- Haut-Midi, chinon 2022 | Sec | 2025>40 | 16 € — 91

Domaine François Pinon

✪

Ancien urbaniste, Julien Pinon a repris les rênes de ce domaine familial de 15 hectares, conduit en agriculture bio depuis 2003. La propriété produit des vouvrays secs et traçants, taillés pour la garde. La cuvée Les Déronnières est parfaitement ciselée et fidèle à son terroir calcaire, la cuvée Solera est un bel exercice de style et le Brut spontané séduit à l'heure de l'apéritif.

- vouvray 2023 | Sec | 2025>45 | 17.5 € — 91
- Les Déronnières, vouvray 2023 | Sec | 2025>55 | 22.5 € — 92
- vouvray 2022 | Brut | 2025>35 | 19 € — 90

Domaine Olga Raffault

✪✪✪ ✚

Entre Loire et Vienne, voilà un domaine certifié bio de 25 hectares bien conduit par Sylvie, la petite-fille d'Olga Raffault, et son époux Éric de la Vigerie. En entrée de gamme, la cuvée Les Barnabés s'affirme par son style accessible au fruité croquant, la cuvée Les Peuilles enchante par son intensité et la cuvée Les Picasses plaira par sa structure. La Singulière, élevée pour la garde, a besoin de plus de temps. Cette propriété mythique de Chinon est de retour au premier plan.

- Les Barnabés, chinon 2021 | Sec | 2025>44 | 11.5 € — 93
- Les Peuilles, chinon 2021 | Sec | 2025>44 | 14 € — 93
- Les Picasses, chinon 2019 | Sec | 2027>57 | 16 € — 95
- Cuvée Or, chinon 2021 | Sec | 2025>40 | 30 € — 93

Domaine Jean-Maurice Raffault

✪✪✪ ✚

Depuis 1997, Rodolphe Raffault gère l'exploitation que son père a développée. Fort de son passé bourguignon, il a imposé dès son retour les fermentations malolactiques en barriques, très rares dans le chinonais. Les cuvées certifiées bio correspondent dans leur majorité à des parcellaires bien situés qui traduisent l'expression de leur terroir. Un domaine en pleine forme.

- **Le Puy, chinon 2023** | Sec | 2027>47 | 18 € — 94
- **Le Clos d'Isoré, chinon 2022** | Sec | 2025>45 | 13.5 € — 93
- **Les Picasses, chinon 2021** | Sec | 2025>40 | 10.5 € — 92

Domaine Aurélien Revillot

✪ Ⓝ

Originaire du Mâconnais, Aurélien Revillot est un ingénieur agronome et œnologue devenu amoureux du cabernet franc et du Pays de Bourgueil. Côté cultural, l'orientation se révèle bio, avec le souci de retranscrire dans le vin, la particularité d'un parcellaire dans le plus pur style, climat bourguignon. Les vins se révèlent d'une belle pureté aromatique, avec un fruit plein de vitalité, dominé à chaque fois par l'originalité de son terroir.

- **Sur les Hauts, bourgueil 2022** | Sec | 2025>35 | NC — 91
- **Les Aubuis, bourgueil 2021** | Sec | 2025>40 | NC — 93

Domaine Le Rocher des Violettes

✪✪✪ ➔

En culture bio, Xavier Weisskopf exploite neuf hectares en appellation montlouis et quatre en touraine. Ses terroirs sont plantés de vieilles vignes issues de sélections massales, ce qui favorise des cuvées de haut vol. Les blancs impressionnent par leur pureté dans une appellation qui ne manque pas de talents.

- **Côt, vin de france 2022** | Sec | 2025>30 | 16 € — 90
- **Le Grand Clos, montlouis-sur-loire 2022** | Sec | 2025>40 | 26 € — 93
- **Rochère, montlouis-sur-loire 2022** | Sec | 2025>34 | 19 € — 92

Domaine de la Taille aux Loups

✪✪✪✪✪ ✦

Après la disparition de son père, figure charismatique du vignoble, Jean-Philippe Blot a repris seul les rênes, aidé par une équipe soudée. De quoi assurer de la plus belle des façons la pérennité de ce domaine phare qui brille par des vins toujours justes et équilibrés, affichant une grande intensité aromatique et beaucoup de profondeur. Les effervescents sont toujours délicieux, en particulier la cuvée Triple Zéro 2010 qui se révèle magistrale. Les vins dans le millésime 2023 sont de très haute volée.

- **Triple Zéro, montlouis-sur-loire 2010** | Brut | 2025>31 | 20 € — 97
- **Clos de la Bretonnière, vin de france 2023** | Sec | 2025>50 | 28 € — 97
- **Clos Michet, montlouis-sur-loire 2023** | Sec | 2025>45 | 22 € — 94
- **Clos de Mosny, montlouis-sur-loire 2023** | Sec | 2025>45 | 25 € — 96
- **Les Hauts de Husseau, montlouis-sur-loire 2023** | Sec | 2025>55 | 26 € — 97

Domaine Teyras de Grandval

✪ Ⓝ

Passionné de vins, Anatole de La Brosse, installé sur le domaine des Closiers en Saumurois depuis 2019 a fait l'acquisition en 2023 de 17 hectares en Chinonais, essentiellement sur la commune de Cravant-les-Côteaux. Réussis et séduisants, les vins ont retenu notre attention dès le premier millésime.

- **chinon 2023** | Sec | 2025>35 | 34 € — 91
- **chinon 2023** | Sec | 2025>32 | 19 € — 90

Niché sur le versant nord des Alpilles, à Saint-Rémy-de-Provence, le château Romanin, qui s'étend sur 250 hectares, s'enracine à proximité des ruines d'un château de l'ordre des Templiers construit au XIIIe siècle. Le 15 septembre 2016.

Provence

Paradis terrestres

Trente ans de changements et de remises en question et voici le vin de Provence sur la carte du monde. Pas le temps de savourer ce succès, ces domaines et maisons sont déjà prêts à affronter les défis qui s'annoncent

sélection ***Antoine Pétrus***

Domaine de l'Abbaye de Lérins

★★★ ✚

En matière de viticulture et dans bien d'autres domaines de la production agricole ou non, les moines de l'Abbaye de Lérins font preuve d'une sensibilité propre, en étant à l'écoute du vivant. A Saint-Honorat, île paisible baignée de lumière où la figue de Barbarie se joint à la prière, le vin est en perpétuelle renaissance et en constante contemporanéité. Sur huit hectares de vignes bercées par les embruns marins, protégées par une bande de végétation haute, les vins proposés nous ont tous convaincus. La cuvée Saint-Lambert, pur mourvèdre, est exceptionnel dans sa profonde constitution.

- **Saint-Honorat, IGP Méditerranée 2020** | Sec | 2025>35 | NC | ☘ — 93
- **Saint-Pierre, IGP Méditerranée 2023** | Sec | 2025>35 | NC | ☘ — 93

Domaine des Alpilles

★★ ⊛

Dix hectares de vignes, dix cépages choisis, 300 oliviers et 600 chênes truffiers sont le socle de ce domaine naissant à l'ombre du Petit Calan et du Gros Calan des Alpilles. Cette aventure passionnante est pilotée par Justine Duble, la brillante maître de chai engagée et déterminée. Les trois couleurs sont à présent disponibles et le rouge, délié et délicat, fait une entrée tonitruante dans la gamme.

- **alpilles 2023** | Sec | 2026>33 | 16 € — 95
- **alpilles 2023** | Sec | 2026>33 | 38 € — 94

Château Angueiroun

★★ N

Sur les hauteurs de Bormes-les-Mimosas, le château Angueiroun donne naissance à des vins issus d'un terroir vallonné tourné vers la baie du Lavandou. Conduit en agriculture biologique depuis 2020, le domaine valorise des pratiques respectueuses de l'environnement. Chaque cuvée exprime une certaine élégance et une belle fraîcheur. Rosés délicats, rouges profonds, blancs lumineux, ce sont tous d'excellents rapports qualité-prix.

- **Prestige, côtes de provence la londe 2024** | Sec | 2025>27 | 19.5 € — 90
- **Réserve, côtes de provence 2024** | Sec | 2025>26 | 16 € — 89
- **Prestige, côtes de provence la londe 2024** | Sec | 2025>27 | 22 € — 89
- **Enkhelis, côtes de provence la londe 2024** | Sec | 2025>28 | 41 € — 91
- **Réserve, côtes de provence 2024** | Sec | 2025>26 | 15 € — 89
- **Enkhelis, côtes de provence la londe 2024** | Sec | 2025>28 | 41 € — 90

Domaine du Bagnol

★★ ⊛

Cette propriété de l'attachante famille Genovesi, sous l'impulsion du patriarche Jean-Louis, secondé par Sébastien et sa sœur Lisa, est l'une des premières à avoir produit un vin de Cassis, dont les origines remontent à 1884. Le vignoble (23 hectares), situé dans les quartiers de premier ordre de l'appellation, est tout en restanques orientées Sud-Ouest, comme l'excellent secteur de « Courton », sis au pied du Cap Canaille. Profitant de sols argilo-calcaires et des embruns méditerranéens, la propriété propose un vin au style soigné et bien pensé, avec ce qu'il faut de texture apportée par des élevages intelligents et adaptés.

- **Marquis de Fesques, cassis 2021** | Sec | 2026>30 | 29 € — 92
- **Tradition, cassis 2024** | Sec | 2026>30 | 20 € | ☘ — 91
- **Marquis de Fesques, cassis 2022** | Sec | 2026>35 | 29 € | ☘ — 92
- **Caganis, cassis 2022** | Sec | 2026>30 | 24 € — 92
- **Marquis de Fesques, cassis 2022** | Sec | 2026>30 | 29 € | ☘ — 92
- **Luni, vin de france 2023** | Sec | 2026>30 | 48 € | ☘ — 95

Domaine Baravéou

★★★ ⊛

On admire le travail colossal, entrepris ici depuis 2011, par Jean-Philippe Fourney, figure discrète et travailleuse qui a façonné son vignoble tout en cirque de restanques à Baravéou. S'ensuit une gamme de vins identitaires, issus de moins de cinq hectares, vinifiés en infusion douce pour donner des tannins tendres. Le temps donnera raison à ce vigneron passionné et le meilleur niveau de Bandol se rapproche. Les rouges se montrent d'une grande cohérence de texture et la gamme propose un rosé savoureux.

- **bandol 2021** | Sec | 2026>40 | 40 € — 96
- **bandol 2022** | Sec | 2026>40 | NC — 96

Château Barbanau

★

Fleuron de Cassis, Barbanau nous a séduits cette année avec l'excellente cuvée Khalari. Le domaine a été récemment repris par Romain Tchénio, homme d'affaires passionné et passionnant. Le vignoble impeccablement conduit en agriculture biologique a fait l'objet de replantations importantes pour réaliser des rosés de qualité.

- **Kalahari, cassis 2022** | Sec | 2025>30 | 34 € | ☘ — 92
- **L'Instant, côtes de provence 2024** | Sec | 2025>27 | 14 € | ☘ — 90
- **Clos Val Bruyère, cassis 2024** | Sec | 2025>30 | 19.5 € | ☘ — 94
- **L'Instant, côtes de provence 2024** | Sec | 2025>27 | 13 € | ☘ — 90
- **Et Cae Terra, côtes de provence 2024** | Sec | 2025>30 | 18.5 € | ☘ — 93

✦ Star ✚ Valeur sûre ⊛ À suivre de près N Nouvelle entrée

Mathieu Mariotti, Clos de Caille

Mathieu Mariotti a grandi au Clos de Caille, la maison de vacances achetée par ses parents, Jean-Pierre et Simona, en 1992. Après une première vie de trader en matières premières, entre la Colombie et les États-Unis, il est devenu directeur financier du groupe immobilier monégasque fondé par son grand-père. En 2021, il a pris la direction du domaine viticole dans lequel, gamin, il avait travaillé tous les étés comme ouvrier agricole et commercialisé, la même année, le premier millésime produit par le domaine depuis 1992. C'est ce que l'on appelle un retour aux racines. *Hicham Abou Raad*

Château Bas

Situé au cœur du pays d'Aix, le château Bas a été construit sur une ancienne cité gallo-romaine. Un lieu magnifique et plein de charme avec ses grands platanes et ses vestiges. En 2020, la famille bordelaise Castéja a fait l'acquisition de ces 385 hectares dont 70 de vignes certifiées bio depuis dix ans, avec l'ambition, comme ils l'expliquent avec humour, de les tirer vers le haut. Une restructuration est depuis menée par ces grands experts pour laisser s'exprimer ce terroir puissant qui culmine à 300 mètres et dont les sols fertiles et profonds produisent des vins où acidité et fraîcheur s'équilibrent parfaitement.

- coteaux d'aix-en-provence 2024 | Sec | 2025>27 | NC 91
- coteaux d'aix-en-provence 2024 | Sec | 2025>07 | NC 91
- coteaux d'aix-en-provence 2023 | Sec | 2025>30 | NC 92

Domaine de la Bastide Blanche

Julien et Nicolas Bronzo, propriétaires de ce domaine de premier ordre, et Stéphane Bourret, directeur technique précis et avisé s'occupent de ce vaste vignoble qui met en avant l'expression très fine des terroirs du Castellet, une grande diversité d'encépagement, la biodynamie et une fois en cave, des vinifications prônant l'infusion et un recours au bois, agissant comme un affineur plus qu'un outil de muscle.

- Fontanéou, bandol 2017 | Sec | 2026>40 | 32 € 94
- bandol 2022 | Sec | 2026>35 | 24 € 93

Villa Baulieu

Clos protégé situé dans le cœur du château Beaulieu, ce terroir choyé est supervisé par le génial Stéphane Derenoncourt aux côtés de Michel Fabre, le maître de chai. Grâce à Pierre Guénant, dont nous saluons ici la mémoire, ils ont dynamisé et propulsé ce cru au sommet de la haute expression de la Provence viticole. Le blanc se montre majestueux, en grâce et en allonge, parfaite union de rolle et du sauvignon. Un rouge de style, au corps infusé est signé par le mariage du cabernet-sauvignon et d'une syrah effilée.

- Villa Baulieu, coteaux d'aix-en-provence 2019 | Sec | 2025>35 | 40 € 94

Domaine de la Bégude

La Bégude continue sa fabuleuse ascension, diversifiant ses cuvées sans se détourner de l'âme originelle de cet immense terroir. Laurent Fortin en assure une direction générale ambitieuse et active. Et il a eu la bonne idée de confier la direction technique à l'excellent Vincent Bouyer, passionné par l'endroit et son écosystème. Le style s'affirme avec trois couleurs à l'unisson, fait rarissime à Bandol, issues d'un vignoble de 55 parcelles réparties sur 30 hectares au cœur des massifs boisés. La cuvée Brulade, must have du domaine, est issu d'un vignoble à plus de 400 mètres d'altitude, livre depuis toujours une expression profonde et séveuse.

- bandol 2017 | Sec | 2026>40 | NC 95
- La Brulade, bandol 2018 | Sec | 2026>35 | 70 € 96
- bandol 2023 | Sec | 2026>30 | NC 93
- Thyrsus, méditerranée 2024 | Sec | 2026>30 | NC 91

Domaine des Bergeries de Haute-Provence

Avec beaucoup d'exigence, Jean-Luc Monteil prend soin de son domaine, le plus haut vignoble des Alpes-de-Haute-Provence, perché à 600 m entre les parcs du Luberon et du Verdon. Cultivé en bio depuis l'origine sur une terre vierge de tout intrant chimique, le vignoble est certifié en biodynamie dès les vendanges 2024. Sur 6 hectares, il cultive 11 cépages dont quelques variétés inattendues pour la région comme de la barbera, du nebbiolo ou encore du bianco gentile. Précis et élégants, les vins sont très originaux, peu sulfités (32 à 70 mg/l), élevés en amphores ou œufs béton. Blancs et rosés séduisent par leur tension, leur droiture et leur éclat minéral. Un domaine d'avenir et de caractère.

- Les Bories, alpes-de-haute-provence 2023 | Sec | 2025>28 | 16 € 90
- Via Domitia, alpes-de-haute-provence 2023 | Sec | 2025>30 | 25 € 90
- Sous le Bois, alpes-de-haute-provence 2023 | Sec | 2025>30 | 20 € 91
- Les Pénitents, alpes-de-haute-provence 2023 | Sec | 2025>30 | 25 € 90

Château de Berne

Le château de Berne est l'un des pionniers de l'œnotourisme en Provence. Doté d'un magnifique hôtel cinq étoiles, Relais & Châteaux, il se cache dans un écrin de 500 hectares de nature préservée. Une boutique attenante, propose des dégustations, des objets et les vins du domaine ainsi que ceux du château Saint-Roux, du château des Launes (Ultimate Provence) et du château des Bertrands, aussi propriétés du milliardaire britannique Mark Dixon. Tout est aujourd'hui mis en place afin de produire des vins qualitatifs.

- côtes de provence 2024 | Sec | 2025>27 | 19.9 € 89
- Ultimate Provence - UP, côtes de provence 2024 | Sec | 2025>27 | 19.9 € 91
- Ultimate Provence - UP, côtes de provence 2023 | Sec | 2025>28 | 19.9 € 90
- Ultimate Provence, côtes de provence 2022 | Sec | 2025>30 | 19.9 € 90

Château des Bormettes

Toute proche de la Méditerranée, cette propriété d'Hélène et Fabrice Faré tient son rang et flirte avec les sommets de l'appellation la-londe. Tommaso Melleti a opté pour une totale reprise du vignoble, une certification HVE3 et plus globalement une exigence de tous les instants. Biodiversité, stratégie phytosanitaire et préservation de l'eau cohabitent à merveille.

- Hélène, côtes de provence 2024 | Sec | 2025>28 | NC 90
- Instinct Parcellaire, côtes de provence la londe 2024 | Sec | 2025>28 | NC 91
- Pater, côtes de provence la londe 2021 | Sec | 2025>30 | NC 88

Clos de Caille

L'avenir du vignoble de la Provence passe par des initiatives fortes et des projets solides, comme celui à l'œuvre dans cette propriété acquise par la famille Mariotti en 1992. Depuis cette date, le domaine poursuit une montée en puissance discrète mais assurée. Une dynamique vertueuse est à l'œuvre, portée par la vision exigeante de Mathieu Mariotti, qui dirige le domaine avec une lecture fine du terroir. Ancré sur un micro-terroir expressif, le vignoble donne naissance à des vins porteurs de sens, où la recherche de fond, de texture et de vibration aromatique guide chaque geste. Les rosés, précis, tendus et profonds, impressionnent par leur tenue et leur allonge. Les rouges s'affirment par un style ambitieux. Les blancs charment par leur élégance et leur fraîcheur.

- Clarisse, côtes de provence 2024 | Sec | 2026>28 | NC 93
- Lucile, côtes de provence 2024 | Sec | 2026>28 | NC 92
- Patrius, côtes de provence 2023 | Sec | 2026>30 | NC 93

Château Calissanne

Calissanne est installé à Lançon-Provence. Grande propriété provençale s'étendant sur 1 100 hectares, dont 110 de vignes et 60 en oliviers, elle forme une aire culturale d'un seul tenant, exposée plein sud. Le terroir est constitué de sols bruns, caillouteux et filtrants, sur colluvions calcaires urgoniens, bien adaptés à la culture de la vigne et de l'olivier. Plantés sur des coteaux en pente douce et sur 25 parcelles, onze cépages participent à l'élaboration des vins.

- Rocher Rouge, coteaux d'aix-en-provence 2021 | Sec | 2025>29 | 30 € 90
- Clos Victoire, coteaux d'aix-en-provence 2023 | Sec | 2025>27 | 15.9 € 91
- coteaux d'aix-en-provence 2023 | Sec | 2025>26 | 9.99 € 87
- Calisson, coteaux d'aix-en-provence 2023 | Sec | 2025>26 | 13.9 € 87

Ferme de Capelude

Dans une ancienne ferme de moine de la Chartreuse de la Verne, Pierre Guérin élabore des vins d'une rare finesse, parmi les plus sensibles et nuancés de Provence. La culture y est biologique, l'enherbement permanent, les intrants réduits au strict nécessaire. En cave, les interventions sont mesurées, le soufre utilisé avec discernement. Chaque cuvée séduit par la précision des arômes, la justesse du toucher de bouche, l'authenticité du propos. Si la cuvée de tibouren retient une attention

✦ Star ✚ Valeur sûre ➔ À suivre de près N Nouvelle entrée

particulière, l'ensemble témoigne d'un haut niveau de cohérence et de maîtrise. Un nouveau visage de la Provence nouvelle.

- **Tibouren, vin de france 2022** | Sec | 2026>30 | NC 94
- **Les Messuges, côtes de provence 2023** | Sec | 2026>30 | NC 94
- **Rouge de Schistes, côtes de provence 2022** | Sec | 2026>35 | NC 95

Château Carpe Diem

En agriculture biologique, ce domaine situé à mi-chemin entre les gorges du Verdon et la mer Méditerranée, est composé d'une trentaine d'hectares en appellation côtes-de-provence et coteaux-varois. Depuis le beau village de Cotignac, il signe des vins élégants, lisibles et digestes qui ne manquent jamais de fond. C'est une belle adresse à découvrir au cœur de la Provence verte.

- **Castille, coteaux varois en provence 2024** | Sec | 2025>27 | 20 € | ☘ 92
- **Artus, coteaux varois en provence 2024** | Sec | 2025>28 | 23 € | ☘ 90
- **Major, coteaux varois en provence 2022** | Sec | 2025>29 | 24 € | ☘ 90

Julien Castell

✦

Julien Castell a balayé les préjugés sur les grands rosés d'élevage. Depuis 2017 et sur les millésimes à venir, son vin est un trésor vineux et coloré, habilement boisé, captivant par son tannin mûr et juteux. On parle chez lui de vignoble comestible, de biodiversité, de vignes en échalas et d'absence de rognage. L'homme est magnétique et rappelle les génies de la main, comme le sont les grands cuisiniers. Ses bandols rouges offrent un grain velouté rarement atteint sur l'appellation, sous l'étiquette Clos Castell. La cuvée Vignes Mariées en 2024 est une splendeur de raffinement.

- **bandol 2020** | Sec | 2026>30 | NC 96
- **Clos Castell, bandol 2016** | Sec | 2026>35 | NC 96
- **For my dad, vin de france 2021** | Sec | 2026>30 | 29 € 95
- **Vignes mariées, vin de france 2024** | Sec | 2026>35 | NC 96

Château Cavalier

✚

Propriété de la famille Castel, le château Cavalier compte 136 hectares autour de son chai. Les bois limitrophes y jouent un rôle de régulation thermique et pluviométrique. La réussite des rosés ne résulte pas seulement de la technologie, elle nécessite avant tout des terroirs appropriés. C'est la raison pour laquelle les lieux de replantation ont été redéfinis, avec le cabernet-sauvignon sur les argilo-graveleux, le cinsault sur des sols plus secs argilo-graveleux et la syrah et le grenache sur des argiles.

- **Marafiance, côtes de provence 2023** | Sec | 2025>26 | 13.95 € 88
- **Grand Cavalier, côtes de provence 2023** | Sec | 2025>26 | 19.7 € 90
- **360, côtes de provence 2023** | Sec | 2025>26 | 11.6 € 87

Clos Cibonne

✦

Le tibouren, immense cépage de Provence, riche de diversité de styles, de parfums nombreux et identitaires, trouve au Clos Cibonne son plus haut lieu d'expression. Dans ce paysage idyllique du Pradet, bichonné par la famille Deforges, on flirte ici avec l'exceptionnel, baigné par la douce influence de la Méditerranée. Le rouge est à l'égal du rosé : ancré dans son style, propice au temps et toujours harmonieux. La cuvée Marius du château Cibon, somptueuse dans son style finement tannique, admirablement élevée, rend un hommage appuyé au fondateur de ce domaine hors norme. Une grande verticale de rosé autour de la cuvée Marius du château Cibon nous a confirmé la suprématie de cette cuvée au style engagé, riche en texture et à la porte au sommet des vins provençaux.

- **Cuvée Prestige Caroline, côtes de provence 2023** | Sec | 2026>30 | 28 € | ☘ 94
- **Château Cibon - Cuvée Marius, côtes de provence 2021** | Sec | 2026>40 | 35 € | ☘ 96

Clos des B

Avec leurs étiquettes stylisées, les vins du Clos des B sont reconnaissables entre mille. Nés à Grimaud, dans le golfe de Saint-Tropez, ils expriment un projet singulier, presque militant, porté par l'énergie de Gwendolyn Berger. Sur une dizaine d'hectares, un microclimat affirmé, des sols mêlant sables, schistes et quartz donnent naissance à des cuvées épurées, peu ou pas sulfitées. Les blancs se distinguent par leur ampleur et leurs textures pleines, tandis que les rosés jouent la finesse. Un domaine engagé qui fait une entrée remarquée cette année dans notre sélection.

- **Terre Mère, vin de france 2022** | Sec | 2026>30 | NC 92

Clos Réal

À l'extrémité ouest du Var, enclavé dans un maquis intact, le Clos Réal s'impose comme une micro-propriété d'exception, menée en biodynamie depuis 2008. Niché souvent en altitude, son vignoble repose sur une diversité géologique remarquable — schistes, quartz, gneiss — qui nourrit une identité forte. Sous la direction de Renaud Rosari, l'équipe affine chaque geste, avec une rigueur artisanale rare. Les vinifications, douces et sans artifices, privilégient l'intégrité du fruit ; les élevages, eux, explorent une large palette de contenants — jarres, œufs béton, foudres, pièces bourguignonnes, tronconiques — au service de l'équilibre. Il en résulte des vins effilés, d'une droiture remarquable, aussi bien en blanc qu'en rouge. Le meilleur reste à venir.

- **Clos Réal, côtes de provence 2020** | Sec | 2026>32 | 19 € 91
- **Clos Réal, côtes de provence 2021** | Sec | 2026>35 | 19 € 91
- **Clos Réal, côtes de provence 2020** | Sec | 2026>30 | 19 € 91
- **Clos Réal, côtes de provence 2021** | Sec | 2026>30 | 19 € 91
- **Les Davids, côtes de provence 2019** | Sec | 2026>35 | 45 € 93
- **Les Davids, côtes de provence 2020** | Sec | 2026>35 | 45 € 94
- **Sur Farnoux, côtes de provence 2017** | Sec | 2026>35 | 45 € | ☘ 93
- **Sur Farnoux, côtes de provence 2019** | Sec | 2026>35 | 45 € 92

Domaine de la Courtade

✚

Au cœur du parc national de Port-Cros, ce domaine de 36 hectares figure parmi les références de l'île de Porquerolles. Créé en 1983 par Henri Vidal, il est repris en 2014 par l'homme d'affaires Édouard Carmignac et dirigé par Florent Audibert depuis 2015. Certifié bio depuis 1997 et désormais conduit en biodynamie, le vignoble possède une belle diversité de cépages sur des sols majoritairement schisteux. Chaque cuvée affirme son identité avec justesse : des vins signés, expressifs, denses en saveurs, traduisent une lecture sensible et maîtrisée de ce terroir insulaire singulier.

- **côtes de provence 2024** | Sec | 2026>30 | 32 € | ☘ 91
- **Les Terrasses de la Courtade, côtes de provence 2024** | Sec | 2025>28 | 19 € | ☘ 88

Château Coussin

Ce domaine de 100 hectares doit son nom à Jean-Baptiste Coussin, avocat à la cour d'Aix au siècle des Lumières. Aujourd'hui, ce sont les Sumeire qui plaident la cause des cuvées baignées par la luminosité chère à Cézanne.

- **côtes de provence sainte-victoire 2024** | Sec | 2025>26 | 14.9 € 90
- **côtes de provence 2024** | Sec | 2026>30 | 14.9 € 90
- **côtes de provence sainte-victoire 2022** | Sec | 2026>30 | 17.7 € 90
- **César à Sumeire, côtes de provence sainte-victoire 2024** | Sec | > | 23.5 € 89
- **César à Sumeire, côtes de provence 2023** | Sec | 2026>30 | 23.5 € 92
- **César à Sumeire, côtes de provence sainte-victoire 2021** | Sec | 2026>40 | 29 € 91

Château de Crémat

➔

L'illustre château de Crémat a retrouvé sa splendeur et renoué avec ses fastes viticoles d'antan grâce aux bons soins de la famille Derichebourg donnant à cette propriété les moyens de produire les plus beaux raisins qui soient. Au sommet des terroirs de Bellet, avec des parcelles idéalement situées, les vignes s'étendent sur les quatre collines le long de la vallée du Var (Crémât, St Sauveur, La Manda et Saquier). Le Château a également repris le Domaine Toasc, tout en lui laissant son autonomie de production : il faut gouter le rosé de braquet La Tramontane

- **bellet 2022** | Sec | 2026>40 | 29 € | ☘ 94
- **bellet 2023** | Sec | 2026>30 | 29 € | ☘ 92
- **Nikaïa, bellet 2022** | Sec | 2026>30 | 105 € | ☘ 95

✦ Star ✚ Valeur sûre ➔ À suivre de près N Nouvelle entrée

Jean-François Ott, Clos Mireille, Château Romassan, Château de Selle

Il a beau être l'homme derrière les rosés de Provence que le monde désire, en particulier aux États-Unis, Jean-François Ott est avant tout vigneron. Il suffit de l'entendre parler de vin pour s'en rendre compte. Cela ne l'empêche pas d'être également un entrepreneur, désormais à la tête de trois domaines de renom, chacun avec des terroirs spécifiques et chacun avec encore beaucoup de secrets à livrer. Il connaît le temps long de la vigne et sait que seuls les grands raisins peuvent donner de grands vins. Rappeler à ceux qui considèrent la Provence comme un monde sans valeurs paysannes quel passionné de vin il est nous paraissait indispensable. *Louis-Victor Charvet*

Domaine de la Croix

✪ Ⓝ

Propriété du groupe Bolloré, ce cru classé de 108 hectares est revenu sur le devant de la scène grâce à des investissements judicieux. La Bastide Blanche, du même propriétaire mais bien plus petit, produit des vins sur 13 hectares de vigne. Les vins ont une belle régularité dans toutes les couleurs, démontrant la constance de qualité en vinification.

- **Éloge, côtes de provence 2022** | Sec | 2025>27 | 21.9 € 88
- **Éloge, côtes de provence 2023** | Sec | 2025>27 | 21.9 € 91
- **Éloge, côtes de provence 2024** | Sec | 2025>26 | 18.9 € 88
- **Bastide Blanche, côtes de provence 2024** | Sec | 2025>26 | 26.9 € 89
- **Bastide Blanche, côtes de provence 2022** | Sec | 2025>29 | 26.9 € 90
- **Empereur, côtes de provence 2022** | Sec | 2025>27 | 79 € 91

Domaine Dalmeran

✪✪✪ ✚

Dalméran est hors du temps, retiré dans son terroir d'Eden verdoyant depuis 1443 et qui voit grâce à Nicolas de Germay et son épouse l'écriture d'un chapitre majeur et engagé de son histoire. Un vrai patrimoine viticole où la biodiversité trouve son point d'expression, avec une approche intelligente en cave où l'on multiplie les contenants pour une vinification en parfaite continuité de la matière. Cette année, la magnifique cuvée Phénix est dans le trio de tête des vins des Baux-de-Provence. La cuvée Esquisse s'impose comme un immanquable.

- **Phénix, les baux-de-provence 2022** | Sec | 2026>35 | NC | ☘ 96
- **Bastide, les baux-de-provence 2022** | Sec | 2026>30 | 16 € | ☘ 92
- **Château, les baux-de-provence 2022** | Sec | 2026>35 | 23 € | ☘ 94
- **Esquisse, vin de france 2022** | Sec | 2026>30 | 30 € 94

Mas de la Dame

✪✪

Sans crier gare, le Mas de la Dame est l'une des valeurs actives de l'AOP baux-de-Provence. Domaine familial atteignant les 300 hectares de massifs verdoyants grâce au calcaire actif des Alpilles, dont 52 hectares de vignes d'un seul tenant et 28 hectares d'oliviers menés par les attachantes sœurs Caroline Missoffe et Anne Poniatowski. Si c'est à la vigne que tout se fait, une viticulture biologique certifiée apporte un vrai sens aux vins en bouteille. Pas de magie et d'équilibrisme côté cave, mais du bon sens et des interventions mesurées. Le Coin Caché, majoritairement fait autour de la roussanne est notre bonheur local. Le reste des nombreuses étiquettes du domaine promet une adéquation parfaite avec le terroir protégé des Baux.

- **Le Vallon des Amants, les baux-de-provence 2022** | Sec | 2026>30 | 23.5 € | ☘ 92
- **Coin caché, les baux-de-provence 2023** | Sec | 2026>30 | 28 € | ☘ 92
- **La Stèle , les baux-de-provence 2024** | Sec | 2025>26 | 11 € | ☘ 88

Château d'Esclans

✪✪✪ ✦

Racheté par LVMH en 2019, ce domaine situé à 25 kilomètres au nord de Fréjus peut s'appuyer sur 125 hectares de vignes tenues pour produire et faire naitre des vins rosés exceptionnels. Si le facteur prix n'est plus à discuter, ce qui se trouve dans la bouteille – et c'est bien ce qui nous intéresse – mérite l'attention d'une dégustation avisée.

- **Caves d'Esclans - Whispering Angels, côtes de provence 2024** | Sec | 2026>30 | 19.95 € 92
- **Garrus, côtes de provence 2023** | Sec | 2026>30 | 110 € 96
- **côtes de provence 2023** | Sec | 2026>30 | 34.99 € 93

Château d'Estoublon

✪✪✪ ✚

Sur le versant sud des Alpilles, à Fontvieille, le vignoble d'Estoublon bénéficie d'un terroir préservé, dont prennent soin des investisseurs de poids : Stéphane Courbit, Jean-Guillaume Prats et le couple Bruni-Sarkozy. Sur 18 hectares de vignes, les ambitions sont claires et les moyens à la hauteur. Les sols argilo-calcaires sont travaillés avec soin, dans une approche précise et engagée. Si l'huile d'olive, emblématique du lieu, reste hors de notre champ, on note qu'elle y est élevée avec la même exigence que les vins. Estoublon affirme ainsi son identité, entre patrimoine et modernité, avec une vision assumée.

- **Domaine d'Estoublon, alpilles 2020** | Sec | 2026>30 | 31.5 € | ☘ 93
- **coteaux varois en provence 2024** | Sec | 2026>28 | NC 92

Domaine Fondugues-Pradugues

✪✪

Retirée des tumultes de la vie Tropézienne, cette propriété familiale de Ramatuelle signe une production confidentielle de cuvées d'auteur et engagées. D'une viticulture placée sous l'égide de la biodynamie, avec une interprétation en cave mesurée, rare en intrants, les vins trouvent ici une expression non consensuelle, proche de la saveur originelle du raisin doublé d'une lecture précise de leur terroir d'appartenance. L'Eau de Rosée 2024 est un des plus vineux rosés de la zone.

- **Eau de Rosée, vin de france 2024** | Sec | 2026>32 | 19 € | ☘ 94
- **Lys des Sables, vin de france 2024** | Sec | 2026>32 | 23 € | ☘ 93
- **Equinox, vin de france 2020** | Sec | 2026>32 | 45 € | ☘ 94

Domaine de la Font des Pères

✪✪✪ ➲

Planté en 1980 et racheté en 2010 par Caroline et Philippe Chauvin, ce vignoble de quinze hectares, dont huit en bandol, se situe à flanc de colline et s'organise tout en restanques. Orienté nord, dévalant une pente assez raide, le vignoble profite de toutes les attentions portées ces dernières années. L'outil de vinification et d'élevage a fait peau neuve et permet une meilleure maîtrise de la qualité des jus de façon globale. Locavores gourmands se régaleront à la Ferme Auberge des produits issus de la Font des Pères.

- **La Font des Pères, bandol 2020** | Sec | 2026>30 | 35 € 90
- **La Font des Pères, bandol 2020** | Sec | 2025>28 | 22 € 91
- **La Font des Pères, bandol 2020** | Sec | 2026>35 | 35 € 92

Domaine Fredavelle

✪✪ ➲

La rencontre avec Olivia Menigoz fut l'une des plus enjouées dans le cadre de nos enquêtes pour cette édition. Pétillante et investie, elle a fait de Fredavelle, beau domaine sis à Eguilles, sur les hauteurs des coteaux aixois, l'un des must-have de l'appellation. Une sage application d'une agriculture biologique et une intelligence née pour sublimer les raisins une fois en cave, ont permis de créer une gamme cohérente, pleine de sens et sans écart de style.

- **Inspiration, coteaux d'aix-en-provence 2023** | Sec | 2026>32 | NC 92
- **Inspiration, coteaux d'aix-en-provence 2023** | Sec | 2026>32 | 18 € 92
- **Inspiration, coteaux d'aix-en-provence 2023** | Sec | 2026>32 | NC 93

Domaine de Frégate

✪✪ ➲

Ce domaine familial de 33 hectares, situé à Saint-Cyr-sur-Mer, a été fondé en 1892 sur les terres familiales du Marquis Bernard de Pissy. Initialement en polyculture, le domaine compte aujourd'hui exclusivement de la vigne. Antonin, cinquième génération, s'implique avec passion dans la conduite de cette jolie propriété qui est en passe de rejoindre les dix grands domaines bandolais.

- **bandol 2023** | Sec | 2025>28 | 16 € 91
- **bandol 2023** | Sec | 2025>28 | 18 € 90
- **bandol 2020** | Sec | 2025>30 | 19 € 92

Château Galoupet

✪✪✪✪ ✦

Face à la mer, en bordure d'anciens marais salants, Galoupet s'étend sur 170 hectares, dont 68 de vignes certifiées bio depuis 2023. Il repose sur la Provence cristalline, une ancienne formation rocheuse hercynienne qui s'étend de Toulon à Fréjus. Sa situation unique influence profondément son climat : les températures y restent relativement constantes. En été, la fraîcheur marine tempère la chaleur, tandis qu'en hiver, la mer adoucit l'atmosphère. Ce terroir singulier, mêlant vallons, schistes, calcite et un lac artificiel, accueille grenache, syrah, tibouren et rolle. Les pratiques viticoles y sont rigoureuses : enherbement réfléchi, biodiversité préservée, rendements limités. Directeur engagé, Mathieu Meyer insuffle une vision claire et inspirée. Le rosé figure parmi les plus raffinés de Provence, et la cuvée G de Galoupet offre une belle porte d'entrée au style du domaine.

- **G de Galoupet, côtes de provence 2024** | Sec | 2026>30 | 20 € | ☘ 93
- **Cru Classé, côtes de provence 2023** | Sec | 2026>35 | 55 € | ☘ 96

CHÂTEAU
SAINTE ROSELINE
CRU CLASSÉ
L'ÂME
DE LA PROVENCE
CHÂTEAU
SAINTE ROSELINE
CRU CLASSÉ
LAMPE DE
MEDUSE
CÔTES DE PROVENCE

Château Gasqui

★★★ ✚

Force est de constater que les vins du Château Gasqui ont connu une progression spectaculaire. D'un domaine déjà singulier par son engagement en biodynamie, on passe aujourd'hui à une maîtrise stylistique rare en Provence. Les cuvées gagnent en précision, en équilibre, en définition de fruit comme en profondeur. Et c'est désormais Klaus et Tanja Heller, les nouveaux propriétaires, aux côtés du responsable technique du vignoble, Louis Lienhart, qui sont à l'œuvre. Nous tenions à saluer cette évolution remarquable, portée par une équipe engagée et un terroir magnifiquement révélé. Une montée en gamme indiscutable, qui nous poussera à revoir notre notation à l'avenir si ces progrès majeurs se confirment.

- Citius, côtes de provence 2024 | Sec | 2026>32 | 14 € | ☘ 91
- Altius, vin de france 2024 | Sec | 2026>32 | 14 € | ☘ 90
- Altius, vin de france 2024 | Sec | 2026>32 | 14 € | ☘ 92

Château Gassier

★★★

Au cœur de la Provence de Cézanne, au pied de la Sainte-Victoire, les quelques 40 hectares du château Gassier sont un bijou d'innovation brillamment dirigé par Olivier Souvelain. La technologie est au service du terroir, partagé entre quatre parcelles bien identifiées. Les rosés sont impeccablement identifiés mais il faut souligner la remarquable franchise et style des blancs produits par la maison.

- Gassier, côtes de provence 2024 | Sec | 2025>28 | 14 € | ☘ 90
- Gassier, côtes de provence 2024 | Sec | 2025>27 | 14 € | ☘ 89
- 350 - Le Pas du Moine, côtes de provence sainte-victoire 2024 | Sec | 2025>30 | 18.9 € | ☘ 92

Château de la Gaude

★ ➔

Aux Pinchinats, sur les hauteurs courues d'Aix-en-Provence, le château de la Gaude est un ensemble hôtelier de charme, entre luxe avant-gardiste et tradition provençale. Si la cuisine est entre les mains du brillant Matthieu Dupuis Baumal, cuisinier étoilé, Vincent Gonidec s'occupe de redonner au domaine viticole le rang qu'on attendait de lui. La cuvée Le Cannonier, pur grenache sur sable en altitude, a sa place parmi les dix grands rouges goûtés cette année en Provence. Didier Blaise, le propriétaire, sait bien s'entourer et ne cherche que le meilleur.

- Hortense, coteaux d'aix-en-provence 2024 | Sec | 2026>28 | 24 € | ☘ 90
- Hortense, coteaux d'aix-en-provence 2024 | Sec | 2026>30 | 24 € 91
- La Treille, méditerranée 2023 | Sec | 2026>28 | 38 € | ☘ 91

Domaine Gavoty

★★★★ ✚

Que dire sur l'exemplaire travail, discipliné et rigoureux, de Roselyne Gavoty ? Tout simplement qu'il force respect et admiration pour les vins qu'il propose, identitaires et d'une parfaite harmonie aboutie, complexes sans complication. Paradis viticole, Gavoty renferme quelque 150 hectares de bois, vallons et collines, bordés de chênes et de pins. Le climat tout en nuances permet l'écriture de rouges séveux en demi-puissance, de rosés de corps et de sublissimes blancs de temps, jamais dans la démonstration mais dans une fine expression étirée et éclatante (cuvée Clarendon). Le cinsault s'illustre en grâce avec la cuvée Contretemps, merveilleuse de finesse par ses sensations tactiles.

- Clarendon, côtes de provence 2023 | Sec | 2026>35 | 26 € | ☘ 95
- Grand Classique, côtes de provence 2024 | Sec | 2025>28 | 13.3 € | ☘ 93
- Contretemps, vin de france 2023 | Sec | 2025>29 | 17 € | ☘ 92

Château Grand Boise

★★★ ➔

Xavier Gervoson a redonné corps à ce domaine agricole tutoyant les pentes du mont Aurélien. Sur 500 hectares de forêt en flanc de montagne, 40 sont plantés en vigne. Le vignoble se répartit sur 92 parcelles, tantôt exposées nord, tantôt sud, sur un dénivelé de 340 mètres. Les rouges comme les blancs possèdent beaucoup de personnalité, jamais dans la lourdeur ou dans une vaine recherche de puissance, mais au contraire aériens, énergiques et souvent originaux comme les cuvées « Liberté ».

- côtes de provence sainte-victoire 2023 | Sec | 2025>29 | NC 91
- Jadis, côtes de provence 2024 | Sec | 2025>26 | NC 88
- Liberté Chérie, vin de france 2023 | Sec | 2025>30 | NC 92
- Auro, côtes de provence 2024 | Sec | 2025>27 | NC 90
- Maaa!, vin de france 2023 | Sec | 2025>28 | NC 92

Domaine du Gros'Noré

★★★★ ✚

Dire ce que l'on fait et faire ce que l'on dit, voilà comment résumer le Gros'Noré et l'engagé Alain Pascal. À la Cadière-d'Azur, depuis 1997, les vignes du domaine sont exposées plein nord sur de beaux ensembles argileux, garantissant de douces et longues maturités au mourvèdre, balayées par le mistral et profitant d'une humidité contrôlée en raison de la proximité avec la mer. Amoureux de vieilles pierres, la cave est bâtie avec un soin sans égal. Les derniers millésimes infléchissent vers des extractions plus douces, le tannin se montre plus civilisé et savoureux. L'immense potentiel de vieillissement des vins du domaine reste intact. La confidentielle cuvée Antoinette, issue de vieilles vignes, nous a convaincus, comme tous les vins des derniers millésimes.

- bandol 2019 | Sec | 2025>50 | 33 € 96
- bandol 2022 | Sec | 2023>30 | 22 € 92
- Antoinette, bandol 2017 | Sec | 2025>50 | 42 € 97

Domaine Hauvette

★★★★★ ✦

Tout porte à admirer l'œuvre de Dominique Hauvette, tant le domaine et donc ses vins font preuve de congruence, d'individualité de style et d'aboutissement dans le temps. Prônant de multiples convictions comme une biodynamie mesurée, de petits rendements et des cuvées singulières et différenciantes, écartées de tout dogme et style établi, chaque moment de dégustation est précieux. Il faut apprivoiser le style Hauvette pour apprécier des vinifications douces, dans de multiples contenants et en levures indigènes. Les cuvées de clairette et de cinsault sont au sommet de nos dégustations en Provence : jamais pareil raffinement de style et perfection de goût n'avaient été atteints dans le secteur des Baux-de-Provence.

- Jaspe, alpilles 2023 | Sec | 2026>35 | NC 94
- Améthyste, alpilles 2023 | Sec | 2026>35 | NC 95
- cinsault, alpilles 2023 | Sec | 2026>35 | NC 94
- Roucas, alpilles 2023 | Sec | 2026>40 | NC 96

Domaine de l'Île

★★

Des exploitations viticoles de l'île de Porquerolles, le domaine de l'île est certes le plus ancien mais également le plus discret. Les failles verticales du sol, reliées à la terre ferme, permettent aux ceps de puiser l'eau douce en profondeur et de résister ainsi à la chaleur estivale. On y produit des vins qui sont comme l'île : singuliers et de toute beauté. La gestion a été confiée au talentueux Nicolas Audebert qui y signe de jolis vins, énergiques et frais.

- côtes de provence 2023 | Sec | 2025>30 | NC 93
- côtes de provence 2022 | Sec | 2023>28 | 22 € 92
- côtes de provence 2023 | Sec | 2025>27 | NC 93

Clos de Jacques

★★★ ➔

Quand il n'est pas dans la cave de Trévallon, où il officie en tant que maître de chai, le brillant Aimeric Gaubert soigne cette micro-propriété, joliment nommée le Clos de Jacques. Déjà recherchés et prisés des amateurs depuis son premier millésime en 2021, les vins dans les deux couleurs sont produits à partir d'une parcelle argilo-calcaire, où sont plantées des sélections massales des Trévallon. La gamme a tout pour convaincre : impeccable et pure marsanne texturée sans excès de bois pour le blanc et assemblage classe et texturé de cabernet-sauvignon et syrah (on ne se refait pas !) en vendanges entières et au boisé nuancé, pour le rouge. Les 200 bouteilles de blanc et 400 de rouge deviennent déjà introuvables, mais un hectare sera prochainement planté. Le blanc 2024 s'impose en éclat tandis que le rouge 2023 se montre avec un grain de finesse plus tendre.

- alpilles 2021 | Sec | 2025>30 | NC 95
- alpilles 2021 | Sec | 2025>35 | NC 96

Jean d'Arthuys, Domaine de Terrebrune, Château de Vinzelles

Gentleman œnophile, Jean d'Arthuys a plusieurs vies professionnelles, toutes marquées par une inextinguible curiosité et par une capacité certaine à faire des choix avisés. L'an dernier, il venait de boucler un tour du monde à la voile ; cela ne l'a pas empêché de conclure dans la foulée l'acquisition d'une très belle propriété du Mâconnais, le château de Vinzelles. Car l'ancien patron de chaînes de télé puis des Girondins de Bordeaux est aujourd'hui un vigneron avisé, dont l'association avec Reynald Delille au domaine de Terrebrune, à Bandol, a donné déjà des résultats brillants. Dans ses mille vies, celle qui l'emmène à Pouilly-Vinzelles sera à coup sûr savoureuse. *Thierry Desseauve*

Château La Calisse

★★★ ➔

Lorsque la pétillante et dynamique Patricia Ortelli acquiert La Calisse au début des années 1990, elle étudie immédiatement son terroir, le comprend, et réussit avec brio une révision complète de ce vignoble situé à 380 mètres d'altitude, dans une conque de la commune de Pontevès. Rejointe depuis quelques années par son fils Étienne, Patricia continue d'agrandir et de faire progresser le domaine, imposant sa vision du vin à travers des expressions très précises et ciselées des meilleurs terroirs de Provence. Trente-cinq ans après l'acquisition du vignoble, et à la suite du rachat de parcelles supplémentaires portant la surface totale à 28 hectares, elle fait construire une nouvelle cave alliant beauté architecturale et précision technique. Terroir de qualité, vignoble certifié bio, production confidentielle et très réussie, en particulier avec le blanc Étoiles 2023, très sapide, où le rolle s'impose en chef de file.

- Patricia Ortelli, coteaux varois en provence 2024 | Sec | 2026>30 | 28 € | ☘ 92
- Patricia Ortelli, coteaux varois en provence 2024 | Sec | 2025>28 | 28 € | ☘ 92
- Patricia Ortelli - Étoiles, coteaux varois en provence 2017 | Sec | 2026>30 | 52 € | ☘ 93

Château La Coste

★★★ ✦

Propriété de l'irlandais Patrick McKillen, le domaine, amphithéâtre de 200 hectares dont 125 dédiés à la viticulture, est orienté vers le nord et la vallée du Luberon. Guillaume Vidal gère le vignoble et partage la partie œnologie avec Raymond Gimenez, le maître de chai. Depuis son arrivée il y a trois ans, le duo a accéléré le développement de l'agro-écologie en introduisant le viti-pastoralisme et le travail au cheval sur certaines parcelles. La certification en biodynamie (Demeter) effective en 2022 s'ajoute à la certification bio obtenue dès 2008. Mosaïque de terroirs, d'expositions et d'altitudes, les coteaux sont aussi un atout. Le domaine fait le pari audacieux et salutaire d'abandonner une certaine surenchère de puissance pour explorer des expressions plus fines et ciselées de ses rouges. Une orientation que nous saluons pleinement.

- Les Pentes Douces, coteaux d'aix-en-provence 2023 | Sec | 2026>28 | 24.85 € 94
- Les Pentes Douces, coteaux d'aix-en-provence 2021 | Sec | 2026>28 | 24.85 € 93
- Grand Vin, coteaux d'aix-en-provence 2023 | Sec | 2026>33 | 36.4 € 94
- Grand Vin, coteaux d'aix-en-provence 2024 | Sec | 2026>33 | 31.6 € 94
- Grand Vin, méditerranée 2023 | Sec | 2026>33 | NC 94
- Château , coteaux d'aix-en-provence 2024 | Sec | 2026>28 | 18.35 € 92

Château La Gordonne

★★★ ✚

La Gordonne appartient à Paul-François Vranken, propriétaire par ailleurs du groupe de Champagne éponyme ainsi que des Grands Domaines du Littoral. La Gordonne couvre presque 300 hectares et compte parmi les domaines les plus étendus de Provence. Situé au cœur du terroir de Pierrefeu, différents types de sols et de microclimats permettent de varier entre les styles de vins produits dont la production se concentre quasi exclusivement au rosé, représentant 90 % du vin mis en bouteille. Sous l'impulsion du très talentueux Julien Fort, les vins progressent et il faut absolument découvrir les cuvées expérimentales du domaine, pour la plupart vinifiées en œuf de béton. Le blanc Sémaphore est une grande réussite, tout comme la fameuse cuvée Cirque des Grives, rosé identitaire et intense.

- Le Cirque des Grives, côtes de provence 2023 | Sec | 2025>30 | 39.9 € | ☘ 92
- Sémaphore, côtes de provence 2022 | Sec | 2025>28 | 39.9 € | ☘ 91
- Les Planètes, côtes de provence 2021 | Sec | 2025>28 | 39.9 € | ☘ 92

Château La Martinette

★★★ ➔

La Martinette est aujourd'hui une référence des Côtes de Provence avec des vins remarquablement réussis dans les trois couleurs. La cinquantaine d'hectares de vignes, située à Lorgues, entre Aix-en-Provence et Nice, est conduite en agriculture biologique, labourée à cheval avec un grand respect de l'écosystème. Les cuvées parcellaires sont précises et identitaires, avec des blancs éclatants, réalisées à partir d'un important travail sur le matériel végétal, en particulier un rolle sur calcaire qui exprime parfaitement son terroir. Le domaine propose en outre des hébergements haut de gamme et un restaurant (Vinia) au cœur de vignes.

- Clos Blanc, côtes de provence 2022 | Sec | 2025>30 | 27 € | ☘ 95
- Château, côtes de provence 2022 | Sec | 2025>29 | 18 € | ☘ 91

Château La Mascaronne

★★ ➔

Acquise en 2020 par Michel Reybier (Cos d'Estournel), La Mascaronne s'étend en amphithéâtre autour d'une bastide centrale, bordée par l'ancienne voie romaine. À 300 mètres d'altitude, son terroir argilo-calcaire en restanques abrite 60 hectares de vignes et 500 oliviers. Certifiée bio depuis 2016, la propriété produit la cuvée La Mascaronne dans les trois couleurs. Mention spéciale à la Grande Réserve rosé, expression brillante d'un rosé de terroir. Tony Parker, co-investisseur, incarne avec justesse l'ambition et le rayonnement de ce domaine en plein renouveau.

- côtes de provence 2024 | Sec | 2025>27 | 21 € | ☘ 91
- côtes de provence 2024 | Sec | 2025>30 | 23 € | ☘ 91
- côtes de provence 2020 | Sec | 2025>35 | 27 € | ☘ 92

Domaine La Navicelle

★★ ➔

Au Pradet, le terroir viticole ancien donne naissance à des vins marqués par leur identité, qu'ils soient rosés, rouges ou blancs. Le domaine de La Navicelle en incarne pleinement l'esprit, avec une vingtaine d'hectares conduits avec précision. La vinification, soutenue par un outil technique performant, reste respectueuse du raisin. Le rosé Zéphir, issu d'un assemblage de tibouren et de mourvèdre, séduit par sa robe éclatante, sa texture soyeuse et ses tannins subtils. Sa palette aromatique complexe, où dominent les épices et les notes recherchées, en fait l'un des rosés les plus aboutis de la région.

- côtes de provence 2022 | Sec | 2026>30 | 15.5 € | ☘ 92
- côtes de provence 2024 | Sec | 2026>30 | 15.5 € | ☘ 90

Domaine La Puau

★★

Malgré son jeune âge, Thibaud Maurin a déjà eu mille vies. Sommelier brillant, formé auprès des meilleurs dans de grandes maisons gastronomiques (Taillevent et d'autres), il a choisi de suivre le rêve de sa vie : créer son propre micro-domaine viticole, niché dans l'arrière-pays niçois. Porté et aidé par le soutien indéfectible de la famille Sassi, il a donné naissance à cet écrin minuscule mais foisonnant, qui reflète ses racines, son exigence et sa liberté. Deux parcelles complantées composent ce vignoble vivant : la plus ancienne, avec des vignes âgées de plus de 100 ans, est une coplantation rare de mourvèdre, grenache, barbaroux, clairette, grassenc, muscat, grand rouge de la Calmette et autres cépages oubliés. La plus jeune, plantée il y a 10 à 15 ans, assemble avec audace cinsault, merlot, cabernet et muscat de Hambourg. Le peu de blanc du domaine est issu d'une vieille vigne d'ugni blanc. Thibaud Maurin respire la sincérité, l'intuition et l'envie de faire du vin autrement.

- Année Sauvage, vin de france 2022 | Sec | 2026>28 | NC 92
- Faute de Grive, vin de france 2023 | Sec | 2026>28 | NC 92
- Année Sauvage, vin de france 2022 | Sec | 2026>28 | NC 91

Domaine La Suffrène

★★★

Depuis 1996, Cédric Gravier insuffle avec simplicité et générosité une nouvelle énergie à ce domaine familial. Sous son impulsion, les raisins autrefois destinés à la coopérative sont désormais vinifiés sur place, dans une démarche qualitative pleinement assumée. Cette évolution s'est appuyée sur l'expérience précieuse de son grand-père, fin connaisseur du vignoble. L'année 2025 marque un nouveau tournant pour le domaine, avec une refonte complète de son identité visuelle et de ses étiquettes, pour mieux refléter le caractère unique de ses cuvées. Installé à l'ouest de l'appellation, le domaine s'étend aujourd'hui sur près de 60 hectares de sols argilo-calcaires, découpés en une mosaïque de parcelles favorisant une expression raffinée du mourvèdre. Ce cépage emblématique de Bandol y trouve un terroir d'exception, sublimé par un remarquable patrimoine de vieilles vignes, qui représentent 90 % de l'encépagement.

- Tradition, bandol 2024 | Sec | 2025>28 | 18.5 € | ☘ 92
- Tradition, bandol 2024 | Sec | 2025>29 | 19.5 € | ☘ 92
- Tradition, bandol 2021 | Sec | 2025>35 | 22 € | ☘ 93

Château La Tour de l'Évêque

✪✪✪

Avec ses 68 hectares d'un seul tenant, La Tour de l'Évêque affirme l'identité de son terroir, niché dans les collines des Maurettes. Les schistes des phyllades de Hyères impriment aux vins une minéralité racée et une grande allonge, tandis que le grès rouge leur confère structure et profondeur. La famille Sumeire y conjugue avec finesse engagement et esprit d'entreprise. Le Blanc de blancs, quasi exclusivement issu de rolle, mérite l'attente pour révéler pleinement sa complexité. Quant à Pétale de Rose, il s'impose une fois de plus parmi les références majeures des grands rosés de Provence.

- côtes de provence 2024 | Demi-sec | 2026>30 | 19 € | ☘ 91
- Sainte Anne, côtes de provence 2024 | Demi-sec | 2026>30 | 14 € | ☘ 91

Domaine Lafran-Veyrolles

✪✪ →

Julien Castell commence peu à peu à reprendre les rênes de cette propriété familiale idéalement située au Castellet. Le temps fait son travail et Julien pose peu à peu les bases de sa viticulture méticuleuse, mesurée et résolument visionnaire. Nous apprécions le cap que franchissent les rouges proposés cette année à la dégustation : plus de nuances, un peu moins d'austérité et le velouté exquis des grands millésimes. Comme souvent avec Julien Castel, nous irons de surprise en surprise, bonnes comme à l'accoutumée.

- bandol 2023 | Sec | 2026>30 | 20 € 93
- Les Hauts de Lafran, bandol 2020 | Sec | 2026>35 | 37 € 94
- Les Hauts de Lafran, bandol 2021 | Sec | 2026>35 | 35 € 94
- Les Hauts de Lafran, bandol 2023 | Sec | 2026>40 | 32 € 95

Château Léoube

✪✪ +

Sur les rivages schisteux de la Méditerranée, cette vaste propriété de 560 hectares d'un seul tenant – dont 70 plantés en vignes et 22 en oliviers – a bénéficié d'un vaste programme de régénération conduit par son propriétaire, Sir Anthony Bamford. Depuis 2000, la vinification est assurée par Romain Ott, héritier d'une tradition d'excellence. Les quatre cuvées de rosé comme les quatre de blanc se distinguent par leur équilibre, conjuguant tension, salinité et puissance aromatique. Des vins précis et polyvalents, pensés pour accompagner chaque moment du repas.

- Secret de Léoube, côtes de provence 2023 | Sec | 2025>26 | 27.5 € | ☘ 88
- Rosé de Léoube, côtes de provence 2023 | Sec | 2025>26 | 22.5 € 90

Domaine Les Béates

✪✪ →

Aux portes du Luberon, mais bien ancré en appellation coteaux-d'Aix-en-Provence, ce domaine impose une approche résolument moderne, avec des vins d'auteur, assumés dans leur expression chromatique, profonds dans leur texture, et portés par une vision contemporaine et nuancée. Depuis 2002, Pierre-François Terrat y vinifie avec exigence, tirant le meilleur des plus beaux terroirs calcaires du village, ce qui donne à ses cuvées une finesse de grain remarquable.

- Les Béatines, coteaux d'aix-en-provence 2021 | Sec | 2025>28 | 12.5 € | ☘ 90
- Les Béatines, coteaux d'aix-en-provence 2023 | Sec | 2025>28 | 12 € | ☘ 91
- Les Béatines, coteaux d'aix-en-provence 2023 | Sec | 2025>28 | 12.5 € | ☘ 91

Château Malherbe

✪✪✪

Depuis 2007, Sébastien Ferrari, rejoint désormais par son fils Romain, dirige ce domaine idéalement situé entre Méditerranée et massif des Maures avec rigueur et engagement. Le passage à la biodynamie (Demeter) en 2021 marque une nouvelle étape dans la quête de précision. Deux terroirs complémentaires servent d'assise : la pointe-du-diable, en bord de mer, composée de limons anciens riches en quartz ; et Malherbe, au pied du cap Bénat, l'un des points les plus méridionaux du massif, aux sols argilo-schisteux. Les cuvées privilégient la buvabilité sans rien céder à l'expression. Leur tenue à table impressionne, confirmant leur place parmi les grandes références de Provence. Le domaine avance avec constance, porté par l'humilité généreuse d'une famille engagée sur plusieurs générations.

- côtes de provence 2022 | Sec | 2026>30 | 39 € 92
- Pointe du Diable, côtes de provence 2022 | Sec | 2026>32 | 32 € 93

Château Margüi

Au nord de Brignoles, dans le Haut-Var, ce domaine incarne une vision contemporaine et exemplaire des coteaux varois. Propriété de Georges Lucas depuis 2017, il bénéficie de l'énergie et de l'inspiration de son propriétaire. Sur une vingtaine d'hectares à l'altitude clémente, les sols argilo-calcaires offrent un socle idéal. Le soin apporté aux vignes comme à l'architecture du lieu traduit une quête assumée d'excellence, à tous les niveaux.

- coteaux varois en provence 2020 | Sec | 2025>30 | 24 € 90
- coteaux varois en provence 2021 | Sec | > | 24 € 91
- coteaux varois en provence 2023 | Sec | 2025>26 | 18 € 90

Domaine des Masques

« Masqo » signifie sorcier en vieux provençal. À 500 mètres d'altitude sur le plateau du Cengle – sans doute l'un des points viticoles les plus élevés de la Sainte-Victoire – Yannick Burles veille avec minutie sur cette propriété singulière : 25 hectares de vignes, 5 d'oliviers et 2 de lavandin. Ici, tout est pensé dans le détail : approche parcellaire, micro-terroirs, élevages différenciés (barriques, demi-muids, amphores). Le résultat est une gamme radicale, épurée, saline, toujours digeste. Pour certaines cuvées de la Collection, Yves Cuilleron apporte un éclairage rhodanien subtil à ce trésor viticole aixois.

- Essentielle, méditerranée 2023 | Sec | 2025>28 | 13 € 88
- Exception, méditerranée 2022 | Sec | 2025>27 | 18 € 92
- Exception syrah, méditerranée 2021 | Sec | 2025>30 | 18 € 94
- Syrahdictive, méditerranée 2021 | Sec | 2025>30 | 35 € 95
- Collection pinot, méditerranée 2021 | Sec | 2025>30 | 35 € 94

Domaine de Métifiot

À Saint-Rémy-de-Provence, au cœur des Alpilles, ce domaine familial cultive vigne et olivier avec soin et discernement. Seul vignoble situé sur le versant nord de l'appellation, il bénéficie d'un terroir singulier, bien interprété par la famille Bateman. Sous la conduite de Bruno Ferland, maître de chai et de culture, le domaine adopte une viticulture biologique mesurée, réduisant le soufre et le cuivre avec intelligence. Les vins, fruités, équilibrés et accessibles, traduisent un engagement sincère et une belle justesse d'exécution.

- Les Essentiels, alpilles 2023 | Sec | 2025>28 | 15 € 87
- les baux-de-provence 2023 | Sec | 2025>28 | 20 € 90
- les baux-de-provence 2023 | Sec | 2025>28 | 26 € 91

Villa Minna Vineyard

Entre Aix et Salon-de-Provence, ce domaine de 15 hectares s'étend dans un vallon étroit et verdoyant. Le vignoble, exposé à la fois au nord et au sud, repose sur un socle calcaire riche en fossiles marins. Un travail patient, mené selon les principes de la viticulture biologique, a redonné vie aux sols. Il en résulte des vins à l'identité affirmée, dont la régularité de qualité s'exprime avec justesse dans les trois couleurs.

- Minna, bouches-du-rhône 2022 | Sec | 2025>30 | 26 € 89
- Minna, bouches-du-rhône 2020 | Sec | 2025>30 | 26 € 91
- Villa Minna, coteaux d'aix-en-provence 2022 | Sec | 2025>30 | 17 € 91

Château Minuty

Remarquablement bien exposés sur les coteaux des villages de Gassin et de Ramatuelle, dominant le golfe de Saint-Tropez, les 160 hectares produisent des vins qui s'exportent dans le monde entier. Aujourd'hui faire de lance du groupe LVMH en Provence, Minuty offre une gamme très maitrisée bien construite et représentative des canons contemporains du rosé de Provence.

- Prestige, côtes de provence 2024 | Sec | 2025>28 | 19 € 92
- Rose et Or, côtes de provence 2024 | Sec | 2025>26 | 28 € 89
- 281, côtes de provence 2024 | Sec | 2025>29 | 50 € 91

Domaine Mira Luna

À 350 m d'altitude, entre Correns et Châteauvert, ce domaine s'étend sur 100 hectares de garrigues, de forêts et de vignes. Sur ce terroir argilo-calcaire, exposé à un microclimat contrasté, naissent des vins de caractère, produits en petites quantités. Chaque cuvée cherche à refléter l'équilibre entre un terroir préservé et une viticulture de précision. Les vins dégustés cette années sont très recommandables.

- coteaux varois en provence 2024 | Sec | 2025>30 | 19 € 90
- côtes de provence 2024 | Sec | 2025>30 | 15 € 91
- rolle, coteaux varois en provence 2023 | Sec | 2025>30 | 15 € 92
- rolle, coteaux varois en provence 2024 | Sec | 2025>28 | NC 90
- Expression syrah, var 2023 | Sec | 2025>30 | 22 € 90
- Expression viognier, var 2024 | Sec | 2025>30 | 19 € 90

Château de Miraval

Miraval demeure l'un des joyaux les plus singuliers de Provence, aussi discret qu'envieusement observé. Porté par le sens stratégique des Perrin – emmené par Marc – et par l'implication personnelle de la star américaine Brad Pitt, le domaine s'est imposé comme une référence de l'élégance viticole, conjuguant raffinement, exigence et aura internationale. Sur les 700 hectares que compte la propriété, 60 sont consacrés à la vigne, répartis en parcelles et restanques au cœur d'un vallon aux multiples expositions, à une altitude idéale. Cette géographie particulière favorise des maturités étagées et une grande finesse d'expression. La gamme compte aussi désormais un côtes-de-provence Sainte-Victoire, à la hauteur de la réputation du domaine : précis, structuré et lumineux.

- côtes de provence 2024 | Sec | 2026>32 | 19.9 € 94
- côtes de provence 2024 | Sec | 2026>32 | 24 € 93

Domaine Myrko Tépus

D'une sagesse vigneronne rare, empreinte de pragmatisme et de bon sens, Myrko Tépus, signe une interprétation personnelle et engagée des vins de la Provence du Nord. À Esparron-de-Pallières, à 460 mètres d'altitude et proches des Gorges du Verdon, son choix de cépage engagé repose sur des grès à reptiles (faces sud) et sur des argilo-calcaire (ubacs). Chaque cuvée est soignée, magnifiée par un élevage juste et en filigrane. Le lointain montre l'évident potentiel de l'ugni blanc sur les grès et les calcaires du domaine. Le carignan offre un poudré de texture sans égal au cœur de la cuvée Nitch vo. Les vins dégustés cette année révèlent une plénitude de texture inédite, portée par davantage d'allonge, de profondeur et de sève. Un cap décisif a été franchi.

- Le Lointain, coteaux du verdon 2023 | Sec | 2026>30 | 34.8 € 95
- Saint Jean, coteaux du verdon 2023 | Sec | 2026>35 | 34.8 € 94
- Daï Solera, vin de france | Sec | 2026>30 | 30 € 95

Domaine Oddo

Ce joli domaine situé au cœur du Massif des Alpilles, entre montagnes et paysages sauvages, profite du dynamisme et du savoir-faire de l'excellente famille Oddo, aussi propriétaire d'un domaine en France et dans le monde. Elle y a replanté 20 hectares de vignes et réorganisé la cave. Une belle adresse à découvrir pour ses rosés frais et élégants.

- Oddo, coteaux d'aix-en-provence 2024 | Sec | 2025>26 | 13.5 € 90
- Oddo, coteaux d'aix-en-provence 2024 | Sec | 2025>27 | 13.9 € 90

✦ Star ✚ Valeur sûre ➔ À suivre de près N Nouvelle entrée

Mathieu Meyer, Château Galoupet

Après un diplôme de génie agricole et un autre d'œnologie, Mathieu Meyer est devenu responsable des opérations chez Moët-Hennessy dans les Caraïbes, puis en Australie, au sein du département vin et champagne. Nommé en 2020 directeur du château Galoupet après son rachat par LVMH, il s'attelle depuis à trouver des solutions pour que ce vignoble s'épanouisse. Par exemple, un système de canaux pour préserver l'eau et l'humidité et des plantations de haies d'arbres pour capter les eaux de pluie. Mathieu Meyer est convaincu qu'un écosystème complexe est la clé du grand vin. *Hicham Abou Raad*

Domaine Les Œuvres Vives

✪✪

Maître de chai au château de Pibarnon, Marie Laroze signe en parallèle, au Castellet, un projet vicitole intime et ambitieux. Installée dans un petit mas du XVIII? siècle, elle cultive en bio trois hectares et demi de vignes, tirant une expression saisissante du terroir bandolais. Son rosé impressionne par sa profondeur et son port noble, son rouge séduit par sa sève, son allonge et sa précision. Avec une vision claire, un style déjà affirmé et une exigence de tous les instants, Marie trace sa route vers les hauteurs de Bandol, où sa place semble déjà promise.

- **bandol 2022** | Sec | 2026>40 | 30 € — 96
- **bandol 2023** | Sec | 2025>30 | 18 € — 94

Domaine de l'Olivette

✪✪ ✚

Depuis plus de deux siècles, la famille de Jean-Luc Dumoutier veille sur l'Olivette, domaine emblématique de Bandol. Engagé dans une viticulture respectueuse, le domaine est certifié HVE depuis 2014 et s'appuie sur la mise en place de corridors écologiques pour favoriser la biodiversité et l'équilibre du vivant. Sur ce terroir où le mourvèdre règne en maître, le cinsault trouve aussi sa place, apportant finesse aromatique et complexité aux assemblages. Les cuvées Spéciale et Absolue, aux profils ciselés et racés, sauront séduire les amateurs les plus exigeants.

- **Tradition, bandol 2024** | Sec | 2026>30 | 23 € — 90
- **Tradition, bandol 2021** | Sec | 2026>35 | 28 € — 93

Château d'Ollières

✪ Ⓝ

Aux portes de Saint-Maximin, entre la Sainte-Victoire et la Sainte-Baume, en bon représentant émérite de l'appellation coteaux-varois-en-Provence, Ollières s'impose légitimement. Charles Rouy, son actuel propriétaire, qui a fait ses classes en Bourgogne chez Bouchard Père et Fils, a consolidé les solides acquis à la vigne et doté la cave d'un outil optimal et bien étudié.

- **Prestige, coteaux varois en provence 2024** | Sec | 2025>29 | 15.5 € — 90
- **Prestige, coteaux varois en provence 2022** | Sec | 2026>35 | 17.7 € — 90
- **Prestige, coteaux varois en provence 2024** | Sec | 2026>30 | 16.8 € — 90

Domaines Ott

✪✪✪✪ ✦

Grande lignée du vin provençal, la famille Ott initie son aventure viticole en 1912 avec l'acquisition du château de Selle, suivie du clos Mireille en 1930 puis du domaine Romassan en 1956. Depuis 2004, l'activité se poursuit sous l'égide du groupe Roederer, mais la famille reste pleinement investie : Christian et Jean-François Ott assurent la direction, garants d'un style et d'une exigence inchangés. Les cuvées rosées, emblématiques de la maison, figurent année après année parmi les plus accomplies de Provence, alliant régularité, élégance et profondeur. C'est un ensemble de domaines tenus avec beaucoup de soin par des équipes passionnées, avec une volonté claire et affirmée de rechercher la meilleure qualité possible.

- **Château de Selle, côtes de provence 2024** | Sec | 2026>28 | NC — 92
- **By Ott, côtes de provence 2024** | Sec | 2026>28 | NC — 90
- **Château Romassan - Les Préludes, côtes de provence 2022** | Sec | 2026>35 | NC — 91

Clos de l'Ours

✪✪

Le vignoble de treize hectares, certifié bio depuis 2000, se situe sur un terroir argilo-calcaire bien drainé, bordé par un cirque de pins et de chênes. La situation géographique proche de Cotignac confère à ce terroir une climatologie plus fraîche, aux amplitudes thermiques plus importantes que sur la côte. Essentiellement composé de vignes âgées de 40 à 70 ans, ce qui devient une rareté dans ce secteur largement dominé par la production de rosé, le vignoble réunit les cépages classiques de la Provence.

- **Ursus, côtes de provence 2021** | Sec | 2025>35 | 40 € | ☘ — 96
- **Milia, côtes de provence 2023** | Sec | 2025>28 | 24 € | ☘ — 93
- **L'Accent, côtes de provence 2023** | Sec | 2025>28 | 18 € | ☘ — 92

Château Paradis

✪ Ⓝ

Grande propriété du Puy-Sainte-Réparade, le château Paradis n'en signe pas moins des vins précis et identitaires. Sous l'impulsion de Pierre Jagot, maître de chai talentueux, le domaine s'est hissé parmi les références des coteaux d'Aix-en-Provence. Les assemblages gagnent en justesse, les profils en lisibilité : les cuvées s'affirment désormais par leur accessibilité, leur fraîcheur et une belle expression minérale. Nous ne pouvons que saluer cette démarche et le talent de l'homme.

- **Terre des Anges, coteaux d'aix-en-provence 2019** | Sec | 2025>35 | 24 € — 88
- **Terre des Anges, coteaux d'aix-en-provence 2023** | Sec | 2026>30 | NC — 91
- **Terre des Anges, coteaux d'aix-en-provence 2024** | Sec | 2026>30 | 19 € — 91
- **Terre des Anges, coteaux d'aix-en-provence 2023** | Sec | 2025>30 | NC — 89
- **Terre des Anges, coteaux d'aix-en-provence 2024** | Sec | 2026>30 | 17 € — 91

Commanderie de Peyrassol

✪✪✪ ✚

Fondé en 1204 par les Templiers, Peyrassol est un lieu habité par l'histoire et la beauté naturelle. Acquis par la famille Rigord en 1789, le domaine s'est imposé au fil du temps comme l'une des références majeures de Provence. En 2001, Philippe Austruy reprend cette propriété de 1 000 hectares, dont 100 dédiés à la vigne, et y engage une restauration d'envergure, alliant patrimoine, art et viticulture. Le jardin devient un musée à ciel ouvert, les bâtiments sont repensés, et le vignoble gagne en précision. Accompagné par les équipes de Derenoncourt Consultants, couplé à la modernisation du chai, les vins révèlent une identité ciselée et à la hauteur du lieu.

- **Clos de Peyrassol, côtes de provence 2024** | Sec | 2025>29 | 37.5 € | ☘ — 93
- **Château Peyrassol, côtes de provence 2022** | Sec | 2026>30 | 59.5 € | ☘ — 92
- **Château Peyrassol, côtes de provence 2024** | Sec | 2025>30 | 37.5 € | ☘ — 92
- **Château Peyrassol, côtes de provence 2023** | Sec | 2026>30 | 40 € | ☘ — 92
- **XIIIe, côtes de provence 2024** | Sec | 2025>27 | 18.5 € — 92
- **Clos de Peyrassol, côtes de provence 2023** | Sec | 2026>30 | 40 € | ☘ — 93
- **XIIIe, côtes de provence 2022** | Sec | 2026>30 | 23.5 € | ☘ — 90
- **XIIIe, côtes de provence 2024** | Sec | 2026>28 | 21.5 € | ☘ — 90

Château de Pibarnon

✪✪✪✪✪ ✦

Sous la conduite assurée d'Éric de Saint-Victor, les derniers millésimes confirment toute la noblesse du terroir : un amphithéâtre naturel face à la Méditerranée, où les calcaires du Tr as et les veines de marnes bleues donnent naissance à des vins d'équilibre, puissants et d'une finesse grandissante. Sur 52 hectares de vallons et restanques, le mourvèdre trouve ici l'une de ses expressions les plus civilisées, taillée pour la garde et l'élégance. Le style s'est affiné au fil du temps, atteignant aujourd'hui un niveau de raffinement rarement égalé à Bandol.

- **bandol 2023** | Sec | 2026>30 | NC — 93
- **bandol 2021** | Sec | 2026>30 | 41 € — 95
- **bandol 2024** | Sec | 2026>30 | 28 € — 93
- **Nuances, bandol 2020** | Sec | 2026>35 | NC — 96

Théodore Planas-Rastoin

✪✪

Aux abords de la mythique appellation palette, Théodore Planas-Rastoin veille avec discernement sur un vignoble confidentiel niché dans un cirque naturel creusé par l'Arc, cerné de garrigues et enrichi par la polyculture environnante. Sa vision, à la fois pragmatique et éclairée, guide un travail de fond aussi bien à la vigne qu'au chai. En cave, l'intervention est mesurée, maîtrisée, loin des effets de mode. Les vins reflètent cette exigence silencieuse : droits, sincères, profondément ancrés dans leur lieu.

- **vin de france 2016** | Sec | 2023>28 | 25 € — 92
- **vin de france 2017** | Sec | 2023>30 | 22 € — 92

Château Pradeaux

✪✪✪✪ ✦

À la tête de la neuvième génération d'un domaine fondé en 1752, Étienne Portalis refuse le confort de l'héritage pour engager le cru dans une dynamique d'excellence. Situé à Saint-Cyr-

✦ Star ✚ Valeur sûre ⊛ À suivre de près Ⓝ Nouvelle entrée

sur-Mer, le vignoble de vingt hectares repose sur un socle de calcaires et de terres rouges, dans un microclimat doux et ventilé. Un travail rigoureux sur le matériel végétal, allié à une vinification précise, confère aux vins une tenue exemplaire. Les élevages en bois, parfaitement intégrés, patinent les matières avec justesse, préparant des cuvées à la garde remarquable, parmi les plus élégantes de Bandol.

- **Le Lys, bandol 2022** | Sec | 2026>32 | 22 € 94
- **bandol 2020** | Sec | 2026>40 | 40 € 95

Château Rasque

★★

Créé ex nihilo dans les années 1980, le château Rasque s'impose aujourd'hui comme l'un des domaines emblématiques du centre varois. Trente hectares de vignes ont été patiemment conquis sur la forêt, portés désormais par la seconde génération de la famille Biancone. À sa tête, Sophie, dynamique et solaire, est épaulée par Enzo, benjamin d'une fratrie unie autour du projet familial. Le sens du détail se lit autant dans les vins que dans l'architecture du domaine : une Provence classique réinterprétée à travers le prisme de la Renaissance italienne, entre clefs de voûte et statues néo-classiques. L'œnotourisme, discret mais soigné, prolonge l'expérience d'un lieu singulier, où élégance et enracinement vont de pair.

- **Alexandra, côtes de provence 2024** | Sec | 2025>26 | 19 € 88
- **Pièce Noble, côtes de provence 2021** | Sec | 2025>28 | 21 € 90
- **Blanc de blancs, côtes de provence 2024** | Sec | 2025>27 | 24 € 90

Château Réal Martin

★★ ➔

Ancienne dépendance de l'abbaye de Montmajour, le château Réal-Martin s'inscrit au cœur de la Provence Verte, à Correns, premier village de France engagé collectivement en agriculture biologique. Le vignoble y est conduit avec rigueur, tandis qu'une cuverie moderne assure des vinifications précises, sobres, au service de l'éclat du fruit. Les vins se distinguent par leur pureté d'expression, leur justesse de ton et la finesse de leurs parfums. Cuvée phare du domaine, Optimum incarne l'ambition haut de gamme de la propriété : matière dense, élégance maîtrisée et équilibre sans compromis.

- **côtes de provence 2023** | Sec | 2025>28 | 16 € 91
- **Optimum, côtes de provence 2021** | Sec | 2025>28 | 30 € 93

Domaine de la Réaltière

★★

Au nord de la montagne Sainte-Victoire, dans une vallée préservée et silencieuse, le domaine s'établit en bout de route, sur les coteaux sud de la Vautubière. À plus de 400 mètres d'altitude, les parcelles reposent sur un terroir argilo-calcaire typiquement provençal. Le microclimat favorise une maturation lente et régulière, sans sacrifier la générosité solaire. Pierre Michelland y cultive ses 14 hectares en biodynamie, avec une rigueur artisanale et une inspiration constante. Jardinier de la vigne autant que vigneron, il fait désormais figure de référence dans les Coteaux d'Aix. Curieux et novateur, il vient d'introduire les cépages oubliés que sont l'araignan (picardan) et le bourboulenc. Une initiative prometteuse, à suivre de près.

- **Blanc Public, var 2023** | Sec | 2025>28 | 15 € | ☘ 92
- **Pastel, coteaux d'aix-en-provence 2023** | Sec | 2025>28 | 14.5 € | ☘ 92
- **Cul Sec, coteaux d'aix-en-provence 2023** | Sec | 2025>27 | 14.5 € | ☘ 92
- **Cante Gau, coteaux d'aix-en-provence 2019** | Sec | 2025>28 | 28 € | ☘ 93

Domaine de Revelette

★★★★ ✚

Revelette est devenu, au fil des décennies, une véritable signature, portée par la vision singulière et la passion infatigable de Peter Fischer. Entrepreneur inspiré et bâtisseur patient, il a façonné ce lieu à son image : exigeant, libre et profondément respectueux du vivant. La conduite du vignoble, non interventionniste mais jamais dogmatique, repose sur l'observation fine du matériel végétal. En cave, la même philosophie guide l'élaboration de vins épurés, d'une grande précision, comme en témoignent les derniers millésimes : droits, fins, et construits pour durer. Aujourd'hui épaulé par ses enfants, Peter poursuit l'aventure avec lucidité et engagement, pleinement tourné vers l'avenir.

- **coteaux d'aix-en-provence 2023** | Sec | 2026>30 | 16 € | ☘ 93
- **coteaux d'aix-en-provence 2024** | Sec | 2025>27 | 15 € | ☘ 91
- **Le Grand Blanc, méditerranée 2023** | Sec | 2026>35 | 36 € | ☘ 95
- **Le Grand Rouge méditerranée 202[illegible]** | Sec | 2026>40 | 36 € | ☘ 93
- **Pur, vin de france 2023** | Sec | 2026>30 | 20 € | ☘ 92
- **Pur carignan, vin de france 2023** | Sec | 2026>30 | 20 € 94

Domaine Richeaume

★★★★ ➔

Sur les terrasses naturelles du piémont de la Sainte-Victoire, ce domaine familial, propriété de la famille Hoesch depuis 1972, incarne une synthèse aboutie entre agriculture biologique, approche holistique et vinification naturelle. Le patrimoine remarquable de vieilles vignes offre une base solide, mais c'est la justesse des élevages, mesurés et précis, qui permet à chaque cépage de trouver sa voix : des tannins ciselés, une expression raffinée, toujours fidèle au terroir. À la croisée de la maîtrise technique et de l'inspiration, le domaine frôle aujourd'hui la consécration : la cinquième étoile semble à portée de main.

- **Syrah, méditerranée 2021** | Sec | 2026>35 | 40 € | ☘ 95
- **Columelle, méditerranée 2021** | Sec | 2026>40 | 40 € | ☘ 95
- **Carignan, méditerranée 2023** | Sec | 2026>35 | 26 € | ☘ 95

Domaine de Rimauresq

★★

Cru classé de Provence, ce domaine situé sur les contreforts nord du massif des Maures connaît une véritable renaissance après une longue période d'abandon. Depuis son acquisition en 1988 par la famille écossaise Wemyss, une dynamique de fond a été engagée pour relever le niveau des cuvées, notamment en entrée de gamme. Aujourd hui, l'harmonie règne sur l'ensemble de la production, dans les trois couleurs, portée par un terroir complexe mêlant grès, schistes et quartz. Un retour en grâce maîtrisé, qui redonne tout son éclat à ce domaine historique.

- **R, côtes de provence 2020** | Sec | 2023>28 | 23.5 € 91
- **R, côtes de provence 2022** | Sec | 2025>28 | 24.6 € | ☘ 90
- **Quintessence, côtes de provence 2022** | Sec | 2025>30 | 32 € | ☘ 91

Château Roubine

★★

Le château Roubine qui fait partie des 23 crus classés de Provence depuis 1955, est un des plus anciens vignobles de France. Déjà exploité au XIVe siècle par les Templiers, ce domaine de 120 hectares situé à Lorgues est implanté en cirque autour du château sur un terroir argilo-calcaire. Désormais en agriculture biologique, il est dirigé avec charme talent et dynamisme par Valérie Rousselle et ses enfants. Les vins produits sont de tout premier ordre et reflètent le potentiel exceptionnel de ce terroir. A ce vignoble s'ajoutent deux autres récemment acquis par la famille : le château Sainte-Béatrice à Lorgues et le domaine Chante Bise dans la vallée du Rhône.

- **inSpire, côtes de provence 2023** | Sec | 2025>28 | NC | ☘ 90
- **Premium, côtes de provence 2024** | Sec | 2025>29 | NC 90
- **Lion & Dragon, côtes de provence 2024** | Sec | 2025>27 | NC ☘ 90

Château Saint-Jean Lez Durance

★

En Haute-Provence, le long de la Durance, le vignoble du château s'étend sur 41 hectares répartis entre coteaux et terrasses. Cette diversité topographique s'accompagne d'une mosaïque de sols — argilo-calcaires, safres, graves et limons — qui confère aux vins une pluralité d'expressions. Fort d'une histoire ancienne, le domaine signe aujourd'hui une gamme riche et cohérente, portée par un excellent rapport qualité-prix. Un acteur solide et inspiré de cette Provence septentrionale encore méconnue.

- **Pimayon, pierrevert 2020** | Sec | 2025>32 | 14.9 € | ☘ 95
- **Pimayon, pierrevert 2023** | Sec | 2025>26 | 12 € | ☘ 88
- **Pimayon, pierrevert 2022** | Sec | 2025>32 | 14.9 € | ☘ 92

Clos Saint-Joseph

4 étoiles

En Haute-Provence, le long de la Durance, le vignoble du château s'étend sur 41 hectares répartis entre coteaux et terrasses. Cette diversité topographique s'accompagne d'une mosaïque de sols — argilo-calcaires, safres, graves et limons — qui confère aux vins une pluralité d'expressions. Fort d'une histoire ancienne, le domaine signe aujourd'hui une gamme riche et cohérente, portée par un excellent rapport qualité-prix. Un acteur solide et inspiré de cette Provence septentrionale encore méconnue.

- côtes de provence 2022 | Sec | 2025>35 | 28 € — 96
- Blanc de Blancs, côtes de provence 2022 | Sec | 2025>30 | 28 € — 95
- grassenc, alpes-maritimes 2022 | Sec | 2025>35 | 32 € — 94

Château Saint-Maur

2 étoiles — À suivre de près

Situé à Cogolin, à quelques kilomètres de Saint-Tropez, le château Saint-Maur poursuit sa transformation depuis son acquisition en 2011 par l'industriel Roger Zannier. Engagé dans une conversion biologique, le vignoble s'étend aujourd'hui sur 100 hectares, où dominent le cinsault, le grenache et la syrah, accompagnés de mourvèdre, tibouren, rolle, carignan et clairette. De vastes travaux ont été entrepris sur l'ensemble de la propriété, y compris sur la bâtisse d'inspiration mauresque datant de la fin du XIXe siècle. En 2013, un chai ultramoderne à l'architecture épurée a vu le jour en un temps record de neuf mois. Pensé pour une vinification parcellaire rigoureuse, il centralise toutes les étapes de production, des vinifications aux élevages en barriques — notamment pour les rouges, affinés durant 18 mois —, jusqu'à l'embouteillage et la vente en boutique.

- L'Excellence, côtes de provence 2024 | Sec | 2025>26 | 26.9 € — 88
- Clos Saint-Vincent (en magnum), côtes de provence 2024 | Sec | 2025>30 | 89 € — 92
- Clos de Capelune, côtes de provence 2023 | Sec | 2025>30 | 43.5 € — 92

Clos Saint-Vincent

5 étoiles — À suivre de près

Bien trop modeste pour cela, Joseph Sergi, alias Gio, œuvre sans relâche, sous l'égide de la biodynamie, sur les pentes vertueuses et vertigineuses du Clos, regardant au loin Nissa la bella. Poudingues, galets et argileuses se mêlent et s'unissent. Toujours nuancé sur la partie élevage, Gio porte au plus haut l'essence même des cépages indigènes de l'appellation bellet. Ainsi, le rosé, haut en saveur, fleure l'extrait sec de braquet, cépage aussi magnifié dans la cuvée Belletan qui montre à quel point la Provence sait faire des vins fins, déliés et épurés de tout superflu. Beaucoup devraient suivre cette direction. L'impeccable dégustation réalisée pour cette édition 2025 de notre guide témoigne de la précision et de l'éclat de ces vins merveilleux, millésimes après millésimes, dont le style s'impose avec une évidence extraordinaire et compréhensible de tous.

- Le Clos, bellet 2022 | Sec | 2026>30 | 36.9 € | ☘ — 94
- Le Clos, bellet 2023 | Sec | 2026>30 | 36.9 € | ☘ — 94
- Le Clos, bellet 2024 | Sec | 2025>29 | 24.5 € | ☘ — 96

Clos Sainte-Magdeleine

4 étoiles

C'est l'histoire d'un terroir exceptionnel et de toute beauté. Le vignoble de 20 hectares, dont 13 en production, est spectaculaire, tout en restanques accrochées au flanc de la montagne sur un dénivelé impressionnant avec vue imprenable sur la mer Méditerranée. Implantée sur la partie historique et la plus ancienne du vignoble cassiden, la propriété telle qu'on la connaît aujourd'hui a été créée par Jules Savon, ancien maire du village. Rachetée en 1920 par la famille Zafiropulo, elle est aujourd'hui dirigée par la jeune génération, incarnée par Jonathan et son épouse. L'élégance et la finesse des vins du domaine se posent en bouche comme le vent estival sur la mer. La plus belle expression de l'appellation, issue d'un grand terroir sans pareil.

- Bel-Arme, cassis 2022 | Sec | 2026>32 | 34 € | ☘ — 95
- Baume-Noire, bouches-du-rhône 2022 | Sec | 2026>35 | 30 € | ☘ — 96
- Tradition, cassis 2024 | Sec | 2026>30 | 24 € — 95

Château Sainte-Marguerite

2 étoiles — À suivre de près

L'annonce en 2022 de l'entrée au capital du groupe Pernod-Ricard a braqué les projecteurs sur cette belle propriété, toujours dirigée par les deux frères Fayard, Olivier et Enzo. Au cœur du terroir de La Londe Les Maures, le soleil et le vent marin s'affirment comme les alliés d'une viticulture qualitative, les 200 hectares de vignes de la propriété sont d'ailleurs certifiés en agriculture biologique. Dans la gamme, les rosés jouent une tonalité de fruits et de fleurs. Cette gourmandise portée par la pêche et la poire saura séduire un large public. Opérationnel depuis la vendange 2020, un chai aussi beau que fonctionnel permet d'accompagner les ambitions de la famille.

- Marguerites en Provence, côtes de provence 2024 | Sec | 2025>30 | 55 € — 93

Château Sainte-Roseline

3 étoiles — Valeur sûre

Trésor patrimonial niché aux Arcs-sur-Argens, le château Sainte-Roseline brille autant par son excellence viticole que par son raffinement architectural. Sous la conduite avisée d'Aurélie Bertin, la propriété s'épanouit dans un écrin verdoyant de 300 hectares, dont 110 consacrés à la vigne. Au cœur du domaine, une chapelle abrite les reliques de la sainte et offre un dialogue unique entre spiritualité et art, ornée par Chagall, Bazaine, Ubac et Giacometti. À l'issue d'une dégustation approfondie de l'ensemble de la gamme, une certitude s'impose : les vins du château Sainte-Roseline comptent parmi les plus aboutis et les plus constants de Provence. L'offre oenotouristique du domaine est aussi très recommandable.

- Lampe de Méduse, côtes de provence 2024 | Sec | 2026>30 | 17.9 € — 93
- La Chapelle de Sainte Roseline, côtes de provence 2024 | Sec | 2026>30 | 27.9 € — 95
- Collection, côtes de provence 2024 | Sec | 2026>30 | 22.9 € — 93
- La Chapelle de Sainte Roseline, côtes de provence 2024 | Sec | 2025>35 | 28.9 € — 94

Château des Sarrins

2 étoiles — Valeur sûre

Après avoir marqué de son empreinte la Champagne, Bruno Paillard a trouvé en Provence un nouveau terrain d'expression avec le domaine des Sarrins, situé à Saint-Antonin-du-Var. Sur une trentaine d'hectares convertis à l'agriculture biologique, les vignes s'épanouissent entre argiles et calcaires, au cœur de clairières bordées de collines boisées. L'amplitude thermique renforce la fraîcheur naturelle des vins. En cave, l'élevage alterne entre inox et bois avec mesure, dans une recherche constante d'équilibre. La cuvée Rosé-Secret illustre avec brio cette philosophie : un vin de gastronomie, élégant et structuré, qui rappelle que le temps peut magnifier les rosés.

- Blanc de rolle, var 2022 | Sec | 2025>29 | 19.6 € | ☘ — 92
- Blanc Secret, côtes de provence 2021 | Sec | 2025>27 | 27.5 € | ☘ — 91
- Rose Secret, côtes de provence 2021 | Sec | 2025>28 | 37 € | ☘ — 92

Château du Seuil

1 étoile

À deux pas d'Aix-en-Provence, le château du Seuil puise ses origines au XIII? siècle. C'est dans les années 1970 que la famille Carreau Gaschereau y établit un vignoble structuré, aujourd'hui étendu sur 55 hectares. En 2014, Agnès et Robert Daussun, rejoints par leurs enfants, reprennent le domaine avec l'ambition de révéler tout le potentiel de ce site remarquable. Leur engagement, à la fois patrimonial et viticole, s'appuie sur un terroir prometteur et une volonté affirmée de conjuguer héritage et renouveau.

- coteaux d'aix-en-provence 2022 | Sec | 2025>30 | 14.3 € | ☘ — 89
- coteaux d'aix-en-provence 2024 | Sec | 2025>28 | 13.9 € | ☘ — 91
- coteaux d'aix-en-provence 2024 | Sec | 2026>28 | 13.6 € | ☘ — 90
- Grand Seuil, coteaux d'aix-en-provence 2024 | Sec | 2026>28 | 24 € — 92

Marc Monrose, Château Saint-Maur, Domaine des Terres Dorées, Quinta do Pessegueiro

Il aime à dire qu'il exerce *« un métier de dentelière depuis 2011 »*, année où il a cédé son entreprise dijonnaise pour prendre les rênes du provençal château Saint-Maur et de la Quinta do Pessegueiro, dans le Douro, tout juste acquis par l'industriel Roger Zannier. Si Marc nourrissait déjà une vraie passion pour les grands vins, il a tout de suite décidé d'affiner ses connaissances en suivant plusieurs formations et de bien s'entourer. L'œnologue Patrick Galliano est son bras droit et directeur technique depuis 2015. En moins de quinze ans, le vignoble de Saint-Maur est devenu un jardin de vignes de plus de cent hectares où tout va dans le sens d'une quête d'excellence. *Hicham Abou Raad*

Château Simone

★★★★★ ✦

Ce cru à part, niché à l'abri des regards sur un coteau exposé plein nord, défie les standards régionaux. Son encépagement dense et singulier, dominé par de vieilles clairettes, offre une complexité rare. Mais au-delà du lieu, c'est l'œuvre patiente et passionnée de la famille Rougier, portée aujourd'hui par Jean-François, qui élève Simone au rang d'icône. Dans ses mots, choisis et habités, perce une admiration quasi spirituelle pour ce vignoble qu'il sert avec une constance admirable. La cuvée Les Carmes de Simone, dans ses trois couleurs, atteint un niveau d'excellence affirmé, tandis que Simone, la grande, reste cette légende vivante : majestueuse, lumineuse, presque mystique.

- palette 2024 | Sec | 2026>35 | 36 € — 95
- palette 2022 | Sec | 2026>40 | 44 € — 96
- palette 2022 | Sec | 2026>35 | 44 € | ☘ — 94

Domaine Tempier

★★★★★ ✦

Tempier est un mythe de Provence. Tout passionné se souvient forcément d'un moment passé autour d'un verre de ce cru iconique du Plan du Castellet. Les terroirs de son vignoble, situés sur une quarantaine d'hectares tenus au cordeau et protégés du mistral, sont situés sur trois communes. Goûtés cette année juste avant leurs mises en bouteilles, les cuvées offraient un caractère infiniment civilisé, gracieux dans leur style et d'une finesse jamais atteinte. Un aboutissement pour ce domaine en chemin vers le goût juste et l'excellence.

- La Migoua, bandol 2022 | Sec | 2026>40 | NC — 96
- Cabassaou, bandol 2022 | Sec | 2026>40 | NC — 97
- La Tourtine, bandol 2022 | Sec | 2026>40 | NC — 97
- bandol 2023 | Sec | 2026>35 | NC — 95
- bandol 2023 | Sec | 2026>30 | NC — 94

Domaine de Terrebrune

★★★★ ➔

Un terroir dans le terroir, voilà qui résume Terrebrune, propriété choyée, menée par une direction à deux têtes entre Reynald Delille et Jean d'Arthuys. Situé à Ollioules, ce domaine proche de la Méditerranée joue entre les embruns et un sol calcaire de premier ordre. Pas de muscle, ni de grande couleur trop colorée, mais des vins empreints de sensibilité, qu'il convient d'attendre et de laisser s'exprimer sur le plan des parfums. Plus récemment, c'est Julien Paul, brillant directeur technique qui fait s'affirmer le trias et affine le grain si précieux de Terrebrune.

- bandol 2023 | Sec | 2026>32 | 23 € — 95
- bandol 2023 | Sec | 2026>30 | 29.5 € — 94
- bandol 2021 | Sec | 2026>40 | 38 € — 95

Domaine de Toasc

★ N

Après une première carrière dans le BTP, Bernard Nicoletti a profité de son savoir-faire pour construire un chai respectueux de l'architecture locale. Les 7 hectares de vignes s'organisent en 49 restanques, réparties sur 180 mètres de dénivelé sur le terroir typique de Bellet, le poudingue, mélange d'argiles, de sables et de galets roulés. Bernard y cultive notamment les deux cépages emblématiques de l'appellation : le braquet et la folle noire. En 2019, il a vendu son domaine au Château de Crémât. Une nouvelle ère s'ouvre pour cette petite propriété.

- bellet 2023 | Sec | 2025>27 | NC — 90
- La Tramontane, bellet 2022 | Sec | 2025>28 | NC | ☘ — 92

Domaine de Trévallon

★★★★★ ✦

L'œuvre d'Éloi Dürrbach, vigneron visionnaire et figure tutélaire des Alpilles, se poursuit avec une fidélité admirable à l'esprit d'origine. Sur les versants nord du massif, dans un écosystème préservé et sauvage, Trévallon demeure à l'écart des modes comme des concessions. Le terroir, frais et reclus, aux calcaires régulateurs, forge des vins à l'identité unique : blancs et rouges profonds aux maturités lentes, mariant syrah et cabernet-sauvignon. Plus qu'un domaine, Trévallon est un style à lui seul.

- alpilles 2022 | Sec | 2026>40 | NC — 96
- alpilles 2023 | Sec | 2026>35 | NC — 96

Château Vannières

★★★★

Depuis 1547, le château Vannières incarne la grande tradition viticole française. Sous la houlette d'Éric Boisseaux, figure respectée de Bandol, le domaine s'est imposé par son classicisme assumé et sa rigueur de fond. Aujourd'hui, la relève est assurée par son fils Charles-Éric, qui insuffle davantage de nuance aux rouges sans renier l'exigence de garde qui fait leur grandeur. Cette transition maîtrisée permet d'allier structure et finesse, profondeur et précision, dans une continuité fidèle à l'esprit du lieu.

- bandol 2021 | Sec | 2026>40 | 35 € — 94
- bandol 2024 | Sec | 2025>27 | 23 € — 92
- bandol 2023 | Sec | 2026>30 | 35 € — 92

Château Vignelaure

★★★ ➔

Homme sensible et pragmatique dans ses choix engagés, Philippe Bru, directeur d'exploitation, est l'une des figures les plus attachantes de la région. Il signe une trilogie de couleur impeccable. Atypique, cette propriété écrit depuis les années 1970 quelques-unes des plus belles pages de la viticulture provençale. Le cabernet-sauvignon s'y plaît, à part quasi-égale avec la syrah. Une matrice argilo-calcaire tempère les rares excès de chaleur. Une verticale remontant jusqu'à 1975 a prouvé l'immense régularité et la qualité, encore trop sous-estimée, des vins de Vignelaure.

- Château Vignelaure, coteaux d'aix-en-provence 2019 | Sec | 2026>40 | 25 € | ☘ — 95
- Vignelaure, méditerranée 2022 | Sec | 2026>35 | 24 € | ☘ — 94

Les Maîtres vignerons de la Presqu'île de Saint-Tropez

★★ ➔

Créée en 1964 par huit vignerons visionnaires de la presqu'île de Saint-Tropez, cette cave a vu le jour avec une ambition claire : mutualiser les moyens pour mieux valoriser les terroirs et structurer une offre commerciale de qualité. Depuis, elle a considérablement évolué, s'agrégeant à d'autres caves coopératives et châteaux du secteur, devenant un acteur majeur du vignoble varois. Forte d'une expertise technique renouvelée et d'une dynamique collective bien menée, elle propose aujourd'hui une gamme vaste et cohérente, alliant accessibilité et exigence. Les cuvées, soigneusement élaborées, séduisent par leur constance et par une esthétique d'habillage contemporaine, pensée pour dialoguer avec les jeunes consommateurs, tout en restant fidèle à l'ancrage territorial de cette structure tournée vers l'avenir.

- Mas de Pampelonne, côtes de provence 2024 | Sec | 2025>26 | NC | ☘ — 91
- Gold, côtes de provence 2024 | Sec | 2025>26 | 12.9 € — 88
- Domaine Siouvette - L'Exception, côtes de provence 2024 | Sec | 2025>27 | 13.6 € — 92
- Domaine Siouvette - L'Exception, côtes de provence 2024 | Sec | 2025>27 | 13.6 € — 88
- Gold, côtes de provence 2024 | Sec | 2025>26 | 12.9 € — 89
- Mas de Pampelonne - Gabriel, méditerranée 2023 | Sec | 2025>26 | 14 € — 90
- Mas de Pampelonne - Léon, méditerranée 2024 | Sec | 2025>26 | 12.9 € — 88

✦ Star ✚ Valeur sûre ➔ À suivre de près N Nouvelle entrée

CHÂTEAU
LA COSTE
Provence
Grand Vin Rosé
CHÂTEAU
LA COSTE
L'ABUS D'ALCOOL EST DANGEREUX POUR LA SANTÉ, À CONSOMMER AVEC MODÉRATION

Levée du soleil un jour d'été à Bédarrides, à côté de Châteauneuf-du-Pape. Les galets roulés, emblématiques du secteur, se préparent à emmagasiner la chaleur du jour pour la restituer pendant la nuit. Le terroir, au sol aride et argilo-calcaire, pousse les racines de la vigne à s'enfoncer profondément à la recherche d'éléments nutritifs. Le 11 juin 2014.

Rhône

Peuple du soleil

Des terroirs et des cépages différents, d'accord.
Mais les idées circulent entre les deux pays de la vallée du Rhône.
Elles défendent une vision du vin que ces deux sélections ont tenté de saisir

sélection ***Guillaume Puzo (Rhône nord), Antoine Pétrus, Louis-Victor Charvet et Thierry Desseauve (Rhône sud)***

Rhône nord

Domaine Patrick et Christophe Bonnefond

★★ ➔

Même si ce domaine est isolé sur les hauteurs du plateau qui surplombe la Côte Rôtie, Patrick, Christophe et maintenant Léa (la fille de Christophe) arpentent tous les jours les rudes coteaux du secteur de la Côte Rozier et des Rochains, où se concentre l'essentiel de leurs vignes. Leurs cuvées sont profondes et de belle droiture comme on l'attend de ce secteur de la Côte Brune. Léa a souhaité augmenter la part de rafle dans la vinification, ce qui nuit parfois à l'harmonie des vins lorsque le millésime ne s'y prête pas. Le domaine n'a pas présenté ses vins cette année.

- **Côte Chatillon, condrieu 2022** | Sec | 2025>30 | 42 € — 89
- **Les Rochains, côte rôtie 2021** | Sec | 2025>36 | 65 € — 93
- **Côte Rozier, côte rôtie 2021** | Sec | 2025>36 | 60 € — 94

Domaine de Bonserine

★★★ ➔

Ce petit domaine ne produit que quatre cuvées, trois en côte rôtie et une en condrieu, à partir de ses douze hectares en propriété dont onze sur la Côte Rôtie, répartis sur un grand nombre de parcelles. Propriété de la famille Guigal depuis 2006, le domaine est géré par une équipe autonome. Les cuvées dégustées sont régulièrement sans défaut mais il y manque un rien de magie pour être de grands ambassadeurs de la Côte.

- **La Sarrasine, côte rôtie 2023** | Sec | 2025>38 | NC — 92
- **La Viallière, côte rôtie 2023** | Sec | 2025>33 | NC — 91
- **La Garde, côte rôtie 2022** | Sec | 2025>37 | NC — 93
- **Les 3 lieux, condrieu 2023** | Sec | 2025>30 | NC — 89

Domaine Graeme & Julie Bott

★★★ ➔

Né en Nouvelle-Zélande, Graeme Bott fait ses premières vinifications à Hawke's Bay, avant de rencontrer Stéphane Ogier et de vinifier chez lui. Il y rencontre également Julie, et tous deux décident de se lancer dans le grand bain, à partir des millésimes 2016-2017, d'abord en achetant du raisin puis très vite à partir de leur propre production. Aujourd'hui, leurs besoins couvrent 20 ha, moitié propriété, moitié achats. Et leur gamme compte des parcellaires très recherchés, comme Lancement ou Fongeant en Côte Rôtie. Une réussite étonnante pour un si jeune domaine, preuve que les fondamentaux et la maîtrise technique sont là.

- **saint-joseph 2023** | Sec | 2025>33 | 34 € — 90
- **condrieu 2023** | Sec | 2025>33 | 53 € — 92
- **crozes-hermitage 2023** | Sec | 2025>30 | 25 € — 89
- **saint-joseph 2022** | Sec | 2025>32 | 32 € — 92
- **côte rôtie 2022** | Sec | 2025>37 | 76 € — 91
- **Kamaka Terroir de Seyssuel syrah, collines rhodaniennes 2022** | Sec | 2025>32 | 47 € — 90
- **Kamaka Terroir de Seyssuel viognier, collines rhodaniennes 2023** | Sec | 2025>30 | 47 € — 90
- **L'Aleau, condrieu 2023** | Sec | 2025>33 | 78 € — 91
- **cornas 2022** | Sec | 2025>32 | 52 € — 92
- **Semons, côte rôtie 2022** | Sec | 2028>37 | 120 € — 92
- **Côte Bodin, côte rôtie 2022** | Sec | 2029>37 | 165 € — 92
- **Fongeant, côte rôtie 2022** | Sec | 2029>37 | 165 € — 92
- **Lancement, côte rôtie 2022** | Sec | 2028>37 | NC — 94

Domaine Chambeyron

★★ N

L'une des familles historiques du coteau de Côte Rôtie. Depuis 2010 c'est la nouvelle génération, Mathieu Chambeyron, qui met en valeur de belles parcelles notamment sur le lieu-dit Chavaroche, un cru de grande qualité coincé entre la Côte Blonde et la Côte Brune. Des élevages précis à partir de bois judicieusement sélectionnés permettent de produire ces cuvées qui nous ont enchantés cette année. Un domaine que nous allons suivre.

- **L'Angeline, côte rôtie 2022** | Sec | 2025>37 | 50 € — 92
- **Vernon, condrieu 2023** | Sec | 2025>38 | 35 € — 93
- **La Chavarine, côte rôtie 2022** | Sec | 2025>42 | 40 € — 93
- **Chavaroche, côte rôtie 2022** | Sec | 2028>42 | 60 € — 94
- **Vieilles vignes, côtes du rhône 2023** | Sec | 2025>33 | 15 € — 91

Domaine de la Chapelle

★★★★ ✦

Sous cette nouvelle dénomination, la famille Frey souhaite isoler ses grands vins d'Hermitage du reste de la gamme de la maison Jaboulet, et notamment sa mythique cuvée La Chapelle. Avec ses 26 hectares de vignes exploités dans l'appellation, elle a pour projet de construire un nouveau chai au pied de la colline. L'objectif initial était d'y vinifier les 2026, mais vue la morosité économique actuelle les délais seront repoussés.

- **La Chapelle, hermitage 2022** | Sec | 2028>42 | NC — 96
- **Chevalier de Stérimberg, hermitage 2023** | Sec | 2025>38 | NC — 93

M. Chapoutier

★★★★★ ✦

La brillante série des sélections parcellaires de Michel Chapoutier continue avec des rouges 2022 et des blancs 2023 de très haut niveau. Pour ce qui est des cuvées issues d'achats, toujours très importantes en volume, désormais une part de vendange entière est incorporée à la vinification, sous la supervision du très doué Clément Bärtschy. Quoi qu'on pense des sélections parcellaires quand d'autres privilégient l'assemblage, ce sont incontestablement de très grands vins, parfaitement représentatifs de leurs terroirs.

- **châteauneuf-du-pape 2023** | Sec | 2027>35 | NC — 96
- **Croix de Bois, châteauneuf-du-pape 2022** | Sec | 2025>47 | 97.2 € — 97
- **Les Varonniers, crozes-hermitage 2022** | Sec | 2025>37 | 69.6 € — 92
- **Chante-Alouette, hermitage 2023** | Sec | 2025>38 | NC — 93
- **Le Méal, ermitage 2022** | Sec | 2025>47 | NC — 97
- **Le Pavillon, ermitage 2022** | Sec | 2025>47 | NC — 96
- **Barbe Rac, châteauneuf-du-pape 2022** | Sec | 2025>42 | 132 € — 95
- **L'Ermite, ermitage 2022** | Sec | 2025>47 | NC — 99
- **Invitare, condrieu 2023** | Sec | 2025>33 | 40.85 € — 91
- **Les Arènes, cornas 2022** | Sec | 2027>37 | NC — 90
- **Monier de la Sizeranne, hermitage 2022** | Sec | 2025>37 | 64.4 € — 91
- **Les Bécasses, côte rôtie 2022** | Sec | 2027>37 | 64.85 € — 91
- **La Bernardine, châteauneuf-du-pape 2023** | Sec | 2025>33 | 41.05 € — 91
- **Les Granits, saint-joseph 2023** | Sec | 2025>38 | NC — 94
- **de l'Orée, ermitage 2023** | Sec | 2025>43 | NC — 96
- **Le Méal, ermitage 2023** | Sec | 2025>43 | NC — 97
- **L'Ermite, ermitage 2023** | Sec | 2025>43 | NC — 98
- **Les Granits, saint-joseph 2022** | Sec | 2025>42 | 85.2 € — 93

✦ Star ✚ Valeur sûre ➔ À suivre de près N Nouvelle entrée

- Les Greffieux, ermitage 2022 | Sec | 2025>42 | NC — 94
- La Bernardine, châteauneuf-du-pape 2022 | Sec | 2025>32 | 34.55 € — 92
- Les Meysonniers, crozes-hermitage 2023 | Sec | 2025>33 | 18.65 € — 90
- Hongrie, saint-péray 2023 | Sec | 2025>33 | NC — 92
- Les Granilites, saint-joseph 2023 | Sec | 2025>33 | NC — 91
- Coteau de Chery, condrieu 2023 | Sec | 2025>38 | NC — 93
- Les Granilites, saint-joseph 2022 | Sec | 2025>32 | 29.54 € — 91
- Le Clos, saint-joseph 2022 | Sec | 2025>42 | 170.4 € — 95
- La Mordorée, côte rôtie 2022 | Sec | 2025>47 | 214.8 € — 96
- Quatuor, côte rôtie 2022 | Sec | 2027>37 | NC — 92
- Pie VI, châteauneuf-du-pape 2022 | Sec | 2025>37 | 41.5 € — 94
- Temenos, cornas 2022 | Sec | 2025>37 | 43.55 € — 92
- Saint-Pierre, cornas 2022 | Sec | 2025>42 | 103.2 € — 94
- Neve, côte rôtie 2022 | Sec | 2025>42 | 176.4 € — 94
- Sicamor, crozes-hermitage 2023 | Sec | 2025>33 | 28.06 € — 90

Domaine Jean-Louis Chave

Ses pratiques vertueuses ne l'ayant pas quitté, Jean-Louis Chave a pu bénéficier à plein de la belle maturité du millésime 2022, qui succédant à 2021 ne pouvait que le combler. Tant sur ses vignes de Saint-Joseph que d'Hermitage, sa réussite est totale à la dégustation des vins. Dans ses jardins du Clos Florentin à Mauves comme sur les parcelles originelles de la famille à Lemps, Jean-Louis pousse toujours plus loin ses essais d'agropastoralisme et de ferme intégrée à l'exploitation viticole. Ou quand le vigneron reprend avec fierté et humilité son beau métier de paysan.

- L'Hermitage, hermitage 2022 | Sec | 2032>47 | NC — 97
- L'Hermitage, hermitage 2015 | Sec | 2030>50 | NC — 100
- L'Hermitage, hermitage 2019 | Sec | 2034>49 | NC — 99
- L'Hermitage, hermitage 2022 | Sec | 2037>47 | NC — 98
- saint-joseph 2022 | Sec | 2025>37 | NC — 92
- Clos Florentin, saint-joseph 2022 | Sec | 2025>37 | NC — 92

Cave de Clairmont

Sous ce vocable se cache la deuxième cave coopérative de l'appellation crozes-hermitage, située à l'extrémité sud de la plaine quand on arrive vers Beaumont-Monteux. Seulement 12 adhérents, pour 135 hectares en apport, permettent de proposer une gamme assez homogène. Nous avouons notre préférence pour les cuvées d'assemblage, franches et équilibrées, mais la cave élabore en parallèle une gamme de sélections parcellaires à partir de vignes d'un seul adhérent, aux résultats parfois mitigés.

- Domaine des Clairmonts – Jardin Zen, crozes-hermitage 2022 | Sec | 2025>32 | 18.05 € — 89
- Domaine Martinelli – Poésy, crozes-hermitage 2022 | Sec | 2025>30 | 25.65 € — 90
- Domaine de Saint-Clément – Le Pierrier, crozes-hermitage 2022 | Sec | 2025>32 | 24.95 € — 89
- Domaine des Clairmonts – Bois Fardeau, crozes-hermitage 2022 | Sec | 2025>28 | 26.8 € — 90

Jean-Luc Colombo

Le domaine Colombo s'est créé à la fin des années 1980, lorsque Jean-Luc et Anne Colombo, fraîchement installés à Cornas, font l'acquisition d'un joli mas entouré de vignes au lieu-dit les Chaillots. Leur fille Laure les rejoint dans les années 2000, et crée à son tour le domaine de Lorient à Saint-Péray. Ces deux appellations constituent donc le cœur de leur gamme, mais une activité de négoce permet de couvrir la totalité de la vallée. Les cornas ont notre préférence, surtout les cuvées Les Ruchets et la Louvée.

- Les Ruchets, cornas 2022 | Sec | 2025>42 | 75 € | ☘ — 94
- La Louvée, cornas 2022 | Sec | 2025>47 | 82 € | ☘ — 96
- Terres Brûlées, cornas 2022 | Sec | 2025>37 | 39 € | ☘ — 93
- Les Anthenors - clairette, méditerranée 2023 | Sec | 2025>29 | NC — 89

Domaine Combier

L'un des tout premiers domaines à avoir fait parler de l'appellation crozes-hermitage, suite à l'extension au sud de l'appellation, vers la plaine des Châssis où se situe son fameux clos des Grives. Une viticulture bio depuis plus de 50 ans, des vinifications adroites et précises, utilisant le meilleur du fût et de l'œuf béton, donnent des crozes au velouté exceptionnel, sur fond de fruits noirs légèrement confiturés (cassis). Conscient de la diversité des secteurs de son appellation, Laurent Combier et ses enfants en proposent également une version granitique, Cap Nord. Le domaine a oublié de présenter ses vins cette année.

- crozes-hermitage 2022 | Sec | 2025>32 | 25 € | ☘ — 92
- Clos des Grives, crozes-hermitage 2022 | Sec | 2025>37 | 45 € | ☘ — 94

Domaine Courbis

Les deux frères Laurent et Dominique Courbis dirigent depuis longtemps ce domaine situé sur la limite sud de l'appellation saint-joseph, ce qui se traduit par un terroir particulier puisque leur lieu-dit Les Royes est constitué d'un amphithéâtre argilo-calcaire alors que le reste de l'appellation repose sur des coteaux granitiques. La viticulture est plus soignée que par le passé, même si elle peut aller encore plus loin dans les pratiques vertueuses. Les rouges de Cornas et Saint-Joseph offrent une souplesse bienvenue qui permet de les apprécier jeunes. En bon millésime comme 2022, ce sont des flacons que l'amateur peut rechercher quand tant de domaines sont inaccessibles dans le secteur.

- La Sabarotte, cornas 2022 | Sec | 2025>37 | 69 € — 92
- Les Royes, saint-joseph 2023 | Sec | 2025>33 | 38 € — 91
- Les Eygats, cornas 2022 | Sec | 2025>30 | 59 € — 90
- Le Tram, saint-péray 2023 | Sec | 2025>30 | 24 € — 90
- L'Aube, collines rhodaniennes 2022 | Sec | 2025>28 | 17 € — 87
- Les Royes, saint-joseph 2022 | Sec | 2025>32 | 38 € — 91

Domaine Pierre et Jérôme Coursodon

Les Coursodon comptent parmi les vieilles familles du village de Mauves, à la sortie sud de Tournon, ce qui explique leur joli parcellaire dans cette partie sud de l'appellation saint-joseph. Aujourd'hui, Jérôme, la cinquième génération, a la charge des 16 hectares de ce domaine principalement producteur en rouge. La gamme se construit selon l'origine des raisins et le mode de vinification et d'élevage retenu. Elle propose des vins souvent prêts à boire assez jeunes, avec des tannins agréables par leur rondeur, notamment avec les cuvées Sensonne et Paradis Saint-Pierre.

- Silice, saint-joseph 2023 | Sec | 2025>33 | 27 € — 86
- Silice, saint-joseph 2023 | Sec | 2025>29 | 27 € — 88
- L'Olivaie, saint-joseph 2023 | Sec | 2025>33 | 38 € — 89
- Le Paradis Saint-Pierre, saint-joseph 2023 | Sec | 2025>33 | 69 € — 92
- Le Paradis Saint-Pierre, saint-joseph 2023 | Sec | 2025>33 | 38 € — 90
- La Sensonne, saint-joseph 2023 | Sec | 2025>33 | 49 € — 92
- Grenade, vin de france 2023 | Sec | 2025>28 | 15 € — 86
- Étincelle, vin de france 2023 | Sec | 2025>28 | NC — 86

De Boisseyt

Sans doute l'un des plus vieux domaines de Chavanay, où se sont succédé six générations de vignerons, avant qu'Agnès et Didier Chol ne cèdent leur activité à Olivier Decelle en 2017 (Château Jean-Faure, Mas Amiel) qui y a installé son fils Romain. En plus d'un nouveau caveau, moderne et accueillant, au bord de la route, l'équipe a complètement revu le travail à la vigne, qui en avait besoin. Cette année, ce sont les Saint-Joseph, blancs et rouges, qui nous ont séduits, les vins affichant une vraie saveur de granite.

- Les Garipelées, saint-joseph 2023 | Sec | 2025>30 | 25 € — 89
- Les Corbonnes, condrieu 2023 | Sec | 2025>33 | 41 € — 90
- Les Garipelées, saint-joseph 2022 | Sec | 2025>33 | 25 € — 89
- Côte Blonde, côte rôtie 2022 | Sec | 2025>32 | 78 € — 90
- Izeras, saint-joseph 2022 | Sec | 2025>32 | 30 € — 91
- Les Rivoires, saint-joseph 2022 | Sec | 2025>32 | 33 € — 92

Delas

La nouvelle équipe technique, entre Clément Panigai (vignes) et Marco Beckmann (cave) toujours sous la houlette de Jacques Grange, a commencé à clarifier la gamme, notamment en arrêtant l'élaboration de vins du Ventoux et de Grignan-les-Adhémar. Elle souhaite désormais plus s'impliquer dans les crus du Rhône Nord. En 2025, la maison a récupéré le fermage sur la parcelle des Clos en Crozes-Hermitage, et d'autres projets sont à l'œuvre en Hermitage, notamment des murets en pierre sèches sur le fameux coteau des Bessards.

- Les Launes, crozes-hermitage 2023 | Sec | 2025>33 | NC — 90
- Sainte-Épine, saint-joseph 2023 | Sec | 2028>38 | NC — 92
- Chante-Perdrix, cornas 2023 | Sec | 2028>38 | NC — 90
- Seigneur de Maugiron, côte rôtie 2023 | Sec | 2028>38 | NC — 93
- Domaine des Tourettes, hermitage 2023 | Sec | 2028>38 | NC — 94
- François de Tournon, saint-joseph 2023 | Sec | 2028>33 | NC — 91
- Domaine des Grands Chemins, crozes-hermitage 2023 | Sec | 2025>33 | NC — 91
- Le Clos, crozes-hermitage 2023 | Sec | 2028>38 | NC — 92
- La Landonne, côte rôtie 2023 | Sec | 2030>43 | NC — 94
- Les Bessards, hermitage 2023 | Sec | 2029>48 | NC — 94
- Clos Boucher, condrieu 2023 | Sec | 2025>38 | NC — 92
- Domaine des Tourettes, hermitage 2023 | Sec | 2028>43 | NC — 93

■ Ligne de Crête, Les Grandes Vignes, hermitage 2023 | Sec | 2030>48 | NC 96
■ Haute Pierre, châteauneuf-du-pape 2023 | Sec | 2025>38 | NC 91
■ gigondas 2023 | Sec | 2025>33 | NC 90

Maison Denuzière

✪✪ ⊙

Notre bonne impression de l'an passé s'est confirmée cette année avec les vins envoyés par la maison : des vins agréables, alliant du fruit avec un corps caractéristique de leur appellation, toujours équilibrés, et dans un profil se prêtant à la dégustation assez rapidement. L'œnologue en charge des vinifications, Caroline Moro, a changé le profil des vins par rapport à nos souvenirs d'autrefois, ce dont nous nous réjouissons.

■ Les Sérines, côtes du rhône 2022 | Sec | 2025>30 | 10 € 90
■ condrieu 2022 | Sec | 2025>32 | 46.5 € 90
■ cornas 2022 | Sec | 2025>32 | 38.9 € 90
■ saint-joseph 2022 | Sec | 2025>30 | 23 € 89
■ hermitage 2022 | Sec | 2025>30 | 90.5 € 89
■ saint-péray 2022 | Sec | 2025>32 | 23 € 91

Domaine Benjamin et David Duclaux

✪✪✪ ✚

Les deux frères Benjamin et David Duclaux exploitent leur petit vignoble sur le secteur sud de l'appellation côte-rôtie, là où le gneiss (et même le granite en limite de Condrieu) succède au schiste dans la composition géologique du sous-sol. Leurs cuvées offrent des parfums de fruits rouges plus prononcés que dans d'autres secteurs, mais la concentration des deux grandes cuvées (Maison Rouge et Coteaux de Tupin) fait merveille en grand millésime. Le travail en fût est plus fin que par le passé, même si on peut encore progresser en ce sens, notamment sur la sélection des pièces.

■ La Germine, côte rôtie 2022 | Sec | 2025>37 | 56 € 91
■ Maison Rouge, côte rôtie 2022 | Sec | 2028>37 | 84 € 93
■ Les Caillets, condrieu 2023 | Sec | 2025>33 | 49 € 89
■ La Chana, côte rôtie 2022 | Sec | 2025>32 | 49 € 90
■ Coteaux de Tupin, côte rôtie 2020 | Sec | 2025>40 | 126 € 93

Domaine Eymin-Tichoux

✪✪ Ⓝ

Elle est originaire de Seyssuel, lui du Gard. Sophie Eymin et Kevin Tichoux se sont rencontrés sur les bancs du BTS viti-œno à Montpellier. Ils plantent leurs premières vignes en 2015, pour une première récolte en 2017. Voilà l'histoire d'une sympathique création de domaine comme il y en a trop peu dans ce nord de la vallée du Rhône. Les vins expriment déjà une belle identité, certes on peut aller plus loin encore, mais tout sera sans doute plus facile une fois le projet de cuverie arrivé à son terme. D'ores et déjà leur joie de vivre fait du bien au nouveau cru de Vienne – Seyssuel.

■ Avant Première, Seyssuel, collines rhodaniennes 2022 | Sec | 2025>30 | 34 € 90
■ Le Boucher, condrieu 2023 | Sec | 2025>33 | 37 € 91
■ Varembon, saint-joseph 2023 | Sec | 2025>33 | NC 91
■ Cap syrah, collines rhodaniennes 2022 | Sec | 2025>30 | 15 € 89
■ Les Châssis, crozes-hermitage 2023 | Sec | 2025>33 | 23 € 91
■ Avant Première, Seyssuel, collines rhodaniennes 2023 | Sec | 2025>33 | 33 € 91
■ L'Arène, Seyssuel, collines rhodaniennes 2023 | Sec | 2025>33 | 52 € 92
■ Le Truchet, côte rôtie 2023 | Sec | 2025>38 | 59 € 93

Domaine Laurent Fayolle

✪✪ Ⓝ

Laurent Fayolle incarne la sixième génération d'une famille de vignerons aujourd'hui scindée en trois branches. Installé sur Gervans, le terroir historique de l'appellation Crozes-Hermitage originelle, Laurent a obtenu la certification bio avec le millésime 2022. Ses deux terroirs les plus intéressants sont les Pontaix et le Clos Les Cornirets, le premier argilo-caillouteux, le second granitique, aux expressions sensiblement différentes en bouche. Nous sommes ravis de retrouver cette cave que nous avions perdue de vue.

■ Les Pontaix, crozes-hermitage 2023 | Sec | 2025>33 | 33 € 91
■ Les Diognières, hermitage 2023 | Sec | 2025>33 | 70 € 90
■ Sens, crozes-hermitage 2023 | Sec | 2025>30 | 21.5 € 89
■ Les Pontaix, crozes-hermitage 2022 | Sec | 2025>32 | 28 € 90
■ Vieilles Vignes, Clos Les Cornirets, crozes-hermitage 2015 | Sec | 2025>35 | 48 € 90
■ Vieilles Vignes, Clos Les Cornirets, crozes-hermitage 2022 | Sec | 2025>37 | 41 € 92
■ Les Diognières, hermitage 2022 | Sec | 2025>32 | 69 € 89
■ Sens, crozes-hermitage 2023 | Sec | 2025>33 | 23 € 90
■ Montis, saint-péray 2023 | Sec | 2025>33 | 27 € 89

Ferraton Père & Fils

✪✪✪ ✚

Détenue en totalité par Michel Chapoutier depuis 2007, la maison Ferraton cherche actuellement à attirer de nouveaux investisseurs pour accélérer son développement, un dossier à suivre dans les prochaines années. Aujourd'hui dirigée par Damien Brisset, elle conserve une stratégie en grande partie calquée sur celle de sa grande sœur Chapoutier : une activité de négoce pour compléter les vignes du domaine cultivées en biodynamie, une démarche de sélections parcellaires, et aussi une inflation croissante du nombre de cuvées. Si les cuvées d'entrée de gamme peuvent décevoir, les belles sélections parcellaires sont toujours parfaitement exécutées.

■ Les Dionnières, ermitage 2022 | Sec | 2025>32 | 87 € 89
■ Le Reverdy, ermitage 2022 | Sec | 2025>32 | 80 € 90
■ Les Oliviers, saint-joseph 2022 | Sec | 2025>32 | 50.6 € 92
■ La Matinière, crozes-hermitage 2023 | Sec | 2025>30 | 18.85 € 88
■ Le Grand Courtil, crozes-hermitage 2022 | Sec | 2025>37 | 38.9 € 92
■ L'Églantine, côte rôtie 2022 | Sec | 2028>35 | 68.25 € 90
■ Le Mialan, saint-péray 2023 | Sec | 2025>30 | 18.25 € 89
■ Les Pichères, crozes-hermitage 2022 | Sec | 2025>32 | 27.1 € 90
■ lieu-dit Saint-Joseph, saint-joseph 2022 | Sec | 2028>37 | 53 € 93
■ Patou, cornas 2022 | Sec | 2028>37 | 53 € 92
■ Paradis, saint-joseph 2022 | Sec | 2025>37 | 43.5 € 91
■ Montmain, côte rôtie 2022 | Sec | 2025>32 | 85.85 € 91
■ Bonneveau, saint-joseph 2022 | Sec | 2025>37 | 37.6 € 92
■ Le Grand Courtil, crozes-hermitage 2022 | Sec | 2025>32 | 44.7 € 90
■ Le Méal, hermitage 2022 | Sec | 2025>32 | 114 € 91
■ Les Pends, crozes-hermitage 2023 | Sec | 2025>30 | 49.4 € 89

Domaine Pierre Gaillard

✪✪

Pierre Gaillard aime travailler en famille. Ses enfants Jeanne, Élise et Pierre-Antoine l'ont rejoint depuis longtemps déjà et ne sont pas de trop entre les différents domaines, en vallée du Rhône, en Languedoc et dans le Roussillon. Pour ce qui est du Rhône, le point fort du domaine reste les saint-joseph, dont le clos de Cuminaille, première parcelle plantée par Pierre au début des années 1980. Sa maturité de fruit peut égaler une côte-rôtie, avec une dimension pierreuse en plus. Quelques entrées de gamme en IGP sont plus banales pour l'amateur véritable de vins du Rhône Nord.

■ Clos de Cuminaille, saint-joseph 2023 | Sec | 2025>33 | 29.5 € 91
■ Rose Pourpre, Rozier, côte rôtie 2023 | Sec | 2025>38 | 112 € 91
■ cornas 2023 | Sec | 2025>30 | 41 € 87
■ crozes-hermitage 2023 | Sec | 2025>30 | 22 € 87
■ condrieu 2023 | Sec | 2025>33 | 37.5 € 89
■ La Relève, saint-joseph 2023 | Sec | 2025>30 | 26 € 89
■ viognier, Clos des Camiers, collines rhodaniennes 2023 | Sec | 2025>30 | 22.5 € 88
■ La Dernière Vigne - syrah, collines rhodaniennes 2023 | Sec | 2025>30 | 15 € 87

Domaine Pierre Gonon

✪✪✪✪ ✦

La réputation de ce domaine a changé drastiquement au tournant du siècle, lorsque les deux frères Jean et Pierre Gonon cessèrent les désherbants et reprirent le labour des sols. En parallèle, la reprise des parcelles d'un vigneron à la retraite, Raymond Trollat, leur a offert un parcellaire de premier ordre, qui leur permet désormais d'élaborer en blanc comme en rouge une cuvée en saint-joseph modèle pour ce secteur méridional de l'appellation, et toujours un peu plus solaire et lumineux que les vins issus des secteurs nord.

■ saint-joseph 2023 | Sec | 2025>38 | 41 € 93
■ saint-joseph 2022 | Sec | 2025>42 | 55 € 94
■ Les Oliviers, saint-joseph 2023 | Sec | 2025>38 | 43 € | ☘ 93

Domaine François Grenier

✪✪ Ⓝ

Nous avons découvert cette année ce domaine situé au cœur des Saint-Joseph du nord de l'appellation. Jusqu'en 2014, François Grenier livrait sa récolte à la cave de Saint-Désirat, depuis il vinifie des raisins qu'il sait faire pousser avec soin. Des vins élaborés à partir de belles matières, pour des bouches charnues et équilibrées qui ravissent à la dégustation.

■ Chaussonot, saint-joseph 2023 | Sec | 2025>33 | 19 € 90
■ Grange Bara, saint-joseph 2023 | Sec | 2025>38 | 20 € 91
■ Fragrance, saint-joseph 2023 | Sec | 2025>38 | 20 € 92
■ Signature, saint-joseph 2022 | Sec | 2025>37 | 29 € 92

✦ Star ✚ Valeur sûre ⊙ À suivre de près Ⓝ Nouvelle entrée

Château Grillet

✪✪✪✪ ✦

Depuis la naissance des appellations d'origine voilà près d'un siècle, cette propriété fait rêver tous les amateurs de grands vins, car elle bénéficie d'une appellation monopole, enclavée au cœur de Condrieu. Le terroir méritait-il vraiment une telle distinction ? Nombreux ont été les avis dubitatifs, car hélas durant trop longtemps la viticulture et la vinification ici manquaient d'ambition, faute de moyens. Lorsque la famille Pinault a racheté la propriété en 2011, elle a tout de suite consacré tous les investissements nécessaires. Aujourd'hui, sous la houlette du très compétent Aloïs Houeto, force est de constater qu'on ne déguste pas ici du viognier sur un beau terroir de granite : on déguste le vrai château-grillet.

- château-grillet 2022 | Sec | 2025>37 | 420 € 95
- côtes du rhône 2023 | Sec | 2025>33 | 80 € 91

Domaine Bernard Gripa

✪✪✪

Encore une famille historique de Mauves, les Gripa (à ne pas confondre avec Jean-Louis Grippat, de Tournon) exploitent des vignes bien situées notamment sur les lieux-dits le Berceau ou Paradis en Saint-Joseph, généralement à l'origine des meilleures cuvées du domaine. Fabrice Gripa propose également des blancs savoureux en appellation saint-péray, avec deux cuvées (Les Pins et Les Figuiers) régulièrement réussies et capables de se bonifier pendant une dizaine d'années. Après quelques déceptions en 2022, les 2023 nous ont redonné le sourire.

- Le Berceau, saint-joseph 2023 | Sec | 2025>38 | 46.2 € 90
- Le Berceau, saint-joseph 2023 | Sec | 2025>38 | 40.3 € 92
- Les Figuiers, saint-péray 2023 | Sec | 2025>33 | 28 € 91
- Les Pins, saint-péray 2023 | Sec | 2025>29 | 24 € 88
- saint-joseph 2023 | Sec | 2025>33 | 24.5 € 90
- saint-joseph 2023 | Sec | 2025>33 | 25.1 € 89

E. Guigal

✪✪✪✪✪ ✦

Avec sa pratique des longs élevages en fût, trois ans et parfois plus pour les grandes cuvées, la maison d'Ampuis propose cette année seulement ses cuvées du délicat millésime 2021, qui avait été marqué entre autres par un effroyable épisode de gel au printemps, qui à lui seul avait anéanti près du tiers de la récolte. Même si la cuvée Ex-Voto en hermitage n'a pas été produite, la dégustation des Mouline, Turque et Landonne en côte-rôtie donne pleinement satisfaction.

- condrieu 2023 | Sec | 2025>29 | 38 € 88
- côtes du rhône 2022 | Sec | 2025>30 | 8.5 € 90
- Brune et Blonde, côte rôtie 2021 | Sec | 2025>31 | 54 € 91
- saint-joseph 2023 | Sec | 2025>33 | 22 € 89
- hermitage 2021 | Sec | 2025>31 | 38 € 93
- tavel 2023 | Sec | 2025>30 | 11 € 91
- Vignes de l'Hospice, saint-joseph 2022 | Sec | 2028>42 | 65 € 95
- crozes-hermitage 2022 | Sec | 2025>29 | 17 € 88
- Ex-Voto, ermitage 2022 | Sec | 2028>42 | 157 € 96
- La Doriane, condrieu 2023 | Sec | 2025>28 | 70 € 94
- Château d'Ampuis, côte rôtie 2021 | Sec | 2025>36 | 100 € 93
- La Mouline, côte rôtie 2021 | Sec | 2025>41 | NC 96
- La Turque, côte rôtie 2021 | Sec | 2029>46 | NC 95
- La Landonne, côte rôtie 2021 | Sec | 2021>46 | NC 97
- côtes du rhône 2023 | Sec | 2025>28 | 8.5 € 88
- gigondas 2021 | Sec | 2025>36 | 20 € 91
- côtes du rhône 2024 | Sec | 2025>28 | 8 € 89
- hermitage 2021 | Sec | 2025>31 | 54 € 92
- châteauneuf-du-pape 2020 | Sec | 2025>35 | 32 € 93
- saint-joseph 2020 | Sec | 2025>30 | 22 € 92
- châteauneuf-du-pape 2023 | Sec | 2025>33 | 32 € 90
- Le Saint Joseph, saint-joseph 2023 | Sec | 2025>38 | 38 € 93
- Le Saint Joseph, saint-joseph 2022 | Sec | 2025>42 | 38 € 94

Domaines Paul Jaboulet Aîné

✪✪✪ ✦

La cuvée La Chapelle est désormais séparée de la gamme Jaboulet, puisque la maison a décidé de créer une entité à part, le domaine de la Chapelle (lire par ailleurs), dédié à son hermitage star. En hermitage, seul le second vin (Maison Bleue) sera toujours distribué par Jaboulet. La principale actualité cette année est la remise en avant de la marque Parallèle 45, initialement lancée en 1950 par la famille Jaboulet, un blanc et un rouge en négoce mais labellisés bio.

- Domaine de Roure, crozes-hermitage 2023 | Sec | 2025>33 | 50 € 91
- Domaine de Saint-Pierre, cornas 2022 | Sec | 2025>37 | 80 € 92
- Domaine de Thalabert, crozes-hermitage 2022 | Sec | 2025>30 | 36 € 89
- Domaine de Roure, crozes-hermitage 2022 | Sec | 2025>37 | 50 € 92
- La Croix des Vignes, saint-joseph 2022 | Sec | 2025>38 | 70 € 93
- Les Pierrelles, côte rôtie 2022 | Sec | 2025>32 | 100 € 92
- Les Grands Amandiers, condrieu 2023 | Sec | 2025>29 | 100 € 89
- Maison Bleue, hermitage 2022 | Sec | 2028>37 | 100 € 92
- Reynard, cornas 2022 | Sec | 2025>42 | 190 € 94

Domaine Philippe et Vincent Jaboulet

✪✪

Suite à la vente de la maison familiale à la famille Frey en 2006, Philippe Jaboulet a décidé de reconstituer un domaine qui aujourd'hui atteint 30 hectares de vignes, domaine qu'il exploite avec son fils Vincent. Sur l'Hermitage, le rouge est issu des Dionnières et se montre régulièrement de bonne facture, le blanc est une pure roussanne issue des secteurs lœssiques de la colline, qui sur les derniers millésimes a tendance à atteindre des maturités un peu trop élevées. Les Crozes rouges ne sont pas au même niveau.

- Beaumes et Maison Blanche, ermitage 2022 | Sec | 2025>32 | 49.5 € 90
- crozes-hermitage 2023 | Sec | 2025>28 | 20 € 88
- Nouvelère, crozes-hermitage 2021 | Sec | 2025>29 | 26.5 € 87
- Chaban, cornas 2021 | Sec | 2025>31 | 44.6 € 90
- Dionnieres, ermitage 2020 | Sec | 2025>35 | 66 € 92

Château Le Devay

✪✪ ➔

Le Devay, c'est le projet un peu fou d'un passionné de vin, Jean-Charles Fournet. Radiologue à la ville, c'est sur son temps libre qu'il a replanté un îlot de cinq hectares autour du château Le Devay, ancien lieu de villégiature des archevêques de Vienne, situé sur le plateau qui surplombe la Côte Rôtie. D'emblée, il a poussé les curseurs au maximum : biodynamie, agroforesterie, greffage sur racinés. Conseillé par Pierre-Jean Villa, les blancs et les rouges expriment une pureté et une brillance insoupçonnables pour des vignes qui pour les plus vieilles en sont à leur septième feuille. Il faut goûter ce qui est peut-être la plus belle roussanne sur schistes de toute la vallée du Rhône, la cuvée Sous les Étoiles, d'une pureté saline exceptionnelle.

- condrieu 2023 | Sec | 2025>33 | 48 € 90
- côtes du rhône 2023 | Sec | 2025>28 | 16 € 86
- Sous les Étoiles, collines rhodaniennes 2023 | Sec | 2025>33 | 30 € 93
- En Pente Douce, collines rhodaniennes 2023 | Sec | 2025>30 | 25 € 89
- Entre les Murs, collines rhodaniennes 2023 | Sec | 2025>33 | 30 € 91
- La Terre est bleue, collines rhodaniennes 2023 | Sec | 2025>30 | 27 € 91
- crozes-hermitage 2023 | Sec | 2025>28 | 24 € 89
- Côte Levant, collines rhodaniennes 2022 | Sec | 2025>30 | 32 € 92
- côte rôtie 2022 | Sec | 2025>28 | 54 € 88

Maison & Domaine Les Alexandrins

✪✪

Cette jeune structure est née de l'association entre Nicolas Jaboulet, Guillaume Caso et la famille Perrin de Châteauneuf. Notre préférence va systématiquement aux cuvées étiquetées domaine par rapport à celles étiquetées maison, mais pour les premières le style commence à s'affirmer et les vins à fièrement représenter leurs appellations.

- Maison Les Alexandrins, hermitage 2022 | Sec | 2025>32 | 70 € 91
- Maison Les Alexandrins, crozes-hermitage 2022 | Sec | 2025>28 | 19.5 € 88
- Maison Les Alexandrins, cornas 2022 | Sec | 2025>32 | 40 € 90
- Domaine Les Alexandrins - Les Garennes, crozes-hermitage 2023 | Sec | 2025>30 | 31 € 89
- Domaine Les Alexandrins - Les Chaflans, crozes-hermitage 2022 | Sec | 2025>30 | 26 € 90
- Les Ponts, saint-joseph 2022 | Sec | 2025>30 | 32 € 89
- Maison Les Alexandrins - Craies Blanches, collines rhodaniennes 2023 | Sec | 2025>27 | 14 € 86
- Domaine Les Alexandrins, La Caille, condrieu 2023 | Sec | 2025>30 | 64 € 89

Domaine Levet

✪✪✪ ✚

Agnès Levet fait partie de ces vieilles familles d'Ampuis (elle est cousine avec les Chambeyron et même les Jamet) dont le parcellaire est incroyable, notamment son joyau sur le lieu-dit Chavaroche, idéalement situé entre les parcelles cadastrées de Côte Brune et Côte Blonde. Là, la pente y est tellement raide que peu ont repris le travail des sols. Les changements se font progressivement, le temps de recruter les équipes qui suppléeront au désherbage. Il faut goûter la cuvée Péroline pour comprendre la splendeur de ce terroir.

- Améthyste, côte rôtie 2022 | Sec | 2025>42 | 48 € 94

✦ Star ✚ Valeur sûre ➔ À suivre de près Ⓝ Nouvelle entrée

Maxime Chapoutier

Pas toujours facile de se faire un prénom quand on est le fils de Michel Chapoutier (toujours actif). Mais Maxime a réussi. Avec la complicité de l'œnologue Clément Bärtschi, il supervise depuis quelques années déjà la direction technique de la grande maison de Tain. Toujours posé et calme dans ses explications, quand son père est branché sur cent mille volts, il n'en oublie pas d'être espiègle lorsque l'envie le prend et ne perd jamais ses yeux rieurs. Preuve que le caractère s'est bien transmis d'une génération à l'autre. *Guillaume Puzo*

- Maestria, côte rôtie 2022 | Sec | 2025>37 | 61 € 93
- La Péroline, côte rôtie 2022 | Sec | 2028>42 | 65 € 95
- condrieu 2023 | Sec | 2025>33 | 45 € 91

Domaine Stéphane Ogier

✪✪✪✪ ✦

Stéphane Ogier a construit la plus belle cuverie de toute la vallée du Rhône Nord, avec une vue imprenable sur les coteaux de la Côte Blonde et de Lancement en Côte Rôtie. Outre ses fameuses caisses de 9 bouteilles, contenant 9 lieux-dits de la Côte Rôtie comme autant d'angles de vie différents de l'appellation dans un millésime donné, sa grande actualité cette année est la remise sur le marché de sa cuvée Mes Grands Lieux (anciennement baptisée Réserve), dans le millésime 2015 qu'il a retenu en cave pendant dix ans, donc. Et prochainement, suivront plusieurs millésimes de sa cuvée de roussanne sur granite, un vin qu'il n'a encore jamais commercialisé.

- Lancement, côte rôtie 2022 | Sec | 2028>42 | NC 96
- La Belle Hélène, côte rôtie 2022 | Sec | 2032>42 | NC 97
- Mon Village, côte rôtie 2022 | Sec | 2025>37 | NC 93
- Le Passage, saint-joseph 2022 | Sec | 2025>32 | NC 89
- Côte Blonde, côte rôtie 2022 | Sec | 2028>42 | NC 94
- Fongeant, côte rôtie 2022 | Sec | 2025>42 | NC 93
- Côte Bodin, côte rôtie 2022 | Sec | 2025>37 | NC 91
- Bertholon, côte rôtie 2022 | Sec | 2029>42 | NC 94
- Cognet, côte rôtie 2022 | Sec | 2032>42 | NC 93
- Montmain, côte rôtie 2022 | Sec | 2025>42 | NC 94
- Champon, côte rôtie 2022 | Sec | 2030>42 | NC 94
- La Viallière, côte rôtie 2022 | Sec | 2027>42 | NC 94
- L'Âme Sœur - syrah de Seyssuel, vin de france 2022 | Sec | 2025>37 | NC 93
- La Rosine – syrah, vin de france 2022 | Sec | 2025>30 | NC 86
- Montlis, côte rôtie 2022 | Sec | 2025>37 | NC 92
- Leyat, côte rôtie 2022 | Sec | 2028>42 | NC 93

Domaine Vincent Paris

✪✪✪

Depuis ses débuts en 1997, Vincent Paris s'est bien développé. Parti d'une parcelle d'un hectare à Cornas, louée par son oncle Robert Michel, également viticulteur et aujourd'hui à la retraite, il exploite aujourd'hui dix hectares, dont six en cornas. Le déclic est survenu en 2007 lorsqu'il a repris la fameuse parcelle de la Geynale (en fait cadastrée en Reynard) située dans le bas du coteau, jouxtant le village. Depuis cette année, Vincent commence à y travailler les sols, ce qui demande un certain temps d'adaptation sur des zones aussi pentues.

- Granit 60 Vieilles Vignes, cornas 2023 | Sec | 2025>38 | NC 92
- Granit 30, cornas 2023 | Sec | 2025>33 | NC 90
- La Geynale, cornas 2023 | Sec | 2025>43 | NC 93

Domaine André Perret

✪✪ Ⓝ

André officiellement en retraite, c'est aujourd'hui sa fille Marie qui exploite le domaine familial, en Condrieu et Saint-Joseph principalement. En rouge, la cuvée des Grisières est régulière et de bon niveau, mais c'est surtout en blanc que la réputation du domaine s'est bâtie depuis trente ans, avec des Saint-Joseph purs et salins mais surtout deux Condrieu issus des terroirs de Chery et du Clos Chanson. En 2023, nous avouons une nette préférence pour le Clos Chanson.

- Chery, condrieu 2023 | Sec | 2025>33 | 55 € 91
- Les Grisières, saint-joseph 2022 | Sec | 2025>37 | 31 € 92
- saint-joseph 2023 | Sec | 2025>33 | 22.5 € 90
- condrieu 2023 | Sec | 2025>30 | 34 € 88
- Clos Chanson, condrieu 2023 | Sec | 2025>38 | 55 € 93
- saint-joseph 2023 | Sec | 2025>33 | 21 € 89

Maison Christophe Pichon

✪✪✪

À Chavanay, Christophe Pichon a investi le secteur autrefois inondable qui longe le Rhône pour y bâtir une cuverie moderne et confortable, à l'instar d'Yves Cuilleron, Pierre-Jean Villa ou Julien Pilon. Il fallait bien ça pour accueillir sa production, sa gamme s'étant désormais élargie à l'ensemble des crus du Rhône Nord ou presque. Des vins généreux par leur texture de bouche, avec régulièrement au sommet une belle expression de la Côte Blonde de Côte Rôtie, la fameuse cuvée de la Comtesse en Côte Blonde.

- La Comtesse en Côte Blonde, côte rôtie 2022 | Sec | 2025>42 | 130 € 94
- Roche Coulante, condrieu 2023 | Sec | 2025>30 | 41 € 90
- Tess, côte rôtie 2022 | Sec | 2025>32 | 62 € 92
- Opale, hermitage 2022 | Sec | 2025>30 | 62 € 89
- crozes-hermitage 2023 | Sec | 2025>28 | 22 € 87
- Palisse, saint-joseph 2022 | Sec | 2025>37 | 32 € 93

Domaine Marc Sorrel

✪✪✪✪ ✦

Guillaume Sorrel a apporté une touche de régularité supplémentaire aux vins qu'élaborait Marc, son père, grâce à un travail en cave plus méticuleux. À la vigne, les pieds manquants ont été repiqués, les parcelles des bas de coteaux sont labourées au cheval, sauf dans les secteurs les plus pentus (Méal) où le recours au treuil s'impose. La part de rafle a significativement augmenté aussi, ainsi les 2022 sont-ils entièrement élaborés à partir de vendange entière. Et ses 2023 sont particulièrement réussis. Comme toujours, les grandes cuvées en hermitage sont à attendre vingt ans minimum.

- Le Gréal, hermitage 2023 | Sec | 2038>48 | 235 € 98
- Les Rocoules, hermitage 2023 | Sec | 2025>48 | 235 € 97
- crozes-hermitage 2023 | Sec | 2025>38 | 40 € 92
- hermitage 2023 | Sec | 2025>43 | 120 € 94
- hermitage 2023 | Sec | 2025>43 | 120 € 95
- crozes-hermitage 2023 | Sec | 2025>33 | 45 € 93

Cave de Tain

✪✪✪ ✚

Les pratiques viticoles continuent de progresser à la cave, où 30 % du vignoble est annoncé en bio pour la campagne 2025-2026. Cela permettra à l'avenir de resserrer les lignes entre les entrées de gamme et les grandes cuvées, particulièrement en année solaire comme 2022 où parfois l'on regrettait des fruits un peu compotés et des bouches qui manquaient d'énergie parmi les premières cuvées. La grande actualité de l'année en Hermitage est le rachat par la cave de 2 hectares du lieu-dit l'Ermite à un coopérateur, dont les vignes étaient fameuses pour leurs terrasses disgracieuses qui tranchaient avec les courbes harmonieuses de la colline. La cave se donne trois ans pour tout reprendre. C'est un beau projet.

- Les Hauts du Fief, crozes-hermitage 2022 | Sec | 2025>32 | 24.4 € 90
- Les Hauts du Fief, crozes-hermitage 2023 | Sec | 2025>33 | 24.4 € 90
- Au Cœur des Siècles, hermitage 2021 | Sec | 2025>26 | 56.3 € 92
- Epsilon, hermitage 2022 | Sec | 2030>47 | NC 95
- Fleur de Roc, saint-péray 2023 | Sec | 2025>33 | 22.5 € 91
- Esprit de Granit, saint-joseph 2023 | Sec | 2025>39 | 28.3 € 92
- Les Hauts d'Éole, crozes-hermitage 2023 | Sec | 2025>33 | 20.9 € 89
- Gambert de Loche, hermitage 2022 | Sec | 2030>42 | NC 94
- Terre d'Ivoire, saint-joseph 2023 | Sec | 2025>33 | 28.9 € 92
- Exploration (bio), saint-joseph 2023 | Sec | 2025>29 | 23.8 € 88
- Arènes Sauvages, cornas 2022 | Sec | 2025>32 | 42.6 € 89
- Nobles Rives, saint-péray 2023 | Sec | 2025>33 | 16.8 € 90
- Nobles Rives, saint-joseph 2023 | Sec | 2025>33 | 29.5 € 90
- Nobles Rives, hermitage 2022 | Sec | 2025>37 | 43.8 € 93
- Nobles Rives, cornas 2021 | Sec | 2025>29 | 29.8 € 89
- Nobles Rives, hermitage 2021 | Sec | 2025>31 | 43.8 € 91
- Nobles Rives, hermitage 2022 | Sec | 2025>37 | NC 93
- Nobles Rives, crozes-hermitage 2024 | Sec | 2025>30 | 15.5 € 88
- Exploration, crozes-hermitage 2023 | Sec | 2025>28 | 17.6 € 88
- Exploration, cornas 2021 | Sec | 2025>31 | 34.9 € 91
- Exploration, hermitage 2021 | Sec | 2025>36 | 53.6 € 93
- Exploration, hermitage 2021 | Sec | 2025>36 | 53.6 € 93
- Les Méjeans, crozes-hermitage 2023 | Sec | 2025>33 | NC 90
- Gervans Vitrine, crozes-hermitage 2023 | Sec | 2025>30 | NC 89
- Exploration, saint-joseph 2023 | Sec | 2025>33 | 22.9 € 91
- Tourtouret, saint-joseph 2023 | Sec | 2025>39 | NC 92

Domaine Georges Vernay

✪✪✪✪✪ ✦

Les lignes bougent un peu dans ce domaine où on n'aime pas trop parler de changement. Ainsi, la certification biodynamique a été obtenue avec le millésime 2023, Emma Amselem ayant souhaité aller progressivement vers cette culture à cause de la charge de travail supplémentaire requise en coteaux. À partir du millésime 2022, les deux cuvées phare du domaine (Coteaux de Vernon en condrieu et Maison Rouge en côte-rôtie), voient leur élevage poussé à 18 mois, suivi d'une maturation d'un an en bouteille avant mise sur le marché, ce qui décale d'autant la commercialisation des vins. La dégustation du Coteau de Vernon en 2022 confirme que cet ajustement s'avère bénéfique pour le vin.

- Les Terrasses de l'Empire, condrieu 2023 | Sec | 2025>33 | 59 € | ☘ 91
- Les Chaillées de l'Enfer, condrieu 2023 | Sec | 2025>38 | 81 € | ☘ 93
- Coteau de Vernon, condrieu 2022 | Sec | 2025>42 | 125 € | ☘ 97
- Blonde du Seigneur, côte rôtie 2022 | Sec | 2028>37 | 64 € | ☘ 93

✦ Star ✚ Valeur sûre ⊛ À suivre de près Ⓝ Nouvelle entrée

Jean-Charles Fournet, Château Le Devay

Radiologue installé à Vienne depuis un quart de siècle, Jean-Charles Fournet connaissait tous les vignerons du secteur. Quand ce passionné de vin décide il y a dix ans de planter sa propriété du Devay, un terroir à plus de 300 mètres d'altitude sur des sols de micaschistes, il fait les meilleurs choix pour toutes les décisions : biodynamie, agroforesterie, greffages sur racinés, etc. Dans son havre de paix cultivé mieux qu'un jardin, ses vins délivrent une vibration saline que déjà toutes les tables étoilées de la rég on s'arrachent. *Guillaume Puzo*

Vidal-Fleury

La plus ancienne maison de vin de la vallée du Rhône, fondée en 1781, continue son activité de négociant-éleveur puisqu'elle n'exploite pas de vignes. Sous la houlette d'Antoine Dupré, son directeur depuis 2020, le parc à fût a été rajeuni et les durées d'élevage raccourcies, renforçant l'éclat et la fraîcheur de nombreux vins. Des progrès visibles depuis trois millésimes maintenant.

- **hermitage 2022** | Sec | 2025>30 | 45 € 90
- **La Châtillonne, côte rôtie 2019** | Sec | 2025>34 | 87.84 € 93
- **vacqueyras 2022** | Sec | 2025>30 | 15.84 € 89
- **condrieu 2022** | Sec | 2025>30 | 33 € 90
- **gigondas 2022** | Sec | 2025>30 | 19.26 € 92
- **crozes-hermitage 2023** | Sec | 2025>28 | 16.2 € 89
- **saint-joseph 2021** | Sec | 2025>30 | 19.56 € 89
- **Brune et Blonde, côte rôtie 2021** | Sec | 2025>36 | 53.4 € 92
- **saint-joseph 2023** | Sec | 2025>30 | 19.75 € 89
- **châteauneuf-du-pape 2023** | Sec | 2025>33 | 31.08 € 90
- **côtes du rhône-villages 2021** | Sec | 2025>30 | 8.45 € 89
- **châteauneuf-du-pape 2021** | Sec | 2025>31 | 29.1 € 92
- **cornas 2022** | Sec | 2025>30 | 38.1 € 89
- **cairanne 2023** | Sec | 2025>29 | 9.6 € 88

Pierre-Jean Villa

Hugo et Pauline Villa ont rejoint leur père Pierre-Jean à la tête du domaine familial en 2022. Dès le début, ils ont souhaité étendre la gamme avec une structure qui porte leurs deux prénoms, pour des vins issus d'autres terroirs et destinés à être bus rapidement, mais loin d'égaler la réussite des cuvées historiques de Pierre-Jean. Pour ce qui est du domaine, la certification bio est acquise avec le millésime 2023. En cave, les vins sont touchés le moins possible, ce qui donne d'intenses et profondes expressions des terroirs en côte-rôtie (Fongeant), condrieu (Jardin Suspendu) et saint-joseph (Saut de l'Ange).

- **Saut de l'Ange, saint-joseph 2023** | Sec | 2025>38 | NC 93
- **Carmina, côte rôtie 2022** | Sec | 2025>32 | 67 € | ☘ 92
- **Tilde, saint-joseph 2022** | Sec | 2025>42 | 47 € 94
- **Jardin Suspendu, condrieu 2023** | Sec | 2025>33 | NC 93
- **Fongeant, côte rôtie 2022** | Sec | 2025>42 | 122 € | ☘ 95
- **Esprit d'Antan, Seyssuel, collines rhodaniennes 2022** | Sec | 2025>37 | 47 € | ☘ 90

Domaine de la Ville Rouge

Même si cette exploitation a été créée en 1919, c'est avec la génération actuelle qu'elle fait vraiment parler d'elle. Sébastien Girard a fait évoluer la vingtaine d'hectares vers la biodynamie. Dans les secteurs des Saviaux et des Châssis en crozes-hermitage, les raisins mûrissent bien, parfois un peu trop quand le réchauffement climatique s'en mêle. Grâce à la biodynamie mise en place ici, les structures de bouche sont préservées, élancées et fraîches, sans céder à l'opulence ni à la lourdeur.

- **Cuvée Paul, crozes-hermitage 2023** | Sec | 2025>33 | 28 € | ☘ 89
- **Nathan, Les Saviaux, crozes-hermitage 2023** | Sec | 2025>28 | 24 € | ☘ 89
- **Terre d'Éclat, crozes-hermitage 2022** | Sec | 2027>37 | 24 € | ☘ 91
- **Cuvée Potier, saint-joseph 2022** | Sec | 2025>32 | 30 € | ☘ 89

Domaine Alain Voge

Alain Voge avait depuis longtemps transmis son domaine à Albéric Mazoyer, qui à son tour a passé la main à Lionel Fraisse et Laurent Martin. Alain nous a quittés en 2021, mais son domaine est toujours associé aux deux crus voisins de Cornas et de Saint-Péray. Sur ce dernier cru, les effervescents constituent toujours des références pour l'appellation, et les blancs secs vieillissent honorablement. En revanche, notre dégustation des cornas cette année nous a déçus, entre des tannins un peu secs ou des fruités un peu trop exubérants pour exprimer au mieux ce que l'on attend d'un cornas.

- **Les Chailles, cornas 2022** | Sec | 2025>30 | 39 € | ☘ 89
- **Harmonie, saint-péray 2023** | Sec | 2025>30 | 24.5 € | ☘ 89
- **Les Vieilles Vignes, cornas 2022** | Sec | 2028>37 | 55 € | ☘ 91
- **Les Vieilles Fontaines, cornas 2022** | Sec | 2025>32 | 91 € | ☘ 91
- **Les Bulles d'Alain, saint-péray 2019** | Extra-brut | 2025>30 | 25 € | ☘ 91
- **Ongrie, saint-péray 2022** | Sec | 2025>32 | 32 € | ☘ 92

Rhône sud

Domaine Alloïs

Face au Mourre Nègre, dans le hameau du Boisset, François Busi a patiemment façonné depuis 2008 un domaine aussi exigeant qu'attachant, où la biodynamie et la viticulture de précision sont une évidence. Les cuvées, issues de parcelles en ventoux et en IGP Vaucluse, affichent une justesse remarquable entre fraîcheur, allonge, trame délicate et style affirmé. Millésime après millésime, le travail sur les textures comme sur les profils aromatiques permet au domaine de s'imposer désormais comme une signature de premier plan. Entrée méritée dans notre guide.

- **Infiniment rouge, ventoux 2023** | Sec | 2026>28 | 12.5 € 92
- **Eveil, vaucluse 2022** | Sec | 2026>28 | 16 € 90
- **Mar San, vaucluse 2023** | Sec | 2026>28 | 27 € 92
- **Terre d'Ailleuls, ventoux 2023** | Sec | 2026>28 | 20 € 91

Pierre Amadieu

Famille importante de l'appellation gigondas et du sud de la vallée du Rhône (avec une présence à Cairanne), les Amadieu prennent soin de leur vignoble avec beaucoup de savoir-faire. Sous la direction de Pierre Amadieu, chef d'entreprise accompli et vigneron investi dans le rayonnement des vins de la vallée du Rhône, les vins produits sont tous d'excellente facture. En particulier en gigondas, où le domaine dispose de parcelles situées dans les meilleurs terroirs d'altitude (La Machotte, Le Pas de l'Aigle, Romane, etc.). Les vins savoureux et profonds continuent de gagner en précision aromatique tout en conservant des structures de bouches construites, ce qui invite à les garder quelques années en cave. Les gigondas présentés ont gagné en raffinement et en finesse d'étoffe. Et l'ensemble des vins de la cave devraient encore progresser avec le projet ambitieux de nouveau cuvier.

- **La Grangelière, vacqueyras 2022** | Sec | 2028>40 | 15.9 € 93
- **La Grangelière, vacqueyras 2023** | Sec | 2028>45 | 15.9 € 93
- **Romane Machotte, gigondas 2022** | Sec | 2026>35 | 18 € 94
- **Romane Machotte, gigondas 2023** | Sec | 2026>35 | 18 € 94
- **Domaine Grande Romane, gigondas 2022** | Sec | 2026>35 | 20.5 € 94
- **Le Pas de l'Aigle, gigondas 2022** | Sec | 2026>35 | 25 € 95
- **Domaine Grand Romane, gigondas 2023** | Sec | 2026>35 | 24 € 94

Domaine de l'Amauve

Dans le Haut-Vaucluse, adossé aux dentelles de Séguret, le domaine de l'Amauve est un représentant émérite de l'appellation, dirigé par le passionnant Christian Voeux. Il exprime avec sensibilité les vieilles vignes des 11,5 hectares de sols sableux et caillouteux que compte le domaine. La viticulture bio certifiée donne aujourd'hui des résultats brillants tant dans les rouges que dans les rosés et blancs d'une fraîcheur et d'une complexité aromatique remarquables.

- **La Daurèle, côtes du rhône-villages séguret 2024** | Sec | 2025>27 | 14.5 € | ☘ 88
- **Laurances, côtes du rhône-villages séguret 2022** | Sec | 2025>30 | 11 € | ☘ 89
- **Réserve, côtes du rhône-villages séguret 2022** | Sec | 2025>35 | 25 € | ☘ 91
- **Les Merrelies, côtes du rhône-villages séguret 2022** | Sec | 2025>33 | 15 € | ☘ 91
- **Le Rosé d'Yvonne, vaucluse 2024** | Sec | 2025>26 | 8.5 € | ☘ 86
- **Le Rosé de Simone, côtes du rhône-villages séguret 2024** | Sec | 2025>26 | 9.5 € | ☘ 88

Château d'Aqueria

Le domaine a la particularité d'être le seul à s'étendre d'un seul tenant sur les appellations tavel et lirac, sur 65 hectares. Ses galets roulés en surface et son sous-sol sablo-argileux produisent des vins assez frais, les vignes souffrant moins de la chaleur que dans d'autres zones. Les vins font preuve d'un formidable potentiel de garde et se complexifient admirablement. Acquise il y a trois ans par la famille Guigal, le domaine est entré dans une phase de restructuration menée par l'excellent Ralph Garcin, le directeur du château de Nalys qui est en charge des vinifications.

- **tavel 2022** | Sec | 2023>33 | 17 € 92

✦ Star ✚ Valeur sûre ⊛ À suivre de près Ⓝ Nouvelle entrée

Antoine Dupré, Vidal-Fleury

En arrivant à la tête de Vidal-Fleury en octobre 2020, Antoine Dupré savait qu'il devait viser le temps long. Sa feuille de route est claire : remettre dans la lumière cette vieille maison et surtout redonner une gourmandise de fruit et une fraîcheur aux différentes cuvées. Il procède par petites touches, rajeunit le parc à fûts, raccourcit les élevages, met en avant son équipe en cave, qui jusque-là travaillait dans l'ombre, élargit la gamme de blancs (Saint-Péray). Dans le silence du travail, les lignes bougent déjà. *Guillaume Puzo*

Domaine Arnia

★

Créé par Michel Blanc, ce domaine du Ventoux propose des vins dans les trois couleurs, tous dans le registre du plaisir avec des expressions franches et fruitées. Nous avons aimé cette année le blanc et le rouge, en appellation ventoux, pour leur équilibre et leur persistance. Le rosé en appellation luberon est quant à lui agréable et facile à boire. La gamme est présentée dans des bouteilles aux étiquettes élégantes et poétiques.

- **ventoux 2024** | Sec | 2025>30 | 14 € — 90
- **ventoux 2022** | Sec | 2025>28 | 18 € — 90
- **ventoux 2023** | Sec | 2025>28 | 18 € — 89

Château de Bacchus

★★ Ⓝ

Fondé en 1615 au pied du mont Ventoux, le château de Bacchus connaît une nouvelle vie depuis sa reprise en 2016 par Éric Claret Tournier, par ailleurs à la tête de 18 restaurants à Courchevel, qui s'est associé avec son ami Jérôme Caquineau pour réaliser l'un de ses rêves. Cette superbe propriété et son vignoble de 30 hectares cultivés en bio s'appuie sur des terroirs argilo-calcaires, d'argiles rouges et de calcaires sablonneux et un encépagement classique pour la région (grenache, syrah, mourvèdre, carignan, cinsault grenache blanc, clairette, roussanne, etc.). La gamme propose de belles réussites : les cuvées B de Bacchus sont des vins de plaisir aboutis et la gamme Légende propose des expressions intenses. La restructuration du vignoble et l'arrivée d'un nouveau chai prévu pour le millésime 2027 devraient permettre au domaine de s'imposer comme l'un des acteurs incontournables de l'appellation ventoux.

- **Château, ventoux 2022** | Sec | 2025>35 | 49.8 € — 91
- **B de Bacchus, ventoux 2023** | Sec | 2025>32 | 15.8 € — 90
- **Chapelle de Bacchus, ventoux 2023** | Sec | 2025>35 | 29.8 € — 92
- **Legende de Bacchus, ventoux 2024** | Sec | 2025>32 | 90 € — 93
- **B de Bacchus, ventoux 2024** | Sec | 2025>30 | 7.9 € — 89
- **B de Bacchus, ventoux 2024** | Sec | 2025>32 | 7.9 € — 90

Domaine de la Barroche

★★★★ ✚

Vignerons exemplaires, Julien Barrot et sa sœur Laetitia, mènent ce domaine historique, dont l'histoire de la famille à Châteauneuf-du-Pape remonte à 1703, vers le plus haut niveau de l'appellation. Son vignoble est principalement situé sur les terroirs sablo-calcaires (dans les lieux-dits Terre Blanche, Cabrières, Grand Pierre ou Rayas), ce qui donne aux vins une finesse particulière avec un caractère floral et un déroulé tannique soyeux pour les rouges. En blanc, la cuvée Pure, 100 % clairette éblouissante de complexité et issue du lieu-dit Les Pialons, affirme l'ambition du domaine de proposer des vins toujours originaux et fidèles à leurs terroirs, dans les deux couleurs.

- **La Fiancée, châteauneuf-du-pape 2022** | Sec | 2027>35 | 69 € — 95
- **Pure blanche, châteauneuf-du-pape 2023** | Sec | 2026>33 | 72 € — 97
- **Julien Barrot, châteauneuf-du-pape 2022** | Sec | 2027>38 | 42 € — 95

Domaine Barville

★★★

Il s'agit de la propriété à Châteauneuf-du-Pape de la famille Brotte, par ailleurs acteur important du négoce châteauneuvois. Le vignoble couvre 20,10 hectares répartis dans les secteurs de l'ouest de l'appellation. Il se décompose en sept parcelles sur les lieux-dits aux sols d'argiles rouges, de galets roulés et de sol de calcaires durs éclatés, en plus de compter sur bon patrimoine de vieilles vignes et d'une situation légèrement en altitude. On y retrouve plantés les grands cépages de l'appellation (grenache, syrah, mourvèdre) et aussi un peu de roussanne (65 ares) qui donne un blanc parcellaire très réussi.

- **châteauneuf-du-pape 2024** | Sec | 2027>37 | 46 € — 95
- **Roussanne, châteauneuf-du-pape 2024** | Sec | 2026>36 | 52 € — 94

Château Beaubois

★★★ ➔

Cette propriété a pris sa place parmi les meilleurs producteurs de l'appellation costières-de-nîmes. Fanny Boyer, la propriétaire, prend soin des 50 hectares de vignoble qui entourent le château, posés sur le terroir typique des Costières, entre galets roulés et sols argilo-calcaires. Très forte dans le secteur, l'influence maritime due à la proximité de la Méditerranée, contribue à un lent mûrissement des raisins, donnant ainsi des vins frais et équilibrés. Les tarifs sont très sages au regard de la qualité.

- **Élégance, costières de nîmes 2024** | Sec | 2026>30 | NC — 93
- **Élégance, costières de nîmes 2024** | Sec | 2026>30 | NC — 93
- **Idole, costières de nîmes 2021** | Sec | 2026>35 | NC — 94
- **Idole, costières de nîmes 2023** | Sec | 2026>35 | 40 € | ☘ — 94
- **Cinso Bistro, vin de france 2024** | Sec | 2026>28 | NC — 93

Château de Beaucastel

★★★★★ ✦

Depuis 1909, Beaucastel appartient à la famille Perrin, aujourd'hui représentée par Jean-Pierre et François, fils de Jacques Perrin, aux côtés de la cinquième génération. Ce domaine historique s'étend sur 100 hectares de galets roulés, dont 30 en côtes-du-rhône pour la cuvée Coudoulet. Il produit quatre cuvées en appellation châteauneuf-du-pape. En blanc, une cuvée classique dominée par la roussanne, et l'exceptionnelle Roussanne Vieilles Vignes. En rouge, le mourvèdre joue un rôle structurant avec près d'un tiers de l'encépagement, autant que le grenache, offrant une fraîcheur et une finesse rares, précieuses face au réchauffement climatique. Le nouveau chai, bioclimatique et construit à partir de matériaux durables, incarne l'engagement de la famille dans une viticulture d'avenir. Beaucastel poursuit son chemin sans concession, au service de la grandeur et de la pérennité des vins du Rhône.

- **roussanne vieilles vignes, châteauneuf-du-pape 2022** | Sec | 2026>35 | NC — 99
- **roussanne vieilles vignes, châteauneuf-du-pape 2023** | Sec | 2026>35 | 215 € — 99
- **châteauneuf-du-pape 2022** | Sec | 2026>35 | 102 € — 98
- **châteauneuf-du-pape 2023** | Sec | 2026>35 | NC — 97
- **Hommage à Jacques Perrin, châteauneuf-du-pape 2021** | Sec | 2026>50 | 415 € — 100
- **Hommage à Jacques Perrin, châteauneuf-du-pape 2022** | Sec | 2026>40 | 415 € — 99

Domaine de Beaurenard

★★★★ ✚

Victor et Antonin Coulon, dernière génération de la famille, méritent d'être salués pour leur engagement profond en faveur d'une viticulture durable. Très sensibles aux enjeux environnementaux, les deux frères ont élargi les pratiques héritées de la biodynamie familiale pour aller encore plus loin, notamment sur le choix du matériel végétal et l'adaptation des techniques culturales aux sols calcaires durs, fragilisés par les sécheresses répétées. Cette réflexion globale porte ses fruits : les vins gagnent en finesse et en énergie, avec un fruit plus expressif dès la jeunesse. Le style s'épure, s'affine, abandonnant une austérité ancienne pour plus de grâce. Même les cuvées classées en vins de France atteignent aujourd'hui un niveau qui tutoie les sommets régionaux. Un domaine en pleine mue, piloté avec lucidité, sensibilité et audace.

- **Boisrenard, châteauneuf-du-pape 2022** | Sec | 2027>35 | 70 € — 96
- **Boisrenard, châteauneuf-du-pape 2023** | Sec | 2026>33 | 70 € — 96
- **châteauneuf-du-pape 2023** | Sec | 2027>35 | 45 € — 95
- **châteauneuf-du-pape 2024** | Sec | 2026>33 | 45 € — 95

Domaine des Bernardins

★★★ ✚

La propriété tire son nom des moines bernardins qui en furent les premiers cultivateurs. Aujourd'hui entre les mains de la famille Castaud depuis cinq générations, le domaine s'étend sur 23 hectares de coteaux idéalement exposés au sud des Dentelles de Montmirail, dans un décor grandiose. Majoritairement planté en cépages blancs, le vignoble est une référence historique du muscat, qu'il soit vinifié en doux naturel ou en vin tranquille. Défenseur infatigable de ce cépage, le domaine perpétue une tradition d'excellence tout en renouvelant son style. Sous l'impulsion de Romain Hall, les blancs ont gagné en précision, en fraîcheur et en finesse, tandis que les rouges ne cessent de progresser. L'accueil sur place, toujours chaleureux et soigné, contribue au rayonnement de cette adresse incontournable du sud rhodanien.

- **muscat de beaumes-de-venise 2024** | Doux | 2026>35 | NC — 93
- **beaumes de venise 2023** | Sec | 2026>30 | NC — 92

Château de Bord

★★ Ⓝ

Ce superbe domaine de 22 hectares dans les secteurs de Laudun-L'Ardoise, entouré de bois sur le lieu-dit les Espigeades, est l'une des propriétés historiques de la famille Brotte qui en a fait l'acquisition en 1991. Son château médiéval domine des coteaux sablo-argileux idéalement exposés sur lesquels

✦ Star ✚ Valeur sûre ➔ À suivre de près Ⓝ Nouvelle entrée

la vigne est plantée en terrasses. Une viticulture soignée (HVE et en conversion vers l'agriculture biologique) et exigeante (ébourgeonnage, effeuillage, taille en vert) permet d'encadrer strictement les rendements et d'obtenir des vins intenses, profonds et d'une belle fraîcheur. Grâce à ces terroirs, deux assemblages uniques ont vu le jour, tant en rouge qu'en blanc, avec le cépage viognier en vedette. La vinification parcellaire et les élevages en cuves béton brut et barriques sont réfléchis pour faire des vins précis et savoureux.

- côtes du rhône-villages laudun 2024 | Sec | 2025>30 | 15 € 92
- côtes du rhône-villages laudun 2024 | Sec | 2025>30 | 15 € 91

Domaine Bosquet des Papes

✪✪✪✪ ✚

Sous l'allure imposante et chaleureuse de Nicolas Boiron se cache un vigneron au geste de plus en plus fin. À la tête du Bosquet des Papes, il façonne des vins d'une rare souplesse de texture, portés par de très vieux grenaches répartis sur une trentaine d'hectares couvrant l'ensemble de l'appellation châteauneuf-du-pape. Ces dernières années, les cuvées – en rouge comme en blanc – n'ont jamais autant brillé par leur grâce. La puissance parfois jugée excessive autrefois s'est muée en subtilité, et l'intensité naturelle des terroirs s'exprime aujourd'hui avec une précision remarquable. Le style s'affine sans perdre de profondeur, porté par une vraie vision d'auteur. Une montée en élégance saluée par un passage à quatre étoiles largement mérité.

- Gloire de Mon Grand-Père, châteauneuf-du-pape 2022 | Sec | 2026>35 | 48 € 96
- Tradition, châteauneuf-du-pape 2023 | Sec | 2026>40 | 33 € 94
- Chante Le Merle Vieilles Vignes, châteauneuf-du-pape 2022 | Sec | 2026>35 | 54 € 96
- Chante Le Merle Vieilles Vignes, châteauneuf-du-pape 2023 | Sec | 2026>40 | 53 € 95
- Les 7 de Pignan, châteauneuf-du-pape 2023 | Sec | 2026>40 | 50 € 95
- A la gloire de mon grand-père, châteauneuf-du-pape 2023 | Sec | 2026>40 | 47 € 95

Domaine des Bosquets

✪✪✪✪ ✦

À la manière d'un sportif de haut niveau qu'il a été, Julien Bréchet appréhende chaque millésime en mouvement, de la remise en question des procédés aux ajustements des élevages. Tous les vins gagnent en précision et en qualité. Dans son domaine installé sur plusieurs terrasses de Gigondas, il a défini plusieurs cuvées parcellaires qui chacune expriment avec une grande singularité les sols et les cépages des lieux : les vieux grenaches du Lieu-dit ou de la Colline, les syrahs et serines des Roches et des Routes, les mourvèdres du Plateau, etc. Contrairement à l'idée reçue d'une appellation produisant des vins puissants et généreux, la finesse et le soyeux des tannins sont ici toujours remarquables. Avec son épouse, Julien Bréchet a acquis également quelques hectares à Séguret et s'apprête à vinifier une partie du domaine familial de Châteauneuf.

- Le Lieu-Dit..., gigondas 2023 | Sec | 2030>45 | 64 € 95
- La Colline, gigondas 2023 | Sec | 202>37 | 64 € 92
- Le Plateau, gigondas 2023 | Sec | 2030>45 | 64 € 96
- Les Routes..., gigondas 2023 | Sec | 2027>37 | 64 € 96
- Les Roches..., gigondas 2023 | Sec | 2027>34 | 64 € 91
- Le regard loin..., gigondas 2023 | Sec | 2026>36 | 150 € 94
- Cheval long..., côtes du rhône 2024 | Sec | 2025>35 | 36 € 92
- Les Hauts Lieux..., gigondas 2023 | Sec | 2025>35 | 36 € 93
- La Combe de Mars - Le bout du monde..., gigondas 2023 | Sec | 2025>35 | 95 € 95
- La Combe de Mars - séguret cinsault grenache, bouches-du-rhône 2024 | Sec | 2025>34 | NC 92

Maison Brotte

✪✪ ➲

Acteur historique de Châteauneuf-du-Pape, la maison Brotte offre une large gamme de vins issus des appellations majeures de la vallée du Rhône. Si en châteauneuf-du-pape l'emblématique cuvée la Fiole-du-Pape, bouteille iconique au design unique, assemble plusieurs millésimes, l'ensemble de sa production retient notre attention. Les vins, classiques et bien élaborés, se reconnaissent aisément grâce à des étiquettes harmonisées. La maison complète son offre par une boutique importante et un musée du vin très fréquenté, qui témoigne de son attachement à la culture locale.

- Hauts de Barville, châteauneuf-du-pape 2024 | Sec | 2025>27 | 34 € 90
- Création Grosset, cairanne 2023 | Sec | 2025>30 | 12 € 89
- La Marasque, gigondas 2023 | Sec | 2026>30 | 25 € 89
- Hauts de Barville, châteauneuf-du-pape 2023 | Sec | 2025>30 | 34 € 90
- Bord Elégance, côtes du rhône-villages laudun 2024 | Sec | 2025>26 | 11 € 88
- Bord Élégance, côtes du rhône-villages laudun 2023 | Sec | 2025>28 | 11 € 88

Domaine Brusset

✪✪

Laurent Brusset développe avec rigueur une large gamme de vins issus de près de 70 parcelles, dont certaines en terrasses spectaculaires dans les Dentelles de Montmirail. Présent sur les appellation gigondas, rasteau et cairanne, il affine millésime après millésime un style précis, profond et lisible. Le travail engagé à la vigne comme en cave porte ses fruits : les vins gagnent en définition, tout en restant fidèles à leurs origines. Solides, équilibrées et sincères, les cuvées s'imposent comme des valeurs sûres du Rhône sud, à découvrir ou redécouvrir sans tarder.

- Les Hauts de Montmirail, gigondas 2022 | Sec | 2025>30 | 29 € 90
- L'Esprit de Papet, cairanne 2022 | Sec | 2025>26 | 19.5 € 89
- Tradition Le Grand Montmirail, gigondas 2022 | Sec | 2025>32 | 19.5 € 90

Clos du Caillou

✪✪✪ ✚

Sylvie Vacheron et sa fille Marilou s'appuient sur un vignoble situé au nord-est de l'appellation châteauneuf-du-pape pour proposer des vins originaux et très identitaires. Ces derniers atteignent un très haut niveau d'expression, avec des matières habilement élevées et longues. Toutes les cuvées sont aujourd'hui du même niveau, y compris un excellent côtes-du-rhône gourmand et savoureux qui permettra d'atteindre les grandes cuvées du domaine, qui restituent avec une fidélité à toute épreuve la nature des sols de l'appellation. C'est une adresse idéale pour découvrir la richesse et la diversité du terroir châteauneuvois.

- Les Safres, châteauneuf-du-pape 2022 | Sec | 2026>35 | NC 95
- Les Safres, châteauneuf-du-pape 2023 | Sec | 2027>35 | 40 € 95
- Les Quartz, châteauneuf-du-pape 2023 | Sec | 2027>35 | 60 € 95
- Réserve, châteauneuf-du-pape 2022 | Sec | 2026>35 | NC 95
- Réserve, châteauneuf-du-pape 2023 | Sec | 2027>35 | 115 € 96
- Les Safres, châteauneuf-du-pape 2024 | Sec | 2026>33 | 50 € 95

Clos du Calvaire

✪✪✪ Ⓝ

Domaine majeur de Châteauneuf-du-Pape, le Clos du Calvaire continue sa route sous l'impulsion des familles Mayard et Roumieux. Sur 30 hectares, répartis en 24 parcelles et cultivés en agriculture biologique, le maintien de la biodiversité est au cœur de sa démarche avec une mise en place de pratiques d'agroécologie. Onze cépages sont cultivés pour exprimer la richesse des terroirs de l'appellation et les vins profitent ces derniers millésimes de l'aboutissement d'un travail rigoureux, à la vigne et en cave. Grande réussite cette année, avec des expressions pures et précises.

- Tradition, châteauneuf-du-pape 2023 | Sec | 2026>40 | 35 € | ☘ 94
- Les Terres de la Crau, châteauneuf-du-pape 2022 | Sec | 2026>40 | 49 € | ☘ 95
- Père Pape, châteauneuf-du-pape 2022 | Sec | 2026>35 | 55 € | ☘ 93

Château de la Canorgue

✪

Pionniers de la bio et de la biodynamie, Jean-Pierre Margan et sa fille Nathalie ont hissé le château de la Canorgue parmi les références du Luberon. Le vignoble, d'environ 40 hectares, dont certaines vignes centenaires, repose sur des sols argilo-calcaires. Les vins, d'une grande régularité, allient précision, finesse de texture et gourmandise. La cuvée Coin Perdu, savant assemblage de syrah, vieux carignan, grenache et cinsault, impressionne par sa profondeur. Le blanc, vif et aromatique, accompagne idéalement la cuisine méditerranéenne. Un domaine exemplaire, à la fois fidèle à ses racines et tourné vers l'avenir.

- luberon 2023 | Sec | 2025>28 | 12.5 € | ☘ 90
- luberon 2024 | Sec | 2025>27 | 12.3 € | ☘ 88
- Viognier La Canorgue, méditerranée 2024 | Sec | 2025>27 | 12.3 € | ☘ 88
- La Canorgue Prestige, méditerranée 2021 | Sec | 2025>27 | 17.5 € | ☘ 88

Clos des Centenaires

✪✪

Né de quelques rangs de vignes entre garrigues et oliviers, le Clos des Centenaires s'est affirmé sous l'impulsion de Stéphanie et Luc Baudet. Le domaine s'étend aujourd'hui sur sept hectares, plantés de grenache, cinsault et roussanne, issus de vieilles parcelles exposées sud-est. Chaque cuvée exprime une belle maturité de fruit, toujours contrebalancée par une fraîcheur salutaire. La gourmandise, fil conducteur de l'ensemble, se conjugue à une vraie justesse d'expression.

- **grenache vieilles vignes, costières de nîmes 2023** | Sec | 2026>36 | 27.4 € — 94
- **Mélodie en Sous Sol, igp pays d'oc 2023** | Sec | 2026>36 | 16.6 € — 93
- **Bergerie des Centenaires, igp pays d'oc 2024** | Sec | 2026>35 | 9.8 € — 90
- **Bergerie des Centenaires, igp pays d'oc 2023** | Sec | 2026>35 | 8 € — 90
- **Roussanne Vieilles vignes, costières de nîmes 2023** | Sec | 2026>35 | 22.2 € — 93
- **La Mourvache, igp pays d'oc 2023** | Sec | 2026>36 | 16.6 € — 93

Domaine Chante-Perdrix

✪✪ ➔

Dirigée par Frédéric et Franck Nicolet, cette propriété de 20 hectares est située au sud de l'appellation châteauneuf-du-pape, sur des terroirs classiques de galets roulés. Les vignes, âgées en moyenne de 45 ans, donnent des vins fidèles à l'esprit du cru. La belle proportion de mourvèdre dans l'encépagement confère aux rouges profondeur, équilibre et potentiel de garde. À la dégustation, les cuvées se distinguent par leur justesse et leur régularité. Un domaine discret mais qui confirme tout son potentiel.

- **châteauneuf-du-pape 2022** | Sec | 2025>32 | 22 € — 93
- **châteauneuf-du-pape 2023** | Sec | 2025>30 | 26 € — 91
- **Etienne Pécoul, châteauneuf-du-pape 2023** | Sec | 2025>32 | 32 € — 92

Chantepierre – Les Deux Pins

✪✪ N

Simona et Jean-François Paly se sont rencontrés lors de leurs études d'œnologie à Toulouse, avant d'enrichir leur parcours auprès de domaines renommés à travers le monde. En 2017, Jean-François reprend l'exploitation familiale, épaulé par Simona, œnologue consultante en vallée du Rhône. Formée auprès de Philippe Cambie, elle apporte à ce projet naissant une vision précise et sa sensibilité. Leur collaboration donne naissance à une gamme de vins d'une finesse rare et leur premier millésime confirme la réussite de ce nouveau venu prometteur dans la région. Une belle entrée en matière, à suivre de près.

- **lirac 2023** | Sec | 2026>32 | 15 € — 90
- **Le secret des deux pins, lirac 2023** | Sec | 2026>30 | 20 € — 92
- **tavel 2024** | Sec | 2026>32 | 10 € — 92
- **igp pays d'oc 2024** | Sec | 2026>32 | 8 € — 90

Domaine de la Charbonnière

✪✪✪ ✚

Acquis en 1912 par Eugène Maret, le domaine est aujourd'hui dirigé par Michel Maret, épaulé par ses deux filles : Caroline au commerce et Véronique à la vinification. Depuis 2012, Véronique signe des cuvées pulpeuses et équilibrées, issues d'une sélection parcellaire pertinente. Les 19 hectares en châteauneuf-du-pape livrent plusieurs expressions remarquables : Les Hautes-Brusquières et le blanc proviennent du plateau de Mont-Redon, les Vieilles Vignes 100 % grenache des pentes de la Crau. Quant au Mourre des Perdrix, il s'impose comme la cuvée la plus originale et aboutie. Régularité exemplaire.

- **châteauneuf-du-pape 2022** | Sec | 2027>35 | 33 € — 94
- **Mourre des Perdrix, châteauneuf-du-pape 2022** | Sec | 2027>40 | 44 € — 95
- **Hautes-Brusquières, châteauneuf-du-pape 2022** | Sec | 2027>35 | 54 € — 95
- **Vieilles Vignes, châteauneuf-du-pape 2022** | Sec | 2027>35 | 54 € — 95
- **Tradition, vacqueyras 2022** | Sec | 2028>40 | 21 € — 92

Domaine Charvin

✪✪✪✪

Laurent Charvin est un vigneron passionnant et passionné. Installé dans les années 1990, il prend rapidement le chemin d'une viticulture biologique et impose ce qu'il y a de plus simple, autrement dit ce qu'il y a de plus naturel. Il faut donc des raisins et des rafles bien mûres chaque année. Situé au nord de l'appellation, sur les terroirs de Maucoil et Cabrières, il produit en blanc et en rouge deux superbes cuvées au soyeux remarquable, parfumées et de grande complexité. Plébiscité à juste titre par les amateurs, il s'affirme comme l'une des références majeures, ambassadeur d'un style raffiné.

- **châteauneuf-du-pape 2022** | Sec | 2026>40 | NC — 95
- **châteauneuf-du-pape 2023** | Sec | 2026>35 | NC — 94
- **À côté, principauté d'orange 2022** | Sec | 2026>30 | NC — 93

Chêne Bleu

✪✪✪ ✦

Acquis en 1996 par Xavier et Nicole Rolet, ce domaine s'élève à 500 m d'altitude au-dessus de Crestet, dans les Dentelles de Montmirail. Ce prieuré du IX? siècle, restauré avec soin, abrite 22 hectares de vignes cultivées selon les principes de Claude et Lydia Bourguignon. Depuis 2021, Maël Hardy et Josselin Guiziou perpétuent cette approche exigeante, signant des vins de terroir singuliers en appellation Ventoux. L'intelligence du domaine tient aussi dans le choix de ne commercialiser les rouges qu'après un long vieillissement en bouteille. Une adresse inspirée, qui conjugue profondeur, précision et élégance avec une constance remarquable.

- **Héloïse, vaucluse 2016** | Sec | 2025>28 | 74 € — 90
- **Aliot, vaucluse 2019** | Sec | 2025>27 | 39 € — 90
- **Abélard, ventoux 2015** | Sec | 2025>30 | 74 € — 92

Domaine de la Citadelle

✪✪ ➔

Située au pied du village de Ménerbes, cette ferme-domaine de 8 hectares a été reprise fin 2022 par Valérie et Yannick Panagiotis. Le couple veille avec attention sur les 11 lieux-dits du domaine, eux-mêmes divisés en 74 parcelles, certaines perchées jusqu'à 300 mètres d'altitude. En bio depuis 2016 et certifié HVE, le vignoble exprime une belle diversité de sols et d'expositions. Les vins rouges, souples et charnus, poursuivent leur progression, gagnant en précision aromatique et en équilibre. Une adresse à suivre, portée par une nouvelle énergie et une approche soignée du détail.

- **Les Artèmes, luberon 2024** | Sec | 2025>27 | 13.9 € | ☘ — 89
- **Le Châtaignier, luberon 2024** | Sec | 2025>27 | 8.9 € | ☘ — 90
- **Gouverneur Saint-Auban, luberon 2022** | Sec | 2025>28 | 25 € | ☘ — 89
- **Gouverneur Saint-Auban, luberon 2022** | Sec | 2025>29 | 25 € | ☘ — 90
- **Les Artèmes, luberon 2022** | Sec | 2025>27 | 13.9 € | ☘ — 88

Domaine Clef de Saint-Thomas

✪✪ N

Ce domaine de Châteauneuf-du-Pape appartient à Sophie Matière-Kessler, également propriétaire du vaste château Calissane en Provence. On y produit sur une douzaine d'hectares des châteauneufs dans les deux couleurs et dans deux catégories : la cuvée classique du domaine, constante en rouge, et les agréables cuvées Pierre Troupel. Un domaine à suivre.

- **Clé de Saint-Thomas, châteauneuf-du-pape 2023** | Sec | 2027>32 | 37 € — 88
- **Pierre Troupel, châteauneuf-du-pape 2024** | Sec | 2025>30 | NC — 88
- **châteauneuf-du-pape 2022** | Sec | 2025>32 | NC — 91
- **châteauneuf-du-pape 2023** | Sec | 2025>28 | NC — 89

Domaine Clos Romane

✪✪ ➔

Au cœur du village de Cairanne, cette exploitation familiale perpétue son savoir-faire depuis plus de quatre générations. Nadine et Stéphane Charancon cultivent avec rigueur un vignoble de 28 hectares, implanté sur des coteaux argilo-calcaires dominant les terrasses de l'Aygues. Le patrimoine de vieilles vignes est préservé avec soin, les rendements maîtrisés, et les élevages adaptés à chaque cuvée : en cuves béton pour la fraîcheur, en demi-muids pour plus d'ambition. Les vins gagnent en précision et en profondeur. Une propriété discrète mais prometteuse, à suivre de près.

- **côtes du rhône 2023** | Sec | 2025>32 | 8.5 € | ☘ — 89
- **cairanne 2023** | Sec | 2025>35 | 14 € | ☘ — 90
- **Aemilia, côtes du rhône 2024** | Sec | 2025>28 | 9.5 € | ☘ — 89

Maison Damiano

✪✪ N

Fondée par Romain Damiano, ancien directeur technique reconnu, cette jeune maison de négoce fait une entrée remarquée dans le paysage rhodanien. En collaboration étroite avec des vignerons locaux, elle signe des cuvées délicates et engagées, portées par une vraie sensibilité d'auteur. Les rouges misent sur l'infusion, les blancs sur la tension et l'épure. Chaque

✦ Star ✚ Valeur sûre ➔ À suivre de près N Nouvelle entrée

vin bénéficie d'élevages soignés, dans des contenants variés, choisis pour sublimer leur singularité. Une adresse à suivre de près.

- Pénates et Lares, vin de france 2024 | Sec | 2026>30 | 11 € 92
- Red-ish!, vin de france 2024 | Sec | 2025>26 | 11 € 92
- vacqueyras 2022 | Sec | 2026>35 | 17 € 93
- gigondas 2022 | Sec | 2026>35 | 25 € 92
- châteauneuf-du-pape 2022 | Sec | 2026>35 | 30 € 93
- crozes-hermitage 2023 | Sec | 2026>28 | 21 € 91
- crozes-hermitage 2024 | Sec | 2026>28 | 22 € 92
- côtes du rhône 2022 | Sec | 2026>28 | 9 € 91
- côtes du rhône 2024 | Sec | 2026>28 | 9 € 90
- Monarch, vin de france 2023 | Sec | 2026>30 | 18 € 92

Dauvergne et Ranvier

★★★ +

François Dauvergne et Jean-François Ranvier ont créé très jeunes leur maison éponyme et sont aujourd'hui des références accessibles des vins du Rhône. Très impliqués dans la production de leurs vins, ils travaillent avec leurs amis vignerons tout au long de l'année et conservent les expressions des terroirs. Le style est structuré sans excès, d'une parfaite définition aromatique. Le duo ne cesse d'évoluer et la gamme s'étend de l'Hermitage au nord jusqu'au Luberon dans le sud, en passant par Côte-Rôtie, Châteauneuf-du-Pape et Costières-de-Nîmes, avec des partenariats jusqu'en Roussillon et dans le Bordelais. A côté de cette impeccable et large gamme (sous l'étiquette « DR ») facilement accessible en grande distribution, le duo s'est attaché à proposer une autre gamme de vins, à la fois personnelle et excitante, destinée aux cavistes et restaurants : on y trouvera de beaux vins, produits en particulier sur la partie gardoise de la vallée du Rhône (Tavel, Laudun, Lirac, etc.).

- Vade Retro, côtes du rhône 2024 | Sec | 2025>26 | 11.2 € | ♣ 91
- Granite et Galets, crozes-hermitage 2023 | Sec | 2025>28 | 20 € 92
- Cote d'Amour, côte rôtie 2022 | Sec | 2025>32 | 58 € 92
- Sélection, côtes du rhône-villages 2023 | Sec | 2025>28 | 8 € | ♣ 92
- De Natura Rerum, côtes du rhône 2024 | Sec | 2025>27 | 7 € 90
- Le Voisin d'en Face, ardèche 2024 | Sec | 2025>27 | 10.5 € | ♣ 91
- Domaine Liravel, lirac 2023 | Sec | 2025>28 | 12.5 € | ♣ 93
- Domaine Liravel, tavel 2024 | Sec | 2025>29 | 12.5 € | ♣ 92

- Les Racines du Ciel, saint-joseph 2023 | Sec | 2025>29 | 25 € 90
- condrieu 2023 | Sec | 2025>28 | 30 € 92
- Le voisin du dessous - viognier, ardèche 2024 | Sec | 2025>26 | 10.5 € | ♣ 90

Domaine Julien Delhomme

★★ N

Heureuse surprise de notre dégustation à Vacqueyras, les vins de Julien Delhomme se sont distingués par leurs grandes subtilités et leur qualité de texture. Depuis 2015, le domaine déploie une viticulture respectueuse et soignes les élevages, ce qui donne aux vins une grande finesse de parfums. Nous sommes impatients d'apprécier les millésimes à venir.

- Réserve, vacqueyras 2022 | Sec | 2028>40 | 29.5 € 91
- Louis H, vacqueyras 2023 | Sec | 2028>45 | 19.5 € 92

Domaine La Durbane

★

Florence et Thomas, docteurs en chimie et anciens professionnels de l'industrie pharmaceutique en Suisse, ont repris en 2019 les vignes de la famille Giornal-Wesch. Converti en bio dès 2020, leur domaine de 15 hectares produit de jolis côtes-du-rhône et deux châteauneuf-du-pape d'une grande pureté : un blanc précis, floral et vibrant, et un rouge droit, finement structuré. Leur approche rigoureuse, mêlant science et sensibilité, se traduit par des vins nets, lisibles, sans artifice. Adresse prometteuse à suivre de près.

- châteauneuf-du-pape 2021 | Sec | 2025>34 | 35 € 93
- La Bertaude, châteauneuf-du-pape 2022 | Sec | 2025>30 | 37 € 93

Romain Duvernay

★★★ +

Cette maison rhodanienne est pilotée par Jean-Marc Pottiez, ancien directeur d'une grande maison de Champagne, en tandem avec l'œnologue Romain Duvernay. Ensemble, ils signent une gamme complète de vins sur les terroirs du sud de la vallée du Rhône. Le style de la maison est fruité, expressif et accessible, avec une belle lisibilité des appellations. Plusieurs cuvées sont issues de la viticulture biologique, traduisant un engagement progressif mais réel en faveur de pratiques respectueuses de l'environnement. La régularité de la production et l'homogénéité du style constituent deux atouts majeurs, et les derniers millésimes montrent une nette progression en précision, équilibre et fraîcheur. Le soin porté aux sélections et aux vinifications révèle une structure dynamique, en quête constante d'amélioration. Une maison en plein essor, qui saura séduire les amateurs de vins généreux, bien faits, et d'un excellent rapport qualité-prix.

- vacqueyras 2022 | Sec | 2025>30 | 17.2 € 92
- rasteau 2023 | Sec | 2025>28 | NC 92
- gigondas 2023 | Sec | 2025>30 | NC 93
- châteauneuf-du-pape 2022 | Sec | 2027>32 | 33 € 91
- côtes du rhône-villages séguret 2023 | Sec | 2025>29 | NC 90
- châteauneuf-du-pape 2023 | Sec | 2025>30 | 36.5 € | ☘ 94
- condrieu 2024 | Sec | 2025>27 | NC 90
- lirac 2023 | Sec | 2025>28 | NC 90

Domaine Elodie Jaume

✪✪✪ Ⓝ

C'est à l'aveugle, lors de notre grande dégustation des vins de Châteauneuf-du-Pape, que les vins d'Élodie Jaume se sont imposés par leur grâce, leur texture veloutée et une recherche d'allonge sans la moindre aspérité. La visite au domaine a confirmé cette première impression : une viticulture soignée, exigeante sans dogmatisme, et une approche de cave toute en transparence, visant une grande pureté. La précision des équilibres, la complexité des textures et la lecture fine des terroirs disent le niveau de maturité de cette vigneronne. Elle incarne, avec d'autres figures montantes, la mue subtile et nécessaire de cette grande appellation.

- Cabrières, châteauneuf-du-pape 2023 | Sec | 2026>33 | 46 € 95
- Cabrières, châteauneuf-du-pape 2022 | Sec | 2027>35 | 43 € 95

Domaine des Escaravailles

✪✪✪ ⊛

Ce domaine familial de 60 hectares s'étend sur les communes de Rasteau, Cairanne et Roaix. Madeline Ferran, désormais aux côtés de ses parents, incarne la relève avec énergie et conviction. Les vins, fidèles à leurs origines, expriment avec justesse les spécificités de chaque appellation, avec une mention particulière pour les cuvées de Rasteau, solides et équilibrées. La gamme se distingue par sa régularité et son accessibilité, tant en style qu'en prix, offrant un excellent rapport qualité-plaisir.

- La Ponce, côtes du rhône 2024 | Sec | 2026>30 | 12 € 91
- Ventabren, cairanne 2022 | Sec | 2026>32 | 13 € 93
- La Galopine, côtes du rhône 2024 | Sec | 2026>34 | 18 € 92
- La Boutine, cairanne 2022 | Sec | 2026>30 | 20 € 92
- La Ponce, rasteau 2022 | Sec | 2026>32 | 14.5 € 92
- Argilla ad Argillam, rasteau 2022 | Sec | 2026>32 | 18 € 92

Domaine Féraud et Fils

✪✪✪

Ce petit domaine artisanal, repris par Yannick Féraud s'appuie sur sur de beaux terroirs de safre et met en valeur de superbes grenaches à travers deux cuvées profondes et racées. La cuvée Raisins Bleus, en particulier, séduit par sa finesse et sa personnalité affirmée. Des vins sincères, aboutis, et porteurs d'un style assumé avec une forte identité.

- châteauneuf-du-pape 2021 | Sec | 2025>35 | 35 € 94
- Raisins Bleus , châteauneuf-du-pape 2021 | Sec | 2025>38 | 55 € 92

Famille Isabel Ferrando

✪✪✪✪ ✦

Le domaine Saint-Préfert a aujourd'hui pris le nom de la vigneronne passionnante qui a tant fait pour sa réputation. Situé au sud du secteur, dans le quartier des Serres, ce domaine historique a construit sa réputation sur des blancs d'exception mais aussi sur des rouges, depuis longtemps appréciés du marché américain, qui n'ont jamais cessé ces dix dernières années de revenir vers plus de finesse et de style. Une viticulture précise et une réflexion profonde quant à l'avenir des terroirs, menée par une équipe soudée et talentueuse, permettront à Guillemette, la fille d'Isabel qui prend aujourd'hui la suite de sa mère inspirante, de maintenir ce domaine au plus haut niveau.

- châteauneuf-du-pape 2022 | Sec | 2026>40 | 90 € 93
- châteauneuf-du-pape 2023 | Sec | 2027>35 | 90 € 94
- Colombis, châteauneuf-du-pape 2022 | Sec | 2026>35 | 150 € 94
- Colombis, châteauneuf-du-pape 2023 | Sec | 2027>35 | 150 € 95
- châteauneuf-du-pape 2024 | Sec | 2026>33 | 90 € 96
- Cuvée spéciale Vieillies clairettes, châteauneuf-du-pape 2023 | Sec | 2026>33 | NC 97

Château de Fonsalette

✪✪✪✪ ✦

Acquis en 1945 Fonsalette est l'autre joyau de la famille Reynaud. Les vins partagent avec ceux de Rayas, son grand frère de style, un encépagement proche et une capacité de vieillissement exceptionnelle. À chaque millésime, la cuvée Syrah s'impose comme l'une des plus grandes réussites du sud de la France : pure, profonde, et d'une beauté saisissante. Fonsalette demeure une propriété mythique, confidentielle, dont les vins rivalisent avec les plus grands.

- côtes du rhône 2022 | Sec | 2026>50 | NC 96
- côtes du rhône 2022 | Sec | 2026>50 | NC 96

Gabriel Meffre

✪✪✪

Sous l'impulsion de Véronique Torcolacci, œnologue historique de la maison, et de Sylvain Jean, vinificateur talentueux, cette structure poursuit une remarquable montée en gamme. Grâce à une sélection rigoureuse de raisins sur l'ensemble du vignoble rhodanien, du nord au sud, les cuvées affichent une constance de qualité impressionnante, millésime après millésime. Une maison sérieuse, dont le style précis et équilibré mérite l'attention. Nous sommes heureux d'avoir à nouveau pu déguster les vins de la maison cette année, en particulier ceux du domaine de Longue Toque.

- Sainte-Catherine, gigondas 2022 | Sec | 2026>35 | 21 € 93
- Saint-Barthélemy, vacqueyras 2022 | Sec | 2028>40 | NC 90
- Saint Théodoric, châteauneuf-du-pape 2022 | Sec | 2027>35 | 35.5 € 93
- La Chasse du Pape, châteauneuf-du-pape 2022 | Sec | 2027>35 | NC 94

Domaine de Galuval

✪ Ⓝ

Ce domaine ambitieux est installé sur les deux communes de Cairanne et de Rasteau. Sous l'impulsion de l'œnologue Emmanuel Couzi, il ambitionne de créer des cuvées très originales et réinventant à leur façon l'histoire des vins et le style des vins de la Vallée du Rhône. On suivra avec intérêt cette expérience pour l'instant marqué à notre sens par des élevages souvent démonstratif.

- La Vallée, cairanne 2022 | Sec | 2025>30 | NC 89
- Le Coq Volant, côtes du rhône 2023 | Sec | 2025>27 | NC 88
- Le Renouveau, cairanne 2022 | Sec | 2025>28 | NC 88
- Les Collines, rasteau 2021 | Sec | 2025>30 | NC 88
- Le carré du coq, vin de france 2020 | Sec | 2025>33 | NC 88
- Le Renouveau, cairanne 2024 | Sec | 2025>27 | NC 90
- Clavel n°8, vin de france 2019 | Sec | 2025>30 | NC 90

Moulin de la Gardette

✪✪✪

Parmi les incontournables de Gigondas, cette propriété attachante se distingue par la rigueur et la justesse de Jean-Baptiste Meunier. Entre les terroirs de Saint-Jean et le coteau de la Gardette, les vieilles vignes de grenache puisent leur finesse dans les marnes calcaires. En cave, pas d'esbroufe : le bois est parfaitement dosé, les vinifications précises. Les cuvées séduisent par leur naturel, une texture soyeuse et des tannins fondus. Un domaine exemplaire, où l'élégance naît de la discrétion et du respect du terroir.

- Tradition, gigondas 2021 | Sec | 2025>33 | 25 € | ☘ 92
- Tradition, gigondas 2022 | Sec | 2026>35 | 23 € 92
- Ventabren, gigondas 2021 | Sec | 2028>35 | 38 € | ☘ 93
- Ventabren, gigondas 2022 | Sec | 2026>35 | 36 € 93
- La Petite Gardette, gigondas 2023 | Sec | 2026>32 | 18 € | ☘ 89

Château de la Gardine

✪✪✪✪ ✚

Grand classique de l'appellation, La Gardine est un vaste domaine d'un seul tenant, s'étendant jusqu'aux rives du Rhône, face à Roquemaure. Il repose en grande partie sur un socle calcaire situé à l'ouest de Châteauneuf-du-Pape, conférant aux vins une structure singulière. La cuvée classique, reconnaissable à sa bouteille au profil unique, fait preuve d'une régularité exemplaire millésime après millésime. Les cuvées Spéciales et Générations, en rouge comme en blanc, se distinguent par leur puissance et leur densité, nécessitant quelques années de garde pour atteindre leur plein équilibre. La vinification, maîtrisée, accompagne au mieux l'expression du terroir sans la masquer. L'arrivée progressive de la nouvelle génération promet de prolonger l'œuvre

✦ Star ✚ Valeur sûre ⊛ À suivre de près Ⓝ Nouvelle entrée

Julien Bréchet, Domaine des Bosquets

Si le terroir demeure pour vous un concept flou, nous vous conseillons de visiter ce domaine de Gigondas en compagnie de son propriétaire. Sur ce vignoble établi sur les terrasses qui grimpent vers les spectaculaires Dentelles de Montmirail, Julien Bréchet a observé ses vignes (souvent anciennes) de grenache, syrah et mourvèdre pour créer un parcellaire que l'on comprend en dégustant chacun de ses vins. Tous expriment une personnalité unique et démontrent la diversité de l'appellation gigondas, que l'on a souvent catégorisée, à tort, dans un registre puissant et monolithique. *Thierry Desseauve* exigeante d'Ève et Patrick Brunel, figures discrètes mais ô combien compétentes. Elle laisse aussi entrevoir une réflexion renouvelée sur l'évolution des pratiques viticoles dans un contexte climatique de plus en plus contraint. Une maison solide, entre tradition et renouveau. Nous avons beaucoup aimé les nouvelles créations du domaine, en particulier les vins monocépages de clairette et surtout de roussanne.

- châteauneuf-du-pape 2023 | Sec | 2026>33 | 45 € — 95
- châteauneuf-du-pape 2022 | Sec | 2027>35 | 45 € — 95
- Les Générations Marie-Léoncie, châteauneuf-du-pape 2023 | Sec | 2026>33 | NC — 96
- Les Générations Gaston Philippe, châteauneuf-du-pape 2022 | Sec | 2027>35 | 70 € — 96
- Brunel de la Gardine, gigondas 2022 | Sec | 2026>35 | 29,5 € — 90

Château Gigognan

✪✪ →

Longtemps restée dans l'ombre, cette superbe propriété de Sorgues a été reprise en 2017 par Jean-François Hénin, avec l'ambition de révéler le potentiel de ses 110 hectares, dont 40 en Châteauneuf-du-Pape, 35 en Côtes-du-Rhône et 35 en Côtes-du-Rhône Signargues. Sous la direction de l'œnologue bourguignon Emmanuel Laurent, l'équipe en place mène une viticulture de précision, pragmatique et résolument tournée vers l'avenir. Notre dégustation annuelle confirme une progression nette : les vins gagnent en finesse, en équilibre et en lisibilité. Une renaissance prometteuse, à suivre de très près.

- Clos du Roi, châteauneuf-du-pape 2021 | Sec | 2025>34 | 29 € — 92
- Clos du Roi, châteauneuf-du-pape 2022 | Sec | 2025>30 | NC — 92
- Cardinalice, châteauneuf-du-pape 2020 | Sec | 2025>30 | NC — 93

Domaine Giraud

✪✪✪ →

Avec leurs 35 hectares situés sur certains des plus beaux terroirs de Châteauneuf-du-Pape, Marie et François Giraud forment un duo frère-sœur aussi rigoureux qu'inspiré., qui brille pat sa capacité à dompter le caractère singulier du quartier des Galimardes, avec ses galets roulés chauffés au soleil. Le domaine peut également compter sur des vieilles vignes, dont plusieurs grenaches centenaires situés sur La Crau et Pignan, qui apportent profondeur et distinction aux cuvées. Millésime après millésime, les vins brillent par leur fraîcheur, leur équilibre et une pureté d'expression remarquable. À cette exigence s'ajoutent d'élégants liracs, souples, fruités et d'un grand charme immédiat. Une gamme cohérente et raffinée, où le plaisir est au cœur de chaque bouteille. Un domaine solide à la régularité impressionnante.

- Les Galimardes, châteauneuf-du-pape 2022 | Sec | 2027>35 | 75 € ☘ — 95
- Les Galimardes, châteauneuf-du-pape 2023 | Sec | 2026>33 | 40 € — 94
- châteauneuf-du-pape 2022 | Sec | 2027>35 | 35 € — 94

Domaine Gour de Chaulé

✪✪✪ N

Implanté sur le bas de Gigondas, le domaine réunit un rare éventail de vieilles vignes, sublimées par une viticulture attentive et exigeante. Les sols argileux et sablo-calcaires nourrissent des vins profonds, nuancés, vinifiés avec une maîtrise remarquable des maturités. Paul Fumoso privilégie les infusions, maîtrise l'alcool avec finesse et opte pour des élevages au boisé délicat. Le résultat : des cuvées majestueuses, graciles et onctueuses, qui incarnent un raffinement rare. Une personnalité aussi discrète que fascinante, dont l'esprit en perpétuel éveil, ne cesse de nous surprendre. Pour les rares visites qu'il accepte, sachez le convaincre de vous accueillir : la magie opérera et la légende aussi.

- Le Rosé, gigondas 2024 | Sec | 2026>35 | 21 € — 92
- Les Jardinières 1871, gigondas 2023 | Sec | 2026>35 | 28 € — 94
- Le Gour. 7, gigondas 2023 | Sec | 2026>35 | 42 € — 95
- Numéro 8, gigondas 2023 | Sec | 2026>40 | 42 € — 96

Château de Gourdon

✪ N

Cette spectaculaire propriété est située à Bollène au nord de la partie méridionale de la vallée du Rhône. Elle produit des vins accessibles, gourmands et aromatiques à apprécier dès leur jeunesse grâce à leur qualité de fruit et leur souplesse charnue.

- Terrasse à l'Ombre, côtes du rhône 2022 | Sec | 2026>30 | NC — 89
- Jolie Balade, Mont-Jolie, côtes du rhône 2022 | Sec | 2025>28 | 11 € — 88
- Fontaine du Sud, côtes du rhône 2024 | Sec | 2025>30 | NC — 90

Domaine Gourt de Mautens

✪✪✪✪

En échangeant avec Jérôme Bressy, érudit et passionnant, on se plaît à écouter son savoir riche des tours de main d'antan, de ces pratiques ancestrales qui ont fait naître les grands vins du Vaucluse. À l'écoute de son terroir et de la diversité ampélographique de sa vigne, il est un artisan rare dans le paysage viticole. Notre homme fait figure d'exception au travers de ses igp vaucluse, véritables buvards du terroir de Rasteau, calques des vieilles variétés traitées avec respect et attention.

- vaucluse 2020 | Sec | 2026>45 | 72 € — 96
- vaucluse 2021 | Sec | 2026>50 | 72 € — 96
- vaucluse 2017 | Sec | 2026>35 | 72 € — 95
- vaucluse 2019 | Sec | 2026>40 | 72 € — 96

Domaine du Grand Tinel

✪✪ →

Le domaine du Grand Tinel est le fruit de l'union de deux familles, Establet et Jeune, qui exploitent des parcelles de vignes depuis le XVIIIe siècle, réparties au nord et au sud de l'appellation. Aujourd'hui, Christophe, Béatrice et Isabelle Jeune exploitent les 68 hectares du domaine, dont 53 hectares en châteauneuf-du-pape et 15 hectares en côtes-du-rhône. Les raisins pour certains issus de très vieilles vignes sont entièrement éraflés puis foulés, avant une cuvaison de 3 à 4 semaines. Le vin est ensuite élevé en foudres pendant une à deux années. Les élevages et les vins sont précis.

- châteauneuf-du-pape 2022 | Sec | 2027>35 | 32 € — 92
- Alexis Establet, châteauneuf-du-pape 2022 | Sec | 2027>35 | 42 € — 93
- châteauneuf-du-pape 2023 | Sec | 2026>33 | 33 € — 92
- Les roussannes de Charles, châteauneuf-du-pape 2023 | Sec | 2023>26 | 51 € — 93

Grandes Serres

✪✪ →

Basée à Châteauneuf-du-Pape, cette maison a connu un nouveau souffle sous l'impulsion de Samuel Montgermont et de la famille Picard. Elle s'appuie à la fois sur un vignoble en propre — dont 12 hectares du remarquable domaine Saint-Patrice en Châteauneuf — et sur des partenariats solides avec des vignerons sélectionnés pour la qualité de leur travail. Cette double approche, mêlant maîtrise parcellaire et exigence d'approvisionnement, permet de signer des cuvées charnues, très originales, expressives et d'une belle régularité. Chaque vin reflète fidèlement l'identité de son appellation. Une maison sérieuse, en constante progression, qui mérite une étoile supplémentaire cette année.

- Touche Française - Les Hautes Vacquières, vacqueyras 2022 | Sec | 2026>35 | 17 € — 92
- Touche Française - Les Hautes Vacquières, vacqueyras 2023 | Sec | 2028>45 | 17 € — 93
- Touche Française - La Combe des Marchands, gigondas 2022 | Sec | 2026>35 | 22 € — 93
- Touche Française - La Combe des Marchands, gigondas 2023 | Sec | 2026>35 | 22 € — 94
- Haute Culture, Saint Antoine, côtes du rhône 2022 | Sec | 2025>30 | 15 € — 90
- Haute Culture, Les Enregades, Les Coustias, La Ridel, cairanne 2021 | Sec | 2025>30 | 20 € — 90
- Haute Culture - Les plumes, vaucluse 2024 | Sec | 2025>28 | 12 € — 90
- La Pop Culture - GS x Morgan Pansier, châteauneuf-du-pape 2024 | Sec | 2026>33 | 38 € — 94
- Haute Culture, Grandes Serres, châteauneuf-du-pape 2023 | Sec | 2027>35 | 45 € — 94

Domaine Grosset

✪✪ N

Ancienne propriété d'Alain Grosset, le beau-père de Laurent Brotte, ce domaine situé à Cairanne témoigne de l'engagement de la famille dans le village et de sa contribution au développement de cette jeune appellation. Avec 22 hectares sur deux lieu-dits, les Douyes sur les coteaux et les Eschaffins dont une parcelle de grenaches centenaires (1 hectare), plantés sur deux types de sols (marnes grises et sables), le domaine produit des vins de pleine maturité au caractère généreux et équilibré, typique du vin de Cairanne mettant en avant le grenache mais aussi le mourvèdre. Une viticulture pointue, des vinifications respectueuses et un élevage soigné permettent d'élaborer des vins de charme.

- cairanne 2023 | Sec | 2025>32 | 17 € — 92
- cairanne 2024 | Sec | 2027>37 | 17 € — 93

Benoît et Thibault Brotte, Domaine Barville, Domaine Grosset, Château de Bord, Maison Brotte

Les deux frangins Brotte ont Châteauneuf-du-Pape dans la peau. Ils y vivent, y ont fondé leur famille, aiment ce pays pour son soleil, son mistral, ses vignobles. De Laurent, leur père, ils ont hérité d'une ouverture d'esprit qui leur donne quelques coups d'avance. De leur mère, une exigence de la qualité et des compétences solides pour reconnaître un grand vin, comme ceux qu'ils veulent produire sur les trois domaines de la famille. Et comme ils portent un nom qui compte dans la vallée du Rhône, pas question de ne pas s'occuper avec la même attention de l'activité de négoce de la maison. Ensemble, ils iront loin. *Louis-Victor Charvet*

Domaine de la Janasse

✪✪✪✪ ✚

Installé sur les plus beaux terroirs de Courthézon, la Janasse s'impose depuis plus de 40 ans comme l'une des références majeures de Châteauneuf-du-Pape. Fierté de la famille Sabon, le domaine signe des cuvées d'une régularité exemplaire, où chaque expression trouve sa place. Chaupin, issue d'un terroir plus frais, séduit par son approche presque bourguignonne, tout en finesse et en allonge. La cuvée Vieilles Vignes, plus solaire et profonde, incarne la puissance maîtrisée du cru. Les blancs ne sont pas en reste, avec des équilibres précis et une grande pureté aromatique. La gamme est irréprochable, du sommet de l'appellation jusqu'à l'excellent côtes-du-rhône, d'une densité et d'une profondeur rares dans sa catégorie. Un domaine phare, alliant maîtrise, exigence et constance.

- ■ **Vieilles vignes, châteauneuf-du-pape 2021** | Sec | 2026>35 | 76 € — 95
- ■ **châteauneuf-du-pape 2022** | Sec | 2026>35 | 35 € — 95
- ■ **châteauneuf-du-pape 2024** | Sec | 2026>33 | 35 € — 96

Domaine Jean David

✪✪ Ⓝ

Ancré dans les valeurs bio depuis 40 ans, Jean David est un des vignerons les plus joviaux et poètes de Séguret. Son bonnet tricoté à pompon vissé sur la tête, il cultive une approche du terroir respectueuse et tournée vers les méthodes d'antan. Depuis près de 2 ans, Jean passe le relais à la nouvelle génération, tout en gardant un pied dans la vigne et au chai. Leurs 17 hectares de vignoble se situent à la fois sur les dentelles de Séguret comme plus bas dans la plaine, sur des alluvions et des galets roulés. Vinifiés sans bois et avec recours minime au soufre, ce sont des vins de caractère d'une grande élégance, tout particulièrement les-levants d'une profondeur remarquable.

- ■ **roussanne, côtes du rhône-villages séguret 2024** | Sec | 2026>30 | NC — 92
- ■ **côtes du rhône-villages séguret 2019** | Sec | 2026>30 | NC — 93

Domaine La Florane

✪✪ Ⓝ

Adrien Fabre incarne une génération de vignerons aussi curieux qu'exigeants. À la tête de ce jeune domaine, il déploie un talent certain pour la vinification, affirmant millésime après millésime un style de plus en plus affiné. Les rouges, d'une belle harmonie, ont gagné en définition, en équilibre et en finesse. Quelques cuvées sans soufre ajoutent à l'exigence technique un supplément de personnalité maîtrisée. Les rares blancs, salins et tendus, traduisent une lecture fine des terroirs et une capacité à en extraire la quintessence sans forcer le trait. Une adresse dynamique, en pleine ascension et à suivre de près.

- ■ **Terre pourpre, côtes du rhône-villages visan 2023** | Sec | 2026>30 | 17 € — 92
- ■ **Echevin, côtes du rhône-villages saint-maurice 2023** | Sec | 2026>30 | 12.5 € — 92
- ■ **Je ne souffre plus, côtes du rhône-villages 2023** | Sec | 2026>28 | 11 € — 91
- ■ **Guillaume de Rouville, côtes du rhône-villages saint-maurice 2023** | Sec | 2026>30 | 19.5 € — 93

Château La Nerthe

✪✪✪✪ ✚

Grande propriété historique de Châteauneuf-du-Pape, cette vaste entité de 92 hectares certifiés bio depuis 1998 bénéficie d'un patrimoine exceptionnel, dont un tiers au cœur de la Crau, l'un des plus beaux terroirs de l'appellation. Sous l'impulsion de la famille Richard et grâce au travail rigoureux de Rémi Jean, son directeur, le domaine a retrouvé un statut de premier cru, grâce notamment au travail mené ces dernières années à propos des choix de maturité et de la lecture parcellaire. Les vins, en blanc comme en rouge, s'imposent désormais par leur style racé, leur profondeur et leur équilibre. La progression est nette et cette adresse incontournable est de retour au premier, en particulier pour ses cuvées parcellaires.

- ■ **châteauneuf-du-pape 2023** | Sec | 2026>33 | 55 € | ☘ — 95
- ■ **châteauneuf-du-pape 2022** | Sec | 2027>35 | 55 € — 94
- ■ **Les Cadettes, châteauneuf-du-pape 2022** | Sec | 2027>35 | 110 € — 94
- ■ **Clos de Beauvenir, châteauneuf-du-pape 2023** | Sec | 2026>33 | 110 € | ☘ — 96

Domaine La Réméjeanne

✪✪✪

Entre influences provençales et cévenoles, face au mont Ventoux, La Réméjeanne bénéficie d'un cadre aussi préservé qu'inspirant. L'aventure débute en 1960, lorsque les parents de Rémy Klein acquièrent cinq hectares sur ce coteau exposé au mistral. Aujourd'hui, Rémy et son fils Olivier conduisent un domaine de 35 hectares de vignes, complété par des oliviers et des figuiers. Le mistral, omniprésent, favorise un état sanitaire optimal et des maturités équilibrées. À la cave, les vins expriment un fruit éclatant, porté par la fraîcheur et une gourmandise bien dosée. Millésime après millésime, le domaine confirme le potentiel de ce secteur encore méconnu.

- ■ **Les Chèvrefeuilles, côtes du rhône 2023** | Sec | 2026>30 | 10.5 € | ☘ — 91
- ■ **Les Arbousiers, côtes du rhône 2024** | Sec | 2026>30 | 13 € | ☘ — 92
- ■ **Les Chèvrefeuilles, côtes du rhône 2024** | Sec | 2026>30 | 10.5 € | ☘ — 91
- ■ **Un Air de Réméjeanne, côtes du rhône 2024** | Sec | 2026>30 | 9.5 € | ☘ — 91
- ■ **Vallouvière, côtes du rhône 2023** | Sec | 2026>32 | 24 € | ☘ — 95
- ■ **Figaro, côtes du rhône 2023** | Sec | 2026>30 | 24 € | ☘ — 94

Château La Verrerie

✪✪✪ ⊕

Acquise il y a plus de vingt ans par la famille Descours, La Verrerie s'est imposée comme une référence incontournable du Luberon. Dirigée par la brillante et intuitive vigneronne Valentine Tardieu-Vitali, cette propriété de 58 hectares bénéficie d'un terroir argilo-calcaire exposé plein sud, planté majoritairement en grenache et syrah. Le climat, chaud l'été mais tempéré par des nuits fraîches dès la fin août, permet une maturation lente et équilibrée du raisin, préservant la fraîcheur du fruit. Les vinifications par gravité, les élevages en foudres et une approche précise du travail en cave donnent naissance à des vins d'une finesse et d'une pureté remarquables. Millésime après millésime, La Verrerie confirme son rôle de chef de file de l'appellation luberon et la cuvée Grand Deffand (dans les trois couleurs) est l'un des vins les plus aboutis de la région.

- ■ **Grand Deffand - Syrah, luberon 2023** | Sec | 2027>37 | 38 € — 95
- ■ **Grand Deffand, luberon 2023** | Sec | 2025>35 | 26 € — 94
- ■ **Grand Deffand, luberon 2023** | Sec | 2025>35 | 34 € — 93
- ■ **Grand Deffand - Grenache, luberon 2023** | Sec | 2027>37 | 38 € — 93

Le Vieux Donjon

✪✪✪✪ ✚

Depuis 1979, le Vieux Donjon est entre les mains de la famille Michel. Marie-José et Lucien en ont assuré la gestion jusqu'en 2008, date à laquelle leur fille Claire Michel-Fabre a repris le flambeau, rejointe par son frère François en 2012. Les caves sont situées dans le village de Châteauneuf-du-Pape, mais les 17 hectares du domaine se trouvent majoritairement au nord de l'appellation. Le style maison s'affirme dans un registre floral, suave et d'une élégance racée. Le domaine incarne avec constance un classicisme raffiné, loin des effets de mode, et reste l'un des plus beaux porte-étendards de l'équilibre et de la finesse à Châteauneuf-du-Pape.

- ■ **châteauneuf-du-pape 2022** | Sec | 2026>35 | NC — 96

Clos Leopold

✪✪ Ⓝ

Niché au pied des Dentelles de Montmirail, dans un cirque naturel d'une beauté saisissante, le Clos Léopold incarne une rare alliance entre nature préservée et exigence artisanale. Héritier en 2002 d'un clos de 6 hectares, Julien Mazaloubaud, avec sa femme Anne-Caroline, a transformé ce micro-vignoble en domaine de référence. Altitude élevée (350 m), agriculture biologique, vendanges manuelles et rendements minuscules (15 à 20 hl/ha) : ici, chaque geste vise l'excellence. Les vieilles vignes de grenache et syrah donnent naissance à 6 000 bouteilles par an, dans un esprit d'artisanat absolu.

- ■ **gigondas 2021** | Sec | 2026>35 | 30 € — 94
- ■ **gigondas 2022** | Sec | 2026>35 | 30 € — 94

Château Les Amoureuses

✪

Jean-Pierre Bedel, à la tête du groupe industriel Fabemi, nourrit depuis toujours un attachement profond à la terre ardéchoise. Avec son épouse Florence il acquiert en 2011 le château Les Amou-

✦ Star ✚ Valeur sûre ⊕ À suivre de près Ⓝ Nouvelle entrée

reuses, avec l'ambition d'y insuffler une nouvelle dynamique. Sur les 79 hectares du domaine, tout a été repensé dans le moindre détail : restructuration du vignoble, choix des cépages, conduite culturale, vinifications, élevages et assemblages. Ce travail minutieux porte aujourd'hui ses fruits à travers une gamme de vins accessibles, expressifs et gourmands, qui traduisent l'esprit de renouveau insufflé par ce couple passionné.

- La Barbare, côtes du rhône 2022 | Sec | 2025>30 | 14 € — 88
- Le Liby, ardèche 2023 | Sec | 2025>27 | 16.9 € | ☘ — 90
- Le Liby, ardèche 2021 | Sec | 2025>30 | 16.9 € — 88
- Dandy, vin de france 2021 | Sec | 2025>30 | 17.5 € — 90
- Cuvée Le Colombier, vin de france 2023 | Sec | 2025>30 | 28.9 € | ☘ — 90
- LoveRose, méditerranée 2024 | Sec | 2025>26 | 13.5 € | ☘ — 87

Domaine André Brunel - Les Cailloux

★★★ +

Fabrice Brunel, figure de Châteauneuf-du-Pape, signe des vins reconnus pour leur régularité et leur équilibre. En rouge comme en blanc, les cuvées allient générosité, finesse de tannins et fraîcheur. Le blanc, raffiné et expressif, s'appuie sur une part importante de clairette, apportant délicatesse et vivacité. En rouge, le grenache domine, épaulé par une touche de mourvèdre pour la structure. La cuvée La Centenaire, emblématique du domaine, provient de très vieilles vignes de grenache situées sur le plateau de Mont-Redon et incarne une profondeur et une noblesse rares. La nouvelle cuverie, à la pointe de la modernité, offre à l'équipe technique des outils supplémentaires pour affiner encore davantage la précision stylistique recherchée. Un domaine sûr, mêlant tradition et innovation.

- Les Cailloux, châteauneuf-du-pape 2022 | Sec | 2027>35 | 39 € — 94
- Centenaire, châteauneuf-du-pape 2022 | Sec | 2026>35 | 110 € — 95
- Les Cailloux, châteauneuf-du-pape 2024 | Sec | 2025>35 | 39 € — 94

Domaine Les Goubert

★★★ +

Florence, représentant la nouvelle génération, poursuit avec justesse le travail engagé sur ce domaine familial, réparti sur plus de 40 parcelles et près de 25 hectares en terrasses et coteaux. Elle y insuffle une vision précise et sensible, où l'approche infusée prend le pas sur les extractions lourdes. Les vins se démarquent par leur équilibre, leur fraîcheur naturelle et l'absence de boisé superflu. Modèles de justesse pour le Sud, ils évitent toute lourdeur tout en exprimant pleinement leur terroir. Cette exigence tranquille donne naissance à des cuvées d'une grande délicatesse, portées par une lecture contemporaine et respectueuse de la matière première. Les prix sont très raisonnables pour ce niveau de qualité.

- Cuvée de V, côtes du rhône 2022 | Sec | 2025>28 | 15 € — 90

Domaine Les Pallières

★★★ N

Retirées sur des terroirs plein nord de Gigondas, les Pallières sont la propriété des Brunier (Vieux Télégraphe) et s'étendent sur 135 hectares d'un seul tenant en haute altitude. Ce jardin de vignes suspendu aux Dentelles jouit d'une extraordinaire diversité de sols, tantôt calcaires puis argileux, plantés en grenaches centenaires et autres vieux cépages. Choyés dans une cuverie de premier choix, ces vins élevés en foudre sont à l'image des châteauneufs du Vieux Télégraphe : fins, purs et élégants. Et comptent parmi les références incontournables de l'appellation.

- Terrasse du Diable, gigondas 2022 | Sec | 2026>40 | NC — 93
- Les Racines, gigondas 2022 | Sec | 2026>40 | NC — 94

Domaine Leschancel

★

Repris par Anne et Pierre Chancel, ce domaine situé à Mormoiron, au cœur des terroirs d'altitude de l'appellation Ventoux, s'impose comme une adresse prometteuse. Le vignoble de 12 hectares, entouré de 12 hectares de bois et perché à 350 mètres d'altitude, bénéficie d'un cadre exceptionnel avec une vue imprenable sur le mont Ventoux. Conduit en bio, il offre des conditions idéales pour les cépages blancs, qui s'y expriment avec fraîcheur et équilibre. L'équipe technique mène un travail patient et rigoureux : restructuration progressive du vignoble, plantations de cépages comme l'ugni blanc, le carignan blanc ou le chenin, vinifications précises et élevages soignés. Le lieu, aussi beau que confidentiel, mérite le détour. Un domaine à suivre de près, pour la qualité croissante de ses vins.

- Lerouge N°1, ventoux 2020 | Sec | 2025>26 | 16 € | ☘ — 89
- Leblanc N°1, vaucluse 2022 | Sec | 2025>26 | 16 € | ☘ — 88
- Lerecit, vaucluse 2021 | Sec | 2025>27 | 26 € | ☘ — 92
- L'evrest, vaucluse 2022 | Sec | 2025>27 | 42 € | ☘ — 90

Domaine Lespina

★★ N

Matthieu Bècle, ingénieur agronome, et Mathieu Faurie-Grépon, talentueux vinificateur longtemps reconnu à Châteauneuf-du-Pape, s'illustrent désormais dans ce domaine situé entre Avignon et Nîmes, où il signe un millésime 2022 remarquable en appellation côtes-du-rhône Signargues. Le vignoble compte quelques vieilles vignes datant des années 50. Toute la gamme est recommandable, avec une mention spéciale pour la cuvée Rebelle, un blanc à dominante clairette, marqué par une belle salinité. En rouge, la cuvée Ostara 2023 confirme une maîtrise parfaite de la vinification et offre une pure expression du grenache.

- L'espinassière, côtes du rhône 2022 | Sec | 2026>30 | 11 € | ☘ — 89
- Ostara, côtes du rhône-villages signargues 2023 | Sec | 2026>30 | 16 € | ☘ — 91
- Oculus, côtes du rhône-villages signargues 2023 | Sec | 2026>30 | 18 € | ☘ — 92
- Rebelle, côtes du rhône-villages 2024 | Sec | 2026>32 | 11 € — 90

Mas de Libian

★★★ +

Le succès du Mas de Libian illustre brillamment le potentiel encore trop méconnu du sud de l'Ardèche. Installée sur des terroirs de galets roulés, à la confluence du Rhône et de l'Ardèche, cette propriété familiale cultive ses vignes en biodynamie et les vins séduisent par leur pureté de fruit, leur concentration maîtrisée et leur fraîcheur constante. Chaque cuvée affiche une vraie personnalité, jusque dans les noms originaux choisis par la famille.

- Bout d'Zan, côtes du rhône 2023 | Sec | 2026>32 | 14.5 € | ☘ — 91
- Khayyâm, vin de france 2023 | Sec | 2026>32 | 17.5 € | ☘ — 93
- Calade, côtes du rhône 2023 | Sec | 2026>32 | 24 € | ☘ — 94

Domaine Georges Lombrière

★

C'est en 2014 que Marie et Benoît Lombrière ont décidé de reprendre 5,5 hectares de l'ancien domaine des parents de Marie, Marcel et Maryse Georges, à Châteauneuf-du-Pape. Installés sur le lieu-dit Bois de la Vieille, les 4,5 hectares de grenache sont en conversion bio depuis 2017. À noter la présence de Pierre-Jean Villa (Côte Rôtie), qui accompagne le couple de la vigne au chai. La cuvée marie en 2016 est dans un style délicat et fin que nous défendons sur l'appellation.

- Thaïs, châteauneuf-du-pape 2022 | Sec | 2026>34 | 45 € | ☘ — 92
- Marie, châteauneuf-du-pape 2021 | Sec | 2026>35 | 37 € | ☘ — 92

Domaine de Longue Toque

★★

Ce beau domaine de 47 ha est implanté sur 5 appellations dont la principale est Gigondas, il appartient depuis longtemps à la Maison Gabriel Meffre dont la cuvée Laurus représente le fer de lance de ses activités de négociants. Les vins de Longue Toque sont généreusement charpentés et bouquetés, assez traditionnels, mais la réussite du très beau blanc de Gigondas en 2023 nous laisse à penser qu'une belle inflexion est en route dans ce domaine historique. On les suivra avec attention.

- gigondas 2019 | Sec | 2025>32 | NC — 90
- gigondas 2020 | Sec | 2025>30 | NC — 90
- vacqueyras 2019 | Sec | 2025>28 | NC — 89
- Les Trois Yeux, gigondas 2018 | Sec | 2025>28 | 67 € — 90
- Les Vignes Blanches, gigondas 2023 | Sec | 2025>32 | NC — 92

Domaine Maby

★★★ +

Domaine historique de Tavel, la maison Maby perpétue une tradition de qualité constante sous la houlette de Richard Maby, vigneron dynamique et rigoureux. Le vignoble s'étend sur Tavel, le plateau de Lirac et les alentours en côtes-du-rhône, offrant une belle diversité d'expressions. Les vins se distinguent par leur franchise, leur gourmandise et une régularité sans faille, millésime après millésime. Que ce soit en rosé, en rouge ou en blanc, les cuvées allient chair, fraîcheur et équilibre avec une sincérité exemplaire. À cela s'ajoute une politique tarifaire mesurée, rendant les vins très compétitifs sur le marché. Une adresse sérieuse, fiable et sans effet de mode, qui mérite pleinement sa réputation de valeur sûre.

- **La Fermade, lirac 2024** | Sec | 2026>32 | 13.6 € | ☘ 91
- **Prima Donna, tavel 2024** | Sec | 2026>35 | 14.5 € | ☘ 91
- **Casta Diva, lirac 2023** | Sec | 2026>32 | 22.8 € | ☘ 93
- **Nessun Dorma, lirac 2022** | Sec | 2026>34 | 22.8 € | ☘ 91
- **Bel Canto, lirac 2022** | Sec | 2026>34 | 30.6 € | ☘ 94
- **Libiamo, tavel 2023** | Sec | 2026>35 | 22.8 € | ☘ 90

Domaine Manganelli

★ (N)

Le domaine Manganelli fait cette année son entrée dans notre guide. Installé depuis cinq générations sur des terroirs d'exception, notamment à Beaumes-de-Venise, il signe des rouges secs au grain fin, délié et infusé, ainsi que d'excellents muscats. L'ombre bienveillante d'Alain Ignace, conseiller avisé, accompagne ce travail rigoureux et contribue à la qualité exceptionnelle des vins. Le domaine, déjà régulier, s'impose comme une signature montante à suivre.

- **Emilie, muscat de beaumes-de-venise 2024** | Doux | 2026>35 | 20 € 91
- **Alain, muscat de beaumes-de-venise 2024** | Doux | 2026>35 | 15 € 91
- **Bernard, vacqueyras 2022** | Sec | 2028>40 | 50 € 91
- **Yolande, vacqueyras 2023** | Sec | 2028>32 | 17 € 92

Domaine de Marcoux

★★★★ +

Référence historique de Châteauneuf-du-Pape, ce domaine emblématique a longtemps été mené par les sœurs Armenier, qui l'ont hissé au sommet de l'appellation. Aujourd'hui, c'est Vincent Estevenin, fils de Sophie, qui poursuit l'œuvre familiale avec le même niveau d'exigence. La biodynamie reste au cœur de la démarche, avec un soin méticuleux apporté à chaque parcelle du vignoble. La gamme s'articule autour de quatre cuvées : un côtes-du-rhône tout en fraîcheur, un blanc ample et structuré, et deux rouges à forte personnalité. La cuvée Vieilles Vignes impressionne par sa puissance contenue et son équilibre magistral, tandis que la cuvée Tradition s'impose toujours comme le porte-étendard de ce domaine modèle, qui brille par la précision, la profondeur et l'énergie de ces grands vins de terroir.

- **châteauneuf-du-pape 2023** | Sec | 2026>33 | 50 € 95
- **châteauneuf-du-pape 2022** | Sec | 2027>35 | 49.5 € 97
- **châteauneuf-du-pape 2023** | Sec | 2027>35 | 40 € 96
- **Vieilles Vignes, châteauneuf-du-pape 2023** | Sec | 2027>40 | 112 € 98

Marrenon Vignobles

★

Marrenon s'impose depuis plus de 40 ans comme l'une des coopératives les plus structurées de France. Elle fédère neuf caves et orchestre la mise en marché de plus de 7 600 hectares de vignes, représentant plus de 85 % de la production annuelle du Luberon. La gamme propose des vins au fruité éclatant, une belle lisibilité et un respect constant des terroirs. Une adresse incontournable pour qui veut explorer les expressions variées du Luberon avec fiabilité et plaisir.

- **Pétula, luberon 2024** | Sec | 2025>26 | 9.9 € 90
- **Inventa Les Grès, ventoux 2021** | Sec | 2025>28 | 23.8 € 88
- **Triniti, ventoux 2024** | Sec | 2025>27 | 9 € 88
- **Amédée Domaine Hugues, ventoux 2022** | Sec | 2025>28 | 7 € 91
- **Amédée Chemin des loups, luberon 2023** | Sec | 2025>27 | 12 € 88

Domaine de MasLauris

★★★ →

Situé entre la Durance et le massif du Luberon, ce magnifique domaine de 10 hectares d'un seul tenant a fait l'objet d'un arrachage et d'une replantation intégrale avec les meilleures sélections massales des cépages locaux. Conduit en agriculture biologique et conseillé par Michel Tardieu, le MasLauris produit des vins purs et d'une grande fraîcheur avec de la sève, du fruit et des tannins domptés de main de maître pour ce qui concerne les rouges. Les vins sont en AOP ou en IGP selon les cépages retenus. L'Inopiné rouge, issu à 100 % de serine, montre tout le potentiel de ce cépage et des terroirs où il a été implanté.

- **L'Inopiné, luberon 2023** | Sec | 2025>30 | 16 € | ☘ 92
- **L'Inopiné, luberon 2022** | Sec | 2025>30 | 18 € | ☘ 92
- **Les Grès, luberon 2021** | Sec | 2027>32 | 30 € | ☘ 90
- **Les Terres de MasLauris, luberon 2022** | Sec | 2025>28 | 11 € | ☘ 90
- **Les Terres de MasLauris, luberon 2024** | Sec | 2025>27 | 11 € | ☘ 92
- **Le N., luberon 2023** | Sec | 2025>27 | 13 € | ☘ 91

Château Maucoil

★★

L'association entre la famille propriétaire et la maison Lavau offre les moyens d'exploiter pleinement ce terroir proche de Mont-Redon. L'ensemble des vins est de bonne facture, avec tout de même des élevages assez marqués sur les derniers millésimes.

- **1895, côtes du rhône 2022** | Sec | 2025>28 | 22.5 € | ☘ 89
- **Tradition, châteauneuf-du-pape 2022** | Sec | 2025>35 | 38 € | ☘ 92
- **Le Pin, châteauneuf-du-pape 2022** | Sec | 2025>33 | 62.5 € | ☘ 91
- **Villages, côtes du rhône-villages 2023** | Sec | 2025>30 | 14 € | ☘ 88

Château de Mille

★

Plus ancien domaine viticole du Luberon, le château de Mille remonte à 1238. Construit sur un promontoire rocheux, ce site chargé d'histoire a séduit les Slaughter, un couple franco-américain tombé amoureux de la Provence. Depuis leur acquisition, des travaux de grande ampleur ont été entrepris : restauration du château, réaménagement des jardins et restructuration complète des 25 hectares de vignes, aujourd'hui certifiés en agriculture biologique. Accompagnés par le Cabinet d'Agronomie Provençale, le domaine propose des cuvées dans les trois couleurs, portées par une vision de vins de plaisir, accessibles, gourmands et soignés.

- **Saint-Lucide, luberon 2021** | Sec | 2025>35 | 17 € 91
- **luberon 2023** | Sec | 2025>33 | 17 € | ☘ 92

Clos du Mont-Olivet

★★★★★ ✦

Dirigé par Céline, David et Thierry Sabon, ce domaine de 21 hectares se distingue par une viticulture exigeante et une remarquable diversité de sols et de sous-sols. En cave, l'art de l'assemblage est poussé à un niveau rare, apportant complexité et profondeur à des vins qui se démarquent nettement dans l'univers de Châteauneuf-du-Pape. Le blanc, en constant progrès, séduit par sa pureté, sa droiture et son naturel. Les rouges, à rebours des expressions démonstratives et chaleureuses, affichent fraîcheur, tension et subtilité. Inimitables par leur style et leur identité affirmée, les vins du domaine occupent aujourd'hui une place de choix parmi les plus grandes signatures de l'appellation, avec des vins qui sont au sommet par leur équilibre, leur personnalité et leur capacité à tenir dans le temps.

- **châteauneuf-du-pape 2022** | Sec | 2026>40 | 36.5 € 97
- **châteauneuf-du-pape 2023** | Sec | 2027>35 | 35 € 97
- **cuvée du Papet, châteauneuf-du-pape 2023** | Sec | 2027>35 | 60 € 98
- **châteauneuf-du-pape 2024** | Sec | 2026>33 | 38 € 97

Château Mont-Redon

★★★★ →

Vaste propriété historique, Mont-Redon s'étend sur près de 100 hectares en Châteauneuf-du-Pape, dont une grande partie sur le célèbre plateau de galets roulés qui donne son nom au domaine, ainsi qu'une parcelle en contrebas, face au château. Longtemps centré sur une unique cuvée de rouge, le domaine a récemment enrichi sa gamme avec « Le Plateau », superbe sélection parcellaire qui révèle toute la noblesse du lieu. Sans chercher à épater, les vins imposent leur style par leur équilibre, leur aptitude au vieillissement et leur plénitude tranquille. À cela s'ajoutent des blancs soignés, une large gamme de côtes-du-rhône, ainsi qu'une belle propriété à Lirac, à Cairanne (Oratoire Saint-Martin) et désormais à Vacqueyras. Pierre Fabre et ses équipes poursuivent avec succès de nombreux projets ambitieux, tout en maintenant un niveau de qualité constant. La cinquième étoile n'est plus très loin.

- **châteauneuf-du-pape 2022** | Sec | 2027>40 | 51.5 € 96
- **châteauneuf-du-pape 2023** | Sec | 2026>33 | 40.5 € 94
- **Le Plateau blanc, châteauneuf-du-pape 2023** | Sec | 2026>33 | 99 € 97

Montirius

★★★

Pionnière de la biodynamie dans la région, la famille Saurel cultive depuis plus de 25 ans une approche profondément respectueuse du vivant et des

Bastien Tardieu, Tardieu-Laurent

Il est comme son père, toujours sur les routes de la vallée du Rhône à chercher les meilleurs vins qui entreront dans les cuvées haute couture de la maison Tardieu-Laurent. Et comme lui, Bastien a ce sens presque inné de l'élevage des cépages rhodaniens, avec une réussite égale pour les syrahs du nord comme pour les beaux grenaches du sud. Choisir le contenant dans lequel le vin va grandir, c'est comme trouver le bon éclairage pour mettre en valeur un tableau. Chez les Tardieu, chaque vin, du plus accessible au plus rare, ressemble peu ou prou à un tableau de maître. Tous, en tout cas, nous donnent des émotions. *Louis-Victor Charvet* terroirs. Cette vision avant-gardiste se traduit par des vins pleins d'énergie, marqués par la fraîcheur et la finesse. Les rouges de Gigondas et de Vacqueyras, en particulier, gagnent en pureté d'expression, délaissant toute lourdeur au profit d'un style plus élancé et tendu. S'ils peuvent présenter une certaine fermeté dans leur jeunesse, un peu de patience ou une aération préalable révèle toute leur complexité et leur éclat. Ce sont des vins d'équilibre, de garde, qui reflètent avec justesse le caractère de leurs terroirs, signés par une maison de conviction, attachante et exigeante.

- Le Clos, vacqueyras 2018 | Sec | 2025>30 | 47.09 € | 94
- Terre des Aînés, gigondas 2022 | Sec | 2026>30 | 38.09 € | 93
- Minéral, vacqueyras 2022 | Sec | 2026>35 | 36.09 € | 92
- Confidentiel, gigondas 2022 | Sec | 2026>35 | 57.39 € | 94

Domaine de Montvac

★★★★ ➔

Cécile Dusserre mène son vignoble avec une rigueur exemplaire et une attention constante portée à la précision des gestes. Depuis plusieurs millésimes, elle affirme une vraie maturité dans ses vinifications et ses choix d'élevage. Moins d'extraction, plus d'infusion, des boisés mieux maîtrisés et des contenants variés pour affiner les expressions, tout progresse vite. La cuvée Alliance 2022, assemblage subtil de huit cépages élevés dans une diversité de contenants, marque un tournant. Désormais dirigé en duo mère-fille avec Amélie Cartoux, le domaine franchit un cap. Les vins gagnent en complexité, en équilibre et révèlent enfin la noblesse profonde du terroir de Vacqueyras.

- Complicité, vacqueyras 2023 | Sec | 2028>35 | 30 € | 94
- Alliance, vacqueyras 2022 | Sec | 2028>40 | 22.5 € | 94

Domaine de la Mordorée

★★★★ ✚

Le domaine signe des vins expressifs et élégants sur les plus beaux crus du Vaucluse et du Gard, avec une exigence constante et un profond respect des terroirs. Chaque geste, de la vigne à la cave, vise à révéler la personnalité des sols et à tirer le meilleur du potentiel viticole. Madeleine Delorme et sa fille Ambre poursuivent avec soin et détermination l'esprit d'excellence propre à cette famille vigneronne. La gamme impressionne par sa justesse : des blancs salins, charnus, d'une grande énergie, et des rouges profonds, délicats, traversés par une tension rafraîchissante et un équilibre exemplaire.

- La Reine des Bois, châteauneuf-du-pape 2022 | Sec | 2027>45 | 59 € | 93
- La Reine des Bois, châteauneuf-du-pape 2023 | Sec | 2027>35 | 59 € | 95
- La Dame Voyageuse, châteauneuf-du-pape 2022 | Sec | 2027>35 | 42.5 € | 93
- La Dame Voyageuse, châteauneuf-du-pape 2023 | Sec | 2027>35 | 42.5 € | 95

Château Mourgues du Grès

★★★ ✚

Pionnier du renouveau qualitatif de l'appellation costières-de-nîmes, ce domaine s'impose comme une référence grâce à la richesse et à la diversité de ses terroirs. François et Anne Collard en tirent des assemblages d'une grande justesse, où la finesse s'équilibre parfaitement avec la structure. Les vins ne cessent de progresser millésime après millésime, grâce à un travail rigoureux à la vigne comme en cave. Au-delà de la production, le domaine s'ouvre à son environnement : en été, des circuits pédestres et VTT sont proposés autour de la propriété, offrant une immersion dans le terroir, la faune et la flore locales. Une démarche complète, sincère et vivante, qui mérite le détour.

- Les Galets Rouges, costières de nîmes 2023 | Sec | 2026>28 | 10 € | 91
- Terre de Feu, costières de nîmes 2022 | Sec | 2026>32 | 17 € | 92
- Les Capitelles, costières de nîmes 2022 | Sec | 2026>03 | 18 € | 93
- Les Capitelles, costières de nîmes 2022 | Sec | 2026>30 | 18 € | 91
- Équinoxe, costières de nîmes 2021 | Sec | 2026>32 | 25 € | 93
- Capitelle, costières de nîmes 2022 | Sec | 2026>30 | 12.6 € | 91

Château de Nages

★★★

Le château de Nages, fleuron des vignobles Michel Gassier, s'étend sur 70 hectares à Caissargues, au sud de Nîmes. Son terroir mêle grès et galets roulés, typiques de la vallée du Rhône, offrant un cadre idéal pour produire des vins à la fois précis, généreux et élégants. Déjà conduit en agriculture biologique, le domaine franchit un nouveau cap en 2023 sous l'impulsion d'Isabel Gassier, la fille de Michel : il devient le premier vignoble français certifié en agriculture régénérative. Cette approche novatrice, mesurable et engagée, vise à restaurer la santé des sols, accroître la biodiversité et atténuer les effets du changement climatique.

- JT, costières de nîmes 2023 | Sec | 2026>30 | 22.4 € | 93
- JT, costières de nîmes 2021 | Sec | 2026>30 | 22.4 € | 93
- VOX, costières de nîmes 2020 | Sec | 2026>35 | 60 € | 94
- Héritage, costières de nîmes 2023 | Sec | 2026>32 | 14.9 € | 93
- Héritage, costières de nîmes 2023 | Sec | 2026>35 | NC | 93
- grenache de Bek, costières de nîmes 2019 | Sec | 2026>40 | NC | 96

Château de Nalys

★★★★ ✚

Depuis son acquisition par la maison Guigal en 2017, le domaine de Nalys connaît une véritable renaissance sous l'impulsion d'Ève et Philippe Guigal. Porté par une vision ambitieuse et des moyens à la hauteur, le domaine propose deux cuvées, Tradition et Saintes Pierres de Nalys, déclinées en rouge et en blanc. Les vins, d'une grande finesse, sont parfaitement élevés et respectent avec justesse l'identité des terroirs de Châteauneuf-du-Pape. Le travail précis de Ralph Garcin, à la direction, mérite d'être salué : il insuffle une dynamique qualitative constante. Le projet en cours de construction d'un chai spectaculaire et de nouveaux espaces d'accueil viendra prochainement renforcer l'aura de cette propriété historique en plein renouveau.

- Classique, châteauneuf-du-pape 2023 | Sec | 2026>33 | NC | 95
- Saintes Pierres, châteauneuf-du-pape 2022 | Sec | 2027>35 | NC | 96
- Saintes-Pierres, châteauneuf-du-pape 2023 | Sec | 2026>33 | NC | 96
- châteauneuf-du-pape 2022 | Sec | 2027>35 | NC | 95

Domaine de l'Odylée

★★

En bordure de la plaine du Plan de Dieu, le domaine de l'Odylée repose sur des sols de graviers limono-argileux et de galets roulés, qui emmagasinent la chaleur le jour, favorisent la maturité des grenache, syrah et carignan, offrant des vins onctueux, généreux et puissants. À la tête du domaine, Odile Couvert déploie une énergie remarquable et une détermination sans faille pour faire rayonner ses cuvées. Son engagement, audacieux et sincère, donne naissance à des vins de plaisir immédiat, accessibles et d'un excellent rapport qualité-prix. Une adresse attachante, portée par une vigneronne volontaire.

- La Tempétueuse, côtes du rhône 2022 | Sec | 2025>32 | 25 € | 90
- L'Audacieuse, côtes du rhône 2022 | Sec | 2025>30 | 25 € | 91
- La Prometteuse, vaucluse 2022 | Sec | 2025>29 | NC | 88
- La Renversante, côtes du rhône 2022 | Sec | 2025>30 | 20 € | 89

Maison Ogier

★★★ ✚

Sous la direction du talentueux François Miquel, épaulé par Édouard Guérin à la technique, la maison Ogier, propriété d'AdVini, poursuit avec sérieux et régularité son travail sur l'ensemble de la vallée du Rhône. En s'appuyant sur des achats maîtrisés dans de nombreuses appellations, du nord au sud, elle propose une gamme étendue de vins bien construits, fidèles à leurs origines. Le style met en avant le fruit, la fraîcheur et la buvabilité, avec des profils équilibrés et digestes. Sans chercher la démonstration, les vins sont de belle tenue et traduisent de mieux en mieux une compréhension accrue des terroirs rhodaniens.

- Les Dentelles, gigondas 2023 | Sec | 2026>35 | NC | 91
- L'Âme, châteauneuf-du-pape 2023 | Sec | 2027>35 | NC | 95
- La Pourpre, vacqueyras 2024 | Sec | 2028>35 | NC | 94

L'Or de Line

★★★

Issu de la division du domaine Saint-Benoît, Or de Line regroupe des parcelles situées sur plusieurs terroirs de Châteauneuf-du-Pape, dont Palestor et Bois-Dauphin. L'encépagement y est riche et varié, avec notamment une proportion notable de picardan blanc, cépage rare et historique de l'appellation. Gérard Jacumin, ingénieur et agronome brillant, conduit le vignoble en agriculture biologique avec rigueur et sensibilité. Aux côtés de sa fille Laureline, il signe des vins aux équilibres finement ajustés, mêlant justesse aromatique, fraîcheur et élégance.

- **Paule Courtil, châteauneuf-du-pape 2020** | Sec | 2026>35 | 44.5 € | ☘ 92
- **Adoption, châteauneuf-du-pape 2020** | Sec | 2026>32 | 55 € | ☘ 91

L'Oratoire des Papes

☆☆☆ ➔

Située au cœur du secteur de l'Étang Salé, curiosité châteauneuvoise, cette propriété historique s'articule autour d'un magnifique prieuré et d'un vignoble de premier ordre, conduit avec soin par l'équipe de la maison Ogier — François Miquel à la direction générale, Édouard Guérin à la technique. La cave, entièrement reconstruite, constitue aujourd'hui un outil de production moderne et précis, au service de cuvées de caractère. Les rouges et blancs gagnent en finesse, en particulier la superbe cuvée des Chorégies, brillante dans les deux couleurs. Le style évolue vers plus de complexité et d'élégance, porté par un travail méticuleux à la vigne comme en cave. À noter également un programme d'expériences œnotouristiques raffinées, dont une table d'hôtes savoureuse.

- **châteauneuf-du-pape 2023** | Sec | 2027>35 | 44 € 95
- **châteauneuf-du-pape 2024** | Sec | 2025>32 | 50 € 95
- **Les Chorégies, châteauneuf-du-pape 2022** | Sec | 2027>35 | 100 € 95

Domaine de Panisse

☆☆☆ N

Propriété de la famille Vacheron, par ailleurs présente à Châteauneuf-du-Pape avec son Clos du Caillou, le domaine de Panisse, exploite les secteurs situés à l'est de Courthézon, sur des magnifiques matrices argilo-sableuses. Le vignoble de 6 hectares, s'appuie sur de très vieilles vignes dont certaines remontent aux années 1920. Les vins qui y naissent sont d'une grande subtilité, effilés et soyeux et atteignent ces derniers millésimes une forme de plénitude et de grâce qui se révèle avec le temps.

- **Le Mazet, côtes du rhône 2022** | Sec | 2026>30 | NC 92
- **Le Mas, châteauneuf-du-pape 2023** | Sec | 2026>35 | NC 94

Clos des Papes

☆☆☆☆☆ ✦

Référence incontournable de Châteauneuf-du-Pape, le Clos des Papes s'appuie, malgré son nom, sur 24 parcelles réparties sur l'ensemble des terroirs de l'appellation, dont sept hectares emblématiques sur le plateau de la Crau. Depuis vingt ans, la régularité force le respect. Fidèles à une vision classique, les Avril, aujourd'hui représentés par Vincent, refusent les cuvées parcellaires pour privilégier un seul vin, issu de l'assemblage de tous les terroirs et de tous les cépages. Il en résulte une cuvée d'une plénitude rare, profonde et équilibrée. Le blanc, représentant 10 % de la surface plantée, est également remarquable : issu d'un assemblage de six cépages à parts égales, il séduit par sa fraîcheur, son équilibre et son étonnante capacité de vieillissement. Un domaine au sommet, fidèle à ses convictions, son style et son terroir.

- **châteauneuf-du-pape 2024** | Sec | 2026>33 | 62 € 97
- **châteauneuf-du-pape 2023** | Sec | 2027>35 | 69 € 98

Chateau Pesquié

☆☆☆ ✚

Domaine familial depuis trois générations, aujourd'hui certifié en bio et biodynamie, ce vignoble exemplaire s'étend sur 95 hectares, entre 250 et 400 mètres d'altitude, dans la partie la plus tardive de l'AOC Ventoux. Les sols, très variés (calcaires, argilo-calcaires, sables), permettent un travail fin en sélections parcellaires. Frédéric et Alexandre Chaudière conduisent leur domaine avec rigueur, cultivant une viticulture exigeante et une vinification de précision. Les élevages soignés, sans excès, préservent la fraîcheur naturelle des terroirs d'altitude. La gamme, cohérente et sans faute, traduit une recherche d'équilibre et d'expression juste, qui place cette propriété comme une référence affirmée du sud de la vallée du Rhône.

- **Quintessence, ventoux 2023** | Sec | 2026>30 | 19.9 € | ☘ 92
- **Artemia, ventoux 2022** | Sec | 2026>32 | 35 € | ☘ 94
- **Terrasses, ventoux 2023** | Sec | 2026>30 | 12.5 € | ☘ 91
- **Silica, ventoux 2022** | Sec | 2026>34 | 35 € | ☘ 93
- **Quintessence, ventoux 2023** | Sec | 2026>30 | 19.9 € | ☘ 92
- **Tandem, ventoux 2023** | Sec | 2026>32 | 26 € | ☘ 94

Domaine de Piéblanc

★★ ➔

Situé à Caromb au pied du Mont Ventoux, ce domaine récent a été créé en 2014 par Matthieu Ponson. Devenu vigneron par passion, il prend soin avec une équipe compétente d'un vignoble certifié bio en 2020 de presque quarante hectares, répartis dans les appellations ventoux, beaumes-de-venise, gigondas et côtes-du-rhône. Une cuverie performante et moderne permet de proposer une gamme de vins d'une buvabilité remarquable à des prix très accessibles.

- **Les Hauts, beaumes de venise 2023** | Sec | 2026>30 | 15 € 91
- **Serre de Supion, beaumes de venise 2021** | Sec | 2026>30 | 25 € 90
- **Pallierouda, gigondas 2022** | Sec | 2026>35 | 30 € 93
- **Les Terres, gigondas 2023** | Sec | 2026>32 | 21 € 92

Domaine Raboly

★★ Ⓝ

Raboly s'incarne pleinement dans la personnalité lumineuse de Théo Xavier. À partir de micros-parcelles héritées de terroirs familiaux historiques, il propose une lecture contemporaine, précise et intelligente de l'appellation beaumes-de-venise. Sa viticulture respectueuse et attentive, saluée par tous, donne naissance depuis 2022 à des vins amples, en chair, structurés, gagnant progressivement en velouté et en douceur tannique, qualités très prisées dans notre guide. Érudit et en quête d'excellence, Théo est l'un des grands espoirs du Rhône.

- **Etiquette blanche, beaumes de venise 2022** | Sec | 2025>35 | 23 € 93
- **Clément V, beaumes de venise 2023** | Sec | 2025>35 | 23 € 93
- **Etiquette noire, beaumes de venise 2022** | Sec | 2025>35 | 30 € 92
- **Jean XXII, beaumes de venise 2022** | Sec | 2026>30 | 30 € 92

Famille Ravoire - Rhône

★ Ⓝ

Cette Maison présente sur plusieurs vignobles du Vaucluse a beaucoup progressé dans la précision de ses vinifications et élevages et produit aujourd'hui des vins très représentatifs de leurs appellations avec une personnalité solaire et épanouie relevée par des fruits expressifs mais frais.

- **côtes du rhône-villages plan de dieu 2024** | Sec | 2025>30 | 8.9 € 90
- **Maison Ravoire, vacqueyras 2023** | Sec | 2025>32 | 16.5 € 91
- **Maison Ravoire, gigondas 2023** | Sec | 2025>30 | 21.5 € 87
- **Maison Ravoire, châteauneuf-du-pape 2023** | Sec | 2025>32 | 31 € 92

Château Rayas

★★★★★ ✦

Situé sur un terroir de sables très compacts mêlés de grès et de marnes qu'on appelle safres, aéré et rafraîchi par de petites plantations de pins, le vignoble du château Rayas est une légende du vignoble français. Ce sont 10 hectares hors du temps et des règles qui lui donnent raison à chaque millésime. Ses principes, qui vont à contre-courant des vins modernes sur le plan de l'élevage, sont apparus en revanche très en avance en termes de viticulture et de vinification : petits rendements, attente de la maturité parfaite pour récolter, vinification naturelle et sans recherche d'extraction aucune. Les rouges sont dominés par le grenache tandis que le blanc est à parts égales entre grenache et clairette. Emmanuel Reynaud est un vigneron aussi secret que charismatique. Ses vins inventent un style unique et raffiné, qu'il faut avoir dégusté une fois dans sa vie pour saisir pleinement la notion de grand vin.

- **châteauneuf-du-pape 2022** | Sec | 2026>50 | NC 99
- **châteauneuf-du-pape 2022** | Sec | 2026>40 | NC 98
- **Pignan, châteauneuf-du-pape 2022** | Sec | 2026>45 | NC 97

Rhonéa

★★

Rhonéa, née de la réunion de plusieurs coopératives vauclusiennes, poursuit avec brio sa montée en gamme. En valorisant ses meilleurs terroirs et en faisant preuve d'innovation, elle développe aussi de nouveaux formats de consommation, avec des vins faibles en alcool. Dans toutes les gammes, le style est aujourd'hui net, lisible, avec des expressions de fruit franches et sincères. Rhonéa s'impose comme à la fois par sa rigueur technique et sa capacité à renouveler les usages sans perdre de vue le terroir.

- **Fontimple, vacqueyras 2023** | Sec | 2028>35 | 14.4 € 90
- **Confidence, beaumes de venise 2022** | Sec | 2026>30 | NC 91
- **Domaine du Paparotier, muscat de beaumes-de-venise 2023** | Doux | 2026>30 | NC 93
- **Le Pas de Montmirail, gigondas 2022** | Sec | 2026>35 | 16.6 € 91
- **Les Pierres du Vallat, gigondas 2022** | Sec | 2026>35 | NC 92
- **Castellas, vacqueyras 2022** | Sec | 2028>40 | NC 90

Domaine Richaud

★★★★ ✦

La jeune génération — Claire, Thomas et, plus récemment, Édith, la benjamine — perpétue avec brio l'œuvre de leur père Marcel, figure emblématique de l'appellation cairanne. Tout en respectant l'héritage, ils impulsent une nouvelle dynamique, marquée notamment par l'acquisition de 20 hectares supplémentaires, dont une partie jouxte la fameuse parcelle des Ebrescades. Les vins, toujours d'un niveau remarquable, gagnent encore en raffinement et en justesse d'expression. Plus précis aromatiquement, plus civilisés dans leurs textures, ils associent désormais profondeur et immédiateté, dans un équilibre de plus en plus abouti.

- **L'Ébrescade, cairanne 2022** | Sec | 2026>32 | 30 € | ☘ 94
- **Terre d'Aigles , côtes du rhône 2023** | Sec | 2026>30 | 13 € | ☘ 92
- **Les Estrambords, cairanne 2022** | Sec | 2026>36 | 35 € | ☘ 92
- **Tradition, cairanne 2023** | Sec | 2026>30 | 25 € | ☘ 92
- **Tradition, cairanne 2023** | Sec | 2026>30 | 21 € | ☘ 92
- **Les galets, côtes du rhône 2023** | Sec | 2026>28 | 15 € | ☘ 91

Domaine du Sablas

★ Ⓝ

Ce domaine situé au cœur des côtes du Rhône propose des vins aux tannins ronds et bien enrobés, des bouches gourmandes où le fruité est présent et l'alcool toujours contenu. Bref, des vins de plaisir, et qu'il faut apprécier sur leur gourmandise de jeunesse.

- **Romance, côtes du rhône 2022** | Sec | 2025>32 | 17 € 90
- **Cœur Elle, côtes du rhône 2023** | Sec | 2025>28 | 12 € 87
- **Rivière sauvage sous la voute étoilée, côtes du rhône 2022** | Sec | 2025>29 | 16 € 87
- **Tête d'Etoile, gard 2023** | Sec | 2025>28 | 13 € 89

Clos Saint-Antonin

★★ ➔

Isabelle Sabon, la sœur de Christophe Sabon (La Janasse) a racheté en 2014 la ferme Saint-Antonin (15 hectares à Jonquière). Mélange d'opportunité foncière et de stratégie commerciale, le clos Saint-Antonin offre la possibilité d'un « deuxième » vin à la Janasse et propose de belles cuvées au style gourmand et précis. On trouvera aussi un étonnant blanc de chardonnay.

- **Tradition, côtes du rhône 2022** | Sec | 2025>27 | 10 € 90
- **Tradition, châteauneuf-du-pape 2021** | Sec | 2025>35 | 35 € 93

Château de Saint-Cosme

★★★

Louis Barruol est l'une des figures majeures de Gigondas. Infatigable défenseur de l'appellation, il œuvre sans relâche pour dépasser les clivages locaux et porter une vision collective tournée vers l'avenir. À titre personnel, il incarne le château de Saint-Cosme et ses vins issus de terroirs complexes (sables, argiles rouges, calcaires). Subtils, jamais démonstratifs, ses rouges brillent par leur texture, leur équilibre et une profondeur qui se dévoile au fil des années.

- **gigondas 2023** | Sec | 2026>35 | 38 € 90
- **Hominis Fides , gigondas 2023** | Sec | 2028>40 | 98 € 92
- **Le Claux , gigondas 2023** | Sec | 2028>40 | 98 € 91
- **Le Poste , gigondas 2023** | Sec | 2026>35 | 98 € 93
- **Le Poste, gigondas 2023** | Sec | 2026>35 | 38 € 93
- **Hominis Fides, gigondas 2023** | Sec | 2026>35 | 38 € 93

Clos Saint-Jean

★★★ ✚

Ce vaste domaine, dirigé avec constance par Vincent Maurel, propose une gamme complète de châteauneufs-du-pape parmi les plus fiables de l'appellation. Dans un style assumé, ample et généreux, les vins conjuguent puissance et raffinement, avec un soin porté aux extractions et aux élevages. Qu'il s'agisse des cuvées les plus accessibles ou des sélections plus ambitieuses, chaque vin affiche une signature reconnaissable et sincère, portée par une recherche d'équilibre et d'intensité aromatique, appuyé par une maturité affirmée.

- **La Combe des Fous, châteauneuf-du-pape 2022** | Sec | 2027>35 | 84 € 95
- **Deus Ex-Machina, châteauneuf-du-pape 2022** | Sec | 2027>35 | 84 € 94

Mas Saint-Louis

★★★ ✚

Installé dans le quartier du Clos, au sud de l'appellation châteauneuf-du-pape, ce domaine de 30 hectares fondé par la famille Geniest à la fin des années 1900

✦ Star ✚ Valeur sûre ➔ À suivre de près Ⓝ Nouvelle entrée

demeure une adresse discrète mais précieuse. Les vins s'imposent par une grande finesse de texture, un toucher soyeux et une aromatique florale rare. Les grenaches, travaillés avec précision, évoquent parfois le pinot ou le cinsault, et déploient des parfums délicats de rose, de violette et de griotte. Une valeur sûre.

- Tradition, châteauneuf-du-pape 2021 | Sec | 2025>34 | 28 € 93
- Grande Réserve, châteauneuf-du-pape 2021 | Sec | 2025>38 | 49.9 € 94
- Arpents des Contrebandiers, châteauneuf-du-pape 2021 | Sec | 2025>34 | 40.5 € 95

Domaine Saladin

À Saint-Marcel d'Ardèche, les sœurs Elisabeth et Marie-Laurence Saladin signent des vins d'un naturel d'expression remarquable, qui ne cherchent jamais chercher l'effet de style, mais privilégient l'élégance, la fraîcheur et une vraie buvabilité. Sur une vingtaine d'hectares cultivés en bio, elles valorisent 13 cépages différents avec une rare précision. Chaque cuvée, de la plus simple à la plus ambitieuse, reflète cette approche sensible et intuitive. Le blanc Per El, pur et salin, est une belle réussite.

- Loï, côtes du rhône 2023 | Sec | 2025>28 | 20 € 91
- Paul, côtes du rhône 2023 | Sec | 2025>30 | 22.5 € 92
- Tralala !, côtes du rhône 2024 | Sec | 2025>26 | 15 € 88
- Haut-Brissan, vin de france 2023 | Sec | 2025>30 | 35 € 92
- Une Goutte, côtes du rhône 2024 | Sec | 2025>27 | 15 € 90

Château de Sannes

Reprise par Pierre Gattaz et sa famille, cette propriété historique du Luberon a désormais trouvé sa vitesse de croisière. Situé à 300 mètres d'altitude, au confluent de la vallée du Rhône et de la Provence, le vignoble est entièrement certifié en agriculture biologique. Le climat continental, marqué par de fortes amplitudes thermiques et la présence de nombreuses nappes phréatiques, permet de produire des vins alliant pureté et fraîcheur. La production se concentre sur les blancs et les rosés, avec notamment les cuvées 1603, Aciana, et le blanc Castini, élevé en jarre. Les derniers millésimes sont des réussites.

- 1603, luberon 2024 | Sec | 2025>28 | 12.5 € 92
- 1603, luberon 2023 | Sec | 2025>28 | 13.5 € 90
- Terre de Sannes, luberon 2022 | Sec | 2025>28 | 29 € 90
- Castini, luberon 2021 | Sec | 2025>30 | 38 € 93
- Grand Blanc de Sannes, luberon 2022 | Sec | 2025>30 | 25 € 92
- Castini, luberon 2022 | Sec | 2025>30 | 38 € 90

Domaine Santa Duc

Benjamin Gras marche dans les pas de son père Yves et signe avec brio une gamme de vins parcellaires profonds et élégants, où la pureté du fruit frôle l'obsession. Le style s'affirme millésime après millésime : moins de concentration, davantage de finesse, pour des cuvées léchées et ciselées, toujours portées par l'éclat du fruit. À Gigondas comme à Châteauneuf-du-Pape, les vins du domaine imposent une vision délicate, précise, racée et un style à part, audacieux et singulier, qui ne laisse personne indifférent. Nous récompensons cette approche d'une étoile supplémentaire.

- Les Hautes Garrigues, gigondas 2022 | Sec | 2026>35 | 60 € 95
- Aux Lieux Dits, gigondas 2022 | Sec | 2026>35 | 35 € 94
- Crau Ouest, châteauneuf-du-pape 2022 | Sec | 2027>40 | 110 € 94
- Habemus Papam, châteauneuf-du-pape 2022 | Sec | 2027>40 | 40 € 95
- le Pied de Baud, châteauneuf-du-pape 2022 | Sec | 2027>40 | 60 € 95
- Les Saintes Vierges, châteauneuf-du-pape 2022 | Sec | 2027>40 | 60 € 95
- Clos des Hospices, gigondas 2023 | Sec | 2026>35 | 60 € 95
- Clos des Hospices, gigondas 2022 | Sec | 2026>35 | 60 € 96

Domaine des Sénéchaux

Ce domaine historique, idéalement situé sur des sols mêlant galets, argiles et safre, a été repris en 2006 par la famille Cazes, également propriétaire du grand cru classé Lynch-Bages à Pauillac. Une seule cuvée est produite en blanc comme en rouge, dans un style classique, maîtrisé et cohérent. Les derniers millésimes confirment un net progrès, avec des vins plus précis, portés par une élégance nouvelle. L'élevage, plus discret, accompagne une inflexion de style vers davantage de finesse et d'expression du terroir.

- châteauneuf-du-pape 2022 | Sec | 2027>35 | 43 € 93
- châteauneuf-du-pape 2023 | Sec | 2025>32 | 43 € 88

Domaine de la Solitude

40 hectares d'un seul tenant, sur la route de Châteauneuf à Bédarrides, une tradition familiale qui remonte aux Barberini, famille toscane du Moyen-Âge dont fut issu un des papes d'Avignon, des terroirs magnifiques dont une partie sur la Crau : voilà qui explique l'assurance de style et la distinction aromatique des vins de ce domaine culte. Florent Lançon, propriétaire et viticulteur naturellement doué, a précisé la définition des vins, aidé d'un chai performant et surtout d'une viticulture réglée et pleine de bon sens, respectueuse de ce terroir particulier. Impressionnant par l'homogénéité de sa gamme, notre dégustation annuelle confirme la cinquième étoile que nous avons décerné au domaine lors de notre dernière édition.

- châteauneuf-du-pape 2022 | Sec | 2027>35 | 35 € 95
- Barberini, châteauneuf-du-pape 2022 | Sec | 2027>35 | NC 96
- Vin de la Solitude, châteauneuf-du-pape 2023 | Sec | 2026>33 | 56 € 98
- châteauneuf-du-pape 2023 | Sec | 2026>33 | 35 € 96

Domaine de la Soumade

Figures emblématiques de l'appellation rasteau, André Romero et son fils Frédéric signent des vins généreux, à la personnalité affirmée. Leur gamme, étendue, explore avec justesse les différentes expressions des terroirs, y compris au-delà de l'aire d'appellation, avec une grande exigence de style. Les rouges se distinguent par leur densité, une trame tannique sérieuse et un bon potentiel de garde. Mention spéciale aux vins doux naturels, qui incarnent ici l'une des expressions les plus gourmandes et réussies du genre, entre fraîcheur et complexité aromatique.

- Fleur de Confiance, rasteau 2022 | Sec | 2026>36 | 19.5 € 91
- gigondas 2022 | Sec | 2026>40 | 21 € 92
- Prestige, rasteau 2022 | Sec | 2026>32 | 15 € 92
- Vin Doux Naturel Grenat, rasteau 2022 | Doux | 2026>40 | 13 € 91
- Confiance, rasteau 2022 | Sec | 2026>30 | 19.5 € 92
- rasteau 2022 | Sec | 2026>32 | 12 € 91

Domaine St Patrice

Cette minuscule parcelle de 1,8 hectare, propriété des Grandes Serres, a bien failli disparaître. Depuis 2009, une équipe engagée, sous l'impulsion de Samuel Montgermont, lui a redonné vie avec succès. Le vignoble, minutieusement préservé, produit des châteauneufs délicats, d'une grande élégance, portés par une expression florale remarquable, renforcée par une très forte proportion de vendanges entières lors de la vinification. Entre finesse et équilibre surprenant, loin des excès de puissance, c'est un vin pour les grands amateurs de grenache en dentelles et des grands vins de Châteauneuf-du-Pape.

- Clos Saint-Patrice, châteauneuf-du-pape 2019 | Sec | 2025>35 | 130 € 96
- côtes du rhône 2020 | Sec | 2025>28 | 15 € 93
- châteauneuf-du-pape 2019 | Sec | 2025>30 | 42 € 95

Tardieu-Laurent

Michel Tardieu et Dominique Laurent ont créé, au début des années 1990, une association d'excellence qui s'impose aujourd'hui parmi les meilleurs micro-négociants de la vallée du Rhône. Désormais, Bastien et Michel Tardieu sillonnent les vignobles à la recherche des meilleurs approvisionnements, en privilégiant des raisins issus de très vieilles vignes, souvent situées au cœur historique de chaque appellation. Vinification en vendange entière pour certaines cuvées et sens de l'élevage incomparable sont les grands fondamentaux de cette signature d'excellence, qui allie rigueur, connaissance fine du terroir et fidélité aux racines et aux spécificités de chaque appellation.

- châteauneuf-du-pape 2023 | Sec | 2026> | 40 € 94
- Cuvée Spéciale, châteauneuf-du-pape 2022 | Sec | 2028>38 | 60 € 95
- Cuvée Spéciale, châteauneuf-du-pape 2023 | Sec | 2028>38 | 60 € 96
- Vieilles Vignes, hermitage 2023 | Sec | 2026>40 | 55 € 96
- Vieilles Vignes, gigondas 2022 | Sec | 2026>35 | 35 € 94
- vacqueyras 2023 | Sec | 2026>35 | 29 € 94
- cornas 2023 | Sec | 2026>40 | 45 € 96
- Goût du Lieu - Lancement, côte rôtie 2020 | Sec | 2026>40 | 190 € 97

- Goût du Lieu - Chanson, saint-joseph 2020 | Sec | 2026>40 | 80 € — 96
- Goût du Lieu - Chanson, crozes-hermitage 2018 | Sec | 2026>40 | 50 € — 95

Domaine Tourbillon

★★ Ⓝ

Au cœur du Vaucluse, ce domaine familial est porté par deux frères passionnés : Alexandre, visionnaire et stratège, et Benjamin, vigneron engagé et précis. Installés entre Gigondas et Châteauneuf-du-Pape, ils exploitent des terroirs qui donnent naissance à des vins puissants et concentrés. Leur chai contemporain à Lagnes offre un cadre propice à une expérience sensorielle unique, tandis que leur cave moderne à Violès, équipée des dernières technologies, leur permet de vinifier avec rigueur et finesse. Une maison à suivre.

- châteauneuf-du-pape 2021 | Sec | 2026>32 | 34 € — 91
- Confidentiel, châteauneuf-du-pape 2024 | Sec | 2026>32 | 45 € — 90

Château des Tours

★★★★ ✦

Propriété d'Emmanuel Reynaud (Rayas), le château des Tours propose des côtes-du-rhône et des vacqueyras d'un autre temps, plongés dans un raffinement et une sève oubliés. À Sarrians, la propriété compte une quarantaine d'hectares de vignes flirtant avec les garrigues et de vieux oliviers. Le savoir-faire et le style Reynaud se retrouvent dans chacun des flacons qui sortent de la propriété après une maturation en foudre puis en bouteille. Les vins sont des modèles de délicatesse, aux notes orientales et aux contours soyeux et raffinés.

- côtes du rhône 2021 | Sec | 2026>40 | 18 € — 95

Domaine TreluS

★★ Ⓝ

Créé en 2017 sur les hauteurs de Saumane-de-Vaucluse, ce domaine s'étend sur 18 hectares conduits en agriculture biologique et en biodynamie. Chaque cépage est cultivé avec exigence pour exprimer fraîcheur, pureté et finesse et les vinifications parcellaires permet de signer des vins précis, nets et savoureux. Le domaine est engagé dans une démarche vertueuse, alliant respect du vivant et préservation du patrimoine. À suivre de près.

- vin de france 2022 | Sec | 2025>28 | 29 € | ☘ — 91
- vin de france 2022 | Sec | 2025>28 | 23 € | ☘ — 93
- vin de france 2021 | Sec | 2025>30 | 28 € | ☘ — 90

Domaine Vallis Petra

★★ Ⓝ

Grâce à une culture biologique rigoureuse et mesurée, ce domaine signe d'excellents vacqueyras, plaisants et précis, dans un style contemporain. La maîtrise des maturités, alliée à une suavité remarquable, témoigne du talent affirmé de la vigneronne Nelly Boissel. Chaque cuvée conjugue équilibre et modernité, traduisant avec justesse l'expression du terroir.

- Symbiose, vacqueyras 2022 | Sec | 2028>40 | 16.5 € — 91

Château de Vaudieu

★★★

Édifié en 1767, le château de Vaudieu est l'un des trois châteaux du XVIII? siècle de Châteauneuf-du-Pape, dont le vignoble de 70 hectares a été reconstitué par Gabriel et Juliette Meffre, figures du négoce à Gigondas. En 1987, leur fille Sylvette Bréchet reprend le flambeau, bientôt rejointe par son fils Laurent, qui modernise le chai pour mener des vinifications parcellaires précises. Les vins récents se distinguent par leur netteté d'expression, leur puissance équilibrée et une maîtrise technique qui valorise les spécificités de chaque terroir. Blancs comme rouges s'imposent comme des références de l'appellation.

- châteauneuf-du-pape 2022 | Sec | 2027>35 | 40 € — 94
- L'Avenue, châteauneuf-du-pape 2022 | Sec | 2027>35 | 75 € — 95
- roussannes Les Vieilles, châteauneuf-du-pape 2023 | Sec | 2026>33 | 65 € — 97
- Clos du Belvedere, châteauneuf-du-pape 2023 | Sec | 2026>33 | 65 € — 96

Domaine de la Vieille Julienne

★★★★★ ✦

Ce domaine d'un seul tenant est situé au nord de l'appellation. Cultivé en bio depuis 1990, il est mené en biodynamie depuis maintenant dix ans. 100 % éraflée, la vendange produit une gamme impeccable, remarquable d'exécution, qui se décline sur quatre cuvées. Une cuvée classique au très bon potentiel de vieillissement, deux cuvées parcellaires hautement recommandables, Les Haut-Lieux sur une base de 20 % mourvèdre et Les Trois Sources plus sur la délicatesse. Enfin, la cuvée Réservé à 95 % grenache est un vin de très grande classe. Le style est d'une impressionnante pureté aromatique, les équilibres sont en dentelles, non sans structure, et la fraîcheur à l'image des crus du nord. Un domaine confidentiel que les amateurs de vins fins connaissent bien et qui rejoint aujourd'hui, au regard des derniers millésimes, le plus haut niveau de notre guide en décrochant une cinquième étoile.

- Réservé, châteauneuf-du-pape 2022 | Sec | 2026>50 | 270 € — 98
- Clavin, côtes du rhône 2022 | Sec | 2026>30 | 22 € — 96
- Hauts Lieux , châteauneuf-du-pape 2022 | Sec | 2026>40 | 82 € — 97
- Les Trois Sources, châteauneuf-du-pape 2022 | Sec | 2026>40 | 64 € — 97
- Clavin, côtes du rhône 2023 | Sec | 2026>30 | 22 € | ☘ — 96
- Ceci est un flacon de vin de France, vin de france 2022 | Sec | 2022>26 | 14 € — 96

Domaine du Vieux Télégraphe

★★★★★ ✦

Cette splendide propriété de Bédarrides, appartenant à la famille Brunier, figure parmi les crus majeurs de Châteauneuf-du-Pape. Son vaste vignoble, d'un seul tenant, est intégralement situé sur le mythique plateau de la Crau, berceau de grands grenaches. Le style des vins, pensé avec une rigueur admirable, ne cède rien à la mode de la puissance : il privilégie l'équilibre, la fraîcheur et le raffinement, même lorsque les degrés sont généreux. Du Clos La Roquette en blanc, aux rouges Télégramme et Piedlong, jusqu'au vin éponyme du domaine, tout est d'une précision exemplaire. Chaque cuvée révèle une lecture claire du terroir, avec une énergie contenue et une race évidente.

- châteauneuf-du-pape 2023 | Sec | 2026>35 | NC — 95
- Clos la Roquette, châteauneuf-du-pape 2023 | Sec | 2026>35 | NC — 95
- Piedlong, châteauneuf-du-pape 2023 | Sec | 2026>40 | NC — 98
- châteauneuf-du-pape 2023 | Sec | 2026>40 | NC — 96

Xavier Vignon

★★★ +

Œnologue installé dans la vallée du Rhône depuis plus de vingt-cinq ans, Xavier Vignon a longtemps conseillé les plus grands avant de signer ses propres cuvées. L'homme est passionné par les terroirs des Dentelles de Montmirail, qu'il explore avec beaucoup de liberté et d'innovation. Incorrigible expérimentateur, il renouvelle en permanence sa gamme avec des associations de terroir comme dans le côtes-du-rhône cix-heures-dix, des modes d'élevage très originaux (cuvées Intra et Extra, vinifiées sous-bois mais sans aucun contact avec l'oxygène). Son sens de l'assemblage, la précision de ses vinifications et l'originalité de ses partis pris donnent naissance à des cuvées intenses, savcureuses et expressives.

- Inspiration, châteauneuf-du-pape 2020 | Sec | 2025>35 | NC — 94
- Inspiration, ventoux 2022 | Sec | 2025>26 | 7.5 € — 91
- Intra, châteauneuf-du-pape | Sec | 2028>35 | 68 € — 92
- Extra, côtes du rhône | Sec | 2027>35 | 23 € — 90
- Expression dix heures dix, côtes du rhône | Sec | 2028>35 | 22.23 € — 92
- Expression neuf heures sept, côtes du rhône 2020 | Sec | > | 14.5 € — 92
- vacqueyras 2023 | Sec | 2028>45 | 16 € — 93
- Arcane l'étoile, beaumes de venise | Sec | 2026>30 | 18 € — 93
- muscat de beaumes-de-venise 2023 | Sec | 2026>35 | 14 € — 94

Domaine de Fontboneau

★★ Ⓝ

Jérôme Malet qui menait cette propriété de la Drôme, nous a quitté prématurément. Lové contre les contreforts du Vercors, ce coin de paradis au terroir méconnu produit des vins ambitieux. L'altitude et le mistral tempèrent le climat, et la talentueuse Sophie Mage vinifie des cuvées qui sont de parfaits intermédiaires entre les vins du nord et du sud de la vallée du Rhône.

- Les chaux de Fontboneau, côtes du rhône 2021 | Sec | 2025>29 | NC — 90
- Les chaux de Fontboneau, côtes du rhône 2020 | Sec | 2025>30 | NC — 90
- côtes du rhône 2020 | Sec | 2025>30 | NC — 91
- côtes du rhône 2023 | Sec | 2025>28 | NC — 92
- Fandago, côtes du rhône 2020 | Sec | 2025>30 | NC — 90

✦ Star + Valeur sûre ⊛ À suivre de près Ⓝ Nouvelle entrée

Benjamin Gras, Domaine Santa Duc

Benjamin n'est pas un grand bavard. Mais il ne parle pas pour ne rien dire, qualité d'autant plus appréciable dans un univers où les « tripes du vigneron » ressortent parfois plus que la « gueule de l'endroit ». Chacun de ses vins a des choses à dire, un lieu à raconter. C'était déjà la vision de son père, Yves. Le jeune vigneron de Santa Duc l'a faite sienne en lui donnant une précision et une finesse que sa maîtrise technique permet. On a bien du mal à choisir entre ses gigondas gracieux et ses châteauneuf-du-pape en dentelles. Quelle chance que ce vaste monde à découvrir. *Louis-Victor Charvet*

La vallée de l'Agly, située au pied des contreforts des Corbières, est un lieu idéal pour le bon développement de la vigne, particulièrement propice à la production de grands vins. Les sols, à dominante argilo-calcaire, sont parsemés de débris schisteux et de galets siliceux. Le 27 avril 2010.

Roussillon

À cœur vaillant

De quelle bravoure faut-il faire preuve pour continuer à cultiver cette terre entre Pyrénées et Méditerranée ? Découvrir les vins de ces irrésistibles producteurs est une manière de les encourager, en plus de se faire plaisir

sélection **Guillaume Puzo**

Mas Amiel

✪✪✪✪ ✦

La plus vaste propriété du cru Maury continue d'en être un leader qualitatif, tant par sa viticulture respectueuse de l'environnement que par la qualité de ses vins. Les crus tiennent sur vingt ans sans problème en vin sec, en blanc comme en rouge. En vin doux naturel, le savoir-faire du mas Amiel reste inégalé dans le secteur : Nicolas Raffy a muté à la perfection la cuvée Charles Dupuy 2020, et il peut être fier du travail de ses lointains prédécesseurs, qui lui ont permis de présenter cette année un 50 ans d'âge, un chef d'œuvre que seul le Roussillon peut produire.

- **Vintage, maury 2022** | Doux | 2025>37 | 21.6 € 93
- **Vintage Charles Dupuy, maury 2022** | Doux | 2025>42 | 52 € 95
- **Vintage Blanc, maury 2023** | Doux | 2025>33 | 21.6 € 93
- **Millésime, maury 1998** | Doux | 2025>38 | 66 € 96
- **Millésime, maury 1970** | Doux | 2025>40 | 170 € 96
- **Vol de Nuit, côtes catalanes 2023** | Sec | 2025>33 | 29 € 91
- **Légende, maury sec 2023** | Sec | 2025>38 | 29 € 94
- **Altitude 433, maury sec 2023** | Sec | 2025>33 | NC 90
- **Origine, maury sec 2023** | Sec | 2025>38 | 34 € 93
- **L'Oiseau Rare, maury sec 2023** | Sec | 2025>33 | 19.9 € 91
- **Vintage Privilège, vin de france 2024** | Doux | 2025>30 | 29 € 92
- **50 ans d'Âge, maury** | Doux | 2025>40 | 170 € 98

Domaine Augustin

✪

Dans la famille Parcé, Augustin, en marge des autres affaires de la famille, a souhaité développer son propre domaine, avec 10 hectares sur le cru Collioure – Banyuls. Toujours jovial, il propose une interprétation des terroirs à son image, avec également une bonne maîtrise des outils modernes de communication. Des vins axés sur le plaisir immédiat à la dégustation, même si les identités de sol ne sont pas négligées.

- **Adéodat, collioure 2023** | Sec | 2025>30 | 27 € 89
- **Adéodat, collioure 2021** | Sec | 2025>36 | 27 € 92
- **Alix Parcé, collioure 2022** | Sec | 2025>32 | 17 € 90
- **La Joanette, collioure 2023** | Sec | 2025>33 | 21 € 91

Domaine Berta-Maillol

✪✪ ➔

Encore un domaine historique du secteur Collioure-Banyuls. 12 hectares de vignes, en plus des garrigues et des oliviers, dans la vallée de la Baillaury, sur la route du col de Banyuls qui mène à la frontière espagnole. Jean-Louis et Michel Berta ne concèdent rien aux traditions et continuent de vinifier dans leur cave aux foudres antiques le jus obtenu de leurs vieux gobelets, pour une production répartie aux deux tiers en banyuls, un tiers en collioure. Les banyuls oxydatifs, en Traditionnel comme en Rancio Solera, sont les plus intéressants.

- **Traditionnel, banyuls 2014** | Moelleux | 2023>31 | NC 93
- **Rimage, banyuls 2021** | Doux | 2023>31 | NC 91
- **Arrels , collioure 2021** | Sec | 2023>30 | NC 90
- **Barral, collioure 2021** | Sec | 2027>31 | NC 91
- **Rancio Solera Hors d'Âge, banyuls NM** | Doux | 2023>35 | 18 € 94

Domaine de Bila-Haut - Chapoutier

✪✪

L'aventure en Roussillon de Michel Chapoutier se décline aujourd'hui sur les terroirs de Banyuls, Latour de France et Lesquerde, sous la houlette d'Aurélien Capel. Un peu plus de 100 hectares de vignes, cultivées en biodynamie, des maquis et même une diversification avec des plantations d'agaves, sans oublier un important négoce (simplement étiqueté Bila-Haut) à partir d'achats dans la vallée de l'Agly. Les noms des cuvées paraissent souvent ésotériques et inutilement alambiqués, mais celles produites par le domaine sont d'un très bon niveau pour la région et devraient intéresser l'amateur.

- **Occultum Lapidem, côtes du roussillon-villages latour de france 2022** | Sec | 2025>32 | 14.95 € 89
- **VIT Visitare Interiore Terrae, côtes du roussillon-villages latour de france 2022** | Sec | 2025>37 | 68.4 € 92
- **Bila-Haut, côtes du roussillon 2023** | Sec | 2025>30 | 8.45 € 88
- **Rectificando Invenies Lesquerde, côtes du roussillon-villages 2022** | Sec | 2025>37 | 109.2 € 93
- **Chrysopée, collioure 2022** | Sec | 2025>32 | 62.6 € 92
- **Chrysopée, collioure 2022** | Sec | 2025>37 | 56.4 € 92
- **Occultum Lapidem, côtes du roussillon 2022** | Sec | 2025>30 | 14.95 € 89
- **Rimage, banyuls 2023** | Doux | 2025>33 | 15.05 € 91
- **L'Esquerda, côtes du roussillon-villages - lesquerde 2022** | Sec | 2025>37 | 15.85 € 91

Domaine de la Casa Blanca

✪ Ⓝ

Un domaine qui sait mieux que quiconque à quel point la culture de la vigne est particulièrement contraignante sur les crus de Collioure et de Banyuls. Sur ces sols de schistes et ces pentes raides, le treuil a aujourd'hui remplacé la traction animale. Les vignes ne sont plus traitées avec aucun produit de synthèse, et les fermentations s'opèrent en levures indigènes. Cela donne un fruité gourmand à l'ensemble des cuvées que nous avons dégustées cette année.

- **collioure 2022** | Sec | 2025>30 | 20 € 90
- **Roudoulère, banyuls 2023** | Doux | 2025>33 | 22 € 90
- **Lluminari, collioure 2022** | Sec | 2025>30 | 21 € 90
- **Les Escoumes, banyuls 2023** | Doux | 2025>33 | 20 € 91
- **Fleur d'un cœur de beurre (Nénu - vin de deux mains), collioure 2023** | Sec | 2025>28 | 26 € 87
- **La cuvée de Claude, collioure 2022** | Sec | 2025>28 | 29 € | ☘ 88

Domaine Cazes

✪✪✪ ✚

Depuis que la famille Cazes a cédée ses parts dans l'entreprise familiale, un duo de choc dirige aujourd'hui le navire amiral du groupe AdVini dans le Roussillon : Lionel Lavail à la direction et Aurélie Mercier à la technique. Cazes propose avant tout des rivesaltes et des muscats-de-rivesaltes d'anthologie, qui vieillissent à la perfection. Signe des temps, les vins doux naturels sont aujourd'hui moins demandés et il faut

✦ Star ✚ Valeur sûre ➔ À suivre de près Ⓝ Nouvelle entrée

produire des vins secs. Les cuvées Ego, Alter ou le Credo sont de franches réussites.

- muscat de rivesaltes 2021 | Doux | 2025>36 | NC — 91
- muscat de rivesaltes 2004 | Doux | 2025>34 | NC — 92
- Aimé Cazes, rivesaltes 1978 | Doux | 2025>38 | 68 € — 98
- Ego, côtes du roussillon-villages 2021 | Sec | 2025>31 | NC — 91
- Alter, côtes du roussillon-villages 2021 | Sec | 2025>36 | NC — 92

Clos 58

Une aventure viticole initiée par quatre amis, ils se sont rencontrés loin des vignes avant de s'associer. Leurs parcelles se situent à près de 400 mètres d'altitude, entre la vallée de l'Agly et celle de la Têt. Des vignes menées en bio et une vinification respectueuse du raisin aboutissent à ces deux cuvées de Caramany que nous avons sélectionnées pour ce guide.

- côtes du roussillon-villages - caramany 2021 | Sec | 2025>30 | 25 € — 91
- Grand Koudou, côtes du roussillon-villages - caramany 2021 | Sec | 2025>30 | 39 € — 90

Domaine du Clos des Fées

Depuis son premier millésime en 1998, Hervé Bizeul a bien grandi puisqu'il exploite aujourd'hui 56 hectares dans le Roussillon, avec encore pas mal de vignes à planter. La gamme est intelligemment diversifiée, entre les vins de fruits, les vins de lieux et ceux qui se veulent plus artistes, quitte à ne pas plaire à tous. Hervé a propulsé sa Petite Sibérie au rang de cuvée culte et fait de même avec son pinot noir vinifié sans soufre, 100 Phrases pour Éventails, lancé en 2020. Il n'a pas à rougir de sa qualité. En blanc comme en rouge, les cuvées de vieilles vignes sont à privilégier.

- Le Clos des Fées, côtes du roussillon-villages 2022 | Sec | 2025>32 | 50 € — 91
- Vieilles Vignes, côtes du roussillon-villages 2022 | Sec | 2025>42 | 30 € — 93
- La Petite Sibérie, côtes du roussillon-villages 2022 | Sec | 2030>42 | 200 € — 95
- De battre mon cœur s'est arrêté, côtes catalanes 2023 | Sec | 2025>31 | NC — 89
- Vieilles Vignes, côtes du roussillon 2023 | Sec | 2025>33 | NC — 91

Coume del Mas

Ce domaine fut créé de toutes pièces au tournant du siècle par Philippe Gard et son épouse Nathalie, sur les hauteurs de Cosprons, un hameau qui surplombe le cap Béar. N'héritant ni de parcelles ni d'un historique familial dans le Roussillon, Philippe a pu faire des vins comme il le souhaitait, s'installant dans les secteurs qui lui paraissaient intéressants. Ingénieur agro et œnologue, d'une grande méticulosité en cave, il restitue bien l'originalité de ses 32 parcelles en exploitation dans des cuvées authentiques et sincères, en blanc comme en rouge. Par leur salinité et leur complexité, ses vins secs figurent régulièrement au sommet de tout le Roussillon, tandis que quelques-uns de ses vins doux naturels touchent au sublime.

- Quadratur, collioure 2023 | Sec | 2027>38 | 32 € — 93
- Abysses, collioure 2016 | Sec | 2025>31 | 50 € — 93
- Abysses, collioure 2023 | Sec | 2028>38 | 39 € — 94
- Rimage - Galatéo, banyuls 2023 | Doux | 2025>38 | 18 € — 94
- Folio, collioure 2024 | Sec | 2025>34 | 26 € — 91
- Schistes, collioure 2023 | Sec | 2025>33 | 22 € — 92
- Folio Édition Spéciale, collioure 2023 | Sec | 2029>38 | 32 € — 93
- Quintessence, banyuls 2022 | Doux | 2025>42 | 26 € — 97
- banyuls 2011 | Doux | 2025>36 | 69 € — 93
- Ad Astra - Juliette, collioure 2024 | Sec | 2025>39 | 48 € — 94
- Ad Astra Armistice, vin de france 2023 | Doux | 2025>35 | 38 € — 92
- Escoumes, banyuls 2024 | Doux | 2025>34 | 18 € — 92
- Hors d'Âge, banyuls grand cru | Doux | 2025>45 | 69 € — 100
- As Astra Haïku Rancio Sec, vin de france | Sec | 2025>35 | 38 € — 90

Vignobles Dom Brial - Cave de Baixas

Dom Brial est l'une des marques commerciales de la cave de Baixas, issue de la fusion de plusieurs caves coopératives du secteur, et des rumeurs de vignobles parlent de nouvelles fusions à venir. Avec 200 coopérateurs et 1 700 hectares en production, il s'agit d'un des plus importants opérateurs de la région. On peut ici trouver satisfaction dans la large étendue de la gamme, avec tous les niveaux de qualité proposés, mais l'amateur ne saurait manquer les exceptionnels vieux vins doux. En muscat-de-rivesaltes, la gamme Château Les Pins propose notamment des millésimes des années 1990 qui démontrent l'étonnante capacité de vieillissement de cette appellation. En rivesaltes, ne manquez pas le somptueux 1969, élevé en barrique durant 40 ans, et proposé à un prix très abordable pour cet âge vénérable.

- Dom Brial Ambré, rivesaltes | Doux | 2022>30 | 10.95 € — 93
- Château Les Pins, muscat de rivesaltes 1998 | Doux | 2023>33 | 13.9 € — 94
- Grande Réserve - Dom Brial, rivesaltes 1959 | Doux | 2023>34 | 35 € — 93

Cave L'Étoile

Fondée par 12 passionnés en 1921, cette cave incarne l'idéal du grand vin de Banyuls par ses vieux millésimes de rouge patiemment élevés 20 ans ou plus, permettant de réaliser des accords fabuleux à table, même sur des gibiers. À l'exception du toujours réussi Doux Paillé les Banyuls blancs n'offrent qu'un intérêt limité. Mais ce n'est pas une raison pour délaisser les fantastiques vins doux naturels dont les prix demeurent adorables de gentillesse malgré les décennies passées en cave.

- banyuls grand cru 2014 | Doux | 2025>39 | 28.15 € — 92
- banyuls 2024 | Doux | 2025>30 | 18.65 € — 87
- Ambré, banyuls | Doux | 2025>32 | 21.65 € — 90

Domaine Gardiés

Ce domaine se partage entre les terroirs d'Espira de l'Agly (où les schistes noirs et les calcaires s'entremêlent) et les terroirs de Vingrau, de nature argilo-calcaire. La gamme est globalement bien équilibrée, mais d'année en année la Torreta en blanc et la Torre en rouge sont les plus abouties.

- La Torre, côtes du roussillon-villages 2022 | Sec | 2025>32 | 45 € — 92
- Clos des Vignes, côtes du roussillon-villages - tautavel 2022 | Sec | 2025>32 | 30 € — 90
- Clos des Vignes, côtes du roussillon 2023 | Sec | 2025>33 | 30 € — 90
- Je Cherche le Ciel, côtes catalanes 2023 | Sec | 2025>30 | 25 € — 87
- Je cherche le Ciel, côtes catalanes 2023 | Sec | 2025>28 | 25 € — 87
- La Torreta, côtes du roussillon 2023 | Sec | 2025>33 | 45 € — 91

Vignobles Jonquères d'Oriola

Ce vaste vignoble de 95 hectares, qui s'étend de Perpignan à Collioure, propose une grande diversité de vins dans laquelle on se perd parfois, entre les différents niveaux de gamme et les appellations, mais tous partagent une évidente maîtrise technique, avec des fruités gourmands et des bouches rondes, ce qui les rend prêts à être consommés rapidement. 27 générations de vignerons se sont succédé ici depuis 1485. Les plus récentes se sont aussi illustrées dans la compétition sportive, en escrime et en équitation, avec à la clef plusieurs titres olympiques et mondiaux.

- Château de Corneilla - Cavalcade, Villages les Aspres, côtes du roussillon 2022 | Sec | 2025>30 | 16 € — 88
- Château de Corneilla - Les Candelles, côtes du roussillon 2020 | Sec | 2025>30 | 26 € — 90
- Col de Mollo - Altitude 231 mètres, collioure 2023 | Sec | 2025>33 | 20 € — 89
- Château de Corneilla - Cavalcade, côtes du roussillon 2023 | Sec | 2025>30 | 14 € — 87
- Col de Mollo - Altitude 231 mètres, collioure 2022 | Sec | 2025>30 | 20 € — 87
- Château de Corneilla - Icône, côtes du roussillon 2020 | Sec | 2025>30 | 39 € — 89

Domaine Lafage

Jean-Marc et Éliane Lafage ont créé l'un des plus vastes vignobles de la région, en agrégeant près de 400 hectares de vignes répartis sur de nombreux secteurs. Dans ce Roussillon où le manque de pluie est un sujet douloureux depuis maintenant trois ans, les Lafage, tous les deux œnologues de formation, mènent des recherches poussées en matière d'agriculture régénérative, pour apprendre « à cultiver l'eau en partageant une ressource rare », ils sont notamment en pointe dans les techniques de biochar. Dans la large gamme, de nombreuses cuvées satisferont l'amateur pointu.

- Chimères, côtes du roussillon 2023 | Sec | 2025>30 | NC — 91
- Château Saint-Roch Kerbuccio, maury sec 2021 | Sec | 2025>31 | NC — 92
- Centenaire, côtes du roussillon 2024 | Sec | 2025>30 | 13.5 € — 90
- La Grande Cuvée, côtes du roussillon 2022 | Sec | 2025>35 | 20.6 € — 93

- Gallica, côtes du roussillon 2024 | Sec | 2025>30 | 16 € 91
- macabeu, maury 2024 | Sec | 2025>40 | NC 95
- Saint Martin, côtes du roussillon 2024 | Sec | 2025>35 | NC 93
- Moutou, côtes catalanes 2024 | Sec | 2025>30 | NC 89
- Cantaca, vin de france 2023 | Sec | 2025>30 | NC 90

Château Lauriga

Seule acquisition en Roussillon de l'entreprenant Jean-Claude Mas, le château Lauriga est un vaste vignoble (68 hectares) situé entre Perpignan et Thuir. L'encépagement se partage entre traditionnels grenache blanc et noir, carignan et muscat et cépages internationaux (syrah, merlot, cabernet, etc.) comme dans la plupart des propriétés de Jean-Claude Mas. Toute la gamme, en côtes-du-roussillon comme en IGP, est intéressante et en progrès continus.

- côtes du roussillon 2024 | Sec | 2025>26 | 9.9 € 88
- Racines de Lauriga, côtes catalanes 2023 | Sec | 2025>32 | NC 94
- Laurinya, côtes du roussillon 2022 | Sec | 2025>35 | 30 € 92
- Le Cadet, côtes catalanes 2023 | Sec | 2025>27 | 9.9 € 89

Mas Llossanes

Après une première expérience viticole en Toscane, Solenn et Dominique Génot rachètent fin 2015 des vignes jusque-là en coopérative : c'est la création du mas Llossanes en 2016. Tout de suite ils ont misé sur l'altitude, entre 600 et 700 mètres, sous le regard bienveillant du Canigou juste en face, pour préserver la fraîcheur dans leurs raisins. Des terroirs de gneiss et de schistes, principalement, des vignes en biodynamie, un travail consciencieux et minutieux à la vigne comme en cave, et même des cépages rares comme le chasan en blanc donnent des vins originaux mais réussis, présentés par des étiquettes soignées.

- côtes catalanes 2024 | Sec | 2025>26 | 13.5 € 90
- Au Dolmen, côtes catalanes 2019 | Sec | 2025>32 | 16.5 € 90
- Pur carignan, côtes catalanes 2021 | Sec | 2025>31 | 45 € 93
- Dotrera, côtes du roussillon 2019 | Sec | 2025>34 | 23 € 92
- Pure syrah, côtes catalanes 2020 | Sec | 2025>30 | 45 € 90
- Pur Chasan, côtes catalanes 2023 | Sec | 2025>30 | NC 89

Clos Louis

Ce clos, qui n'en est pas vraiment un au sens littéral, mais plutôt un ensemble de vignes de 5,5 ha, est le projet de Bruno et Sophie Cazes, initié avec le millésime 2014. Aujourd'hui, ce sont deux vins qui sont proposés, un blanc et un rouge, à partir de vieilles vignes situées sur le Cabirou, le meilleur terroir pour les vins secs de tout Maury, au pied du château cathare de Quéribus. Des vins de schistes qui offrent un réel potentiel de garde en bouteille, ce dont personne ne doute dans le secteur.

- maury sec 2014 | Sec | 2025>29 | NC 94
- maury sec 2021 | Sec | 2025>36 | NC 93
- côtes catalanes 2022 | Sec | 2025>32 | NC 92

Domaine Madeloc

C'est en 2002 que Pierre Gaillard décide de mettre un pied dans la côte Vermeille, fort de son succès dans le Rhône nord. Chez les Gaillard on travaille en famille. Élise, la fille de Pierre, a aujourd'hui la charge de ce vignoble de grenaches plantés sur des coteaux de schistes escarpés. Onze cuvées sont produites à partir des 18 hectares en exploitation : des vins qui ne se départent jamais de leurs parfums gourmands de fruits mûrs ou de chocolat pour les rouges, et régulièrement une fraîche salinité pour les blancs. Les Banyuls sont régulièrement les meilleures réussites de la cave.

- Trémadoc, collioure 2023 | Sec | 2025>33 | 21 € 91
- Crestall, collioure 2022 | Sec | 2025>32 | 29 € 89
- Crestall, collioure 2020 | Sec | 2025>32 | NC 89
- Serral, collioure 2022 | Sec | 2025>32 | 18 € 91
- Traditionnel - Robert Pagès, banyuls | Doux | 2025>35 | 23 € 94
- Rimage Cirera, banyuls 2022 | Doux | 2025>37 | 23 € 93
- Penya, collioure 2023 | Sec | 2025>33 | 29 € 93
- Solera Hors d'Âge, banyuls NM | Doux | 2025>35 | 35 € 96

Vignerons de Maury

La structure coopérative de Maury jouit d'un fort rayonnement local, et le souffle nouveau insufflé depuis 2021 par sa jeune présidente Aurélie Pereira n'y est pas étranger. Avec 114 adhérents pour 700 hectares en apport, c'est un poids lourd dans la région. Fondée en 1910, la cave a toujours été une spécialiste des vins doux de Maury. Elle commercialise quelques cuvées fort intéressantes, notamment celle proposée pour le centenaire de la cave. Signe des temps, elle s'essaie aussi aux vins secs de Maury.

- Nature de Schiste, maury sec 2023 | Sec | 2025>30 | 13.4 € 87
- Les Roches Noires, maury sec 2023 | Sec | 2028>33 | 15.4 € 87
- Tuilé Vieille Réserve, maury 2011 | Doux | 2025>35 | 18.1 € 91

Domaine Modat

Situé dans le nord du département, dans le secteur de l'Agly, ce domaine exploite quelques parcelles en appellation caramany, dont il tire des cuvées réussies en rouge. Avec toujours un sens aigu de la mise en scène, soit dans le nom de la cuvée, soit dans la présentation de l'étiquette, il offre une approche moderne et bienvenue dans ce milieu viticole conservateur à l'extrême. Les blancs sont plus simples mais bien faits.

- Le Petit ModAt'Mour, côtes catalanes 2023 | Sec | 2025>28 | NC 88
- Le Petit ModAt'Mour, côtes du roussillon 2023 | Sec | 2025>28 | NC 87
- La Plus Jolie, côtes du roussillon-villages - caramany 2021 | Sec | 2025>30 | NC 89
- Les Lucioles, côtes catalanes 2023 | Sec | 2025>30 | NC 89
- côtes du roussillon-villages - caramany 2020 | Sec | 2025>30 | NC 90

Château de l'Ou

Nous suivons depuis quelques années déjà ce domaine situé dans les secteurs schisteux du Roussillon, la vallée de l'Agly et l'appellation Maury. La dégustation de cette année s'est avérée particulièrement convaincante, avec des cuvées homogènes qui restituaient bien toute la salinité de leur terroir. Une visite s'impose.

- Secret de schistes, côtes catalanes 2021 | Sec | 2025>31 | 35 € 91
- L'Ove de L'Ou, côtes catalanes 2023 | Sec | 2025>30 | 24.5 € 89
- L'Orange de L'Ou, côtes catalanes 2022 | Sec | 2025>30 | 24.5 € 91
- Secret de schistes, côtes catalanes 2022 | Sec | 2025>32 | 24.5 € 93

- ECCE, maury sec 2022 | Sec | 2025>32 | 30 € 92
- Grenache Rhapsody, côtes catalanes 2023 | Sec | 2025>33 | 70 € 90

Maison Parcé Frères

Dans la galaxie des affaires viticoles de la famille Parcé, ce négoce à taille humaine – il ne dépasse pas 120 000 bouteilles chaque année – a adopté des étiquettes au ton légèrement décalé. Les vins sont de franches réussites et nous avons eu un coup de cœur cette année pour le viognier 2022 en édition limitée. Le savoir-faire de la maison se traduit aussi par des cuvées de vieux rivesaltes, épatants par leur qualité et leur prix.

- Hommage à Fernand, côtes catalanes 2023 | Sec | 2025>30 | 8 € 88
- Zoé - Clàssic ZΩH, côtes du roussillon 2022 | Sec | 2025>28 | 8 € 88
- Zoé - ZΩH Classic, côtes catalanes 2023 | Sec | 2025>24 | 8 € 88
- Rivesaltes, rivesaltes 1982 | Doux | 2025>32 | 40 € 93
- Zoé - viognier ZΩH (édition limitée), igp pays d'oc 2022 | Sec | 2025>30 | 8 € 92

Les Clos de Paulilles

Un petit bijou niché dans une baie préservée de l'urbanisation, et où il fait particulièrement bon vivre lorsque le soleil pointe son nez. Les quelques 70 hectares de vignes sont certifiées bio, avec quelques préparations inspirées de la biodynamie. Sous la houlette d'Aurélie Mercier, les collioures dans les trois couleurs sont de justes représentations de leurs terroirs. Les banyuls sont aussi réussis et disponibles à des prix qui devraient attirer les amateurs. Il faut goûter l'admirable banyuls grand cru 2016 élevé dans des fûts de bordeaux, de whisky, de cognac et d'armagnac.

- collioure 2023 | Sec | 2025>28 | NC 92
- collioure 2022 | Sec | 2025>28 | NC 92
- collioure 2021 | Sec | 2025>31 | NC 89
- collioure 2023 | Sec | 2025>32 | NC 91
- Cap Béar, collioure 2022 | Sec | 2025>28 | NC 89

Olivier Pithon

Petit frère de Jo Pithon, star du renouveau des Coteaux du Layon dans les années 1990, Olivier Pithon s'est fait un

✦ Star ✚ Valeur sûre ➔ À suivre de près N Nouvelle entrée

Mickaël Sire, Domaine des Schistes

Il a toujours su qu'il serait vigneron. Après son BTS viti-œno à Montpellier et des stages au château Tour des Gendres (Bergerac) ou chez Yves Cuilleron (Rhône-nord), il revient au domaine en 2003 aux côtés de ses parents Jacques et Nadine, toujours sur l'exploitation. La quarantaine désormais, Mickaël a réduit la taille du domaine familial d'une dizaine d'hectares, délaissant les parcelles les moins intéressantes pour optimiser des îlots viticoles dans un Roussillon qui cherche non seulement à moderniser ses gammes de vin, mais surtout à préserver son activité agricole des sécheresses terribles. *Guillaume Puzo* prénom en venant s'installer à Calce, à la jonction des Corbières et des Pyrénées. Sur les argilo-calcaires des premières, il a mis ses rouges, et sur les schistes des deuxièmes, il a mis ses blancs. Ce vigneron attachant parle de son équipe quand il présente son domaine, sa vision de la biodiversité, ses champs d'amandiers, de grenadiers, ses oliviers. Il a repris le travail au cheval par passion, bref, on sent un vigneron sensible et engagé mais jamais loin des réalités économiques. Et les vins se goûtent tels qu'il les décrit.

- ■ **Le Pilou, côtes du roussillon 2022** | Sec | 2028>37 | 45 € 92
- ■ **La D18, côtes du roussillon 2023** | Sec | 2025>33 | 45 € 93
- ■ **Laïs, côtes du roussillon 2023** | Sec | 2025>33 | 23 € 91
- ■ **Laïs, côtes du roussillon 2022** | Sec | 2028>32 | 23 € 90

Domaine de la Préceptorie

✪✪

Avec la Préceptorie, la famille Parcé s'est aventurée loin de sa côte Vermeille natale pour tenter l'aventure dans la haute vallée de l'Agly, au cœur des Fenouillèdes. En appellation maury, rivale historique de Banyuls en ce qui concerne les vins doux naturels, le terroir est aussi composé de schistes mais est isolé de la mer. La jeune génération (Martin, Augustin et Vincent) est aujourd'hui aux commandes : ce sont les mêmes têtes qu'au domaine Augustin.

- ■ **Coume Marie, côtes du roussillon 2023** | Sec | 2025>33 | 13 € 91
- ■ **Terres nouvelles, maury sec 2022** | Sec | 2025>32 | 26 € 91
- ■ **Coume Marie, côtes du roussillon-villages 2023** | Sec | 2025>30 | NC 88
- ■ **Grenat cuvée Aurélie, maury 2023** | Doux | 2030>38 | 17 € 89
- ■ **Clos des Colombes, maury sec 2023** | Sec | 2025>33 | 34 € 90

Domaine de la Rectorie

✪✪✪ ✚

Encore une branche de la grande famille Parcé, qui a tant fait hier pour le vin de Banyuls et fait aujourd'hui pour celui de Collioure. Dans cette appellation, les réussites du domaine sont égales dans les trois couleurs, avec des cuvées qui expriment la finesse et l'élégance de ce terroir de schistes, tantôt situé proche de la mer, tantôt plus en altitude, à l'intérieur des vallées. Les vins sont à boire avant leur dixième anniversaire.

- ■ **L'Argile, collioure 2024** | Sec | 2025>30 | 27 € 89
- ■ **L'Oriental, collioure 2023** | Sec | 2025>33 | 21.5 € 89
- ■ **Barlande, collioure 2023** | Sec | 2025>33 | 38 € 91
- ■ **Barlande, collioure 2024** | Sec | 2025>30 | 38 € 88
- ■ **Pierre Rapidel, banyuls 2018** | Doux | 2025>33 | 21 € 94
- ■ **Vallée des Abeilles, collioure 2024** | Sec | 2025>32 | 38 € 93
- ■ **Vallée des Abeilles - Rancio, vin de france 2016** | Sec | 2025>40 | 65 € 93
- ■ **Vallée des Abeilles - Rimage, banyuls 2024** | Sec | 2025>33 | 38 € 91

Château de Rey

✪ Ⓝ

Ce château ne manque pas d'imagination ni d'un certain talent pour se démarquer des autres productions locales, avec des étiquettes et des noms de cuvées qui peuvent attirer un public différent, moins coutumier des codes conventionnels de l'univers du vin. Quant aux vins, ceux-ci sont globalement de bonne facture, et quand ils pêchent un peu dans leur longueur ils compensent par un fruité séduisant.

- ■ **Sisquo, côtes du roussillon 2023** | Sec | 2025>30 | 13.2 € | ☘ 89
- ■ **Les Galets roulés, côtes du roussillon 2022** | Sec | 2025>32 | 20.5 € | ☘ 89
- ■ **Mine de Rey, côtes du roussillon 2022** | Sec | 2025>32 | 31.5 € | ☘ 89
- ■ **Grenat - Muté sur grain, rivesaltes 2023** | Doux | 2025>38 | 18.8 € | ☘ 91

Domaine Le Roc des Anges

✪✪✪✪ ✦

Marjorie et Stéphane Gallet ont cédé leur domaine à Thibault Ponthier au lendemain des vendanges 2023, et ont prévu d'accompagner le nouveau propriétaire jusqu'au 31 décembre 2025. Trop tôt donc pour parler d'un éventuel changement dans le style des vins, mais les 2023 dégustés cette année, les derniers de l'ère Gallet en quelque sorte, étaient aussi réussis et lumineux que les millésimes précédents qui nous avaient tant séduits chez ces deux brillants œnologues.

- ■ **carignan 1903, côtes catalanes 2023** | Sec | 2030>38 | 42 € 93
- ■ **Iglesia Vella, côtes catalanes 2023** | Sec | 2025>33 | 42 € 91
- ■ **L'Oca, côtes catalanes 2023** | Sec | 2027>38 | 42 € 92
- ■ **Llum, côtes catalanes 2023** | Sec | 2025>30 | 25.9 € 89
- ■ **Imalaya, côtes catalanes 2023** | Sec | 2027>38 | 34.5 € 93
- ■ **Unic, côtes catalanes 2023** | Sec | 2025>30 | 24 € 89
- ■ **Segna de Cor, côtes catalanes 2023** | Sec | 2025>30 | 18.5 € 90
- ■ **Reliefs, côtes catalanes 2023** | Sec | 2027>38 | 29.1 € 92
- ■ **Isabal, côtes catalanes 2023** | Sec | 2028>38 | 52 € 94
- ■ **Tuilé Hors d'Âge Domaine Les Terres de Fagayra, maury** | Doux | 2025>35 | 60 € 92
- ■ **Ambré Hors d'Âge Domaine Les Terres de Fagayra, maury** | Doux | 2025>35 | 60 € 92

Clos Saint-Sébastien

✪✪✪ ➔

Romuald Peronne a deux casquettes, tantôt président du cru Collioure-Banyuls, tantôt propriétaire de son Clos Saint-Sébastien. Ce domaine créé en 2014 a pris le nom du saint-patron de Banyuls-sur-Mer, mais le grand savoir-faire est ici symbolisé par les collioures, tant les blancs que les rouges. Romuald a une technique bien à lui pour les vinifier avec un long travail à froid avant le départ en fermentation, ce qui décuple les arômes. Les cuvées l'Âme (en blanc) et le Clos (en rouge) montrent tout le potentiel du Roussillon dans les vins secs.

- ■ **Inspiration Céleste – Escoumes, collioure 2022** | Sec | 2025>32 | 34 € 92
- ■ **Inspiration Minérale, Coume del Mas, collioure 2023** | Sec | 2025>33 | 34 € 92
- ■ **Inspiration Marine - Tancada, collioure 2022** | Sec | 2025>32 | 34 € 91
- ■ **Le Cœur, banyuls grand cru 1994** | Doux | 2025>34 | 100 € 94
- ■ **Le Clos, collioure 2021** | Sec | 2025>36 | 65 € 93
- ■ **L'Âme, collioure 2022** | Sec | 2025>37 | 84 € 94

Domaine des Schistes

✪✪ ➔

Jacques Sire avait quitté la coopérative d'Estagel en 1989 pour créer son propre domaine, depuis vingt ans il est accompagné par son fils Mickaël. La taille du domaine a été réduite, autour d'un parcellaire plus facile à travailler, aujourd'hui 43 hectares sont encore en production, avec des vignes certifiées bio. Si l'ensemble de la gamme est convaincant, il faut surtout goûter aux rares cuvées de solera et de rancio sec : des merveilles.

- ■ **Rancio Sec, côtes catalanes** | Sec | 2025>35 | 24 € 94
- ■ **Essencial, côtes du roussillon 2023** | Sec | 2025>30 | 12 € 88
- ■ **Essencial, côtes du roussillon-villages 2023** | Sec | 2025>29 | 12 € 87
- ■ **Devant le Mas, maury sec 2021** | Sec | 2025>31 | 18 € | ☘ 91
- ■ **Gora, côtes du roussillon 2023** | Sec | 2025>33 | 18 € 90
- ■ **Poux Bali, côtes catalanes 2022** | Sec | 2025>30 | 18 € | ☘ 89
- ■ **Caune d'En Joffre, côtes du roussillon-villages - tautavel 2021** | Sec | 2025>31 | 18 € 90
- ■ **Solera, rivesaltes** | Doux | 2025>35 | 24 € 92

Domaine Singla

✪✪

Laurent de Besombes Singla exploite ce vaste domaine à la production tout aussi large, avec une démarche simple : une parcelle, un vin. Situé sur les secteurs nord du département, ses rouges offrent un bel équilibre sur fond de fruits noirs, d'olives et d'herbes aromatiques, avec une agréable densité. En rivesaltes ambré, il propose de vieux millésimes à la vente, ce qui devrait intéresser les collectionneurs. La gamme gagnerait à être raccourcie, à notre sens.

- ■ **La Crinyane, côtes du roussillon 2021** | Sec | 2025>30 | 20 € 89
- ■ **Castell Vell, côtes du roussillon-villages 2021** | Sec | 2025>31 | 20 € 90
- ■ **Asencio, côtes du roussillon 2022** | Sec | 2025>32 | 10.5 € 90
- ■ **Arrels, côtes du roussillon-villages 2021** | Sec | 2025>36 | 65 € 91
- ■ **Passe-Temps, côtes du roussillon-villages 2022** | Sec | 2025>32 | 15 € 87
- ■ **Bressol, côtes du roussillon 2021** | Sec | 2025>36 | 20 € 91
- ■ **El Serrat, côtes du roussillon-villages 2021** | Sec | 2025>31 | 32 € | ☘ 90
- ■ **Les Quatre Vents, côtes du roussillon 2020** | Sec | 2025>30 | 32 € | ☘ 90
- ■ **Agost, côtes du roussillon 2021** | Sec | 2025>31 | 20 € 90
- ■ **La Pedre, côtes du roussillon 2021** | Sec | 2025>31 | 35 € 91

Terres des Templiers

✪

Derrière cette structure coopérative se cache le plus gros faiseur de toute la côte Vermeille, avec une gamme suffisamment large pour pouvoir y dénicher des cuvées réussies. C'est là tout le savoir-faire et la maîtrise technique du maître de chai, Jauffrey Canier, d'harmoniser le travail de tant d'apporteurs différents. Certaines cuvées sont boisées, d'autres vinifiées sur le fruit : en sec comme en vin doux naturel, il y en a pour tous les goûts.

- ■ **Premium, collioure 2022** | Sec | 2025>30 | 35 € 87
- ■ **Traditionnel Fauve, banyuls 2014** | Doux | 2025>34 | NC 91
- ■ **Baillaury, banyuls grand cru 2009** | Doux | 2034>39 | NC 90

✦ Star ✚ Valeur sûre ➔ À suivre de près Ⓝ Nouvelle entrée

Thunevin-Calvet

✪✪✪ ✚

Thunevin-Calvet, c'est d'abord la rencontre de deux hommes, l'un originaire de Maury (Jean-Roger Calvet) et l'autre de Saint-Émilion (Jean-Luc Thunevin du château Valandraud). Premier millésime en 2001, avec quelques hectares vinifiés dans un garage, comme un clin d'œil à ces crus bordelais des années 1990. Aujourd'hui, le vignoble s'étend sur 50 hectares, et le chai esthétique et fonctionnel n'a plus rien à voir avec l'artisanat des débuts. Même lorsqu'ils sont boisés, certains un peu trop à notre goût, les vins respectent leurs terroirs natifs et les matières premières sont de qualité.

- **Les Dentelles, côtes du roussillon-villages 2022** | Sec | 2025>32 | 22 € — 90
- **Hugo, côtes du roussillon-villages 2022** | Sec | 2025>32 | 32 € — 89
- **maury 2020** | Doux | 2025>35 | 22 € — 92
- **L'Amourette – Maxima Briza, côtes du roussillon-villages 2022** | Sec | 2025>32 | 14.5 € — 89
- **L'Amourette – Maxima Briza, côtes catalanes 2023** | Sec | 2025>30 | 14.5 € — 89
- **Asphodèle, côtes catalanes 2023** | Sec | 2025>33 | 36 € — 92
- **Arboussa, côtes catalanes 2023** | Sec | 2025>33 | 27 € — 91
- **Les Trois Marie, côtes catalanes 2022** | Sec | 2025>37 | 100 € — 92
- **Divae, côtes catalanes 2022** | Sec | 2025>32 | 75 € — 91

Domaine de La Tour Vieille

✪✪

Issu d'une vieille famille colliourencque de saleurs d'anchois, Vincent Cantié crée ce domaine sur la commune de Collioure en 1982, à partir de quelques vignes de famille. Aujourd'hui, les 13 hectares cultivés font la part belle au grenache, sur ces sols de schistes pentus et arides où chaque millésime est un exploit. Les collioures comme les banyuls sont de sincères ambassadeurs de leurs appellations. Les amateurs curieux doivent aussi goûter les rancios secs et le fameux vinaigre de Banyuls.

- **Puig Oriol, collioure 2024** | Sec | 2025>30 | 17 € — 88
- **Puig Ambeille, collioure 2023** | Sec | 2025>33 | 17 € — 90
- **La Pinède, collioure 2022** | Sec | 2025>32 | 14 € — 89
- **Rimage, banyuls 2023** | Doux | 2025>38 | 12 € — 92
- **Les Canadells Hors série, collioure 2023** | Sec | 2025>38 | 23 € — 92
- **Ambré, banyuls 2020** | Doux | 2025>32 | 18 € — 90

Domaine du Traginer

✪✪ Ⓝ

Un domaine d'excellente réputation sur Banyuls mais un peu secret car Jean-François Deu aime préserver sa tranquillité en se tenant à l'écart des grands flux touristiques. Et pourtant la dégustation de quelques-unes de ses cuvées convaincra même les plus réticents. Et encore il ne nous a pas présentés ses rancios, dont il est l'un des grands ambassadeurs localement. Et bien nous irons le voir pour percer tous ses secrets.

- **Cuvée d'Octobre, collioure 2019** | Sec | 2025>34 | 23 € — 93
- **Rimage nature, banyuls 2023** | Doux | 2025>38 | 23 € — 90
- **Grand Cru, banyuls grand cru 2017** | Sec | 2025>37 | 38 € | ☘ — 93
- **Vieilli Foudre, collioure 2020** | Sec | 2025>35 | 20 € | ☘ — 93

Domaine Vial-Magnères

✪✪✪ ✚

Domaine historique du cru Banyuls, installé au cœur du village. Son savoir-faire demeure intact pour les spécialités rares comme les rancios et surtout le banyuls Al Tragou, élevé vingt années avant de partir pour une longue vie en bouteille. Pour coller à l'évolution des goûts des consommateurs, le domaine produit aussi des collioures de bonne facture dans les deux couleurs, avec peut-être plus de réussite dans les blancs, aromatiques, frais et qui déploient à l'aération une savoureuse salinité.

- **Les Espérades, collioure 2022** | Sec | 2025>32 | 24 € — 92
- **Armenn , collioure 2023** | Sec | 2025>33 | 24 € — 93
- **Le Petit Couscouril, collioure 2024** | Sec | 2025>30 | 15 € — 90
- **Rivage, banyuls 2024** | Liquoreux | 2025>34 | 24 € — 92
- **Gaby Vial, banyuls** | Liquoreux | 2025>35 | 20 € — 93

*Depuis la salle de dégustation du comité interprofessionnel des vins de Savoie, située en bas d'Apremont, on contemple le roc de Tormery qui coiffe le coteau de Chignin.
Le 3 mars 2025.*

Savoie

Monts et merveilles

Le vignoble de Savoie a réussi l'exploit de s'inviter à la table des grands de ce monde. Pas d'anomalie ni de hasard, cela tient à l'abnégation de vignerons bien accrochés à leurs montagnes

sélection ***Gilles Durand-Daguin***

Domaine de l'Aitonnement

✪✪ →

Formé à Beaune puis à Changins en Suisse, Maxime Dancoine a repris en 2016 les vignes du couple Bachellier à Aiton, à la pointe occidentale du massif de la Maurienne. Si les vignes étaient déjà en bio, le jeune homme utilise certaines pratiques biodynamiques et s'inscrit dans les canons de sa génération, avec une utilisation minimale du soufre ajouté. Il cultive les cépages classiques de la région sur une micro-surface de deux hectares regroupés dans le secteur des Puttets et replante aussi quelques cépages autochtones. Les noms des cuvées font référence au cosmos et leurs étiquettes ont des looks originaux. De très bons vins, assez confidentiels, vendus à des prix ambitieux. On apprécie particulièrement les touchés de bouche précis de ses mondeuses.

- **Big Bang, vin-des-allobroges 2023** | Sec | 2025>32 | 32 € — 90
- **Dark Side (mondeuse), vin-des-allobroges 2023** | Sec | 2025>35 | 50 € — 94
- **Solar, vin-des-allobroges 2023** | Sec | 2025>33 | 60 € — 92
- **Nebula, vin-des-allobroges 2023** | Sec | 2025>32 | 32 € — 91
- **Genesis, vin-des-allobroges 2023** | Sec | 2025>32 | 40 € — 90
- **Fethan, vin-des-allobroges 2023** | Sec | 2025>30 | 40 € — 93

Domaine Camille et Mathieu Apffel

✪✪ →

Originaire du Jura, Mathieu Apffel s'est installé en 2014 avec sa compagne Camille à Saint-Baldoph, au sud de Chambéry. Ils ont immédiatement travaillé en bio et acquis des parcelles à Saint-Alban et dans le Bugey, ce qui porte la surface du domaine à 7,5 hectares. Les vins sont sans soufre ajouté quand c'est possible. « J'aime la salinité et le tranché calcaire », explique Mathieu. Après un millésime difficile en 2021, le domaine peut à nouveau proposer sa gamme classique de cinq cuvées avec le millésime 2022. S'il produit surtout des blancs, il ne faut pas négliger les rouges.

- **Avant la tempête , vin de savoie 2023** | Sec | 2025>30 | 20 € | ☘ — 92
- **Soleyane, coteaux de l'ain 2023** | Sec | 2025>30 | 20 € | ☘ — 90

Domaine Ludovic Archer

✪ →

Ingénieur, Ludovic Archer a travaillé dans le matériel d'alpinisme avant de se reconvertir dans la vigne et d'exploiter quatre hectares cultivés en bio répartis sur le massif des Bauges. Avec un premier millésime en 2019, ce vigneron de la nouvelle génération savoyarde s'est déjà fait déjà un nom, même s'il doit, comme les autres, affronter les aléas climatiques qui amputent ses récoltes. Il collabore avec des graphistes qui donnent, année après année, une signature visuelle différente à chaque millésime. On apprécie la précision et l'homogénéité du millésime 2023, avec en particulier des rouges équilibrés, ouverts et en finesse, précis malgré un usage homéopathique du soufre.

- **Summertime, vin de savoie - chignin-bergeron 2023** | Sec | 2025>33 | 38 € | ☘ — 92
- **Hot Five Bastards, vin de savoie 2023** | Sec | 2026>33 | 23 € | ☘ — 89
- **Giant Step, vin de savoie 2023** | Sec | 2025>32 | 23 € | ☘ — 90
- **Feston, vin de savoie 2023** | Sec | 2026>34 | 25 € — 91
- **Totem, vin de savoie 2023** | Sec | 2026>34 | 31 € | ☘ — 92
- **Poulettes, roussette de savoie 2022** | Sec | 2025>32 | 38 € | ☘ — 92

Domaine des Ardoisières

✪✪✪✪ ✦

Ce domaine lancé en 1998 sous l'impulsion de Michel Grisard a remis en exploitation deux coteaux. Le projet regroupait à l'origine 450 parcelles et 250 familles. Le tout en bio et en IGP vin-des-Allobroges, faute d'obtenir le soutien de l'appellation savoie. Aujourd'hui, il dispose de 24 hectares avec l'intégration des vignes de Louis Magnin à Saint-Jean-de-la-Porte et Apremont, plus une activité de négoce. Le domaine est dirigé par Brice Omont et désormais Nicolas Giraudeau, en tant que directeur technique, pour faire face à l'augmentation des volumes et aux nouveaux défis techniques, notamment liés aux coups de chaud estivaux. Un domaine de référence qui propose une gamme assez large et qualitative, avec des prix qui font parfois sauter le plafond de verre de la région pour les meilleures cuvées.

- **Schiste, Cevins, vin-des-allobroges 2023** | Sec | 2025>32 | NC — 92
- **Améthyste, vin-des-allobroges 2023** | Sec | 2025>35 | NC — 94
- **Argile, vin-des-allobroges 2023** | Sec | 2025>30 | NC — 91
- **Argile, Saint-Pierre de Soucy, vin-des-allobroges 2023** | Sec | 2025>30 | 25 € | ☘ — 89
- **Aigue Marine, vin-des-allobroges 2023** | Sec | 2025>33 | 40 € — 92
- **Erythrite, vin-des-allobroges 2023** | Sec | 2025>38 | NC — 94

Domaine Bärtschi

✪✪ ✚

Clément Bärtschi est bien connu dans le Rhône pour être le maître de chai de Michel Chapoutier à Tain-l'Hermitage. Il a eu l'opportunité de reprendre 2,5 hectares sur le cru Manicle, célèbre dans le Bugey pour avoir appartenu à Brillat-Savarin. Une grande parcelle d'un seul tenant, plantée en pinot noir et chardonnay (et quelques rangs de gamay), avec des subtilités de sols. Il y pratique une viticulture bio minutieuse et soigne ses élevages. Une cuvée de blanc et de rouge sur les sols plus argileux, une cuvée de chaque sur les sols plus calcaires. Il a aussi élargi sa gamme avec une activité de négoce, mais nous restons surtout enthousiastes quant à ses cuvées de Manicle.

✦ Star ✚ Valeur sûre → À suivre de près Ⓝ Nouvelle entrée

- gamay bu, bugey 2023 | Sec | 2025>30 | 13 € 90
- Sous les Rochers La Vigne, bugey 2023 | Sec | 2025>32 | 16.8 € | ☘ 91
- Le Clos, bugey 2023 | Sec | 2027>38 | 22.4 € | ☘ 95
- Sous les Rochers La Vigne, bugey 2023 | Sec | 2025>32 | 16.8 € | ☘ 92
- Aux Marettes, vin-des-allobroges 2023 | Sec | 2025>30 | 17 € | ☘ 89
- Sur les Graviers, bugey 2022 | Non dosé | 2025>30 | 15.5 € | ☘ 90
- Pinot Droit, bugey 2023 | Sec | 2025>30 | NC 90

Domaine Belema

✪ Ⓝ

Pas exactement un nouveau venu puisque Yann Pernuit a travaillé dix ans pour le château de Mérande et quatre ans pour Dominique Belluard. Il en a gardé un goût pour le cépage gringet, mais cultive aussi de la jacquère et de la mondeuse. Il a planté toutes ses vignes entre 2019 et 2022 dans la vallée de l'Arve. Ses vins non filtrés pour ne pas les figer parlent pour lui. On apprécie leur précision et toute absence de dogmatisme chez ce vigneron dont on attend avec impatience la suite.

- Sans Pareil (mondeuse + etraire), vin-des-allobroges 2023 | Sec | 2027>32 | NC 93
- Imago (gringet), vin-des-allobroges 2023 | Sec | 2026>34 | NC 91
- Epsilon Virginis (altesse), vin-des-allobroges 2024 | Sec | 2026>34 | NC 91
- Mondeuse, vin-des-allobroges 2024 | Sec | 2026>34 | NC 93

Le Cellier des Cray - Adrien Berlioz

✪✪✪ +

Adrien est le petit-cousin de Gilles Berlioz. Un air de famille qui se retrouve dans l'esprit de partage et dans les vins. Installé en 2006 avec deux hectares, il en exploite désormais vingt-deux, en bio depuis le début et en biodynamie certifiée Demeter depuis 2019. Il propose plus d'une vingtaine de cuvées, correspondantes à ses nombreuses parcelles, dont les deux tiers en blanc. Adrien vendange tôt et fait des vins élancés, presque aériens. S'ils nous ont parfois parus éthérés, ses 2024, millésime pourtant difficile, sont parfumés et délicats, souvent enthousiasmants.

- Grand Zéph, vin de savoie - chignin-bergeron 2024 | Sec | 2026>35 | NC 93
- Raipoumpou, vin de savoie - chignin-bergeron 2024 | Sec | 2025>35 | NC 94
- Sanguette, vin de savoie 2024 | Sec | 2025>30 | NC 91
- Cuvée des Gueux, vin de savoie - chignin 2024 | Sec | 2025>30 | 22 € 91
- Lucien, vin de savoie - chignin-bergeron 2024 | Sec | 2027>35 | NC 92
- Pignolo (chardonnay), vin-des-allobroges 2024 | Sec | 2025>30 | 16 € 89
- Octavie (persan), vin de savoie 2024 | Sec | 2026>35 | NC 94
- Suzanne (mondeuse), vin de savoie 2024 | Sec | 2028>35 | NC 94
- Marie Clotilde (mondeuse), vin de savoie 2024 | Sec | 2025>32 | NC 92

Domaine Denis et Didier Berthollier

✪✪✪ +

Denis Berthollier a repris le domaine de ses parents en 1996, rejoint par son frère Didier en 2000. Si les quinze premières années ont été très compliquées d'après leurs dires, le travail a fini par payer. La fratrie a pu arrêter les désherbants en 2011, puis passer les 11 hectares en bio en 2016 avec une certification en 2020, complétée par des pratiques biodynamiques et de l'agroforesterie. Une gamme essentiellement constituée de vins blancs, avec trois cuvées de chignin-bergeron, et quelques rouges, qu'on a particulièrement appréciés en 2023. Tout est recommandable et sérieux, à des prix sages. Il faut en profiter.

- Et ma goutte de... (mondeuse), vin de savoie 2023 | Sec | 2027>34 | 17.7 € 91
- Et ma goutte de... (mondeuse), vin de savoie 2023 | Sec | 2027>34 | 17.7 € 91
- Les Granges Tissot (mondeuse), vin de savoie 2021 | Sec | 2025>30 | 28.15 € 91
- Arbyolâ (persan), vin de savoie 2023 | Sec | 2027>35 | 32.5 € 92

Maison Bonnard

✪

Les frères Roland et Frédéric Bonnard ont créé ce domaine en 1985 à partir d'une ferme en polyculture. Il fait aujourd'hui 16 hectares plantés sur des coteaux préservés, cultivés en bio depuis une quinzaine d'années et certifiés depuis 2018. Romain, pas encore la trentaine, travaille avec son père et son oncle, aidé par sa sœur Anne-Sophie, qui lui prête main-forte. En blanc comme en rouge, c'est une jolie gamme de vins qui peut encore gagner en précision, notamment sur les élevages. Prix raisonnables.

- mondeuse, bugey 2023 | Sec | 2027>35 | 15.4 € 92
- Racine de Mondeuse, bugey 2022 | Sec | 2028>35 | 22.4 € 90
- La Brive (chardonnay), bugey 2024 | Sec | 2025>28 | 13 € 88
- Montagneu Blanc de Blanc Extra Brut, bugey mousseux 2022 | Extra-Brut | 2025>30 | 12.1 € 90

Domaine Carrel & Senger

✪

Le domaine d'Eugène Carrel a été repris par son fils Olivier, associé depuis 2022 à Thomas Senger, un Parisien trentenaire qui a fait ses classes chez LVMH. Si Olivier voulait faire « le plus grand vin du monde avec l'altesse », sur les terroirs de Jongieux et du cru Marestel, il en avait la passion plus que les moyens. Thomas est arrivé avec une capacité d'investissement importante (nouvelle cuverie, œnotourisme) et un vrai savoir-faire (marketing, prix de vente). Olivier est désormais secondé par Clémence Badoux et s'est doté de cuves inox thermo-régulées en 2023. La gamme est très maîtrisée et faite pour plaire au plus grand nombre. Les idées fourmillent et le domaine est dynamique.

- Le Marestel, Marestel, vin de savoie 2022 | Sec | 2027>35 | 18.5 € 90
- Le Marestel, Marestel, vin de savoie 2020 | Sec | 2025>32 | 21.5 € 91
- Sampa Rosâ, vin de savoie - jongieux 2024 | Sec | 2025>30 | 15.2 € 90
- L'Eternel de Marestel, vin de savoie - jongieux | Sec | 2026>35 | 50 € 92

Domaine de Chevillard

✪✪✪ ➔

Issu du hameau de Chevillard, Matthieu Goury a constitué sur les communes de Saint-Pierre d'Albigny et Saint-Jean-de-la-Porte un domaine de 12 hectares avec des vignes familiales en location. Le domaine est exploité en bio (2017) et en biodynamie (2020), avec l'aide de Guillemette Renard, la compagne phytothérapeute de Matthieu. Les vins bénéficient des élevages longs à très longs (trois ans à partir de 2019) dans des foudres, leur donnant complexité et patine dans une région habituée aux élevages courts ou inexistants. La gamme est cohérente et ne cesse de s'enrichir. Leur crémant est très recommandable et la cuvée parcellaire La Mort est une référence pour la région.

- mondeuse, vin de savoie 2021 | Sec | 2025>30 | 25 € 89
- mondeuse, vin de savoie - saint-jean-de-la-porte 2020 | Sec | 2025>32 | 25 € 92
- Jacquère, vin de savoie 2022 | Sec | 2025>30 | 16.5 € 89
- Roussette de Savoie, roussette de savoie 2021 | Sec | 2025>32 | 32 € 91
- Apremont (jacquère), vin de savoie - apremont 2022 | Sec | 2025>31 | 18.5 € 90
- Les Abymes (jacquère), vin de savoie - abymes 2022 | Sec | 2025>30 | 18.5 € 89
- Marsanne, vin de savoie 2022 | Sec | 2025>35 | 23 € 92
- Brut Nature, vin de savoie pétillant 2019 | Sec | 2025>32 | 30 € 92
- La Mort, vin de savoie - saint-jean-de-la-porte 2018 | Sec | 2028>36 | 42 € 94

Domaine Curtet

✪

En Chautagne, au nord du lac du Bourget, Marie et Florian Curtet ont d'abord travaillé chez Jacques Maillet avant de reprendre ses vignes. D'emblée en bio, ils sont aussi désormais certifiés Demeter (biodynamie) et insistent sur le côté paysan de leur métier. Sur 5,5 hectares, ils remettent l'homme à sa place, au milieu des animaux et des arbres. La cuvée Tonnerre de Grès réunit jacquère et altesse tandis que Frisson des Cimes assemble les cépages rouges. Ils ont pris la direction de vins moins cadrés et sans soufre, avec plus ou moins de réussite sur la mise tardive de Frisson des Cimes dont l'élevage en cuve béton semble avoir fatigué le vin.

- Tonnerre de Grès, vin de france 2021 | Sec | 2025>30 | 30 € 89
- La Glisse, vin de france 2022 | Sec | 2025>30 | 25 € 89
- La Glisse, vin de france 2023 | Sec | 2025>30 | 25 € 89
- Frissons des Cimes (mise tardive), vin de france 2020 | Sec | 2025>28 | 30 € 88

Domaine Dupasquier

✪✪ ➔

David et Véronique, frère et sœur, ont repris les rênes de ce domaine familial dans les années 2000, situé sur les contreforts du mont de la Charvaz, dans le village de Jongieux, à l'ouest du lac du Bourget. Les 14,5 hectares de vignes dont 60 % plantés en blanc (un hectare sur le fameux cru Marestel), sont vinifiés parcelle par parcelle, vendangés à la main et traditionnellement assemblés en une fois. Ils gardent un peu les vins avant de les commercialiser, une initiative rare dans une région habituée à les vendre vite. Des excellents rapports qualité-prix.

- chardonnay, vin de savoie 2020 | Sec | 2025>28 | 12 € — 88
- mondeuse, vin de savoie 2021 | Sec | 2025>29 | 13 € — 88
- Marestel, roussette de savoie 2020 | Sec | 2025>30 | 16 € — 89

Domaine Dupraz

✪✪ ➔

Jérémy et Maxime représentent la sixième génération de ce domaine familial d'Apremont, et redonnent ses lettres de noblesse à ce cru qui s'est souvent contenté de faire des jacquères vite vinifiées vite vendues. Seul domaine en bio du village, les 18 hectares sont certifiés depuis 2020. La gamme de blancs, bien étagée, propose des vins à tous les prix et permet de bien appréhender les différentes facettes de la jacquère. Accueil chaleureux, voire facétieux, travail sérieux.

- Les Terres Blanches, vin de savoie - apremont 2023 | Sec | 2025>30 | NC — 91
- Phoenix, vin de savoie - apremont 2022 | Sec | 2025>35 | NC — 92
- Altesse, roussette de savoie 2023 | Sec | 2025>32 | NC — 92
- Montracul, vin de savoie - apremont 2023 | Sec | 2025>32 | NC — 88

Domaine Finot

✪ ➔

Un domaine du Grésivaudan, situé à Bernin, tout près de Grenoble. Arrivé de Crozes-Hermitage, Thomas Finot s'est installé là en 2007. Inspiré par l'incontournable Michel Grisard, il a passé ses sept hectares en bio puis en biodynamie. Il cultive des cépages classiques comme le chardonnay, le pinot noir et le viognier. Mais les amateurs de cépages rares trouveront au domaine verdesse, persan et étraire de la Dhuy, des variétés qui font la richesse patrimoniale de l'Isère. Thomas fait des blancs assez gras et des rouges fins, déjà recherchés. Discret, travailleur, le domaine est prometteur.

- Étraire de la Dhuy, coteaux du grésivaudan 2023 | Sec | 2025>33 | 20 € — 92
- Verdesse, coteaux du grésivaudan 2024 | Sec | 2025>30 | 20 € — 91
- persan, coteaux du grésivaudan 2022 | Sec | 2025>35 | 25 € — 92
- Pétillant Naturel, vin de france 2024 | Brut | 2025>30 | 15 € — 89

Domaine Paul Gadenne

✪

Ce « petit jeune », millésime 1996, est originaire de Dunkerque. Suite à une mutation de son père à Chambéry, il a sympathisé avec Vincent Quenard, s'est pris au jeu de la vigne, a passé trois ans chez Pascal Quenard avant de s'installer. Parfait exemple de la solidarité savoyarde, il a aussi adhéré au groupe des Pétavins. Sur ses 4,5 hectares désormais, il y va au fur et à mesure pour le bio et les nouvelles plantations. Sept cuvées, toutes élevées en cuves inox, faute de place et de moyens pour des barriques et de goût pour le bois sur sur les blancs. Les vins sont droits et précis.

- La Débaroule, vin de savoie - chignin 2023 | Sec | 2025>30 | NC — 91
- La Grimpe, vin de savoie 2023 | Sec | 2025>32 | NC — 90

Domaine Giachino

✪

Dans cette famille aux origines piémontaises et savoyardes, Frédéric a repris la ferme en polyculture à la fin des années 1980 avec très peu de vignes. Son frère David l'a rejoint en 2000. Le domaine fait désormais quinze hectares dont les précieux cinq hectares de Michel Grisard qui donnent l'excellente gamme du Prieuré Saint Christophe. Les fils de Fred, Clément et Antonin, prêtent aussi main forte, notamment en tenant l'été un sympathique bar. En cave, le domaine en fait le moins possible et propose des vins droits. Une jolie gamme avec des étiquettes façon bande-dessinée.

- Monfarina, vin de savoie - abymes 2024 | Sec | 2025>30 | 14.9 € — 89
- Black Giac (mondeuse), vin de savoie 2023 | Sec | 2027>37 | 18.5 € — 91
- Persan, vin de savoie 2024 | Sec | 2028>36 | 22.2 € — 90
- Persan, vin de savoie 2011 | Sec | 2025>30 | NC — 90
- Don Giachino, vin de savoie | Non dosé | 2025>30 | 20 € — 90
- Giac' Potes, vin de savoie 2024 | Sec | 2025>30 | 16.4 € — 90
- Domaine Prieuré Saint-Christophe, vin de savoie 2022 | Sec | 2027>37 | 37.4 € — 94

Corentin Houillon

✪✪ ➔

Avec un patronyme bien connu dans le Jura, Corentin est venu s'installer sur 5,6 hectares à Serrières-en-Chautagne, au nord du lac du Bourget. Avec son look original, Corentin a tout pour plaire aux amateurs de vins natures. Mais il préfère qu'on parle de son terroir et de son travail, se considère comme un vigneron fortement engagé et prend particulièrement soin de ses vignes, certifiées bio en 2022. Aussi bon viticulteur que vinificateur, il n'ajoute aucun soufre et signe une gamme pleine de maîtrise. Les bars à vin dans le coup se l'arrachent.

- Arcane, vin de france 2022 | Sec | 2025>32 | 22 € — 94
- Force of nature, roussette de savoie 2021 | Sec | 2025>28 | 20 € — 91
- Zénith, vin de france 2022 | Sec | 2025>28 | 22 € — 91

Château de Mérande - Domaine Genoux

✪✪ ✚

Une histoire de famille initiée par Séraphin Genoux. Le château avait dû être vendu à son décès en 1967. Ses fils André et Daniel ont repris le flambeau et vengés l'aïeul en rachetant le château en 2000. Ils exploitent douze hectares de vignes sur les éboulis du Mont Granier, en bio depuis 2011 et en biodynamie depuis 2014. André a pris sa retraite récemment. Daniel travaille désormais avec son fils Elie, tandis que Pierre, longtemps présent, a pris son indépendance. Le domaine ne cesse de progresser et propose une belle gamme de vins, en particulier les rouges, qualitatifs et bien distribués.

- mondeuse La Belle Romaine, vin de savoie - arbin 2023 | Sec | 2027>33 | 17 € | ☘ — 89
- La Comtesse blanche, roussette de savoie 2023 | Sec | 2027>34 | 28 € | ☘ — 89
- mondeuse (N) 45° 30 .506', vin de savoie - arbin 2023 | Sec | 2027>32 | 28 € | ☘ — 92

Domaine des Orchis

✪✪ Ⓝ

Un des trois frères Héritier, Philippe s'est installé en 2006. Certifié bio, et avec des pratiques biodynamiques, sans certification. Il a même fait construire son chai par une architecte géo-biologue en suivant les proportions du nombre d'or. Ce qui est déconcertant quand on lui rend visite, c'est qu'il vous parle autant d'escargots que de vins, car il est aussi héliciculteur, culture qu'il a entamée avant celle du vin. Il a essentiellement planté de l'altesse et de la mondeuse dans le secteur de Frangy. Ses vins ont des fruités très purs, parfois un peu contrariés par des élevages en fûts rallongés jusqu'à 24 mois. Il garde quelques vins au domaine avant de les commercialiser, comme ce Quintessence 2018 relâché après cinq ans de bouteilles.

- Quintessence d'altesse, roussette de savoie 2022 | Sec | 2025>32 | 38 € — 92
- Quintessence de mondeuse, vin de savoie 2022 | Sec | 2025>32 | 21 € — 92
- Instant Présent de Mondeuse, vin de savoie 2023 | Sec | 2025>32 | 19 € — 93
- Constellations Molette, vin-des-allobroges 2023 | Sec | 2025>32 | 38 € — 93

Domaine Partagé - Gilles Berlioz

✪✪✪ ✚

Gilles et Christine ont créé leur domaine en 1990. Il a progressivement grandi dans les années 1990 et a été certifié bio dès 2002. En disciple de Michel Grisard, Gilles a instauré la biodynamie avec une certification Demeter obtenue en 2018. Le domaine fonctionne à la façon d'une coopérative où chacun est missionné pour faire du bon travail et du bon vin. Quatre principes : pas de subventions, des sols travaillés à la traction animale, tout est fait à la main, tout le monde est bien payé. Des vins typés nature, plus éthérés qu'ostentatoires et une belle gamme de chignin-bergerons délicats.

- Les Filles, vin de savoie - chignin-bergeron 2024 | Sec | 2025>35 | 38 € — 94
- Les Fripons, vin de savoie - chignin-bergeron 2024 | Sec | 2026>34 | 38 € | ☘ — 92
- Cricri, vin de savoie 2024 | Sec | 2025>30 | 22 € | ☘ — 91
- Résilience, Aux Bugnons, vin de savoie - chignin-bergeron 2023 | Sec | 2026>34 | 38 € | ☘ — 91
- La Deuse, vin de savoie 2024 | Sec | 2026>34 | 38 € | ☘ — 91

Domaine Anne-Sophie et Jean-François Quénard

✪✪✪ ➔

Dans cette famille rayonnante, les parents, Jean-François et Catherine, sont contents de passer la main à Anne-So-

✦ Star ✚ Valeur sûre ➔ À suivre de près Ⓝ Nouvelle entrée

Maxime Dancoine, Domaine de l'Aitonnement

Aitonnement parce le domaine est situé à Aiton, à mi-chemin entre Chambéry et Albertville. Look de skateur et diplôme d'œnologie à Beaune et à Changins, qui lui permet aussi de faire du conseil dans un labo, Maxime Dancoine travaille sur un petit bout de coteau paisible juste au-dessus de chez lui. Sa production est confidentielle, mais son vignoble devrait prochainement atteindre deux hectares. L'extrême précision de ses vins et les tannins quasi parfaits de ses mondeuses le rendent déjà incontournable. *Gilles Durand-Daguin* phie, une de leurs quatre filles. Si elle se destinait à la sommellerie, elle a finalement fait des études d'œnologie à Changins en Suisse. Charge à elle de choyer les seize hectares du domaine, dont quatorze sont situés à Chignin. La certification en bio est arrivée en 2024. Anne-Sophie fait des essais parfois très réussis avec des cuvées éphémères aux étiquettes graphiques. Le domaine ne se repose pas sur ses acquis et propose une jolie gamme de vins typiques.

- Elisa (mondeuse), vin de savoie 2023 | Sec | 2026>35 | 23.5 € — 92
- Comme avant, vin de savoie - chignin-bergeron 2022 | Sec | 2025>32 | 29.5 € — 90
- Vers les Alpes, vin de savoie - chignin 2024 | Sec | 2025>30 | 12 € — 89
- L'éphémère, vin de savoie 2022 | Sec | 2025>32 | 27.5 € — 91
- Au Pied des Tours, vin de savoie - chignin-bergeron 2023 | Sec | 2025>32 | 23.5 € — 90
- La Baraterie (pinot noir), vin de savoie 2023 | Sec | 2026>34 | 21.5 € — 90

Domaine André et Michel Quenard

✪✪ ✚

Ce grand domaine de 28 hectares a longtemps été mené par André et Michel. Guillaume, fils de Michel, est arrivé en 2009. Le domaine est situé sur le coteau très pentu de Torméry, au sud de Chignin. C'est le grand-père qui avait mené sa replantation dans les années 1950. Le domaine évite les herbicides au maximum mais ne peut pas travailler ses parcelles à la main. Large gamme cohérente, mais on attend que les innovations de la nouvelle génération le secouent un peu.

- Les Terrasses, vin de savoie - chignin-bergeron 2023 | Sec | 2027>34 | 18 € — 89
- Vieilles Vignes, vin de savoie - chignin 2024 | Sec | 2025>27 | 11 € — 87
- Le Grand Rebossan, vin de savoie - chignin-bergeron 2023 | Sec | 2025>33 | 18.5 € — 89
- persan, vin de savoie - chignin 2023 | Sec | 202[illegible]>33 | 25 € — 89
- Terres Brunes mondeuse, vin de savoie - arbin 2023 | Sec | 202[illegible]>35 | 16 € — 89
- pinot noir Côte Rouge, vin de savoie - chignin 2023 | Sec | 202[illegible]>33 | 14 € — 89

Domaine Guillaume Quenard

✪✪ ➔

Si Guillaume travaille avec son père et son oncle au domaine familial, il s'essaye au bio sur les 2,5 hectares qu'il a repris pour constituer le domaine du Côteau de Torméry. Il y fait aussi des essais d'élevages en foudres ou en grès. Les vins qui sortent de ce petit laboratoire sont déjà prometteurs et ce qu'on a pu déguster se goûtait très bien, avec notamment une mondeuse élégante.

- Coteau des Ducs, vin de savoie - chignin-bergeron 2022 | Sec | 2025>32 | 19.5 € | ☘ — 92
- La Voie Royale mondeuse, Mondeuse, vin de savoie - chignin 2023 | Sec | 2025>33 | 19 € | ☘ — 92
- Petite Arvine, vin-des-allobroges 2023 | Sec | 2025>32 | 23 € | ☘ — 91

Domaine Pascal et Annick Quenard

✪✪ ➔

Lancée en 1982 à Chignin, ce domaine de six hectares est exploité en bio depuis le début. La certification n'est arrivée qu'en 2010 et la biodynamie via Demeter en 2020. Tout est fait à la main et au cheval. La crise du Covid a convaincu Noé, le fils trentenaire, de lâcher son métier d'ingénieur. Après trois ans de formation, il travaille avec ses parents qui lui ont même confié les clefs du domaine en 2024. Les blancs sont souvent vifs et les rouges, marqués par la vendange entière, ont besoin de temps pour s'ouvrir. On attend de voir comment Noé va faire évoluer les vins.

- Sous Les Amandiers, vin de savoie - chignin-bergeron 2024 | Sec | 2025>30 | NC — 91
- Cuvée Noé, vin de savoie - chignin-bergeron 2023 | Sec | 2025>32 | NC — 92
- La Sauvage (mondeuse), vin de savoie 2023 | Sec | 2025>30 | NC — 89
- L'Étoile de Gaspard (mondeuse), vin de savoie 2023 | Sec | 2027>35 | NC — 91
- L'Épure, vin de savoie - chignin 2024 | Sec | 2025>30 | NC — 88
- Les Beaux Jours (gamay), vin de savoie 2023 | Sec | 2025>30 | NC — 89

Domaine des Rutissons

✪

À quelques centaines de mètres de la Savoie, dans la vallée qui mène à Grenoble, Laurent Fondimare et Wilfried Debroize ont créé ce domaine qui exploite des cépages anciens et autochtones. Le hobby – ils étaient double-actifs – est devenu une activité à temps plein avec sept hectares. Verdesse, étraire de la Dhuy, persan, douce noire, mollard, joubertin, autant de noms de cépages exotiques qu'ils replantent et cultivent avec passion. La cuverie s'équipe de mieux en mieux. Un pressoir pneumatique a permis de gagner en finesse depuis 2021. Les vins, pas très chers, sont une expression originale et qualitative de la région.

- Verdesse, vin de savoie 2024 | Sec | 2025>30 | 20 € — 90
- Itinéraire Bis, vin de france 2024 | Sec | 2025>30 | 16 € — 90
- Mes P'tits Gars, vin de france 2024 | Sec | 2025>28 | 10 € — 88

Domaine Saint-Germain

✪ ➔

Lancé en 1999 à Saint-Pierre d'Albigny par Etienne et Raphaël Saint-Germain, ce domaine a fait figure de pionnier, notamment dans la replantation de cépages autochtones. Le domaine compte d'ailleurs trente cépages sur une surface de treize hectares. Bio certifié depuis 2009 avec l'usage de quelques pratiques biodynamiques mais avec une sainte horreur des carcans. Louise, 25 ans, a rejoint son père Raphaël depuis 2021. Elle a notamment passé deux ans chez les Labet dans le Jura. Gamme étendue, avec des cuvées de cépages complantés, assez créative et un peu inégale. À suivre.

- Altesse, roussette de savoie 2023 | Sec | 2025>30 | 19.5 € | ☘ — 89
- persan, vin de savoie 2023 | Sec | 2025>32 | 21.5 € | ☘ — 92
- mondeuse Le Pied de la Barme, vin de savoie 2022 | Sec | 2025>32 | 19.5 € | ☘ — 91

Domaine Charlotte Sonjon

✪✪ ➔

Cette ingénieure agronome s'est spécialisée en vin, après s'être formée pendant un an et demi au domaine de Chevillard grâce à qui elle eut l'opportunité de reprendre les vignes du château de Saint-Innocent, qui domine le lac du Bourget. Deux hectares et demi dans l'immédiat, certifiés bio, et déjà une certaine maîtrise. Les vins sont précis, fins et droits.

- Haut les Cœurs, vin de savoie 2021 | Sec | 2023>28 | 19.9 € | ☘ — 89
- L'innocente, roussette de savoie 2021 | Sec | 2023>30 | 28 € | ☘ — 90

Domaine Fabien Trosset

✪✪ ➔

Suite au décès de son père en 2011, Fabien a commencé à récupérer des vignes de famille avec sa compagne Chloé. Le domaine atteint aujourd'hui 25 hectares essentiellement à Arbin, moitié en rouge, moitié en blanc. Une nouvelle cuverie a été construite en 2017. Les rouges sont en cours de certification bio et les blancs suivront. Le domaine fait des essais d'élevage avec des amphores et des œufs en béton. La gamme est représentative des vins de Savoie, bien distribuée et à des tarifs accessibles. Il faut en profiter.

- mondeuse Avalanche, vin de savoie - arbin 2022 | Sec | 2025>32 | 14.5 € — 92
- La Dévire, roussette de savoie 2022 | Sec | 2025>30 | 13 € — 90
- Les Cerisiers, vin de savoie - chignin-bergeron 2023 | Sec | 2025>29 | 15.5 € — 91
- 1952, vin de savoie - arbin 2022 | Sec | 2028>34 | 19 € — 92
- Hors-Piste, vin de savoie - arbin 2022 | Sec | 2026>32 | 16 € — 93

Domaine Adrien Vallier

✪ Ⓝ

Ce domaine nous a été recommandé par Bastien Debono, chef sommelier du restaurant Yoann Conte à Annecy. Adrien Vallier dirige une école de ski à Samoëns. Il a peu à peu planté de la vigne avec un premier millésime embouteillé en 2018. Il exploite actuellement un hectare, avec un objectif entre trois et quatre d'ici à la fin de la décennie. Même s'il a quelques pieds de chardonnay, il produit essentiellement du gringet, dont il tire Trasa, la seule cuvée du domaine actuellement. Devrait suivre de la mondeuse et de la petite sainte-Marie, un cépage local. Ses vins sont précis et qualitatifs. On les trouve pour l'instant dans les restaurants locaux, mais on espère que la montée en puissance du domaine permettra une diffusion plus large.

- Trasa, vin de savoie - ayze 2023 | Sec | 2025>32 | 32 € — 94
- Trasa, vin de savoie - ayze 2022 | Sec | 2025>35 | 32 € — 93
- Trasa, vin de savoie - ayze 2020 | Sec | 2025>30 | 32 € — 91

✦ Star ✚ Valeur sûre ➔ À suivre de près Ⓝ Nouvelle entrée

Anne-Sophie Quénard, Domaine Anne-Sophie et Jean-François Quénard

Des quatre filles, c'est Anne-Sophie qui a décidé de prendre la suite de ses parents. Arrivée en 2020, elle a passé les seize hectares du domaine en bio avec son père Jean-François, officiellement sur le départ. Située juste à côté de la tour de Montagny, en haut de coteau, Anne-Sophie est tranquille pour faire ses essais et ses réglages. Ses cuvées éphémères, aux étiquettes graphiques, lui permettent d'essayer des élevages en terre cuite ou œuf béton. Ce domaine de Savoie est une référence. *Gilles Durand-Daguin*

Levée du jour sur le vignoble de Cahors, près de Laroque-des-Arcs. Les collines, couvertes de ronces et de chênes tortueux, favorisent une biodiversité riche et protègent la vigne des aléas climatiques. La brume matinale apporte fraîcheur et équilibre, aussi bien pour les blancs que pour les rouges. Le 23 mai 2023.

Sud-Ouest

Pionniers et promesses

S'il fait bon vivre dans ce pays de cocagne, ce n'est pas un endroit épargné par le dérèglement climatique. Les vignerons qui sont dans ces pages ne baissent pas pour autant les bras, loin de là

sélection ***Hélène Durand***

Domaine de l'Ancienne Cure

✪✪✪✪ ✚

Que de chemin parcouru par Christian Roche qui a obtenu la certification bio en 2012 pour l'ensemble de sa propriété (50 hectares dont 33 en blanc et 17 en rouge) Il produit un large éventail de vins parfaitement vinifiés. Les entrées de gamme sont des vins savoureux, faciles, issus d'une viticulture exigeante et les grandes cuvées sont des modèles de précision et de complexité. En novembre 2021, Christian Roche disparait et fait promettre à son épouse Nathalie de continuer l'aventure. C'est ce qu'elle fait, épaulée par ses enfants et son gendre

- **L'Abbaye, bergerac 2021** | Sec | 2025>31 | 15 € | ♣ 92
- **Ca sulfit !, bergerac 2022** | Sec | 2025>30 | 12.1 € | ♣ 92
- **Pet'Nat Ca Sulfit !, vin de france 2024** | Brut | 2025>27 | 13 € | ♣ 91
- **Ca sulfit !, bergerac sec 2024** | Sec | 2025>27 | 12.1 € | ♣ 91

Clos d'Audhuy

✪✪✪ ✚

En 2014 Benoît Aymard, fils et petit-fils de vignerons, encore responsable technique des vignobles Vigouroux, rachète les quelques hectares du domaine familial situé sur les meilleurs terroirs de Lacapelle Cabanac. Puis petit à petit, il rachète d'autres parcelles pour agrandir la propriété. Aujourd'hui, ayant quitté définitivement la maison Vigouroux, il se consacre entièrement avec son épouse à ce beau domaine de 15 hectares. Les plus belles parcelles de Malbec, plantées par son grand-père, se situent à 180 mètres d'altitude, en plein soleil, sur la troisième terrasse de la vallée du Lot, superbe terroir argilo-siliceux. L'autre partie du vignoble est située sur le causse de Lacapelle Cabanac, à 300 mètres d'altitude. L'ensemble du domaine est conduit en agriculture biologique et en biodynamie. La vinification se fait de façon douce et précise dans un chai gravitaire semi-enterré. Une gamme variée, allant de cuvées séduisantes et accessibles rapidement, parfaitement dans l'air du temps, à des cuvées plus denses et généreuses comme « On a pris le temps ».

- **La-ô, cahors 2022** | Sec | 2025>26 | 17.5 € | ♣ 92
- **Sauvignonne, côtes du lot 2023** | Sec | 2025>27 | 17.5 € | ♣ 90
- **La Côte, cahors 2021** | Sec | 2025>28 | 22 € | ♣ 91
- **On a pris le temps, cahors 2020** | Sec | 2025>35 | 45 € 92

Château d'Aydie - Vignobles Laplace

✪✪

Les frères Laplace gèrent avec beaucoup de courage cette grande propriété de 65 hectares ainsi qu'un petit négoce attenant. Ils ont su adapter le style des vins locaux aux nécessités contemporaines, recherchant plus d'équilibre et de précision dans les vinifications. Ils ne sont jamais en manque d'imagination pour créer des vins de caractère à des prix fort raisonnables.

- **Ode d'Aydie, madiran 2020** | Sec | 2025>33 | 14 € 91
- **Ode d'Aydie, pacherenc du vic bilh sec 2023** | Sec | 2025>29 | 14 € 93
- **Sans sulfites, madiran 2023** | Sec | 2025>28 | 16 € 91
- **Nouvelle génération, madiran 2023** | Sec | 2025>27 | 6.8 € 89

Château Barréjat

✪✪✪ ➲

Les très vieilles vignes non greffées du domaine sont une sorte de patrimoine historique de l'appellation. Denis Capmartin exploite cet héritage familial depuis 1992. Les madirans issus de vieilles vignes sont classiques, charpentés, puissants, marqués par le passage en barrique durant leur jeunesse. Les pacherencs ont de la gourmandise et du caractère.

- **Vieux Ceps, madiran 2022** | Sec | 2025>29 | 9.5 € 89
- **Cuvée de l'Extrême, madiran 2022** | Sec | 2025>31 | 14.7 € 90
- **XXXL, pacherenc du vic bilh sec 2023** | Sec | 2025>26 | 15.9 € 91
- **Elixir, pacherenc du vic bilh 2023** | Doux | 2025>27 | 8.1 € 90

Domaine Belmont

✪✪✪ ➲

Ce petit domaine de 6,5 hectares, entièrement bio, est situé sur un terroir où s'épanouissent à parts égales cabernet franc et syrah, complétés par 1,40 hectares de chardonnay, entièrement vendangés à la main en cagettes. Sur des calcaires semblables à ceux de Chablis, le chardonnay fait des petits miracles et l'alliance audacieuse dans cette région des cabernets francs, des syrahs et maintenant des serines produit des rouges aussi racés qu'on pouvait s'y attendre sur un terroir de cette qualité. Matthias Belmon, avec sa maître de chai Tiphaine Lefort, elle-même épaulée par Simon Blanchard de Derenoncourt Consultants continue à faire briller ce domaine créé par ses parents en 1993. Un véritable esprit de la Bourgogne au cœur du Lot et une adresse à connaître absolument.

- **Dolmen, côtes du lot 2023** | Sec | 2025>28 | 35 € 94
- **Montaigne, côtes du lot 2023** | Sec | 2025>30 | 35 € 94
- **Belmont, côtes du lot 2020** | Sec | 2025>35 | 27 € 93
- **Serine, côtes du lot 2022** | Sec | 2025>29 | 23 € 92
- **Montaigne cabernet franc, vin de france 2022** | Sec | 2025>32 | 35 € 92
- **Dolmen cabernet franc, vin de france 2022** | Sec | 2025>33 | 35 € 95

Domaine Berthoumieu

✪✪✪ ✚

Acquis en 2016 par la famille Bortolussi, il est géré par les sœurs Claire et Marion tandis que la commercialisation passe par Lionel Osmin. La propriété mène une réflexion autour de la biodiversité dans la vigne (certification HVE3 acquise). La qualité des cuvées est constante et les vins associent plénitude de constitution et finesse. Une adresse incontournable.

- **Cuvée Charles de Batz, madiran 2019** | Sec | 2025>28 | 18 € 89
- **Constance, madiran 2021** | Sec | 2025>27 | 12 € 90
- **La Fé, madiran 2021** | Sec | 2025>27 | 14.9 € | ♣ 90

✦ Star ✚ Valeur sûre ➲ À suivre de près Ⓝ Nouvelle entrée

- Aulet, madiran 2022 | Sec | 2025>30 | 24 € — 89
- La Fé, pacherenc du vic bilh 2024 | Sec | 2025>27 | 14.9 € — 92

Domaine de Beyssac

Sur le terrain familial, en côtes-du-marmandais, Véronique Broutet et son mari Frédéric ont créé le domaine de Beyssac en 2006. Tout est vendangé à la main et le couvert végétal spontané et naturel est encouragé. Les vins issus de ce beau terroir sont denses et suaves. Ils naissent sérieux et vigoureux, puis se fondent et se révèlent après trois ou quatre années de bouteilles.

- Initial, côtes du marmandais 2021 | Sec | 2025>27 | 10 € — 89
- Le Monde d'Après, côtes du marmandais 2023 | Sec | 2025>28 | 12.5 € — 89
- Le Monde d'Après, côtes du marmandais 2024 | Sec | 2025>28 | 12.5 € — 89
- Folle Odyssée, vin de france 2024 | Sec | 2025>27 | 11 € — 88

Domaine Brana

Les installations sont ultra modernes et une attention particulière est donnée au cabernet franc, dénommé ici axeria, élevé longuement en barrique. Les cuvées génériques d'irouléguy sont des modèles pour l'appellation et d'une constance étonnante dans un style classique. Après quatre générations dans le giron familial, la maison Brana, faute de repreneur dans la famille, cède des parts à la société d'investissement et de conseil parisienne Enowe, qui devient actionnaire majoritaire et souhaite faire rayonner la maison à l'international.

- irouleguy 2019 | Sec | 2023>33 | 28 € — 91
- Harri Gorri, irouleguy 2020 | Sec | 2023>27 | 20.8 € — 91

Domaine de Brin

Damien Bonnet confirme qu'il est l'un des grands vignerons du Gaillacois. Il a converti en bio son exploitation d'un seul tenant, où il cumule vignes et céréales. Après des vendanges manuelles et des élevages longs, les vins sont à la hauteur et chaque cépage mis en valeur par des vinifications judicieuses.

- Anthocyanes, gaillac 2022 | Sec | 2025>27 | 12 € — 88
- braucol, gaillac 2022 | Sec | 2025>29 | 18 € — 91

- Amphore, gaillac 2022 | Sec | 2025>29 | 16 € — 89
- DBulles, vin de france 2024 | Sec | 2025>26 | 15 € — 89
- mauzac, gaillac 2023 | Sec | 2025>27 | 16 € — 89
- Sous le toit, vin de france 2017 | Sec | 2025>30 | 28 € — 89

Vignerons de Buzet

Fondée en 1953, cette grande coopérative, couvrant 2 000 hectares et regroupant près de 190 vignerons, représente environ 95% de la surface du vignoble de Buzet. Bénéficiant d'installations modernes, les équipes d'œnologues et de techniciens élaborent une gamme étendue dans les trois couleurs. Ils ont aussi compris les enjeux de demain et travaillent sur la mise en place, à grande échelle, d'une viticulture et d'une gestion du chai selon le modèle du développement durable. En très grande difficulté financière, comme bien d'autres caves coopératives, les vignerons de Buzet ont trouvé un accord salvateur avec les Grands Chais de France qui désormais s'occuperont de la commercialisation.

Domaine de Capelanel

Sébastien Dauliac a trouvé sa voie et produit maintenant des vins plus accessibles, moins extraits que par le passé, avec des élevages qui préservent mieux le fruit. La gamme présentée en dégustation est très homogène. Ce domaine est en progrès.

- Rangée du Curé, cahors 2022 | Sec | 2025>28 | 15 € — 90
- Titou, Fages, cahors 2022 | Sec | 2025>28 | 12 € — 89
- Tino, vin de france 2022 | Sec | 2025>27 | 22 € — 89

Domaine Castera

Cette jolie propriété de 12 hectares, perchée à 300 mètres d'altitude, est gérée depuis 2014 par Franck Lihour qui a repris les rênes après avoir bourlingué dans les vignobles à travers le monde. Brillant vinificateur, il a une vision précise du type de vin qu'il souhaite produire, mettant en valeur les cépages autochtones qui s'expriment en fonction des parcelles, de leur terroir et de leur exposition. Il se donne les moyens de réaliser des vins racés et authentiques, des cuvées ciselées, aussi bien pour les secs que pour les liquoreux. L'ensemble de la gamme, intégralement bio, est réussi.

- Tauzy - Caubeigt, jurançon sec 2023 | Sec | 2025>28 | 21 € — 92
- Caubeigt - Les terrasses, jurançon 2022 | Moelleux | 2025>35 | 16 € — 92

Domaine Cauhapé

C'est le domaine privé le plus important de Jurançon (56 hectares) et la marque la plus diffusée dans la grande restauration et les cavistes de luxe. Henri Ramonteu a perfectionné la production réduite de vins liquoreux, au bouquet spectaculaire et à la longueur en bouche fascinante. Tous partagent le style maison : un fruité d'une grande pureté et une concentration équilibrée par la vivacité propre à la région. Au top.

- Quintessence de petit manseng, jurançon 2017 | Liquoreux | 2023>35 | 100 € — 94
- Quintessence de petit manseng, jurançon 2018 | Liquoreux | 2023>38 | 65.75 € — 95
- Noblesse du Temps, jurançon 2017 | Moelleux | 2023>30 | 28.9 € — 90
- Quatre temps, jurançon sec 2019 | Sec | 2022>28 | 15.9 € — 89

Château du Cèdre

À Pascal Verhaeghe la vinification et la commercialisation, à Jean-Marc la viticulture. Un seul objectif, la recherche de la qualité. Une voie : l'utilisation minimum des produits phytosanitaires néfastes, abandonnés dès 2012 avec l'obtention de la certification bio. Aujourd'hui, Jules et Robin, fils de Pascal, ont rejoint le domaine, apportant une nouvelle dynamique. Le Cèdre, c'est 27 hectares (25 de rouges) dont trois parcelles constituées des deux meilleurs types de terroirs de l'appellation sur la fameuse troisième terrasse. L'un, à dominante calcaire, confère beaucoup de finesse aux vins l'autre composé de galets roulés et d'alluvions produit des vins riches et denses. Aucun intrant n'intervient au cours des vinifications et de l'élevage en grands contenants (fûts de 500 litres ou foudres). Seul un léger sulfitage est pratiqué lors de la mise en bouteille, sauf pour les cuvées « Extra-libre ». Régularité et qualité des vins de cette propriété en font une référence à Cahors.

- Le Cèdre, cahors 2022 | Sec | 2025>32 | 36 € — 92
- Cédre Blanc, lot 2023 | Sec | 2025>29 | 36 € — 92
- Extra Libre, cahors 2023 | Sec | 2025>28 | 17 € — 90
- Hommage à Charlie , cahors 2020 | Sec | 2025>35 | 135 € — 94

Château de Chambert

Depuis 2007, l'énergique Philippe Lejeune met son talent d'entrepreneur au service de sa magnifique propriété et de l'appellation. Avec 65 hectares, il dirige le plus grand vignoble de Cahors en biodynamie. Un gros travail a été fait ces dernières années sur le style des vins. Le fruité naturel du malbec est plus immédiat et mieux conservé sans perdre de la structure.

- chardonnay, côtes du lot 2023 | Sec | 2025>27 | 15 € — 90
- vin de france 2021 | Brut | 2025>27 | 27 € — 89

Domaine Chiroulet

Philippe Fezas chouchoute ses vignes depuis 1995, année où il a franchi le cap et ajouté une casquette de vigneron à celle de consultant pour Seguin-Moreau. Prenant le parti de réaliser des vins d'expression, distribués auprès des cavistes et sur les belles tables, il s'applique à penser son parcellaire. Ses deux côtes font face aux Pyrénées et sont une variation de sols entre des argiles fines (la côte d'Heux) et des terres plus calcaires (Terres Blanches).

- La Côte d'Heux, côtes de gascogne 2023 | Sec | 2025>27 | 11.85 € — 91
- Terres Blanches, côtes de gascogne 2024 | Sec | 2025>28 | 8.15 € — 89
- Grande Réserve, côtes de gascogne 2020 | Sec | 2025>29 | 16.85 € — 90
- Terroir Gascon, côtes de gascogne 2023 | Sec | 2025>28 | 7 € — 89

Domaine du Cinquau

Au cœur du jurançon, cette superbe propriété, entourée d'un vignoble de neuf hectares, continue de progresser et de nous régaler. Le site est remarquable et l'accueil des visiteurs montre la voie pour toute la région, avec un complexe œnotouristique qui mérite le détour.

- Sensations, jurançon sec 2023 | Sec | 2025>29 | 19.9 € | ☘ 92
- Le Fruit, jurançon 2023 | Moelleux | 2025>31 | 19.4 € | ☘ 92
- gros manseng, jurançon sec | Sec | 2025>27 | 12.9 € 90
- gros manseng, vin de france | Doux | 2025>28 | 12.4 € 88

Château Combel la Serre

✪✪✪✪

Jean-Pierre Ilbert, en quittant la cave coopérative en 1998 avait créé le château Combel La Serre. Pour le faire connaître, la famille a sillonné la France. Le tournant s'opère en 2011 lorsque son fils Julien et son épouse Sophie décident de passer au bio (certification obtenue en 2013). Tous deux donnent un grand coup de jeune à ce domaine de 26 hectares. Comme en Bourgogne, tout est axé sur la sélection parcellaire, avec une mise en exergue des différents terroirs auxquels ils croient beaucoup, en créant des cuvées stylées aux étiquettes modernes. L'encépagement est traditionnel pour les rouges, plus atypique pour les blancs, avec vermentino et albariño, qu'ils affectionnent particulièrement. Le style des vins est précis, près du fruit avec une expression du terroir présente. Ce couple soudé met son ambition et son enthousiasme au service de ses vins.

- Cuvée Château, cahors 2021 | Sec | 2025>30 | 14.7 € | ☘ 92
- Le Lac aux Cochons, cahors 2021 | Sec | 2025>32 | 32.7 € | ☘ 94
- Un cerisier, des pierres et des cochons, cahors 2023 | Sec | 2025>31 | 20 € | ☘ 93
- De a Terre à la Lune, vin de france 2024 | Sec | 2025>28 | 20 € | ☘ 92

Domaine Albert de Conti

✪✪✪ ⊛

Associés avec l'œnologue Yann Lecoindre, Guillaume et Paul, fils de Francis de Conti, ont repris leur indépendance par rapport à Tour des Gendres et s'occupent des 30 hectares de vieilles vignes plantées en 1966 par leur grand-père Albert à Saint-Julien-d'Eymet sous l'entité Albert de Conti (ancienne cuvée phare du château Tour des Gendres). Un nouveau chai de vinification et d'élevage est sorti de terre prêt pour recevoir la vendange 2023. L'occasion de redonner des couleurs viticoles au village. Le trio, sous la houlette du dynamique Guillaume, a bien l'intention d'innover, tant pour les étiquettes que dans le style des cuvées, en plantant des cépages savoyards et d'autres également. Les derniers vins dégustés sont délicieux.

- Conti-ne Périgourdine, bergerac sec 2023 | Sec | 2025>28 | 18 € | ☘ 92
- Chez Paul, côtes de bergerac 2021 | Sec | 2025>31 | 22 € | ☘ 94
- Le Bois de Vie, périgord 2023 | Sec | 2025>30 | 28 € | ☘ 94
- Polymorphe, côtes de bergerac 2022 | Sec | 2025>29 | 15 € | ☘ 92

Domaine Cosse Maisonneuve

✪✪✪✪✪ ✦

Catherine Maisonneuve a « la tête dans les étoiles » et Mathieu Cosse « les pieds sur terre ». Dès 1999, ils louent des vignes, vinifient des cuvées à leur goût, leur succès permettant dès 2007 l'achat de parcelles et la construction du chai. Ils obtiennent certification en bio (2010) et en biodynamie (2011), convaincus que cela permet au sol de mieux fonctionner et de rendre la vigne plus vivante, forgeant des vins de grande intensité. Pour eux l'élevage, qui peut durer jusqu'à 30 mois, est essentiel pour civiliser les vins, leur permettre d'exprimer la race du terroir et leur donner un grand potentiel de garde. 20 hectares de terroirs d'exception et variés grâce au morcellement des parcelles, des fermentations en levures indigènes, pas de remontage, pas de filtration au service de vins vibrants, intenses, élégants et les plus naturels possible. Pari réussi.

- Les Laquets, cahors 2020 | Sec | 2028>40 | 33 € 95
- La Marguerite, cahors 2022 | Sec | 2030>50 | NC 97
- Sidérolithe, vin de france 2020 | Sec | 2027>35 | NC 90
- La Fage VP, cahors 2018 | Sec | 2027>40 | NC 93

Mas Del Perié

✪✪✪✪ ✦

Fabien Jouves, diplômé d'œnologue en poche, a créé le Mas Del Périé en 2009, domaine aujourd'hui certifié en agriculture biologique et en biodynamie. Aujourd'hui, ses 25 hectares sont situés sur les plus hauts coteaux de Cahors, à 350 mètres d'altitude, sur des sols de marnes et de calcaires ferrugineux, à la jonction des appellations cahors et coteaux-du-Quercy. L'encépagement, que le malbec domine presque exclusivement, est complété par quelques hectares de chenin. Fabien Jouves a aussi réintroduit de vieux cépages régionaux dans ses parcelles, comme le jurançon noir, le gibert, le valdiguié ou encore le noual, avec lesquels il produit la cuvée Autochtones, en vin de France. Reconnaissables entre mille, les vins sont ceux d'un esthète et faits pour être bus.

- La Roque, cahors 2023 | Sec | 2025>29 | NC 92
- Les Acacias, cahors 2023 | Sec | 2026>32 | NC 94
- Les Acacias, cahors 2022 | Sec | 2025>28 | 30 € 93
- Les Escures, cahors 2023 | Sec | 2025>27 | 15 € 91
- Bloc B 763, cahors 2023 | Sec | 2026>31 | NC 93
- Bloc B 763, cahors 2022 | Sec | 2025>32 | NC 94
- Autochtones, vin de france 2023 | Sec | 2025>27 | NC 91
- Les Pieces Longues, vin de france 2023 | Sec | 2025>27 | NC 92
- Les Pieces Longues, vin de france 2022 | Sec | 2025>29 | 20 € 94
- Haut Berba, vin de france 2022 | Sec | 2025>29 | NC 91
- Orange Voilée, vin de france 2022 | Sec | 2026>30 | 30 € 92

Domaine Les Fumées Blanches

✪✪✪ ✚

C'est en 1997 que François Lurton, qui incarne la quatrième génération d'une grande famille bordelaise, achète cette propriété. Les Fumées Blanches tirent leur nom de la brume matinale qui couvre les vignes de sauvignon blanc situées dans le Gers, au pied de la Montagne Noire, entre Atlantique et Pyrénées. Deux terroirs principaux propices au sauvignon blanc : l'argilo-calcaire, qui confère au vin des arômes exotiques et de la largeur en bouche, et les boulbènes (sablo-argileux) qui procurent arômes floraux, citronnés, acidité et tension. Viticulteur passionné et vinificateur talentueux, il produit chaque année un sauvignon d'une grande qualité, avec une richesse et une palette aromatique uniques. C'est devenu une marque incontournable de sauvignon blanc sur le marché mondial.

- Gris de sauvignon, vin de france 2022 | Sec | 2023>24 | 8 € 91
- Les Calcaires sauvignon blanc organic, vin de france 2022 | Sec | 2023>25 | 10 € 92
- sauvignon blanc, côtes de gascogne 2022 | Sec | 2023>24 | 24.9 € 91
- sauvignon blanc, côtes de gascogne 2022 | Sec | 2023>26 | NC 94

Château de Gaudou

✪✪ ✚

Ce château domine les superbes coteaux de Viré et jouxte Triguedina et Le Cèdre. Nous sommes ici sur les superbes troisièmes terrasses caillouteuses du Lot, les plus qualitatives. Issus d'un terroir géré avec sagesse et rigueur par la famille Durou, présente depuis sept générations, les vins possèdent la vigueur et le tempérament des meilleurs rouges de l'appellation. De très vieilles vignes, pratiquement centenaires, donnent un remarquable vin de prestige. Fabien Durou, maintenant à la tête du domaine, fait progresser le niveau des vins en apportant plus de précision dans la vinification et l'élevage.

- Grande Lignée, cahors 2020 | Sec | 2025>28 | 11.5 € | ☘ 89
- Renaissance, cahors 2020 | Sec | 2025>31 | 16.5 € | ☘ 91
- Le Sang de ma Terre, cahors 2022 | Sec | 2025>29 | 14 € | ☘ 90
- Exception Malbec, côtes du lot 2023 | Sec | 2025>27 | 6.5 € | ☘ 89

Château de Haute-Serre

✪✪✪✪ ✦

En 1973, Georges Vigouroux achète le château de Haute-Serre, ancienne seigneurie du Moyen-Age à l'état de ruine, avec pour objectif d'en refaire un domaine viticole où le malbec redeviendrait roi sur son terroir historique. Cinquante ans plus tard, c'est son fils, Bertrand-Gabriel, vinificateur de talent attaché à l'expression du terroir, qui est aux manettes. Le terroir kimméridgien de type bourguignon donne des vins aux tannins soyeux, élégants, précis et plein de charme. La gamme est hiérarchisée, avec quatre cuvées portant toutes des noms de personnalités qui ont compté pour Cahors, de l'entrée de gamme à la cuvée icône, démonstration parfaite du grand vin de malbec. La diversification est ici aussi de mise, avec la plantation depuis une dizaine d'années de prunelard et de pinot noir pour les rouges et de chardonnay pour les blancs, ce dernier faisant des merveilles sur ce terroir particulièrement adapté. Depuis 15 ans Bertrand-Gabriel Vigouroux collabore étroitement avec l'américain Paul Hobbs, et signe des malbecs d'une grande pureté.

- Georges, cahors 2020 | Sec | 2025>32 | 32 € 92
- Géron Dadine, cahors 2020 | Sec | 2025>32 | 45 € 93

Lydia et Claude Bourguignon, Domaine Laroque d'Antan

On ne présente plus ce couple qui a fait un bout de carrière comme ingénieurs agro à l'Inra. Spécialistes de l'analyse microbiologique des sols, chantres de l'agriculture biologique et de la biodynamie, lanceurs d'alerte sur les méfaits de l industrialisation de l'agriculture et la dégradation des sols, Lydia et Claude ont fait bouger le monde tout en étant parfois scus le feu des critiques. Le domaine Laroque d'Antan, créé de toute pièce en 2008 sur une terre vierge de chimie qui n'était plus cultivée depuis le phylloxéra, leur a permis de mettre en pratique leurs convictions. Leur fils Emmanuel tient les rênes de ce pet t paradis. *Hélène Durand*

- Opuscule - Prunelard 127 côtes du lot 2021 | Sec | 2025>32 | 40 € — 93
- Lucter, cahors 2022 | Sec | 2025>31 | 16 € — 92
- Grand malbec, cahors 2022 | Sec | 2025>40 | 180 € — 95
- Cybèle, côtes du lot 2023 | Sec | 2025>26 | 15 € — 91
- Cybèle, côtes du lot 2024 | Sec | 2025>27 | 15 € — 93
- Bellefleur, vin de france | Brut | > | NC — 91

Château Jolys

✪

Ce domaine, l'un des plus importants en surface de l'appellation, se trouve au cœur du terroir de Jurançon, sur des coteaux de plus en plus soigneusement cultivés. Les vins ont gagné indéniablement en finesse de style et d'aromatique sur les derniers millésimes, formant une belle gamme classique de l'appellation. La cuvée Pauline peut servir de référence au travail de la nouvelle équipe.

- jurançon 2019 | Doux | 2025>32 | 19.3 € — 90
- Vendanges tardives, jurançon 2020 | Liquoreux | 2026>32 | 30 € — 91

Domaine La Calmette

✪✪

Le domaine de Maya Sallée et Nicolas Fernandez est maintenant converti en agriculture biologique avec en plus la pratique de la biodynamie. Le vignoble est travaillé selon les pratiques de l'agriculture régénérative (sols couverts, paillages, minimum d'opérations mécanisées). Les progrès réalisés par cette jeune propriété sont visibles. Le domaine est en route vers le haut niveau.

- Trespotz, cahors 2023 | Sec | 2025>29 | 18.4 € | ☘ — 90
- Résurgences, vin de france 2022 | Sec | 2025>28 | 27 € | ☘ — 91
- Serpent à Plumes, vin de france 2023 | Sec | 2025>27 | 15.2 € — 89
- Peau à peau, cahors 2023 | Sec | 2025>30 | 27 € | ☘ — 91

Labastide Orliac

✪✪✪ ➜

Cette propriété historique du Brulhois se situe sur de magnifiques coteaux, à l'exposition parfaite, qui dominent la commune de Clermont-Soubiran, avec vue sur la Garonne. Les deux sœurs Orliac prennent soin de leur sol avec un dévouement rare et de bonnes méthodes culturales. La réflexion sur l'encépagement doit permettre au cabernet franc et à l'abouriou de délivrer leur finesse, avec un support apporté par le merlot. Une adresse sûre.

- Royal Héritage, brulhois 2020 | Sec | 2023>27 | 50 € — 91
- Deux Sœurs, brulhois 2020 | Sec | 2023>26 | 13 € — 90
- Royal Héritage 1780, brulhois 2015 | Sec | 2023>26 | NC — 92
- Le Prince blanc, comté tolosan 2021 | Sec | 2023>25 | 13 € — 91

Domaine Labranche Laffont

✪✪✪

Christine Dupuy maintient à un haut niveau de qualité cette propriété (21 hectares). Elle produit, à partir d'une viticulture certifiée bio depuis 2014, des vins charnus, plein de personnalité et réguliers. Les prix restent sages.

- Préphylloxérique, madiran 2015 | Sec | 2025>34 | NC — 92
- Vieilles vignes, madiran 2020 | Sec | 2025>29 | NC — 91
- madiran 2020 | Sec | 2025>30 | NC — 91

Château Lagrézette

✪✪✪✪ ✚

Alain Dominique Perrin a beaucoup travaillé pour faire du magnifique ensemble de Lagrézette un des phares du renouveau de Cahors. On mesure les progrès suite à la rénovation de la cave, les vins ont gagné en élégance, le fruit est mieux souligné par l'élevage. Les cuvées Marguerite, Dame Honneur et Le Pigeonnier sont d'une qualité remarquable cette année.

- Le Pigeonnier, cahors 2022 | Sec | 2025>40 | 160 € — 97
- Dame Honneur, cahors 2022 | Sec | 2025>38 | 55 € — 94
- cahors 2022 | Sec | 2025>35 | 29 € — 93
- Pigeonnier, lot 2023 | Sec | 2025>32 | 72 € — 95

Domaine Laroque d'Antan

✪✪✪ ➜

Claude et Lydia Bourguignon, éminents spécialistes de la vie des sols, ont parcouru le monde avant de trouver un endroit où établir leur propre domaine. Ils ont jeté leur dévolu sur ce terroir de Cahors, en retenant un coteau abandonné depuis 140 ans qu'ils ont complétement réhabilité. Ils y produisent deux vins, Néphèle, assemblage de sauvignon blanc et gris et de quelques cépages autochtones, et Nigrine, mélange de malbec et de cépages oubliés. Nous les recommandons pour leur fruité et l'authenticité civilisée dont ils font preuve et l'extrême régularité qualitative des vins.

- Néphèle, côtes du lot 2023 | Sec | 2025>30 | 44 € | ☘ — 93
- Nigrine, côtes du lot 2022 | Sec | 2025>35 | 42.5 € | ☘ — 92
- Nigrine, côtes du lot 2023 | Sec | 2025>32 | 43 € | ☘ — 94

Camin Larredya

✪✪✪✪ ✚

Fer de lance de Jurançon, ce domaine conduit en agriculture biologique et en biodynamie est la figure incontournable de l'appellation, incarné par son propriétaire Jean-Marc Grussaute. Ses meilleures terrasses donnent même un vin exceptionnellement riche et subtil, à un prix encore accessible. L'ensemble de la gamme, aussi bien en sec qu'en moelleux est d'un niveau admirable.

- Au Capcéu, jurançon 2023 | Moelleux | 2025>40 | 35 € | ☘ — 94
- La Virada, jurançon sec 2023 | Sec | 2025>30 | 32 € | ☘ — 93
- Costa Blanca, jurançon sec 2023 | Sec | 2025>35 | 68 € | ☘ — 93

Château Les Croisille

✪✪✪

Dans les années 1980, Bernard et Cécile Croisille décident de devenir vignerons et remettent en état un vignoble de sept hectares qu'ils vinifient chez le voisin. Ils finissent en 2000 par s'installer dans leur propre chai. Changements et idées neuves avec l'arrivée de leurs fils, Germain en 2007 et Simon en 2015 : la surface est augmentée (33 hectares maintenant), certification bio obtenue dès 2010, certification en biodynamie en 2022. Passionnés par le malbec, ils en exploitent toutes les facettes avec délectation, en privilégiant la finesse et l'expression aromatique plus que la richesse et l'opulence. Travail soigné à la vigne, vinification parcellaire, douce, sans intrant, élevage long (en foudres, cuves béton ou même en pierre calcaire, pas de bois neuf) : tout est axé sur la recherche de qualité, avec succès, pour faire des vins sveltes, élégants, frais et avec une excellente buvabilité.

- Divin, cahors 2022 | Sec | 2025>31 | 27 € | ☘ — 93
- Calcaire, cahors 2022 | Sec | 2025>29 | 16 € | ☘ — 92
- Silice, Fages, cahors 2022 | Sec | 2025>28 | 14 € | ☘ — 92
- Le Grain, cahors 2019 | Sec | 2025>31 | 55 € | ☘ — 93
- sauvignon, vin de france 2022 | Sec | 2025>26 | 17 € | ☘ — 91

Château Les Donats

✪

Patrick Somers acquiert ce domaine en 1994, entamant dans la foulée une restructuration complète des 20 hectares de vignoble. Depuis 2011, il travaille de concert avec l'œnologue Olivier Verhelst. 25 % du vignoble a obtenu la certification bio, le reste de la propriété est en conversion.

- Donats, bergerac 2022 | Sec | 2025>28 | 8 € — 88
- Rbelle, pécharmant 2020 | Sec | 2025>29 | 15 € — 91

Les Jardins de Babylone

✪✪✪✪ ✦

Constituant l'une des sept merveilles dans le monde des moelleux, les Jardins de Babylone sont couvés par Louis-Benjamin Dagueneau, aidé de Guy Pautrat, son fidèle maître de chai. Ils n'ont rien changé au bijou de vignoble créé par Didier Dagueneau, son père, et au perfectionnisme de l'élaboration de son vin.

- jurançon 2016 | Moelleux | 2021>47 | NC — 97
- jurançon sec 2016 | Sec | 2022>40 | NC — 95
- jurançon 2017 | Demi-sec | 2023>50 | NC — 96

Les Roques de Cana

✪✪ N

Beaucoup de moyens sont mis en œuvre ici pour vinifier cet important domaine de Saint-Vincent-Rive-d'Olt, avec des étiquettes singulières, bondieusardes mais qu'on n'oublie pas, ce qui est le signe du bon marketing ! Le style s'affine, toujours démonstratif, les vins ont gagné néanmoins en précision, les élevages semblent plus juste, ils conservent leur côté sensuel et leur potentiel de garde. Une belle adresse.

- Sanguis Christi, cahors 2018 | Sec | 2025>29 | 26 € — 91
- Vin des Noces, cahors 2020 | Sec | 2025>29 | 19 € — 90
- Amour, cahors 2020 | Sec | 2025>31 | 12 € — 92

Maison Marlère

✪

En 2011, Jérôme Baradat, ingénieur béarnais, parti vinifier pendant une dizaine d'années en Californie, en Amérique Latine et en Espagne, revient dans sa région natale pour fonder la Maison Marlère, du nom de la ferme familiale depuis cinq générations. Cette maison

✦ Star ✚ Valeur sûre ➜ À suivre de près N Nouvelle entrée

de négoce est dédiée aux vins du Sud-Ouest, avec 90 % de vins Bio ou HVE3. La gamme, rigoureusement sélectionnée par l'équipe, met en valeur 12 propriétés, avec différents terroirs, plus de 15 cépages et 11 appellations, des vins rouges, rosés, blancs secs ou moelleux.

- **Gastronome, cahors 2022** | Sec | 2025>28 | 15.95 € 90
- **Gastronome, pacherenc du vic bilh 2024** | Sec | 2025>27 | 15.95 € 89
- **Gastronome, madiran 2024** | Sec | 2025>30 | 15.95 € 90
- **L'atelier, côtes de bergerac 2024** | Moelleux | 2025>28 | 7.95 € 90
- **Le Temps d'Aimer, côtes de gascogne 2024** | Moelleux | 2025>29 | 7.95 € 88
- **Le Temps d'Aimer, côtes de gascogne 2024** | Sec | 2025>27 | 7.95 € 89

Château de Mercuès

✪✪✪ ✦

Magnifique château médiéval surplombant le Lot, résidence des Evêques pendant 800 ans, aujourd'hui à la fois Relais & Châteaux réputé, cette propriété est une vitrine d'excellence pour l'appellation cahors. Trente-cinq hectares de malbec planté à haute densité, avec quelques parcelles de chenin bien adapté au terroir argilo-siliceux, profite d'une vinification parcellaire dans le chai spectaculaire qui ressemble à une cathédrale romano-byzantine. Même hiérarchisation ici des cuvées que pour celles du château de Haute-Serre, l'autre fleuron de la Maison Georges Vigouroux brillamment dirigée par Bertrand-Gabriel Vigouroux. Une adresse incontournable de vins de garde denses et pétris de personnalité.

- **Les Eveques, cahors 2020** | Sec | 2025>30 | 32 € 92
- **Cuvée 6666, cahors 2020** | Sec | 2025>33 | 50 € 93
- **Icône, cahors 2020** | Sec | 2025>40 | 150 € 94
- **Les Ailes, cahors 2020** | Sec | 2025>28 | 16 € 92

Château Monestier la Tour

✪✪

Sur un vignoble de 31 hectares, le domaine produit, avec les conseils de Stéphane Derenoncourt, des vins certifiés bios depuis 2017. Tous les principes de la biodynamie y sont aussi appliqués. Le château possède à cet effet un jardin et une tisanerie, afin de produire, sécher et stocker toutes les plantes utiles aux différents traitements de la vigne. Tout est fait pour permettre l'expression la plus pure du terroir et la même rigueur est appliquée dans le cuvier et le chai. Deux cuvées sont produites, Cadran en appellation bergerac, un vin sur le fruit dont l'étiquette fait honneur au cadran solaire qui accueille les visiteurs à l'entrée du château, et le grand vin en côtes-de-bergerac élevé en barrique, qui met en avant le cabernet franc. Les derniers millésimes produits sont particulièrement purs et expressifs.

- **Cadran, bergerac 2023** | Sec | 2025>27 | 11.5 € 91
- **Grand Vin, côtes de bergerac 2022** | Sec | 2025>30 | 21.5 € 91
- **Saussignac, saussignac 2022** | Liquoreux | 2025>35 | 27 € 93
- **Grand Blanc, bergerac 2022** | Sec | 2025>28 | 17.9 € 93

Château Montus - Château Bouscassé

✪✪✪✪✪ ✦

Depuis les années 1980, Alain Brumont doit son succès à son génie et sa vision avant-gardiste, à son travail, son interprétation des terroirs, sa viticulture précise et exemplaire, sa passion pour les cépages autochtones (petit courbu, petit manseng et tannat) qu'il sait magnifier comme nul autre. L'ensemble de Montus et de Bouscassé, 250 hectares de vignes implantées sur d'incomparables terroirs très variés, constitue sans doute le sommet actuel de la viticulture du Sud-Ouest. Les vins sont magnifiques, avec une puissance et une énergie évidente, domptées et sous contrôle, ce qui est un véritable tour de force. Ils ne sont commercialisés qu'au bout de cinq ans, permettant à l'amateur d'acquérir des vins prêts à boire mais conçus pour une grande garde. Jeune retraité, mais toujours bien présent sur le domaine, il a passé la main à son beau-fils, Antoine Veiry, qui, passionné et intransigeant, semble bien parti pour l'égaler.

- **Château Montus, pacherenc du vic bilh sec 2020** | Sec | 2025>33 | 40 € 96
- **Château Montus, madiran 2020** | Sec | 2025>36 | 30 € 96
- **Château Bouscassé - Vieilles Vignes, madiran 2020** | Sec | 2025>36 | 40 € 97
- **La Tyre, madiran 2020** | Sec | 2025>40 | 150 € 98
- **Bouscassé, madiran 2020** | Sec | 2025>35 | 22 € 95
- **Montus XL, madiran 2020** | Sec | 2025>38 | 120 € 97
- **Les Jardins Philosophiques, pacherenc du vic bilh 2020** | Sec | 2025>30 | 15 € 97
- **Bouscassé pinot noir, madiran 2022** | Sec | 2025>34 | 22 € 93
- **Torus, madiran 2023** | Sec | 2025>29 | 13 € 92
- **Torus, pacherenc du vic bilh 2024** | Moelleux | 2025>27 | 13 € 93
- **Montus pinot noir, madiran 2021** | Sec | 2025>36 | 50 € 94

Château Moulin Caresse

✪✪

Sylvie et Jean-François Deffarge portent haut les couleurs de Montravel sur ce domaine de 38 hectares situés en coteaux et sur le plateau de Vélines. Ils s'efforcent de faire du mieux possible et la génération suivante, Quentin et Benjamin, est désormais impliquée dans la vie du domaine. La gamme importante permet de proposer des vins adaptés à toutes les circonstances. La certification bio a été obtenue en 2022.

- **sauvignon, montravel 2024** Sec | 2025>27 | 7.9 € 89
- **Magie d'Automne, bergerac 2019** | Sec | 2025>29 | 9.9 € 89
- **La Frangine, périgord 2024** Doux | 2025>30 | 6.6 € 88
- **AH 140, bergerac 2023** | Sec | 2025>27 | 9 € 90

Domaine Nigri

✪✪✪

Ce domaine produit un style de jurançon moderne et épuré, porteur de la race des cépages locaux, dont le propriétaire Jean-Louis Lacoste est un ardent défenseur et conservateur. Les vins secs offrent beaucoup de dynamisme. Certaines sélections de liquoreux sont aussi remarquables. Le domaine continue sur sa lancée des dernières années.

- **Pierre de Lune, jurançon sec 2023** | Sec | 2025>27 | 11 € 90
- **Confluence, jurançon sec 2024** | Sec | 2025>27 | 10 € 89
- **Toute une Histoire, jurançon 2022** | Doux | 2025>35 | 16 € 92
- **Pas de Deux, jurançon 2021** | Doux | 2025>31 | 13 € 90
- **Allegretto, jurançon sec 2023** | Sec | 2025>28 | 15 € 91

Domaine Lionel Osmin & Cie

✪✪✪ ✦

Dans une démarche engagée, éthique et responsable, Lionel Osmin a créé ce négoce époryme haute couture avec l'idée de s'affranchir des appellations pour mieux mettre en avant le cépage et donner une lecture simple et gourmande de vins. Depuis Pau, la société vinifie une gamme variée d'une trentaine de cuvées, et signe aussi quelques armagnacs. Elle s'occupe de la commercialisation du Clos Joliette, un joyau de Jurançon, et des vins du Domaine Berthoumieu. La gamme ciselée par Damiens Sartori, l'homme clef des vinifications, offre de très belles réussites à tous les prix.

- **Clos de la Vierge, jurançon sec 2024** | Sec | 2025>28 | 14 € 92
- **La Dune, landes 2024** | Sec | 2025>26 | 15.9 € 91
- **Fer de Soif, marcillac 2023** | Sec | 2025>27 | 12.9 € 89
- **Le Dernier Carré, jurançon 2018** | Moelleux | 2025>30 | 19.9 € 91
- **Le Lavoir, jurançon sec 2022** | Sec | 2025>27 | 24 € 91
- **Cantera - assemblage polyphonique, comté tolosan 2023** | Sec | 2025>28 | 12 € 91
- **Conservatoire - Loin de l'oeil, gaillac 2024** | Doux | 2025>30 | 15 € 90
- **Baie Orientale, vin de france 2024** | Sec | 2025>27 | 12 € 90
- **Le roi Boeuf Bazas, vin de france 2021** | Sec | 2025>28 | 16.9 € 89
- **Labrandie, jurançon sec 2024** | Sec | 2025>27 | 50 € 92
- **Bouysselet, vin de france 2023** | Sec | 2025>27 | 14 € 89

Plaimont

✪✪✪ ✦

L'appellation saint-mont doit tout au travail de Plaimont, marque née de l'union de plusieurs coopératives. La structure ressuscite les terroirs de ce secteur, anciennement voué aux céréales ou aux vignes d'Armagnac. Les cépages autochtones (tardif, arrufiac) ont été remis en valeur, une vigne très ancienne a été inscrite au patrimoine en tant que monument historique, un conservatoire ampélographique a été créé et une approche qualitative a permis d'imposer les produits en France et à l'étranger. Plaimont, sous l'impulsion de son directeur Olivier Bourdet-Pees et d'équipes jeunes, féminines et de talent, a aussi été plus loin avec la construction d'une cuverie expérimentale dotée de petites cuvées permettant d'explorer encore plus loin le goût des cépages autochtones. Le travail de la cave valorise les meilleurs terroirs du piémont pyrénéen et s'étend même désormais jusqu'en appellation jurançon.

- **Le Faîte, saint-mont 2021** | Sec | 2025>35 | 20 € 90
- **Château de Sabazan, saint-mont 2020** | Sec | 2027>35 | 21 € 92
- **Monastère, saint-mont 2020** | Sec | 2027>35 | 18 € 93
- **Saint-Sylvestre, pacherenc du vic bilh 2018** | Moelleux | 2025>35 | 36 € 91

- Vignes retrouvées, saint-mont 2022 | Sec | 2025>35 | 9.9 € — 90
- Le Faîte, saint-mont 2020 | Sec | 2027>35 | 20 € — 91
- Château Arricau-Bordes - Madame Alice, madiran 2020 | Sec | 2027>40 | 47 € — 91
- Vignes Préphylloxériques, saint-mont 2021 | Sec | 2028>40 | 58 € — 93
- Vignes Préphylloxériques, saint-mont 2023 | Sec | 2028>40 | 58 € — 94
- Domaine de Cassaigne, gascogne 2023 | Sec | 2025>28 | 10 € — 89
- Cirque Nord, saint-mont 2021 | Sec | 2025>35 | 34 € — 95
- Yura, jurançon 2023 | Sec | 2025>35 | 14 € — 91
- Apéro'nautes - Tannat, madiran 2023 | Sec | 2025>27 | 8.25 € — 88

Domaine Plaisance Penavayre

✪✪

Marc Penavayre, épaulé depuis 2020 par son fils Thibaut, a fait évoluer le style des vins du cru vers des produits plus fins, plus élégants grâce à plus d'application à la vigne, certifiée bio depuis 2011, et à une réflexion sur les encépagements, en faisant la part belle à la négrette et en plantant quelques blancs. Vins accessibles dès le plus jeune âge, dans un style maîtrisé.

- Tot Çò Que Cal, fronton 2022 | Sec | 2025>27 | 21.2 € | ♣ — 90
- Alabets, fronton 2024 | Sec | 2025>28 | 14 € | ♣ — 90
- Negret pounjut, vin de france 2024 | Sec | 2025>27 | 12.2 € | ♣ — 89
- Bouysselet, vin de france 2023 | Sec | 2025>27 | 20.7 € | ♣ — 90

Domaine Tariquet

✪✪ ✚

Jean-Pierre Artaud et son père quittent New-York en 1912 pour revenir à leurs origines pyrénéennes en acquérant le domaine Tariquet et ses sept hectares à l'époque rescapés du phylloxéra. La guerre passe par là et c'est Hélène, fille de Jean-Pierre, qui en s'unissant au dynamique Pierre Grassa, garçon coiffeur d'origine espagnole, redonne vie à cette aventure qui ne s'arrêtera plus. Leurs enfants, Yves et Maïté, les rejoignent en 1972 et font le choix dans les années 1980 de produire des vins blancs, variés et faciles à boire en toutes circonstances. Un coup de maître puisque Tariquet est devenu ainsi une marque mondialement connue. Elle exploite 1 125 hectares en IGP Gascogne dans des installations ultra-modernes. Rémy et Armin, les fils d'Yves, ont aussi mis en place un large programme de mesures visant à respecter les écosystèmes naturels de leurs secteurs. Le contexte économique difficile combiné aux importantes pertes de récolte dues aux aléas climatiques de ces quatre dernières années (gel, grêle, mildiou) a conduit le domaine à demander une procédure de sauvegarde auprès du tribunal de commerce. Différente d'un redressement judiciaire, cette procédure préventive va permettre au domaine Tariquet de reprendre son souffle, en essayant de diversifier encore sa gamme, ses canaux de vente et en s'orientant vers l'œnotourisme.

- Classic, côtes de gascogne 2024 | Sec | 2025>27 | 7.7 € — 90
- Rosé de Pressée, côtes de gascogne 2024 | Sec | 2025>26 | 8.5 € — 88
- Amplitude, côtes de gascogne 2024 | Sec | 2025>30 | 12.4 € — 90
- Domaine Tariquet Entracte, vin de france 2023 | Non dosé | 2025>26 | 15.5 € — 90

Clos Thou

✪✪✪✪ ✦

Petit domaine de neuf hectares certifiés bio, situé sur les terres les plus réputées de l'appellation, Thou brille par la régularité et la typicité de sa production. Les vins ont en commun une personnalité affirmée et un style séducteur dont on ne se lasse pas. On félicite cette constance à un bon niveau ces derniers millésimes.

- Suprême de Thou, jurançon 2021 | Doux | 2025>35 | 20 € | ♣ — 94
- Cuvée Guilhouret, jurançon sec 2022 | Sec | 2025>28 | 14.5 € | ♣ — 92
- Julie, jurançon 2022 | Doux | 2025>30 | 15 € | ♣ — 92
- Terroir de la Cerisaie, jurançon sec 2022 | Sec | 2025>29 | 21 € | ♣ — 92

Château Tirecul La Gravière

✪✪✪✪ ✚

Bruno Bilancini aurait pu être médecin, il est devenu vigneron à Monbazillac. Œnologue, il lui fallait trouver une passion à la hauteur de ses ambitions et un grand terroir. Le vignoble compte neuf hectares répartis entre sémillon et muscadelle, avec un zeste de sauvignon blanc et de chenin, conduit en agriculture biologique, certifié depuis 2012. Les argiles lourdes de Monbazillac, quadrillées de calcaire sur le plateau, donnent des vins qui vieillissent à merveille. Depuis 2016, il a repris six hectares de vignes plantées en rouge lui permettant d'élargir sa gamme.

- Madame, monbazillac 2021 | Liquoreux | 2025>39 | 90 € — 94
- Les Pins, monbazillac 2023 | Liquoreux | 2025>26 | 13.5 € — 92
- Les Pins, monbazillac 2024 | Liquoreux | 2025>32 | NC — 92
- Andréa, périgord 2020 | Sec | 2025>28 | 18 € — 93
- à Jo, vin de france NM | Non dosé | > | 12.5 € | ♣ — 92
- monbazillac 2024 | Liquoreux | 2025>35 | NC — 94
- Château Tirecul La Gravière, monbazillac 2022 | Liquoreux | 2025>38 | 28 € — 94
- Le Georges, bergerac 2016 | Sec | 2025>28 | 24 € — 92
- Jackie, vin de france 2019 | Non dosé | > | 18 € — 92

Château Vari

✪✪✪ ✚

Pendant pratiquement 30 ans, Yann Jestin a mené une double vie. Partageant son temps entre son activité de courtier à Bordeaux et ce joli domaine de 24 hectares (19 en blanc et cinq en rouge) sis à Monbazillac. L'ensemble du vignoble est en bio, avec une certification acquise en 2009. Les résultats sont remarquables. Les 24 hectares sont implantés sur un beau terroir calcaire recouvert d'une fine couche d'argile. Pour ces derniers millésimes, les vins atteignent un excellent niveau. La Maison Vari, bar à vins et épicerie fine, a été créée au centre du village de Monbazillac : une belle manière de mettre en avant les vins de la propriété.

- Réserve, monbazillac 2022 | Liquoreux | 2025>30 | 21 € | ♣ — 92
- Réserve, bergerac sec 2023 | Sec | 2025>27 | 18 € | ♣ — 91
- Tu Charries Vari, vin de france 2023 | Sec | 2025>28 | 15 € | ♣ — 91
- Réserve, côtes de bergerac 2020 | Sec | 2025>29 | 15 € | ♣ — 91
- Sans souffre ajouté, monbazillac 2022 | Liquoreux | 2025>35 | 19.5 € | ♣ — 93
- vin de france 2023 | Sec | 2025>27 | 15 € | ♣ — 90

Château Les Tours des Verdots

✪✪✪ ✚

En trente ans, David Fourtout, a amené les Verdots à un niveau qualitatif incontestable. Son vignoble de 45 hectares (26 en cépages rouges et 19 en cépages blancs) et des installations performantes lui permettent de tirer le meilleur du beau terroir d'argile et de calcaire veiné de silex. Cuves tronconiques sur mesure, chai conçu par gravité, élevage soigné dans la cave souterraine de 600 m2, creusée dans la roche et traversée par la rivière des Verdots. En octobre 2021, David Fourtout a vendu sa propriété à Robert Wessman, islandais ayant réussi dans l'industrie pharmaceutique attaché à la région de Bergerac. Les manettes ont été confiées à Lise Sadirac. Conseillée par l'équipe de Michel Rolland, elle apporte sa patte, en privilégiant élégance et fraîcheur. Des investissements massifs vont être faits dans le cuvier en tenant compte du bilan carbone et l'agroforesterie va être développée. Tout est réussi, en blanc comme en rouge.

- Les Tours des Verdots, bergerac sec 2023 | Sec | 2025>28 | 12.5 € — 90
- Grand Vin Les Verdots, bergerac sec 2023 | Sec | 2025>29 | 24 € — 92
- Les Tours des Verdots, côtes de bergerac 2022 | Sec | 2025>30 | 12.5 € — 91
- Grand Vin Les Verdots, côtes de bergerac 2022 | Sec | 2025>33 | 24 € — 92

Maison Wessman

✪✪ ➔

L'entrepreneur islandais Robert Wessman et sa femme Ksenia achètent le Château de Saint-Cernin en 2004 et créent aussitôt la Maison Wessman avec un objectif clair : privilégier la qualité à la quantité, en vinifiant des cuvées de renommée mondiale. Les 85 hectares de vignes en production sont répartis entre Limoux (30 hectares) et Bergerac (55 hectares). Aujourd'hui, le domaine propose une gamme complète et aboutie. Pari plus que réussi avec la cuvée n°1. L'entrepreneur ne compte pas s'arrêter là : un restaurant dirigé par le chef étoilé Thierry Marx, une boulangerie et des maisons d'hôtes seront progressivement proposés sur le domaine. Tant de talent mérite d'être salué.

- N°1 Saint-Cernin, bergerac 2018 | Sec | 2025>30 | 49 € — 91
- N°1 Saint-Cernin, bergerac 2019 | Sec | 2025>31 | 49 € — 91

✦ Star ✚ Valeur sûre ➔ À suivre de près Ⓝ Nouvelle entrée

Olivier Bourdet-Pees, Plaimont

Difficile de trouver plus dur métier dans le monde du vin d'aujourd'hui que celui de directeur de cave coopérative. En première ligne d'une crise partie pour durer, le monde de la coopération a besoin de leaders solides sur lesquels s'appuyer. Olivier est de ceux-là. Et les nombreux projets de son équipe permettent à beaucoup de familles vigneronnes du piémont pyrénéen de ne pas trop courber l'échine. Béret basque sur la tête, il est bien décidé à avancer, au milieu des vieilles vignes de Sarragachies et des cépages retrouvés, avec les amateurs qui se passionnent, partout dans le monde, pour la recherche ampélographique et le goût originel du vin de lieu. *Louis-Victor Charvet*

Index

N

O

P

Q

R

S

Crédits photographiques

Leif Carlsson (pp. 10, 12, 36, 38, 46-47, 51, 57, 62-63, 67, 69, 72-73, 75, 77, 81, 93, 105, 107, 109, 113, 126-127, 139, 153, 159, 170-171, 175, 179, 181, 183, 185, 191, 197, 201, 205, 207, 210-211, 218-219, 223-229, 250-251, 255, 274-275, 296-297, 303, 326-327, 342-343, 347). Marie de Chesse (p. 277). Jean-Baptiste Delerue (p.29). Nicolas Démoulin (p.22). Gilles Durand-Daguin (pp. 12, 44, 223, 225, 227, 334-335, 339, 341). Mathieu Garçon (pp. 21, 23, 24, 31, 83, 89, 91, 95 97, 125, 187, 195, 215, 281, 285, 293, 315 319, 325). Kreazim (p. 39). Fabrice Leseigneur (pp. 12, 15, 121). Margot Mchn (p. 289). Marie Ormières (p. 245). Presse (pp. 26, 30, 41, 99, 101, 217, 233, 241, 263, 277, 289, 313, 351). Guillaume Puzo (pp. 40, 42, 43, 53, 55, 57, 133, 305, 307, 331). Yan Rabanier (p. 28). Laura Stevens (p. 32). Camille Tirion (pp. 35, 37). TY Studio (p. 87).

Achevé d'imprimer en août 2025 chez DZS.